PRÁTICA PROCESSUAL CIVIL

em Síntese

Cristiano Vieira Sobral Pinto
Sabrina Dourado

PRÁTICA PROCESSUAL CIVIL

em Síntese

3ª edição
revista, atualizada
e ampliada

2022

EDITORA
*Jus*PODIVM
www.editorajuspodivm.com.br

EDITORA *Jus*PODIVM
www.editorajuspodivm.com.br

Rua Canuto Saraiva, 131 – Mooca – CEP: 03113-010 – São Paulo – São Paulo
Tel: (11) 3582.5757
• Contato: https://www.editorajuspodivm.com.br/sac

Diagramação: Lupe Comunicação e Design (*lupecomunicacao@gmail.com*)

Capa: Ana Caquetti

S677p Sobral Pinto, Cristiano Vieira.
Prática Processual Civil: em síntese / Cristiano Vieira Sobral Pinto e Sabrina Dourado – 3. ed. rev. atual. e ampl. – São Paulo: Editora Juspodivm, 2022.
640 p.

Bibliografia.
ISBN 978-85-442-3696-3.

1. Direito Processual. 2. Direito Processual Civil. I. Sobral Pinto, Cristiano Vieira. II. Dourado, Sabrina. III. Título.

CDD 341.46

Agradecimentos

Primeiro a Deus, que sempre me iluminou.

A minha família.

Aos eternos colaboradores que iniciam como meus alunos e terminam como meus amigos e brilhantes profissionais do Direito.

A toda equipe da minha empresa Seufuturo.com, que hoje me ajudam a estar na ponta do principal curso preparatório para advogados.

Cristiano Vieira Sobral Pinto

Agradeço ao Pai maior por me fortalecer a cada dia. Agradeço aos meus amados pais, meu esposo e filhos. Agradeço ao leitor e à editora por tornarem a obra possível. Gratidão!

Sabrina Dourado

Apresentação

Prática Processual Civil em Síntese se destina a todos aqueles que se dedicam ao concurso público. Com uma abordagem atual, objetiva e concisa, contempla os principais temas relativos ao Direito Civil e ao Direito Processual Civil, considerando aspectos doutrinários e entendimentos majoritários dos tribunais superiores.

A obra está dividida em duas partes: a primeira diz respeito à Parte Geral da Lei Civilista, trazendo aspectos relativos à Lei de Introdução às Normas do Direito Brasileiro, às pessoas, bens e negócio jurídico, e a Parte Especial do Código Civil, versando sobre o direito obrigacional, teoria geral dos contratos, contratos em espécie, responsabilidade civil, direitos reais, família e sucessões. Foram incluídos pontos sobre a Lei de Superendividamento, n. 14.181/2021.

Já a segunda parte, referente ao Direito Processual, traz as diferentes peças civilistas, sua elaboração e estrutura fundamentada, bem como modelos, mapas mentais, quadros sinóticos e esquemas. E ao fim da obra, como bônus, apresentamos questões com gabarito oficial da 2ª fase do Exame de Ordem.

Com o objetivo de auxiliar a compreensão do Direito Civil material e processual, este livro se apresenta como instrumento necessário para aqueles que almejam adentrar à carreira jurídica e pública.

Os Autores

Sumário

Parte 1

DIREITO CIVIL

PARTE GERAL

PARTE ESPECIAL

III. DIREITOS REAIS SOBRE COISAS ALHEIAS

Parte 2

DIREITO PROCESSUAL CIVIL

Parte 3

QUESTÕES DE 2ª FASE DA OAB

Parte 1

DIREITO CIVIL

Cristiano Vieira Sobral Pinto

Parte Geral

1

LINDB, das Pessoas, dos Bens e do Negócio Jurídico

1. INTRODUÇÃO (DL 4.657/1942 DA LINDB)

A Lei de Introdução às Normas de Direito Brasileiro é um Decreto-Lei de 1942 (DL 4.657/1942), recepcionado como lei ordinária em razão da inexistência dessa espécie normativa na atual Constituição da República. É um Código de normas, ou seja, uma lei que trata da própria lei, introduzindo, assim, o ordenamento jurídico.

Nesse sentido, tem como função regulamentar a vigência e a revogação de lei, tratar da interpretação e da integração do sistema jurídico e ainda apresentar soluções para o conflito de normas no tempo e no espaço. Nessa função, ultrapassa o âmbito do Direito Civil, vinculando o direito privado como um todo e alcançando até o direito público.

Como introduz todo o ordenamento jurídico e não apenas o sistema jurídico civil, em boa hora, ao final do ano de 2010, deixou de chamar Lei de Introdução ao Código Civil, passando a ser chamada de Lei de Introdução às Normas do Direito Brasileiro (LINDB).

2. DIREITO OBJETIVO E SUBJETIVO

O direito objetivo é *norma agendi*, isto é, uma norma de conduta que regula as relações juridicamente relevantes fixadas em abstrato, como, por exemplo, o art. 186 do Código Civil (ato ilícito subjetivo): "Aquele que, por ação ou omissão voluntária, negligência ou imprudência, violar direito e causar dano a outrem, ainda que exclusivamente moral, comete ato ilícito".

Já o direito subjetivo é o chamado *facultas agendi*, ou seja, existem no mundo concreto poderes de seu titular para exigir ou pretender de alguém um comportamento específico.

O direito subjetivo e o direito objetivo são aspectos de um único conceito, compreendendo a *facultas* e a *norma*: os aspectos individual e social, respectivamente.

3. FONTES DO DIREITO

Constituem fontes do Direito:

a) *Lei (fonte primária)*: o direito pátrio adota o sistema romano-germânico, tendo por orientação a predisposição legislativa e posterior adequação do fato à norma. As leis podem ser: cogentes, que são leis de ordem pública, de caráter obrigatório; ou dispositivas, que são aquelas que deixam a conduta das partes ao seu arbítrio.

b) *Costumes (fontes secundárias)*: os costumes dizem respeito às regras sociais que se incorporaram a uma comunidade. Variam de um local para o outro. Quem alega o costume deve provar sua existência. Se constituem como uma norma criada, imposta pelo uso social.

c) *Jurisprudência*: constitui decisões reiteradas em um determinado sentido. A doutrina majoritária entende que esta não é fonte formal do direito, tendo em vista que julga o caso concreto.

d) *Doutrina*: entende-se majoritariamente que não é fonte formal de direito.

e) *Princípios Gerais de Direito*: a compreensão doutrinária clássica propõe que estes devem ser aplicados somente quando esgotadas as possibilidades de uso de analogia e dos costumes. Atualmente, os princípios servem de base para toda a aplicação do ordenamento jurídico, ou seja, todo o sistema legal os tem por fundamento, orientando na solução de casos concretos.

4. LACUNA DA LEI (ART. 4.º DA LINDB)

Há entendimento de que existe lacuna na lei, denominada formal, inexistindo, por outro lado, lacuna no direito, denominada de lacuna material. A hipótese de existência de lacuna na lei pode ser assim suprida:

a) critério cronológico – norma posterior prevalece sobre a anterior;

b) critério da especialidade – norma especial prevalece sobre a geral; e

c) critério hierárquico – norma superior prevalece sobre norma inferior.

Havendo conflito entre norma-regra, aplicam-se os métodos hermenêuticos que nada mais são que os critérios cronológico, da especialidade e hierárquico. Todavia, é possível se falar em derrotabilidade (*defeseabiliy*) ou superabilidade da norma-regra.

Compreende-se por derrotabilidade quando as regras em situações excepcionais não cumpram o objetivo ou a finalidade constitucional, devendo ser derrotadas e, consequentemente, afastadas do caso concreto, não formando jurisprudência.

5. VIGÊNCIA E REVOGAÇÃO DE LEI (ARTS. 1.º A 3.º DA LINDB E ART. 8.º DA LC 95/1998)

5.1 Vigência

Vigência de lei é o período de tempo em que ela produz seus regulares efeitos. Quando se trata de uma norma de pequena repercussão, ela pode entrar em vigor na data da sua própria publicação. No entanto, sendo uma norma de grande repercussão, demanda um tempo para que as pessoas se adaptem a uma nova realidade jurídica em que estarão obrigadas a cumprir e também para o próprio Estado se aparelhar para fiscalizar seu cumprimento. Esse período que pode existir entre a publicação da lei e sua entrada em vigor é chamado de *vacatio legis*.

Durante o prazo da *vacatio*, ***a lei não tem obrigatoriedade*** e deve ser computada de acordo com o § 1.º do art. 8.º da Lei Complementar 95/1998:

> Art. 8.º A vigência da lei será indicada de forma expressa e de modo a contemplar prazo razoável para que dela se tenha amplo conhecimento, reservada a cláusula "entra em vigor na data de sua publicação" para as leis de pequena repercussão.
>
> § 1.º A contagem do prazo para entrada em vigor das leis que estabeleçam período de vacância far-se-á com a inclusão da data da publicação e do último dia do prazo, entrando em vigor no dia subsequente à sua consumação integral.

Salvo disposição em contrário na própria lei, que pode inclusive suprimir a sua *vacatio legis*, ela entra em vigor em todo o território nacional 45 dias depois de oficialmente publicada (art. 1.º, *caput*, da LINDB). Todavia, nos Estados estrangeiros, a obrigatoriedade da lei brasileira, quando admitida, inicia-se três meses depois de oficialmente publicada.

Os atos normativos administrativos (decretos, resoluções e regulamentos) entram em vigor na data de sua publicação no órgão oficial da imprensa, de acordo com o Decreto 572, de 1890, e o *caput* do art. 8.º da Lei Complementar 95/1998.

O art. 1.º da LINDB não sofreu revogação frente ao art. 8.º da Lei Complementar 95/1998. A regra desse dispositivo tornou-se ***residual***, aplicando-se somente quando o legislador não estabelecer prazo diverso e na hipótese de a lei ser de grande repercussão, todavia, apenas as leis de pequena repercussão podem entrar em vigor na data de sua publicação.

5.2 Revogação

Revogação de lei é o ato que põe fim à sua vigência. Uma lei só pode ser revogada por lei, pois os costumes não lhe retiram a vigência. Cuidado com as leis de vigência temporária, que são editadas para terem vigor por certo período de tempo ou durante determinada situação. Elas não precisam de outra lei para serem revogadas, mas também são revogadas por lei, uma vez que a própria lei traz a sua revogação.

São dois os tipos de revogação: ab-rogação (revogação total) e derrogação (revogação parcial).

A derrogação é, em realidade, uma modificação da lei, pois esta não perde a sua vigência, mas apenas parte dela a perde.

Como a lei só é derrogada por lei, o art. 1.º, § 4.º, da LINDB diz que as correções a texto de lei já em vigor consideram-se leis novas. Entretanto, se essas alterações forem feitas durante o período de *vacatio legis* da lei, não será uma lei nova a derrogando, mas mera causa interruptiva do prazo de *vacatio*, pois a sua contagem se reiniciará da publicação do novo texto da lei.

A revogação pode ser expressa ou tácita, ou seja, pode uma lei ser revogada até mesmo sem vir expresso no texto da nova lei. Nos termos do art. 2.º, § 1º, da LINDB, haverá revogação tácita quando lei posterior regular inteiramente matéria de que tratava a lei anterior ou que com ela seja incompatível.

Para uma lei posterior revogar uma anterior, é fundamental saber se estamos diante de leis gerais ou especiais. Lei geral é a lei que trata de diversos temas, tais como o Código Civil, enquanto que lei especial trata de um tema específico, como, por exemplo, a lei do inquilinato. Para haver revogação de uma lei anterior pela entrada em vigor de uma nova lei, devem elas ser do mesmo tipo. Como estamos falando de ab-rogação e derrogação, significa que lei geral não revoga nem modifica lei especial, da mesma forma que lei especial não revoga nem modifica lei geral (art. 2.º, § 2.º, da LINDB).

Em regra, não se admite repristinação no Brasil. Repristinação é a restauração da lei revogada em razão da revogação da lei revogadora. Imagine uma lei A revogada por uma lei B, que é revogada por uma lei C. Significa que, em regra, a lei A não será restaurada. Poderá haver repristinação, mas apenas se vier expresso na lei revogadora.

Atenção

Repristinação x *Efeito repristinatório*: o efeito repristinatório se configura quando não há o renascimento de uma lei já revogada, mas sim a reprodução do texto normativo. Exemplo: A Lei X é revogada pela Lei Y. Posteriormente, a Lei Z revoga a Lei Y, sem declarar o renascimento (repristinação) de X. Todavia, a Lei Z reproduz, em seu texto, todas as disposições normativas que antes constavam na Lei X.

Enquanto uma lei está em vigor, todos nós estamos obrigados a cumpri-la. Nesse sentido, o art. 3.º da LINDB proíbe o chamado erro de direito, ou seja, que alguém deixe de cumprir a lei alegando que não a conhece. Saiba, no entanto, que essa regra não é absoluta, admitindo-se, em nome da boa-fé, que os diversos ramos do direito criem exceções a ela. O Direito Civil criou uma exceção referente à possibilidade de anulação de um contrato com base no desconhecimento da lei, desde que de boa-fé, conforme prevê o art. 139, III, do CC. Sobre o tema, remetemos sua leitura para a parte geral do direito civil, neste livro, quando da análise dos defeitos do negócio jurídico.

> ***Importante***
>
> Sobre o princípio ***iura novit curia***: Ao juiz não é dado desconhecer a lei, significa que, em tese, as partes podem apresentar ao magistrado para julgamento somente e exclusivamente fatos. São exceções a esse princípio: os direitos estrangeiro, estadual, municipal e consuetudinário.

6. INTERPRETAÇÃO E INTEGRAÇÃO DE LEI (ARTS. 4.º A 6.º DA LINDB)

6.1 Interpretação de lei

Interpretar uma lei é entender o que ela realmente nos quer dizer, qual o seu verdadeiro sentido, qual o seu verdadeiro alcance. A interpretação pode ser classificada sob diferentes critérios.

Quanto à origem, a interpretação pode ser: autêntica, doutrinária ou judicial. Interpretação autêntica é aquela feita pela própria lei, pois já se quer estancar qualquer dúvida sobre o texto legal. É o caso do CP, que define, em seu art. 327, o que significa funcionário público para efeitos de crimes por ele praticados. Interpretação doutrinária é feita pelos estudiosos do direito, o que não vincula os julgamentos, razão pela qual podemos ter várias correntes doutrinárias a respeito de um tema jurídico. Por fim, interpretação judicial é aquela feita pelo juiz nos autos de um processo, pois, se feita fora dele, estaremos diante de uma interpretação doutrinária.

Quanto aos meios, a interpretação pode ser literal, sistemática ou teleológica. Interpretação literal ou gramatical é aquela para entender o que o texto normativo quer dizer em sua literalidade apenas. Já a interpretação sistemática é interpretar um dispositivo legal em confronto com os demais dispositivos legais do sistema jurídico. A interpretação sistemática prevalece sobre a interpretação literal, pois um dispositivo legal não existe por si só, não é uma ilha, mas sim parte integrante de um sistema, que deve ser coerente e harmônico. Assim sendo, se texto legal tem um sentido em sua literalidade, mas outro sentido enquanto integrante de um sistema, este deve prevalecer.

Sobre a interpretação literal e até sistemática, prevalece a interpretação teleológica, que significa interpretar uma lei buscando a sua finalidade, o seu objetivo social, o porquê de ela ter sido criada. É regra a prevalecer tanto de interpretação da lei como de sua aplicação, como preceitua o art. 5.º da LINDB, segundo o qual, na aplicação da lei, o juiz atenderá aos fins sociais a que ela se dirige e às exigências do bem comum.

Como visto, interpretar uma lei é buscar o seu verdadeiro alcance, pois seu sentido nem sempre se esgota em sua literalidade. Assim, quanto ao alcance, a interpretação pode ser declarativa, restritiva ou extensiva. A interpretação será declarativa quando o trabalho hermenêutico fizer concluir que a lei disse exatamente o que queria dizer. No entanto, haverá interpretação restritiva quando se restringir o seu alcance, pois a literalidade da lei disse mais do que queria, enquanto que a interpretação extensiva amplia o seu alcance da literalidade da lei, pois esta diz menos do que sua finalidade sinaliza.

6.2 Integração de lei

É importante não confundir interpretação e integração de lei. Na interpretação existe uma lei e procuramos descobrir o seu verdadeiro sentido e alcance, enquanto que na integração não há lei para o caso concreto, o que chamamos de anomia. O juiz deve suprir a lacuna da lei, ou seja, integrar o sistema, pois não pode proferir uma decisão *non liquet* (não decide alegando não ter lei). Para isso, a LINDB, em seu art. 4.º, traz três instrumentos de integração: analogia, costumes e princípios gerais de direito.

A lei traz uma ordem de hierarquia que deve ser respeitada na escolha da técnica a ser utilizada. Em primeiro lugar, usa-se a analogia, em que se procura suprir a lacuna da lei buscando uma regra em instituto semelhante. A doutrina relaciona algumas espécies de analogia:

- *Analogia* in legis *(legal)*: é a aplicação de uma norma preexistente a caso semelhante que não possua norma específica.
- *Analogia* iuris *(jurídica)*: é o emprego de um conjunto de normas próximas com o fim de extrair elementos que possibilitem a analogia, recorrendo-se ao ordenamento jurídico como um todo.

Não havendo regra em instituto análogo, parte-se para os costumes, buscando integrar o sistema com prática reiterada de atos pelas pessoas, que acreditam ser obrigatórios. Os costumes podem ser:

- *Praeter legem*: é aplicado subsidiariamente no caso de omissão da lei. Seu emprego se dá quando da existência de lacuna na lei.
- *Secundum legem*: aplica-se por determinação do próprio legislador.

Nosso sistema jurídico não admite os costumes quando possam vir a prejudicar a pessoa, sendo, portanto, *contra legem*. O costume *contra legem* estimula a não aplicação da lei pelo seu desuso. Seu uso constitui abuso de direito. O *desuetudo* diz respeito ao não uso de uma lei por um longo período ou quando a lei é suprimida pelo costume.

Destaca-se que o desuso da lei não implica a perda da sua eficácia. Trata-se apenas de um exemplo de costume *contra legem*. Outro exemplo de costume *contra legem* é o *ab-rogatório* (*consuetudo ab-rogatória*), que se dá após a norma legal ter gozado de eficácia por determinado período; a evolução dos valores sociais acaba por negá-la, criando o costume que se opõe à lei.

O direito brasileiro atribui à norma escrita uma hegemonia sobre o costume. O art. 2.º da LINDB dispõe que a lei será alterada ou revogada por outra lei.

Importante

A norma rejeita a revogação pelo costume.

Busca-se uma solução nos princípios gerais do direito, enquanto normas fundantes do sistema, trazendo regras gerais e abstratas que norteiam a compreensão do sistema jurídico, tal como princípio da boa-fé objetiva ou da função social.

Nesta esteira, importa mencionar ***o princípio da equidade***, que é a busca pelo justo, dando a cada um o que lhe é de direito, sendo possível sua instrumentalização quando houver previsão legal, conforme determina o art. 140, parágrafo único do CPC/15: "O juiz só decidirá por equidade nos casos previstos em lei". Importa mencionar que é ***elemento auxiliar ao processo de colmatação*** de lacunas.

Atenção

Não confunda integração de lei com sua interpretação extensiva. Haverá integração quando não houver lei, sendo a lacuna suprida pela analogia, costumes e princípios gerais de direito. Já a interpretação extensiva é caso de interpretação da lei, ou seja, existe uma norma e buscamos o seu verdadeiro sentido e alcance. Por isso, podemos afirmar que, na interpretação extensiva, a solução não está na literalidade da lei, mas em seu espírito, enquanto na integração a solução não está na sua literalidade nem em seu espírito, pois simplesmente não há lei.

7. EFICÁCIA DA LEI NO TEMPO (ART. 6.º DA LINDB)

O *princípio da continuidade das leis* dispõe que a lei produzirá seus efeitos até que outra lei a revogue ou a modifique, estando esculpido no art. 2.º da Lei de Introdução às Normas do Direito Brasileiro: "só lei tem condão de revogar lei". Constitui exceção a essa matéria a *lei temporária* (como leis orçamentárias, leis para o congelamento de preços), que é aquela que traz em seu bojo o prazo de sua vigência, que, findado, sofre revogação automática, sem necessidade de redação de uma nova lei.

Assim, em nome da segurança jurídica, uma lei deve produzir seus efeitos a partir do momento em que ela entra em vigor, não podendo afetar atos anteriores, que foram praticados em conformidade com a lei naquele momento em vigor.

Por isso vigora, em regra, o princípio da irretroatividade da lei. É o que se depreende da leitura do art. 6.º da LINDB, que afirma que a lei em vigor produz efeito imediato e geral, mas respeitando o ato jurídico perfeito, o direito adquirido e a coisa julgada.

Exemplo: como noticiado à época, o assassinato de Daniela Perez, filha da novelista da rede globo de televisão Gloria Perez, fez com que o homicídio qualificado se tornasse crime hediondo, a partir de um pleito popular ao Congresso Nacional. Nessa época, não havia progressão de regime na prática de crimes hediondos, mas o autor desse crime, Guilherme de Pádua, conseguiu o benefício. Como explicar? A lei que incluiu o homicídio no rol de crimes hediondos é posterior à prática desse crime, ou seja, a lei não podia retroagir para se aplicar ao seu caso, pois ele tinha o direito adquirido de progredir de regime, só sendo aplicada a fatos que lhe são posteriores.

Em direito penal, aprendemos que a lei pode retroagir quando para benefício do réu. A razão é simples: nesse caso pode retroagir, pois não atinge direito adquirido do autor do crime. Como exemplo, imagine que logo após a prática de um homicídio, este crime se torne hediondo. O seu autor não pode progredir de regime. No entanto, anos depois houve alteração legislativa, permitindo a progressão de regime para crimes hediondos, embora com prazos diferenciados. Com a entrada em vigor dessa lei, esse criminoso poderá progredir de regime, pois haverá retroatividade da lei, por ser para seu benefício, pois não atinge direito adquirido seu.

Conclusão: adotamos no Brasil o princípio da irretroatividade limitada ou temperada da lei, pois, embora a irretroatividade seja a regra, uma lei até pode retroagir, desde que não desrespeite o direito adquirido, o ato jurídico perfeito e a coisa julgada.

8. CONFLITO DE LEI NO ESPAÇO (ARTS. 7.º A 19 DA LINDB)

Alguns casos podem dar margem à aplicação do ordenamento jurídico de mais de um Estado. A LINDB prevê algumas regras para dirimir esse conflito, estabelecendo, à luz do direito brasileiro, qual sistema jurídico deve prevalecer no caso concreto. Se incompatível com a regra de outros Estados, a solução terá que ser dada, nos termos postos pelo direito internacional, pelas cortes internacionais e pelo trabalho de diplomacia. Para a prova, compete a nós conhecer as regras tratadas na Lei de Introdução.

> ***Atenção***
>
> Se houver dúvida na lei a ser aplicada, prefira a lei do domicílio da pessoa em detrimento da lei da sua nacionalidade, pois o mais importante para o direito é o lugar onde a pessoa reside com ânimo definitivo, e não o lugar onde simplesmente nasceu.

Podemos sintetizar os casos previstos na LINDB nas seguintes regras:

a) **Estatuto pessoal (art. 7.º, *caput*, da LINDB):** se a questão diz respeito ao estatuto pessoal, ou seja, a questões ligadas à essência da pessoa, como personalidade jurídica, capacidade jurídica, nome e questões gerais de direito de família, aplicamos a lei do seu domicílio. Exemplo: apenas por hipótese, imagine que a maioridade civil seja alcançada na França aos 21 anos e um francês domiciliado no Brasil tenha 19 anos de idade. Ele é uma pessoa capaz ou incapaz? O problema se apresenta na medida em que é capaz para a lei brasileira, mas incapaz para a lei francesa. Nos termos da LINDB, ele é uma pessoa capaz, pois aplicamos a lei brasileira em razão de ele ter aqui o seu domicílio.

b) **Impedimentos e formalidades para o casamento (art. 7.º, §§ 1.º e 2.º, da LINDB):** se o casamento é no Brasil, não importa, para esses temas, onde os nubentes nasceram ou onde têm domicílio, pois aplicamos a lei brasileira para as formalidades do casamento e também para as causas que impedem o casamento. A lei brasileira adota o sistema do *ius loci celebrationis*, observa-se a regra do **local da celebração**. Só será aplicada a lei estrangeira a um casamento no Brasil quando se optar pelo casamento consular.

c) **Invalidade do casamento e regime de bens do casamento (art. 7.º, §§ 3.º e 4.º, da LINDB):** se a questão é sobre invalidade do casamento, seja sua nulidade ou anulabilidade, bem como as regras do regime de bens do casamento, aplicamos a lei do domicílio dos nubentes. Se diferentes forem, aplicamos a lei do primeiro domicílio conjugal.

> ***Importante***
>
> A questão dos bens na Lei de Introdução às Normas do Direito Brasileiro é tratada da seguinte forma:
>
> a) Aplica-se a lei do país em que estiverem situados, ou seja, a regra da ***lex rei sitae***.
>
> b) Os bens móveis não se sujeitam à regra da ***lex rei sitae***.

No que tange às obrigações, a LINDB optou pela regra da ***locus regit actum***, aplicando-se a lei do local em que forem constituídas.

> **Atenção**
>
> **Exceção:** Se celebrado no estrangeiro, porém com efeitos no Brasil, deve ser observada forma essencial prevista na legislação nacional. Ex.: art. 108 do Código Civil de 2002: "Não dispondo a lei em contrário, a escritura pública é essencial à validade dos negócios jurídicos que visem à constituição, transferência, modificação ou renúncia de direitos reais sobre imóveis de valor superior a trinta vezes o maior salário mínimo vigente no País".

d) Divórcio realizado no estrangeiro (art. 7.º, § 6.º, da LINDB): se um ou ambos os cônjuges brasileiros se divorciarem no estrangeiro, este poderá ser reconhecido no Brasil, mas será diferente se precedido ou não de separação judicial. Se houve um divórcio direto, só será reconhecido no Brasil um ano depois da data da sentença (o dispositivo legal fixava prazo de três anos, tendo sido alterada sua redação em 2009, passando a ser de um ano, pois o prazo de conversão da separação em divórcio era de três anos e passou a ser de um ano com a CF/1988). Todavia, se precedido de separação judicial com pelo menos um ano para sua conversão, produzirá efeitos imediatos.

Apesar da previsão legal, importa mencionar que a EC n. 66/2010 dispensou os prazos relativos ao divórcio, nessa medida, a interpretação da norma deve se coadunar com a disciplina constitucional. Assim, independentemente de qualquer prazo, a decisão estrangeira de divórcio poderá ser homologada pelo STJ, para que gere efeitos no Brasil.

> **Atenção!**
>
> De acordo com os §§ 5º e 6º do art. 961, do CPC/15, tratando-se de divórcio amigável e ausentes incapazes, a dissolução do casamento poderá ser realizada em cartório, dispensando a homologação judicial, observe:
>
> > Art. 961. [...]
> >
> > § 5º A sentença estrangeira de divórcio consensual produz efeitos no Brasil, independentemente de homologação pelo Superior Tribunal de Justiça.
> >
> > § 6º Na hipótese do § 5º, competirá a qualquer juiz examinar a validade da decisão, em caráter principal ou incidental, quando essa questão for suscitada em processo de sua competência.

De acordo com o disposto no art. 963, do CPC/15, constituem requisitos indispensáveis à homologação da decisão: I – ser proferida por autoridade competente; II – ser precedida de citação regular, ainda que verificada a revelia; III – ser eficaz no país em que foi proferida; IV – não ofender a coisa julgada brasileira; V – estar acompanhada de tradução oficial, salvo disposição que a dispense prevista em tratado; VI – não conter manifesta ofensa à ordem pública.

Sobre o tema referente ao *exequatur*, convém mencionar que não será homologada sentença proferida no estrangeiro sem prova do seu trânsito em julgado, de acordo com o teor da Súmula n. 420, do STF, estando em consonância com tal entendimento os art. 216-D do RISTJ e art. 961, § 1º do CPC/15.

No entanto, em recente julgado, o STJ disciplinou que, em face do art. 963, inc. III, do CPC/15, não mais exige que a decisão judicial que se pretende homologar tenha transitado em julgado, mas, ao revés, que somente seja ela eficaz em seu país de origem, *tendo sido tacitamente revogado o art. 216-D, III, do RISTJ*. (SEC 14.812-EX, Rel. Min. Nancy Andrighi, por unanimidade, julgado em 16/05/2018, DJe 23/05/2018. **Informativo** n. 626)

Importante

A Lei 12.874/2013 incluiu os §§ 1.º e 2.º ao art. 18 do Decreto-lei 4.657/1942, LINDB, tornando possível às autoridades consulares brasileiras celebrarem a separação e o divórcio consensuais de brasileiros no exterior:

> Art. 18. Tratando-se de brasileiros, são competentes as autoridades consulares brasileiras para lhes celebrar o casamento e os mais atos de Registro Civil e de tabelionato, inclusive o registro de nascimento e de óbito dos filhos de brasileiro ou brasileira nascido no país da sede do Consulado.
>
> § 1.º As autoridades consulares brasileiras também poderão celebrar a separação consensual e o divórcio consensual de brasileiros, não havendo filhos menores ou incapazes do casal e observados os requisitos legais quanto aos prazos, devendo constar da respectiva escritura pública as disposições relativas à descrição e à partilha dos bens comuns e à pensão alimentícia e, ainda, ao acordo quanto à retomada pelo cônjuge de seu nome de solteiro ou à manutenção do nome adotado quando se deu o casamento.
>
> § 2.º É indispensável a assistência de advogado, devidamente constituído, que se dará mediante a subscrição de petição, juntamente com ambas as partes, ou com apenas uma delas, caso a outra constitua advogado próprio, não se fazendo necessário que a assinatura do advogado conste da escritura pública.

e) **Sucessão *mortis causa* (art. 10, *caput* e § 1.º, da LINDB):** em caso de morte, aplicamos a lei do último domicílio do *de cujos*. Se, no entanto, é casado ou tem filhos brasileiros e tem imóveis no Brasil, para esses bens aplicamos a lei brasileira, a menos que a lei estrangeira seja mais benéfica para eles, sendo essa lei estrangeira aplicada. Exemplo: imagine um francês casado com uma brasileira, tendo um imóvel no Brasil, mas sendo o domicílio deles na França, local no qual ele vem a óbito. A sua sucessão será regida pela lei francesa, mas com relação ao bem imóvel no Brasil, aplicamos a lei brasileira, a menos que a lei francesa seja mais favorável à esposa brasileira, caso em que será aplicada a lei francesa também para a sucessão desse bem.

f) **Capacidade para suceder (art. 10, § 2.º, da LINDB):** para a lei brasileira, a definição de quem tem capacidade para suceder será fixada pela lei do domicílio do sucessor, seja ele herdeiro ou legatário. Como exemplo, apenas por hipótese, imagine que algum país do mundo estabeleça que apenas o filho mais velho seja herdeiro diante da morte do pai ou da mãe. Se um casal desse país tiver um filho brasileiro domiciliado no Brasil, mesmo não sendo o filho mais velho, poderá reclamar junto às cortes internacionais a sua parte na herança, pois, tendo domicílio aqui, deverá ser aplicada a lei brasileira, que concede capacidade para suceder para todos os filhos.

> ***Importante***
>
> O art. 15 da LINDB estabelece que uma sentença estrangeira pode ser executada no Brasil, mas para isso devem ser preenchidos alguns requisitos, dentre eles, a homologação do STF. Não obstante a LINDB atribua essa competência para o STF, a competência é do STJ, pois foi uma mudança imposta na Constituição da República em 2004 pela Emenda Constitucional 45.

9. SEGURANÇA JURÍDICA E EFICIÊNCIA NA CRIAÇÃO E NA APLICAÇÃO DO DIREITO PÚBLICO

Foi aprovada a Lei n. 13.655/2018 que alterou a Lei de Introdução às Normas do Direito Brasileiro (LINDB) dispondo sobre segurança jurídica e eficiência na criação e aplicação do Direito Público. A referida lei traz disposições acerca de atos e processos administrativos em geral inserindo dez novos artigos na LINDB, regulamentados pelo Decreto n. 9.830/2019, os quais determinam que, a partir de então, as deliberações feitas no âmbito do direito público, em especial nas matérias relativas ao de Direito Administrativo, Financeiro, Orçamentário e Tributário. Vejamos as alterações.

> Art. 20. Nas esferas administrativa, controladora e judicial, não se decidirá com base em valores jurídicos abstratos sem que sejam consideradas as consequências práticas da decisão.

> Parágrafo único. A motivação demonstrará a necessidade e a adequação da medida imposta ou da invalidação de ato, contrato, ajuste, processo ou norma administrativa, inclusive em face das possíveis alternativas.

O dispositivo exige que nas esferas administrativa, compreendidos os órgãos da administração direta, de controle, tribunais de contas e outros, e judiciais, que englobam todos os ramos e órgãos de qualquer instância do Judiciário, que se abstenham de justificar suas decisões com valores jurídicos abstratos sem ter em consideração os efeitos práticos da decisão. Ou seja, as decisões devem estar refletidas em situações concretas e não baseadas em conceitos genéricos, descolados da realidade. Assim, a norma traz que aquelas motivações decisórias vazias, retóricas ou principiológicas, que dispensam a análise prévia de fatos e as reverberações decisórias na prática, obriga o julgador a avaliar e motivar a sua decisão. O dispositivo não proíbe que as decisões sejam fundamentadas em valores jurídicos abstratos, estas deverão ser feitas com avaliação prévia de quais serão as consequências práticas dessa decisão.

A motivação deverá demonstrar a necessidade e adequação das medidas impostas ou invalidar ato, contrato, ajuste, processo ou norma administrativa (parágrafo único).

Há quem entenda que o dispositivo representaria uma reação retrógrada, através da qual o legislador pretendesse introduzir uma condicionante para a força normativa dos princípios constitucionais. Outra crítica ao artigo sob comento, aponta uma contradição, tendo em vista que a nova lei introduz diversas expressões jurídicas abstratas, quais sejam "segurança jurídica de interesse geral", "interesses gerais da época", regularização "de modo proporcional e equânime", "obstáculos e dificuldades reais do gestor", "orientação nova sobre norma de conteúdo indeterminado" etc.

> Art. 21. A decisão que, nas esferas administrativa, controladora ou judicial, decretar a invalidação de ato, contrato, ajuste, processo ou norma administrativa deverá indicar de modo expresso suas consequências jurídicas e administrativas.
>
> Parágrafo único. A decisão a que se refere o caput deste artigo deverá, quando for o caso, indicar as condições para que a regularização ocorra de modo proporcional e equânime e sem prejuízo aos interesses gerais, não se podendo impor aos sujeitos atingidos ônus ou perdas que, em função das peculiaridades do caso, sejam anormais ou excessivos.

O dispositivo determina que a invalidação de ato, contrato, ajuste, processo ou norma administrativa deverá indicar as consequências. Portanto, motivar a decisão para que sejam evitadas consequências que possam ser graves e o seu parágrafo único exige que a regularização seja realizada de modo proporcional e equânime.

> Art. 22. Na interpretação de normas sobre gestão pública, serão considerados os obstáculos e as dificuldades reais do gestor e as exigências das políticas públicas a seu cargo, sem prejuízo dos direitos dos administrados.
>
> § 1º Em decisão sobre regularidade de conduta ou validade de ato, contrato, ajuste, processo ou norma administrativa, serão consideradas as circunstâncias práticas que houverem imposto, limitado ou condicionado a ação do agente.
>
> § 2º Na aplicação de sanções, serão consideradas a natureza e a gravidade da infração cometida, os danos que dela provierem para a administração pública, as circunstâncias agravantes ou atenuantes e os antecedentes do agente.
>
> § 3º As sanções aplicadas ao agente serão levadas em conta na dosimetria das demais sanções de mesma natureza e relativas ao mesmo fato.

O dispositivo propõe que o órgão julgador considere não apenas a literalidade das regras que o administrador tenha eventualmente violado, mas também as dificuldades práticas que ele enfrentou e que possam justificar esse descumprimento, tendo em vista que a gestão pública envolve especificidades que têm de ser observadas pelo julgador para a produção de decisões justas e corretas. O que se quis foi evitar que ao gestor sejam impostas ações de cumprimento impossível.

No que concerne às sanções impostas, devem ser observados os seguintes requisitos: a natureza e a gravidade da infração cometida; os danos causados à Administração Pública; as agravantes; as atenuantes; e os antecedentes.

E finalmente, as sanções da mesma natureza deverão ser consideradas.

> Art. 23. A decisão administrativa, controladora ou judicial que estabelecer interpretação ou orientação nova sobre norma de conteúdo indeterminado, impondo novo dever ou novo condicionamento de direito, deverá prever regime de transição quando indispensável para que o novo dever ou condicionamento de direito seja cumprido de modo proporcional, equânime e eficiente e sem prejuízo aos interesses gerais.

Caso se opere uma mudança na forma como tradicionalmente a Administração Pública, os Tribunais de Contas ou o Poder Judiciário interpretavam determinada norma, deverá ser previsto um regime de transição que concederá um prazo de adaptação aos administradores públicos e demais pessoas afetadas pela nova orientação, representando um dever básico de quem cria nova regulação a respeito de qualquer assunto.

Deverão ser observados os seguintes critérios para a aplicação do regime de transição: a decisão administrativa, controladora ou judicial deve estabelecer uma interpretação ou orientação nova; a interpretação nova deve recair sobre uma norma de conteúdo indeterminado; imposição de um novo dever ou novo condicionamento de direito; o regime de transição mostra-se, no caso concreto, indispensável para que o novo dever ou condicionamento de direito seja cumprido de modo proporcional, equânime e eficiente; e a imposição desse regime de transição não pode acarretar prejuízo aos interesses gerais. Tais requisitos deverão ser avaliados pelo órgão julgados, sendo possível sendo ao interessado interpor recurso caso entenda ter direito ao regime de transição.

> Art. 24. A revisão, nas esferas administrativa, controladora ou judicial, quanto à validade de ato, contrato, ajuste, processo ou norma administrativa cuja produção já se houver completado levará em conta as orientações gerais da época, sendo vedado que, com base em mudança posterior de orientação geral, se declarem inválidas situações plenamente constituídas.
>
> Parágrafo único. Consideram-se orientações gerais as interpretações e especificações contidas em atos públicos de caráter geral ou em jurisprudência judicial ou administrativa majoritária, e ainda as adotadas por prática administrativa reiterada e de amplo conhecimento público.

A norma trata da necessidade de as decisões administrativas que revisem atos anteriores levarem em consideração as orientações gerais da época. Assim, o ato deverá ser analisado conforme as orientações gerais da época e as situações por elas regidas deverão ser declaradas válidas, mesmo que apresentem vícios. Devendo ser observado o respeito à boa-fé nos atos administrativos e em nome da segurança jurídica.

Há quem critique o dispositivo afirmando que se trata de previsão perigosa, pois amplia a possibilidade de "convalidação" dos atos viciados, não fazendo qualquer ressalva quanto a ilegalidades graves.

E finalmente, o parágrafo único estabelece a conceituação do termo "orientações gerais".

> Art. 25. (VETADO).

> Art. 26. Para eliminar irregularidade, incerteza jurídica ou situação contenciosa na aplicação do direito público, inclusive no caso de expedição de licença, a autoridade administrativa poderá, após oitiva do órgão jurídico e, quando for o caso, após realização de consulta pública, e presentes razões de relevante interesse geral, celebrar compromisso com os interessados, observada a legislação aplicável, o qual só produzirá efeitos a partir de sua publicação oficial.
>
> § 1º O compromisso referido no caput deste artigo:
>
> I – buscará solução jurídica proporcional, equânime, eficiente e compatível com os interesses gerais;
>
> II – (VETADO);
>
> III – não poderá conferir desoneração permanente de dever ou condicionamento de direito reconhecidos por orientação geral;

> IV - deverá prever com clareza as obrigações das partes, o prazo para seu cumprimento e as sanções aplicáveis em caso de descumprimento.
>
> § 2º (VETADO).

O artigo prevê a possibilidade de a autoridade administrativa celebrar um acordo, quer dizer, compromisso com os particulares com o objetivo de eliminar eventual irregularidade, incerteza jurídica ou um litígio. Para a realização do compromisso, é indispensável a prévia manifestação do órgão jurídico e em certos casos de maior repercussão, será necessária a realização de audiência pública. Os Termos de Ajustamento de Conduta e sua utilidade passam a ter fundamento legal para poder ser adotados pela administração em geral.

Deverão ser observados os seguintes requisitos para a realização do compromisso: a busca solução jurídica proporcional, equânime, eficiente e compatível com os interesses gerais; não poderá conferir desoneração permanente de dever ou condicionamento de direito reconhecidos por orientação geral; e deverá prever com clareza as obrigações das partes, o prazo para seu cumprimento e as sanções aplicáveis em caso de descumprimento.

> Art. 27. A decisão do processo, nas esferas administrativa, controladora ou judicial, poderá impor compensação por benefícios indevidos ou prejuízos anormais ou injustos resultantes do processo ou da conduta dos envolvidos.
>
> § 1º A decisão sobre a compensação será motivada, ouvidas previamente as partes sobre seu cabimento, sua forma e, se for o caso, seu valor.
>
> § 2º Para prevenir ou regular a compensação, poderá ser celebrado compromisso processual entre os envolvidos.

O dispositivo sob comento faculta ao administrador a imposição de compensação por benefícios indevidos ou prejuízos anormais ou injustos resultantes do processo ou da conduta dos envolvidos e tem por intuito corrigir situações em que o erro é irreversível, valendo-se a autoridade da compensação como forma de alcançar o interesse público. A decisão que impõe compensação deve ser motivada e precedida da oitiva das partes. Há ainda a possibilidade de celebração de compromisso processual entre os envolvidos.

> Art. 28. O agente público responderá pessoalmente por suas decisões ou opiniões técnicas em caso de dolo ou erro grosseiro.

Tal artigo atribui responsabilidade pessoal ao agente público em caso de dolo ou erro grosseiro. Esta responsabilização pessoal não retira a responsabilidade do Estado por atos de seus agentes, de acordo com o que prevê o art. 37, § 6º da Constituição Federal. No entanto, alguns juristas apontam que este dispositivo se afasta da regra constitucional em dois pontos: i) para que o agente público responda, o art. 28 exige que ele tenha agido com dolo ou erro grosseiro. Ocorre que a CF/88 se contenta com dolo ou culpa; ii) O art. 37, § 6º da CF/88 exige que a responsabilidade civil do agente público ocorra de forma regressiva. O art. 28 da LINDB não é explícito nesse sentido, devendo, no entanto, ser interpretada a responsabilidade como sendo regressiva por força da Constituição e daquilo que a jurisprudência denomina de teoria da dupla garantia (STF. RE 327904 e RE 593525 AgR).

> Art. 29. Em qualquer órgão ou Poder, a edição de atos normativos por autoridade administrativa, salvo os de mera organização interna, poderá ser precedida de consulta pública para manifestação de interessados, preferencialmente por meio eletrônico, a qual será considerada na decisão.
>
> § 1º A convocação conterá a minuta do ato normativo e fixará o prazo e demais condições da consulta pública, observadas as normas legais e regulamentares específicas, se houver.
>
> § 2º (VETADO).

O dispositivo ao prever a consulta pública prévia à edição de atos normativos por autoridade administrativa tem por intuito proporcionar transparência e previsibilidade à atividade normativa do Executivo.

> Art. 30. As autoridades públicas devem atuar para aumentar a segurança jurídica na aplicação das normas, inclusive por meio de regulamentos, súmulas administrativas e respostas a consultas.
>
> Parágrafo único. Os instrumentos previstos no caput deste artigo terão caráter vinculante em relação ao órgão ou entidade a que se destinam, até ulterior revisão.

O artigo traz instrumentos que visam aumentar a segurança jurídica.

A Lei nº 13.655/2018 entrou em vigor na data de sua publicação, no dia 26.04.2018, desta forma, seus dispositivos desde então já produzem efeitos, salvo o art. 29 da LINDB, cuja *vacatio legis* é de 180 dias.

10. FLUXOGRAMAS

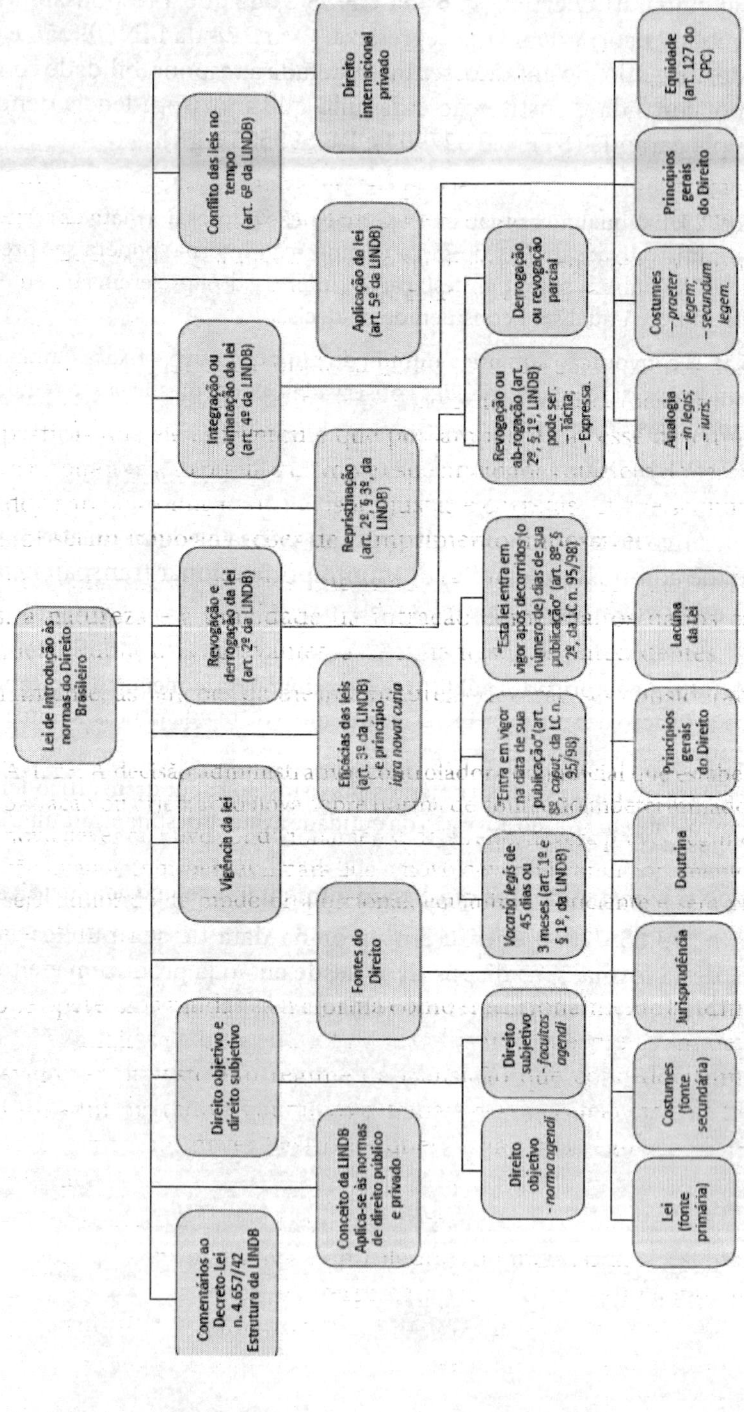

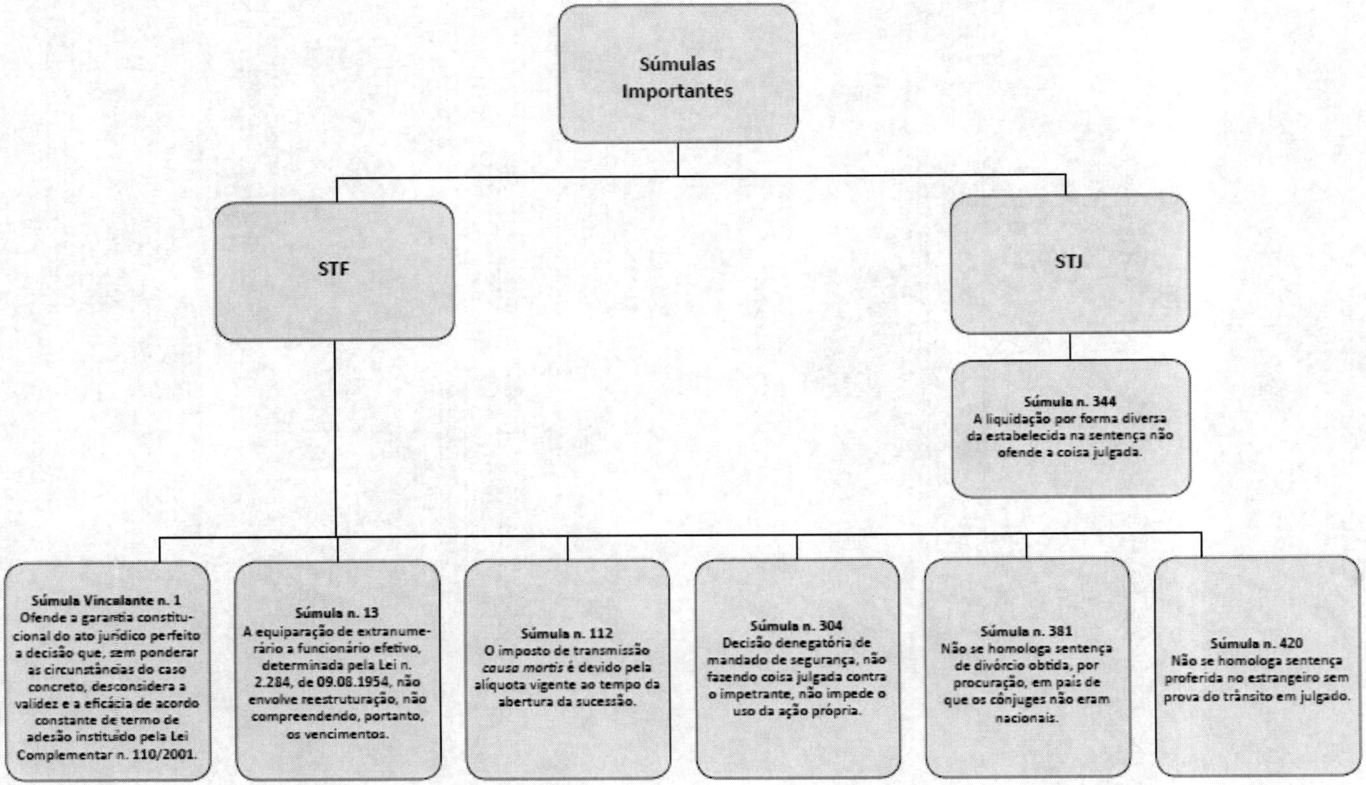
Súmulas Importantes
STF
STJ
Súmula n. 344
A liquidação por forma diversa da estabelecida na sentença não ofende a coisa julgada.
Súmula Vinculante n. 1
Ofende a garantia constitucional do ato jurídico perfeito a decisão que, sem ponderar as circunstâncias do caso concreto, desconsidera a validez e a eficácia de acordo constante de termo de adesão instituído pela Lei Complementar n. 110/2001.
Súmula n. 13
A equiparação de extranumerário a funcionário efetivo, determinada pela Lei n. 2.284, de 09.08.1954, não envolve reestruturação, não compreendendo, portanto, os vencimentos.
Súmula n. 112
O imposto de transmissão causa mortis é devido pela alíquota vigente ao tempo da abertura da sucessão.
Súmula n. 304
Decisão denegatória de mandado de segurança, não fazendo coisa julgada contra o impetrante, não impede o uso da ação própria.
Súmula n. 381
Não se homologa sentença de divórcio obtida, por procuração, em país de que os cônjuges não eram nacionais.
Súmula n. 420
Não se homologa sentença proferida no estrangeiro sem prova do trânsito em julgado.

2

Pessoa Natural

1. PERSONALIDADE JURÍDICA (ARTS. 1.º A 39 DO CC)

1.1 Definição e aquisição

A definição jurídica de pessoa não se confunde com o seu significado biológico. Na época da escravidão, nunca se contestou que o escravo era biologicamente um ser humano, contudo, para o direito ele não era, pois a lei o considerava um bem, uma mercadoria. Por outro lado, a pessoa jurídica é um indivíduo para o direito, porém, no sentido biológico da palavra, ela não é.

Afinal de contas, o que é pessoa em sentido jurídico? É o ente dotado de personalidade jurídica, ou seja, com habilidade para adquirir direitos e contrair obrigações.

Nos termos do art. 2.º do CC, a pessoa natural adquire personalidade jurídica desde o seu nascimento com vida. Dessa maneira, se houver um questionamento indagando se uma criança de dois anos de idade pode ser dona de um apartamento, a resposta será afirmativa.

> **Atenção**
>
> Nascituro é o ente com vida intrauterina concebido, mas ainda não nascido. Conforme previsão do mesmo art. 2.º do CC, embora não tenha personalidade jurídica, ele tem seus direitos protegidos. Isso indica que o nascituro possui direitos futuros, isto é, para quando e se nascer com vida. Pode, portanto, receber uma doação (art. 542, CC) ou uma herança (arts. 1.798, 1.799 e 1.800, CC), no entanto, a aquisição do direito não se consuma em caso de abortamento.

Pode ainda ser-lhe nomeado curador para a defesa dos seus interesses tendo direito a saber quem é o seu pai, através da realização do exame de DNA após o nascimento (STF, RC 2040). Possui direito a alimentos (Lei 11.804/08). Possui direito a danos morais (REsp 9315566/RS). E por fim, tem direito a recebimento do DPVAT (Inf. 459 do STJ).

Observação

Natimorto - é aquele que já nasceu morto e tem protegido os direitos da personalidade.

Importante!

Em recente julgado do STF, discutiu-se a possibilidade de interrupção voluntária da gravidez no primeiro trimestre em cumprimento e ponderação aos direitos fundamentais da mulher, e decorrente descriminalização nesta hipótese do crime de aborto, ver HC n. 124.306/RJ.

Sobre o tema, ver ainda a ADPF n. 442, do STF questionando a recepção, pela Constituição Federal de 1988, dos arts. 124 e 126 do Código Penal, que instituem a criminalização da interrupção voluntária da gravidez, pela ordem normativa vigente, sustentando que os dois dispositivos do Código Penal afrontam postulados fundamentais como a dignidade da pessoa humana, a cidadania, a não discriminação, a inviolabilidade da vida, a liberdade, a igualdade, a proibição de tortura ou o tratamento desumano e degradante, a saúde e o planejamento familiar das mulheres e os direitos sexuais e reprodutivos. A pretensão é que o STF exclua do âmbito de incidência dos dois artigos a interrupção da gestação induzida e voluntária realizada nas primeiras 12 semanas.

1.2 Direitos da personalidade

Todos os indivíduos têm direito a uma vida digna em sociedade. Não há como ter dignidade humana se não tivermos, desde o nascimento com vida, a proteção de direitos mínimos. Não se trata aqui de direito de propriedade, e sim de direitos sem conteúdo econômico, que compõem a própria essência da humanidade. Esses direitos mínimos são denominados de direitos da personalidade, pois a sua aquisição é acompanhada dos direitos que dela decorrem.

São exemplos de direitos da personalidade: direito à vida, à liberdade de ir e vir, à liberdade de pensamento e expressão, à honra, à intimidade, à privacidade, ao nome, ao próprio corpo, entre outros.

> **Atenção**
>
> Não esquecer as características dos direitos da personalidade. São direitos mínimos, que todos têm desde o nascimento com vida, para que possuam dignidade humana. Assim sendo, eles são: irrenunciáveis, intransmissíveis, extrapatrimoniais, impenhoráveis, imprescritíveis, oponíveis *erga omnes* (contra todos) e decorrentes (decorrem da personalidade jurídica). OBS: Os direitos da personalidade são indisponíveis. Todavia, também, que isso é relativo. Toda vez que a disponibilidade ofender princípio de ordem pública, ela não é possível; sua possibilidade se pauta, portanto, na não ofensa.

1.2.1 A tutela dos direitos da personalidade

Uma vez violados, a proteção dos direitos da personalidade se dá pela via indenizatória, que pode ser por dano moral ou até mesmo por dano material. No entanto, a proteção pode ser preventiva, tendo por finalidade evitar a própria consumação do dano. Dessa forma, pode-se exigir que cesse a ameaça ou a lesão a direito da personalidade e reclamar perdas e danos, sem prejuízo de outras sanções previstas em lei.

> **Atenção**
>
> Súmula n. 403 do STJ; ver também Enunciados n. 275, 398, 399 400 e 613 das Jornadas de Direito Civil.

São os direitos da personalidade a serem tutelados:

a) Vedação de atos de disposição do próprio corpo - Salvo por exigência médica, é defeso o ato de disposição do próprio corpo, quando importar diminuição permanente da integridade física, ou contrariar os bons costumes. O ato previsto no art. 13 será admitido para fins de transplante, na forma estabelecida em lei especial. Mediante contraprestação pecuniária, estão vedados todos os atos de disposição do próprio corpo. OBS: O artigo sob comento não veda as cirurgias de mudança de sexo *(transgenitalização)* (Enunciados n. 6 e 276 das Jornadas de Direito Civil).

b) O princípio do consenso afirmativo – presente no art. 14 do CC/02 dispondo que é válida, com objetivo científico, ou altruístico, a disposição gratuita do próprio corpo, no todo ou em parte, para depois da morte. O ato de disposição pode ser livremente revogado a qualquer tempo. Hoje vigora a **doação consentida** (Lei n. 10.211/2001, que alterou o art. 9º da Lei n. 9.434/1997) ou o **princípio do consenso afirmativo** (o art. 14 do Código Civil revogou parcialmente o art. 4º da Lei n. 9.434/97). OBS: Tal artigo não se restringe ao transplante, mas também para fins científicos.

> ***Importante!***
>
> Foi publicado o Decreto n. 9.175/2017 que regulamenta a Lei n. 9.434/97, para tratar da disposição de órgãos, tecidos, células e partes do corpo humano para fins de transplante e tratamento, revogando o Decreto n. 2.268/97.

c) Os princípios da autonomia do paciente e da não maleficência - Ninguém pode ser constrangido a se submeter, com risco de vida, a tratamento médico ou a intervenção cirúrgica (art. 15, CC). OBS: ver o Enunciado n. 403 e 533 das Jornadas de Direito Civil O dispositivo deve ser interpretado restritivamente, sem jamais priorizar a liberdade do paciente em detrimento da vida, a qual tem primazia constitucional. As testemunhas de Jeová, por exemplo, não aceitam transfusões de sangue com fundamento na liberdade religiosa (art. 5º, § 6º, da CF/88). Nesse caso, a posição dominante atualmente é que o médico deverá fazer a transfusão e salvar a vida do paciente (**ponderação dos direitos**).

O *nome civil* constitui elemento designativo do indivíduo e fator de sua identificação na sociedade, o nome é, ainda, atributo da personalidade. Envolve, simultaneamente, um direito individual e um interesse social. É direito e é dever; nele são compreendidos o prenome (designa o indivíduo) e o sobrenome (indica a origem familiar), além de possuir um aspecto privado e um aspecto público. No aspecto privado o nome é um direito da personalidade ligado ao princípio da dignidade humana. No aspecto público, o nome está ligado à ideia de uma identidade. O aspecto privado possibilita que a pessoa mude o seu nome de acordo com a trajetória da sua vida. No aspecto público há uma índole conservadora, porquanto a sociedade exige que o nome seja imutável para que haja segurança na identificação de cada um.

São chamados de contingentes ou secundários: o **agnome**: Neto, Filho, Júnior. Ex.: Péricles Júnior. Quando há um apelido público e notório, esse é chamado de **vocatório** (Xuxa, Pelé, Lula). O **hipocorístico** é um designativo do nome derivado de sua raiz, destinado à expressão de afeto (Zeca, Chico).

O prenome pode ser mudado nas seguintes hipóteses: adoção de um menor; nome vexatório (art. 55 da LRP); erro gráfico (art. 110 da LRP); homonímia; art. 56 da LRP – dos 18 aos 19 anos (a lei apresenta um prazo decadencial de um ano para a mudança, todavia o STJ no REsp n. 538.187/RJ já se manifestou em sentido contrário); pessoas do programa de proteção a vítimas e testemunhas (§ 7º, do art. 57

e parágrafo único do art. 58 da LRP); casamento, separação ou divórcio (art. 1.565, §§ 1º e 2º, do CC) e substituições por apelidos públicos notórios (art. 58 da LRP).

Atenção!

O instrumento processual a ser realizado é a Ação de Retificação de nome (Art. 5º, XXXV, da Constituição Federal, c/c art. 109, LRP).

Importante!

- O STF na decisão do julgamento da Ação Direta de Inconstitucionalidade (ADI) n. 4.275 proposta pela Procuradoria-Geral da República (PGR) por unanimidade reiterou o entendimento de ser possível a alteração de nome e gênero no assento de registro civil mesmo sem a realização de procedimento cirúrgico de redesignação de sexo (transgenitalização), decidindo ainda, por maioria que, para a alteração, não é necessária autorização judicial. Assim: é possível a alteração do registro civil sem mudança de sexo e sem decisão judicial.
- O STJ em decisão consignou que o mero desejo pessoal do indivíduo, por si só, isto é, sem qualquer peculiaridade, não justifica o afastamento do princípio da imutabilidade do prenome. (REsp n. 1.728.039/SC, 3ª Turma, Rel. Min. Marco Aurélio Belizze, j. em 12.06.2016, DJe 19.06.2018)

Atenção!

Observe o Provimento n. 82/2019, do CNJ que dispõe sobre o procedimento de averbação, no registro de nascimento e no de casamento dos filhos, da alteração do nome do genitor e dá outras providências. *Vide* art. 1.565, do Código Civil.

O nome da pessoa não pode ser empregado por outrem em publicações ou representações que a exponham ao desprezo público, ainda quando não haja intenção difamatória. Mesmo que não seja exposto ao desprezo público, o nome da pessoa não pode ser utilizado por uma terceira pessoa, sem a devida autorização, sob pena de reparação, por violação à honra objetiva e subjetiva.

a) Vedação do uso do nome em propaganda na falta de autorização - Sem autorização, não se pode usar o nome alheio em propaganda comercial. OBS: Quando se fala de direito à imagem, têm-se a *imagem-retrato, a imagem-atributo e a imagem voz.* Havendo uso indevido da imagem, a obrigação de indenizar é automática, em razão da violação de um dever originário de não causar danos a outrem (*neminem laedere*).

b) O uso do nome fictício - O pseudônimo adotado para atividades lícitas goza da proteção que se dá ao nome. Pseudônimo significa um nome fictício usado por um indivíduo como alternativa ao seu nome legal.

No que tange à proteção da imagem, salvo se autorizadas, ou se necessárias à administração da justiça ou à manutenção da ordem pública, a divulgação de escritos, a transmissão da palavra, ou a publicação, a exposição ou a utilização da imagem de uma pessoa poderão ser proibidas, ao seu requerimento e sem prejuízo da indenização que couber, se lhe atingirem a honra, a boa fama ou a respeitabilidade, ou se se destinarem a fins comerciais.

Atenção!

Na hipótese de colisão entre as liberdades de informação e expressão e o direito de imagem, será necessário haver ponderação entre os elementos envolvidos. Sobre o tema: Art. 12: A liberdade de expressão não goza de posição preferencial em relação aos direitos da personalidade no ordenamento jurídico brasileiro. (Enunciado n. 613 da VIII Jornada de Direito Civil).

A respeito da proteção da privacidade da pessoa natural, a sua vida privada é inviolável, e o juiz, a requerimento do interessado, adotará as providências necessárias para impedir ou fazer cessar ato contrário a essa norma. Trata-se do direito que cada indivíduo possui de impedir a intromissão de pessoas estranhas em sua vida particular.

A perda da personalidade jurídica acontece com a morte, todavia, alguns direitos da personalidade têm projeção *post mortem*. O direito de imagem de uma pessoa, por exemplo, não pode ser violado, mesmo já estando ela morta. A questão é: quem tem legitimidade para pedir indenização? Conforme o parágrafo único do art. 12 da Legislação Civilista: o cônjuge sobrevivente, qualquer parente em linha reta ou parente em linha colateral até o quarto grau.

Importante!

Súmula n. 642, do STJ: "O direito à indenização por danos morais transmite-se com o falecimento do titular, possuindo os herdeiros da vítima legitimidade ativa para ajuizar ou prosseguir a ação indenizatória".

A Lei Civil, nos seus arts. 13 a 21, traz regras específicas sobre alguns dos direitos da personalidade, cuja simples leitura é suficiente para responder às eventuais questões sobre o tema, pois a cobrança não se desprende muito da literalidade dos dispositivos citados.

1.3 Fim da personalidade jurídica

A pessoa natural perde a personalidade jurídica com a morte, que pode ser real ou presumida. A morte real ocorre quando há certeza do óbito, visto que existe um cadáver. Já a presumida acontece quando dela não se tem convicção, pois, embora não haja um cadáver, há motivos para presumir que a pessoa faleceu.

No Brasil, existem duas categorias de morte presumida: com prévia declaração de ausência e sem prévia declaração de ausência. O desaparecimento de uma pessoa, em princípio, não é motivo para supor a sua morte, mas sim para declaração de sua ausência. Se o ausente não aparecer com o passar dos anos, em um determinado momento esta será presumida. Todavia, em alguns casos, por ser muito provável a morte da pessoa, já pode haver presunção de morte tão logo ela desapareça, sem necessidade de se passar por um prévio processo de ausência.

1.3.1 Morte presumida com prévia declaração de ausência

Nos termos do art. 6.º da Norma Civilista, presume-se a morte do ausente nos casos em que a lei autoriza a abertura da sucessão definitiva. O que significa isso? Com o desaparecimento de uma pessoa, três processos se sucedem até ser presumida a morte do ausente: curadoria do ausente, sucessão provisória e sucessão definitiva.

a) Curadoria do ausente

Se uma pessoa desaparece sem dar notícias e sem nomear um procurador, sua ausência deve ser declarada para que seu patrimônio seja gerido. Qualquer pessoa, ou até mesmo o Ministério Público (MP), poderá solicitar ao juiz que declare a ausência. Da mesma forma, será declarada a ausência e nomeado curador na hipótese em que a pessoa desaparecida deixe procurador que, todavia, não queira ou não possa assumir o mandato.

Caso o juiz entenda que o caso é de ausência, ele proferirá uma sentença contendo três elementos: a declaração da ausência, a arrecadação dos bens do ausente e a nomeação de um curador (razão do nome do processo). Trata-se de mero administrador, pois, como o ausente acaba de desaparecer, as chances de regresso são grandes, portanto o patrimônio do ausente é para ele protegido, caso retorne.

Quem será nomeado curador do ausente? O art. 25 do Diploma Civil estabelece uma ordem de preferência: cônjuge do ausente, pais, descendentes (os mais próximos excluem os mais remotos) e alguém da confiança do juiz (curador dativo).

Caso o ausente não regresse, o seu patrimônio deixará de ser protegido para eventual retorno seu, passando o foco da proteção para os seus herdeiros. Contudo, é arriscado tão logo transferir-lhes a propriedade, pois, como donos, poderiam alienar os bens, gerando inconvenientes com eventual retorno do declarado ausente. Por isso, iniciamos com uma sucessão provisória, transferindo-lhes apenas a posse dos bens do ausente, para só depois passar a uma sucessão definitiva, transferindo-lhes, aí sim, a propriedade.

b) Sucessão provisória

Decorrido um ano da sentença que declarou a ausência sem que o ausente regresse, os interessados poderão ir a juízo pedir a abertura da sucessão provisória. É a fase que tem, principalmente, dois objetivos: apurar quem são os herdeiros e fazer a partilha dos bens, porém entregando-lhes apenas a posse dos bens do ausente, e não a propriedade.

Caso a pessoa desapareça, mas tenha deixado um procurador para gerir-lhe os bens, não é caso para declaração da ausência, pois esta se dá para quem desaparece sem deixar notícias e sem designar procurador. No entanto, caso o tempo passe e ela não retorne, sua ausência terá de ser declarada, pois os bens deverão passar para os herdeiros, primeiro em uma sucessão provisória, depois em uma sucessão definitiva. Note que, nesse caso, não se passa pela curadoria do ausente, pois ele já deixou quem administrasse seus bens.

Assim sendo, desaparecendo uma pessoa, que tenha deixado procurador, após três anos do desaparecimento sem regressar, os mesmos interessados poderão ir a juízo pedir a abertura da sucessão provisória. Como não ocorreu a fase da curadoria do ausente, o juiz declara a ausência ao mesmo tempo em que já abre a sucessão provisória, entregando a posse dos bens do ausente aos seus herdeiros.

Então, são dois casos de abertura da sucessão provisória: um ano após a sentença que declara a ausência, arrecada os bens e nomeia curador (se não deixou procurador) ou três anos a partir do desaparecimento da pessoa (caso tenha deixado procurador).

A questão que se coloca é: quem tem legitimidade para pedir a abertura da sucessão provisória? Quem tem algum interesse na sucessão dos bens, dando andamento ao processo para este se ultimar. Nesse sentido, o art. 27 da Legislação Civilista traz o rol dos interessados a pedirem a abertura da sucessão provisória: cônjuge não separado judicialmente, herdeiros presumidos (legítimos ou testamentários), quem tem sobre os bens do ausente direito dependente de sua morte e os credores de obrigações vencidas e não pagas.

Atenção!

De acordo com a norma civil, em regra o cônjuge ou companheiro do ausente será seu curador legítimo, exceto se houver separação judicial ou em cartório, ou ainda, se separação de fato há mais de dois anos. No entanto quanto ao prazo, de acordo com a doutrina, havendo separação de fato, independentemente de qualquer prazo o cônjuge ou companheiro não será mais o curador do ausente, tendo em vista a cessação da afetividade, já que a simples ruptura conjugal, independente de um prazo inferior ou superior a dois anos, já basta para extinguir a afetividade e mútua colaboração. Destacamos que há ainda aqueles que entendem que não há mais separação judicial com a EC 66/2010, tendo a norma que ser interpretada com ressalvas, apesar do recente entendimento da 4ª Turma do STJ, afirmando que a entrada em vigor da emenda, que modificou o art. 226, da CF/88 para deixar de condicionar o divórcio à prévia separação judicial ou de fato, não aboliu a figura da separação judicial do ordenamento jurídico brasileiro, mas apenas facilitou aos cônjuges o exercício pleno de sua autonomia privada, a única alteração ocorrida com EC 66 foi a supressão do requisito temporal e do sistema bifásico para que o casamento possa ser dissolvido pelo divórcio.

Esses interessados vão a juízo pedir a abertura da sucessão provisória. A sentença que a declara aberta só produzirá efeitos 180 dias após ser proferida e publicada, de acordo com o que dispõe o art. 28 da Lei Civil. O efeito é a entrega da posse aos herdeiros, entretanto, não se sabe quem são eles. Esse prazo, portanto, presta-se para se apurar quem são os herdeiros, razão pela qual já determina, desde logo, o início do inventário e a abertura de eventual testamento, como se morto estivesse o ausente.

Até esse momento, a posse estava com o curador. Na abertura da sucessão provisória, a posse será entregue aos herdeiros. Há, contudo, uma significativa diferença da posse exercida pelo curador e a exercida pelos herdeiros. Na curadoria do ausente, o curador capitaliza os rendimentos dos bens arrecadados para o ausente, caso ele retorne. Na sucessão provisória, os herdeiros farão seus os rendimentos dos bens arrecadados.

Segundo previsão dos arts. 30 e 33 do CC, há uma diferença na percepção dos rendimentos pelos herdeiros da sucessão provisória, a depender de quem suceder: se cônjuge, ascendentes ou descendentes, farão seus todos os rendimentos, porém se outros sucessores, ou melhor, parentes colaterais ou testamentários, a estes será instituída apenas metade dos rendimentos, devendo capitalizar a outra metade para o caso de o ausente regressar.

Atenção

Qual a consequência de a ausência ser dolosa, quer dizer, a ausência ser voluntária e injustificada? Obviamente, o ausente não perde seus bens, mas uma consequência sofrerá: perderá todos os rendimentos, inclusive se os sucessores provisórios forem parentes colaterais ou testamentários (art. 33, parágrafo único, do CC).

Se o ausente regressar após a abertura da sucessão provisória, ele retomará todo o seu patrimônio. E se os sucessores provisórios, no exercício da posse, destruírem ou deteriorarem os bens ou simplesmente se recusarem a restituí-los?

O art. 30 da Norma Civilista estabelece que, para os herdeiros se imitirem na posse ("entrarem" na posse, serem investidos na posse), devem dar garantias na forma de hipotecas ou penhores. No entanto, o *caput* do art. 30 supramencionado deve ser analisado em conjunto com o seu § 2.º, que dispensa o cônjuge, descendente ou ascendente de prestarem a referida garantia para sua imissão na posse. Em conclusão, só se exige garantia dos demais herdeiros, ou seja, dos parentes colaterais e dos testamentários.

Completa o entendimento o § 1.º do mesmo art. 30, estabelecendo que, se os herdeiros colaterais e testamentários não tiverem bens a garantir, serão excluídos da sucessão, ficando a posse com o curador ou algum herdeiro que pode prestá-la, a ser designado pelo juiz. No entanto, o art. 34 do Diploma Civil prevê a possibilidade de esse excluído requerer metade dos rendimentos, provando não prestar garantias apenas pela falta de meios para tal.

Atente-se que na sucessão provisória se tem dois tipos de herdeiros: cônjuge, descendentes e ascendentes, de um lado, e, de outro, os colaterais e testamentários. Entre eles há duas significativas diferenças: cônjuge, descendentes e ascendentes fazem seus todos os rendimentos dos bens do ausente e não precisam prestar garantias para imissão na posse, diferente dos colaterais e testamentários, que fazem jus a apenas metade dos rendimentos e devem dar garantias para imissão na posse, podendo até ser excluídos da sucessão provisória.

Atenção!

Legislação processual sobre o tema:

Art. 610. Havendo testamento ou interessado incapaz, proceder-se-á ao inventário judicial.

§ 1º Se todos forem capazes e concordes, o inventário e a partilha poderão ser feitos por escritura pública, a qual constituirá documento hábil para qualquer ato de registro, bem como para levantamento de importância depositada em instituições financeiras.

§ 2º O tabelião somente lavrará a escritura pública se todas as partes interessadas estiverem assistidas por advogado ou por defensor público, cuja qualificação e assinatura constarão do ato notarial.

Art. 611. O processo de inventário e de partilha deve ser instaurado dentro de 2 (dois) meses, a contar da abertura da sucessão, ultimando-se nos 12 (doze) meses subsequentes, podendo o juiz prorrogar esses prazos, de ofício ou a requerimento de parte

c) Sucessão definitiva

Se o tempo passar e o ausente não regressar, aí não tem jeito. Passaremos à sucessão definitiva, transferindo a propriedade dos bens do ausente aos seus herdeiros. A questão é: quanto tempo depois os interessados poderão pedir a abertura da sucessão definitiva? Apenas dez anos depois, pois, ao transferir a propriedade, os bens podem ser alienados e haveria inconvenientes com eventual volta do ausente.

Então, tem-se aqui um caso em que a lei autoriza a abertura da sucessão definitiva na ausência: dez anos depois de passado em julgado a sentença que concede a abertura da sucessão provisória (art. 37 do CC).

Ainda em relação à questão da sucessão, por que a propriedade dos bens do ausente é transferida para os seus herdeiros quando é aberta a sucessão definitiva? Porque nesse instante presume-se a morte do ausente. É exatamente o que estatui o já citado art. 6.º da Legislação Civilista.

O art. 38 da Lei Civil traz um segundo caso em que a lei autoriza a abertura da sucessão definitiva na ausência. Se a pessoa tem mais de 80 anos e está há anos desaparecida, a chance de estar morta é maior. Portanto, a lei estabelece que, se o ausente tiver mais de 80 anos e houver cinco anos sem dele se ter notícias, abre-se a sucessão definitiva, em qualquer fase do procedimento da ausência, ora em estudo.

Então são dois os casos em que a lei autoriza a abertura da sucessão definitiva na ausência: dez anos após o trânsito em julgado da sentença que concede a abertura da sucessão provisória (art. 37 do CC) e, tendo mais de 80 anos, se desaparecido há pelo menos cinco anos (art. 38 do CC).

E se o presumido morto voltar? Essa parece ser uma questão mais teórica do que prática, pois muito longo é o prazo para a presunção da morte do ausente. Todavia, é necessário ressaltar que o texto do art. 39 do Código Civil diz que ele ainda retoma seu patrimônio, caso volte nos dez anos seguintes à abertura da sucessão definitiva.

O problema é que, ao abrir a sucessão definitiva, a propriedade de seus bens foi transferida aos herdeiros, o que lhes legitima a alienações válidas. Por isso, o dispositivo legal diz retomar o seu patrimônio no estado em que se encontrar. Não se trata apenas de retomar os bens remanescentes, mas também o dinheiro obtido com eventual venda, assim como os bens sub-rogados em seu lugar, isto é, substituídos, obtidos com os recursos auferidos com a venda dos bens do ausente ou simplesmente por eles trocados.

Atenção!

Art. 39: *Os efeitos patrimoniais da presunção de morte posterior à declaração da ausência são aplicáveis aos casos do art. 7º, de modo que, se o presumivelmente morto reaparecer nos dez anos seguintes à abertura da sucessão, receberá igualmente os bens existentes no estado em que se acharem.* (Enunciado n. 614 da VIII Jornada de Direito Civil).

1.3.2 Morte presumida sem prévia declaração de ausência

Consoante visto, o desaparecimento de uma pessoa, em princípio, não é motivo para presumir sua morte, e sim para declarar a sua ausência. Somente anos depois será presumida a morte do ausente, transferindo-se a propriedade dos bens do ausente para seus herdeiros. Contudo, em alguns casos é tão provável a morte de uma pessoa que sua morte poderá ser presumida tão logo desapareça, sem necessidade de se passar por uma prévia declaração de ausência. A lei coloca somente uma exigência: exclusivamente depois de encerradas as buscas e averiguações (art. 7.º, parágrafo único, do CC).

Dica

AUSÊNCIA = LINS (LUGAR INCERTO E NÃO SABIDO)

Conforme prevê o art. 7.º da Norma Civilista, a morte de uma pessoa sem prévia declaração de ausência se dá em dois casos: se for extremamente provável a morte de quem estava em perigo de vida ou se a pessoa desapareceu durante uma guerra ou foi feita prisioneira de guerra, não regressando nos dois anos seguintes ao término da guerra.

Imagine qualquer dos recentes casos de acidente aéreo ocorridos no Brasil. Suponha 50 pessoas a bordo, 49 corpos encontrados e um corpo não encontrado. É extremamente provável a morte dessa pessoa, razão pela qual sua morte pode ser presumida assim que encerradas as buscas e averiguações, sem necessidade de um longo processo de ausência, já adquirindo os herdeiros a propriedade dos bens do presumido morto.

1.3.3 Comoriência

Nos termos do art. 8.º do Diploma Civil, comoriência é a presunção de morte simultânea, que se opera quando duas ou mais pessoas falecerem na mesma ocasião, não se podendo averiguar qual dos comorientes precedeu aos outros.

Como exemplo, imagine que marido e mulher morrem em um acidente de carro, sem ser possível determinar a ordem das mortes. No direito comparado há confusos critérios para presumir quem morreu antes, porém, aqui no Brasil, seguindo o direito alemão, presume-se que eles morreram ao mesmo tempo.

2. CAPACIDADE JURÍDICA (ARTS. 1.º A 10 DO CC)

2.1 Definição e espécies

Não se deve confundir personalidade jurídica com capacidade jurídica. Ao falar em personalidade jurídica, a questão é se a pessoa pode ou não ter direitos e deveres. Quando o assunto é a capacidade jurídica, pretende-se saber se ela pode ou não praticar atos da vida civil, tais como vender, alugar, doar, emprestar, entre outros.

Capacidade jurídica, portanto, é a aptidão para praticar os atos da vida civil, relativos aos direitos e deveres que a pessoa pode ter, por ser dotada de personalidade jurídica. Uma criança de dois anos de idade pode ser dona de um apartamento, pois tem personalidade jurídica, entretanto, não poderá praticar atos válidos em relação a ele, pois não tem capacidade jurídica.

Na verdade, o que ela não tem é capacidade de fato. Uma criança até pode praticar atos da vida civil, contanto que seja representada ou assistida, pois representação e assistência são institutos de suprimento da incapacidade.

Isso faz com que existam duas classes de capacidade jurídica: a capacidade de fato e a de direito. A capacidade de fato ou de exercício é a aptidão para praticar pessoalmente, por si só, os atos da vida civil, enquanto a de direito ou de gozo é a competência para praticar os atos da vida civil, desde que representado ou assistido.

Atenção

A pessoa natural adquire a capacidade de direito a partir do nascimento com vida, ou seja, no momento em que já pode praticar atos jurídicos mediante representação. Já aos 18 anos, ela alcança a capacidade de fato.

Por isso, a capacidade é chamada de medida de personalidade. A capacidade de direito representa uma personalidade limitada, pois a pessoa pode ter direitos e deveres, contudo, para praticar atos em relação a eles, é exigida representação ou assistência. A capacidade de fato é uma personalidade mais ampla, pois não só se pode ter direitos e deveres, mas também praticar pessoalmente atos relativos a eles.

2.2 Incapacidade

Quando a pessoa não tem capacidade de fato, ela é chamada de incapaz. Como o incapaz pode praticar atos da vida civil se estiver representado ou assistido, ele tem capacidade de direito. Não existe incapacidade de direito, tanto que todos nós a adquirimos no nascimento com vida.

A lei graduou a incapacidade, podendo ser ela mais ou menos grave. Com isso, ela pode ser de duas naturezas: absoluta ou relativa. Os casos de incapacidade absoluta estão elencados no art. 3.º do Código Civil e os de incapacidade relativa estão previstos no art. 4.º da presente Norma Civilista. O incapaz não pode praticar atos jurídicos em razão de não ter discernimento para isso, devendo ser protegido pela lei. Se falta discernimento, a pessoa é absolutamente incapaz, só podendo praticar atos se representado; se tem discernimento, mas este é reduzido, é relativamente incapaz, só podendo praticar atos se assistido.

Nesse sentido, de acordo com alteração dada pelo Estatuto da Pessoa com Deficiência, Lei n. 13.146/2015, são absolutamente incapazes: os menores de 16 anos (chamados de menores impúberes) (art. 3.º do CC). São relativamente incapazes: os maiores de 16 e menores de 18 anos (chamados de menores púberes); os ébrios habituais; os viciados em tóxicos e aqueles que, por causa transitória ou permanente, não puderem exprimir sua vontade; e os pródigos (art. 4.º do CC). Em relação ao indígena, o art. 4º, parágrafo único, CC remete à legislação especial (Lei 5.371 - Estatuto da Funai e a 6.001 - Estatuto do Índio).

Não haverá interdição, nos casos de natureza transitória, pois essa pressupõe estado duradouro. O Estatuto da Pessoa com Deficiência, após sua entrada em vigor, causa grande repercussão sobre o sistema jurídico brasileiro, principalmente na disciplina do Direito Civil. O conceito da pessoa com deficiência está previsto no art. 2º, do Estatuto: "Considera-se pessoa com deficiência como aquela que tem impedimento de longo prazo de natureza física, mental, intelectual ou sensorial, o qual, em interação com uma ou mais barreiras, pode obstruir sua participação plena e efetiva na sociedade em igualdade de condições com as demais pessoas".

A alteração do art. 3º, do CC através da Lei n. 13.146/15 implica na não existência de pessoa absolutamente incapaz que seja maior de idade, apenas pessoas menores de 16 anos podem ser consideradas absolutamente incapazes.

O suprimento da incapacidade absoluta dá-se através da *representação*, quando o representante age no interesse do incapaz. De outro modo, na incapacidade relativa dá-se por meio da *assistência*.

A incapacidade cessa nas seguintes hipóteses: maioridade; revisão do processo de interdição e emancipação.

Atenção

Nos termos do *caput* do art. 4.º do CC, o relativamente incapaz é incapaz apenas para a prática de alguns atos. Isso significa que ele pode validamente praticar alguns atos sem assistência. Três exemplos podem ser mencionados:

a) Pródigo é quem gasta desordenadamente seu patrimônio, podendo chegar à miséria, razão pela qual precisa de assistente apenas para a prática de atos patrimoniais (vender, doar, dar quitação, hipotecar, entre outros). Pode, portanto, praticar, sem assistente, atos de mero gerenciamento de sua vida cotidiana (atuar profissionalmente, escolher domicílio, autorizar filho a casar quando a lei exige autorização dos pais, entre outros).

b) O menor relativamente incapaz pode fazer testamento sem assistência, pois a idade mínima exigida para esse ato é de 16 anos.

c) O menor relativamente incapaz também pode praticar atos válidos em nome de outra pessoa, pois o art. 666 do Diploma Civil, embora limite sua responsabilidade, permite concessão de procuração ao menor que tenha mais de 16 anos.

2.3 Emancipação

Consiste na antecipação da capacidade civil plena, ou melhor, o menor de idade torna-se plenamente capaz para praticar pessoalmente os atos da sua vida civil.

Fala-se aqui em menor de idade, portanto, em condições normais, a representação ou a assistência pode caber aos pais ou a um tutor. A ideia do procedimento de emancipação é: se ambos os pais querem emancipar seu filho, não precisam ir ao Poder Judiciário, podendo emancipá-lo em cartório. Por outro lado, se os pais discordam ou se o caso é de tutela e o tutor quer emancipar o tutelado, a emancipação deve ser por meio de um processo judicial, no qual o juiz vai velar pelo interesse do menor. Como a emancipação também pode decorrer de casos previstos em lei, existem três categorias de emancipação:

a) **Emancipação voluntária:** autorizada pelos pais, por intermédio de instrumento público, ao menor que tenha mais de 16 anos (pode ser por apenas um dos pais, no entanto, apenas quando o outro faltar, quer dizer, porque morreu ou porque declarado ausente ou, ainda, porque perdeu o poder familiar).
b) **Emancipação judicial:** concedida pelo tutor ou diante da divergência dos pais a quem for maior de 16 anos, o que se dá por meio de uma sentença judicial como resultado de um processo próprio para a emancipação.
c) **Emancipação legal:** caso de emancipação automática que ocorre diante de casos previstos em lei, quais sejam: casamento, exercício de emprego público efetivo, colação de grau em curso de ensino superior, pelo estabelecimento civil ou comercial ou por uma relação de emprego em que o menor com mais de 16 anos tenha economia própria.

3. FLUXOGRAMA

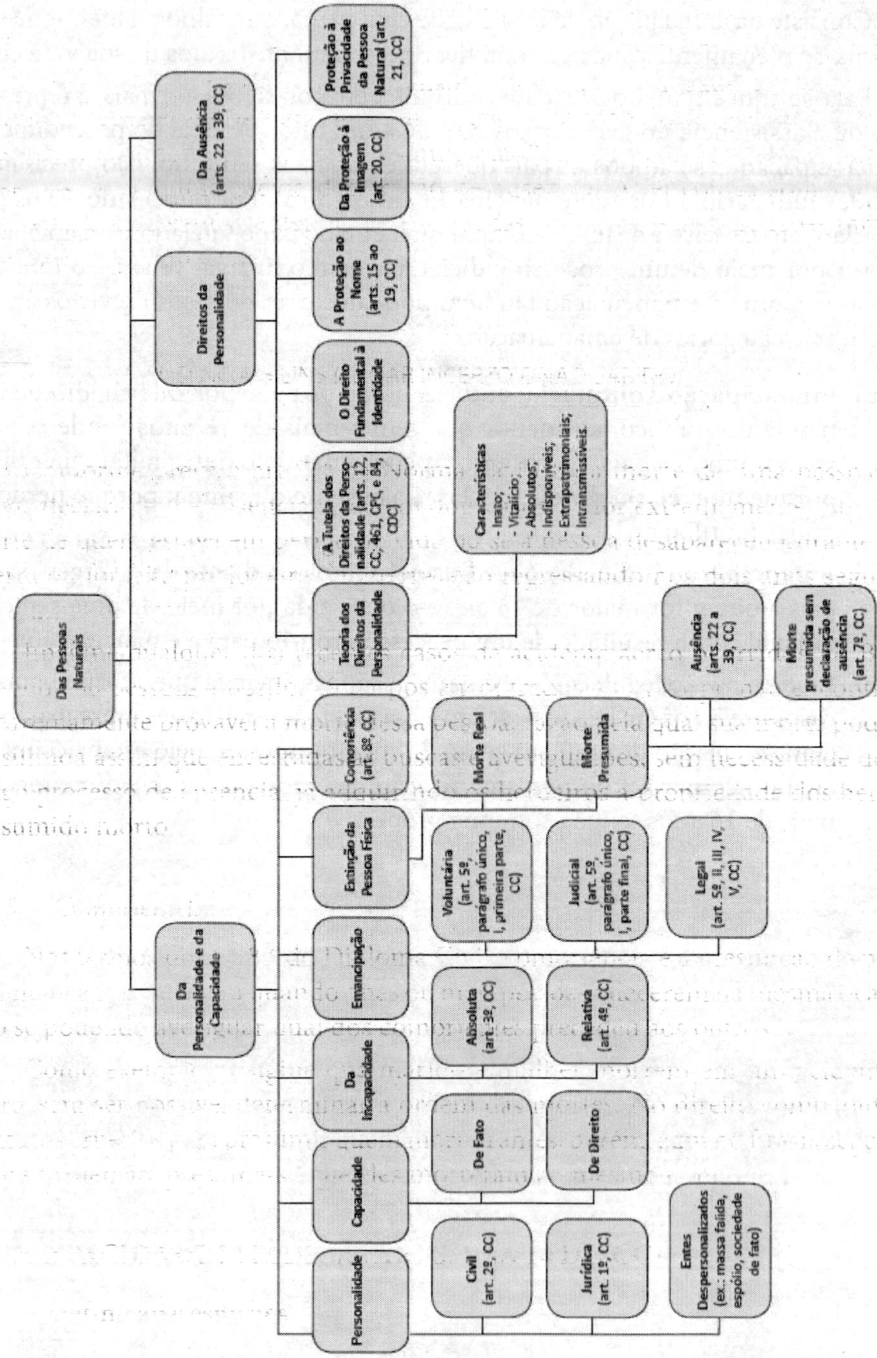

3

Pessoa Jurídica

1. DEFINIÇÃO

Também intitulada de ente moral, a pessoa jurídica não tem existência concreta, todavia, como o nome indica, é uma pessoa para o direito. Isso significa que ela nada mais é do que um ente abstrato que pode ter direitos e deveres próprios.

Se duas pessoas criam uma sociedade e, em nome dela, um dos sócios contrai uma dívida, devedora é a sociedade e não os sócios, pois ela é uma pessoa jurídica. Do mesmo modo, se um policial em exercício da função causar um dano a alguém, a indenização poderá ser cobrada do Estado, pois ele também é uma pessoa jurídica.

Logo, pessoa jurídica é um ente abstrato formado por um conjunto de pessoas naturais ou de bens reunidos para um determinado fim, a quem a lei reconhece personalidade jurídica, ou seja, aptidão para ter direitos e deveres próprios. Constate que a pessoa jurídica pode ser formada não só por pessoas naturais, mas também por um conjunto de bens.

Por ser dotado de personalidade jurídica, o ente moral tem a proteção dos direitos da personalidade, contudo não de todos, pois alguns são incompatíveis com sua natureza abstrata. Como exemplo, ele tem direito de imagem, porém não tem direito à vida. Por isso, o art. 52 da Legislação Civilista diz que se aplica às pessoas jurídicas, no que couber, a proteção dos direitos da personalidade.

Nos termos da Súmula 227 do STJ, a pessoa jurídica pode sofrer dano moral. Há uma corrente que defende que não, pois dano moral é uma ofensa à honra e a pessoa jurídica e, em razão de sua abstratividade, não teria honra. Na verdade, a honra pode ser de dois tipos: subjetiva (o que eu penso de mim, isto é, minha autoestima) e objetiva (o que as pessoas pensam de mim). Por ser um ente abstrato, a pessoa jurídica não tem honra subjetiva, no entanto, tem honra objetiva, podendo, portanto, sofrer dano moral.

Ainda em razão da natureza abstrata da pessoa jurídica, alguém tem de ser a sua voz, falar em nome dela, papel que cabe ao administrador. Por isso, quando ele assume uma obrigação, não obriga a si próprio, mas sim à pessoa jurídica.

> ***Atenção***
>
> Ao criar a pessoa jurídica, os membros podem colocar no ato constitutivo limitações à sua atuação. Caso pratiquem algum ato excedendo seus poderes definidos no ato constitutivo, excepcionalmente obrigarão a si próprios e não à pessoa jurídica (art. 47 do CC).

A função social da pessoa jurídica deve ser respeitada sob pena de sua desconsideração. Com base nessa premissa surgiu a teoria da **desconsideração da personalidade jurídica**, ***teoria da penetração*** ou ***disregard doctrine***.

Sobre o tema, foi publicada a Lei n. 13.874, de 20 de setembro de 2019, conversão da Medida Provisória n. 881, de 30 de abril de 2019, instituindo a Declaração de Direitos de Liberdade Econômica (LLE), estabelecendo garantias de livre mercado, análise de impacto regulatório, e dando outras providências e promoveu algumas alterações no diploma civil. A primeira delas diz respeito à inserção do art. 49-A, sem correspondência na lei civil, introduzindo o tema referente à desconsideração da personalidade jurídica. O artigo sob comento reitera a autonomia jurídica e existencial da pessoa jurídica diante das pessoas físicas que a integram. Estabelece, ainda, em seu parágrafo único, a autonomia patrimonial das pessoas jurídicas, fazendo clara menção ao princípio da função social da empresa e dando ênfase à excepcionalidade da medida que desconsidera a personalidade jurídica, com a seguinte redação:

> Art. 49-A. A pessoa jurídica não se confunde com os seus sócios, associados, instituidores ou administradores.
>
> Parágrafo único. A autonomia patrimonial das pessoas jurídicas é um instrumento lícito de alocação e segregação de riscos, estabelecido pela lei com a finalidade de estimular empreendimentos, para a geração de empregos, tributo, renda e inovação em benefício de todos.

O art. 50 do Código Civil, que já consagrava a teoria da desconsideração (redação anterior: "*Art. 50. Em caso de abuso da personalidade jurídica, caracterizado pelo desvio de finalidade, ou pela confusão patrimonial, pode o juiz decidir, a requerimento da parte, ou do Ministério Público quando lhe couber intervir no processo, que os efeitos de certas e determinadas relações de obrigações sejam estendidos aos bens particulares dos administradores ou sócios da pessoa jurídica.*") também sofreu alteração pela LLE, passando a dispor que:

> Art. 50. Em caso de abuso da personalidade jurídica, caracterizado pelo desvio de finalidade ou pela confusão patrimonial, pode o juiz, a requerimento da parte, ou do Ministério Público quando lhe couber intervir no processo, desconsiderá-la

> para que os efeitos de certas e determinadas relações de obrigações sejam estendidos aos bens particulares de administradores ou de sócios da pessoa jurídica beneficiados direta ou indiretamente pelo abuso.
>
> § 1º Para os fins do disposto neste artigo, desvio de finalidade é a utilização da pessoa jurídica com o propósito de lesar credores e para a prática de atos ilícitos de qualquer natureza.
>
> § 2º Entende-se por confusão patrimonial a ausência de separação de fato entre os patrimônios, caracterizada por:
>
> I - cumprimento repetitivo pela sociedade de obrigações do sócio ou do administrador ou vice-versa;
>
> II - transferência de ativos ou de passivos sem efetivas contraprestações, exceto os de valor proporcionalmente insignificante; e
>
> III - outros atos de descumprimento da autonomia patrimonial.
>
> § 3º O disposto no caput e nos §§ 1º e 2º deste artigo também se aplica à extensão das obrigações de sócios ou de administradores à pessoa jurídica.
>
> § 4º A mera existência de grupo econômico sem a presença dos requisitos de que trata o caput deste artigo não autoriza a desconsideração da personalidade da pessoa jurídica.
>
> § 5º Não constitui desvio de finalidade a mera expansão ou a alteração da finalidade original da atividade econômica específica da pessoa jurídica.

O *caput* do art. 50 do CC sugere que a desconsideração da personalidade seria possível apenas em relação ao sócio ou administrador que, direta ou indiretamente, tenha se beneficiado pelo abuso. As demais alterações feitas com inserção dos §§ 1º ao 5º dizem respeito aos requisitos para a incidência da desconsideração, como o abuso de direito e confusão patrimonial. Tais requisitos não são cumulativos e devem ser observados alternativamente para aplicação do instituto. Assim, de acordo com o novo texto legal, há, a partir de então, dois requisitos para a desconsideração da personalidade jurídica: o abuso da personalidade por meio de confusão patrimonial ou desvio de finalidade e o benefício direto ou indireto pelo sócio.

O § 1º aborda o desvio de finalidade estabelecendo que "é a utilização da pessoa jurídica com o propósito de lesar credores e para a prática de atos ilícitos de qualquer natureza". Tal previsão traz em seu bojo a teoria objetiva do abuso de direito tratada no art. 187, do CC, já que não leva em consideração nem a culpa nem o dolo do agente, buscando proteger a parte mais vulnerável que recorre à desconsideração. Sendo que o elemento doloso é exigido pela jurisprudência tão somente para as hipóteses de encerramento irregular das atividades.

O § 2º conceitua a confusão patrimonial e elenca seus elementos caracterizadores. Tartuce, em relação ao inciso I, que prevê como hipótese de confusão patrimonial o "cumprimento repetitivo pela sociedade de obrigações do sócio ou do administrador ou vice-versa;" afirma que o termo "repetitivo" poderia ser abolido da nova redação, já que a confusão patrimonial pode configurar-se em um único ato com o intuito de prejudicar os credores. Em análise do inc. III, Stolze afirma que a previsão de que se entende como confusão patrimonial "III - outros atos de descumprimento da autonomia patrimonial.", resultou em tornar os demais incisos I e II, como meramente exemplificativos, por conta de sua generalidade.

O § 3º apesar de não estar evidente, trata da desconsideração inversa, que ocorre com a quebra da autonomia patrimonial a fim de executar bens da sociedade por dívidas pessoais dos sócios e que já é tratada na lei processual civil em seu art. 133, § 2º. Sobre o artigo, a doutrina entende que deveria ter sido feita referência expressa ao instituto, bem como, menção ao dispositivo processual a fim de evitar qualquer dúvida que possa surgir em sua interpretação. Nesse sentido, o Enunciado n. 283 da IV Jornada do CJF: "*Art. 50. É cabível a desconsideração da personalidade jurídica **denominada 'inversa'** para alcançar bens de sócio que se valeu da pessoa jurídica para ocultar ou desviar bens pessoais, com prejuízo a terceiros.*"

O § 4º prevê que "a mera existência de grupo econômico sem a presença dos requisitos de que trata o caput deste artigo não autoriza a desconsideração da personalidade da pessoa jurídica" e replica o que já havia sido objeto do Enunciado n. 406 da V Jornada de Direito Civil, com o seguinte teor: "a desconsideração da personalidade jurídica alcança os grupos de sociedade quando estiverem presentes os pressupostos do art. 50 do Código Civil e houver prejuízo para os credores até o limite transferido entre as sociedades". Assim, de acordo com a doutrina, a nova previsão apenas diz o óbvio, já que a desconsideração só poderá ser aplicada mediante a presença de seus requisitos. No entanto, entende-se que o novo dispositivo possibilita a ampliação de responsabilidades de uma pessoa jurídica a outra, configurando a chamada *desconsideração econômica, indireta* ou a *sucessão entre empresas* para as obrigações da esfera civil.

O § 5º trata do desvio de finalidade, estabelecendo que "não constitui desvio de finalidade a mera expansão ou a alteração da finalidade original da atividade econômica específica da pessoa jurídica." Trata-se de mais uma previsão sobre o instituto bastante criticada pela doutrina, tendo em vista que o legislador criou um entrave para o seu reconhecimento, de acordo com Stolze: "aquele que *expande* a finalidade da atividade exercida – como pretende a primeira parte da norma – pode não desviar, mas aquele que *altera* a própria finalidade original da atividade econômica da pessoa jurídica, muito provavelmente, desvia-se do seu propósito."

Importa mencionar que essa norma não se aplica à desconsideração da personalidade jurídica prevista em outros sistemas, como na lei consumerista (Lei n. 8.078/90), na legislação ambiental (Lei n. 9.605/98) e na lei anticorrupção (Lei n. 12.846/13).

Assim, toda vez que houver abuso de personalidade, que decorre do desvio de finalidade ou da confusão patrimonial, e o benefício direto ou indireto pelo sócio, o juiz poderá determinar a desconsideração da personalidade jurídica, na busca do patrimônio dos administradores ou sócios da pessoa jurídica (***afasta-se o princípio***

da separação patrimonial). O Enunciado n. 7 da I Jornada é categórico ao afirmar: "*Art. 50. Só se aplica a desconsideração da personalidade jurídica quando houver a prática de ato irregular, e limitadamente, aos administradores ou sócios que nela hajam incorrido.*".

Trata-se de uma técnica de **suspensão episódica da eficácia do ato constitutivo**, com o objetivo de buscar no patrimônio dos sócios o valor devido pela pessoa jurídica. São partes para requerer a desconsideração da personalidade jurídica o lesado ou o Ministério Público segundo as regras do art. 50 Código Civil de 20027 e do art. 178 do Código de Processo Civil.

São hipóteses que geram a desconsideração: a) desvio de finalidade: ocorre quando objeto social é mera fachada para a exploração de atividade diversa. b) confusão patrimonial: nesta hipótese, os bens pessoais e sociais se misturam; c) benefício direto ou indireto pelo sócio: exige-se a citação dos sócios no processo de desconsideração; caso contrário, estar-se-ia violando o contraditório. Na verdade, seria observado um litisconsórcio eventual entre o sócio ou a sociedade com a pessoa jurídica devedora. Admite-se, também, a citação do sócio na fase de execução, desde que se instaure um incidente cognitivo.

Importante!

Enunciado n. 281 da IV Jornada de Direito Civil: "Art. 50. A aplicação da teoria da desconsideração, descrita no art. 50 do Código Civil, prescinde da demonstração de insolvência da pessoa jurídica."

O STJ admite a aplicação da desconsideração inversa, que ocorre com a quebra da autonomia patrimonial a fim de executar bens da sociedade por dívidas pessoais dos sócios.

O CPC em seus arts. 133 a 137 trata do tema através do incidente de desconsideração da personalidade jurídica.

Atenção!

Observe algumas considerações acerca dos dispositivos processuais:

- nos §§ 2º e 3º do art. 134, do CPC o legislador apenas mencionou os sócios e não os administradores da empresa, sendo viável fazer uma interpretação extensiva a eles;
- a menção feita a qualquer fase do processo significa um avanço, afastando o debate anterior acerca da desconsideração em processo executivo, que com a instauração do incidente, fica afastada;
- sobre o art. 1.062, do CPC, também se mostra oportuno ao prever que o incidente de desconsideração da personalidade jurídica se aplica ao processo de competência dos juizados especiais.

O Código Civil de 2002 adotou a Teoria Maior, pois as hipóteses da desconsideração devem ser demonstradas pelo credor que se vê prejudicado, além da insolvência. Pode ocorrer a desconsideração da personalidade por simples despacho judicial, conforme sinaliza a jurisprudência. O abuso de direito constitui o fundamento para a desconsideração da personalidade jurídica. Já o CDC optou por adotar a Teoria Menor da Desconsideração da Personalidade Jurídica, pois com a apresentação da mera prova de insolvência da pessoa jurídica para o pagamento de suas obrigações, o juiz poderá suspender a eficácia do ato constitutivo, independente de desvio de finalidade ou confusão patrimonial. Pode ser sustentado que a aplicação da desconsideração da personalidade no Código de Defesa do Consumidor poderá ocorrer de ofício, em razão de ser um microssistema jurídico de ordem pública e uma lei de função social, de acordo com o art. 1º, do CDC.

Importante!

Enunciado n. 281 da IV Jornada de Direito Civil: "Art. 50. A aplicação da teoria da desconsideração, descrita no art. 50 do Código Civil, prescinde da demonstração de insolvência da pessoa jurídica."

Enunciado n. 51 da I Jornada de Direito Civil: "Art. 50. A teoria da desconsideração da personalidade jurídica – disregard doctrine – fica positivada no novo Código Civil, mantidos os parâmetros existentes nos microssistemas legais e na construção jurídica sobre o tema."

Importante!

A doutrina e a jurisprudência brasileiras têm considerado a possibilidade de aplicação da chamada *desconsideração expansiva ou econômica da personalidade jurídica,* referindo-se à hipótese de desconsideração da personalidade jurídica objetivando atingir a personalidade de sócio oculto (ex. "testas de ferro"), que pode estar escondido em empresa controladora. Assim, quando provada a existência do sócio oculto, entende-se pela admissão da desconsideração expansiva a fim de coibir a ocorrência de eventual fraude.

Acerca da existência de prazo para a proposição do incidente de despersonalização, esse direito poderá ser exercido em qualquer tempo, desde que em momento que anteceda o trânsito em julgado do processo onde se discute a responsabilidade empresarial.

2. ESPÉCIES (ARTS. 40 A 44 DO CC)

A pessoa jurídica pode ser de três espécies: de direito público interno, de direito público externo ou de direito privado. Importante destacar quem são as pessoas jurídicas que se inserem em cada uma dessas classificações.

a) **Pessoas jurídicas de direito público interno:** entes federativos (União, Estados, Distrito Federal, Territórios e Municípios), autarquias, associações públicas (entes federativos que se associam para realizar alguma atividade conjuntamente) e demais entidades de caráter público criadas por lei (ex.: agências reguladoras).

b) **Pessoas jurídicas de direito público externo:** são as pessoas jurídicas que têm representatividade internacional, que são reconhecidas no cenário internacional. Ex.: Estados estrangeiros, organismos internacionais (ONU) e a República Federativa do Brasil.

c) **Pessoas jurídicas de direito privado:** sociedades, associações, fundações, partidos políticos e organizações religiosas. A rigor, é correto afirmar que são as sociedades, as associações e as fundações, pois partidos políticos e organizações religiosas são espécies de associações.

Com efeito, até o início de 2011, não se admitia como regra a sociedade unipessoal, ou melhor, com um único sócio, razão pela qual era preciso negociar com pelo menos uma pessoa caso tivesse vontade de constituir uma sociedade. Assim, usava-se muito a figura do laranja, tendo uma pessoa 99% do capital social e o outro apenas 1% dele, simulando uma sociedade com apenas um sócio. Por isso, a partir do início de 2011, com a alteração da Lei Civil, que incluiu como pessoa jurídica de direito privado a empresa individual de responsabilidade limitada (EIRELI), disciplinada no art. 980-A e parágrafos, permitia a lei a constituição de sociedade limitada com um único sócio. A vantagem, como se aprofunda no estudo do direito empresarial, era limitar a responsabilidade enquanto sócio pelas dívidas contraídas no exercício da empresa, pois a sociedade quem responderia, enquanto pessoa jurídica, e não o único sócio dessa sociedade. Assim, só responderia com o patrimônio levado para a sociedade ao contribuir para o capital social.

Atenção!

A Lei n. 13.874/2019 (Lei da Liberdade Econômica – LLE) inseriu os §§ 1º e 2º no art. 1.052, do CC, instituindo nova espécie de sociedade limitada, considerada pela doutrina como anômala, denominada sociedade limitada unipessoal, com a seguinte redação:

> Art. 1.052, CC.
>
> § 1º A sociedade limitada pode ser constituída por 1 (uma) ou mais pessoas.
>
> § 2º Se for unipessoal, aplicar-se-ão ao documento de constituição do sócio único, no que couber, as disposições sobre o contrato social.

Como previu parte da doutrina que manifestou-se no sentido de que com a criação da sociedade limitada unipessoal, a EIRELI se tornaria esvaziada, já que se constituía como única opção para pessoas jurídicas formadas apenas por um sujeito, foi editada a MP n. 1.085/2021, que revogou o inc. VI do art. 44 e o art. 980-A e parágrafos da lei civil que tratavam da EIRELI, extinguindo o instituto.

Observe que, de acordo com o art. 41, da Lei n. 14.195/2021, "as empresas individuais de responsabilidade limitada existentes na data da entrada em vigor desta Lei serão transformadas em sociedades limitadas unipessoais independentemente de qualquer alteração em seu ato constitutivo".

O ato do Departamento Nacional de Registro Empresarial e Integração (Drei) da Secretaria de Governo Digital da Secretaria Especial de Desburocratização, Gestão e Governo Digital do Ministério da Economia disciplinará a referida transformação.

Também foi inserido o parágrafo único no art. 1.085, do CC pela Lei nº 13.792, de 03.01.2019 com a seguinte redação: "Ressalvado o caso em que haja penas dois sócios na sociedade, a exclusão de um sócio somente poderá ser determinada em reunião ou assembleia especialmente convocada para esse fim, ciente o acusado em tempo hábil para permitir seu comparecimento e o exercício do direito de defesa".

Importante!

Em razão da pandemia, foi editada a Lei n. 14.030/2020 que dispõe sobre as assembleias e as reuniões de sociedades anônimas, de sociedades limitadas, de sociedades cooperativas e de entidades de representação do cooperativismo durante o exercício de 2020 e além de alterar outras legislações, inseriu o art. 1.080-A na Lei Civil com redação dada pela Lei n. 14.030/2020, na Seção V Das deliberações dos sócios dispondo que:

> Art. 1.080-A. O sócio poderá participar e votar a distância em reunião ou em assembleia, nos termos do regulamento do órgão competente do Poder Executivo federal. (Incluído pela Lei nº 14.030, de 2020)
>
> Parágrafo único. A reunião ou a assembleia poderá ser realizada de forma digital, respeitados os direitos legalmente previstos de participação e de manifestação dos sócios e os demais requisitos regulamentares. (Incluído pela Lei nº 14.030, de 2020)

Vale ressaltar que os sindicatos também são pessoas jurídicas de direito privado, pois têm natureza associativa, bem como as cooperativas, que, de acordo com os termos do parágrafo único do art. 982 do Código Civil, são sociedades simples.

Qual a diferença entre sociedade, associação e fundação? Sociedade tem finalidade lucrativa; a associação e a fundação não visam ao lucro. Diferenciando as entidades não lucrativas, a associação é formada por um conjunto de pessoas (*universitas personarum*); por sua vez, a fundação é formada por um conjunto de bens (*universitas bonorum*). Assim sendo, se pessoas se organizam para a venda de algum produto para lucro pessoal, criam uma sociedade. Por outro lado, se essas pessoas se organizam para dar aulas gratuitas para crianças carentes, constituem uma associação. Se, todavia, uma pessoa destina alguns bens do seu patrimônio para exercício de uma finalidade não lucrativa, cria uma fundação. Repare que associações e fundações não são espécies de sociedades, mas também, como ela, pessoas jurídicas de direito privado.

O que são entes despersonalizados? São os entes que não têm personalidade jurídica, entretanto possuem capacidade para ser parte em um processo judicial, quer dizer, embora não possam ter direitos e deveres, podem ser autor ou réu em demandas judiciais por expressa previsão legal (art. 75 do CPC). Ex.: condomínio edilício, espólio, herança jacente, herança vacante, massa falida, pessoa jurídica sem registro do ato constitutivo.

Atenção!

– Foi aprovada a Lei n. 14.010/2020, que dispõe sobre o Regime Jurídico Emergencial e Transitório das relações jurídicas de Direito Privado (RJET) no período da pandemia do coronavírus (Covid-19). Dentre as quais, dispõe que:

CAPÍTULO III
DAS PESSOAS JURÍDICAS DE DIREITO PRIVADO

Art. 4º As pessoas jurídicas de direito privado referidas nos incisos I a III do art. 44 do Código Civil deverão observar as restrições à realização de reuniões e assembleias presenciais até 30 de outubro de 2020, durante a vigência desta Lei, observadas as determinações sanitárias das autoridades locais.

Art. 5º A assembleia geral, inclusive para os fins do art. 59 do Código Civil, até 30 de outubro de 2020, poderá ser realizada por meios eletrônicos, independentemente de previsão nos atos constitutivos da pessoa jurídica.

Parágrafo único. A manifestação dos participantes poderá ocorrer por qualquer meio eletrônico indicado pelo administrador, que assegure a identificação do participante e a segurança do voto, e produzirá todos os efeitos legais de uma assinatura presencial.

"Em relação à possibilidade da realização de assembleias por meio eletrônico, foi editada a MP n. 1.085/21 que alterou a lei civil, inserindo o art. 48-A dispondo que:

'As pessoas jurídicas de direito privado, sem prejuízo do previsto em legislação especial e em seus atos constitutivos, poderão realizar suas assembleias gerais por meios eletrônicos, inclusive para os fins do disposto no art. 59, respeitados os direitos previstos de participação e de manifestação'."

3. AQUISIÇÃO E TÉRMINO DA PERSONALIDADE JURÍDICA (ARTS. 45 A 51 DO CC)

A pessoa jurídica adquire a personalidade jurídica com o registro de seu ato constitutivo em cartório, averbando-se todas as modificações pelas quais passar.

Contudo, algumas pessoas jurídicas necessitam de uma prévia autorização do governo para funcionarem. Por exemplo, os bancos, pelo Banco Central, e as faculdades, pelo MEC.

No entanto, a perda da personalidade jurídica só poderá ocorrer depois que todos os credores forem pagos, pois a partir daí ela não pode mais ter deveres. Esse pagamento se dá na chamada fase de liquidação, na qual é nomeado um liquidante, que tem a função de arrecadar os bens da pessoa jurídica e negociá-los para o pagamento dos seus credores. Por isso, o art. 51 da Norma Civilista prevê que a pessoa jurídica subsistirá para fins de liquidação, até que esta se conclua.

Note em sua redação que o mesmo se dá na chamada dissolução administrativa, que ocorre quando cassada a autorização de funcionamento, nos casos em que esta é exigida. Assim sendo, se o MEC cassar a autorização de funcionamento de uma faculdade em razão da má qualidade do ensino, ela também só perderá sua personalidade jurídica após o encerramento da fase de liquidação.

4. ASSOCIAÇÕES (ARTS. 53 A 61 DO CC)

Associação é a pessoa jurídica formada por um conjunto de pessoas naturais que se reúnem para praticar atividade não econômica. A associação até pode cobrar ou receber valores, o que não retira sua natureza associativa, desde que investidos na própria associação. A associação não visa ao lucro, porém deve buscar superávit, ou seja, dinheiro para pagar suas contas. Não ter fins econômicos significa que não visa ao lucro de seus membros, que são os associados.

Atenção!

- As associações podem desenvolver atividade econômica, desde que não haja finalidade lucrativa (Enunciado n. 534 da VI Jornada de Direito Civil).
- As associações civis podem sofrer transformação, fusão, incorporação ou cisão. (Enunciado n. 615 da VIII Jornada de Direito Civil).

Assim, o parágrafo único do art. 53 do Diploma Civil estabelece não haver direitos e deveres entre os associados. Em se tratando de associação que reclame aporte de recursos dos associados, tal obrigação não é para com os demais associados, e sim para com a associação, uma vez que ela não visa ao lucro de seus membros.

Seu ato constitutivo é o Estatuto. Em regra, todos os associados devem ter iguais direitos, visto que a associação não visa ao lucro. No entanto, o estatuto pode instituir categorias de associados com vantagens especiais, por exemplo, associados beneméritos, enquanto grupo composto por associados que contribuíram de alguma forma mais efetiva para a associação.

Atenção!

Art. 55. A possibilidade de instituição de categorias de associados com vantagens especiais admite a atribuição de pesos diferenciados ao direito de voto, desde que isso não acarrete a sua supressão em relação a matérias previstas no art. 59 do CC (Enunciado n. 577 da VII Jornada de Direito Civil).

A atual Legislação Civilista conferiu, como regra, caráter personalíssimo às associações. Nos termos do seu art. 56, salvo previsão em contrário no estatuto, a qualidade de associado é intransmissível.

Um associado pode ser excluído da associação, todavia, isso exige dois requisitos: justa causa (condutas previstas no estatuto que legitimam sua exclusão) e procedimento próprio que garanta ao associado o direito de contraditório e de ampla defesa.

Diante da finalidade não lucrativa, na dissolução da associação o seu patrimônio não é partilhado entre os associados, entretanto, é destinado a outra entidade sem fins lucrativos definida no seu estatuto. Se omisso, será escolhida, por deliberação dos associados, instituição municipal, estadual ou federal de fins idênticos ou semelhantes. Em não havendo essa instituição no Município, no Estado, no Distrito Federal ou no Território em que a associação tiver sede, será destinado à Fazenda do Estado ou do Distrito Federal, ou ainda à Fazenda da União, caso situada em um Território.

5. FUNDAÇÕES (ARTS. 62 A 69 DO CC)

Fundação é a pessoa jurídica de direito privado formada por um conjunto de bens reunidos para a prática de atividade não econômica. Sua constituição é mais complexa, sendo um processo composto de quatro fases: dotação, estatuto, aprovação e registro.

O ato constitutivo da fundação é um Estatuto. Mas, como ela é formada por um conjunto de bens, antes da elaboração do estatuto, o seu instituidor deve destinar bens de seu patrimônio para sua constituição. É o ato de dotação, isto é, afetação de bens livres para a criação da fundação. A lei exige forma especial para o ato de dotação, devendo ser por escritura pública ou até por testamento, pois uma pessoa pode testar destinando bens para a criação de uma fundação com a sua morte.

O ato de dotação deve indicar obrigatoriamente a finalidade da fundação, que, nos termos do parágrafo único do art. 62 da Lei Civil, alterado pela Lei n. 13.151/2015: "A fundação somente poderá constituir-se para fins de: I – assistência social; II – cultura, defesa e conservação do patrimônio histórico e artístico; III – educação; IV – saúde; V – segurança alimentar e nutricional; VI – defesa, preservação e conservação do meio ambiente e promoção do desenvolvimento sustentável; VII – pesquisa científica, desenvolvimento de tecnologias alternativas, modernização de sistemas de gestão, produção e divulgação de informações e conhecimentos técnicos e científicos; VIII – promoção da ética, da cidadania, da democracia e dos direitos humanos; IX – atividades religiosas".

A finalidade da fundação é imutável, isto é, ela não pode ser alterada, tampouco os bens poderão retornar ao instituidor, pois, uma vez dotados, não lhe retornam. A solução está no art. 63 do Código Civil, que prevê sua incorporação em outra fundação de fim igual ou semelhante.

Após o ato de dotação, será elaborado o estatuto, que pode ser feito pelo próprio instituidor ou alguém por ele indicado. O prazo para a elaboração do estatuto será indicado pelo instituidor no ato de dotação. Se não for indicado o prazo, este será de 180 dias. Se não elaborado no prazo indicado, ou não havendo, em 180 dias, a incumbência, caberá ao Ministério Público.

Fiscalizar as fundações é função institucional do Ministério Público. Por isso, o estatuto da fundação deverá ser aprovado pelo MP, com possibilidade de recurso ao juiz diante de inconformismo com eventual recusa, para posterior registro, quando a fundação adquire sua personalidade jurídica, completando o processo de sua formação.

O estatuto da fundação pode ser alterado, contudo, a lei impõe três requisitos: aprovação de 2/3 dos integrantes do órgão de administração, a não modificação do propósito da fundação, e seja aprovada pelo órgão do Ministério Público no prazo máximo de 45 (quarenta e cinco) dias, findo o qual ou no caso de o Ministério Público a denegar, poderá o juiz supri-la, a requerimento do interessado.. Se não houver aprovação unânime, a minoria vencida deve ser comunicada para, se quiser, impugnar junto ao MP, no prazo de dez dias.

A extinção da fundação poderá será requerida pelo Ministério Público ou por qualquer interessado quando a finalidade se tornar ilícita, impossível ou inútil, ou, ainda, no caso de uma fundação criada por prazo determinado, quando completar o prazo de sua existência. Uma vez que o patrimônio da fundação não pode retornar ao seu instituidor, ele será destinado a outra entidade sem fins lucrativos, tal como ocorre com as associações. Essa entidade será definida no estatuto da fundação. Se omisso, como não há associados para deliberar, caberá ao juiz escolher outra fundação de fins iguais ou semelhantes.

Atenção!

Convém mencionar que o CPC, em seu art. 764, § 1º, dispõe: "Art. 764. O juiz decidirá sobre a aprovação do estatuto das fundações e de suas alterações sempre que o requeira o interessado, quando: [...] O estatuto das fundações deve observar o disposto na Lei no 10.406, de 10 de janeiro de 2002 (Código Civil)."

6. FLUXOGRAMA

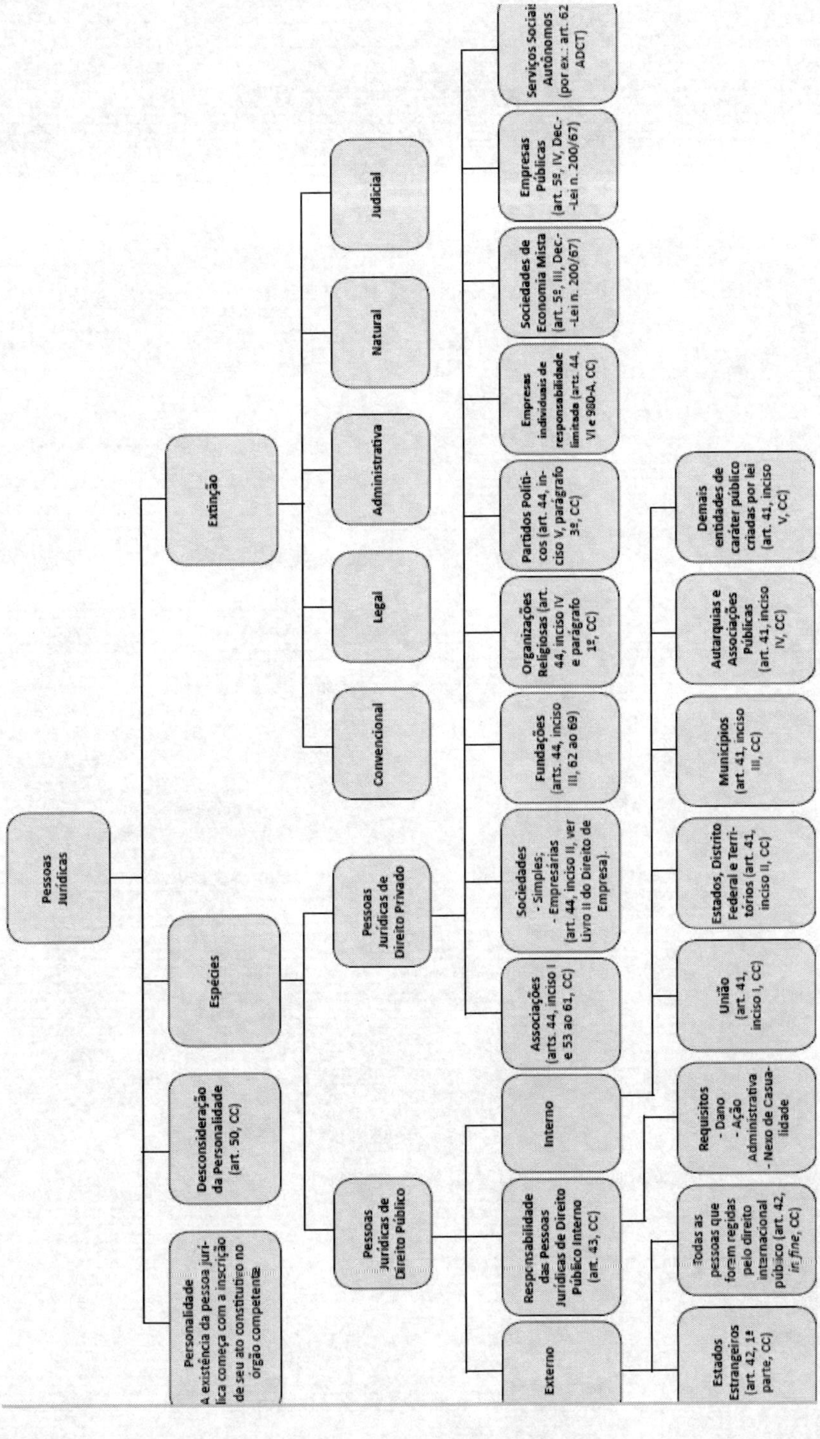

4

Domicílio

1. DEFINIÇÃO

É importante para o Estado saber onde a pessoa presumivelmente está, pois é necessário que todos tenham um local onde possam ser encontrados para responder por suas obrigações. Esse local recebe o nome de domicílio, que se constitui na sede jurídica de uma pessoa.

No entanto, um critério precisa ser estabelecido para fixação do domicílio de uma pessoa, ou seja, do lugar onde ela presumivelmente está. A residência é um bom critério, pois ela consiste na morada habitual do indivíduo, é o lugar onde ele está habitualmente. Mas é um critério que peca quando ele não tem a intenção de nela permanecer, tal como o intercâmbio de seis meses fora do Brasil.

Por isso, domicílio é mais do que residência. Nos termos do art. 70 da Norma Civilista, compreende a residência com ânimo definitivo, quer dizer, o lugar onde o indivíduo faz morada habitual com a intenção de ali permanecer. Atente-se que o conceito de domicílio exige a soma de dois elementos: um objetivo (ser a residência da pessoa) e um subjetivo (a intenção de permanecer, conhecido como *animus manendi*).

Nos dias atuais, a pessoa pode ter mais de uma residência com ânimo definitivo, pois, em razão da dinâmica social, vive e reside em mais de um lugar. Nesse caso, o seu domicílio será, segundo o art. 71 do Diploma Civil, qualquer um desses lugares, pois a pessoa está presumivelmente em qualquer deles.

Se a pessoa tem mais de uma morada habitual, ela possui mais de uma residência; se conta com mais de uma residência com ânimo definitivo, terá mais de um domicílio. O Brasil não seguiu a Legislação Civilista francesa, que prevê que a pessoa só pode dispor de um único domicílio. Nossa legislação seguiu o direito alemão, defendendo o princípio da pluralidade domiciliar, ou seja, a possibilidade de a pessoa ter mais de um domicílio.

Nesse sentido, além da residência com ânimo definitivo, a pessoa também tem por domicílio o lugar em que exerce permanentemente a sua profissão, afinal de contas, o lugar em que a pessoa trabalha com ânimo definitivo também é um lugar onde ela presumivelmente está. Mas o lugar em que a pessoa exerce permanentemente sua profissão é chamado de domicílio profissional, pois, nos termos do art. 72 da Lei Civil, é o domicílio da pessoa para as questões concernentes ao exercício de sua profissão. Caso ela exerça permanentemente sua profissão em mais de um lugar, será seu domicílio profissional qualquer um deles.

Em sentido inverso, é possível a pessoa não ter nenhuma residência com ânimo definitivo. Como, por exemplo, a pessoa que trabalha em um circo que fica um mês em cada Município de alguns Estados, morando no próprio circo. Uma vez que não tem qualquer ponto onde fique habitualmente com a intenção de permanecer, seu domicílio será variável, pois o será o lugar em que ela for encontrada, consoante determina o art. 73 do Código Civil.

O art. 75 da Norma Civilista traz o domicílio das pessoas jurídicas. O domicílio da União é o Distrito Federal, dos Estados e Territórios, são suas capitais, e do Município, é o lugar onde funciona a sua administração. O domicílio da pessoa jurídica de direito privado é o lugar onde funcione a sua administração ou aquele escolhido no seu ato constitutivo.

2. ESPÉCIES

Três classes de domicílio merecem destaque: o voluntário comum, o voluntário especial ou de eleição e o necessário ou legal.

Domicílio voluntário é aquele escolhido pelo indivíduo, podendo ser comum ou especial. A regra é o domicílio voluntário comum, isto é, é a residência com ânimo definitivo de uma pessoa e o lugar onde ela exerce permanentemente a sua profissão. É chamado de voluntário comum para diferenciá-lo do **voluntário especial**, que é aquele escolhido especialmente para um contrato. Em conformidade com o art. 78 do Diploma Civil, quando as partes celebram um contrato escrito, podem escolher um domicílio especialmente para esse contrato, ou melhor, o lugar onde serão cumpridos os direitos e deveres desse contrato, também sendo chamado de domicílio de eleição.

Domicílio necessário ou legal é aquele imposto por lei a certas pessoas em razão de sua condição especial. Conforme o art. 76 da Legislação Civilista, têm domicílio necessário ou legal o incapaz, o servidor público, o militar, o marítimo e o preso. O parágrafo único traz uma lista de seus domicílios necessários: o do incapaz é o do seu representante ou assistente; o do servidor público é o lugar em que exerce permanentemente suas funções; o do militar é o lugar onde servir, porém, se for da marinha ou da aeronáutica, é a sede do comando a que estiver imediatamente subordinado; o do marítimo é onde o navio estiver matriculado; e o do preso é o lugar em que cumprir a sentença.

O art. 77 da Lei Civil trata do domicílio do agente diplomático brasileiro que atua no exterior. Caso ele seja processado no exterior e alegue extraterritorialidade, quer dizer, que deve ser processado no Brasil, onde deverá ser citado? A citação se dá, em regra, no domicílio do réu, logo, ele deverá ser citado em seu domicílio no Brasil. Se não o informar ou não tiver domicílio no Brasil, por tê-lo apenas no exterior, será citado no Distrito Federal ou no último lugar do território brasileiro onde teve domicílio.

3. FLUXOGRAMA

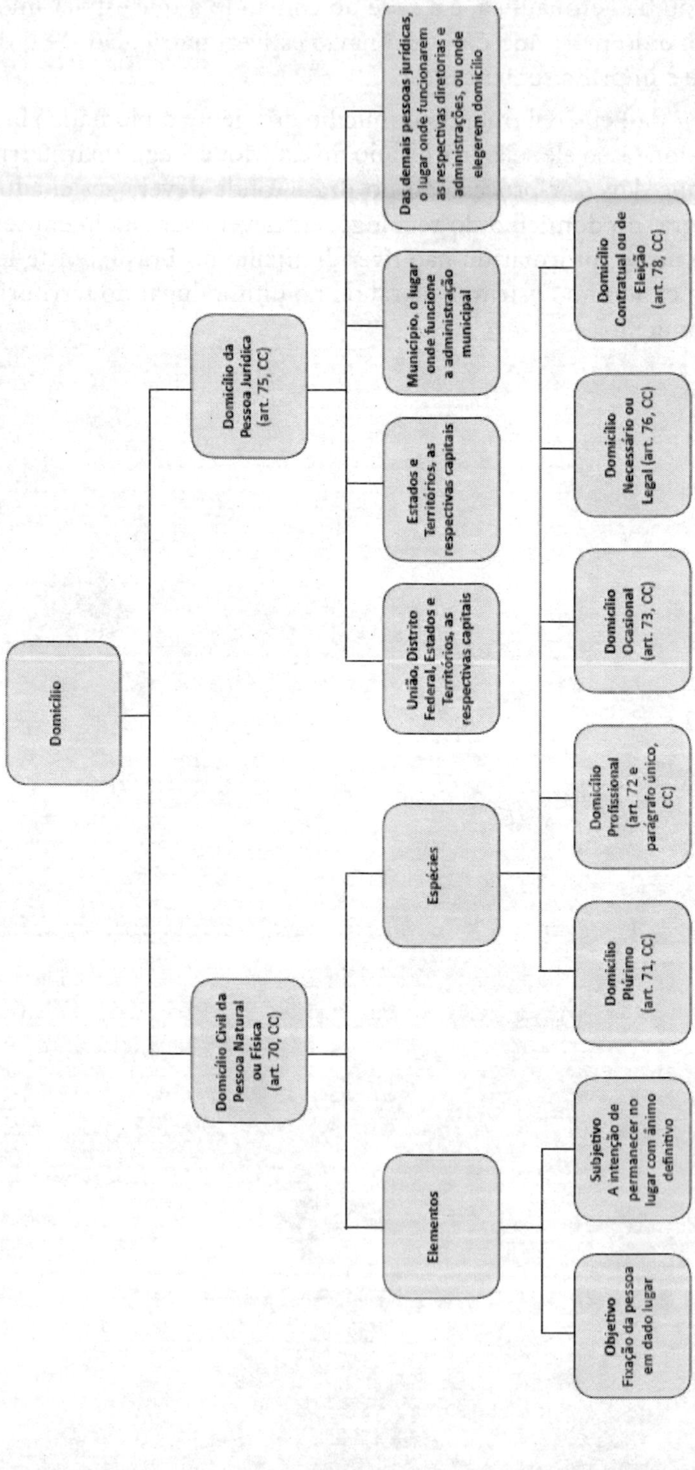

5

Bens

1. BENS MÓVEIS E IMÓVEIS (ARTS. 79 A 84 DO CC)

Bem móvel é aquele que pode se transportar sem perder as suas características, diferente do bem imóvel, que não pode ser carregado por ser o solo ou tudo quanto se lhe incorporar natural ou artificialmente. O normal é o bem móvel se mover por força alheia, no entanto, poderá se deslocar por movimento próprio, quando é chamado de bem semovente (são os animais).

Uma casa é um bem imóvel, mas e a casa que é separada do solo e transportada sem perder sua unidade para outro terreno? Pela definição, seria bem móvel, todavia, haveria uma burla para comprar uma casa sem os rigores da compra de bem imóvel. Por isso, a lei diz ser bem imóvel a edificação que, separada do solo, entretanto conservando a sua unidade, é removida para outro local (art. 81, I, do CC).

O material de construção, tal como um tijolo ou uma telha, pode ser bem móvel ou imóvel, vai depender do momento da análise. Antes de ser empregado na construção, é bem móvel, contudo, enquanto nela empregado, é bem imóvel, pois está preso ao solo via construção. E após ser retirado da construção? Depende. Se retirado após a demolição, retorna à qualidade de bem móvel, porém, se retirado apenas provisoriamente para ser nela reempregado, tal como uma telha para conserto do teto, não perde o caráter de imóvel, de acordo com previsão, respectivamente, dos arts. 84 e 81, I, ambos do Código Civil.

Não se esqueça de que, quando falamos em bens, existem bens corpóreos e incorpóreos. Bens corpóreos são os bens materiais, tais como uma mesa ou uma casa. Já os incorpóreos são os direitos, ou seja, os bens imateriais. A lei se ocupou em determinar se os bens incorpóreos são móveis ou imóveis, sendo o que chamamos de bens móveis e imóveis por determinação legal.

a) **Bens imóveis por determinação legal (art. 80 do CC):** direitos reais sobre bens imóveis (assim como o direito de ação correspondente) e o direito à sucessão aberta (direito de herança depois da morte do *de cujus*, isto é, da abertura da sucessão).

b) **Bens móveis por determinação legal (art. 83 do CC):** energia com valor econômico, direito real sobre bem móvel e os direitos pessoais de caráter patrimonial (tais como os respectivos direitos de ação correspondentes).

2. BENS FUNGÍVEIS E INFUNGÍVEIS, BENS CONSUMÍVEIS E INCONSUMÍVEIS (ARTS. 85 E 86 DO CC)

Estas classificações são discutidas simultaneamente, pois elas se dividem em duas categorias específicas para bens móveis. **Cuidado na hora da prova:** os bens imóveis não são classificados em fungíveis ou infungíveis, nem em consumíveis ou inconsumíveis.

Bem fungível é aquele que pode ser substituído por outro da mesma espécie, qualidade e quantidade, tal como uma garrafa de vinho comum; diferente do bem infungível, que não pode ser trocado por ser único, como ocorre com uma obra de arte.

Bem consumível é aquele cujo uso gera destruição imediata de sua substância. Por exemplo: comida, perfume, combustível ou o batom de uma mulher – distinto do bem inconsumível, o qual não causa tal destruição imediata, como é o caso de uma cadeira ou de um carro.

Atenção

Seja qual for o bem móvel, caso esteja destinado à alienação, é considerado bem consumível. Assim sendo, um livro é um bem inconsumível, mas, se estiver na prateleira de uma livraria para venda, é bem consumível.

3. BENS DIVISÍVEIS E INDIVISÍVEIS (ARTS. 87 E 88 DO CC)

Bem divisível é aquele que pode ser partido sem perder as suas características e, especialmente, o seu valor, tal como um terreno (dividido em lotes). Bem indivisível não pode assim ser partilhado, como ocorre com um carro. **Observe um aspecto na definição:** às vezes você até pode distribuir um bem, no entanto, ao fazê-lo, este perde substancialmente o valor, caso em que será considerado um bem indivisível. Assim sendo, um quilo de ouro é um bem divisível, todavia, uma peça de ouro que tenha valor agregado pelo formato da joia é bem indivisível.

Um bem naturalmente divisível pode tornar-se indivisível tanto por vontade das partes como por determinação da lei. Um terreno converte-se indivisível por vontade das partes quando uma doação é feita com cláusula de indivisibilidade e por determinação da lei quando se pensa no chamado módulo rural, tema de direito agrário, que consiste no tamanho mínimo que um terreno pode ter em determinado município para evitar uma especulação exagerada com a terra na municipalidade.

4. BENS SINGULARES E COLETIVOS (ARTS. 89 A 91 DO CC)

Cada bem possui um regime jurídico que o individualiza, entretanto, às vezes, a lei pretende dar um tratamento jurídico próprio para um conjunto de bens reunidos, que não tem a mesma abordagem jurídica dos bens que compõem essa coletividade. Nesse caso, a lei trata um conjunto de bens como sendo um único bem, chamando-o de bem coletivo, para que esse conjunto tenha o seu próprio exame jurídico. Por outro lado, bens singulares são aqueles que compõem essa coletividade. Exemplo: o espólio é um bem coletivo, sendo considerado bem imóvel pela lei, mesmo que só composto por bens móveis.

Os bens coletivos são chamados de universalidades. A lei prevê duas naturezas de universalidades: de fato e de direito, que assim são definidas pela norma jurídica:

a) **Universalidade de fato:** é o conjunto de bens singulares que pertencem a uma pessoa, reunidos porque receberam uma destinação unitária, tal como a biblioteca enquanto conjunto de livros de uma pessoa ou uma coleção de selos que lhe pertence.
b) **Universalidade de direito:** perceba que universalidade de fato é uma porção do patrimônio de uma pessoa, unida por receber uma destinação unitária, diferente da universalidade de direito, que é todo o patrimônio de uma pessoa, razão pela qual é definida pela lei como o complexo de relações jurídicas de uma pessoa dotadas de valor econômico, tais como o patrimônio, o espólio e a massa falida.

5. BEM PRINCIPAL E BENS ACESSÓRIOS (ARTS. 92 A 97 DO CC)

Bem principal é aquele que tem existência autônoma, que existe sobre si; enquanto bem acessório é o que precisa de outro para existir, pois a sua existência supõe a do principal, tal como o fruto de uma árvore em relação à árvore. No Brasil, há quatro categorias de bens acessórios: frutos, produtos, benfeitorias e pertenças.

5.1 Frutos e produtos

Frutos e produtos são bens acessórios que são produzidos pelo bem principal. A diferença é que os frutos são renováveis e os produtos não, de modo que a retirada de um fruto não diminui a substância do bem principal, contudo, o deslocamento do produto sim. Como exemplos, o fruto de uma árvore ou um bezerro são frutos, enquanto ouro e petróleo são produtos.

Atenção

Frutos e produtos podem ser objetos de negócios jurídicos mesmo ainda ligados ao bem principal, como ocorre na compra de uma safra até agora não colhida. Constate que, fisicamente, são comprados bens imóveis, pois estão presos ao solo por meio da plantação. Como serão retirados para serem entregues e como não tem sentido que a compra de caixas de laranjas seja de bens imóveis, a lei antecipa sua mobilidade para efeitos de classificação, chamando-os de bens móveis por antecipação.

5.2 Benfeitorias

Benfeitorias compreendem obras ou despesas feitas pelo homem em um bem para conservá-lo, melhorá-lo ou simplesmente tornar o seu uso mais agradável, quer seja para embelezar, quer seja para mero divertimento ou recreio.

Se há uma melhora ou acréscimo no bem sem a intervenção do homem, não estamos diante de uma benfeitoria, mas sim de um melhoramento ou ampliação. É o que ocorre com o florescimento de um jardim por fatos naturais ou com alguma acessão natural, como no caso da aluvião ou da avulsão.

Segundo sua finalidade, são três os tipos de benfeitorias:

a) **Necessária:** utilizada para conservação do bem, tal como uma obra para conserto de uma pilastra de sustentação de um edifício.

b) **Útil:** voltada para a melhora da utilização do bem, tal como a obra para ampliação de uma garagem.

c) **Voluptuária:** direcionada apenas para tornar o uso mais agradável do bem, seja porque o embeleza, seja para mero divertimento, tal como a pintura decorativa de uma parede ou a construção de uma piscina nos fundos da casa.

5.3 Pertenças

Pertenças são bens naturalmente móveis que são afetados de forma duradoura a um bem principal para servir a seus fins, ou melhor, destinados ao seu uso, serviço ou ornamentação. É o caso de um ar-condicionado em uma casa ou do ventilador de teto e os móveis que a guarnecem, como mesas, cadeiras e os quadros na parede. O nome se justifica porque, como são incorporados de forma duradoura, passam a pertencer ao bem principal.

Atenção

Se constituírem partes integrantes do bem, não serão pertenças. Às vezes, bens são agregados a um bem principal, porém não são pertenças, uma vez que compõem a própria essência do objeto, sendo sua parte integrante. Com efeito, parte integrante é o que confere tipicidade ao objeto. O volante ou as rodas de um carro são partes integrantes do automóvel. Se não os tem, veículo não é, diferente do aparelho de som, que é pertença porque foi incorporado para servir ao carro, que pode existir sem ele.

Quando uma casa ou um carro são vendidos, não seguem junto, respectivamente, os móveis que a guarnecem nem o aparelho de som, a não ser que combinado pelas partes. Por isso, nos termos do art. 94 da Norma Civilista, os negócios jurídicos que dizem respeito ao bem principal não abrangem as pertenças, salvo se o contrário resultar da lei, da manifestação de vontade ou das circunstâncias do caso. É, portanto, uma exceção à regra de que o bem acessório segue a sorte do bem principal.

6. BENS PÚBLICOS (ARTS. 98 A 103 DO CC)

Bem público é aquele que pertence às pessoas jurídicas de direito público interno e os bens particulares são os demais. São três as espécies de bens públicos:

a) **De uso comum do povo:** é o bem público que o povo usa normalmente, tal como ruas, praças, estradas, rios e mares.

b) **De uso especial:** é aquele que está afetado para a prestação de um serviço público, tal como o terreno e o edifício destinados a um hospital público ou uma escola pública ou à própria sede de governo nas três esferas federativas, incluindo os de suas autarquias, por não deixar de ser serviço público.

c) **Dominical:** definido por exclusão, é o bem público que não se destina ao uso do povo, tampouco à prestação de um serviço público, razão pela qual o Poder Público pode usar como se particular fosse, quer dizer, objeto de suas relações jurídicas de direito pessoal ou real. Ex.: apartamentos que pertencem a um ente federativo que é alugado para gerar receita pública.

Em relação aos bens públicos, vale ressaltar:

(i) os bens públicos de uso comum do povo e de uso especial não podem ser alienados, no entanto, os dominicais podem;

(ii) nenhum bem público pode ser objeto de usucapião; e

(iii) o uso comum de bens públicos pode ser gratuito ou retribuído, ou seja, pago, não lhe retirando a natureza de uso comum do povo, tal como um pedágio para uso de ruas e estradas.

Atenção!

Súmula n. 619, STJ: "A ocupação indevida de bem público configura mera detenção, de natureza precária, insuscetível de retenção ou indenização por acessões e benfeitorias."

7. FLUXOGRAMA

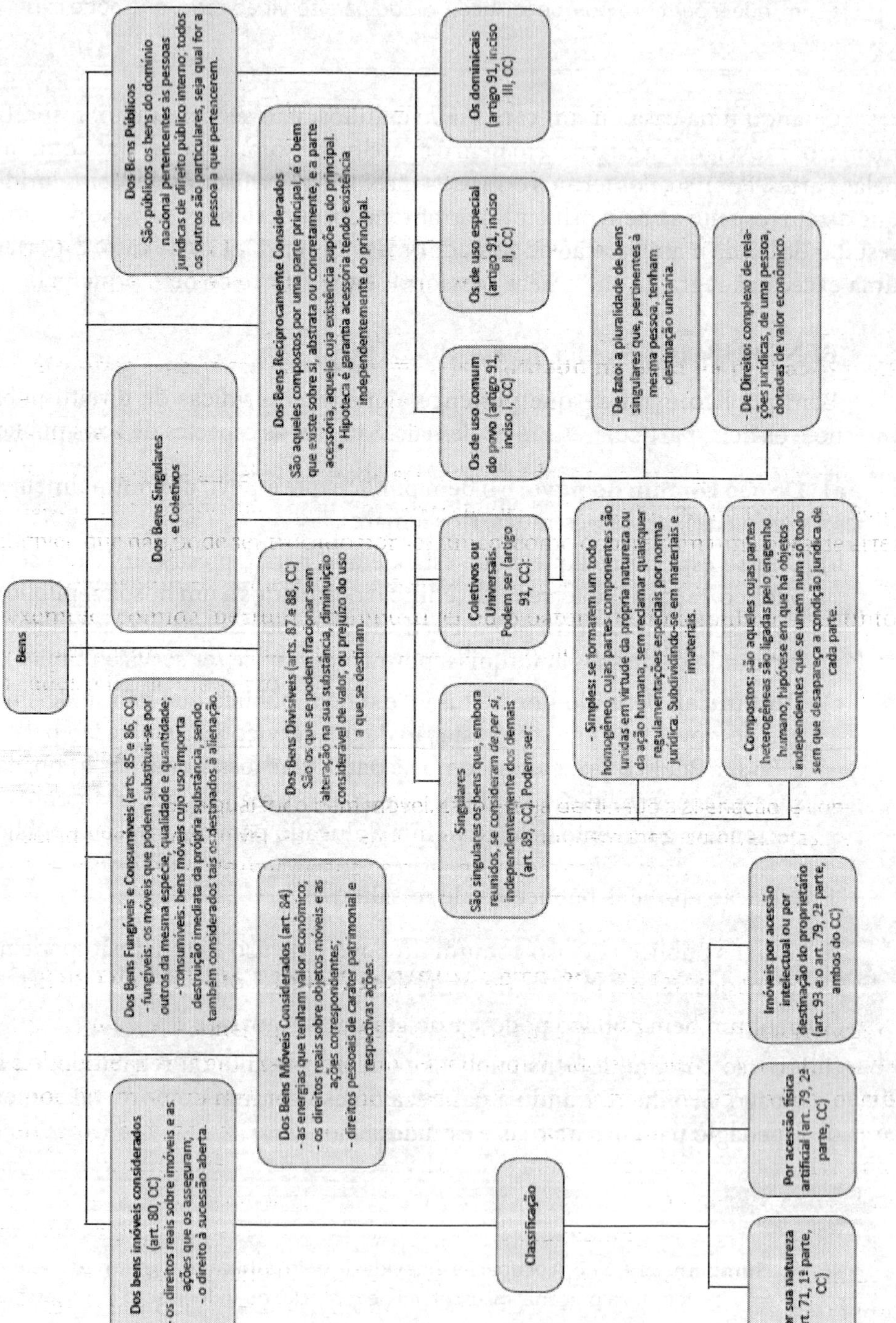

6

Negócio Jurídico

1. INTRODUÇÃO

O Livro III da parte geral do Direito Civil tem por título "fato jurídico", todavia, o tema é trabalhado na óptica de uma de suas espécies: o negócio jurídico. Com efeito, fato jurídico é qualquer acontecimento que acarreta efeitos jurídicos. Quando decorre de uma atuação humana, é chamado de ato jurídico. Entretanto, em uma visão mais restrita, podemos diferenciar essa atuação humana em ato jurídico de negócio jurídico. Ambos provocam efeitos jurídicos, contudo diferem porque no negócio jurídico são escolhidos os efeitos que serão produzidos (ex.: contrato e testamento), enquanto no ato jurídico em sentido estrito não há essa seleção, porque os efeitos são previamente determinados em lei (ex.: adoção, emancipação, reconhecimento de filiação).

Em regra, o negócio jurídico é realizado de forma livre. A sua validade só requer forma especial quando a lei exigir. Ex.: ato que envolva direito real sobre bem imóvel com valor superior a 30 salários mínimos deve ser por escritura pública (arts. 107 e 108 do CC).

Pode não ser exigida uma forma especial, porém sempre é necessária a declaração de vontade. Sendo um negócio jurídico bilateral, como é o caso do contrato, essa vontade se dá em mão dupla, na forma de consentimento. O interessante é que o silêncio, excepcionalmente, pode valer como anuência, o que ocorre quando as circunstâncias assim indicarem. Ex.: doação de um vaso sem haver aceitação expressa, mas que o donatário manda buscar e o coloca na sala de sua casa. É a aceitação tácita, que é presumida quando se pratica um ato incompatível com a não aceitação.

Ainda sobre a vontade, é importante conhecer a regra do art. 110 do Diploma Civil. Quando declaro algo diferente do que penso (vontade), faço uma reserva mental. Nesse caso, vale a minha declaração de vontade, pois é o que chega ao conhecimento da outra parte. Por isso, sendo do conhecimento dele a minha reserva mental, vale a minha real vontade, isto é, o que penso, pois a outra parte a conhece.

Os negócios jurídicos devem ser interpretados conforme a boa-fé e os usos do lugar de sua celebração (aplicação do princípio da eticidade). Assim, a boa-fé é fundamento presente em todas as fases do negócio jurídico; além de ser guia para uma boa relação jurídica, trata-se de um dever de lisura e correção. Vejamos o enunciado recente da V Jornada de Direito Civil.

> 409 – Art. 113. Os negócios jurídicos devem ser interpretados não só conforme a boa-fé e os usos do lugar de sua celebração, mas também de acordo com as práticas habitualmente adotadas entre as partes.

Reafirmando o entendimento acima, o art. 113 do CC foi alterado pela Lei n. 13.874/2019 (LLE), inserindo novos parágrafos ao dispositivo, passando a dispor que:

> Art. 113. Os negócios jurídicos devem ser interpretados conforme a boa-fé e os usos do lugar de sua celebração.
>
> § 1º A interpretação do negócio jurídico deve lhe atribuir o sentido que:
>
> I – for confirmado pelo comportamento das partes posterior à celebração do negócio;
>
> II – corresponder aos usos, costumes e práticas do mercado relativas ao tipo de negócio;
>
> III – corresponder à boa-fé;
>
> IV – for mais benéfico à parte que não redigiu o dispositivo, se identificável; e
>
> V – corresponder a qual seria a razoável negociação das partes sobre a questão discutida, inferida das demais disposições do negócio e da racionalidade econômica das partes, consideradas as informações disponíveis no momento de sua celebração.
>
> § 2º As partes poderão livremente pactuar regras de interpretação, de preenchimento de lacunas e de integração dos negócios jurídicos diversas daquelas previstas em lei.

A nova redação pormenoriza as possíveis interpretações referentes ao instituto do negócio jurídico, onde deve ser confirmado pelo comportamento das partes após a sua celebração, correspondendo aos usos, costumes e práticas de mercado, bem como à boa-fé, entre outros. Fica também autorizado às partes pactuarem livremente acerca das regras de interpretação, de preenchimento de lacunas e de interpretação dos negócios jurídicos ainda que se difiram daquelas previstas legalmente.

Atenção

Não confundir plano de validade com plano de eficácia. Ato válido é aquele que está de acordo com a lei; por sua vez, o ato eficaz é aquele que produz seus regulares efeitos.

2. PLANO DE EFICÁCIA DO NEGÓCIO JURÍDICO (ARTS. 121 A 137 DO CC)

Em regra, o ato válido é eficaz, pois, se está em conformidade com a lei, produz seus regulares efeitos. Mas as partes podem inserir no ato jurídico válido cláusulas que afetam a sua eficácia, isto é: condição, termo ou encargo. São chamados de elementos acidentais do negócio jurídico, pois dependem exclusivamente da vontade das partes.

2.1 Condição

É o evento futuro e incerto, podendo ser de duas classes: condição suspensiva e condição resolutiva. A condição suspensiva é aquela que suspende a produção de efeitos, ou melhor, o ato não produz efeitos até eventual advento da condição. Ex.: a doação condicionada à aprovação em concurso. Já a condição resolutiva é aquela que resolve a produção de efeitos, quer dizer, o ato produz, de início, seus efeitos normalmente, no entanto, o advento da condição põe fim à produção de efeitos, como ocorre no ato de dar mesada a um estudante até ele conseguir sua aprovação em concurso.

Conforme previsão do art. 122 da Legislação Civilista, as condições ilícitas são proibidas. Elas são de cinco naturezas: contra a lei, contra a ordem pública, contra os bons costumes, que sujeitam o efeito do negócio jurídico ao puro arbítrio de uma das partes (chamada de condição potestativa pura) e aquelas que privam de todo o efeito o negócio jurídico. A aposição de qualquer dessas condições invalida o negócio jurídico.

2.2 Termo

Termo é evento futuro e certo. São duas as categorias de termo: inicial e final. O termo será inicial quando estabelecer a produção de efeitos do ato jurídico, como a doação de um bem com a morte do doador (morte é termo, embora não se possa prever, trata-se de evento futuro e certo). Já o termo final é aquele que põe fim à produção de efeitos do negócio jurídico, como o aluguel de um apartamento até a morte do pai do locador pela necessidade de regressar ao seu imóvel.

2.3 Encargo

Também chamado de *modus*, o encargo é um ônus imposto, uma prestação aplicada à outra parte. Ao doar um apartamento a um parente, estamos diante de uma doação simples, entretanto, se exigir dele a contribuição de algum valor a uma instituição de caridade, temos uma doação com encargo. O curioso é que o encargo não suspende a aquisição do direito nem o seu exercício, o que significa que o donatário já será dono da casa e nela poderá morar. Se não realizar a prestação, poderá o doador pedir em juízo a devolução do bem doado. Propositalmente, o art. 555 da Lei Civil, tratando do contrato de doação, prevê a inexecução do encargo como caso de revogação da doação. De acordo com o art. 136 do Código Civil, o doador poderá se precaver quanto ao receio da inexecução do encargo, bastando prevê-lo como sendo uma condição suspensiva, ou seja, doação do apartamento se contribuir com determinado valor à instituição de caridade.

3. DEFEITOS DO NEGÓCIO JURÍDICO (ARTS. 138 A 165 DO CC)

Defeitos do negócio jurídico são vícios que nele incidem, tornando-o inválido, do tipo anulável. São duas as espécies de defeitos do negócio jurídico: vícios da vontade (também chamados de vícios do consentimento) e vícios sociais.

O vício será da vontade quando incidir no desejo do agente, que não é livre, como no caso da coação para assinatura de um contrato. Já o vício social ocorrerá quando o ato for praticado com o propósito de enganar as pessoas. É o caso da fraude contra credores, quando um ato jurídico é praticado para que os credores não recebam os créditos que têm contra alguém, tal como transferir bens para o nome de um parente.

São cinco os vícios da vontade: erro, dolo, coação, estado de perigo e lesão. Por outro lado, só há um vício social: fraude contra credores.

Atenção

A simulação era um defeito do negócio jurídico (vício social), no entanto, deixou de ser com a atual Legislação Civilista. A razão é que os defeitos do negócio jurídico tornam o ato anulável, e a simulação, que antes também o fazia, agora converte o ato em nulo, sendo uma causa autônoma de nulidade do ato jurídico.

Dica

Lembre-se de que todos esses casos de defeitos do negócio jurídico tornam o ato anulável e que a simulação transforma o ato em nulo.

4. PLANO DE VALIDADE DO NEGÓCIO JURÍDICO: ATO NULO E ATO ANULÁVEL (ARTS. 166 E 171 DO CC)

O ato jurídico praticado em desacordo com a lei é um ato inválido. Nesse sentido, a lei fixou os requisitos gerais de validade do ato jurídico no art. 104 da Norma

Civilista, afirmando que a validade do ato jurídico requer: agente capaz; objeto lícito, possível e determinado ou determinável; e forma prescrita ou não defesa em lei.

Todavia, a lei graduou a invalidade do ato jurídico, podendo ela ser mais grave ou menos grave. Nesse sentido, há dois tipos de ato inválido: ato nulo (invalidade mais grave) e ato anulável (invalidade menos grave). Quando ele é nulo, fala-se em nulidade ou nulidade absoluta; quando anulável, em anulabilidade ou nulidade relativa.

Qual a diferença do ato nulo para o ato anulável? A simples observação dos nomes nos indica a diferença: **o ato nulo é nulo e o ato anulável é anulável**. Perceba que o ato nulo já é nulo, diferente do ato anulável, que é um ato inválido, mas que está esperando que a parte peça ao juiz a sua anulação, tendo ela um tempo para isso, sob pena de tornar-se válido, isto é, convalescer. A razão é que há ato nulo quando se viola norma de interesse público e ato anulável quando se viola norma de interesse privado.

Repare que, se o ato é nulo, o juiz pode declarar de ofício, pois o ato já é nulo; diferente do ato anulável, quando o juiz não atua de ofício, pois se exige requerimento da parte.

Atenção!

Art. 166 - Os requisitos de validade previstos no Código Civil são aplicáveis aos negócios jurídicos processuais, observadas as regras processuais pertinentes. (Enunciado n. 616 da VIII Jornada de Direito Civil).

Ademais, o ato anulável pode ser confirmado ou ratificado, diferente do ato nulo, que, por ter um defeito mais grave, não pode. Ex.: se o ato é praticado por um agente absolutamente incapaz, o ato é nulo; se praticado por um agente relativamente incapaz, o ato é anulável (arts. 166 e 171 do CC). Se um relativamente incapaz pratica um ato sem assistência, porém bom para si, poderá o seu assistente validá-lo, confirmando o ato. O mesmo não poderá fazer o representante de um absolutamente incapaz que pratique por si só um ato jurídico, por melhor que tenha sido para ele, pois já é nulo.

Quando o ato inválido é nulo ou anulável? É a lei quem vai determinar. Há vários casos de ato nulo e de ato anulável espalhados pela lei, mas os arts. 166 e 171 do Diploma Civil listam casos em que o negócio jurídico é, respectivamente, nulo e anulável.

a) **Ato nulo:** quando celebrado por agente absolutamente incapaz; o objeto for ilícito, impossível ou indeterminável; o motivo determinante, comum a ambas as partes, for ilícito; não revestir a forma prescrita em lei; for preterida solenidade que a lei considere essencial para a validade do ato; tiver por objetivo fraudar lei imperativa e a lei proibir-lhe a prática sem cominar sanção.

b) **Ato anulável:** se celebrado por agente relativamente incapaz e ocorrer defeito do negócio jurídico.

Atenção!

Nulidade Absoluta	Nulidade Relativa
• Atinge o interesse público. Decreta-se com fundamento no interesse da coletividade.	• Atinge interesses particulares.
• Opera-se de pleno direito (*ope legis* ou *ope iures*).	• Não opera de pleno direito (*opeiudices* – exige decisão judicial).
• São legitimados para requerer a sua nulidade: qualquer interessado, o MP, nos termos do art. 82 do Código de Processo Civil.	• São legitimados somente os interessados (lesados)
• Não admite confirmação, ou seja, não pode ser sanada, mesmo pelo magistrado. Admite conversão (art.170 do CC).	• Admite confirmação expressa e tácita. Não será admitida a conversão do negócio jurídico.
• Deve ser pronunciada de ofício.	• Só pode ser arguida pelas partes interessadas. Não se opera antes de julgada por sentença.
• A sentença declaratória de nulidade produz efeitos *ex tunc*.	• A sentença desconstitutiva produz efeitos *ex nunc*. Seus efeitos somente ocorrem inter partes.
• Não se sujeita aos prazos prescricionais decadenciais, pois a ação declaratória de nulidade é imprescritível.	• A via correta é a judicial, em prazos decadenciais de dois (art. 179) ou de quatro anos (art. 178). Ação anulatória cuja natureza é desconstitutiva.

4.1 Erro (arts. 138 a 144 do CC)

Erro compreende a falsa percepção da realidade. Quando a lei diz que o erro é um defeito do negócio jurídico, significa que alguém talvez consiga anulá-lo alegando que errou. Nos termos do art. 138 da Lei Civil, o erro só torna o ato anulável se for substancial (também chamado de essencial) e é percebível por uma pessoa de diligência normal em face das circunstâncias do caso.

O erro é substancial quando for a causa do negócio jurídico, pois se trata de aspecto decisivo para a prática do ato. Para que você entenda bem essa questão, basta pensar na seguinte frase: só comprei porque eu errei. Ex.: compro uma joia folheada a ouro achando ser de ouro. Difere do erro acidental, que não torna o ato anulável, por ser um erro que não é a causa, porque é sobre um aspecto secundário, irrelevante na decisão de praticar o ato. Ex.: uma pessoa compra um carro achando que vem com película grátis ou com tapete acarpetado em vez do tapete de borracha. Ela compraria mesmo se não tivesse errado razão pela qual não pode pedir anulação do ato alegando que errou.

Ademais, só é possível anular o negócio jurídico se provado que o erro é percebível pela parte contrária em face das circunstâncias do caso, tendo como parâmetro o homem de diligência normal. A razão é que o interesse da outra parte deve ser preservado, que só tem como avisar possível erro se tiver razões para prevê-lo. Usando o supracitado exemplo da joia, se uma joalheria vende uma joia folheada a ouro pelo preço de uma outra de ouro, sabe que o comprador pode se enganar, devendo avisar ser folheada, diferente de quando se vende por um preço de bijuteria mesmo, quando não tem como imaginar que o comprador achará ser de ouro, não havendo razão para avisar não ser de ouro.

Atenção

O erro pode ser de fato ou de direito. Erro de fato é uma falsa percepção da realidade fática (a pessoa achou que era de ouro, todavia era folheado); por sua vez, o erro de direito é uma falsa percepção da realidade jurídica, ou melhor, desconhecimento da lei. **A questão é: pode uma pessoa alegar desconhecimento em sua defesa?**

Entretanto, essa regra não é absoluta, podendo os ramos do direito criar exceções. O Direito Penal a excepciona quando diz que o erro de proibição exclui a culpabilidade da conduta típica e ilícita, afastando a configuração do crime. O Direito Civil opõe exceção à regra quando prevê que o erro de direito pode gerar anulação do ato jurídico (art. 139, III, do CC).

Contudo, o ato só pode ser anulado alegando que alguém errou por desconhecer a lei se estiver de boa-fé. Se a pessoa alegar desconhecimento da lei para que ela não se aplique, o ato não será anulado, pois isso é má-fé. Portanto, a lei diz ser substancial o erro quando, sendo de direito, não implicar recusa à aplicação da lei. Ex.: uma pessoa, que não é da área jurídica, é citada em processo do juizado especial com valor da causa inferior a 20 salários mínimos. Contrata advogado para lhe defender, descobrindo mais tarde não ser necessário, quando poderá pedir anulação do contrato alegando erro de direito.

O art. 140 do Código Civil fala do erro como sendo o falso motivo para a prática do ato. O falso motivo só vicia a declaração de vontade se expresso como razão determinante. Se a pessoa compra um produto em uma loja por achar que é a que vende mais barato e depois descobre não ser, não poderá pedir anulação do ato. Porém, poderá solicitar a anulação se lá comprar por achar ser a opção mais barata em razão de a loja garantir o preço mais baixo, afirmando, inclusive, cobrir o preço da concorrência.

O art. 141 da Norma Civilista traz o erro por meios interpostos, quer dizer, quando este é de alguém que veicula a vontade de alguém, como no erro de digitação de um anúncio de jornal ditado ao telefone. Anulável nas mesmas condições que a declaração feita diretamente.

Os arts. 142 a 144 do Diploma Civil trazem três casos em que há erro na prática do ato, no entanto, não será este anulado em razão da possibilidade de retificação:

a) **Art. 142:** erro na indicação de pessoa ou de coisa, se pudermos identificar quem é a pessoa ou a coisa correta. Ex.: uma pessoa faz testamento beneficiando sua única neta Marina, todavia só tem uma neta de nome Maria, caso em que não se anulará o testamento, entregando à herdeira o benefício do testamento. Porém, se não existe a neta Marina, entretanto duas netas chamadas Maria e Mariana, o caminho será a anulação.
b) **Art. 143:** o erro de cálculo não torna o ato anulável, apenas autoriza a retificação.
c) **Art. 144:** quando a outra parte aceitar superar, consertar o erro, praticando o ato segundo minha real vontade. Ex.: uma pessoa quer comprar a casa A do lote B, contudo, erra comprando a casa B do lote A e o loteador aceita alterar o contrato para que a venda seja da casa A do lote B. Por evidente, não poderá pedir anulação com base no erro, pois ele não existe mais.

4.2 Dolo (arts. 145 a 150 do CC)

Dolo caracteriza a intenção. Se, no erro, a pessoa erra, no dolo, alguém intencionalmente provoca o seu erro. No erro, a pessoa compra uma joia folheada a ouro achando ser de ouro, enquanto no dolo o vendedor, sabendo ser folheada a ouro, diz ser de ouro.

O dolo só torna o ato anulável se for substancial ou essencial. Como aqui há intenção de enganar, não há preocupação em proteger seus interesses como no erro, tendo de ser percebível pela outra parte. Assim, no exemplo dado, o dolo há de ser substancial, ou seja, a causa da prática do ato (só comprou porque foi enganada). Dolo acidental, que é aquele que não é a causa, não torna o ato anulável, porém gera o dever de indenizar perdas e danos (no exemplo do carro visto no estudo do erro, não consegue anular a compra, mas deverá ser indenizada pelos seus prejuízos, seja na película prometida ou no tapete acarpetado).

O dolo pode ser comissivo (por ação) ou omissivo. Nos termos do art. 147 da Legislação Civilista, o silêncio intencional de fato relevante ignorado pela outra parte torna anulável, provando que sem esse silêncio o negócio não teria sido celebrado.

O ato pode ser anulado por dolo de terceiro, isto é, quem engana a pessoa não é o outro contratante beneficiado, mas sim um terceiro. **O dolo de terceiro sempre torna o ato anulável?** Não. Se o outro contratante sabe ou devesse saber do dolo do terceiro, o ato é anulável, todavia, se não sabe e não tinha como saber, o negócio será válido, entretanto, a parte vítima do dolo poderá cobrar indenização do terceiro que agiu com dolo.

Às vezes, o dolo é praticado pelo representante do contratante. Lembrando-se da regra que diz "que todo aquele que causa dano fica obrigado a indenizar, o representante que agiu com dolo deverá indenizar o prejuízo causado". A questão é: **o representado poderá ser cobrado pela indenização?** Poderá sim, contudo, a questão não é tão simples assim. É preciso informar que há duas classes de representação: convencional e legal, a depender se decorre da vontade (procuração) ou da lei (incapaz). Se a representação for convencional, representante e representado respondem solidariamente pelos prejuízos causados pelo dolo do representante. Se a representação for legal, o representado até responde, porém dentro do limite do proveito que teve com o dolo do representante.

Há dolo recíproco quando ambas as partes procederem com dolo, caso em que nenhuma delas poderá pedir a anulação do ato e tampouco indenização (art. 150 do CC).

4.3 Coação (arts. 151 a 155 do CC)

A coação moral torna o ato anulável quando for irresistível. Na análise da coação, são levados em conta o sexo, a idade, a condição, o temperamento do paciente e as demais circunstâncias que possam interferir em sua gravidade.

Não se considera coação a ameaça do exercício normal de um direito nem o simples temor reverencial, entendido como o medo de alguém a quem se deve obediência. Assim, não é anulável o pagamento de aluguéis atrasados em razão da ameaça de despejo, nem o casamento de uma mulher que alegue só ter casado pelo medo da represália do pai.

Nos mesmos moldes do dolo de terceiro, a coação de terceiro também pode tornar o ato anulável. Se o outro contratante sabe ou devesse conhecer a coação do terceiro, o ato é anulável, mas se não entende e não tem como compreender, o negócio será válido, no entanto, a parte vítima da coação poderá cobrar indenização do terceiro coator.

4.4 Estado de perigo e lesão (arts. 156 e 157 do CC)

A lesão e o estado de perigo são parecidos, pois têm uma característica comum: existência de uma situação que faz com que, em um negócio jurídico entre A e B, uma das partes se veja forçada a contratar e assumir prestação excessivamente onerosa. **A questão é: qual a diferença entre eles?** É a situação que gera a excessiva onerosidade para uma das partes.

Qual é a causa que força alguém a contratar e assumir prestação excessivamente onerosa? Nos termos do art. 156 da Lei Civil, é a pessoa estar premida da necessidade de salvar-se, ou alguém de sua família, de sofrer grave dano. Como o nome diz, a pessoa está em perigo e quer se salvar e paga mais caro do que deveria. Ex.: um carro enguiçado de madrugada em perigoso ponto da cidade, sendo cobrado dez vezes o valor normal para o carro ser rebocado. Sendo o estado de perigo um defeito do negócio jurídico, significa que a pessoa deve contratar, todavia, poderá pedir a anulação do negócio jurídico.

É injusto pagar dez vezes o valor, entretanto, também é injusto nada pagar, anulando o ato para receber todo o dinheiro de volta. Por isso, a lei diz poder se evitar a anulação do ato no caso de as prestações se reequilibrarem, ou melhor, se quem ganhou muito aceitar reduzir o ganho, ou se quem pagou pouco aceitar pagar mais. Essa regra está prevista para lesão no art. 157 do Código Civil, contudo, se aplica analogicamente ao estado de perigo.

Na lesão, são duas as situações que geram excessiva onerosidade para uma das partes: premente necessidade e inexperiência.

A necessidade que caracteriza a lesão não é aquela de se salvar de grave dano, e sim a contratual, que se configura quando a pessoa precisa contratar e não existe outra opção a quem lhe cobra muito caro. Se ela pagou caro para trocar o pneu de seu carro porque ficou de madrugada em lugar muito perigoso, o caso é de estado de perigo. Agora, se precisa trocar o pneu porque há um negócio a celebrar em cidade vizinha com urgência e só tem um borracheiro em cidade do interior que lhe cobra muito caro, o caso é de lesão. Se há vários borracheiros na cidade e aceita pagar por um que cobra muito caro, lesão não há pela inexistência da premente necessidade.

A inexperiência não força a pessoa a contratar, porém ela é lesada porque pagou caro em razão do pouco ou nenhum conhecimento sobre o ato. Suponha que uma pessoa se muda de cidade e aluga um apartamento por determinado valor. Com um mês lá morando, descobre que paga o dobro do valor cobrado no prédio, pois naquela cidade o preço do aluguel é menor que nas demais áreas da região. Poderá pedir anulação do contrato de aluguel alegando ter sido lesada.

Consoante visto, a lei diz não se anular o ato caso se reequilibrem as prestações, quer dizer, se quem ganhou muito aceitar reduzir o ganho ou quem pagou pouco concordar em pagar mais.

> **Atenção**
>
> Só existe um artigo que versa sobre o estado de perigo e lesão. Considere as palavras-chaves na redação desses artigos que identifique o instituto correto. Se a questão falar em "premido da necessidade de salvar-se de grave dano", o caso é de estado de perigo; se falar em "premente necessidade ou inexperiência", o caso é de lesão.

4.5 Fraude contra credores (arts. 158 a 165 do CC)

O patrimônio do devedor é a garantia do credor, ou seja, se o devedor não paga suas dívidas, seus bens serão penhorados e vendidos judicialmente para pagamento de seus débitos. O problema é que isso permite comportamentos fraudulentos, pois basta transferir seus bens para alguém para frustrar a possibilidade de os credores receberem.

Para resolver esse impasse, criou-se a figura da fraude contra credores como causa de anulabilidade do negócio jurídico. Não há nenhum problema em solvente realizar negócios jurídicos, no entanto, se a pessoa é insolvente ou se se reduz à insolvência com a prática do ato, aí poderá haver transtornos, caso prejudique os credores, que poderão pedir a anulação do ato fraudulento por meio de uma ação judicial chamada de ação pauliana.

Nem todo credor se prejudica com os atos praticados em fraude contra credores. Com efeito, existem duas categorias de credores: o com garantia e o sem garantia – este último chamado de credor quirografário. O credor com garantia específica, como o caso da hipoteca, não se prejudica com o ato fraudulento, pois pode buscar sua garantia em juízo. É o credor quirografário que tem legitimidade para propor a ação pauliana, pois é ele que se prejudica com a fragilização do patrimônio do devedor fraudulento.

Quem não tem dinheiro para pagar suas dívidas não pode praticar atos gratuitos. Por exemplo, doar bens ou perdoar dívidas, pois estaria dispondo de bens que seriam usados para pagamento de suas dívidas sem receber nada em troca. Esses atos podem facilmente ser anulados pelos credores quirografários como lesivos aos seus direitos. O notável é que os atos onerosos também podem ser anulados, pois, embora não haja uma diminuição patrimonial em razão do recebimento de algo equivalente, como ocorre na compra e venda, dificulta aos credores buscarem e receberem seus créditos.

Assim sendo, quando há prática de um ato jurídico em fraude contra credores, este poderá ser anulado pelos credores quirografários como lesivos aos seus direitos, sendo ele gratuito ou até mesmo oneroso, todavia, a lei impõe fundamental diferença entre tais modalidades.

Se o ato for gratuito, facilmente poderá ser anulado, bastando a insolvência do devedor ou sua redução à insolvência com a prática do ato, pois independe se quem contrata com o fraudador tinha ciência ou não da fraude contra credores por ele perpetrada. O ato oneroso pode ser anulado pelos credores, entretanto, estes terão de provar que a outra parte do negócio jurídico sabia da fraude contra credores quando negociou com o fraudador. Significa que, no ato gratuito, o ato é anulado mesmo na boa-fé do outro contratante, diferente do ato oneroso, que só pode ser anulado diante da má-fé de quem contrata com o fraudador, o que chamamos de *consilium fraudis*, isto é, o conluio, a armação entre os contratantes para fraudar credores. Observe que o *consilium fraudis* só é requisito para a anulação de atos em fraude contra credores quando o ato for oneroso.

O problema consiste na dificuldade do credor em provar a má-fé do outro contratante para anular o ato oneroso, pois é elemento subjetivo. Com o propósito de viabilizar a ação do credor, a lei faz presumir essa má-fé, ou melhor, a ciência do outro contratante da fraude contra credores em duas situações objetivas: se a insolvência for notória ou caso haja motivo para ser conhecida pelo outro contratante (ex.: ser parente, cônjuge ou sócio do fraudador).

Por isso, o art. 158 da Norma Civilista, que trata do ato gratuito, diz que o ato é anulável ainda quando ignore a fraude contra credores. Já o art. 159 do presente Diploma Civil, que se refere ao ato oneroso, diz que só pode ser anulado o ato fraudulento quando a insolvência for notória ou se houver motivo para ser conhecida pela outra parte.

> **Atenção**
>
> Se o devedor pratica atos fraudulentos durante o processo de execução, estamos diante de outro instituto, quer dizer, fraude à execução, que é tema de Processo Civil, com suas regras próprias. Para a configuração da fraude contra credores, enquanto instituto de Direito Civil, os atos fraudulentos são praticados antes de o devedor ser executado.

Em razão do comportamento fraudulento do devedor, anulado o ato praticado em fraude contra credores, o bem não retorna ao devedor como ordinariamente seria, mas será formado um patrimônio especial, que ficará a cargo dos credores para buscarem seus créditos, em conformidade com o que prevê o art. 165 da Legislação Civilista.

Por mais insolvente que esteja o devedor, duas naturezas de atos não podem ser questionadas pelos credores, que não poderão pedir sua anulação: os praticados para subsistência do devedor e de sua família e os indispensáveis para manutenção da empresa do devedor, pois precisam manter vivo o negócio de onde virão recursos para pagamento de suas dívidas.

A Lei Civil traz dois casos exemplificativos de fraude contra credores, dos quais você deve lembrar, pois a prova pode mencioná-los e perguntar se as seguintes situações são consideradas fraude contra credores:

a) Devedor insolvente deve a mais de um credor quirografário, pagando a um deles antes do vencimento, de modo que um credor, cujo vencimento é anterior, ficará sem receber o que lhe é devido em razão da insolvência do devedor. Nesse caso, deve a vantagem reverte-se para o patrimônio especial a cargo dos credores para que a ordem de pagamento seja respeitada (art. 162 do CC).

b) Devedor insolvente deve a mais de um credor quirografário, dando garantia real a um deles, alterando a ordem de pagamento, pois o credor com garantia real tem preferência para receber quando o bem é vendido. Nessa situação, deve ser anulada a garantia para que a ordem de pagamento seja respeitada (arts. 163 e 165, parágrafo único, do CC).

Importante

Fraude contra Credores	• O devedor aliena ou onera os seus bens, mas já existia uma ação de cobrança; o devedor ainda não foi cobrado judicialmente pelo credor porque o crédito nem está vencido. • Tal figura gera anulação do negócio. • A vítima é o próprio credor. • Instituto de direito privado.
Fraude à Execução	• Ocorre quando o devedor, já acionado pelo credor, não precisa que a ação seja de execução, podendo ser uma ação de conhecimento. • O negócio, diante de uma fraude à execução, é ineficaz. • A vítima, nesse caso, será a sociedade (ato atentatório à dignidade da Justiça). • É um instituto de direito processual, ou seja, de direito público.
Fraude à Lei	• Violação de uma norma obrigatória. • Exige a propositura da ação declaratória de nulidade. • O ato é nulo.

5. SIMULAÇÃO (ART. 167 DO CC)

A simulação não é um defeito do negócio jurídico, pois este configura um vício que torna o negócio jurídico anulável, e a simulação, a partir do atual Código Civil, torna o ato nulo, sendo uma causa autônoma de nulidade.

Simular é mascarar a realidade, expediente utilizado na prática do ato jurídico para tentar enganar as pessoas. A simulação pode ser de dois tipos: absoluta ou relativa.

5.1 Simulação relativa

A simulação é relativa quando a prática de um ato é simulada, isto é, na verdade, a pessoa quer praticar outro ato, como no caso de fazer uma doação e mascarar a realidade simulando uma compra e venda. Perceba que as partes celebram um ato aparente para esconder o ato que traduz a real vontade das partes. O ato aparente, que é externado, é chamado de ato simulado, enquanto o ato escondido, que traduz a real vontade das partes, é chamado de ato dissimulado.

O ato simulado é nulo, contudo, isso não significa que o dissimulado necessariamente também seja. O ato dissimulado será válido se internamente for válido, ou seja, pode ser válido, mas também nulo ou anulável. Por isso, o art. 167 da Norma Civilista diz que o ato simulado é nulo, porém subsiste o que se dissimulou contanto que seja válido na substância e na forma. No exemplo supracitado, a compra e venda é nula, no entanto, a doação pode ser válida, nula ou anulável, a depender de que doação se trate.

A simulação relativa pode ser objetiva ou subjetiva. Será objetiva quando a diferença do ato simulado para o dissimulado decorrer de uma declaração, confissão, condição ou cláusula não verdadeira ou quando se antedatar ou se pós-datar documento, como o exemplo de a compra e venda esconder uma doação (art. 167, II e III, do CC). Diz-se subjetiva se a diferença do ato simulado para o ato dissimulado decorrer da pessoa que celebra o contrato, o que coloquialmente falamos como o uso de um "laranja", como a doação feita para uma amante, ato que seria anulável, ser escondida por uma doação para a sua mãe, para que o ato não seja inválido (art. 167, I, do CC).

5.2 Simulação absoluta

A simulação será absoluta quando não existir ato dissimulado. Na simulação relativa a pessoa simula um ato, mas, de fato, quer praticar outro. Já na absoluta, ela simula um ato, quando, na realidade, não queria praticar ato algum. A título de exemplo, imagine a necessidade de justificar um valor pecuniário depositado em uma conta-corrente, simulando o titular da conta uma compra e venda que não existiu.

Na simulação relativa, a nulidade do ato simulado faz o ato dissimulado evoluir, sendo este, em regra, válido. Já na absoluta, a nulidade do ato simulado não faz prosperar ato algum, por inexistir ato dissimulado, apenas sendo nulo o ato simulado.

Atenção!

- "Art. 167. Na simulação relativa, o negócio simulado (aparente) é nulo, mas o dissimulado será válido se não ofender a lei nem causar prejuízos a terceiros (Enunciado n. 153 da III Jornada de Direito Civil). Fundamentando-se no enunciado a chamada **extraversão** é a entrada do ato dissimulado no ordenamento jurídico. Veja: "Art. 167. Na simulação relativa, o aproveitamento do Negócio Jurídico dissimulado não decorre tão somente do afastamento do Negócio Jurídico simulado, mas do necessário preenchimento de todos os requisitos substanciais e formais de validade daquele" (Enunciado n. 293 da IV Jornada de Direito Civil)
- Não se deve confundir simulação com reserva mental, também chamada de reticência (art. 110, CC): há *reserva mental* quando o agente mantém escondida a intenção de não cumprir a finalidade do negócio, produzindo o negócio jurídico seus efeitos regulares. Na hipótese de a reserva ser externada (deixando de ser reserva), e haja concordância da outra parte (havendo simulação absoluta), o negócio será nulo, na forma do artigo 167 do CC.

Atenção!

Capacidade e Negócios Jurídicos Processuais

Vejamos o artigo 190, CPC:

Art. 190. Versando o processo sobre direitos que admitam autocomposição, é lícito às partes plenamente capazes estipular mudanças no procedimento para ajustá-lo às especificidades da causa e convencionar sobre os seus ônus, poderes, faculdades e deveres processuais, antes ou durante o processo.

Parágrafo único. De ofício ou a requerimento, o juiz controlará a validade das convenções previstas neste artigo, recusando-lhes aplicação somente nos casos de nulidade ou de inserção abusiva em contrato de adesão ou em que alguma parte se encontre em manifesta situação de vulnerabilidade.

Segundo a lei, poderão as partes negociar sobre: ônus da prova, redução e ampliação de prazos, divisão das despesas. Trata-se de uma excelente ferramenta processual. Assim, quando pensamos em negócios jurídicos não temos mais uma visão material, ou seja, ampliamos também para a esfera processual. Não observamos, uma alteração no litígio, pois essa é autocomposição! Será negociado o processo, alterando suas regras (NORMDISPOSITION). Existe sim uma derrogação de normas processuais.

Acabam refletindo no mérito? Posso dizer que sim! Tais negócios podem ser realizados pelo poder público? Sim, podemos citar, como exemplo, o MP.

Claro, que em todo o negócio jurídico processual, a boa-fé processual, deverá contaminar todas as fases da negociação.

6. FLUXOGRAMA

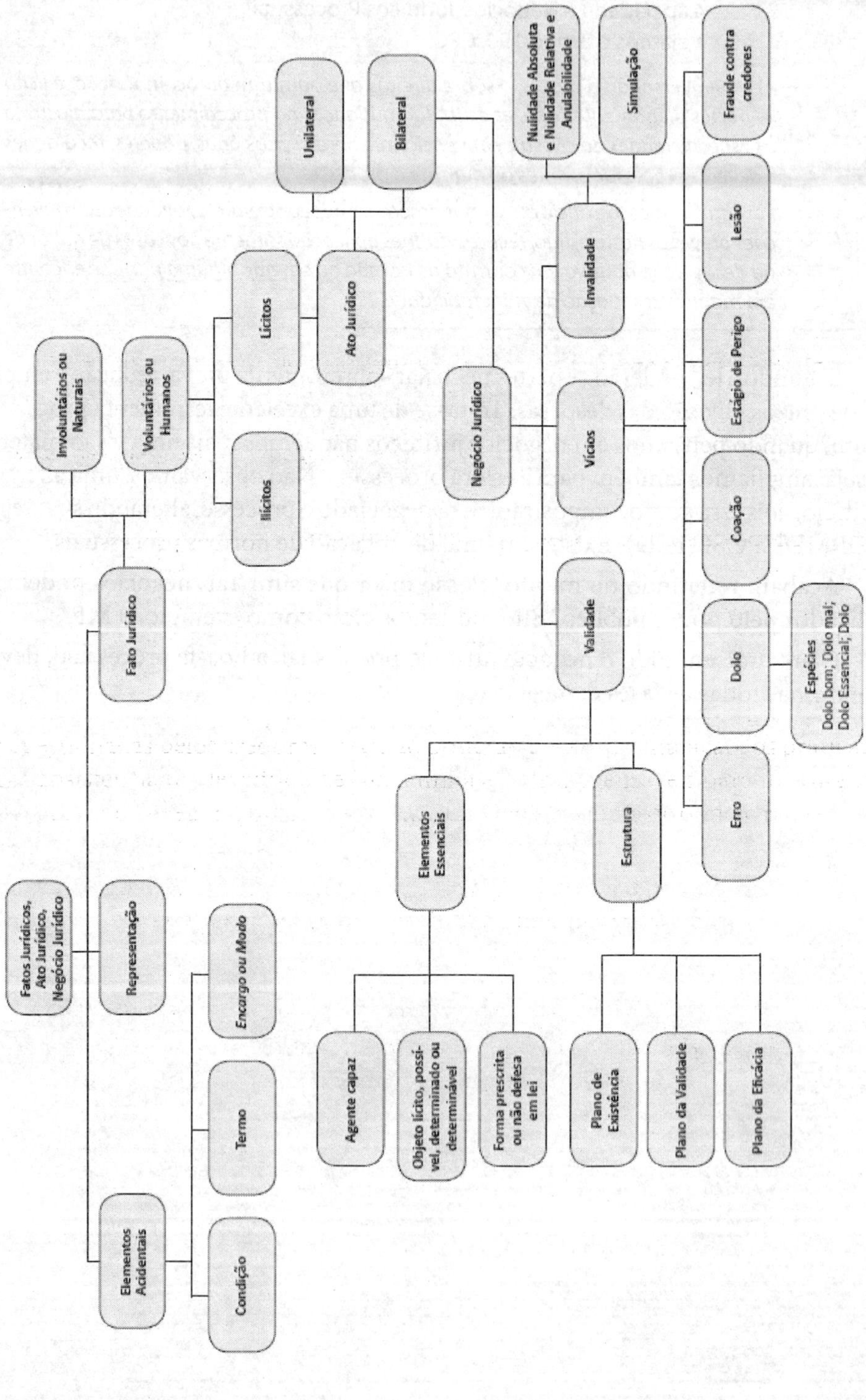

7

Prescrição e Decadência

1. PRESCRIÇÃO E DECADÊNCIA (ARTS. 189 A 211 DO CC)

Prescrição e decadência são institutos postos para garantir a segurança jurídica, a paz social e o equilíbrio das relações sociais. A pessoa até pode ter direitos, todavia, tem prazo para exercê-los, sob pena de sobrevir alguma espécie de problema, que irá variar se o caso for de prescrição ou de decadência: o direito não protege a quem dorme.

A grande dificuldade é: qual a diferença entre prescrição e decadência? Em qual circunstância o prazo é de prescrição e quando é de decadência? O prazo é para exercer um direito, sendo prescricional ou decadencial a depender do direito a ser exercido: direito subjetivo se sujeita à prescrição e direito potestativo se sujeita à decadência. O que isso significa?

O direito que uma pessoa pode ter compreende duas classes: direito subjetivo e direito potestativo. O subjetivo é aquele que se assemelha a um dever jurídico de outra parte. Se alguém deve a uma pessoa dez mil reais, ela tem um direito de crédito, que é um direito subjetivo, pois a outra parte tem um dever correspondente: dar-lhe o dinheiro. Já o potestativo equivale não a um dever de outra parte, mas sim a mera sujeição. Caso seja coagida para um assinar contrato, a pessoa tem o direito de anulá-lo, por ser um defeito do negócio jurídico. É um direito potestativo, pois o outro contratante nada tem a fazer a não ser aceitar a anulação decretada pelo juiz.

Direito subjetivo, como corresponde a um dever jurídico, pode ser chamado de direito a uma prestação. O não cumprimento espontâneo da prestação significa violação de um direito. Ao ser violado, nasce para o seu titular uma pretensão, que é o poder de cobrá-lo judicialmente. Contudo, há prazo para reclamar o direito subjetivo, isto é, para exercer a pretensão sob pena de perdê-la: prazo prescricional.

Diferentemente, direito potestativo não é o direito a uma prestação, pois a outra parte nada tem a fazer, a não ser se sujeitar. Note que o direito potestativo, mais do que um direito, é um verdadeiro exercício de poder. Às vezes, a lei exige que se exerça esse poder judicialmente e, em alguns casos, há prazo para cumpri-lo em prol da segurança jurídica, da paz social e do equilíbrio das relações sociais: prazo decadencial.

Dica

Dado que o direito de crédito é um direito subjetivo e o direito de anular o contrato é um direito potestativo, sempre que uma pessoa cobrar dinheiro de alguém, o prazo é prescricional, e sempre que ela pedir a anulação de um contrato, o prazo é decadencial.

Essa mesma questão pode ser vista em uma ótica processual. Sabemos que a ação de conhecimento pode ser de três naturezas: condenatória, constitutiva e declaratória. Ação condenatória é aquela em que se pede ao juiz que condene o réu a fazer algo que deveria ter feito para alguém e não o fez espontaneamente – por exemplo, pagar uma dívida. Ação constitutiva é aquela em que é solicitado ao juiz que constitua ou desconstitua uma situação jurídica, tendo o réu de aceitar, por exemplo, anular um contrato. Por fim, ação declaratória é aquela em que é pedido apenas que o juiz declare uma situação já existente.

Perceba que a ação condenatória é aquela em que um direito subjetivo é exercido, enquanto a ação constitutiva é aquela em que um direito potestativo é executado. Assim sendo, a ação condenatória deve ser ajuizada em prazo prescricional e a constitutiva, em prazo decadencial. Por sua vez, a ação declaratória não se sujeita a prazo prescricional nem decadencial, pois é apenas para declarar algo já configurado.

Atenção

O direito subjetivo e a ação ou a pretensão condenatória se sujeitam à prescrição; já o direito potestativo e a ação ou a pretensão constitutiva se submetem à decadência.

Na prescrição, perde-se a pretensão; já na decadência, o próprio direito. Se uma dívida não é cobrada no prazo prescricional, o direito de crédito não desaparece; apenas é cessado o poder de cobrar em juízo em razão da inércia. Por outro lado, se a anulação do contrato não é solicitada no prazo decadencial, extingue-se o próprio direito, pois o ato que era inválido (anulável) convalesceu, tornando-se válido. Isso gera uma consequência: **na prescrição, se o devedor paga dívida por engano ou amigavelmente e se arrepende, pode pleitear a devolução do que pagou a título**

de dívida prescrita? Não, pois, na prescrição ocorre a perda da pretensão. O direito persiste, todavia, não poderá cobrá-lo judicialmente. Assim, sendo o pagamento válido, ainda existe o direito.

Lembrando que exceção significa defesa em direito processual, pergunta-se: **se a pretensão prescreve, pode-se afirmar que a exceção também prescreve?** Vislumbremos o seguinte caso prático elucidativo: A é devedor de mil reais a B, no entanto, não cumpre a obrigação no prazo, tornando-se inadimplente. Diante da inércia de B, houve prescrição. Tempos depois, B causa um dano a A, que ajuíza ação indenizatória para reparação do dano. Poderá B alegar compensação em defesa? Em tese, poderia, pois na prescrição há perda da pretensão, não do direito. Assim, não se pode exigi-lo judicialmente, apesar de o direito de crédito ainda existir. E por expressa previsão legal, impedido está o réu de alegar compensação em sua defesa. É o que estabelece o art. 190 do Diploma Civil, que preceitua: "A exceção prescreve no mesmo prazo em que a pretensão".

Assim sendo, de forma agora completa afirma-se: a prescrição gera perda da pretensão e da exceção, e a decadência do próprio direito.

É importante diferenciar prescrição e decadência, pois cada instituto tem o seu regime jurídico, quer dizer, há regras aplicáveis à prescrição e outras à decadência. São elas que devemos conhecer, o que será feito em um estudo comparativo.

1.1 Impedimento, suspensão e interrupção do prazo (arts. 197 a 204 do CC)

Em regra, o prazo decadencial se inicia e chega a termo sem sofrer ataques. Já o prazo prescricional pode ser impedido, suspenso ou interrompido. **Qual a diferença?** As causas suspensivas se prolongam no tempo, durante o qual o prazo prescricional não corre. Ao final, o prazo volta a correr de onde parou. Já as causas interruptivas são pontuais e fazem reiniciar o prazo desde o início, independentemente do prazo já transcorrido. Por fim, as causas impeditivas são as mesmas das temporárias que suspendem o prazo. Essas causas serão impeditivas logo que verificadas no início do prazo, pois, ao invés de suspenderem, impedirão que o prazo prescricional se inicie.

As causas impeditivas ou suspensivas do prazo prescricional estão previstas nos arts. 197 a 200 da Legislação Civilista. Não corre a prescrição: entre cônjuges no decorrer da sociedade conjugal; entre ascendentes e descendentes durante o poder familiar; entre tutores e tutelados no decurso da tutela; entre curadores e curatelados no período da curatela; contra os absolutamente incapazes; contra os ausentes do país a serviço dos entes federativos; contra quem estiver servindo as Forças Armadas em tempo de guerra, não estando vencido o prazo, estando pendentes condição suspensiva e ação de evicção; e enquanto não houver decisão definitiva na ação criminal quando um mesmo fato gere ao mesmo tempo responsabilidade civil e criminal.

Atenção

O art. 198, I, do CC diz não correr prazo contra o absolutamente incapaz. Significa que este jamais perderá a pretensão pela prescrição. Por outro lado, o relativamente incapaz pode perder a pretensão pela prescrição, pois o prazo prescricional corre normalmente contra ele. Porém, nos termos do art. 195 da Lei Civil atual, pode-se cobrar indenização de seu assistente, que deveria tê-lo auxiliado, mas não o fez.

As causas interruptivas do prazo prescricional estão previstas no art. 202 do Código Civil. Representam situações em que o credor pratica um ato positivo de cobrança, zerando a contagem do prazo, pois a prescrição só pode se configurar diante da inércia do agente por todo o prazo. Caracterizam causas interruptivas do prazo prescricional: despacho do juiz que ordene a citação, protesto judicial, protesto cambial (extrajudicial), apresentação do título em juízo de inventário ou em concurso de credores, por qualquer ato que constitua o devedor em mora, qualquer ato inequívoco que importe reconhecimento da dívida pelo devedor.

Atenção

O prazo prescricional pode ser interrompido uma única vez.

Importante!

Súmula n. 647, do STJ: "São imprescritíveis as ações indenizatórias por danos morais e materiais decorrentes de atos de perseguição política com violação de direitos fundamentais ocorridos durante o regime militar".

A MP n. 1.085/2021 incluiu na lei civil o art. 206-A que trata da prescrição intercorrente, dispondo que "a prescrição intercorrente observará o mesmo prazo de prescrição da pretensão, observadas as causas de impedimento, de suspensão e de interrupção da prescrição previstas neste Código e observado o disposto no art. 921 da Lei nº 13.105, de 16 de março de 2015 - Código de Processo Civil."

O art. 921, do CPC/2015 trata do tema referente às hipóteses de suspensão do processo de execução.

O art. 207 da Norma Civilista prevê não se aplicar à decadência as causas que impedem, suspendem ou interrompem o prazo prescricional. Todavia, essa regra não é absoluta, pois o artigo ressalva a possibilidade de a lei prever causa suspensiva, impeditiva ou interruptiva do prazo decadencial, o que já faz no artigo seguinte, quando manda aplicar à decadência os arts. 198, I, e 195, ambos do atual Diploma Civil. Significa que não corre prazo decadencial contra o absolutamente incapaz. Assim, como na prescrição, o absolutamente incapaz jamais poderá perder o direito pela decadência. O relativamente incapaz até poderá perder o direito pela decadência, em razão do prazo que corre contra ele, entretanto, poderá cobrar indenização do seu assistente, que deveria tê-lo auxiliado, contudo não o fez.

1.2 Possibilidade de reconhecimento de ofício

A decadência sempre foi vista como uma questão de ordem pública, diferente da prescrição, encarada tradicionalmente como questão de ordem privada, de interesse apenas das partes. Por isso, a Legislação Civilista de 1916 dizia que o juiz poderia reconhecer a decadência de ofício, porém a prescrição não. Sobreveio a Lei Civil de 2002, mantendo, em linhas gerais, essa regra. Mas criou uma exceção, conforme preceituava o seu art. 194: "O juiz poderia reconhecer a prescrição de ofício para favorecer absolutamente incapaz. A razão era clara: devedor absolutamente incapaz, por ser desprovido de discernimento por completo, não está apto a alegar eventual prescrição, sendo protegido pela lei".

Em 2006, essa questão mudou em decorrência da Lei 11.280/2006, que revogou o art. 194 do Código Civil e alterou o § 5.º do art. 219 do CPC/73, dizendo que o juiz deve declarar de ofício a prescrição. Com a atual redação legal, o juiz deve conhecer de ofício tanto a prescrição como a decadência, o que erigiu a prescrição à matéria de ordem pública. Hoje a matéria é tratada no § 1º do art. 332, do CPC/15, dispondo que: "O juiz também poderá julgar liminarmente improcedente o pedido se verificar, desde logo, a ocorrência de decadência ou de prescrição."

No entanto, em se tratando de decadência, a questão tem de ser minudenciada. Existem duas categorias de decadência: legal e convencional. Decadência legal é aquela que decorre de lei, diferente da convencional, que advém da vontade das partes. Como exemplo de decadência legal, o já citado exemplo do prazo para pleitear anulação do negócio jurídico em razão de defeito do negócio jurídico. Já em se tratando de decadência convencional, podemos pensar no caso de as partes inserirem em um contrato de aluguel um prazo para que o inquilino tenha o direito de renovar compulsoriamente o contrato por igual período. O prazo é de decadência convencional, pois é direito potestativo do inquilino, e a lei não impõe tal prazo, mas sim a vontade das partes.

No caso de decadência legal, o juiz deve declará-la de ofício, todavia, constituindo decadência convencional não poderá assim proceder, exigindo-se requerimento das partes, pois o prazo é estabelecido pelo interesse destas.

Seja prescrição ou decadência (legal ou convencional), as partes podem alegá-las no processo judicial – e a lei dispõe que poderão fazê-lo em qualquer grau de jurisdição.

1.3 Possibilidade de renúncia

O que aqui se indaga é se a prescrição ou decadência podem ser renunciadas. A princípio não, pois seria renunciar à segurança jurídica, à paz social e ao equilíbrio das relações sociais. Por esse fato, o art. 209 da Norma Civilista declara nula a renúncia à decadência fixada em lei. Nada obsta renunciar à decadência convencional, pois foi fixada no interesse das partes, que podem inserir no contrato prazo decadencial e retirá-lo por meio de uma alteração contratual.

Entretanto, a prescrição, por gerar perda da pretensão e não do direito, apresenta uma peculiaridade: **pode ser renunciada, mas só depois consumada. Por quê?** A prescrição não pode ser renunciada pelas partes no contrato, pois seria o mesmo que renunciar à segurança jurídica, à paz social e ao equilíbrio das relações sociais. Contudo, vimos que o pagamento de dívida prescrita é válido, pois o credor perdeu a pretensão, mas não o direito. Ora, quando se paga dívida prescrita, o devedor está renunciando à prescrição, pois esta o dispensa de pagar a dívida, e ele abriu mão da prerrogativa ao pagá-la. Assim, a prescrição pode ser renunciada expressa, mas também tacitamente, ou seja, quando presumida pela prática de ato incompatível com a prescrição. Para isso se exigem dois requisitos: a prescrição já estar consumada e não prejudicar terceiros (art. 191 do CC).

1.4 Possibilidade de alteração do prazo por acordo das partes

Nos termos do art. 192 do Diploma Civil, os prazos prescricionais não podem ser alterados por acordo das partes. O prazo decadencial também não poderá ser modificado por acordo de vontade das partes, quando a decadência for legal, em razão de a lei tê-lo estabelecido. No entanto, quando a decadência for convencional, as partes podem alterar o prazo decadencial, pois este foi instituído no interesse das partes, que podem inseri-lo e não só retirá-lo, mas também alterá-lo por intermédio de simples alteração contratual.

Atenção!

Sobre a Covid-19:

– Foi aprovada a Lei n. 14.010/2020, que dispõe sobre o Regime Jurídico Emergencial e Transitório das relações jurídicas de Direito Privado (RJET) no período da pandemia do coronavírus (Covid-19). Dentre as medidas, dispõe o seguinte:

CAPÍTULO II
DA PRESCRIÇÃO E DECADÊNCIA

Art. 3º Os prazos prescricionais consideram-se impedidos ou suspensos, conforme o caso, a partir da entrada em vigor desta Lei até 30 de outubro de 2020.

§ 1º Este artigo não se aplica enquanto perdurarem as hipóteses específicas de impedimento, suspensão e interrupção dos prazos prescricionais previstas no ordenamento jurídico nacional.

§ 2º Este artigo aplica-se à decadência, conforme ressalva prevista no art. 207 da Lei n. 10.406, de 10 de janeiro de 2002 (Código Civil).

PRESCRIÇÃO X DECADÊNCIA

	PRESCRIÇÃO	DECADÊNCIA
Direitos	Extingue a pretensão (encobrimento da pretensão	Extingue o próprio direito potestativo em razão do não exercício. Prejudica todas as ações constitutivas.
Decretação	Deve ser declaradas de ofício pelo juiz (Lei n. 11.280/06), em qualquer fase processual.	Decadência legal deve ser reconhecida de ofício pelo juiz, o que não ocorre com a decadência convencional, a parte que alega pode se valer em qualquer grau de jurisdição.
Funcionamento	É sujeita à interrupção, suspensão e impedimento. Atenção! Não corre contra todos (arts. 197 e 198, CC)	Não se interrompe nem se suspende, salvo disposição legal. Atenção! Corre contra todos, salvo absolutamente incapazes (art.208, CC)
Prazos	Somente em prazos da lei. Prazo geral: 10 anos – art. 205 do Código Civil.	Tem prazos legais e convencionais.
Incidência	Incide nas ações onde se exige uma prestação.	Incide nas ações em que se visa à modificação de uma situação jurídica.
Abrangência	Abrange todas as ações condenatórias e somente elas. Abrange direitos patrimoniais (em regra).	Abrange as ações constitutivas que têm prazo especial de exercício fixado em lei.
Nascimento	Nasce quando o direito é violado. Lesão. Refere-se a direitos prestacionais.	Nasce junto com o direito.
Origem	Tem origem na lei. Prazos contados em anos.	Tem origem na lei e no ato jurídico. Prazos contados em dias, meses e anos.
Extinção	O devedor pode renunciá-la após a consumação.	A decadência legal não pode ser renunciada em qualquer hipótese. A decadência convencional pode ser renunciada após a consumação.

2. FLUXOGRAMA

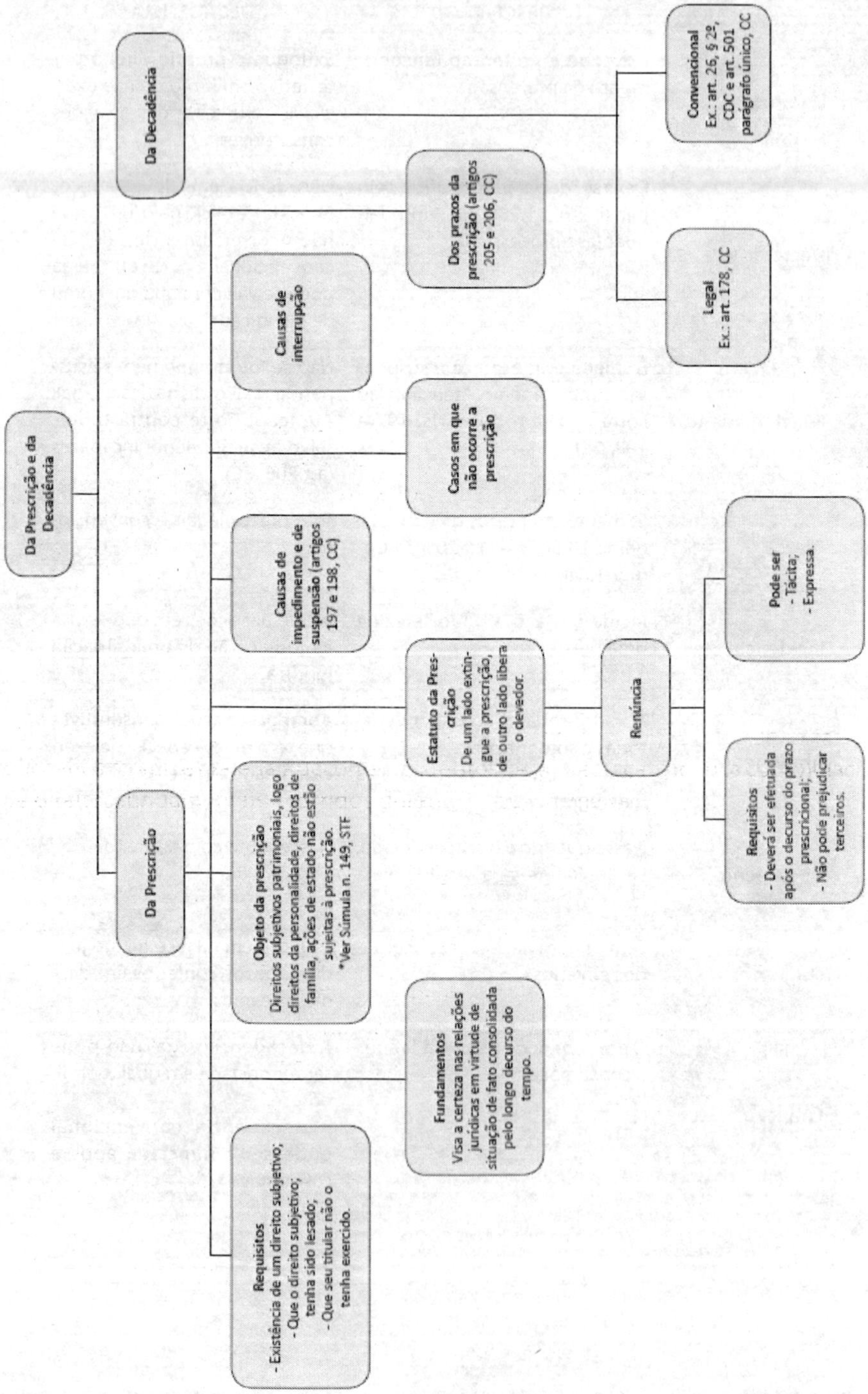

Parte Especial

1

Direito das Obrigações

1. INTRODUÇÃO

O direito das obrigações é o ramo do Direito Civil que se ocupa em estudar a relação jurídica que existe entre o devedor e o credor, na qual este pode exigir daquele o cumprimento de uma prestação, que possivelmente consiste em um dar, um fazer ou um não fazer.

A obrigação tem, portanto, três elementos: devedor, credor e vínculo jurídico. O vínculo jurídico é a ligação que existe entre o devedor e o credor, que é composta por dois elementos: débito e responsabilidade. Significa que há duas questões ligando devedor e credor: a existência de uma dívida (débito) e a possibilidade de cobrança judicial em caso de inadimplemento (responsabilidade).

> ***Atenção***
>
> **A obrigação natural** é aquela em que o vínculo jurídico é formado apenas pelo débito, não existindo responsabilidade. Existe uma dívida, todavia, se não for cumprida a prestação, o credor não tem o poder de exigi-la judicialmente. Entretanto, se adimplida espontaneamente ou até mesmo por engano, não se pode exigir devolução, pois o débito existe (art. 882 do CC). É o que chamamos de *soluti retentio* (retenção de pagamento). Exemplo de obrigação natural: dívida de jogo ou aposta.
>
> **A obrigação *propter rem* (em razão da coisa)** é direito obrigacional (confrontando devedor e credor), e não direito real. Contudo, tem uma especificidade: é a obrigação que surge em razão da aquisição de um direito real. Ao se adquirir um direito real, seu titular assume algumas obrigações de devedor perante credor. Ex.: obrigação de pagar condomínio quando se adquire o direito de propriedade de um apartamento ou o dever que o proprietário tem de indenizar o possuidor que realiza benfeitorias em seu imóvel, nos termos destacados em direitos reais neste livro.

Como a obrigação *propter rem* surge por força da titularidade de um direito real, acompanha o bem se houver transferência dele, isto é, o novo titular do direito real a assume. Ex.: quem compra um apartamento assume a obrigação de pagar condomínio, até mesmo aquelas mensalidades que estejam em atraso.

Atenção

A obrigação *propter rem* não se consubstancia apenas no pagamento de valor pecuniário. Deve ser uma obrigação devedor/credor, porém esta pode ser consubstanciada em um dar (dinheiro ou qualquer bem), um fazer ou um não fazer. Assim sendo, o respeito às limitações dos direitos de vizinhança são obrigações *propter rem*, pois consistem em obrigações de não fazer do proprietário para respeito a direito de vizinhos.

2. MODALIDADE DAS OBRIGAÇÕES (ARTS. 233 A 285 DO CC)

As modalidades de obrigações decorrem de dois tipos de classificações: básica e especial. Em uma classificação básica, a depender da natureza da prestação, a obrigação pode ser de três espécies: obrigação de dar, obrigação de fazer e obrigação de não fazer. Em uma classificação especial, a Legislação Civilista trata de mais três classes de modalidades: obrigação alternativa, obrigação divisível ou indivisível e obrigação solidária.

2.1 Obrigação de dar (arts. 233 a 246 do CC)

A obrigação de dar é aquela em que a prestação do devedor consiste na entrega de um bem. A obrigação de dar pode ser de duas naturezas: dar coisa certa ou dar coisa incerta. Na obrigação de dar coisa certa, o devedor tem a prestação de entregar um bem específico. Por exemplo, quando alguém vende o cavalo campeão de sua fazenda. Já a obrigação de dar coisa incerta é aquela em que o devedor assume a obrigação de dar um gênero em certa quantidade. Por exemplo, quando alguém vende três cavalos de sua fazenda.

2.1.1 Obrigação de dar coisa certa (arts. 233 a 242 do CC)

É a obrigação de dar um bem específico, não servindo outro de mesma espécie, como quando uma pessoa vende o cavalo campeão de sua fazenda. Na verdade, há duas categorias de obrigação de dar coisa certa: dar e restituir. A razão é que, quando disponho da obrigação de devolver um bem que recebi, não posso impor a entrega de outro de mesma espécie. Portanto, tenho a obrigação de dar coisa certa tanto quando preciso entregar um cavalo que vendi como quando sou obrigado a devolver um cavalo que me foi emprestado.

O assunto vem previsto entre os arts. 233 e 242 da Lei Civil, em que uma única questão é tratada: perda ou deterioração do bem depois que a obrigação de dar é assumida, mas antes da efetiva entrega. Como é obrigação de dar coisa certa, não sendo possível a entrega de outro bem equivalente, qual é a consequência? Quem suporta o prejuízo? As possibilidades são muitas, pois pode ser com culpa ou sem culpa do devedor, pode ser um dar ou um restituir, pode ser perda ou deterioração ou até mesmo uma melhora no bem.

Para tomar ciência de todos os casos previstos nos citados artigos, basta conhecer uma regra básica, à qual são acrescentadas duas regras acessórias lógicas:

Regra básica: se o devedor teve culpa na perda do bem, a regra sempre será a mesma: deverá pagar ao credor o equivalente acrescido de perdas e danos. Se o devedor não teve culpa na perda do bem, a regra será sempre a mesma: *res perit domino*, a coisa perece para o dono, ou seja, será dele o prejuízo. E quem é o dono? Depende se a obrigação é de dar ou de restituir. Na obrigação de dar, antes da entrega, o dono é o devedor, pois a aquisição da propriedade só se dá com a entrega do bem. Na obrigação de restituir, o dono é o credor, pois ele sempre foi o dono, uma vez que só emprestou para o devedor.

Regra acessória 1: desde que, em vez da perda, ocorra apenas a deterioração do bem, a solução é a mesma, no entanto, com uma diferença: ele poderá optar entre a solução da perda supramencionada ou o recebimento do bem deteriorado, abatendo-se o valor da deterioração.

Regra acessória 2: na hipótese de a coisa perecer para o dono, ela também melhora para ele, quer dizer, se, em vez da perda ou deterioração, houver uma melhora no bem antes da entrega, quem dela se beneficiará será o dono.

Vamos analisar, com base no macete apresentado, as regras dos arts. 234 a 242 do Código Civil. Qual a consequência da perda, deterioração ou melhora do bem antes da tradição, nos casos da prestação de dar e da prestação de restituir?

a) **Prestação de dar, perda do bem, com culpa do devedor (art. 234):** devedor vende um carro ao credor e, antes da entrega, destrói o bem em decorrência de um acidente com perda total por dirigi-lo embriagado. Será devedor no equivalente (devolve o valor recebido ou não o recebe) acrescido de perdas e danos.
b) **Prestação de dar, perda do bem, sem culpa do devedor (art. 234):** devedor vende um carro ao credor, mas, antes da entrega, o bem cai em uma ribanceira, sendo arrastado pela correnteza de uma inundação provocada por violenta tempestade. Consequência: resolve-se a obrigação, o que significa desfazer o negócio. Veja que o dono (devedor do carro) sofreu a perda, pois ficou sem o carro e sem o dinheiro.
c) **Prestação de dar, deterioração do bem, com culpa do devedor (art. 236):** devedor vende um carro ao credor, contudo, antes da entrega, o amassa

ao bater por dirigir embriagado. O credor poderá escolher entre receber o equivalente mais perdas e danos ou aceitar o bem no estado em que se encontra acrescido de perdas e danos, incluindo o abatimento do valor em razão da deterioração.

d) **Prestação de dar, deterioração do bem, sem culpa do devedor (art. 235):** devedor de um carro vendido ao credor, antes da entrega, tem o bem amassado por bater em um poste ao ser arrastado pela correnteza de uma inundação provocada por violenta tempestade. Consequência: o credor poderá optar em resolver a obrigação (desfazer o negócio) ou aceitar o carro amassado, abatendo do seu preço o valor perdido pela deterioração. Atente-se que é o dono (devedor do carro) que sofre a perda, pois ficou sem dinheiro e com o carro amassado ou sem o carro pagando pela deterioração.

e) **Prestação de dar, melhora do bem (art. 237):** devedor vende uma fazenda ao credor, mas antes da entrega, o bem se valoriza em razão do acréscimo de terra trazido pela correnteza das águas (fenômeno chamado de avulsão). O vendedor poderá pedir aumento de preço, pois é o dono e ele se beneficia com a vantagem. Se o comprador não aceitar pagar o acréscimo, poderá o vendedor resolver a obrigação, quer dizer, desfazer a venda. E se, em vez de melhoramento ou acrescido, o bem deu frutos? Os frutos percebidos ou colhidos antes da tradição são do devedor, pois ele ainda é dono do bem, no entanto, se pendente quando da tradição, será do credor, pois o bem acessório segue a sorte do bem principal. Assim, se o devedor vende uma cadela para entregar tempo depois e ela fica prenha antes da entrega, caso, na época da entrega, o filhote já tenha nascido, ele será do vendedor, todavia, se estiver na barriga da cadela na época da entrega, será do comprador.

f) **Prestação de restituir, perda do bem, com culpa do devedor (art. 239):** devedor recebe em empréstimo um carro do credor, e, antes de efetuar a sua devolução, o destrói provocando um acidente com perda total do bem por dirigir embriagado. Será devedor no equivalente (indeniza o valor do carro) acrescido de perdas e danos.

g) **Prestação de restituir, perda do bem, sem culpa do devedor (art. 238):** devedor toma emprestado um carro do credor, contudo, antes de devolvê-lo, o bem cai em ribanceira levado pela correnteza da inundação provocada por uma tempestade. O dono é o credor e ele sofre a perda, ou seja, o devedor não terá de indenizá-lo.

h) **Prestação de restituir, deterioração do bem, com culpa do devedor (art. 240):** devedor recebe em empréstimo um carro do credor, porém, antes de restituir-lhe o bem, amassa-o ao bater por dirigir embriagado. O credor poderá escolher entre receber o equivalente mais perdas e danos ou aceitar o bem no estado em que se encontra acrescido de perdas e danos, incluindo o abatimento do valor em razão da deterioração.

i) **Prestação de restituir, deterioração do bem, sem culpa do devedor (art. 240):** devedor toma o empréstimo de um carro do credor, mas, antes de efetuar a devolução, o bem é amassado ao bater em um poste em razão de ter sido levado pela correnteza da inundação provocada por violenta tempestade. O dono é o credor, que sofrerá a perda, pois a lei diz que ele receberá o bem deteriorado sem direito de indenização.

j) **Prestação de restituir, melhora do bem (arts. 241 e 242):** devedor recebe em empréstimo uma fazenda do credor, no entanto, antes da devolução, o bem se valoriza em razão do acréscimo de terra trazido pela correnteza das águas (fenômeno chamado de avulsão). Por evidente, será do credor o ganho, pois ele é o dono do bem, recebendo-o de volta valorizado, desobrigado de indenizar. Se para o melhoramento ou acréscimo houve trabalho do devedor, é benfeitoria, razão pela qual o art. 242 da Norma Civilista determina aplicar as regras do direito de indenização que o possuidor de boa-fé e de má-fé tem em razão das benfeitorias que faz no bem (sobre isso, ver o capítulo próprio na parte de direitos reais neste livro, quando da abordagem dos efeitos da posse).

2.1.2 Obrigação de dar coisa incerta (arts. 243 a 246 do CC)

É a obrigação de dar um gênero em certa quantidade, como na venda de três cavalos de uma fazenda. Em dado momento, os bens a serem entregues deverão ser escolhidos, o que chamamos de concentração da prestação. A quem cabe a escolha? A quem definido no contrato. Se nada for dito, a escolha caberá ao devedor, que não poderá escolher o pior nem ser obrigado a escolher o melhor.

Feita a escolha, a obrigação de dar coisa incerta se transforma em obrigação de dar coisa certa, aplicando-se as regras que lhe são próprias. Todavia, se antes da escolha o bem se perder ou se deteriorar, mesmo que por caso fortuito ou motivo de força maior, o devedor não se exime de cumprir a prestação, pois o gênero não perece, podendo o bem ser substituído por outro da mesma espécie para ser entregue ao credor.

2.2 Obrigação de fazer (arts. 247 a 249 do CC)

A obrigação de fazer é aquela em que a prestação do devedor consiste na realização de uma atividade, como na contratação da prestação de um serviço. A obrigação de fazer pode ser de dois tipos: personalíssima (infungível) ou não personalíssima (fungível). Será personalíssima quando só o devedor puder cumprir a prestação, como na contratação de um pintor famoso para a pintura do retrato do credor em um quadro. Será não personalíssima quando não só o devedor, mas também outra pessoa puder cumprir a prestação, como a contratação de um pintor para a pintura das paredes de uma casa.

Por que diferenciar? Se for obrigação personalíssima e o devedor se recusar a cumpri-la ou por sua culpa se tornou impossível, responde por perdas e danos. Se for obrigação não personalíssima, poderá o credor optar por reclamar indenização por perdas e danos ou mandar executar as custas do devedor. Como isso é feito? Ajuizamento de ação com orçamento do serviço, pedindo a condenação do devedor ao pagamento. Contudo, se for urgente, poderá o credor mandar executar o fato independente de prévia autorização judicial, buscando em juízo, posteriormente, o ressarcimento do que foi gasto.

As obrigações de fazer podem ser classificadas em obrigação de meio e de resultado ou de fim. Nas obrigações de resultado, o devedor se vincula a atingir determinado resultado, sob pena de inadimplemento e, consequentemente, dever de indenizar perdas e danos. Já na obrigação de meio, o devedor não se vincula a atingir determinado resultado, mas sim a corresponder no meio para atingi-lo, isto é, a empregar a diligência na busca do resultado. Não responde se o resultado não for atingido, apenas se não empregou a diligência necessária. Um advogado ou um médico tem obrigação de meio, enquanto, de acordo com a jurisprudência do STJ, o cirurgião plástico, embora seja um médico, tem obrigação de resultado, quando se tratar de intervenção meramente estética ou embelezadora.

No direito pátrio, a maioria das obrigações contratuais dos profissionais liberais é considerada de meio, em que o resultado esperado pelo consumidor não é necessariamente alcançado, embora deva ser buscado.

O STJ entende que "a obrigação de meio limita-se a um dever de desempenho, isto é, há o compromisso de agir com desvelo, empregando a melhor técnica e perícia para alcançar um determinado fim, mas sem se obrigar à efetivação do resultado", sendo suficiente que o profissional liberal "atue com diligência e técnica necessárias, buscando a obtenção do resultado esperado". São exemplos: o médico que indica tratamento para determinada doença não pode garantir a cura do paciente; o advogado que patrocina uma causa não tem o dever de entregar resultado favorável ao cliente. Nesses casos, caberá ao consumidor provar que houve culpa do profissional.

Todavia, há obrigação de resultado na qual "o contratado se compromete a alcançar um resultado específico, que constitui o cerne da própria obrigação, sem o que haverá a inexecução desta". Ex.: o cirurgião plástico que realiza procedimento estético. Nessa hipótese, haverá inversão do ônus da prova, cabendo ao profissional demonstrar que o insucesso se deve por culpa exclusiva daquele que o contratou.

Não há previsão na legislação pátria no que tange à distinção entre obrigações de resultado e de meio, nem mesmo existe consenso na doutrina sobre a matéria. Diante da ausência de previsão, o STJ tem se posicionado dessa forma:

a) procedimentos odontológicos, ortodônticos em especial, e estéticos: há comprometimento do profissional quanto ao resultado;

b) fundo de investimento: não fica caracterizado defeito na prestação de serviço quando o gestor de negócios não garante ganho financeiro ao cliente. O profissional contratado não assume obrigação de resultado, mas de meio – de bem gerir o investimento, na tentativa de obter o máximo de lucro;
c) perda de prazo por advogado: o profissional responde pelos erros de fato e de direito que venha a cometer no desempenho de sua função, no entanto, ao patrocinar a causa, obriga-se a conduzi-la com toda a diligência, não se lhe impondo o dever de entregar um resultado certo. Dessa forma, o fato de o advogado perder o prazo para contestar ou interpor recurso não resulta na sua automática responsabilização civil.

2.3 Obrigação de não fazer (arts. 250 e 251 do CC)

A obrigação de não fazer é uma obrigação a uma abstenção, por exemplo, não levantar um muro divisório. Se o devedor descumprir a obrigação, fazendo o que se obrigou a não fazer, deverá indenizar o credor em perdas e danos? Nem sempre, pois às vezes se tornou impossível, sem culpa do devedor, abster-se do ato. Nesse caso, apenas se resolve a obrigação (volta ao estado anterior do negócio), não tendo que indenizar perdas e danos. Ex.: a pessoa se viu obrigada a levantar o muro para impedir que a água invadisse sua casa. Se, porém, simplesmente decidiu fazer o que se obrigara a não fazer, será condenada a indenizar perdas e danos e, se o fizer, consistir em uma obra, poderá o credor pedir judicialmente para desfazê-la. Se for urgente, poderá mandar desfazer independente de autorização judicial, buscando em juízo o ressarcimento.

2.4 Obrigações alternativas (arts. 252 a 256 do CC)

A obrigação alternativa é aquela que compreende duas ou mais prestações, porém se extingue com a realização de apenas uma delas. Ex.: obrigação de dar um carro ou uma moto. A quem cabe a escolha de que prestação cumprir? Em regra, ao devedor, pois a obrigação se extingue com ele cumprindo uma ou outra prestação. No entanto, o contrato pode prever que a escolha cabe ao credor. É o que diz o art. 252 do Diploma Civil, que completa: não pode o devedor obrigar o credor a receber parte em uma prestação e parte em outra.

Atenção

O que ocorre sempre que uma ou todas as prestações não puderem ser cumpridas? A resposta irá variar se a escolha cabia ao devedor ou ao credor.

a) **Impossibilidade de uma das prestações:** se a escolha couber ao devedor, subsiste a obrigação com a outra prestação (art. 253 do CC). Mesma solução se a escolha couber ao credor e a impossibilidade se deu sem culpa do devedor. Todavia, se por culpa dele, o credor poderá exigir a prestação subsistente ou o valor em dinheiro da prestação impossibilitada, acrescido de perdas e danos (art. 255 do CC). Ex.: devedor de um carro ou uma moto destrói a moto ao dirigir embriagado. Consequência: se a escolha cabe ao devedor, obrigação simples de dar o carro; se cabe ao credor, pode cobrar o carro ou o valor em dinheiro da moto mais perdas e danos. Se a moto foi destruída acidentalmente, mesmo cabendo a escolha ao credor, obrigação simples de dar o carro.

b) **Impossibilidade de ambas as prestações:** caso a seleção seja incumbida ao devedor e este tenha culpa, ficará obrigado a pagar o valor da prestação que se impossibilitou por último, acrescido de perdas e danos (art. 254 do CC). Se a escolha couber ao credor e o devedor for culpado, poderá reclamar o valor de qualquer uma delas acrescido de perdas e danos (art. 255, *in fine*, do CC). Entretanto, se ambas as prestações se tornaram impossíveis sem culpa do devedor, independe de a quem cabe a escolha: extinta estará a obrigação, ou melhor, desfeito o negócio jurídico (art. 256 do CC).

2.5 Obrigações divisíveis e indivisíveis (arts. 257 a 263 do CC)

Obrigação divisível é aquela em que pode ser fracionado o objeto da prestação, o que não é possível na obrigação indivisível. Como exemplo, a obrigação de dar dinheiro é obrigação divisível e a obrigação de dar um cavalo é obrigação indivisível.

Só há importância em determinar a espécie de obrigação quando houver pluralidade de devedores e/ou credores. Sendo obrigação divisível, não há problema, pois cada um exige ou é exigido em sua parte (se não for determinada a parte que cabe a cada um, presume-se dividida em partes iguais). Contudo, sendo obrigação indivisível, como cada um cobrará ou será cobrado em sua parte, já que o objeto não pode ser dividido?

Havendo mais de um devedor em obrigação indivisível, cada um responde por toda a dívida, pois não há como fracionar a cobrança. Agora, aquele que pagar a dívida, sub-roga-se nos direitos do credor perante os demais coobrigados (art. 259 do CC). Ex.: se duas pessoas devem um cavalo, qualquer um deles pode ser cobrado, porém quem pagar poderá cobrar do outro, em dinheiro, metade do valor do animal.

Havendo mais de um credor em obrigação indivisível, qualquer um deles poderá cobrar a dívida por inteiro, tornando-se devedor perante os demais credores nas suas respectivas partes em dinheiro (art. 261 do CC).

2.6 Obrigações solidárias (arts. 264 a 285 do CC)

Na pluralidade de credores ou devedores em obrigação indivisível, todos são obrigados ou têm direito a toda dívida por ser fisicamente impossível dividir o objeto da prestação. Mas é possível haver obrigação divisível em que todos são obrigados ou têm direito a toda a dívida por determinação da lei ou da vontade das partes: é a obrigação solidária.

Idealize dois amigos devendo 20 mil reais a um credor. Em tese, cada um deve dez mil reais, no entanto, se for obrigação solidária, o credor pode cobrar toda a dívida de qualquer deles (quem paga se sub-roga nos direitos do credor perante os demais devedores). Por outro lado, se um devedor deve 20 mil reais a dois amigos, em tese, deve dez mil reais para cada um deles, todavia, se for obrigação solidária, qualquer dos credores pode cobrar toda a dívida (quem recebe se torna devedor perante os demais credores).

Portanto, haverá solidariedade quando houver mais de um devedor ou mais de um credor obrigados ou com direito à totalidade da dívida. A solidariedade não se presume, resultando apenas da lei ou da vontade das partes. A solidariedade pode ser ativa ou passiva, a depender se a pluralidade está no polo ativo ou passivo da obrigação.

2.6.1 Solidariedade ativa (arts. 267 a 274 do CC)

É a obrigação em que há mais de um credor, cada um deles com direito a toda a dívida. No vencimento, qualquer credor pode se antecipar e cobrar toda a dívida ou, enquanto nenhum deles a reivindicar, o devedor se libera pagando a qualquer deles. Quem receber, responde perante os demais credores, tornando-se devedor nas partes que lhe cabem.

O mesmo ocorre se um dos credores remitir (perdoar) a dívida. Devedor deve 30 mil reais a três credores solidários e um deles perdoa toda a dívida. Este se tornará devedor de dez mil reais a cada um dos demais credores, como se ele tivesse se antecipado e cobrado o devedor (art. 272 do CC).

Atenção

Há uma diferença quando o credor solidário perdoa sua parte. Nesse caso, subsiste a solidariedade para os demais credores depois de sua parte ser descontada. No exemplo mencionado, o devedor continua a dever 20 mil reais a dois credores solidários.

A solidariedade é personalíssima, quer dizer, se um dos credores falecer e deixar herdeiros, estes não se tornarão credores solidários. Significa que cada um de seus herdeiros só poderá exigir e receber a quota que corresponder ao seu quinhão hereditário. Suponha um devedor devendo 30 mil reais a três credores solidários, sendo que um deles morre deixando dois filhos. Os filhos não poderão cobrar os 30 mil, pois não se tornam credores solidários. Cada um só poderá cobrar a parte que lhe cabe na herança, ou seja, cada um só pode cobrar cinco mil reais.

Entretanto, em dois casos, os herdeiros poderão cobrar a dívida toda: se a obrigação for indivisível (ex.: o devedor deve um cavalo aos três credores solidários) ou, segundo a jurisprudência do STJ, se os herdeiros cobrarem juntos por meio do espólio, pois no direito das sucessões aprendemos que o espólio se sub-roga nos direitos do *de cujos*.

Nos termos do art. 271 da Legislação Civilista, convertendo-se a prestação em perdas e danos, subsistirá a solidariedade. Imagine um devedor de um carro a três credores solidários, que o destrói ao dirigir embriagado. Trata-se de obrigação de dar coisa certa com perda do bem por culpa do devedor. Consoante visto, torna-se devedor no equivalente acrescido em perdas e danos, no que permanecerá havendo a solidariedade.

2.6.2 Solidariedade passiva (arts. 275 a 285 do CC)

É a obrigação em que há mais de um devedor, cada um deles obrigado a toda a dívida. Significa que o credor tem direito de exigir de qualquer deles o valor total da dívida, porém quem pagar se tornará credor dos demais devedores nas suas respectivas partes (internamente não há solidariedade). Se o credor optar cobrar apenas parcialmente de um dos devedores solidários, os demais continuam obrigados solidariamente pelo resto.

Se um dos devedores solidários falecer, a solidariedade é transferida aos seus herdeiros? Não, pois, como visto, a solidariedade é personalíssima. Significa que os herdeiros só podem ser cobrados na quota que corresponde ao seu quinhão hereditário. Mas há duas exceções: se a obrigação for indivisível (ex.: devedores solidários devem um cavalo) ou se os herdeiros forem cobrados juntos por meio do espólio, pois o direito das sucessões preceitua que o espólio se sub-roga nos deveres do *de cujos*.

Atenção

A lei dá tratamento diferenciado quanto à manutenção da solidariedade no que se refere ao pagamento de perdas e danos e de juros que podem ser irradiados da obrigação, pois nas perdas e danos não subsiste a solidariedade. No entanto, nos juros, sim.

Se devedores solidários têm obrigação de dar um carro e, por culpa de um deles, este é destruído, a obrigação se converte no pagamento do valor equivalente acrescido de perdas e danos. No valor equivalente, todos continuam devedores solidários, todavia, pelas perdas e danos só responde o culpado (art. 279 do CC). Entretanto, se um dos devedores solidários dá causa a acréscimo de juros ao valor devido, todos respondem solidariamente pelo valor dos juros, pois o pagamento de juros é uma obrigação acessória e o acessório segue a sorte do principal (art. 280 do CC).

> ***Atenção***
>
> **Art. 285 do CC.** O devedor solidário que pagar a dívida poderá cobrar dos demais devedores a parte que lhes cabe (se nada for dito, presume-se dividida em partes iguais). Contudo, se a dívida solidária interessar exclusivamente a um dos devedores solidários, responderá este por toda a dívida quando da ação regressiva aos demais credores. O exemplo típico é o contrato de fiança. Quando há renúncia ao benefício de ordem, devedor principal e fiador são devedores solidários. Se o fiador for cobrado, poderá cobrar em regresso do devedor principal não só a metade da dívida, mas também sua totalidade, pois é uma dívida contraída no seu exclusivo interesse. Da mesma maneira, sendo caso de mais de um fiador e um deles sendo cobrado pela dívida, só terá ação regressiva contra o devedor principal na totalidade da dívida, não tendo ação contra os demais cofiadores.

3. TRANSMISSÃO DAS OBRIGAÇÕES (ARTS. 286 A 303 DO CC)

Haverá transmissão da obrigação quando houver uma substituição subjetiva em seus polos, ou seja, uma troca de devedor ou de credor. São duas as classes de transmissão das obrigações: cessão de crédito e assunção de dívida. Na cessão de crédito há uma substituição no polo ativo, isto é, há uma troca de credores, pois o credor cede a um terceiro o seu crédito. Na assunção de dívida há uma substituição no polo passivo, ou melhor, uma troca de devedores, pois um terceiro assume a obrigação do devedor.

3.1 Cessão de crédito (arts. 286 a 298 do CC)

A cessão de crédito se caracteriza pela substituição no polo ativo da obrigação, havendo uma troca de credores em razão da alienação, gratuita ou onerosa, de um crédito a um terceiro, que se tornará o novo credor da obrigação. A lei permite a cessão do crédito quando a isso não se opuser a natureza da obrigação, a lei ou o acordo das partes. Quem cede o crédito é chamado de cedente e quem o recebe é chamado de cessionário.

A cessão do crédito independe da concordância do devedor. A lei exige apenas a notificação da cessão, para que ele não pague à pessoa errada. Caso o devedor não seja notificado e pague de boa-fé ao antigo credor, ele estará desobrigado, só restando ao verdadeiro credor cobrar do cedente, que indevidamente recebeu o pagamento.

Em regra, o cedente não responde pela solvência do devedor, quer dizer, caso o cessionário não consiga receber o crédito em razão da insolvência do devedor, não poderá cobrar a dívida do cedente. Porém, ele responderá se vier expresso no contrato. Quando o cedente não responde pela solvência do devedor, a cessão é chamada de cessão de crédito *pro soluto*; quando o cedente responde pela solvência do devedor, é chamada de cessão de crédito *pro solvendo*.

Embora o cedente, em regra, não responda pela solvência do devedor, ele responde pela existência do crédito, ou seja, se ceder um crédito que não existe, aí sim poderá ser cobrado pelo cessionário. O cedente responderá pela existência do crédito, tendo-o cedido gratuita ou onerosamente. Se ceder de forma onerosa, responderá tendo agido de má-fé ou até mesmo de boa-fé, pois recebeu pela cessão, devolvendo o valor auferido. No entanto, na cessão gratuita, como nada recebeu em troca, só responderá se tiver procedido de má-fé, isto é, se sabia da inexistência do credito que cedeu.

Por fim, na cessão de crédito vigora o princípio da oponibilidade das exceções pessoais contra terceiros. O que significa isso? Quando o cessionário cobrar a dívida do devedor, este poderá se defender alegando as defesas pessoais que cabiam contra o cedente (art. 294 do CC). Ex.: o devedor comprou um carro usado do credor, todavia, não vai pagar porque apresentou vício redibitório. Justamente o credor cedeu o crédito a um terceiro, que é quem cobra a dívida. O devedor poderá se defender contra o cessionário alegando o vício redibitório, mesmo sendo uma defesa pessoal contra o cedente.

3.2 Assunção de dívida (arts. 299 a 303 do CC)

A assunção de dívida se caracteriza pela substituição no polo passivo da obrigação, havendo uma troca de devedores. A lei permite que terceiro assuma a dívida do devedor, entretanto, exige a concordância expressa do credor. Contudo, independe de consentimento do devedor, podendo a assunção de dívida ser por delegação (com consentimento do devedor) ou por expromissão (sem consentimento do devedor).

O terceiro que assume a obrigação é chamado de assuntor. Quando ele assume a obrigação, o devedor primitivo está exonerado, pois deixou de ser o devedor. Porém, há um caso em que o devedor primitivo não estará exonerado, podendo ser cobrado pelo credor: se a cessão foi feita a quem insolvente e o credor a aceitou por não saber do fato.

Com a assunção de dívida, salvo consentimento expresso do devedor primitivo, estarão extintas as garantias dadas por ele, afinal, ele não é mais o devedor. Se a substituição vier a ser anulada, restaura-se o débito do devedor primitivo, com todas as garantias que existiam. Exceção: não retornarão as garantias dadas por terceiros, por exemplo, hipoteca de um bem de terceiro. Exceção da exceção: a garantia dada por terceiro poderá retornar, caso ele saiba da causa que gerou anulação da substituição.

Ao ser cobrado pelo credor, o assuntor, como novo devedor, poderá alegar qual categoria de defesa? Com efeito, a defesa pode ser de duas naturezas: comum ou pessoal. Será comum quando for defesa de qualquer pessoa que venha a ser cobrada pelo credor (ex.: prescrição da dívida). Por outro lado, será defesa pessoal quando for exclusiva de uma pessoa (ex.: compensação de dívida). O assuntor, ao ser cobrado, poderá se valer das defesas comuns ou das suas pessoais, não podendo se valer das defesas pessoais que cabiam ao devedor primitivo (art. 302 do CC).

4. ADIMPLEMENTO E EXTINÇÃO DAS OBRIGAÇÕES (ARTS. 304 A 388 DO CC)

O meio normal de extinção da obrigação é o devedor cumprir a prestação, o que chamamos de pagamento. Repare que o sentido técnico de pagamento difere do seu sentido leigo, pois pagamento é coloquialmente usado no sentido de dar dinheiro. Pagamento em sentido técnico é cumprir a prestação, seja um dar (dinheiro ou qualquer outro bem), um fazer ou até um não fazer.

Entretanto, a obrigação pode ser extinta por meios anormais, havendo extinção da obrigação de uma forma alternativa, de uma forma diferente do cumprimento da prestação. São as formas anormais de extinção da obrigação: pagamento em consignação, pagamento com sub-rogação, imputação de pagamento, dação em pagamento, novação, compensação, confusão e remissão.

4.1 Pagamento (arts. 304 a 333 do CC)

Pagamento é o meio normal de extinção da obrigação, ou melhor, o cumprimento da prestação (dar, fazer ou não fazer). A presente Lei Civil inicia o tema abordando quem deve pagar (chamado de *solvens*) e a quem se deve pagar (chamado de *accipiens*).

O Código Civil trata de quem deve pagar, no entanto, na verdade, o que se estabelece são regras sobre quem pode pagar. A obrigação pode ser paga por qualquer pessoa que tenha algum tipo de interesse, quer dizer, pelo devedor ou por um terceiro. A lei, todavia, estabelece consequências diferentes para o pagamento, sendo feito pelo devedor, por terceiro interessado ou por terceiro não interessado. Quando se fala em terceiro interessado ou não interessado, fala-se em interesse jurídico, pois, se o terceiro paga, alguma espécie de interesse ele tem. O terceiro será interessado quando puder ser cobrado pela dívida. Assim, um fiador que paga a dívida do afiançado é um terceiro interessado, entretanto, o pai que paga a dívida de um filho maior de idade, embora tenha um interesse sentimental, é considerado um terceiro não interessado.

Se o devedor efetuar o pagamento, extinta estará a obrigação e ele estará exonerado. Se um terceiro pagar, também estará extinta, contudo ele poderá reaver o valor pago, embora de forma diferente a depender de quem pagou: se terceiro interessado, sub-roga-se nos direitos do credor; se terceiro não interessado, apenas tem direito de reembolso, não se sub-rogando nos direitos do credor. Em ambos os casos, o terceiro cobra do devedor o que pagou por ele, porém diferem porque, ao se sub-rogar nos direitos do credor, terá as garantias especiais dadas a ele, o que não ocorre no mero direito de reembolso.

Atenção

Isso ocorrerá se o terceiro pagar em seu nome, pois, se pagar em nome do devedor, será considerada mera ajuda, não tendo direito de reaver o que pagou.

A quem se deve pagar? O pagamento deve ser feito ao credor ou a quem de direito o represente. Se o pagamento foi feito a pessoa errada, pagou-se mal, e quem paga mal, paga duas vezes, pois o verdadeiro credor poderá cobrá-lo. Mas em dois casos o pagamento feito a um terceiro libera o devedor: se o credor confirmar o pagamento ou tanto quanto provar ter o pagamento se revertido em seu favor.

Há um caso em que o pagamento é feito a um terceiro e o devedor está liberado, mesmo que o credor não confirme nem se prove a reversão em seu benefício. É o caso do pagamento feito ao chamado credor putativo. Putativo vem de *putare*, que significa crer, acreditar. Haverá credor putativo quando se paga de boa-fé a quem não é o credor, ou seja, se pagou à pessoa errada, mas havia motivos para acreditar ser ele o credor. Um exemplo já foi visto quando da abordagem do tema cessão de crédito. Vimos que o devedor não precisa concordar, todavia, deve ser notificado da cessão de crédito para saber que o credor mudou. Vimos que, se não for notificado e de boa-fé pagar ao cedente, ele está exonerado e a razão é simples: pagou a credor putativo.

No que se refere ao objeto do pagamento, este será o cumprimento da prestação. O credor não é obrigado a aceitar prestação diversa da que lhe é devida, ainda que mais valiosa, afirma o art. 313 da Norma Civilista. Ainda que a obrigação seja divisível, como dever dinheiro, não pode o credor ser obrigado a receber nem o devedor ser obrigado a pagar por partes, se assim não se ajustou.

Quem paga tem o direito de receber uma prova de que pagou. É o que chamamos de quitação. O instrumento da quitação é o recibo, que sempre pode ser por instrumento particular. Se o credor se recusar a dar quitação, o devedor pode legitimamente reter o pagamento enquanto não lhe for concedida.

Assim sendo, em regra, quem prova o pagamento é o devedor, apresentando o recibo admitido como instrumento da quitação. Entretanto, em três casos haverá presunção de pagamento, dispensando o devedor de mostrar que pagou. Ocorre que é uma presunção relativa, isto é, aquela que admite prova em contrário. Dessa forma, sendo um dos casos de presunção de pagamento, não se fixa uma verdade absoluta de que existiu pagamento, e sim uma inversão do ônus da prova, pois o devedor não precisa comprovar que pagou, contudo, o credor pode atestar que o devedor não pagou.

São os três casos de presunção de pagamento:

a) **Art. 322 do CC:** quando o pagamento for em quotas periódicas, a quitação da última estabelece, até em prova em contrário, a presunção de estarem solvidas as anteriores;
b) **Art. 323 do CC:** sendo a quitação do capital sem fazer reserva que os juros não foram pagos, estes se presumem pagos; e
c) **Art. 324 do CC:** a entrega do título firma presunção do pagamento, a qual pode ser elidida no prazo de 60 dias.

Para se efetuar o pagamento, importa saber o lugar do cumprimento da obrigação. É nesse lugar que se devem reunir credor e devedor na data marcada, não podendo o devedor oferecer nem o credor exigir o cumprimento em lugar diverso.

No direito comparado, há duas classes de obrigação: *quérable* ou *portable*. A obrigação *quérable* (chamada no Brasil de quesível) é aquela que deve ser cumprida no domicílio do devedor e a obrigação *portable* (chamada no Brasil de portável) é aquela que deve ser cumprida no domicílio do credor. No Brasil, conforme previsão do art. 327 do Diploma Civil, em regra, as obrigações devem ser cumpridas no domicílio do devedor, ou melhor, são quesíveis ou *quérable*. Poderá ser portável ou até em outro local a depender da vontade das partes, da lei, da natureza da obrigação ou das circunstâncias. Como exemplo, o art. 328 da Legislação Civilista determina que, se o pagamento consistir na entrega de um imóvel ou de prestações relativas a ele, deverá ser cumprido onde situado o bem.

4.2 Pagamento em consignação (arts. 334 a 345 do CC)

Consignação de pagamento significa o depósito judicial ou em estabelecimento bancário da coisa devida, o que a lei equipara a pagamento, extinguindo a obrigação. O devedor tem não só o dever de pagar, mas também o direito de fazê-lo para evitar as consequências de sua mora. A consignação em pagamento é, portanto, um valioso instrumento para o devedor não suportar os encargos moratórios.

Poderá o devedor consignar pagamento basicamente quando houver mora do credor ou algum risco para o devedor na realização do pagamento direto. Nesse sentido, o art. 335 da Lei Civil arrola casos de cabimento da consignação em pagamento: se o credor se recusar sem justa causa a receber o pagamento ou não puder recebê-lo, se o devedor tiver dúvida sobre quem é o verdadeiro credor ou se o credor for desconhecido, entre outros.

Feito o depósito, a princípio, suspende a incidência dos encargos moratórios, porém o devedor deverá propor ação judicial para discussão da matéria, podendo o credor impugnar o pagamento, pois só exonera o devedor se observados os mesmos requisitos exigidos para validade do pagamento. Se julgado improcedente, o depósito não terá efeito. O processo tem procedimento especial previsto no CPC/15.

4.3 Pagamento com sub-rogação (arts. 346 a 351 do CC)

Pagamento com sub-rogação é a operação pela qual o crédito se transfere com todos os seus acessórios a um terceiro que paga dívida alheia. Sub-rogar é substituir, o que significa que haverá aqui uma substituição de credor, extinguindo a obrigação com relação ao credor originário. A ideia é: A deve a B e um terceiro C paga essa dívida e agora A deve a C, pois este se sub-rogou nos direitos de B.

Como é uma simples substituição no polo ativo, o vínculo se mantém e o novo credor tem todos os privilégios e garantias que tinha o credor originário (art. 349 do CC). No entanto, é possível que um terceiro pague dívida alheia e não se sub-rogue nos direitos do credor, caso em que terá mero direito de reembolso contra o devedor, por não ser um dos casos de pagamento com sub-rogação. A diferença é que poderá cobrar dele o que pagou, mas sem ter os privilégios e garantias do credor originário, pois surge um novo vínculo, uma nova obrigação (de reembolso), extinguindo a obrigação primitiva.

A sub-rogação pode ser de duas categorias: legal ou convencional, a depender se decorre de lei ou da vontade das partes. O Código Civil prevê, em seu art. 346, os casos em que a sub-rogação se opera de pleno direito, quer dizer, se um terceiro paga a dívida, ele se sub-roga automaticamente nos direitos do credor primitivo, independente da vontade das partes. Se a lei não prevê como caso de sub-rogação, teria o terceiro mero direito de reembolso, todavia, as partes poderão prever a sub-rogação, passando o terceiro a ter os privilégios e garantias do credor primitivo, o que não existiria no mero direito de reembolso.

Como exemplo, apresento um caso visto no estudo do pagamento. Se terceiro interessado paga a dívida do devedor, sub-roga-se automaticamente nos direitos do credor, mantendo-se os privilégios e as garantias (art. 346, III, do CC). Se terceiro não interessado paga a dívida do devedor, apenas terá direito de reembolso, não se sub-rogando nos direitos do credor (sem os privilégios e garantias do credor originário). Entretanto, se o terceiro não interessado pagar a dívida do devedor condicionado a sub-rogar-se nos direitos do credor, haverá pagamento com sub-rogação convencional e terá o novo credor os privilégios e garantias do credor primitivo (art. 347, II, do CC).

4.4 Imputação ao pagamento (arts. 352 a 355 do CC)

Se um devedor tem várias dívidas diferentes com um credor, no entanto, não lhe entrega valor suficiente para pagamento de todas, é preciso identificar quais dívidas foram extintas.

Imputação ao pagamento é a indicação da dívida a ser paga quando uma pessoa se encontra obrigada por dois ou mais débitos com o mesmo credor, sem poder pagar todos eles. Constate que imputação ao pagamento não é bem um meio de extinção da obrigação, mas sim a determinação de que a obrigação está extinta quando nem todas forem pagas.

Antes de a lei definir quais obrigações estão extintas (imputação legal), as partes têm o direto de definir (imputação convencional). Assim, em primeiro lugar, quem define é o devedor. No seu silêncio, o credor define em quais dá quitação. Se nenhum deles definir, a lei definirá, estabelecendo a seguinte ordem: (i) primeiro se pagam os juros vencidos e só depois o capital; (ii) pagamento imputado às dívidas vencidas há mais tempo; (iii) se todas vencidas no mesmo tempo, a imputação será na mais onerosa (maiores juros ou multas); (iv) se todas no mesmo tempo e mesmos ônus, a lei não dá solução, todavia, a jurisprudência diz ser de forma proporcional em cada uma das obrigações.

4.5 Dação em pagamento (arts. 356 a 359 do CC)

Dação em pagamento é a forma de extinção da obrigação por meio da qual o credor aceita receber prestação diversa da que lhe é devida. De acordo com o que foi visto, nos termos do art. 313 da Norma Civilista, o credor não é obrigado a aceitar prestação diversa da contratada, ainda que mais valiosa. Porém, nada impede que o credor aceite prestação diversa, caso em que haverá extinção da obrigação de uma forma anormal, que não pelo pagamento, chamada de dação em pagamento.

Segundo será visto em contratos neste livro, evicção é a perda judicial ou até administrativa de um bem em razão de vício jurídico anterior à alienação. Quem vende não poderia ter vendido e quem compra perde para um terceiro, buscando do alienante uma indenização. Se o devedor dá coisa diversa em pagamento e o credor a perde pela evicção, restabelece-se a obrigação primitiva, ficando sem efeito a quitação dada, ressalvados os direitos de terceiro (art. 359 do CC).

4.6 Novação (arts. 360 a 367 do CC)

Novação é o meio de extinção da obrigação pelo surgimento de uma nova obrigação. A novação pode ser de duas naturezas: objetiva ou subjetiva. A novação é objetiva quando a nova obrigação difere da obrigação anterior pela substituição da prestação (ex.: obrigação de dar dinheiro transformada em obrigação de fazer ou obrigação veiculada em cheque substituída por obrigação veiculada em nota promissória). A novação será subjetiva quando a nova obrigação difere da obrigação anterior pela substituição do credor (novação subjetiva ativa) ou do devedor (novação subjetiva passiva).

> *Atenção*
>
> **Qual a diferença entre pagamento com sub-rogação e novação subjetiva ativa?** Em ambos os casos ocorre a troca do credor, contudo, diferem porque, no pagamento com sub-rogação, o vínculo se mantém, havendo apenas a substituição de credor; enquanto na novação extingue-se o vínculo anterior, surgindo uma nova obrigação com um novo vínculo. **Consequência:** no pagamento com sub-rogação se mantém para o novo credor os privilégios e as garantias do credor primitivo, ao passo que na novação extinguem-se os privilégios e as garantias do credor primitivo, não as tendo o novo credor.

Do exposto acerca da sub-rogação e novação, podemos chegar a uma conclusão: quando o pagamento é efetuado por um terceiro, seja interessado ou não, ele poderá reaver do devedor primitivo o que por ele pagou. A diferença é que, quando o pagamento é feito por terceiro interessado, há pagamento com sub-rogação, enquanto no pagamento feito por terceiro não interessado há novação, pois se extingue o vínculo anterior, surgindo uma nova obrigação com um novo vínculo (a obrigação de reembolso). Por isso, o terceiro interessado terá os privilégios e garantias do credor primitivo, porém o terceiro não interessado não, a não ser que se valha do pagamento com sub-rogação convencional, ou seja, condicionando o pagamento a sub-rogar-se nos direitos do credor.

4.7 Compensação (arts. 368 a 380 do CC)

Compensação é a forma de extinção das obrigações entre duas pessoas que são, ao mesmo tempo, credora e devedora uma da outra. O meio normal de extinção da obrigação é o pagamento, isto é, o cumprimento da prestação. Entretanto, quando duas pessoas são devedoras e credoras uma da outra, não há sentido que os pagamentos sejam feitos para extinção das obrigações. Compensam-se as dívidas e extintas estão as obrigações até onde se compensarem.

A compensação pode ser de dois tipos: legal ou convencional, a depender se decorre da lei ou da vontade das partes. A compensação legal se dará automaticamente, bastando presentes os requisitos legais, quais sejam: reciprocidade das obrigações (um deve ao outro e vice-versa), liquidez e vencimento das prestações e o envolvimento de bens fungíveis entre si (não basta serem bens fungíveis, devem ser substituíveis entre si, ou melhor, homogêneos, por exemplo, dinheiro por dinheiro ou saca de café por saca de café, não podendo ser dinheiro por saca de café). Mesmo ausentes tais requisitos, ainda sim poderá haver compensação, contudo será convencional, por depender da vontade das partes. Nada impede, portanto, haver compensação de uma dívida vencida com outra a termo, com bens infungíveis ou de natureza diferente (dinheiro por saca de café), porém será compensação convencional, onde o que importa é a vontade das partes.

A reciprocidade é um requisito para a compensação legal, quer dizer, devedor deve ao credor e vice-versa, mas há uma exceção: quando envolver o fiador. O devedor somente compensa sua dívida para o credor com a dívida do credor contra ele, no entanto, o fiador pode compensar sua dívida para o credor (é dele devedor porque é fiador) com a dívida que o credor tem com o afiançado, ou seja, não com ele, pois o fiador não é devedor em causa própria, todavia, mero garantidor de uma dívida do afiançado (art. 371 do CC).

4.8 Confusão e remissão (arts. 381 a 388 do CC)

Confusão é a forma de extinção das obrigações por reunirem na mesma pessoa a qualidade de credor e devedor. Idealize um pai que deve uma quantia em dinheiro ao seu filho, que é seu único herdeiro. Com a morte do pai, o filho assume o débito, entretanto, ele próprio é o credor, gerando extinção da obrigação pela confusão. A confusão pode se verificar a respeito de toda a dívida (total) ou só de parte dela (parcial). No exemplo citado, se são dois filhos, tendo o credor um irmão, só haverá extinção da obrigação relativa a metade da dívida (espólio é devedor de metade do valor para o filho credor).

Remissão é a forma de extinção da obrigação com o perdão da dívida pelo credor.

> ***Atenção***
>
> Não confundir remissão com remição. A causa de extinção da obrigação é a remissão, é o ato de remitir, que significa perdão, perdoar. Remição ou ato de remir não é causa de extinção da obrigação, pois significa resgate, resgatar.

Tanto na confusão quanto na remissão há um aspecto importante sobre obrigações solidárias. Confusão ou remissão entre credor e um dos devedores solidários ou entre o devedor e um dos credores solidários: mantém-se a solidariedade entre os demais, descontada a parte remitida ou da confusão parcial.

Ex.: Imagine três devedores solidários em 30 mil reais ao pai de um deles (solidariedade passiva). Com a morte do pai ou do filho ou se o pai perdoar só a dívida do filho, os outros dois devedores serão solidários em 20 mil reais. Da mesma forma, suponha que um devedor deve 30 mil reais a três credores solidários, sendo um deles o pai do devedor (solidariedade ativa). Com a morte do pai ou do filho ou se o pai perdoar só a dívida do filho, os outros dois credores serão solidários em 20 mil reais.

5. INADIMPLEMENTO DAS OBRIGAÇÕES (ARTS. 389 A 420 DO CC)

5.1 Diferença entre inadimplemento e mora

Quando o devedor não cumpre a prestação, estamos diante do inadimplemento, que pode ser de duas espécies: absoluto ou relativo. O inadimplemento é absoluto quando a prestação não é cumprida e não é mais útil ao credor que o devedor a cumpra – por exemplo, contratação de cantor, para cantar em um casamento, que não comparece à cerimônia. O inadimplemento é relativo quando a prestação não é cumprida, contudo, ainda é útil ao credor que o devedor a cumpra, por exemplo, não pagamento de uma dívida em dinheiro no dia do vencimento. O inadimplemento absoluto é chamado simplesmente de inadimplemento e o inadimplemento relativo é chamado de mora.

Perceba que a diferença entre inadimplemento e mora reside no critério de utilidade para o credor. Em ambos os casos, a prestação não é cumprida, sendo inadimplemento se a prestação não é mais útil ao credor e mora se a prestação ainda é útil ao credor.

Por que diferenciar mora e inadimplemento? Se o caso é de inadimplemento, como a prestação não é mais útil ao credor, a única solução é o pagamento de indenização por perdas e danos (art. 389 do CC). Por outro lado, se o caso é de mora, cabe o que chamamos de purgação ou emenda da mora. O que é isso? É cumprir a obrigação, porque ainda útil para o credor, acrescido dos encargos moratórios. Purga-se a mora pagando-se com retardo, acrescido de: correção monetária, juros de mora, perdas e danos decorrentes da mora e eventuais honorários de advogado (art. 395 do CC).

5.2 Mora (arts. 394 a 401 do CC)

O art. 394 do Diploma Civil diz que se considera em mora o devedor que não efetuar o pagamento e o credor que não quiser recebê-lo no tempo, lugar e forma que a lei ou a convenção estabelecer. Note que há mora não apenas quando não se paga no tempo devido, mas também se não se paga no lugar e na forma devida. Repare que ainda não existe mora só do devedor, e sim do credor, que ocorre quando este não quiser injustificadamente receber o pagamento, sendo o pagamento em consignação a solução para o devedor se livrar dos encargos da mora.

Consoante o art. 395 da Legislação Civilista, configurada a mora, o devedor pode purgá-la, cumprindo a prestação acrescida dos encargos moratórios. Porém, se a prestação se tornar inútil ao credor, este poderá enjeitá-la e pedir perdas e danos. A razão é simples: se inútil ao credor, deixou de ser mora e se transformou em inadimplemento absoluto.

Como exemplo, imagine uma costureira que deixa de entregar o vestido de noiva no prazo estipulado. É caso de mora ou inadimplemento? Depende. Se ainda não houve a cerimônia, em razão de a data marcada lhe ser bastante anterior, o caso é de mora; se já houve a cerimônia, em razão de a data marcada ter sido na véspera do casamento, o caso é de inadimplemento, caso em que o credor poderá rejeitar a coisa e pedir perdas e danos, pois, ao se tornar inútil a ela, a mora se transformou em inadimplemento absoluto.

Completa a ideia de mora o art. 396 da Lei Civil, que preceitua não incorrer em mora o devedor quando não haja fato ou omissão imposta a ele. Significa que a mora é o não cumprimento culposo da obrigação. Se não há culpa, não há mora. Se uma conta do devedor só pode ser paga no banco e o vencimento cai em um domingo, ao se pagar no dia seguinte, não há de se falar em mora, tanto que se paga sem encargos moratórios.

O art. 397 do Código Civil nos faz perceber haver duas naturezas de mora: *ex re* e *ex persona*. A mora *ex re* é automática, isto é, é aquela que independe de ato do credor para o devedor ser constituído em mora (interpelação judicial ou extrajudicial, notificação, protesto ou citação do devedor). Por sua vez, a mora *ex persona* é aquela que precisa de um dos citados atos do credor para o devedor ser constituído em mora.

Atenção!

Enunciado n. 427 – Art. 397, parágrafo único. É válida a notificação extrajudicial promovida em serviço de registro de títulos e documentos de circunscrição judiciária diversa da do domicílio do devedor. (V Jornada de Direito Civil)

Enunciado n. 619 – Art. 397: A interpelação extrajudicial de que trata o parágrafo único do art. 397 do Código Civil admite meios eletrônicos como e-mail ou aplicativos de conversa on-line, desde que demonstrada a ciência inequívoca do interpelado, salvo disposição em contrário no contrato. (VIII Jornada de Direito Civil)

Quando a mora é *ex re* e quando é *ex persona*?

Há duas classes de obrigações: com dia certo de vencimento e sem dia certo de vencimento. Quando a obrigação tem um dia certo de vencimento, o devedor não precisa ser constituído em mora por ato do credor, pois o simples não pagamento no vencimento o constitui em mora (*dies interpellat pro homine*, ou melhor, o próprio dia interpela o devedor). Por outro lado, quando a obrigação não tem dia certo de vencimento, o devedor só estará em mora se for constituído por ato do credor. Assim, quando a obrigação é com dia certo de vencimento, a mora é *ex re* e quando a obrigação é sem dia certo de vencimento, a mora é *ex persona*.

O art. 398 da Norma Civilista demonstra que a mora é *ex re* quando a obrigação não cumprida decorre de ato ilícito. Com efeito, ato ilícito civil é causar dano a alguém, gerando ao causador o dever de indenizá-lo. Poderíamos pensar ser caso de mora *ex persona*, pois o devedor deve ser constituído em mora por um ato do credor, propondo ação judicial (citação válida constitui o devedor em mora). No entanto, tal entendimento é equivocado, pois a lei diz que essa mora é automática, independendo de qualquer ato do credor. O artigo nesse momento em análise diz que, nas obrigações provenientes de ato ilícito, se considera o devedor em mora desde que o praticou (a responsabilidade de reparar o dano fixada na sentença judicial retroage à data do ato para aplicar os efeitos da mora).

Os arts. 399 e 400 do Diploma Civil trazem dois efeitos da mora, um para a mora do devedor e outro para a mora do credor:

a) **Efeito da mora do devedor (art. 399 do CC):** o devedor em mora responde pela impossibilidade da prestação, ainda que esta se dê por caso fortuito ou força maior. Se a prestação do devedor se torna impossível sem culpa do devedor, simplesmente se resolve a obrigação sem qualquer ônus a lhe ser imposto. No entanto, se a impossibilidade ocorrer durante seu atraso, o devedor ficará obrigado a indenizar o credor pela impossibilidade da prestação, mesmo que esta tenha se dado por caso fortuito ou por força maior. Apenas em dois casos estará desobrigado de indenização: quando provar isenção de culpa no seu atraso (evidente, pois nesse caso não há mora, já que a mora é o não cumprimento culposo da obrigação) e se provar que o dano ocorreria mesmo se a prestação tivesse sido cumprida no tempo, lugar ou forma devida, quer dizer, mesmo se não houvesse mora.

b) **Efeito da mora do credor (art. 400 do CC):** a mora do credor, ou seja, se o credor se recusar injustificadamente a receber o pagamento, gera três efeitos: (i) retira do devedor isento de dolo a responsabilidade pela conservação da coisa (só indeniza perda ou deterioração do bem se teve dolo, não respondendo se teve culpa *stricto sensu*, isto é, imprudência, negligência ou imperícia); (ii) obriga o credor a ressarcir o devedor das despesas que teve para conservar o bem; e (iii) sujeita o credor a receber o bem pela estimação mais favorável ao devedor se o seu valor oscilar entre o dia estabelecido para o pagamento e o da sua efetivação.

5.3 Responsabilidade civil contratual (arts. 402 a 405 do CC)

Responsabilidade civil é o dever de indenizar um prejuízo causado. Existem duas categorias de responsabilidade civil: contratual e extracontratual. A responsabilidade civil contratual é aquela em que há um contrato entre as partes, ou melhor, um contratante não cumpre o contrato, causando prejuízo ao outro contratante, gerando dever de indenização. A responsabilidade civil extracontratual, também chamada de aquiliana, é aquela em que não existe um contrato entre quem causa e quem sofre o dano, como no caso de alguém bater no carro de outrem, tendo que indenizá-lo. Responsabilidade civil extracontratual é tema do capítulo responsabilidade civil. Responsabilidade civil contratual é estudada aqui em obrigações, pois ocorre diante de mora e inadimplemento.

O contratante que não cumpre o contrato será civilmente responsabilizado, todavia, apenas se isso gerar um dano ao outro contratante, pois responsabilidade civil é o dever de indenizar um dano causado. Em conformidade com o art. 402 da Legislação Civilista, o inadimplente deverá indenizar não só o dano emergente, mas também os lucros cessantes, que são os dois tipos de dano material. Dano emergente: prejuízo efetivamente experimentado; lucro cessante: o que legitimamente se deixou de ganhar. A eles se acrescenta dano moral.

Diante de inadimplemento, seja absoluto ou relativo, quem não cumpre o contrato causando dano ao outro contratante deverá indenizá-lo. A questão é: a responsabilidade civil contratual é subjetiva (depende de culpa) ou objetiva (independe de culpa)?

A responsabilidade civil contratual é subjetiva, pois só há mora se o não cumprimento da prestação for culposo. Significa que não há mora e, portanto, não há responsabilidade civil contratual se não houver culpa do contratante em não cumprir a prestação. O mesmo ocorre com o inadimplemento absoluto, que pode ser culposo (com culpa do devedor) ou fortuito (sem culpa do devedor), entretanto, em regra, só haverá obrigação de indenizar se o devedor teve culpa no inadimplemento. Se um cantor é contratado para cantar no casamento e propositalmente não aparece na cerimônia, será responsabilizado em perdas e danos, mas se não cumpriu o contrato porque foi sequestrado na véspera, não há de se falar em dever indenizatório.

Atenção

O art. 393 do CC dispõe que "o devedor não responde pelos prejuízos resultantes de caso fortuito ou força maior, se expressamente não se houver por eles responsabilizado". Perceba que, conforme visto, a responsabilidade civil contratual é subjetiva, contudo, as partes podem expressamente prever no contrato que o inadimplente responderá mesmo que não tenha cumprido o contrato por caso fortuito ou motivo de força maior, quer dizer, sem ter tido culpa, pois caso fortuito ou motivo de força maior são situações inevitáveis, que o inadimplente não podia impedir, como no caso do cantor contratado para cantar em um casamento que não cumpre a obrigação por ter sido sequestrado na véspera.

Qual a diferença entre responsabilidade civil contratual e responsabilidade civil extracontratual subjetiva? Em ambos os casos, só há responsabilidade civil diante da existência de culpa do devedor, porém na responsabilidade civil contratual a culpa é presumida. Mas é uma presunção relativa, ou seja, aquela que admite prova em contrário, representando, assim, a inversão do ônus da prova. Na responsabilidade civil contratual, basta ao contratante atestar que o outro não cumpriu o contrato. Se este não teve culpa no inadimplemento, ele que prove. Por outro lado, se é responsabilidade civil extracontratual subjetiva, a vítima do dano, ao cobrar perdas e danos, deverá comprovar que o agressor teve culpa ao causar o dano, pois esta não é presumida.

Quando se diz que a responsabilidade subjetiva exige a culpa, usa-se o termo culpa em sentido amplo, isto é, é o dolo ou a culpa em sentido restrito (imprudência, negligência ou imperícia). A princípio, não há diferença na responsabilidade civil contratual se o inadimplemento foi por dolo ou por culpa. O art. 403 da Lei Civil diz que não interfere no valor da indenização se por dolo ou culpa, pois o valor da indenização será o valor do dano sofrido. No entanto, a lei consagrou uma diferença entre inadimplemento doloso ou culposo no negócio jurídico benéfico, ou melhor, no contrato gratuito.

Nos termos do art. 392 do Código Civil, se o contrato é oneroso, o contratante inadimplente responde por não ter cumprido o contrato por dolo ou por culpa, todavia, se for um contrato benéfico ou gratuito, a parte que não é favorecida (aquela que não recebe nada em troca) só responde pelo inadimplemento se agiu com dolo, quer dizer, não será responsabilizado civilmente pelo não cumprimento do contrato por culpa em sentido estrito.

Assim sendo, ao doar um bem, o doador só responde pela impossibilidade de entregar a coisa doada, caso tenha agido dolosamente, por exemplo, se destruiu intencionalmente esse bem. Não responderá o doador se o bem se quebrou porque foi negligente ao usá-lo, caso em que simplesmente se resolverá a obrigação, desfazendo a doação sem qualquer dever indenizatório ao doador. Se o contrato for de compra e venda e a coisa se perde com culpa do devedor, vimos que a solução é dar o equivalente acrescido de perdas e danos, que será devido tanto no caso de dolo quanto de culpa, ou seja, se quebrou propositalmente ou se por negligência, pois compra e venda é contrato oneroso.

5.4 Cláusula penal (arts. 408 a 416 do CC)

De acordo com o que vimos, tanto o inadimplemento quanto a mora podem gerar responsabilidade civil contratual. Em caso de inadimplemento, o contratante deverá indenizar o outro em perdas e danos causados pelo não cumprimento do contrato e, em caso de mora, o devedor poderá purgá-la, cumprindo a prestação com retardo, acrescida de perdas e danos causados pela mora, correção monetária, juros de mora e honorários advocatícios.

O grande problema na responsabilidade civil contratual é provar o valor da indenização, ou seja, a extensão do prejuízo causado pelo não cumprimento do contrato. Para resolver esse problema, a lei traz como solução a cláusula penal, que é uma multa prefixando o valor das perdas e danos em razão da mora ou do inadimplemento.

Cláusula penal, portanto, é um pacto inserido no contrato, impondo multa ao devedor que não cumpre ou que retarda o cumprimento da prestação.

Constate que há multa tanto para o caso de mora quanto para o de inadimplemento. Assim, há duas espécies de cláusula penal: moratória e compensatória. A cláusula penal moratória é para prefixar perdas e danos em razão da mora, isto é, pelo retardamento no cumprimento da obrigação, e a cláusula penal compensatória é para prefixar perdas e danos em caso de inadimplemento absoluto, ou melhor, pelo não cumprimento da prestação.

Como exemplo, suponhamos um contrato de locação, cuja prestação do locatário é pagar, durante três anos, mil reais por mês ao locador. Se no contrato houver uma multa no valor de três meses de aluguel para o caso de o locatário devolver as chaves antes do fim do contrato, será uma cláusula penal compensatória, pois o locatário pagará uma multa por não ter cumprido sua prestação, pelo menos em parte. Por outro lado, se houver no contrato uma multa em razão de o locatário não pagar o aluguel no dia do vencimento, será uma cláusula penal moratória, pois o pagamento da multa é para o retardamento no cumprimento da prestação.

Atente-se que há duas classes de cláusula penal, cada uma com uma finalidade específica. A cláusula penal compensatória tem a função de compensar o contratante por não ter o outro contratante cumprido sua prestação. Já a cláusula penal moratória tem a função de intimidar, pois o contratante pagará uma multa se retardar o cumprimento da prestação.

O art. 408 da Norma Civilista demonstra que a cláusula penal é uma prefixação de perdas e danos e que a responsabilidade civil contratual é subjetiva, pois diz que incorre de pleno direito na cláusula penal o devedor que culposamente deixe de cumprir a obrigação ou que se constitua em mora. Significa que, em caso de inadimplemento, o outro contratante pode executar a multa, independente de confirmar a extensão do dano em ação de conhecimento. E a lei vai mais longe ainda com o art. 416 do presente Diploma Civil, prevendo que sequer é necessário comprovar que houve dano, se este foi prefixado no contrato.

Uma questão pode ser levantada: se o prejuízo do contratante for maior que o valor da multa, poderá ele cobrar a diferença? A princípio, não, pois o parágrafo único do art. 416 da Legislação Civilista diz que só poderá cobrar eventual valor a mais se essa possibilidade estiver expressa no contrato. Se assim for, o valor da multa já é objeto de execução e o valor a mais deverá ser provado em ação de conhecimento para seguir a execução por título executivo judicial. Se não houver permissivo contratual, limita-se a executar a multa.

Há importante diferença na cobrança da cláusula penal a depender se compensatória ou moratória (arts. 410 e 411 do CC): no inadimplemento, o credor cobra cláusula penal compensatória ou o cumprimento da prestação, enquanto na mora o credor cobra cumprimento da prestação e cláusula penal moratória.

No caso da cláusula penal compensatória, havendo inadimplemento, esta se converterá em alternativa a benefício do credor, quer dizer, este poderá escolher entre cobrar do contratante inadimplente a multa ou o cumprimento da prestação. No exemplo do cantor contratado para cantar no casamento, diante do não comparecimento à cerimônia, o contratante poderá cobrar a multa ou pedir para cantar depois, por exemplo, no aniversário dele que será na semana seguinte. Sendo cláusula penal moratória, sobrevindo mora, o credor pode exigir o cumprimento da prestação acrescido da multa, pois, se não pagou a dívida no dia, o credor a cobrará acrescida da multa com os demais encargos moratórios.

> ***Atenção!***
>
> **Tema 970:** A cláusula penal moratória tem a finalidade de indenizar pelo adimplemento tardio da obrigação, e, em regra, estabelecida em valor equivalente ao locativo, afasta-se sua cumulação com lucros cessantes. (STJ, 2ª Seção).
>
> **Tema 971:** No contrato de adesão firmado entre o comprador e a construtora/incorporadora, havendo previsão de cláusula penal apenas para o inadimplemento do adquirente, deverá ela ser considerada para a fixação da indenização pelo inadimplemento do vendedor. As obrigações heterogêneas (obrigações de fazer e de dar) serão convertidas em dinheiro, por arbitramento judicial. (STJ, 2ª Seção).

Para fechar o tema, é preciso saber que o juiz pode reduzir o valor da cláusula penal compensatória em dois casos previstos no art. 413 da Lei Civil:

a) **Se o valor é manifestamente excessivo:** o art. 412 do CC estipula um valor máximo da cláusula penal compensatória ao afirmar que ela não pode exceder o valor da obrigação principal. Entretanto, mesmo dentro desse limite, o juiz poderá reduzi-la a pedido da parte se manifestamente excessivo segundo as circunstâncias do caso.

b) **Se a prestação tiver sido cumprida em parte:** a função da cláusula penal compensatória é compensar o contratante pelo fato de o outro não ter cumprido a prestação. Assim, se este cumpre parte da prestação, a compensação deve ser apenas da parte não cumprida. Ex.: se o contrato de locação diz que o locatário deve pagar multa de três meses de aluguel se devolver as chaves antes do fim do contrato, caso ele devolva tendo cumprido metade do contrato, não deverá arcar com toda a multa, mas sim com apenas metade dela.

5.5 Arras (arts. 417 a 420 do CC)

Arras significam sinal, ou seja, é aquilo que é entregue por um dos contratantes ao outro como princípio de pagamento quando da celebração do contrato para confirmação do acordo. A vantagem do adiantamento de um sinal é validar o negócio, pois, se houver desistência, aquele que desistiu perderá o valor das arras para compensar os prejuízos. Se quem deu o sinal renunciar, não poderá cobrá-lo de volta; se quem o recebeu desistir, devolverá o valor em dobro (como recebeu arras, a perda efetiva será no valor das arras).

São duas as naturezas de arras: confirmatórias e penitenciais. A diferença decorre se no contrato existe ou não cláusula de arrependimento.

a) **Confirmatórias:** quando não houver previsão no contrato de direito de arrependimento. É o normal, pois as partes celebram um contrato não esperando que a outra parte desista. Assim, estipulam um valor de sinal a ser pago imediatamente para confirmar o negócio. Se quem deu arras desistir, perderá o sinal dado, porém, se quem desistir foi quem recebeu o sinal, devolverá o dobro do valor.
b) **Penitenciais:** se existir previsão no contrato de direito de arrependimento. Qualquer das partes terá o direito de se arrepender, mas tem um preço para isso, ou seja, o valor das arras. Se quem desiste deu arras, perderá o sinal dado, no entanto, se quem desistir foi quem recebeu o sinal, devolverá o dobro do valor.

Ora, tanto nas arras confirmatórias como nas penitenciais, a consequência é a mesma: se quem desiste deu arras, perderá o sinal dado, todavia, se quem desiste foi quem recebeu o sinal, devolverá o dobro do valor. Então, pergunto: para que diferenciar uma da outra?

Para o caso de o prejuízo com a desistência ser maior que o valor fixado a título de arras. Se forem arras confirmatórias, não há previsão de direito de arrependimento e pode-se cobrar o prejuízo acarretado pela desistência. Como o prejudicado já foi beneficiado pelo valor das arras, cobra-se apenas o prejuízo que ele tiver a mais. Entretanto, se forem arras penitenciais, há no contrato previsão de direito de arrependimento, sendo fixado um preço para isso, isto é, o valor de arras, não podendo o prejudicado cobrar eventual valor a mais que tenha tido de prejuízo com a desistência do outro contratante.

Diferença: nas arras confirmatórias (quando não há direito de arrependimento), o contratante pode cobrar indenização suplementar, enquanto não poderá fazê-lo nas arras penitenciais (quando há direito de arrependimento), pois se fixou um preço para isso.

6. FLUXOGRAMA

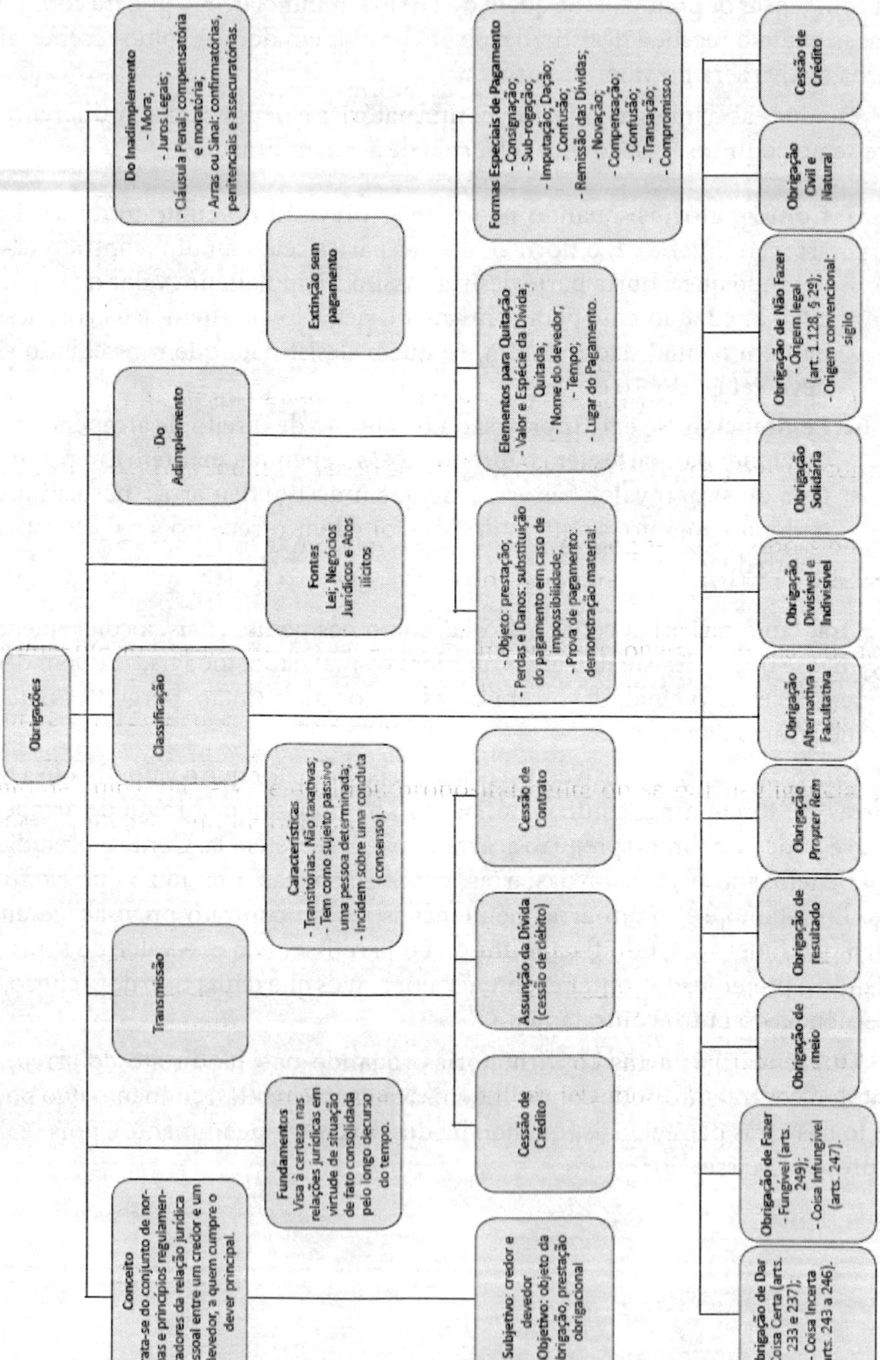

2

Direito dos Contratos: Teoria Geral dos Contratos (Arts. 421 a 426 do CC)

1. DEFINIÇÃO

Contrato é o negócio jurídico bilateral formado pela convergência de duas ou mais vontades, que cria, modifica ou extingue relações jurídicas de natureza patrimonial.

É um negócio jurídico, pois é uma atuação humana em que as partes escolhem os efeitos que serão produzidos ao praticarem o ato. É bilateral, pois é formado pelo acordo de vontades, ou melhor, são necessários pelo menos dois desejos. O testamento é um negócio jurídico, já que é a atuação humana em que se escolhem os efeitos que dele serão produzidos, contudo, não é um contrato, pois é um negócio jurídico unilateral.

2. CLASSIFICAÇÃO DOS CONTRATOS

2.1 Contrato unilateral, bilateral e plurilateral

Fala-se aqui em número de prestações, e não na quantidade de vontades envolvidas, pois não existe contrato com uma vontade apenas.

a) **Contrato unilateral:** há prestação apenas para uma das partes. Doação é contrato, pois existem duas vontades, em razão da necessidade de o donatário aceitá-la. Porém, é contrato unilateral, pois só tem prestação para o doador (entregar o bem).

b) **Contrato bilateral:** além de duas vontades, existe prestação para ambas as partes, por exemplo, contrato de compra e venda, pois o vendedor tem a prestação de entregar o bem e o comprador a de estabelecer o preço.

c) **Contrato plurilateral:** há pelo menos três vontades envolvidas. Ex.: contrato de sociedade, em que são partes os sócios e a própria sociedade, como parte credora das prestações dos sócios (contribuição para o capital social).

2.2 Contrato oneroso e gratuito

a) **Contrato oneroso:** as partes ganham algo equivalente à sua prestação, quer dizer, há equilíbrio econômico entre as partes porque ambos perdem e ganham na mesma proporção econômica, por exemplo, contrato de compra e venda.

b) **Contrato gratuito:** a parte não ganha algo equivalente à sua prestação, ou seja, há desequilíbrio econômico, pois uma das partes só ganha e uma das partes só perde, por exemplo, contrato de doação.

2.3 Contrato comutativo e aleatório

a) **Comutativo:** as partes podem antever os seus efeitos, isto é, ao celebrar o contrato, já sabem os efeitos que serão produzidos. Ex.: contrato de compra e venda, pois já se percebe que um entrega o bem e o outro entrega o preço.

b) **Aleatório:** as partes não podem antever os seus efeitos, ou melhor, ao celebrar o contrato, não há como saber os efeitos que serão produzidos. A razão é simples: contrato aleatório é o contrato de risco (álea significa risco). Ex.: contrato de seguro, pois o segurado pode ou não receber a indenização, a depender se ocorre ou não o sinistro, o que não se sabe quando o contrato é celebrado.

O contrato aleatório pode ser naturalmente aleatório (aleatório típico) ou acidentalmente aleatório (aleatório atípico). O contrato é naturalmente aleatório quando for da sua essência ser aleatório, por exemplo, contrato de seguro. O contrato é acidentalmente aleatório quando for da sua essência ser comutativo, mas é aleatório em razão de uma circunstância que lhe é específica. Ex.: contrato de compra e venda é comutativo, no entanto, o contrato de compra e venda de uma safra que está sendo plantada é aleatório, pois não se sabe qual será a quantidade da produção.

Os arts. 458 a 461 do Código Civil trazem duas categorias de contratos de compra e venda atipicamente aleatórios: compra e venda de coisa futura e de coisa exposta a risco.

a) **Compra e venda de coisa futura:** o contrato de compra e venda de coisa futura é aleatório, pois não se sabe se a coisa virá a existir e em que quantidade. Pode o contratante assumir o risco de a coisa não vir a existir, pagando mesmo assim o preço (chamado de contrato de compra e venda *emptio spei*), ou assumir o risco de vir a existir em qualquer quantidade, pagando o preço se vier a existir em quantidade inferior à esperada, todavia não pagando se nada do avençado vier a existir (chamado contrato de compra e venda *emptio rei speratae*). Em ambos os casos, não pagará o preço se menos do esperado vier a existir por culpa ou dolo do contratante. Como exemplo, pense na compra de peixes que ainda serão pescados, em que se paga o preço mesmo que nenhum peixe seja pescado (*emptio spei*) ou se vier em qualquer quantidade, só não pagando se nenhum vier (*emptio rei speratae*). Em nenhum dos dois casos pagará se o insucesso total ou parcial decorreu de dolo ou culpa do pescador.

b) **Compra e venda de coisa exposta a risco:** o contrato de compra e venda de coisa exposta a risco é de coisa que já existe, entretanto, é atipicamente aleatório, pois o comprador assume o risco exposto. Ex.: compra de cerâmica a ser transportada em navio, cujo risco de vir a se quebrar o comprador assuma. Deverá pagar todo o preço, mesmo que alguns venham quebrados, a menos que dolosamente o vendedor se aproveite, colocando alguns já quebrados.

2.4 Contrato consensual e real

O contrato se forma, em regra, quando a uma proposta se seguir uma aceitação, quer dizer, com o acordo de vontade das partes. Essa regra é quebrada em alguns casos, quando o acordo de vontades não é suficiente para a formação do contrato, o que só ocorre com a prática de um ato posterior: a entrega do bem objeto da prestação.

a) **Contrato consensual:** se forma com o acordo de vontades das partes. É a regra em matéria de contratos, por exemplo, o contrato de compra e venda.

b) **Contrato real:** se concebe pela tradição, ou seja, com a entrega do bem, que se segue ao acordo de vontade das partes. São três os contratos reais: mútuo, comodato e depósito.

2.5 Contrato de execução instantânea, continuada e diferida

a) **Contrato de execução instantânea:** que é cumprido em uma só vez, no momento da celebração do contrato (ex.: compra e venda com pagamento à vista).

b) **Contrato de execução continuada:** em que a prestação é efetuada em cotas periódicas (ex.: compra e venda com pagamento parcelado).

c) **Contrato de execução diferida:** em que a prestação é realizada em uma só vez, contudo, no futuro (ex.: compra e venda com pagamento a prazo).

> *Importante!*
>
> Foi publicada a Lei n. 13.455/2017, que autoriza a cobrança de preços diferentes sobre bens e serviços oferecidos ao público em função do prazo ou do instrumento de pagamento utilizado.

2.6 Contrato entre presentes e entre ausentes

Esta classificação se refere à formação do contrato. Pela denominação dada "contratos entre presentes e ausentes", parece que depende se as partes estão ou não na presença física um do outro. Todavia, essa nomenclatura não deve ser interpretada desta forma, pois há tecnologias que fazem com que uma conversa entre pessoas distantes seja como se estivessem fisicamente presentes, pois proposta e aceitação se dão em tempo real.

a) **Contrato entre presentes:** a proposta e a aceitação se dão em tempo real, sendo firmado não só entre pessoas fisicamente presentes, mas também por telefone ou meio de comunicação semelhante (videoconferência, *chats*, entre outros).

b) **Contrato entre ausentes:** a proposta e a aceitação não se dão em tempo real, cujos principais exemplos são aqueles formados por carta ou *e-mail*.

3. PRINCÍPIOS CONTRATUAIS

3.1 Princípio da autonomia da vontade

As partes são livres para contratar, isto é, contratam se quiserem, com quem quiserem e o que quiserem. Isso decorre de simples razão: contrato é um acordo de vontades. O limite para suas atuações é a lei e, como veremos mais à frente, o interesse social e a boa-fé.

Essa liberdade de contratar e essa liberdade contratual formavam, portanto, a autonomia da vontade, que era o pilar de sustentação de toda a teoria geral dos contratos no século XIX. Durante o século XX, o campo dos contratos caracterizou-se pelo surgimento do **dirigismo contratual**, no qual o Estado abandonou a postura de inércia, de mero espectador dos contratos, para passar a controlá-los, a dirigi-los, impondo certas cláusulas de proteção ao mais fraco, ou vedando outras que denotavam a superioridade do mais forte.

O art. 421 do diploma civil inaugura tal princípio, segundo o qual, a pessoa poderá regular seus direitos, seus interesses próprios e através de sua liberdade poderá realizar suas contratações. Assim, as partes são livres para contratar, isto é, contratam se quiserem, com quem e o que lhes aprouver. Isso decorre de simples razão: contrato é um acordo de vontades. Todavia, essa liberdade é limitada em razão da ordem pública. Por esse motivo, na busca de abrandamento dessa liberdade de contratar, surgiu o dirigismo contratual, onde o Estado atua a fim de coibir abusos que possam macular o pacto contratual. As pessoas possuem liberdade de contratar, mas a questão contratual fica limitada à função social.

O dispositivo sob comento também trata do princípio da função social do contrato. Trata-se de princípio contratual de ordem pública, não limitando a liberdade de contratar (*ilimitada*) e sim legitimando a liberdade contratual (*limitada*).

De acordo com o Enunciado n. 23 da I Jornada de Direito Civil, "A função social do contrato, prevista no art. 421 do novo Código Civil, não elimina o princípio da autonomia contratual, mas atenua ou reduz o alcance desse princípio quando presentes interesses metaindividuais ou interesse individual relativo à dignidade da pessoa humana". Fato que deve ser destacado é o que o princípio da função social do contrato está intimamente ligado ao *princípio da conservação do contrato*, e tal fato pode ser exemplificado pelo Enunciado n. 22 da I Jornada de Direito Civil do CJF e demais artigos do Código Civil, como o art. 157, § 2º, e art. 479.

A Lei n. 13.874/2019 deu nova redação ao art. 421, do CC, dispondo que:

> **Art. 421.** A liberdade contratual será exercida nos limites da função social do contrato.
>
> Parágrafo único. Nas relações contratuais privadas, prevalecerão o princípio da intervenção mínima e a excepcionalidade da revisão contratual.

Ao *caput* do art. 421, do CC, tal alteração não proporcionou grandes mudanças, mantendo seu sentido original. A redação anterior à lei dispunha que: "A liberdade de contratar será exercida em razão e nos limites da função social do contrato". A nova redação substituiu a expressão "liberdade de contratar" para "liberdade contratual" e suprimiu o trecho "em razão e", como podemos observar: "A liberdade contratual será exercida nos limites da função social do contrato."

E nesse sentido, tais alterações foram oportunas já que era um ponto observado pela doutrina, tendo em vista que corrigiu o primeiro equívoco relativo à menção à *liberdade de contratar* – que tem relação com a parte com quem se contrata e o momento em que se negocia –, que não é limitada pela função social. Devendo no comando legal constar a *liberdade contratual,* relativa ao conteúdo da avença, essa sim limitada pela função social que o contrato exerce. E corrigiu também o segundo erro do preceito relativo à menção de ser a função social em *razão do contrato*, quando essa é formada justamente pela autonomia privada.

No que concerne ao parágrafo único introduzido ao dispositivo, traz o princípio da intervenção mínima, ao dispor que "nas relações contratuais privadas, prevalecerão o princípio da intervenção mínima e a excepcionalidade da revisão contratual.". Tal modificação traz o caráter excepcional da revisão contratual dos contratos civis, já consagrada pela norma.

A LLE, Lei da Liberdade Econômica, n. 13.874/2019, introduziu ainda o art. 421-A e incisos no diploma civil, com a seguinte redação:

> **Art. 421-A.** *Os contratos civis e empresariais presumem-se paritários e simétricos até a presença de elementos concretos que justifiquem o afastamento dessa presunção, ressalvados os regimes jurídicos previstos em leis especiais, garantido também que: (Incluído pela Lei nº 13.874, de 2019)*
>
> I – as partes negociantes poderão estabelecer parâmetros objetivos para a interpretação das cláusulas negociais e de seus pressupostos de revisão ou de resolução; (Incluído pela Lei nº 13.874, de 2019)
>
> II – a alocação de riscos definida pelas partes deve ser respeitada e observada; e (Incluído pela Lei nº 13.874, de 2019)
>
> III – a revisão contratual somente ocorrerá de maneira excepcional e limitada.

Tal mudança, de acordo com a doutrina autorizada, não representou uma inovação no tema de direito dos contratos. Seguindo a mesma lógica a fim de minimizar o intervencionismo nas relações contratuais, a LLE alterou os arts. 113 e 421 do CC e acresceu o presente artigo.

O *caput* do novo artigo trata da presunção relativa de paridade dos contratual, quando em relação à igualdade entre as partes, tendo em vista que, é possível afastar tal presunção quando existirem elementos concretos capazes de demonstrar o contrário.

De acordo com o já disposto no art. 113, § 2º do CC, o art. 421-A, inc. I assegura o direito de liberdade das partes no pacto contratual, estipulando as regras interpretativas, e em caso de existência de omissões, as regras de integração, ainda que contrárias às previsões legais e dos pressupostos de revisão e de resolução.

Neste último ponto, destaca-se que, ainda que a revisão e resolução contratuais sejam tidas por medidas excepcionais, entende-se que tais cláusulas podem ser tidas por nulas, com base no disposto no art. 187 do CC, no caso de ser verificada pelo juiz a hipossuficiência da parte prejudicada, o que seria mais rara sua ocorrência ao se falar em contratos paritários. Tal excepcionalidade se fará mais presente em contratos não paritários ou em contratos de adesão. Todavia, ainda assim, haverá a possibilidade desta excepcionalidade existir em contratos paritários.

O inc. II, também consagra a liberdade das partes em estipular as regras contratuais ao prever que "a alocação de riscos definida pelas partes deve ser respeitada e observada", no entanto, estipula que o magistrado deve sempre estar atento à tais riscos. Tal mandamento liga-se à regra interpretativa da vontade presumível disposta no inc. V do § 1º do art. 113 do CC.

Em consonância com o parágrafo único do art. 421 deste Código, que positivou o princípio da intervenção mínima e o princípio da excepcionalidade da revisão contratual, o inc. III do art. 421-A do CC, reitera a natureza excepcional e limitada deste último princípio.

3.2 Princípio da obrigatoriedade e a teoria da imprevisão (*pacta sunt servanda* x cláusula *rebus sic stantibus*)

As partes contratam se quiserem, porém, se contratarem, são obrigadas a cumprir o contrato. O contrato faz lei entre as partes, o que traduz o conhecido *pacta sunt servanda*, ou melhor, os pactos devem ser cumpridos.

Essa é a noção básica do princípio, no entanto, o seu estudo pode e deve ser aprofundado. A atual Norma Civilista adotou o princípio do *pacta sunt servanda*, todavia não de forma absoluta, pois foi mitigado pela previsão da chamada cláusula *rebus sic stantibus*.

Para entender essa cláusula, é necessária uma breve análise histórica. Desde a origem dos contratos, vigora o princípio do *pacta sunt servanda*, quer dizer, o contrato sempre fez lei entre as partes. Entretanto, a Idade Média foi uma época que ameaçou a sobrevivência desse princípio, pois foi um período marcado por constantes guerras e conflitos feudais, o que inviabilizava o cumprimento de um contrato. Por isso, naquela época, tornou-se comum vir nos contratos com prestação que se prolongava no tempo uma cláusula liberando o contratante em caso de ocorrer uma guerra ou conflito feudal, permitindo-lhe pedir o fim do contrato. *Rebus sic stantibus* significa "coisa assim ficar", ou seja, o contratante é obrigado a cumprir o contrato, contudo, apenas se a coisa assim ficar.

A inovação do Diploma Civil de 2002 foi tornar a cláusula *rebus sic stantibus* implícita aos contratos, quando passou a prever a teoria da imprevisão ou da onerosidade excessiva. Se um contrato for assinado e sobrevier fato imprevisível que o desequilibre, tornando-o excessivamente oneroso para uma das partes e com extrema vantagem para a outra, poderá aquela pedir a resolução do contrato (art. 478 do CC). O exemplo típico é o contrato de *leasing* de um carro, com valor atrelado ao dólar (locação com opção de compra ao fim do contrato mediante pagamento de valor residual). O dólar vale um real e passa do dia para a noite para dois reais, dobrando o valor a ser pago. Poderá ser pedida a resolução do contrato com base na teoria da imprevisão ou da onerosidade excessiva.

Os elementos necessários para incidência da teoria da imprevisão ou da onerosidade excessiva são os seguintes:

a) **Contrato de execução continuada ou diferida:** a teoria da imprevisão se aplica a contratos cuja execução se prolongue no tempo, isto é, quando a execução é continuada ou diferida no tempo. Como o contrato de execução instantânea tem prestações cumpridas quando da celebração do contrato, estas não serão atingidas pelo fato imprevisível superveniente.

b) **Prestação excessivamente onerosa para uma das partes:** é a ideia da teoria, a excessiva onerosidade para uma das partes, desequilibrando o contrato.

c) **Extrema vantagem para a outra parte:** para a resolução do contrato, não basta este ter ficado muito oneroso para uma das partes. É preciso que, concomitantemente, tenha havido extrema vantagem para a outra parte. Assim sendo, se o contratante perde seu emprego e consegue outro recebendo metade do salário anterior, o contrato fica excessivamente oneroso para ele, porém não poderá pedir a resolução pela onerosidade excessiva porque não houve extrema vantagem para a outra parte.

d) **Fato superveniente e imprevisível:** a resolução do contrato só terá lugar se o desequilíbrio das prestações decorrer de um fato superveniente que as partes não podiam prever quando da celebração do contrato.

Atenção

Não se deve confundir teoria da onerosidade excessiva com lesão e estado de perigo. Nesses defeitos do negócio jurídico, o ato já nasce viciado, enquanto na aplicação da teoria ora em estudo, o contrato origina-se consoante a lei, se vicia por fato superveniente.

A consequência disso é que na lesão e no estado de perigo o contrato é anulado, à medida que na teoria da imprevisão ele é objeto de resolução. Nos citados vícios da vontade, como o ato é invalidado, a sentença anulatória retroage à data da prática do ato, desfazendo todos os efeitos produzidos, inclusive os anteriores à anulação. Na resolução do contrato pela onerosidade excessiva, a sentença não deveria retroagir, só aniquilando os efeitos a partir da resolução. Contudo, por expressa previsão legal, efeitos anteriores à resolução serão desfeitos, pois a lei determina que a sentença retroaja à data da citação, ou melhor, só são preservados os efeitos anteriores à citação.

Importante frisar que o contrato atingido pela teoria da imprevisão ou onerosidade excessiva pode se manter sem ser objeto de resolução, o que ocorrerá se o contratante beneficiado concordar com a redução do seu ganho, reequilibrando as prestações.

3.3 Princípio da relatividade dos efeitos dos contratos

O contrato só produz efeitos em relação às partes. É por isso que dizemos que o direito contratual é *inter partes* (entre as partes), diferente dos direitos reais, que são direitos oponíveis *erga omnes* (contra todos). Significa que o contratante só pode opor seu direito contratual ao outro contratante e não a pessoas estranhas à relação contratual, pois só as partes podem ter direitos e deveres frutos do contrato que celebraram.

3.4 Princípio da função social do contrato

O contrato não interessa apenas às partes contratantes, mas também a toda a sociedade, porque ele repercute no meio social. Essa é a ideia do princípio da função social do contrato, que reflete a atual tendência de sociabilidade do direito, quer dizer, de subordinação da liberdade individual em função do interesse social. Assim sendo, se o contrato repercute negativamente para a sociedade, o juiz pode nele intervir para preservação do interesse coletivo.

Como exemplo, podemos pensar em um contrato com juros excessivamente elevados. Não é ruim apenas para a parte devedora, mas para toda a sociedade, pois aumenta o risco de inadimplemento, elevando ainda mais os juros, o que dificulta a circulação do crédito, diminuindo os investimentos produtivos e fazendo com que o Estado não se desenvolva. O juiz, sob o fundamento da função social do contrato, poderá intervir nessa relação entre particulares, trazendo os juros para valor de mercado.

A atual Legislação Civilista, em várias oportunidades, tem regras que refletem essa tendência da sociabilidade do direito. É o caso, por exemplo, da teoria da imprevisão, podendo o juiz pôr fim ao contrato em razão do seu desequilíbrio econômico pela superveniência de um fato imprevisível. O mesmo ocorre no caso de lesão e estado de perigo, podendo o juiz invalidar o contrato, por uma das partes ter assumido obrigação excessivamente onerosa em razão de determinadas circunstâncias que forçam a contratação. Isso demonstra a preocupação socializante da Lei Civil em vigor, pois, mesmo preenchidos os requisitos formais de validade do negócio jurídico, a lei pretende amparar um dos contratantes da esperteza ou ganância do outro ou do prejuízo econômico imprevisível com extrema vantagem para o outro contratante. Qual a razão disso? O Poder Judiciário só pode chancelar contratos que respeitem não só regras formais de validade jurídica, mas, sobretudo, normas superiores de cunho moral e social.

Essa concepção social do contrato chega ao seu ápice quando o Código Civil, já em seu primeiro artigo sobre contratos, diz que a função social do contrato representa uma limitação na liberdade de contratar (art. 421 do CC com redação dada pela LLE, dispondo que: "*A liberdade contratual será exercida nos limites da função social do contrato. Parágrafo único. Nas relações contratuais privadas, prevalecerão o princípio da intervenção mínima e a excepcionalidade da revisão contratual.*"). As partes são livres para, dentro dos limites legais, colocar no contrato as cláusulas que quiserem, entretanto, a limitação à autonomia da vontade não se dá apenas pela lei, mas também pelo interesse social.

Imagine um contrato para a construção de uma obra de vulto ou de uma indústria. Não obstante estejam observados os requisitos legais de validade (agente capaz, objeto possível, determinado ou determinável e forma prescrita ou não defesa em lei), alguns questionamentos podem ser feitos: e os reflexos ambientais? E os reflexos trabalhistas? E os reflexos sociais? E os reflexos morais, ou seja, no âmbito dos direitos da personalidade? Por melhor que seja o contrato do ponto de vista econômico para os contratantes, não se pode chancelar como válido um negócio negativo para a sociedade em razão do desrespeito de leis ambientais, que pretenda fraudar leis trabalhistas ou que viole a livre concorrência, as leis do mercado ou postulados de defesa do consumidor, mesmo sob o pretexto da livre-iniciativa.

Analisando os exemplos supramencionados, podemos verificar que um contrato que não cumpre a sua função social pode ser bom apenas para uma das partes, como ocorre com o contrato com juros excessivos. Nesse caso, caberá ao contratante prejudicado pedir a tutela jurisdicional com base na função social do contrato. Contudo, até mesmo quando o contrato for bom do ponto de vista econômico para ambas as partes, poderá ser alvo de intervenção do juiz, caso contrarie o interesse social, como é o caso de um contrato muito lucrativo, porém que gera danos ambientais ou que fraude leis trabalhistas. A questão é: nesse caso de mútuo benefício, a quem caberá pedir a intervenção judicial?

O papel de guardião do princípio da função social do contrato deve recair sobre os ombros do Ministério Público. A princípio, o *parquet* não teria legitimidade ativa para pedir a intervenção do juiz no contrato, por tratar-se de interesse privado. No entanto, como o contrato tem uma função social, não podendo prejudicar a sociedade como um todo, o interesse passa a ser coletivo, legitimando a atuação ministerial.

Com efeito, o princípio da função social do contrato possibilita uma nova tendência de controle dos contratos inaugurada pela atual Norma Civilista: o dirigismo judicial dos contratos. O que significa isso? O contrato sempre sofreu controle externo, limitando a atuação dos contratantes. Até então, prevalecia o controle feito pela lei, razão pela qual esse controle é chamado de dirigismo legal dos contratos. Pense, como exemplo, no contrato de locação, em que a Lei do Inquilinato limita a atuação do locador. Hoje, com o Diploma Civil vigente, prevalece o dirigismo judicial dos contratos, isto é, não é a lei que controla o contrato, e sim o juiz, na análise do caso concreto.

O que torna isso possível é a utilização das chamadas cláusulas gerais ou conceitos jurídicos indeterminados, que têm como exemplo a função social dos contratos. São expressões vagas em seu conteúdo, exigindo do aplicador do direito uma análise do caso concreto para suprir a vacância. A lei diz que o contrato deve atender a função social, ou melhor, não pode ir contra o interesse social. O que é atender ou ir contra o interesse social? A lei não enumera casos, preferindo usar uma expressão vaga, permitindo ao juiz dizer, analisando o contrato, se ele atende ou não ao interesse social.

Em conclusão, não se pretende aniquilar o princípio da autonomia da vontade ou o *pacta sunt servanda*, todavia, temperá-lo, tornando-o mais vocacionado ao bem-estar comum, sem prejuízo do interesse econômico pretendido pelas partes contratantes. A lei relativiza o princípio do *pacta sunt servanda* com regras específicas, como a cláusula *rebus sic stantibus*, ou com a previsão da lesão ou do estado de perigo, entretanto, também relativiza permitindo intervenção judicial em uma relação que deveria interessar unicamente às partes do contrato, mas que interessa a toda a sociedade, pois a lei diz que o contrato tem uma função social.

3.5 Princípio da boa-fé objetiva

Este princípio vem consagrado no art. 422 da Legislação Civilista, que obriga as partes contratantes a agirem de boa-fé quando da celebração de um contrato. A palavra-chave do princípio é confiança, que significa parceria contratual. A ideia é que os contratantes não são lutadores, um querendo prejudicar o seu adversário, mas sim parceiros, porque um confia no outro, uma vez que são obrigados a agir em conformidade com os ditames da boa-fé.

Idealize um casal de noivos que compra suas alianças em uma joalheria, optando por um modelo que é feito com ouro amarelo e ouro branco. Satisfeitos com a bela aliança, no dia da festa de noivado um casal de amigos informa que toda aliança com ouro branco fica amarelada com o decorrer do tempo. Revoltados, reclamam junto à joalheria, que diz nada poder fazer. Os noivos poderão pedir a resolução do contrato de compra e venda, devolvendo as alianças e recebendo seu dinheiro de volta, em função da quebra da boa-fé do vendedor, que não informou um relevante aspecto do contrato, que interferiria na escolha do modelo da aliança ou na própria realização do negócio.

O princípio que rege os contratos é o princípio da boa-fé objetiva, porém, em realidade, existem dois tipos: a objetiva e a subjetiva. A subjetiva, como o nome sinaliza, é a boa-fé interior, psicológica, quer dizer, o que o contratante acredita ser correto. Já a objetiva lhe é exterior, ou seja, é agir de forma correta, conforme um padrão normal de conduta. A boa-fé que rege os contratos é a objetiva, pois é mais segura, uma vez que não depende do que pensa o outro contratante, mas também em verificar se o contratante agiu seguindo um comportamento normal das pessoas.

O que é um comportamento normal? Como saber se o contratante agiu seguindo um padrão normal de conduta? É o juiz que dirá na análise do caso concreto. Com efeito, vimos que a tendência atual em matéria de controle contratual é o chamado dirigismo judicial dos contratos, em substituição da antiga prevalência do dirigismo legal. Cabe ao juiz controlar os contratos, o que lhe é permitido a partir do uso de cláusulas gerais ou de conceitos jurídicos indeterminados, que são expressões vagas, reclamando suprimento da vacância pelo aplicador do direito na análise do caso concreto. É o caso não só da função social dos contratos, mas também da boa-fé objetiva. A lei obriga as partes a agirem de boa-fé, sem, no entanto, enumerar as condutas permitidas e proibidas sob esse aspecto. Esse papel caberá ao juiz, que poderá intervir em um contrato, podendo até resolvê-lo, mesmo tendo sido observados os requisitos formais de validade em uma livre negociação entre particulares.

Atenção

De acordo com o art. 422 da Lei Civil, a boa-fé deve nortear o comportamento dos contratantes não só no momento da conclusão do contrato, mas também durante a sua execução. É o fundamento da chamada responsabilidade civil pós-contratual. Às vezes, um contrato produz efeitos após a sua celebração, devendo a boa-fé perdurar enquanto durarem esses efeitos. Suponha que uma pessoa compre um carro junto a uma concessionária. Este quebra, porém não existe peça para reposição e o comprador não poderá mais utilizá-lo. Ele poderá pedir a resolução do contrato alegando quebra da boa-fé objetiva em razão de não ter informado o fato que poderia ocorrer após a execução do contrato.

Importante

Embora não mencionado expressamente no art. 422 do Código Civil, a boa-fé deve conduzir o comportamento dos contratantes até mesmo antes da proposta. É o fundamento da chamada responsabilidade civil pré-contratual, que será analisada a seguir nas considerações sobre a formação dos contratos. Exemplo típico é a proibição da propaganda enganosa. O contrato celebrado a partir de uma propaganda enganosa poderá ser resolvido a requerimento da parte prejudicada, pois a boa-fé já deve fazer-se presente mesmo durante as negociações preliminares para uma futura contratação.

4. PRELIMINARES (ARTS. 421 A 426 DO CC)

A Norma Civilista trata da teoria geral dos contratos a partir do seu art. 421, iniciando com questões preliminares. De todos os princípios vistos, trata do princípio da função social dos contratos e da boa-fé objetiva. A seguir, trata de três temas: contrato de adesão, contratos atípicos e pacto sucessório.

4.1 Contratos de adesão (arts. 423 e 424 do CC)

São aqueles elaborados unilateralmente por uma das partes contratantes, opondo-se ao contrato paritário, em que elas elaboram conjuntamente as suas cláusulas. Não é um negócio jurídico unilateral, pois o aderente, embora não tenha o poder de negociar as cláusulas do contrato, tem de aceitar a proposta, não perdendo, portanto, sua natureza contratual de bilateralidade.

O aderente é parte mais fraca nessa relação contratual. Para garantir a isonomia material ou real, o Diploma Civil lhe confere duas proteções:

a) **Art. 423:** quando houver no contrato de adesão cláusulas ambíguas ou contraditórias, deve ser adotada uma interpretação mais favorável ao aderente.
b) **Art. 424:** são nulas as cláusulas em um contrato de adesão que estipulem a renúncia do aderente de um direito seu resultante da própria natureza do negócio. Ex.: contrato de depósito é aquele em que o depositante entrega temporariamente ao depositário a guarda e conservação de um bem, que tem o dever de devolver o bem tal como recebido. Note que é um direito do depositário receber o bem tal como entregou ao depositário. Sendo o estacionamento em estabelecimentos comerciais um contrato de depósito e de adesão, é nula a cláusula que diz não haver responsabilidade pelos objetos deixados no interior do veículo.

4.2 Contratos atípicos (art. 425 do CC)

A Legislação Civilista, nos arts. 481 e 853, trata da regulamentação das várias espécies de contrato. Não há como a lei prever toda espécie de contrato, pois este resulta do acordo de vontade das partes, que são livres para negociar segundo suas necessidades. Ademais, as alterações da lei não conseguem acompanhar o surgimento de novos contratos em razão da dinâmica social.

Contratos típicos são aqueles previstos e regulamentados em lei, enquanto os contratos atípicos não o são. São lícitos os contratos atípicos em razão do princípio da autonomia da vontade. Que normas são aplicadas a eles, já que não há regulamentação específica em lei? Nos termos do seu art. 425, as normas gerais da Lei Civil, tanto da sua parte geral quanto da teoria geral dos contratos, ora em estudo.

4.3 Pacto sucessório (art. 426 do CC)

Compreende o contrato que tem por objeto herança de pessoa viva, sendo também chamado de *pacta corvina* ou pacto de abutres. Nos termos do art. 426 do Código Civil, é um contrato proibido por lei, sendo inválido se praticado. A questão é: será nulo ou anulável? A lei não permite a prática sem dizer, entretanto, se nulo ou anulável, razão pela qual é considerado nulo pela lei, segundo prevê o art. 166, VII, da Norma Civilista em vigor.

Perceba que, não podendo ser objeto de contrato herança de pessoa viva, isto é, após a morte do *de cujus*, depois da abertura da sucessão, os herdeiros podem negociar seus quinhões hereditários, mesmo antes da individualização obtida ao fim do inventário com o formal de partilha, sendo considerado por lei um contrato de bem imóvel (art. 80, II, do CC).

5. FORMAÇÃO DOS CONTRATOS (ARTS. 427 A 435 DO CC)

O contrato se forma, em regra, quando a uma proposta se seguir uma aceitação, com o acordo de vontades das partes. Como exceção, temos os contratos reais, em que esse acordo não é suficiente para a formação do contrato, o que só ocorre com um ato posterior: a tradição, ou melhor, a entrega do bem. É o caso de três classes contratuais: mútuo, comodato e depósito.

Não confunda a formação do contrato com a sua validade. O contrato se formar significa passar a existir no mundo jurídico, obrigando as partes ao seu cumprimento, enquanto ser válido é estar consoante a lei e, portanto, apto a produzir seus regulares efeitos. O art. 107 do Diploma Civil prevê que a validade dos contratos não exige forma especial, senão quando a lei exigir, quer dizer, o contrato se forma com o simples acordo de vontades, contudo, em alguns casos, sua validade reclama uma forma especial para produzir efeitos. Assim, destacando que em alguns casos deve haver uma forma especial do contrato, o que tratamos aqui é do momento da sua formação, pois, passando a existir no mundo jurídico, obriga as partes ao seu cumprimento, sob pena de responsabilidade civil contratual, ou seja, indenização de perdas e danos em razão da mora ou do inadimplemento (tema tratado em obrigações, para onde remetemos sua leitura).

A Legislação Civilista trata do tema formação dos contratos nos arts. 427 a 435, mencionando a proposta e a aceitação. Porém, a formação do contrato não é composta apenas por esses dois atos. Normalmente existe uma fase prévia, de negociações preliminares, chamada de fase de puntuação, que poderá culminar na formulação de uma proposta, que, se aceita, formará o contrato. São as fases que passamos a estudar.

5.1 Fase de puntuação e a responsabilidade pré-contratual

Fase de puntuação é a fase de negociações preliminares que antecedem a proposta, marcada por conversações prévias, ponderações, reflexões, sondagens, cálculos e estudos de viabilidade de negociação futura. Pode resultar, inclusive, em uma minuta contratual se alguns pontos acordados forem reduzidos a termo, isto é, a escrito (difere da proposta, pois esta é completa, uma vez bastar um sim para o contrato se formar).

Sobrevindo uma proposta à fase de puntuação, esta vincula o proponente, pois, se a outra parte a aceitar, o contrato estará formado e ambos estarão obrigados em seus termos. A questão é: podemos falar em responsabilidade civil nesta fase de negociações preliminares pela não conclusão do contrato? Em regra, não, pois não há qualquer problema em se iniciarem negociações e se perceber a inviabilidade ou inconveniência da contratação. Mas, em alguns casos, pode haver responsabilidade civil extracontratual ou aquiliana, pois não há ainda um contrato, sendo chamada de responsabilidade civil pré-contratual.

Em que ocasião isso ocorre? Quando, nas negociações preliminares, uma das partes cria na outra a justa expectativa de contratação e, sem qualquer justificativa, por mero capricho, não formaliza a proposta. O fundamento é a quebra da boa-fé objetiva na fase das negociações preliminares. Há um abuso de direito, que é considerado pela lei ato ilícito a ensejar responsabilidade civil (art. 187 c/c art. 927, ambos do CC). Ora, ao criar a justa expectativa de contratação, legitima a outra parte a contrair gastos e até a recusar outras propostas, e não concluir o contrato sem qualquer justificativa é causar o que chamamos de "dano de confiança", em razão da quebra da boa-fé objetiva, que deve nortear o comportamento dos contratantes até mesmo antes da proposta.

Como exemplo, cito um caso cobrado em concurso. Imagine que durante anos um fabricante de extrato de tomate distribui gratuitamente sementes de tomate entre agricultores de uma região, procurando-os na época da colheita para celebrar com eles contrato de compra e venda de toda a produção de tomate. No décimo ano distribuiu as sementes, no entanto, não apareceu para a compra da safra. Procurada pelos agricultores, recusou-se, sem qualquer justificativa, a celebrar o contrato. Nesse caso, há responsabilidade civil pré-contratual aquiliana do fabricante de extrato de tomate, tendo que indenizar os agricultores em razão dos prejuízos que resultaram da não contratação, como os custos da produção e eventual recusa de venda para outros compradores. O fundamento da responsabilidade pré-contratual é a violação do princípio da boa-fé objetiva nessa fase de negociações preliminares anterior à proposta, pois o fabricante criou nos agricultores a justa expectativa de contratação e, sem qualquer justificativa, por mero capricho, não formalizou a proposta de compra e venda.

5.2 Pré-contrato ou contrato preliminar

O pré-contrato, também chamado de contrato preliminar ou *pacto de contrahendo*, é um contrato em que as partes assumem a obrigação de celebrar um contrato definitivo no futuro, por não ser possível a contratação agora ou por não ser o melhor momento.

Ex.: Um time de futebol quer contratar um jogador. Não pode celebrar um contrato definitivo agora, pois ele tem contrato em vigor com outro clube. Todavia, poderão celebrar um pré-contrato, em que se obrigam a contratar ao término do contrato em vigor. Caso o jogador negocie seu passe com outro clube ou este não queira mais contratá-lo, haverá descumprimento do contrato, devendo arcar com perdas e danos, que provavelmente virão prefixados em uma cláusula penal.

Atenção

O pré-contrato deve ter os mesmos elementos do contrato definitivo, à exceção de um deles: a forma. As partes e o objeto são os mesmos, entretanto, a forma não precisa ser a mesma. Se o contrato definitivo tem de ser por escritura pública, nada impede que o pré-contrato ocorra por instrumento particular.

Qual a importância do pré-contrato? Em princípio, a responsabilidade civil na fase de negociações preliminares é extracontratual, pois ainda não há um contrato. Contudo, se celebrarem um pré-contrato, as partes transformarão essa responsabilidade pré-contratual em contratual antes mesmo da celebração do contrato definitivo, pois o pré-contrato é um contrato. Qual a vantagem? A parte prejudicada não precisará provar a culpa do inadimplente no descumprimento do contrato e tampouco o dano, seja sua própria existência, seja a sua extensão. Você recorda o que foi tratado a respeito do tema?

Relembrando: tanto a responsabilidade civil extracontratual (em regra) como a contratual são subjetivas, porém esta tem culpa presumida. Assim, se o caso é de responsabilidade contratual, basta ao contratante prejudicado provar o inadimplemento, sem precisar provar que o outro teve culpa no descumprimento do contrato (este poderá elidir sua responsabilidade provando não ter tido culpa, pois a presunção de culpa é relativa, admitindo prova em contrário, o que representa inversão do ônus da prova). Por outro lado, se é caso de responsabilidade civil extracontratual subjetiva, a vítima do dano, ao cobrar perdas e danos, deverá provar que o agressor teve culpa em causá-lo. Assim sendo, a responsabilidade civil contratual é mais vantajosa para quem sofre o dano, pois não precisará provar o difícil elemento subjetivo da culpa. Além disso, como há um contrato, podemos prefixar as perdas e os danos em uma cláusula penal, dispensando a parte prejudicada de provar não só o dano, no entanto, sobretudo, a sua extensão.

No supramencionado exemplo da compra dos tomates, o fabricante, por ser fase anterior à proposta, tem responsabilidade civil extracontratual, somente sendo responsabilizado civilmente se os agricultores provarem a justa expectativa de contratação e a recusa sem qualquer justificativa, mas também a sua culpa na não celebração do contrato. Todavia, se na fase de negociações preliminares as partes reduzirem as bases do contrato a escrito em um pré-contrato, bastarão provar que o fabricante assinou um pré-contrato e que houve inadimplemento, além de sequer precisar provar o dano e a sua extensão, pois poderão executar direto a cláusula penal.

O mesmo ocorre no exemplo da contratação do jogador de futebol. Se o clube apenas conversa em negociações preliminares, acertando as bases de um futuro contrato, pode ser que, ao final do contrato em vigor, o atleta quebre a confiança e resolva permanecer no clube que está ou contratar com outro. Para responsabilizá-lo civilmente, deverá provar que o atleta não contratou culposamente, entretanto, se assinar um pré-contrato, bastará comprovar o inadimplemento, sem sequer precisar provar o dano e a sua extensão.

5.3 A proposta

O contrato se forma quando a uma proposta se seguir uma aceitação. É raro uma pessoa fazer uma proposta e a outra simplesmente aceitá-la, pois é normal ocorrerem sucessivas contrapropostas até culminar em uma aceitação final. Essa fase de sucessivas contrapropostas a partir de uma proposta é chamada de fase de policitação ou fase de oblação. Isso dá nome aos atores envolvidos: quem faz a proposta é chamado de proponente ou de policitante e quem a aceita é chamado de aceitante ou de oblato.

Na fase de policitação, não deixa de haver uma negociação entre as partes, o que já acontece na fase de puntuação. Ora, qual a diferença entre a fase de puntuação e a fase de policitação na formação dos contratos? É a existência de uma proposta. A fase de puntuação é a fase de negociações preliminares, ou melhor, anterior à proposta. Já a fase de policitação se dá após a proposta, ocorrendo sucessivas contrapropostas. A pergunta se mantém: como saber se uma conversa entre as partes já configura uma proposta ou apenas negociações preliminares, que até podem resultar em uma minuta, se reduzidas a termo? É a seriedade da proposta. Significa que a proposta é pronta e acabada, abordando todos os elementos do contrato, pois basta um sim para a formação do contrato. Se isso já existe, é fase de policitação; se ainda não existe, sendo conversados apenas alguns pontos do contrato, a fase é de puntuação.

O aspecto mais importante da proposta é o seu aspecto vinculatório, quer dizer, a proposta obriga o proponente. Se é feita uma proposta, cria-se na outra parte a justa expectativa de contratação, que pode levá-la a contrair gastos e até a recusar outras propostas. Feita a proposta, o proponente a ela se obriga, ou seja, se houver aceitação, não poderá alegar desistência ou arrependimento, podendo o aceitante pedir em juízo a execução forçada do contrato ou indenização por perdas e danos. Já é responsabilidade civil contratual, pois com a aceitação o contrato se formou, passando a existir no mundo jurídico. A proposta só obriga o proponente e a aceitação passa a obrigar ambas as partes.

Nos termos do art. 427 da Lei Civil, a proposta não obriga o proponente em três casos:

a) **Se isso resultar dos termos da proposta:** se no próprio corpo da proposta vier expressa a não obrigatoriedade, não cria justa expectativa de contratação na outra parte.

b) **A depender da natureza do negócio:** há certos negócios jurídicos que, por sua natureza, não obrigam o proponente, como proposta de venda de produto com quantidade limitada em estoque, a partir do fim deste.

c) **Em decorrência de determinadas circunstâncias:** existem certas circunstâncias que fazem com que a proposta deixe de ser obrigatória, estando elas elencadas no art. 428 do Código Civil – a primeira delas para contrato entre presentes e as três restantes para contrato entre ausentes, a saber:

   (i) se feita proposta sem prazo à pessoa presente e esta não foi imediatamente aceita;

   (ii) se feita proposta sem prazo a pessoa ausente e tiver decorrido tempo suficiente para chegar a resposta ao conhecimento do proponente;

   (iii) se feita proposta com prazo à pessoa ausente e esta não expedir a resposta no prazo;

   (iv) se feita uma proposta entre ausentes e antes dela ou simultaneamente chegar ao conhecimento da outra parte a sua retratação.

A proposta fixa o local de formação do contrato (art. 435 do CC). A importância em saber o local de sua formação é determinar qual lei será aplicada ao contrato.

5.4 A aceitação

Se a proposta obriga apenas o proponente, a aceitação vincula também o aceitante, pois ela faz o contrato se formar, passando a existir no mundo jurídico, estando ambas as partes obrigadas ao seu cumprimento nos termos da responsabilidade civil contratual.

A aceitação pode ser expressa ou tácita. Expressa é a aceitação inequívoca, podendo ser escrita, verbal ou até gestual (ex.: leilão). Tácita é a aceitação presumida pela prática de um ato incompatível com a não aceitação. Ex.: doação de vaso não aceita de forma expressa, contudo, o donatário manda buscá-lo na casa do doador e o coloca exposto em sua sala. É por isso que o art. 111 da Norma Civilista prevê que o silêncio, embora não seja a regra, até pode valer como aceitação, porém apenas quando as circunstâncias indicarem que a pessoa aceitou tacitamente e, evidente, a lei não exija aceitação expressa.

Em conformidade com o que foi visto, a proposta obriga o proponente. No entanto, essa obrigatoriedade não é eterna, e sim pelo prazo dado. Se houver aceitação fora do prazo ou até mesmo com modificações, o proponente não é obrigado a concordar, todavia, se quiser, poderá aceitá-la. Por isso, dizemos que a aceitação fora do prazo ou com modificações tem natureza de nova proposta.

O contrato se forma quando a uma proposta se seguir uma aceitação. Se o contrato é entre presentes, fácil será determinar o momento, pois proposta e aceitação se dão em tempo real. E se o contrato for entre ausentes, quando se dá sua formação?

Em regra, quando a aceitação é expedida, pois é quando o aceitante perde o controle de sua vontade. Como exceção, o contrato entre ausentes se forma quando a resposta chegar ao proponente, se assim convencionado entre as partes.

6. CONTRATOS QUE PRODUZEM EFEITOS A TERCEIROS (ARTS. 436 A 440 E 467 A 471 DO CC)

Em razão do princípio da relatividade de seus efeitos, o contrato só atinge as partes, isto é, só quem é parte pode ter direito e deveres que dele decorrem. Entretanto, há três contratos em que um terceiro é por ele atingido, pois terão direitos e deveres decorrentes de um contrato em que não celebraram originariamente:

6.1 Estipulação em favor de terceiro (arts. 436 a 438 do CC)

É o contrato em que um dos contratantes estipula um terceiro para quem o outro contratante deverá cumprir a prestação. É um terceiro ao contrato tendo um direito dele decorrente. Ex.: contrato de compra e venda em que o estipulante determina a entrega do bem para um beneficiário. Se a prestação não for cumprida, o estipulante poderá exigi-la em juízo. O beneficiário também tem esse poder, desde que não haja essa restrição no contrato. Caso tenha sido retirado do beneficiário esse poder, poderá o estipulante exonerar o devedor de cumprir a prestação. E a substituição do beneficiário é possível? Sim, independente da anuência dele e do outro contratante, se reservar essa faculdade no contrato.

6.2 Promessa de fato de terceiro (arts. 439 e 440 do CC)

É o contrato em que um dos contratantes promete que um terceiro cumprirá a prestação para o outro contratante. É terceiro ao contrato com um dever dele decorrente. Ex.: contrato por meio do qual uma das partes promete que seu irmão, um cantor famoso, concederá uma entrevista exclusiva a um programa de rádio. Se o terceiro não cumprir a prestação, o promitente responde por perdas e danos, mesmo que tenha feito todos os esforços para o cumprimento da prestação. O promitente não responderá, mas sim o terceiro, se este aceitar a prestação e depois não a cumprir. Ademais, o promitente não responde pelo descumprimento da prestação do terceiro se, pendendo sua aceitação, forem casados e, a depender do regime de bens do casamento, a cobrança sobre o promitente recair de alguma forma sobre o terceiro.

6.3 Contrato com pessoa a declarar (arts. 467 a 471 do CC)

É aquele em que um dos contratantes pode indicar uma pessoa que irá assumir a sua posição no contrato. É um terceiro ao contrato tendo direitos e deveres que dele decorrem. Ex.: uma pessoa quer comprar uma casa, cujo dono jamais lhe venderá por problemas pessoais, podendo se valer de uma pessoa para contratar com o proprietário, inserindo no contrato cláusula que lhe permite indicá-lo a assumir sua posição no contrato. Essa indicação deve ser feita em 15 dias, se outro prazo não for estipulado, contudo, tem efeito retroativo à data da celebração do contrato, pois o indicado assume os direitos e deveres do contrato desde a sua celebração, e não apenas a partir da sua nomeação. Esse contrato exige muita confiança entre quem indicará e quem será indicado, pois se não houver nomeação ou se esta não for aceita pelo indicado, o contrato produz efeitos entre os contratantes originários.

7. GARANTIAS IMPLÍCITAS IMPOSTAS AO ALIENANTE (ARTS. 441 A 457 DO CC)

Quando uma pessoa aliena um bem, deve garantir ao adquirente, em nome da boa-fé objetiva, o seu normal uso e fruição, bem como a garantia de que não o perderá para terceiros por razões de direito. Assim sendo, o alienante responde perante o adquirente do bem tanto por defeitos materiais como por defeitos jurídicos.

Se o alienante responder por defeito material, responde por vício redibitório, ou seja, o bem apresenta um defeito físico que o torna inútil ao seu uso ou que lhe diminui o valor. Por sua vez, responder por defeito jurídico é responder pela evicção, ou melhor, quem alienou o bem não poderia tê-lo feito e o adquirente o perdeu para um terceiro, podendo buscar uma indenização do alienante.

Procederemos aqui ao estudo em separado do vício redibitório e da evicção. No entanto, de plano, merecem destaque três observações comuns a ambos os institutos, pois são questões muito recorrentes em prova e que merecem sua especial atenção:

a) O alienante responde por eles mesmo que não haja previsão expressa em contrato, pois são garantias implícitas, que decorrem de lei e não da vontade das partes.

b) O alienante responde por eles apenas diante de alienações onerosas. A doação é uma alienação gratuita, porém o alienante responderá por eles quando a doação for com encargo, o que a lei chama de doação onerosa.

c) O alienante responde por eles mesmo que a aquisição do bem tenha se dado em hasta pública, quer dizer, por meio da venda pública de bem penhorado em processo de execução.

7.1 Vícios redibitórios (arts. 441 a 446 do CC)

Aqui a responsabilidade é diante da existência de defeitos materiais, ou seja, o bem está quebrado. É importante não confundir a disciplina civil dos vícios redibitórios com a disciplina consumerista. Sendo o CDC uma lei especial em relação ao Diploma Civil, só devem ser aplicadas suas regras quando inaplicáveis as regras do CDC. Quando, então, aplicamos as regras dos vícios redibitórios previstas na

Legislação Civilista? Quando não houver relação de consumo, o que ocorre em dois casos: (i) quando o alienante não é fornecedor, como ocorre na venda ocasional de um bem usado, pois ser fornecedor exige habitualidade da negociação; e (ii) quando o adquirente não for consumidor, como ocorre no caso de alguém adquirir um bem para renegociação, pois o CDC afirma que só é consumidor quem adquire um bem como destinatário final. Aqui nos concentraremos na disciplina civil do tema, deixando as regras da relação de consumo para um estudo específico do tema.

Por definição, vícios redibitórios são defeitos ocultos que tornam o bem impróprio para o uso a que se destina ou que lhe diminuem o valor. Repare que, na disciplina civil, diferente da relação de consumo, o alienante só responde por defeitos ocultos, isto é, que não poderia ter sido facilmente detectado pelos órgãos dos sentidos, pois se o vício era aparente, presume-se que o adquirente o admitiu, pois dele ciente.

Comprove que o vício redibitório é um defeito material que pode tornar o bem impróprio para o seu uso ou que pode apenas lhe diminuir o valor. Portanto, haverá vício redibitório tanto no defeito oculto em um motor de um carro que o faz não mais funcionar, como também no defeito oculto de uma máquina que produz determinado produto, diminuindo a sua produção, embora ela ainda funcione. Assim sendo, o adquirente pode reclamar do vício redibitório em juízo optando por uma de duas ações judiciais:

a) **Redibitória:** ação judicial em que se pede para redibir o contrato, ou melhor, desfazer o negócio jurídico. Trata-se de anulação, e não de declaração de nulidade, pois a lei impõe prazo para reclamá-lo, sob pena de convalescimento.
b) ***Quanti minoris* ou ação estimatória:** ação judicial em que se pede abatimento do preço, quer dizer, o adquirente quer permanecer com o bem, no entanto, quer devolução do valor da desvalorização em razão do defeito oculto ou, se ainda não pagou, descontá-lo quando do pagamento. Nessa ação se apura o valor a ser abatido do preço, o que justifica o seu *nomen iuris*: "estimar" "quanto menos" vale o bem.

Atenção

O alienante responde por vícios redibitórios estando ele de má-fé ou até mesmo de boa-fé, ou seja, sabendo ou não do defeito oculto. A diferença é que apenas diante da má-fé ele será obrigado a indenizar por perdas e danos. Nos termos do art. 443 do CC, se o alienante agiu de boa-fé, apenas ressarcirá o adquirente dos gastos que teve com o negócio em si, isto é, da devolução do valor recebido e do ressarcimento das despesas do contrato. Contudo, se o alienante procedeu de má-fé, não só devolverá o valor recebido, mas também indenizará o adquirente por todas as perdas e danos decorrentes do vício redibitório.

Qual o prazo que tem o adquirente para reclamar vício redibitório em juízo? Depende do bem adquirido: 30 dias para bem móvel e um ano para bem imóvel. A princípio, o prazo se inicia quando da entrega efetiva do bem, e não quando da alienação, pois só com o seu uso é que ele consegue perceber o defeito oculto. Todavia, se o adquirente já tinha a posse do bem, o prazo se iniciará quando da prática do ato, pois é quando adquire legitimidade para reclamação em juízo, entretanto, os prazos serão reduzidos à metade, por já ter tido contato com o bem. Além disso, se for um defeito oculto que, por sua natureza, seja de difícil percepção, o prazo só se inicia quando o adquirente dele tiver ciência. Contudo, a lei confere um prazo máximo para ciência do defeito a se somar ao prazo de reclamação: 180 dias para bem móvel e um ano para bem imóvel. Por fim, não se deve esquecer que eventual prazo de garantia convencional oferecida pelo alienante não substitui o prazo de garantia legal, mas também a ele se soma, pois, se houver garantia convencional, o prazo de garantia legal só se inicia quando este for encerrado.

7.2 Evicção (arts. 447 a 457 do CC)

É a perda ou desapossamento judicial, ou excepcionalmente administrativo, de um bem, em razão de um defeito jurídico anterior à alienação. Quem alienou o bem não poderia tê-lo feito, e o adquirente o perdeu, tendo ação de indenização contra o alienante. O adquirente que perde o bem é o evicto, e o terceiro que dele o toma é o evictor.

Ex.: estelionatário invade terreno e, falsificando a escritura pública, vende-o. O verdadeiro dono ajuíza ação reivindicatória reclamando seu terreno. Ao se constatar a falsidade da escritura pública, o comprador perderá judicialmente o imóvel, o que chamamos de evicção, tendo apenas direito indenizatório contra o alienante.

Constate que a evicção pode se dar excepcionalmente por meio de uma perda administrativa do bem, pois, em alguns casos, a jurisprudência do STJ tem admitido a evicção independente de decisão judicial. Destaque para o caso em que há apreensão policial da coisa em razão de furto ou roubo anterior à alienação, podendo o caso ser resolvido no próprio âmbito da delegacia. Ex.: ladrão que vende carro roubado, sendo o evicto parado em uma blitz e o carro levado à delegacia e devolvido ao seu real dono.

> **Atenção**
>
> Nos termos do art. 448 da Lei Civil, as partes podem, por cláusula expressa, reforçar, diminuir ou até mesmo excluir a responsabilidade do alienante pela evicção. Cuidado, pois a exclusão só valerá se o evicto foi informado do risco da evicção e o assumiu (art. 449 do CC).

Ao perder o bem, o evicto poderá cobrar indenização do alienante. A regra é o ressarcimento da integralidade do dano do evicto, o que lhe permite cobrar do alienante não só a devolução do que pagou pelo bem, como também as perdas e os danos em razão da evicção, os frutos que eventualmente tenha sido obrigado a restituir ao evictor e o que gastou com custas judiciais e honorários advocatícios (art. 450 do CC).

Ainda dentro da regra da indenização da integralidade do dano, o alienante responderá perante o evicto por eventual valorização do bem entre a época da alienação e da evicção. Se o bem se desvalorizou, o evicto cobrará do alienante o preço que lhe pagou, porém, se houver valorização, cobrará o valor do bem da época em que se evenceu, ou melhor, da época em que perdeu o bem pela evicção.

Mais uma vez, ainda dentro da regra da indenização da integralidade do dano, mesmo que o bem esteja deteriorado, o evicto poderá cobrar do alienante o seu valor total, a menos que tenha sido causado dolosamente por ele, quando só poderá cobrar do alienante o valor que passou a valer o bem. Note que, se a indenização a título de culpa for estrita à deterioração, ainda assim o evicto cobrará do alienante o valor integral do bem.

Conforme será visto no estudo da posse no capítulo de direitos reais deste livro, para onde remetemos a sua leitura, o possuidor que realiza benfeitorias no bem e vem a perdê-lo tem o direito de ser indenizado quando as benfeitorias forem necessárias e úteis. É o caso que ocorre aqui, pois o evicto tem a posse do bem e a perde para o evictor.

Assim, se ele realizou benfeitorias necessárias ou úteis no bem antes da perda, poderá reclamar indenização do evictor. O art. 453 do Código Civil diz que o evicto pode cobrar do alienante o que gastou com benfeitorias necessárias e úteis, se não foram abonadas, quer dizer, se não foram pagas pelo evictor. No entanto, completa o art. 454 da atual Norma Civilista que, se as benfeitorias foram feitas pelo alienante e abonadas, ou seja, pagas ao evicto pelo evictor, o valor será deduzido quando o evicto cobrar a indenização do alienante.

O art. 456, do CC que tratava do exercício do direito de evicção consta como revogado pelo CPC/15. No entanto, sobre o tema, convém mencionar que, de acordo com disposto no art. 125, I do CPC/15, a denunciação da lide mantém-se como meio processual cabível, sendo admissível a qualquer das partes ser promovida, ao alienante imediato, no processo relativo a coisa cujo domínio foi transferido ao denunciante, a fim de que possa exercer os direitos que da evicção lhe resultam. Apesar de encerrada a possibilidade da denunciação da lide *per saltum*, o § 2º do art. 125, do CPC/15, prevê a denunciação da lide sucessiva.

O art. 128, II do CPC/15, traz o teor do revogado parágrafo único do art. 456, do CC, dispondo que: "Feita a denunciação pelo réu: II – se o denunciado for revel, o denunciante pode deixar de prosseguir com sua defesa, eventualmente oferecida, e abster-se de recorrer, restringindo sua atuação a ação regressiva"

Por fim, fechando o tema evicção, precisamos entender o que é evicção parcial, tema que é tratado no art. 455 do Diploma Civil. Haverá evicção parcial quando o evicto perder apenas parte do que adquiriu na alienação, por exemplo, quando compra 100 cabeças de gado e perde 20 ou 30 delas pela evicção. Qual a consequência? Depende se a evicção é considerável ou irrisória, pois uma coisa é perder uma ou duas cabeças de gado, outra é perder 90 delas. Se a perda for considerável, o evicto pode pedir a rescisão do contrato ou restituição da parte do preço correspondente ao desfalque sofrido, isto é, devolver o que sobrou e cobrar devolução do que pagou ou ficar com o que sobrou e cobrar apenas o equivalente à sua perda. Se, todavia, a perda for irrisória, só poderá o evicto cobrar a indenização pela perda sofrida, permanecendo com o que sobrou.

8. EXTINÇÃO DO CONTRATO (ARTS. 472 A 480 DO CC)

A extinção do contrato é o fim de sua existência, é a sua morte, é o seu desaparecimento do mundo jurídico. Extinção é o gênero, que contempla várias espécies, pois é a expressão mais ampla para o fim do contrato, seja pela causa que for.

Quando falamos em extinção do contrato, esta pode se dar, em princípio, por duas formas diferentes: por causa anterior ou superveniente à formação do contrato.

Se a causa de extinção do contrato é anterior ou até concomitante à sua formação, temos um caso de imperfeição do contrato, pois ele já nasceu viciado. Nesse caso, o contrato é inválido, podendo ele ser nulo ou anulável, a depender do vício. Não é tema para aqui ser visto, pois é assunto da parte geral do direito civil, para onde remetemos sua leitura.

Se a causa de extinção do contrato é superveniente à sua formação, estamos tratando de um contrato perfeito, ou melhor, que se formou de forma válida, não sendo caso de nulidade nem de anulabilidade. O contrato perfeito pode ser extinto de duas formas diferentes: por execução ou por inexecução do contrato.

Execução do contrato é quando ele é cumprido, o que pode ocorrer pelo pagamento ou até pelas formas anormais de extinção das obrigações, quais sejam: pagamento em consignação, pagamento com sub-rogação, novação, imputação ao pagamento, dação em pagamento, compensação, confusão ou remissão. Também não é tema para aqui ser tratado, pois é assunto de obrigações, para onde remetemos a sua leitura.

O caso é de inexecução quando não há cumprimento de um contrato perfeito, que é o tema que aqui estudamos. Perceba a impropriedade da presente Legislação Civilista ao tratar do tema sob o título "da extinção do contrato", quando, na verdade, deveria tê-lo intitulado de "inexecução dos contratos" ou até mesmo "da extinção dos contratos pela inexecução".

A inexecução pode causar três espécies de extinção do contrato: resilição, resolução e rescisão. Vamos definir cada um dos institutos para, em seguida, aprofundar o estudo.

a) **Resilição:** extinção do contrato por vontade de um ou de ambos os contratantes, quer dizer, é quando se termina o contrato porque assim deseja, sem ter qualquer razão jurídica para isso. Ex.: é celebrado contrato de aluguel pelo prazo de três anos e se decide resili-lo com dois anos por questão pessoal.

b) **Resolução:** extinção do contrato em razão do inadimplemento da outra parte, ou seja, um dos contratantes não cumpre o contrato, legitimando a outra parte pedir sua resolução. Ex.: mesmo contrato de aluguel de três anos, resolvido pelo locador em razão do inquilino não pagar o aluguel.

c) **Rescisão:** não há consenso na doutrina sobre o significado de rescisão do contrato. Muitos usam o termo rescisão como sinônimo de extinção do contrato, até mesmo por causa antecedente, sendo, inclusive, o sentido que caiu no gosto popular, que só fala em rescisão do contrato quando este chega ao fim. Autores clássicos, como Orlando Gomes e Caio Mário, entretanto, com base na doutrina italiana, ensinam que rescisão em sentido técnico só ocorre quando um contrato é extinto em caso de lesão ou de estado de perigo. Modernamente, esse não é o entendimento, até porque são defeitos do negócio jurídico, portanto, causas antecedentes ou concomitantes à formação do contrato, caso de invalidade e não de inexecução, quando pressupomos um contrato perfeito. Outros autores mencionam rescisão como uma espécie de resolução do contrato, significando a resolução culposa ou voluntária, isto é, quando o contrato é extinto por inadimplemento culposo do outro contratante. O conselho é evitar o uso do termo rescisão, pois, como não há consenso, é um risco desnecessário em prova.

Atenção!

– Foi aprovada a Lei n. 14.010/2020, que dispõe sobre o Regime Jurídico Emergencial e Transitório das relações jurídicas de Direito Privado (RJET) no período da pandemia do coronavírus (Covid-19). Dentre as quais, dispõe que:

CAPÍTULO IV

DA RESILIÇÃO, RESOLUÇÃO E REVISÃO DOS CONTRATOS

Art. 6º As consequências decorrentes da pandemia do coronavírus (Covid-19) nas execuções dos contratos, incluídas as previstas no art. 393 do Código Civil, não terão efeitos jurídicos retroativos.

Art. 7º Não se consideram fatos imprevisíveis, para os fins exclusivos dos arts. 317, 478, 479 e 480 do Código Civil, o aumento da inflação, a variação cambial, a desvalorização ou a substituição do padrão monetário.

§ 1º As regras sobre revisão contratual previstas na Lei no 8.078, de 11 de setembro de 1990 (Código de Defesa do Consumidor), e na Lei no 8.245, de 18 de outubro de 1991, não se sujeitam ao disposto no caput deste artigo.

§ 2º Para os fins desta Lei, as normas de proteção ao consumidor não se aplicam às relações contratuais subordinadas ao Código Civil, incluindo aquelas estabelecidas exclusivamente entre empresas ou empresários.

Importante!

Foi aprovada a Lei n. 14.181, em 1º de julho de 2021, que representa um marco regulatório do superendividamento, alterando o CDC, e o artigo 96 do Estatuto do Idoso (Lei n. 10.741/2003), para aperfeiçoar a disciplina do crédito ao consumidor e dispor sobre a prevenção e o tratamento do superendividamento. A nova lei fundamenta-se na boa-fé, na preservação do mínimo existencial e no planejamento de pagamento, dispondo acerca da dignidade da pessoa humana, trazendo pontos importantes para o acesso responsável ao crédito, sobre o papel ativo dos concedentes de crédito na informação plena e na educação financeira dos consumidores, bem como da conciliação do superendividamento, com observância da boa-fé e da função social do crédito.

Em especial, incluiu no Título I Dos Direitos do Consumidor, o Capítulo VI-A Da Prevenção e do Tratamento do Superendividamento, arts. 54-A ao 54-G, e no Título III Da Defesa do Consumidor em Juízo, introduziu o Capítulo V Da Conciliação no Superendividamento, artigo 104-A ao 104-C.

O artigo 54-A, § 1º, do CDC apresenta o conceito de superendividamento, observe: "*Entende-se por superendividamento a impossibilidade manifesta de o consumidor pessoa natural, de boa-fé, pagar a totalidade de suas dívidas de consumo, exigíveis e vincendas, sem comprometer seu mínimo existencial, nos termos da regulamentação*".

Diante do exposto, para ser considerado como superendividado, devem ser cumpridos os seguintes requisitos pelo consumidor: i) ser pessoa natural; ii) estar de boa-fé; iii) impossibilitado de realizar o pagamento integral da dívida; iv) comprometimento de seu mínimo existencial.

Tema que merece destaque diz respeito ao art. 54-F, do CDC que dispõe sobre as hipóteses em que são considerados conexos, coligados ou interdependentes, entre outros o contrato principal de fornecimento de produto ou serviço e os contratos acessórios de crédito que lhe garantam o financiamento. Aqui, aplica-se o princípio da gravitação jurídica, no qual o acessório segue o principal.

Observe que o § 1º do art. 54-F, diz respeito ao direito de arrependimento do consumidor, que já era previsto no art. 49, da lei consumerista, – aplicado à contratação de fornecimento de produtos e serviços ocorrer fora do estabelecimento comercial –, agora também pode ser observado no referido dispositivo tratando do direito de arrependimento de *crédito à distância*: "O exercício do direito de arrependimento nas hipóteses previstas neste Código, no contrato principal ou no contrato de crédito, implica a resolução de pleno direito do contrato que lhe seja conexo."

O § 2º do art. 54-F, do CDC dispõe que nos casos em que o fornecedor de crédito recorrer aos serviços do fornecedor de produto ou serviço para a preparação ou a conclusão do contrato de crédito ou oferecer o crédito no local da atividade empresarial do fornecedor de produto ou serviço financiado ou onde o contrato principal for celebrado, havendo inexecução de qualquer das obrigações e deveres do fornecedor de produto ou serviço, o consumidor poderá requerer a rescisão do contrato não cumprido contra o fornecedor do crédito.

Apesar da norma falar em *rescisão*, entendo que de forma mais técnica trata-se de resolução contratual, tendo em vista que esta decorre de uma inexecução, de um inadimplemento.

Caberá o mesmo direito ao consumidor contra o portador de cheque pós-datado emitido para aquisição de produto ou serviço a prazo, bem como contra o administrador ou o emitente de cartão de crédito ou similar quando o cartão de crédito ou similar e o produto ou serviço forem fornecidos pelo mesmo fornecedor ou por entidades pertencentes a um mesmo grupo econômico. (§ 3º, do art. 54-F, do CDC).

8.1 Resilição do contrato

De acordo com o que foi visto, a resilição do contrato ocorre quando há a sua extinção unicamente em razão da vontade das partes. Ela pode ser unilateral ou bilateral, a depender se o desejo é de apenas um dos contratantes ou de ambos. Não se discute aqui culpa da parte fazendo surgir uma causa de extinção do contrato, pois não há causa jurídica que motive o seu fim, simplesmente a pessoa não quer ou eles não desejam mais.

a) **Resilição unilateral**: ocorre quando apenas uma das partes não quer mais manter o contrato, sem precisar externar qualquer razão para isso. O art. 473 da Lei Civil diz que se opera mediante denúncia notificada à outra parte, ou melhor, o contratante deve notificá-la formalmente. A resilição unilateral do contrato pode se dar quando a lei permitir ou quando houver expressa previsão no contrato. Há casos em que a lei permite a resilição unilateral do contrato, razão pela qual não será devedor em perdas e danos à outra parte. Ex.: o direito de revogação de contrato de mandato. Pode a lei não a permitir, contudo a vontade das partes sim, quando inserem no contrato cláusula permissiva, podendo ou não ser fixada uma multa a ser paga ao outro contratante se esta ocorrer. Se não houver previsão legal nem contratual, a parte não poderá unilateralmente resilir o contrato, podendo ser o caso de reclamação judicial para sua execução forçada. Ex.: contrato de locação em que há previsão apenas para o locatário o resilir, tendo o locador que esperar o fim do contrato pela total execução.

b) **Resilição bilateral:** ocorre quando a extinção do contrato se dá unicamente por vontade, porém de ambas as partes, sendo chamado de distrato. É um acordo das partes, pondo fim à avença contratual, sem se externar qualquer causa para isso, razão pela qual, em princípio, nenhuma das partes deve qualquer indenização ao outro contratante. Importante sobre o tema é o art. 472 do Código Civil, que diz que o distrato deverá ser feito na mesma forma exigida para ser feito o contrato. Como exemplo, se o contrato de compra e venda de um imóvel de valor superior a 30 salários mínimos deve ser por escritura pública, o distrato assim também deve ser.

8.2 Resolução do contrato

Resolução do contrato é a sua extinção em razão do inadimplemento ou da mora da outra parte. Aqui o contrato não termina apenas em razão da vontade das partes, pois há uma causa que autoriza uma delas a pedir sua extinção: o não cumprimento do contrato.

Esse descumprimento pode ser com culpa ou sem culpa do contratante inadimplente, o que faz com que existam duas categorias de resolução do contrato: com culpa (voluntária) ou sem culpa (involuntária). A grande diferença é que, no caso de resolução culposa, o inadimplente será devedor de perdas e danos junto com a resolução; o que não será devido se a resolução não for culposa. Perceba que aqui falamos de mora e de inadimplemento, tema que abordamos no estudo das obrigações neste livro, valendo ressaltar que só há mora e inadimplemento indenizáveis em perdas e danos quando com culpa do devedor, pois, se sem culpa, apenas haverá resolução do contrato.

Cláusula resolutória é aquela que permite ao contratante resolver o contrato diante do inadimplemento da outra parte. O contrato pode trazer uma cláusula resolutória expressa, mas esta também pode ser implícita aos contratos. Quando isso ocorre?

Todo contrato bilateral tem implícita a cláusula resolutória. A razão é que todo contrato bilateral é sinalagmático, o que significa que a prestação de uma das partes é causa da prestação da outra parte. Como uma das partes só cumpre a sua prestação porque a outra cumpre a sua, o descumprimento autoriza a outra parte pedir a resolução do contrato, mesmo que não tenha nele cláusula permissiva expressa. Sendo contrato unilateral ou plurilateral, necessária a cláusula resolutiva expressa no contrato, para que uma das partes possa pedir a resolução em razão do inadimplemento ou mora da outra parte.

Há vantagem da cláusula resolutória expressa em relação à implícita, o que justifica sua inserção inclusive no contrato bilateral. Vindo expressa no contrato, haverá extinção automática do contrato em caso de inadimplemento, enquanto, se implícita, depende de interpelação judicial (art. 474 do CC). Além disso, vindo expressa no contrato, já se insere cláusula penal prefixando o valor da indenização por perdas e danos.

8.2.1 *Exceção de contrato não cumprido* (exceptio non adimpleti contractus)

Se uma das partes é inadimplente, legitima a outra a pedir a resolução do contrato. Agora, idealize que antes disso o inadimplente ajuíze uma ação cobrando o cumprimento da prestação da outra parte. O que ela poderá fazer? Sendo um contrato bilateral, poderá alegar a exceção de contrato não cumprido, quer dizer, que não cumprirá sua prestação em razão de o autor da ação não ter cumprido a sua. A razão já foi exposta: como o contrato bilateral é sinalagmático, a prestação de uma das partes é causa da prestação da outra parte, razão pela qual quem não cumpre a sua prestação não pode exigir o cumprimento da prestação da outra parte (art. 476 do CC).

8.2.2 Resolução sem culpa ou involuntária

A extinção do contrato se dá pelo inadimplemento da outra parte, sem ela ter tido culpa no descumprimento contratual. Aqui não há indenização por perdas e danos, no entanto, apenas resolução do contrato, pois o contratante quer cumprir o contrato, mas não consegue. Isso ocorre em dois casos: caso fortuito ou motivo de força maior e no caso de aplicação da teoria da imprevisão ou da onerosidade excessiva.

a) **Caso fortuito ou motivo de força maior:** são situações inevitáveis, insuperáveis, que impedem o contratante de cumprir sua prestação. Imagine contrato de compra e venda de produto agrícola, que não pôde ser entregue em razão de violenta tempestade que destruiu toda a plantação. Não há culpa no inadimplemento, havendo simples resolução do contrato, retornando as partes ao estado em que se encontravam antes de sua celebração, sem direito de indenização da parte prejudicada.

> ***Atenção***
>
> Há dois casos em que acontecerá resolução sem culpa do contratante inadimplente, por decorrer de caso fortuito ou motivo de força maior, todavia haverá dever de indenizar o outro contratante em perdas e danos:
>
> (i) quando houver previsão expressa no contrato impondo o dever de indenizar perdas e danos pelo seu descumprimento, mesmo em razão de caso fortuito ou motivo de força maior (art. 393 do CC); e
>
> (ii) sempre que a impossibilidade da prestação se dá por caso fortuito ou motivo de força maior que ocorre durante a mora do contratante (art. 399 do CC).

b) **Teoria da imprevisão ou da onerosidade excessiva:** o tema já foi visto neste livro, neste capítulo dos contratos, quando do estudo do princípio da obrigatoriedade mitigado pela cláusula *rebus sic stantibus*, para onde remetemos a sua leitura. É resolução do contrato sem culpa, pois acontece fato superveniente e imprevisível que desequilibra economicamente o contrato, legitimando o pedido de resolução do contrato pelo fato de a lei não exigir mais o seu cumprimento.

Atenção!

Sobre a COVID-19:

Será que, após a pandemia, havendo inadimplemento considerado ínfimo, decorrente diretamente do novo estado de coisas gerado pela Covid-19, o STJ passará a admitir a aplicação da teoria do adimplemento substancial nas hipóteses de alienação fiduciária? Não sabemos qual será o posicionamento do STJ para essa hipótese, mas, de qualquer forma, acreditamos que seria um grande passo que o entendimento acerca do assunto fosse reavaliado pelo Tribunal da Cidadania, sendo oportuna a mudança com o objetivo de evitar maiores danos às partes contratantes. Assim, em caso de inadimplemento por descumprimento ínfimo do contrato que, já tenha sido parcialmente cumprido, poderá a parte devedora alegar a teoria do adimplemento substancial em face do credor. Sendo plenamente viável a sua aplicabilidade, inclusive em decorrência de fatos ligados diretamente ou indiretamente à pandemia.

8.2.3 *Resolução com culpa ou voluntária*

A extinção do contrato se dá pelo inadimplemento da outra parte, tendo ela culpa no seu descumprimento. Ex.: contrato de aluguel resolvido em razão do não pagamento do inquilino porque não quis ou porque foi negligente. A diferença para a resolução não culposa é que aqui o inadimplente, além de suportar a resolução do contrato, deve pagar indenização por perdas e danos ao outro contratante (embora isso possa ocorrer na resolução sem culpa, trata-se de uma exceção aos casos supramencionados). Importa mencionar que, para alguns autores, o instituto sob comento é considerado como rescisão.

A resolução com culpa não pode ser bilateral, apenas podendo ser unilateral. Se ambas as partes tiverem culpa no inadimplemento, a culpa será daquele que primeiro tinha a obrigação de cumprir sua prestação. A razão disso é o princípio da exceção de contrato não cumprido, pois, se houver prestações simultâneas e um dos contratantes não cumpre sua prestação, o outro está legitimado a não cumprir a sua prestação.

8.3 Efeitos no tempo da resolução e da resilição dos contratos

Havendo resolução do contrato, essa decisão tem efeito retroativo ou não retroativo? Depende se o contrato for de execução instantânea, diferida ou continuada.

Se o contrato é de execução única, ou seja, de execução instantânea ou até diferida, a decisão produz efeitos retroativos ou *ex tunc*, desfazendo-se o que foi feito até então, pois resolver o contrato é fazer retornar ao estado em que as partes se encontravam antes da sua celebração. Assim, se estamos diante da resolução de um contrato de compra e venda, o comprador devolve o bem e o vendedor devolve o dinheiro recebido, buscando-se eventual indenização diante da perda ou deterioração do bem ou até em razão de algum melhoramento por que passou.

Se, contudo, o contrato for de execução prolongada no tempo, isto é, de execução continuada, os efeitos serão não retroativos ou *ex nunc*, mantendo-se os efeitos até então produzidos. A razão disso é evitar um enriquecimento sem causa de um dos contratantes. Suponha um contrato de locação: se a resolução tivesse efeito retroativo, faria com que o locador devolvesse o valor recebido durante o contrato, não tendo como o inquilino devolver o tempo que usou o bem, o que lhe geraria um enriquecimento sem causa por ter alugado o imóvel por um tempo sem por isso pagar.

O efeito retroativo (*ex tunc*) da resolução dos contratos de execução instantânea ou diferida e o efeito não retroativo (*ex nunc*) da resolução dos contratos de execução continuada valem tanto para a resolução com culpa quanto para a resolução sem culpa. A única diferença entre eles é que na resolução culposa o inadimplente será devedor de indenização por perdas e danos, o que não ocorre, em regra, na resolução sem culpa.

Atenção

No caso da resolução sem culpa decorrente da aplicação da teoria da imprevisão ou da onerosidade excessiva, para cuja abordagem remetemos sua leitura, seja contrato de execução continuada ou diferida, o efeito será, por expressa previsão legal, retroativa, porém até a data da citação do processo em que o contratante pede a sua resolução (a teoria não se aplica aos contratos de execução instantânea).

E se o caso for de resilição do contrato, a decisão tem efeito retroativo ou não retroativo? Quando falamos em resilição, estamos falando de contrato de execução continuada, pois na resilição o contratante quer interromper o cumprimento da sua prestação prolongada no tempo. Por isso, a resilição do contrato tem efeito não retroativo ou *ex nunc*, não se desfazendo os efeitos produzidos, mas apenas afastando a produção de efeitos daí para frente, até porque não há qualquer causa jurídica a gerar o seu término, apenas o acordo de vontades em acabar com um contrato que produziu efeitos normalmente até então.

9. FLUXOGRAMA

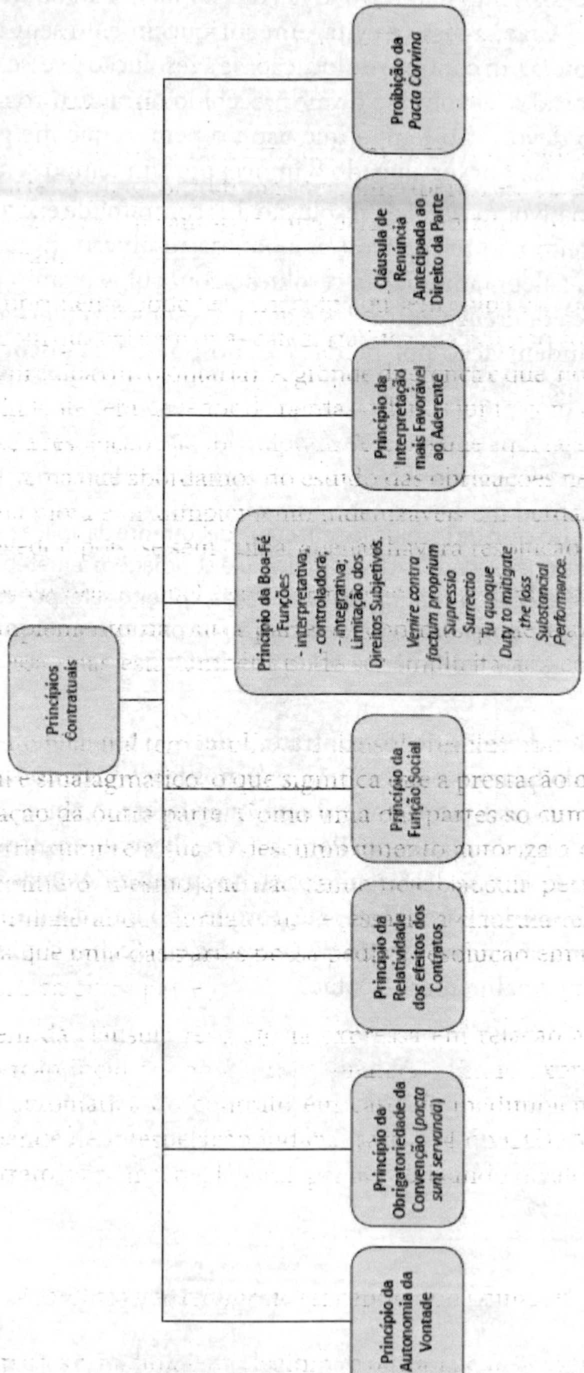

3

Contratos em Espécie

1. COMPRA E VENDA (ARTS. 481 A 532 DO CC)

1.1 Conceito

A definição do contrato de compra e venda está conceituada de maneira clara e objetiva no art. 481 do Código Civil:

> **Art. 481.** Pelo contrato de compra e venda, um dos contratantes se obriga a transferir o domínio de certa coisa, e o outro, a pagar-lhe certo preço em dinheiro.

1.2 Natureza jurídica

a) Contrato bilateral ou sinalagmático – proporciona, reciprocamente, obrigações para ambas as partes.

b) Contrato oneroso – gera repercussão econômica com a sua elaboração para ambas as partes.

c) Contratos aleatórios ou comutativos – regra geral, os contratos são comutativos em razão de as prestações serem certas. No entanto, a possibilidade de risco não está completamente excluída.

d) Contrato consensual – nasce do consenso entre as partes, uma delas será responsável em aceitar o preço e a outra a contraprestação.

e) Contrato formal ou informal – a compra e venda de bens imóveis com valor superior a 30 salários mínimos federais deverá ser sempre por escritura pública. Todavia, se inferior, poderá ser feita por instrumento particular.

f) Contrato instantâneo ou de longa duração – o instantâneo se consumará com a prática do ato, já o de longa duração necessita de tempo para se exaurir.

g) Contrato paritário ou de adesão – será paritário quando as partes estiverem em pé de igualdade; já o contrato de adesão ocorre assim que uma das partes estipula as cláusulas e a outra terá somente como escolha a aceitação destas.

1.3 Elementos constitutivos

a) Partes: capazes (aptidão genérica) e a legitimação (aptidão específica).

b) Coisa: deve ser disponível para sua comercialização dentro do mercado. O objeto tem de ser lícito e determinado ou determinável. Segundo previsão do art. 483 do Código Civil, o objeto do contrato para ser negociado no mercado poderá também ser futuro.

c) Preço: justo, certo, determinado e em moeda corrente, de acordo com o art. 315 do Código Civil. Tal elemento possui, ainda, algumas regras especiais:

c.1) preço por avaliação – art. 485 do Código Civil;

c.2) preço à taxa de mercado ou de bolsa – art. 486 do Código Civil;

c.3) preço por cotação – art. 487 do Código Civil;

c.4) preço tabelado e médio – art. 488 do Código Civil;

c.5) preço unilateral – art. 489 do Código Civil.

1.4 As despesas e riscos do contrato

Salvo cláusula em contrário, as despesas de escritura e o registro ficarão sob a responsabilidade do comprador, e as da tradição, a cargo do vendedor. E quanto aos riscos? Até o momento da tradição, os riscos da coisa cabem por obrigação ao vendedor, e os do preço, ao comprador. Todavia, os casos fortuitos, ocorrentes no ato de contar, marcar ou assinalar coisas, que comumente se recebem, contando, pesando, medindo ou assinalando, e que já foram postas à disposição do comprador, correrão por conta deste. Compete também ao comprador os riscos das referidas coisas, se estiver em mora de recebê-las, logo que ordenadas no tempo, lugar e pelo modo ajustados. Essa é a previsão legal.

1.5 Restrições à compra e venda

a) Venda de ascendente para descendente – prevê o Diploma Civil: art. 496.

> **Art. 496.** É anulável a venda de ascendente a descendente, salvo se os outros descendentes e o cônjuge do alienante expressamente houverem consentido. Parágrafo único. Em ambos os casos, dispensa-se o consentimento do cônjuge se o regime de bens for o da separação obrigatória.

Conforme previsto, a lei destaca a anulabilidade, mas em quanto tempo? Deve ser ressaltado o prazo estipulado no art. 179 da Lei Civil, afastando a Súmula 494 do STF.

b) Venda de bens sob administração – é proibida pelo art. 497 do Código Civil. Nesse caso, destaca-se a nulidade!

c) Venda entre cônjuges – reza o art. 499:

> **Art. 499.** É lícita a compra e venda entre cônjuges, com relação a bens excluídos da comunhão.

d) Venda de parte indivisa em condomínio – não pode um condômino de coisa indivisível vender a sua parte a terceiros sem notificar o outro proprietário da *res*. O art. 504 da Lei Civil salienta a observância do direito de preferência.

Atenção!

Art. 504: Ainda que sejam muitos os condôminos, não há direito de preferência na venda da fração de um bem entre dois coproprietários, pois a regra prevista no art. 504, parágrafo único, do Código Civil, visa somente a resolver eventual concorrência entre condôminos na alienação da fração a estranhos ao condomínio. (Enunciado n. 623 da VIII Jornada de Direito Civil).

1.6 Regras especiais da compra e venda

a) Venda por amostra, por protótipos ou por modelos – se a venda ocorrer dessa forma, o vendedor assegurará ter a coisa as qualidades que a elas correspondem. Essa é a regra do art. 484 da norma civilista.

b) Venda a contento e sujeita à prova – entende-se que é aquela realizada sob condição suspensiva, ainda que tenha recebido a coisa. Aquele que recebe a coisa será considerado como comodatário. Assim, em caso de descumprimento, poderá o alienante propor ação para recuperar a posse. Observe os arts. 509 a 512 do CC/2002.

c) Venda *ad mensuram* e *ad corpus* – a *ad mensuram* (art. 500, *caput*) é aquela em que o preço do bem é medido pela área. Em caso de descumprimento, prevê a lei a possibilidade de algumas ações. Quais são elas? Ação *ex empto* (complementação da área), ação redibitória (extinguir o negócio), ação estimatória ou *quanti minoris* (abatimento). Essas ações têm o prazo de um ano decadencial, consoante previsão do art. 501. Na venda *ad corpus* (art. 500, § 3.º), as metragens e a área são apenas para localizar o bem, mas não influenciam no preço. Nessa venda não são cabíveis as ações retromencionadas.

1.7 Cláusulas especiais ou pactos adjetos

a) Retrovenda ou cláusula de resgate – por meio dos arts. 505 a 508 da Lei Civil, pode ser observado esse pacto acessório, que recai sobre bens imóveis e o prazo máximo para o retrato será de três anos. Não se trata de cláusula personalíssima, pois esta é cessível e transmissível a herdeiros e legatários.

b) Cláusula de preempção, preferência ou prelação – os arts. 513 a 520 do CC estabelecem esse pacto adjeto que poderá recair sobre bens móveis e imóveis. O prazo para o exercício do pacto não poderá exceder a 180 dias para os bens móveis e dois anos para os imóveis. Uma vez pactuada a cláusula e inexistindo prazo estipulado, o direito de preempção caducará, se a coisa for móvel, não se exercendo nos três dias, e, se for imóvel, não se exercendo nos 60 dias subsequentes à data em que o comprador tiver notificado o vendedor. Tal direito é personalíssimo, pois não se pode ceder nem passa aos herdeiros.

Atenção!

- O instituto da retrocessão causado pela tredestinação ilícita (por não ter sido observado o interesse público e o desvio), regra do Direito Administrativo, foi citado na lei civil no art. 519, dispondo que: "Se a coisa expropriada para fins de necessidade ou utilidade pública, ou por interesse social, não tiver o destino para que se desapropriou, ou não for utilizada em obras ou serviços públicos, caberá ao expropriado direito de preferência, pelo preço atual da coisa. Sobre a matéria, veja Enunciado da VII Jornada de Direito Civil: "Art. 519 – O art. 519 do Código Civil derroga o art. 35 do Decreto-Lei n. 3.365/1941 naquilo que ele diz respeito a cenários de tredestinação ilícita. Assim, ações de retrocessão baseadas em alegações de tredestinação ilícita não precisam, quando julgadas depois da incorporação do bem desapropriado ao patrimônio da entidade expropriante, resolver-se em perdas e danos". (Enunciado n. 592)
- O direito de preferência acima não se confunde com o já estudado no art. 504. O do art. 504 é um direito de preferência legal e o do art. 513 convencional. Caso ocorra o descumprimento deles? No art. 504, a solução seria a propositura de uma ação anulatória no prazo de 180 dias e, no caso do art. 513, uma ação indenizatória e o prazo seria o prescricional do art. 206, § 3º, inc. V, ou seja, 3 anos.

c) Cláusula de venda com reserva de domínio – a previsão encontra-se nos arts. 521 a 528 do CC. Recai sobre bens móveis e será estipulada por escrito, dependendo de registro no domicílio do comprador para valer contra terceiros. O comprador do bem só alcançará a propriedade depois de pagas todas as parcelas. Uma vez descumprida e constituído o comprador em mora, poderá o vendedor propor ação de cobrança ou busca e apreensão para recuperar a posse do bem.

Atenção!

Cláusula de venda com reserva de domínio	Alienação fiduciária em garantia	*Leasing* ou arrendamento mercantil
- Natureza jurídica: de cláusula especial da compra e venda, disciplinada nos arts. 521 a 528, CC.	- Natureza jurídica: é de direito real de garantia sobre coisa própria e encontra-se disciplinada nos arts. 1.361 a 1.368, do CC e Del. n. 911/69 e Lei n. 9.514/97.	- Natureza jurídica: constitui contrato típico ou atípico, tema de divergência doutrinária. Encontra-se disciplinado na Lei n. 6.099/74 e resoluções do BACEN.
O vendedor mantém o domínio, propriedade resolúvel, e o comprador, por sua vez, tem a posse direta do bem alienado e, quitadas integralmente as parcelas, o comprador adquire a propriedade plena do bem. Para reaver o bem, a ação cabível era ação de busca e apreensão, na vigência do CPC/73. Como o CPC/15 não reproduziu tais comandos, surgirá polêmica sobre a ação cabível na sua emergência. Podem ser expostas, de imediato, duas visões. A primeira aponta ser cabível uma ação de procedimento comum, sujeita à tutela provisória. A segunda corrente, seguida por este autor, entende ser viável uma ação de reintegração de posse, sujeita à liminar.	O devedor fiduciante adquire o bem de um terceiro, todavia impossibilitado de pagar o preço, aliena-o, transferindo a propriedade ao credor fiduciário. O proprietário do bem é credor fiduciário, mas a propriedade é resolúvel, e será extinta se o preço for pago em sua integralidade pelo devedor fiduciante. Para reaver a coisa móvel, caberá a ação de busca e apreensão, prevista no Del. n. 911/69. De acordo com a jurisprudência consolidada dos tribunais superiores, não cabe prisão civil.	Trata-se de uma locação com opção de compra, com pagamento do VRG (valor residual garantido). A jurisprudência entende que o VRG pode ser diluído nas parcelas ou pago no fim do contrato. Ver Súmula n. 293, do STJ. Para reaver o bem, caberá ação de reintegração de posse. Aqui, tampouco, caberá prisão civil.

d) Venda sobre documentos ou *trust receipt* – por intermédio dos arts. 529 a 532, verifica-se a venda em que a tradição da coisa é substituída pela entrega de um título que a representa.

1.8. Fluxograma

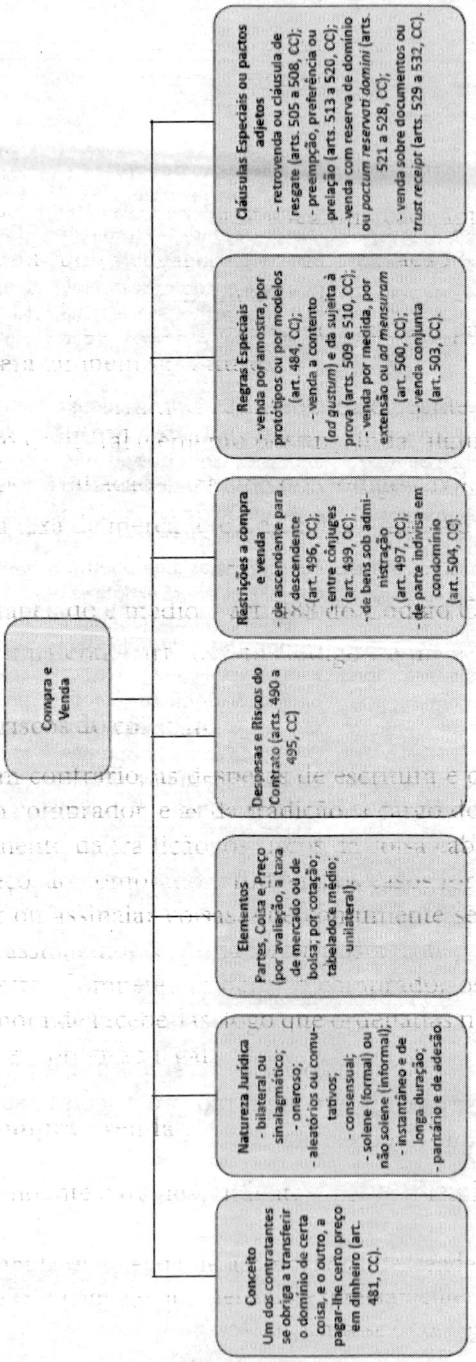

2. TROCA OU PERMUTA (ART. 533 DO CC)

2.1 Conceito

Nessa modalidade contratual prevista no art. 533 da Lei Civil, as partes pactuam suas obrigações, remunerando-se por meio da compensação dos ofícios estabelecidos por cada uma delas. Difere do contrato de compra e venda, pois na permuta a contraprestação é feita pelo pagamento de um preço em dinheiro.

2.2 Natureza jurídica

a) Contrato bilateral ou sinalagmático – apresenta, reciprocamente, deveres para ambas as partes, que se obrigam a dar uma coisa recebendo outra diferente de dinheiro.
b) Contrato comutativo – as partes se cientificam de suas obrigações no ato da elaboração, por serem certas e determinadas no ato da celebração.
c) Contrato consensual – ocorre com a manifestação das partes.
d) Contrato formal ou informal, solene ou não solene – a lei não impõe maiores formalidades para a sua celebração.
e) Contrato translativo – a transmissão da coisa ocorrerá com a tradição, trazendo consigo no contrato.
f) Contrato oneroso – apresenta repercussão econômica.

2.3 Fluxograma

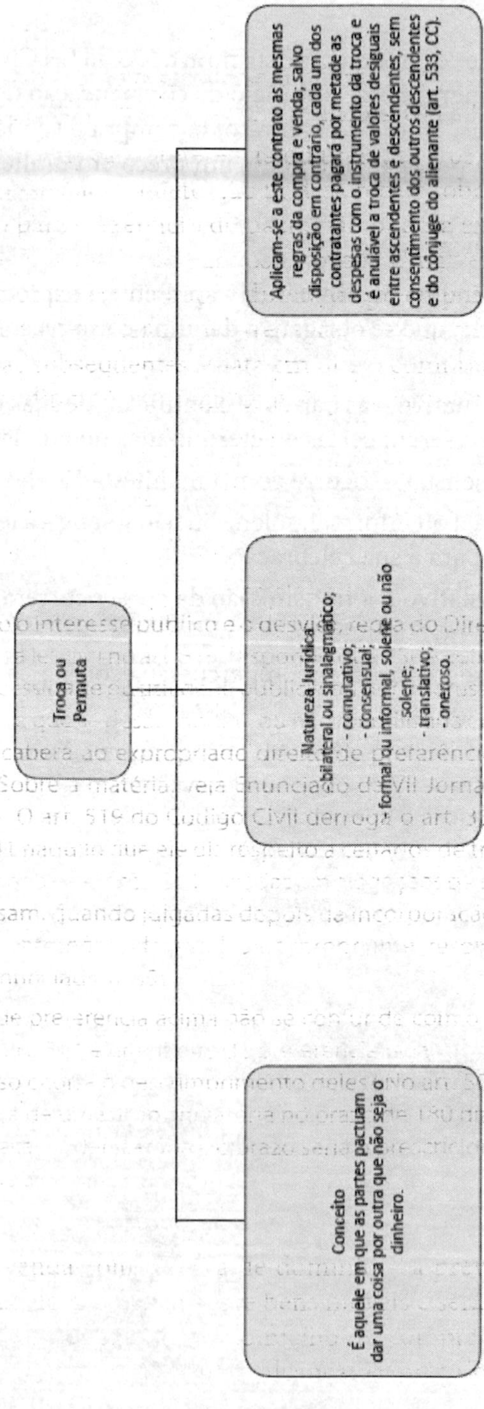

3. CONTRATO ESTIMATÓRIO (ARTS. 534 A 537 DO CC)

3.1 Conceito

Esse contrato pode ser chamado também de *venda em consignação*, tem por finalidade vender, em nome próprio, bens móveis de propriedade de terceiros. O proprietário/consignante dará somente a posse do bem ao vendedor/consignatário, não sendo entregue o domínio da coisa. Sua previsão está nos arts. 534 a 537 do Código Civil.

3.2 Natureza jurídica

a) Contrato bilateral ou sinalagmático – caracterizado pela reciprocidade nas obrigações entre os contratantes.

b) Contrato oneroso – proporciona repercussão econômica.

c) Contrato real – concretizado com a efetiva entrega do bem.

d) Contrato comutativo – as partes são cientificadas de suas obrigações no ato da elaboração.

e) Contrato informal ou não solene – a lei não impõe maiores formalidades para a sua celebração.

f) Contrato instantâneo e temporário – o primeiro se consuma com a prática do ato, já o segundo se efetua por meio do termo final para a venda da coisa consignada.

3.3 Efeitos e regras

- É análogo a uma obrigação alternativa, pois o vendedor/consignatário poderá devolver o valor inicialmente estimado ou a própria coisa.
- A coisa deve ser móvel e livre para alienação, não podendo estar gravada com cláusula de inalienabilidade.

Atenção

Nesta relação contratual, o consignante possui o domínio, transferindo ao consignatário somente a posse do bem móvel.

3.4 Fluxograma

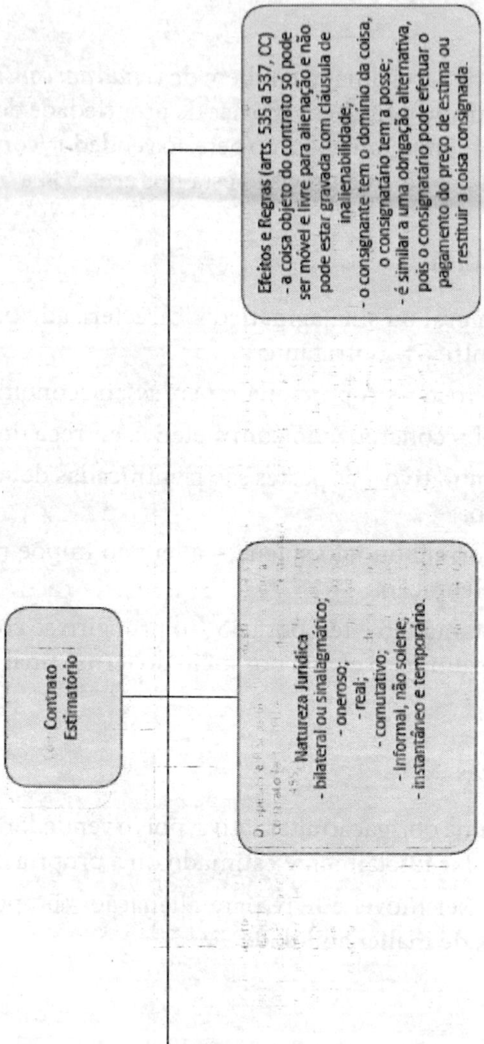

4. DOAÇÃO (ARTS. 538 A 564 DO CC)

4.1 Conceito

A sua definição encontra-se melhor conceituada no art. 538 do Código Civil:

> **Art. 538.** Considera-se doação o contrato em que uma pessoa, por liberalidade, transfere do seu patrimônio bens ou vantagens para o de outra.

> ***Atenção!***
>
> Sobre a promessa de doação vejamos o teor do Enunciado n. 549 da VI Jornada de Direito Civil: "A promessa de doação no âmbito da transação constitui obrigação positiva e perde o caráter de liberalidade previsto no art. 538 do Código Civil."

4.2 Natureza jurídica

a) Contrato unilateral/bilateral – apresenta obrigação somente para uma das partes; porém, no caso de doação modal, ocorre uma imposição para aquele que recebe bens ou vantagens de um ônus.

b) Contrato gratuito – a doação será, em regra, gratuita (excepcionalmente haverá a doação modal, conferindo vantagens a ambas as partes).

c) Contrato consensual – é formado pela manifestação de vontade das partes.

d) Contrato real – ocorre sempre que a doação envolver bem de pequeno valor seguido de sua tradição (*doação oral/manual*). Sobre o tema: *Art. 541: Para a análise do que seja bem de pequeno valor, nos termos do que consta do art. 541, parágrafo único, do Código Civil, deve-se levar em conta o patrimônio do doador.* (Enunciado n. 622 da VIII Jornada de Direito Civil)

e) Contrato comutativo – acontece quando as partes são cientificadas de suas obrigações no ato da elaboração.

f) Contrato formal e solene – desde que a doação de bem imóvel seja superior a 30 salários mínimos.

g) Contrato formal e não solene – todas as vezes que o bem imóvel for superior a 30 salários mínimos, porém não há necessidade de escritura pública.

4.3 Espécies de doação

a) Pura e simples (art. 543 do CC) – o ato possui liberdade plena, não se submetendo a condição, termo ou encargo.

b) Contemplativa (art. 540, 1.ª parte, do CC) – o doador efetua a doação por mera liberalidade, expressando o motivo.

c) Remuneratória (art. 540, 2.ª parte, do CC) – se origina da realização de serviços prestados, cujo pagamento o donatário não pode ou não deseja cobrar.

d) Ao nascituro (art. 542 do CC) – é válida desde que aceita pelo seu representante legal. Trata-se de modalidade que depende, necessariamente, de condição suspensiva para vigorar, pois condiciona a validade do contrato de doação ao nascimento do feto com vida.

e) Ao absolutamente incapaz (art. 543 do CC) – trata-se de doação pura, não há necessidade da aceitação do donatário, pois se presume que o incapaz aceitou, inexistindo prova em contrário (*iure et iure*).

f) De ascendente a descendente ou de um cônjuge ao outro (art. 544 do CC) – está relacionado ao adiantamento da legítima, visto que confere às doações o valor que dele em vida receberam, sob pena de sonegação. Não confundir esse tipo de doação com a inoficiosa prevista no art. 549 da Lei Civil.

g) Em forma de subvenção periódica (art. 545 do CC) – trata-se de pagamentos mensais (trato sucessivo) realizados pelo doador ao donatário, extinguindo-se com o falecimento de uma das partes, exceto no caso de falecimento do doador, que poderá estabelecer aos seus herdeiros a continuação dos pagamentos ao favorecido.

h) *Propter nuptias* (art. 546 do CC) – é aquele direcionado para as núpcias, ou seja, aplicado para casamento futuro, não vigendo o contrato em caso de não consumação da união.

i) Com cláusula de reversão ou retorno (art. 547 do CC) – trata-se de contrato de doação *intuitu personae*, desde que esta esteja direcionada somente ao donatário, pois, caso ele venha a falecer antes do doador, o bem retornará ao patrimônio deste, ainda que tenha alienado o imóvel antes da morte.

j) Universal (art. 548 do CC) – é nula tal modalidade, pois a lei veda a doação pelo doador se ele não possuir bens suficientes para a sua subsistência. Tal medida visa tutelar a qualidade de vida do doador (regra em sintonia com o princípio da dignidade da pessoa humana).

k) Inoficiosa (art. 549 do CC) – significa que a doação efetuada ultrapassou o quinhão disponível para testar. Note: O doador tem R$ 200 mil e faz uma doação de R$ 120 mil, o ato será válido até os R$ 100 mil e nulo com relação aos R$ 20 mil. **Atenção!** A Ação de redução é a que tem como objetivo a declaração de nulidade da parte inoficiosa.

l) Do cônjuge adúltero ao seu cúmplice (art. 550 do CC) – é a doação feita entre amantes, geralmente por pessoas casadas com impedimento de contrair união estável, sendo anulável no prazo decadencial de dois anos. A anulabilidade do contrato poderá ser proposta pelo cônjuge traído ou também pelos herdeiros necessários. Todavia, a doação poderá ser convalidada no caso de os cônjuges estarem separados de fato.

m) Conjuntiva (art. 551 do CC) – trata-se da doação de um determinado bem a dois ou mais donatários, os quais se tornarão cotitulares do bem.

n) Modal ou onerosa (art. 553 do CC) – é aquela em que o doador atribui ao donatário um encargo, o qual se torna elemento modal do negócio jurídico.

o) À entidade futura (art. 554 do CC) – a entidade deverá se constituir regularmente com a inscrição dos atos constitutivos no respectivo registro no prazo máximo de dois anos; no entanto, se ela não estiver devidamente composta dentro desse prazo, o contrato poderá caducar.

4.4 Revogação da doação (arts. 555 a 564 do CC)

São os casos definidos nos arts. 555 a 564 do Código Civil e merecem ser conferidos!

4.5 Hipóteses de irrevogabilidade por ingratidão

Conforme o art. 564 da Lei Civil, as doações que não serão revogadas por ingratidão serão:

a) as puramente remuneratórias;
b) as oneradas com encargo já cumprido;
c) as que se fizerem em cumprimento de obrigação natural;
d) as feitas para determinado casamento.

4.6 Fluxograma

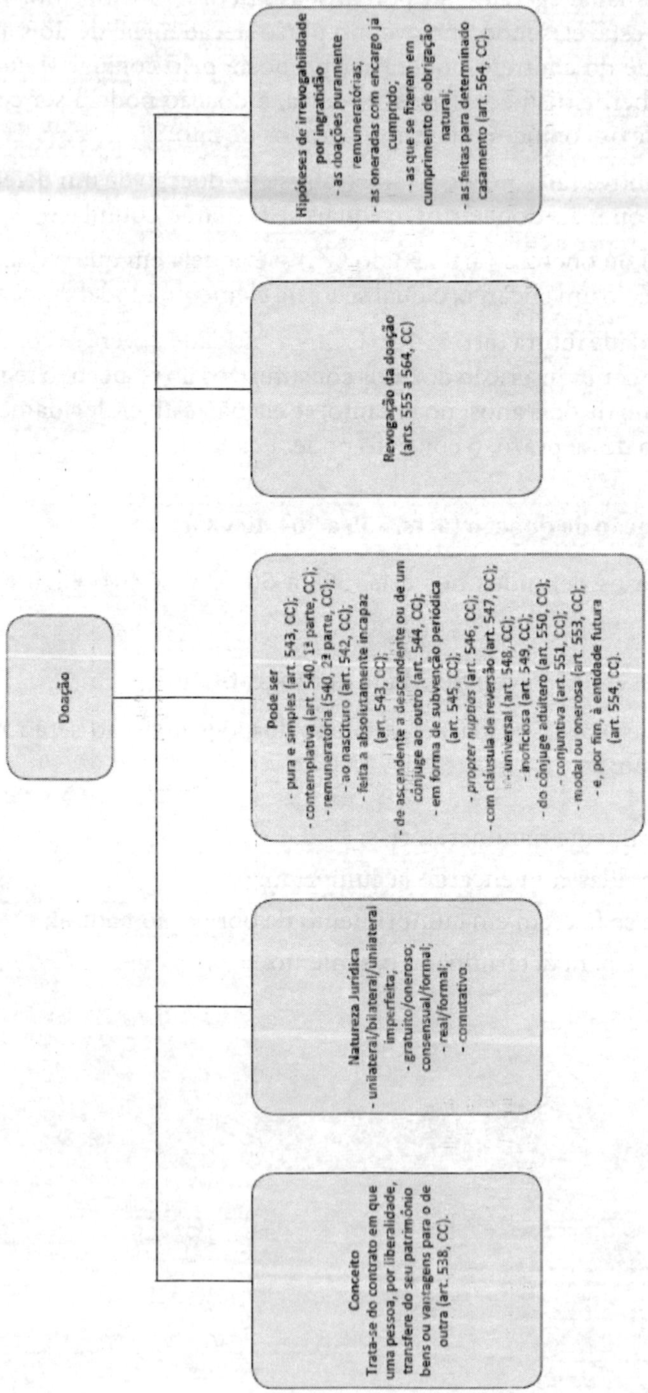

5. LOCAÇÃO DE COISAS (ARTS. 565 A 578 DO CC)

5.1 Conceito

É o contrato em que o locador cede ao locatário determinado bem, objetivando que ele use e goze da coisa de forma contínua e temporária, mediante o pagamento de aluguel.

5.2 Natureza jurídica

a) Bilateral ou sinalagmático – as partes possuem vantagens e desvantagens recíprocas.
b) Oneroso – é essencialmente econômico, isto é, por meio da cobrança de alugueres.
c) Comutativo – as partes são cientificadas de suas obrigações no ato da celebração do contrato de locação.
d) Consensual – a vontade das partes é a essência do contrato.
e) Informal e não solene – inexiste obrigatoriedade de escritura pública, como também de contrato escrito.
f) Execução continuada – as prestações perduram com o passar do tempo.
g) Típico – caracterizado por possuir regulamentação legal no Código Civil.
h) Paritário ou de adesão – será paritário quando as partes estiverem em pé de igualdade no ato de estabelecer as cláusulas contratuais e de adesão assim que uma das partes estipular as cláusulas e a outra somente puder aderi-las para que se possa obter o objeto do contrato.

5.3 Pressupostos

a) Coisa.
b) Temporariedade.
c) Aluguel.

5.4 Dos deveres do locador

O locador é obrigado a entregar ao locatário a coisa alugada, com suas pertenças, em estado de servir ao uso a que se destina, assegurando a utilização pacífica da coisa, devendo o locatário, durante o período contratual, manter a coisa no estado em que se encontra, salvo se previsto diversamente em cláusula.

5.5 O direito potestativo da redução proporcional do aluguel ou a resolução do contrato

Conforme preceitua o art. 567 da Lei Civil, se durante a locação a coisa alugada for deteriorada, sem culpa do locatário, a este caberá pedir redução proporcional do aluguel, ou resolver o contrato, caso já não sirva a coisa para o fim a que se destinava.

5.6 Dos deveres do locatário

Os deveres legais estão elencados no rol do art. 569 do Código Civil:

a) servir-se da coisa alugada para os usos convencionados ou presumidos, consoante a natureza dela e as circunstâncias, bem como tratá-la com o mesmo cuidado como se sua fosse;
b) pagar pontualmente o aluguel nos prazos ajustados e, em falta de ajuste, segundo o costume do lugar;
c) levar ao conhecimento do locador as turbações de terceiros, que se pretendam fundadas em direito;
d) restituir a coisa, finda a locação, no estado em que a recebeu, salvo as deteriorações naturais decorrentes do uso regular.

5.7 Locação por prazo determinado

De acordo com a regra prevista no art. 573 do Código Civil, esta modalidade cessa de pleno direito com o fim do prazo estipulado, independentemente de notificação ou aviso.

5.8 Aluguel-pena

Reza a norma civilista:

> **Art. 575.** Se, notificado o locatário, não restituir a coisa, pagará, enquanto a tiver em seu poder, o aluguel que o locador arbitrar, e responderá pelo dano que ela venha a sofrer, embora proveniente de caso fortuito.
>
> **Parágrafo único.** Se o aluguel arbitrado for manifestamente excessivo, poderá o juiz reduzi-lo, mas tendo sempre em conta o seu caráter de penalidade.

5.9 A aquisição do bem por terceiro e a cláusula de vigência

Se o bem – objeto do contrato – for alienado durante a vigência do contrato de locação, o adquirente não ficará obrigado a respeitá-lo, se nele não for consignada a cláusula da sua vigência, no caso de alienação, e não constar de registro.

5.10 A sucessão na locação

Destaca o art. 577 da Lei Civil:

> **Art. 577.** Morrendo o locador ou o locatário, transfere-se aos seus herdeiros a locação por tempo determinado.

5.11 Indenização por benfeitorias

Exceto disposição em contrário, o locatário goza do direito de retenção, no caso de benfeitorias necessárias ou de benfeitorias úteis, se estas houverem sido feitas com expresso consentimento do locador, conforme prevê o art. 578 da Lei Civil.

5.12 A locação na Lei 8.245/1991 (arts. 59 a 75)

Esta lei se aplica somente nas relações locatícias de imóvel urbano, consoante previsto em seu art. 1.º.

5.12.1 Ações inquilinárias ou locatícias

5.12.1.1 Conceito

São quatro as ações previstas na lei de locações: a de despejo, a consignatória de alugueres e encargos locatícios, a revisional de aluguel e a renovatória de imóveis não residenciais.

Além dessas, poderão ser propostas também: a ação de execução dos encargos locatícios, conforme disposto no art. 784, VIII, do CPC/15, e a indenizatória, pelo locatário em face do locador, alegando que o imóvel locado apresentava defeitos causadores tanto de danos morais quanto de materiais.

Portanto, a Lei 8.245/1991 é uma norma híbrida, pois cuida de aspectos materiais, procedimentais e processuais.

5.12.1.2 Lei do inquilinato: aspectos gerais

Algumas questões relevantes devem ser analisadas no estudo da Lei 8.245/1991. O primeiro ponto a ser analisado é o juízo competente para propor as ações de despejo. Aqui se aplica a regra de competência do foro da situação da coisa, disposta no art. 47 do CPC/15, por trazer maior facilidade ao juízo a proximidade com o bem objeto do desalijo.

Como previsto pelo art. 58 da Lei 8.245/1991, o valor da causa para a propositura da ação de despejo corresponderá a 12 meses de aluguel, ou, na hipótese do inc. II do art. 47, a três salários vigentes por ocasião do ajuizamento.

Segundo recente entendimento do STJ, o despejo para uso próprio poderá ser proposto nos Juizados Especiais Cíveis, posto que os incisos do art. 3.º da Lei 9.099/1995 não são cumulativos e o inc. III do mesmo artigo não possui limite de valor tanto para bens imóveis como para os aluguéres vencidos ou vincendos, se estes existirem.

Por último, deve ser esclarecido que o recurso contra sentença proferida, nesses casos, será o de apelação e deverá ser recebido somente no efeito devolutivo, permitindo, assim, o diploma legal, a execução provisória do julgado.

5.12.1.3 Espécies

5.12.1.3.1 Ação de despejo (arts. 59 a 66 da Lei 8.245/1991)

a) É a única ação que o locador pode sugerir para recuperar o imóvel objeto da locação.
b) Tem natureza de ação de rescisão de dissolução contratual, com natureza eminentemente pessoal e não possessória ou real.
c) Segue o rito ordinário, consoante o art. 59 da Lei 8.245/1991.
d) No polo passivo figurará o locatário, sublocatário e/ou quem o tenha legitimamente substituído.
e) É permitido o deferimento de medidas liminares *inaudita altera pars*, conforme o § 1.º do art. 59 da Lei 8.245/1991.
f) O despejo também poderá ocorrer por denúncia cheia ou vazia. A primeira ação está baseada no art. 47 da Lei do Inquilinato; já a segunda está disposta no art. 6.º dessa lei.
g) Pode ser proposta ação de despejo por falta de pagamento ou por infração contratual; pedido para uso próprio; ausência de conservação ou deterioração do imóvel locado ou, ainda, realizar obras sem o consentimento do locador.
h) A sentença tem caráter mandamental por dispensar a sua fase final de liquidação.

5.12.1.3.2 Ação consignatória de aluguéis e acessórios na locação (art. 67 da Lei 8.245/1991)

a) Esta ação tem por característica evitar a inadimplência do locatário por meio do depósito efetuado em juízo quando proposta a exordial.
b) Transcorre pelo rito especial.
c) Caracteriza-se como uma ação que visa ao pagamento indireto da obrigação e tem como parte autora o locatário.
d) Diversamente da ação consignatória prevista no CPC/15, essa modalidade não tem caráter dúplice, pois a lei preceitua o cabimento de reconvenção nos termos do inc. VI do art. 67 da Lei do Inquilinato.

5.12.1.3.3 Ação revisional de aluguel (arts. 68 a 70 da Lei 8.245/1991)

a) Pode ser ofertada tanto pelo locador, buscando o aumento do valor dos alugueres, como pelo locatário com o objetivo de reduzi-los.

b) Este benefício poderá ser utilizado somente pelo prazo de três anos, ainda que a ação tenha sido proposta pela parte contrária.

c) Segue o rito sumário, conforme o art. 68 da Lei do Inquilinato.

d) O juiz fixará o aluguel provisório por meio dos elementos fornecidos pelo autor da ação, que será devido desde a citação.

e) Na audiência de conciliação, consoante recente alteração pela Lei 12.112/2009, deverá ser apresentada a contestação, contendo a contraproposta; caso exista discordância quanto ao valor pretendido, tentará o juiz a conciliação; em caso de impossibilidade, determinará a realização de perícia, se necessária, designando, desde logo, audiência de instrução e julgamento.

f) O aluguel fixado em sentença retroage à citação e as diferenças devidas durante a ação de revisão abrangerão os alugueres vincendos, bem como os vencidos e não pagos; as mensalidades locatícias serão pagas com correção monetária exigível a partir do trânsito em julgado da decisão que fixar o novo aluguel; como também serão descontados os alugueres provisórios já satisfeitos.

g) No final da ação locatícia serão cobradas as diferenças locatícias entre o aluguel provisório e o definitivo.

h) A ação de despejo poderá ser fundamentada pelo inadimplemento dos alugueres provisórios.

5.12.1.3.4 Ação renovatória de contrato (arts. 71 a 75 da Lei 8.245/1991)

a) Esta ação visa à renovação compulsória do contrato de locação escrito, e não residencial, por prazo determinado, vigendo, no mínimo, de forma ininterrupta, pelo prazo de cinco anos, com exploração da mesma atividade pelo prazo mínimo de três anos, devendo essa demanda correr no rito ordinário.

b) Ela deverá ser proposta no prazo máximo de um ano e seis meses após o término do contrato.

c) A legitimidade ativa é do locatário.

d) Nesta demanda será fixado o aluguel provisório a ser devido após o término da vigência do contrato de locação.

e) O aluguel fixado na sentença poderá ser cobrado imediatamente, independentemente da propositura do recurso.

f) Não sendo renovada a locação, o juiz determinará a expedição de mandado de despejo, dentro do prazo de 30 dias para a desocupação voluntária, se houver pedido na contestação.

Atenção!

AÇÕES TRATADAS PELA LEI 8.245/1991:

AÇÃO DE DESPEJO (arts. 59 a 66 da LL): É a principal ação a ser promovida pelo locador para retomada do imóvel, podendo ser fundamentada em denúncia vazia (sem motivos) ou cheia (com motivos). A Ação de despejo segue, em regra, o procedimento comum.

AÇÃO DE CONSIGNAÇÃO DE ALUGUÉIS E ACESSÓRIOS DA LOCAÇÃO (art. 67 da LL): Ação que visa ao depósito judicial pelo locatário dos alugueis e acessórios da locação, constatando o locador ou seu representante como réu. A ação segue rito especial próprio, não aquele tratado pelo CPC para consignação em pagamento.

AÇÃO REVISIONAL DE ALUGUEL (arts. 68 a 70 da LL): Prevê o art. 19 da Lei de Locação que "não havendo acordo, o locador ou o locatário, após três anos de vigência do contrato ou do acordo anteriormente realizado, poderão pedir revisão judicial do aluguel, a fim de ajustá-lo ao preço de mercado". A referida ação pode ser proposta tanto pelo locador quanto pelo locatário e tem como objetivo adequar o valor do contrato à realidade social. O rito era sumário, antes do CPC/2015. Agora, passa a seguir procedimento comum, o que é desfavorável ao autor da ação.

AÇÃO RENOVATÓRIA (arts. 51 a 53 da LL): Dentro do ordenamento jurídico brasileiro, é possibilitada ao locatário a renovação de locação não judicial, uma vez presentes os requisitos essenciais da formação do ponto comercial ou empresarial, dispostos no art. 51 da Lei de Locação. O rito da ação é especial.

Atenção!

– Foi aprovada a Lei n. 14.010/2020, que dispõe sobre o Regime Jurídico Emergencial e Transitório das relações jurídicas de Direito Privado (RJET) no período da pandemia do coronavírus (Covid-19). Dentre as quais, dispõe que:

CAPÍTULO IV

DA RESILIÇÃO, RESOLUÇÃO E REVISÃO DOS CONTRATOS

Art. 6º As consequências decorrentes da pandemia do coronavírus (Covid-19) nas execuções dos contratos, incluídas as previstas no art. 393 do Código Civil, não terão efeitos jurídicos retroativos.

Art. 7º Não se consideram fatos imprevisíveis, para os fins exclusivos dos arts. 317, 478, 479 e 480 do Código Civil, o aumento da inflação, a variação cambial, a desvalorização ou a substituição do padrão monetário.

§ 1º As regras sobre revisão contratual previstas na Lei no 8.078, de 11 de setembro de 1990 (Código de Defesa do Consumidor), e na Lei no 8.245, de 18 de outubro de 1991, não se sujeitam ao disposto no caput deste artigo.

§ 2º Para os fins desta Lei, as normas de proteção ao consumidor não se aplicam às relações contratuais subordinadas ao Código Civil, incluindo aquelas estabelecidas exclusivamente entre empresas ou empresários.

CAPÍTULO VI

DAS LOCAÇÕES DE IMÓVEIS URBANOS

Art. 9º Não se concederá liminar para desocupação de imóvel urbano nas ações de despejo, a que se refere o art. 59, 1 0, incisos I, II, V, VII, VIII e IX, da Lei no 8.245, de 18 de outubro de 1991, até 30 de outubro de 2020. Parágrafo único. O disposto no caput deste artigo aplica-se apenas às ações ajuizadas a partir de 20 de março de 2020.

5.13 Fluxogramas

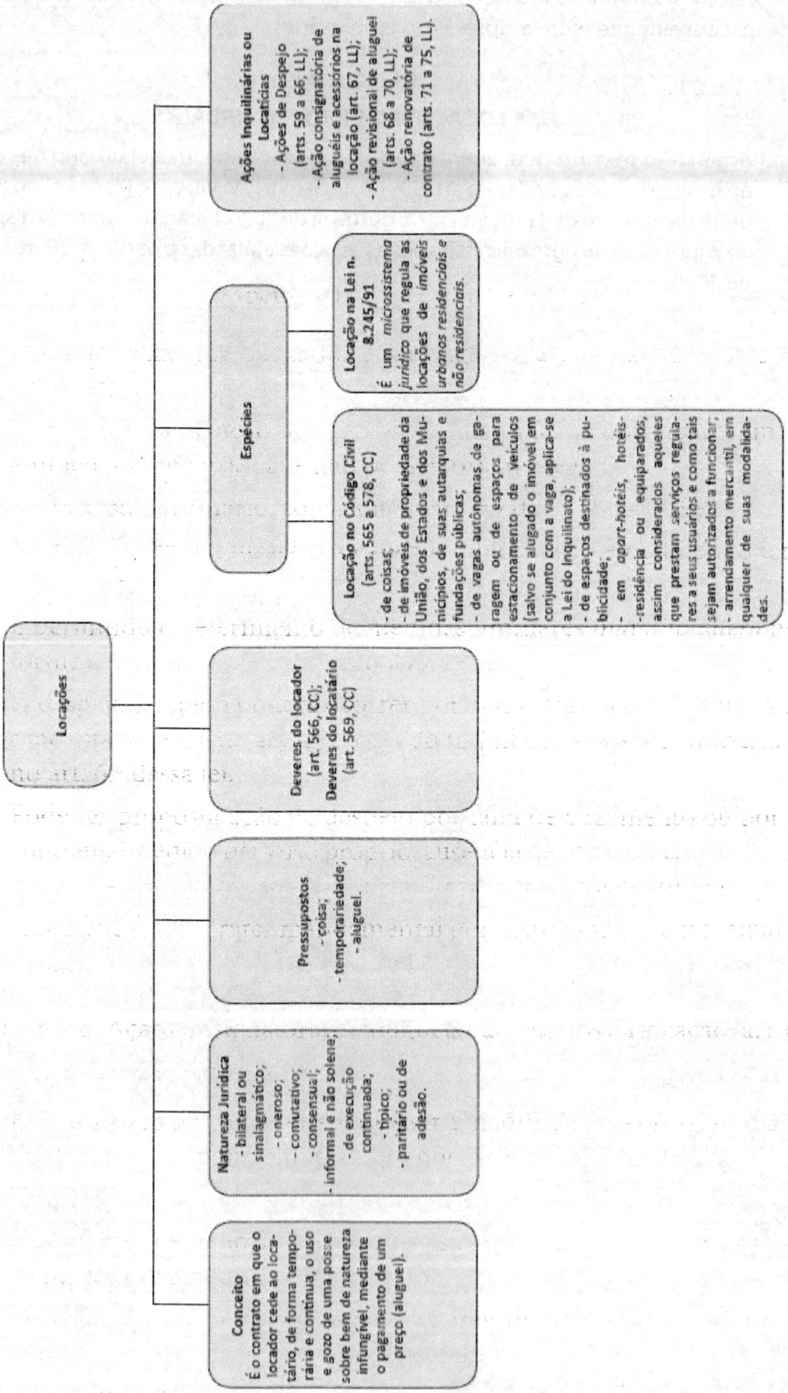

Ações Locatícias

Conceito
Trata-se de ações derivadas da locação do imóvel urbano regidas pela Lei do Inquilinato, Lei n. 8.245/91. Esta lei se aplica especificamente à locação do imóvel urbano, não se referindo à locação de bens móveis e nem à locação de imóveis rurais.

Aspectos gerais da Lei do Inquilinato
- o foro competente, em princípio, será aquele da situação do imóvel locado; mas as partes podem eleger pelo princípio da autonomia da vontade, outro foro;
- todas as ações locatícias terão como valor da causa uma anuidade, bastará que se proceda à multiplicação do valor do aluguel vigente, no momento do ajuizamento da ação, por doze, não estando inclusos os encargos, exclusivamente o aluguel, e é sobre o valor calculado ao ano que incidirão os emolumentos, como as taxas judiciárias, custas;
- em todas as ações locatícias, os recursos serão recebidos tão somente no efeito devolutivo.

Espécies

Ações de despejo (arts. 59 a 66, Lei n. 8.245/91)
- é a única competente para que o locador recupere o imóvel locado;
- o pedido é o de rescisão de dissolução do contrato. *É uma ação, portanto, de natureza eminentemente pessoal e não possessória;*
- polo passivo da ação de despejo, figurará o locatário ou o sublocatário ou quem venha sub-rogar-se em seus direitos;
- segue o rito ordinário;
- permite medidas liminares sem a oitiva da outra parte;
- tem caráter mandamental, pois dispensa a fase final exasperante da liquidação da sentença;
- pode ser utilizada por: falta de pagamento; infração contratual; pedido para uso próprio; não conservação do imóvel; danos ao imóvel em detrimento do patrimônio do locador; realizar obras que aumentem a sua capacidade ou obras determinadas pela autoridade pública e que sejam urgentes (arts. 47 e 59, Lei n. 8.245/91);
- permite o despejo por denúncia vazia.

Ação consignatória de aluguéis e acessórios na locação (art. 67, Lei n. 8.245/91)
- é o remédio legal que tem o locatário para evitar a mora e o risco da propositura de uma ação de despejo por falta de pagamento;
- é uma modalidade de pagamento indireto;
- segue o rito especial;
- o locatário é o autor da ação;
- a lei permite ao réu, que é o locador, além de oferecer contestação, fazer também uma reconvenção.

Ação revisional de aluguel (arts. 68 a 70, Lei n. 8.245/91)
- é uma ação de mão dupla, o que significa dizer que, ela tanto pode ser aflorada pelo locador que pretende elevar o aluguel quanto pode ser ajuizada pelo locatário quando entende que o aluguel deve ser reduzido;
- só pode ser proposta a cada 3 anos;
- segue o rito sumário qualquer que seja o valor da demanda;
- a contestação do réu será oferecida na audiência, inclusive as provas que julgar conveniente;
- tem por peculiaridade a fixação de aluguel provisório que será fixado pelo juiz, a pedido da parte;
- o aluguel fixado na sentença começa a vigorar a partir desta, mesmo havendo recurso;
- a diferença de aluguel, verificada entre o aluguel provisório e o definitivo, poderá ser cobrada ao final da ação;
- caberá ação de despejo por falta de pagamento, mesmo em se tratando de inadimplemento do aluguel provisório.

Ação renovatória de contrato (arts. 71 a 75, Lei n. 8.245/91)
- é aquela ação em que o locatário pleiteia em juízo a recondução do contrato por um novo prazo;
- segue o rito ordinário;
- é uma ação privativa para as locações não residenciais;
- uma locação verbal ou uma locação desde logo contratada por tempo indeterminado não autorizará o ajuizamento da ação renovatória;
- necessário que o tempo do contrato seja de no mínimo 5 anos, sendo admitido que possam ser somados prazos de contratos sucessivos inferiores a 5 anos;
- necessário que nos últimos 3 anos do contrato, o locatário esteja no pleno exercício de sua atividade;
- o prazo é decadencial, pois o direito de renovar o contrato é potestativo e é de 1 ano a 6 meses antes do término do contrato;
- o autor da ação é o locatário;
- permite a fixação de um aluguel provisório que só vai começar a vigorar depois que se expirar o prazo do contrato renovado;
- o aluguel fixado na sentença de mérito na ação renovatória, como na revisional, começa a vigorar imediatamente após a sentença;
- não sendo renovado o contrato e decretando-se o despejo, poder-se-á fazer a execução provisória mediante a prestação de caução.

6. EMPRÉSTIMO (ARTS. 579 A 592 DO CC)

6.1 Aspectos gerais

Esse tipo de contrato abrange tanto o comodato como o mútuo. Ambos os institutos se assemelham por terem como objeto a entrega da coisa para ser usada e restituída ao dono originário ao final do negócio estabelecido. Diferenciam-se em razão da natureza da coisa emprestada, pois, se o bem for fungível, o contrato será de mútuo, e, se for infungível, será de comodato.

6.2 Do comodato (empréstimo de uso) (arts. 579 a 585 do CC)

6.2.1 Conceito

A melhor definição está expressa no art. 579 do CC:

> **Art. 579.** O comodato é o empréstimo gratuito de coisas não fungíveis. Perfaz-se com a tradição do objeto.

6.2.2 Natureza jurídica

a) Real – se perfaz com a tradição do bem infungível.

b) Gratuito – como disposto acima, ainda que o comodatário efetue o pagamento dos encargos de comodato (p. ex., condomínio, IPTU, dentre outros), este contrato é considerado gratuito.

c) Informal e não solene – não possui formalidade prevista em lei.

d) Unilateral – confere obrigações somente ao comodatário.

e) Personalíssimo – extingue-se com a morte do comodatário.

f) Fiduciário – como o próprio nome diz, é baseado na confiança entre o comodante e o comodatário.

6.2.3 Legitimação para celebrar o contrato

Em regra, todos os bens imóveis/móveis são passíveis de ser objeto de contrato de comodato, no entanto, excepcionalmente, a lei dispõe que não poderão dar em comodato, sem autorização especial, os bens confiados à guarda dos tutores, curadores e todos os administradores de bens alheios, em geral.

6.2.4 Prazo determinado e indeterminado

Nos casos pactuados por prazo determinado, não poderá o comodante suspender o uso e gozo da coisa emprestada antes de findo o prazo convencional, salvo se houver uma urgente necessidade reconhecida pelo juiz.

O comodato poderá não ter prazo convencionado, e nesse caso se presumirá o prazo por meio da necessidade da utilização da coisa.

6.2.5 *Obrigações do comodatário e o chamado aluguel-pena*

O comodatário tem como obrigação conservar o imóvel como se seu fosse, não podendo usá-lo em desacordo com o contrato ou a sua natureza, sob pena de responder por perdas e danos.

Este será notificado para que dessa forma seja constituído em mora, respondendo tanto pelo atraso quanto também pelos alugueres da coisa que forem arbitrados pelo comodante até a efetiva entrega das chaves, caracterizando, nesse caso, uma espécie de cláusula penal típica do contrato de comodato.

6.2.6 *Responsabilidade do comodatário*

Em situação de eminente risco da perda dos bens do comodante e do comodatário, e, este último, tendo somente como salvaguardar os seus pertences abandonando os do comodante, deverá ser responsabilizado pelo dano ocorrido, ainda que se trate de caso fortuito ou força maior. Vale enfatizar que, mesmo nesses casos, não será suprimida a culpa do comodatário que pretere a coisa alheia emprestada em prol de seus pertences.

6.2.7 *Despesas do contrato*

Não é possível o comodatário recobrar do comodante as despesas feitas com o uso e gozo da coisa emprestada.

6.2.8 *A solidariedade no contrato*

Só é possível a existência da solidariedade no contrato de comodato no caso de duas ou mais pessoas serem, simultaneamente, comodatárias da mesma coisa, ficando solidariamente responsáveis para com o comodante.

6.3 Do mútuo (empréstimo de consumo) (arts. 586 a 592 do CC)

6.3.1 *Conceito*

O conceito do contrato de mútuo está previsto no art. 586 do Código Civil:

> **Art. 586.** O mútuo é o empréstimo de coisas fungíveis. O mutuário é obrigado a restituir ao mutuante o que dele recebeu em coisa do mesmo gênero, qualidade e quantidade.

6.3.2 *Natureza jurídica*

a) Unilateral - gera obrigações somente para uma das partes, nesse caso, o mutuário.
b) Gratuito - só traz ônus para o mutuante; o mutuário irá devolver sem ônus. Excepcionalmente, essa modalidade contratual será onerosa, nas situações de mútuo feneratício ou, como é popularmente conhecido, empréstimo em dinheiro.
c) Informal e não solene - por inexistir previsão legal sobre a forma de celebração, podendo ser feito por instrumento particular.
d) Real - se concretiza com a entrega do bem fungível.

6.3.3 *A transferência da coisa*

Este contrato se caracteriza pela transferência do domínio da coisa emprestada ao mutuário, que assume todos os riscos do bem fungível desde a tradição.

6.3.4 *Mútuo feito a pessoa menor*

O mútuo realizado por menor de idade, quando não autorizado por seus responsáveis legais, isto é, aqueles que possuem a sua guarda, não poderá ser reivindicado nem pelo menor, tampouco por quem possui a sua guarda. Todavia, essa regra possui cinco exceções:

a) se o representante legal do menor posteriormente ratificar a necessidade do mútuo;
b) se o menor se viu obrigado a contrair o empréstimo para os seus alimentos habituais em razão da ausência de seu representante legal;
c) se o menor tiver bens ganhos com o seu trabalho, observando-se que a execução do credor não lhes poderá ultrapassar as forças;
d) se o empréstimo reverteu em benefício do menor;
e) se o menor obteve o empréstimo maliciosamente.

6.3.5 *A garantia no mútuo e a* exceptio non adimplenti contractus

Verificando o mutuante que o mutuário poderá inadimplir o contrato firmado, poderá exigir a garantia legal, podendo ser ela real ou fidejussória, com o objetivo de buscar maior segurança jurídica. Contudo, mesmo adimplindo o contrato, se o mutuário não cumprir com seu mister, a dívida vencerá antecipadamente ante a *exceptio non rite adimpleti contractus*, como disposto no art. 477 do Código Civil.

6.3.6 *O mútuo feneratício ou mercantil e a limitação de juros*

Versa sobre o mútuo destinado a fins econômicos, cujos juros cobrados presumir-se-ão devidos, podendo até chegar ao limite previsto no art. 406 do Código Civil, sob pena de redução.

Segundo entendimento do STJ, os contratos bancários, que não foram regulamentados pela legislação específica, poderão possuir juros moratórios no limite de 1% para se convencionar. Além disso, a simples estipulação de juros remuneratórios superiores a 12% ao ano não traz indícios de abusividade.

O STF ainda entende que a Lei de Usura (DL 22.626/1933) não é aplicável às instituições bancárias (Súmula 596 do STF).

Atenção

Veja as seguintes Súmulas do STJ:

Súmula n. 379: "Nos contratos bancários não regidos por legislação específica, os juros moratórios poderão ser convencionados até o limite de 1% ao mês."

Súmula n. 382: "A estipulação de juros remuneratórios superiores a 12% ao ano, por si só, não indica abusividade."

Súmula n. 539: "É permitida a capitalização de juros com periodicidade inferior a anual em contratos celebrados com instituições integrantes do Sistema Financeiro Nacional a partir de 31/3/2000 (MP n. 1.963-17/2000, reeditada como MP n. 2.170-36/2001), desde que expressamente pactuada."

Súmula n. 541: "A previsão no contrato bancário de taxa de juros anual superior ao duodécuplo da mensal e suficiente para permitir a cobrança da taxa efetiva anual contratada."

6.3.7 *Prazo para a realização do pagamento do mútuo*

Inexistindo convenção entre as partes, o mútuo será devido:

a) se for de produtos agrícolas, até a próxima colheita quando já estiverem prontos para o consumo ou para a semeadura;

b) pelo prazo de 30 dias, se ele for de dinheiro;

c) se for de qualquer outra coisa fungível, sempre que declarar o mutuante.

Atenção

O empréstimo de:

a) bens fungíveis = *mútuo* (há transferência da propriedade).

b) bens infungíveis = *comodato* (há transferência da posse).

COMODATO	MÚTUO
PARTES: Comodante (que transfere a coisa) e comodatário (que recebe a coisa). Ex.: empréstimo de um veículo. – Os tutores, curadores em geral ou administradores de bens alheios não poderão dar em comodato, sem autorização especial, os bens confiados a confiados à sua guarda. – Na vigência do contrato, o comodante não pode reaver a coisa. Findo o contrato, ou notificado o comodatário, deve o último devolvê-la. Se assim não faz, passa a responder pela conservação da coisa, devendo arcar com o aluguel-pena a ser fixado pelo comodante. Cabe, ainda, ação de reintegração de posse. – Caindo em risco a coisa emprestada, se o comodatário deixar de salvá-la para salvar coisa própria, responderá por caso fortuito e força maior (art. 583 do CC) -O ar. 585 do CC prevê responsabilidade solidária passiva entre comodatários.	PARTES: mutante (transfere) e mutuário (recebe a coisa, devendo devolver outra). Ex.: empréstimo de dinheiro. – O mútuo feito a maior de 18 anos, tema clássico do Direito Civil, continua tratado pela nova codificação. Em regra, o mútuo feito a menor sem autorização de seu representante ou daquele sob cuja guarda estiver não poderá ser reavido nem do mutuário, nem de seus fiadores (art. 588 do CC). Origem no *senatus consultus macedoniano*. – Pode transferir o domínio da coisa emprestada, por conta do mutuário correm todos os riscos da coisa desde a tradição (art. 587 do CC). – No caso de *mútuo feneratício* de dinheiro (mútuo oneroso), com a cobrança de juros, o art. 591 do CC limita os mesmos à taxa prevista no art. 406 do CC (1% ao mês). A norma não se aplica se o empréstimo for bancário.

6.4 Fluxograma

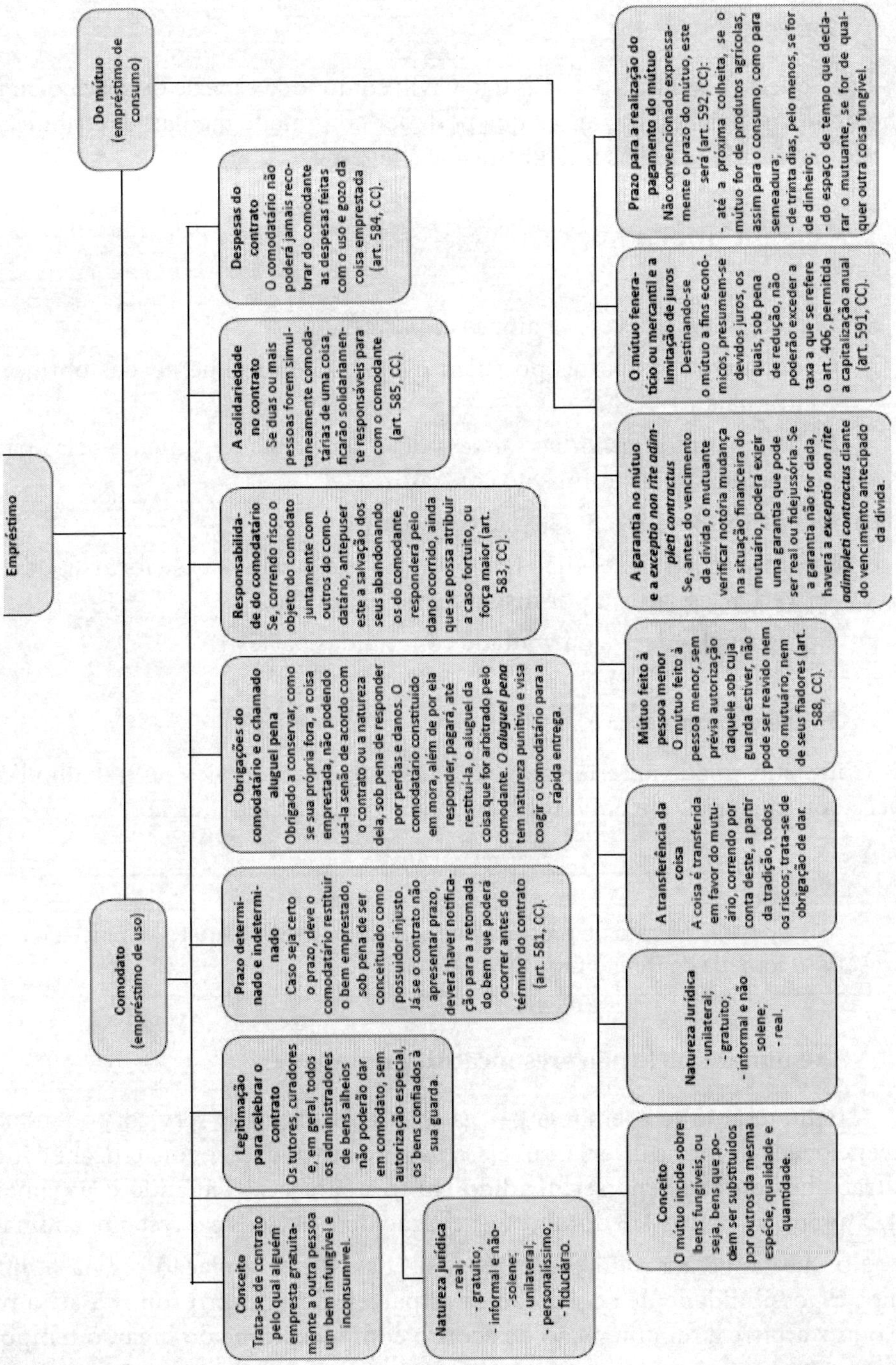

7. DA PRESTAÇÃO DE SERVIÇO (ARTS. 593 A 609 DO CC)

7.1 Conceito

São aquelas reguladas pelo Código Civil, como toda espécie de serviço ou trabalho lícito, material ou imaterial, que pode ser contratada mediante retribuição, e que não esteja sujeita às leis trabalhistas ou à lei especial.

7.2 Natureza jurídica

a) Bilateral – gera deveres a ambas as partes.
b) Comutativo – as partes possuem o prévio conhecimento das obrigações contratuais.
c) Personalíssimo/*intuitu personae* – deve ser prestado somente pelas partes que pactuaram os termos do contrato.
d) Oneroso – possui repercussão econômica.
e) Informal/não solene – não tem previsão legal quanto à sua forma, podendo ser verbal, escrito ou por instrumento particular.
f) Consensual – deriva da vontade comum das partes.

7.3 Objeto do contrato

Como informado anteriormente, é toda espécie de serviço ou trabalho lícito, material ou imaterial que pode ser contratada mediante retribuição.

> **Atenção!**
> O contrato de prestação de serviço pode ser gratuito. (Enunciado n. 541 da VI Jornada de Direito Civil)

7.4 A remuneração (a não presunção de gratuidade)

A remuneração será, em regra, paga após a prestação do serviço, podendo ser convencionada de forma diversa, ou seja, o pagamento poderá se concretizar no início dos trabalhos ou, também, ser dividido em três parcelas, efetuando o pagamento de 1/3 no início, outros 1/3 durante a execução dos serviços e o restante ao final.

No que tange aos valores devidos, se inexistir estipulação prévia e muito menos a possibilidade de acordo entre as partes, deverá ser proposta ação para que o juiz arbitre a remuneração de acordo com o costume do lugar, o tempo de serviço e sua qualidade.

7.5 Prazo máximo do contrato

Prevê o art. 598, *caput*, da Lei Civil:

> **Art. 598.** A prestação de serviço não se poderá convencionar por mais de quatro anos, embora o contrato tenha por causa o pagamento de dívida de quem o presta, ou se destine à execução de certa e determinada obra. Neste caso, decorridos quatro anos, dar-se-á por findo o contrato, ainda que não concluída a obra.

7.6 Resilição do contrato

O prazo para estabelecer a resilição contratual ficará ao arbítrio de ambas as partes, mediante prévio aviso. Entretanto, a lei estipula prazos gerais, caso as partes não pactuem previamente tais limites:

a) oito dias de antecedência, nas hipóteses de remuneração fixada por tempo de um mês, ou mais;
b) quatro dias de antecedência, se a remuneração for ajustada por semana ou quinzena;
c) quando a contratação tenha sido por prazo inferior a sete dias, poderá ser avisado na véspera.

7.7 Inexecução do contrato

A Lei Civil dispõe que não será contado o tempo em que o prestador de serviço não tenha efetuado a sua tarefa.

7.8 Amplitude do contrato

Quando nesta modalidade de contrato não se estabelecer a tarefa que o prestador de serviço deverá executar, entende-se que ele se obrigou a todo e qualquer serviço compatível com as suas forças e condições.

7.9 Responsabilidade pela ruptura culposa do contrato

Não poderá o prestador de serviço contratado por tempo certo ou por obra determinada se ausentar sem justa causa antes de preenchido o tempo ou concluída a obra.

Dessa forma, terá o contratante direito à retribuição vencida, por meio de perdas e danos. Essa punição também se aplicará para o caso de o prestador ser despedido por justa causa.

7.10 Perdas e danos

Nas hipóteses em que o prestador de serviço for despedido sem justa causa, o contratante será obrigado a lhe pagar a integral retribuição vencida acrescida da metade da remuneração a que caberia a ele caso pudesse cumprir com o termo legal do contrato.

7.11 A declaração formal da dissolução do contrato

Ao final do contrato, o prestador de serviço tem o direito de exigir da outra parte uma declaração, afirmando que as obrigações contraídas foram finalizadas, bem como se for despedido sem ou com justa causa.

7.12 Exigência de capacitação

Nas hipóteses de prestação de serviço por pessoa que não possua título de habilitação ou não satisfaça requisitos estabelecidos em lei, não poderá ser cobrada retribuição correspondente ao trabalho executado por quem o prestou.

Se o serviço for prestado de boa-fé, o juiz arbitrará compensação razoável, exceto quando a proibição da prestação de serviço resultar de lei de ordem pública.

7.13 Formas de extinção do contrato

A Lei Civil estabeleceu algumas formas de extinção do contrato, dentre elas consta a morte de qualquer das partes, escoamento do prazo contratualmente determinado, conclusão da obra, rescisão do contrato mediante aviso prévio, inadimplemento de qualquer das partes ou impossibilidade da continuação do contrato motivada por força maior.

7.14 Aliciamento do prestador de serviço

Atente-se para a leitura do art. 608 do Código Civil:

> **Art. 608.** Aquele que aliciar pessoas obrigadas em contrato escrito a prestar serviço a outrem pagará a este a importância que ao prestador de serviço, pelo ajuste desfeito, houvesse de caber durante dois anos.

7.15 Alienação do prédio agrícola e suas consequências

Não implica a rescisão do contrato quando o prédio agrícola, local da prestação de serviços, é alienado, salvo no caso em que o prestador opte em continuar com o adquirente da propriedade ou com o contratante inicial.

7.16 Fluxograma

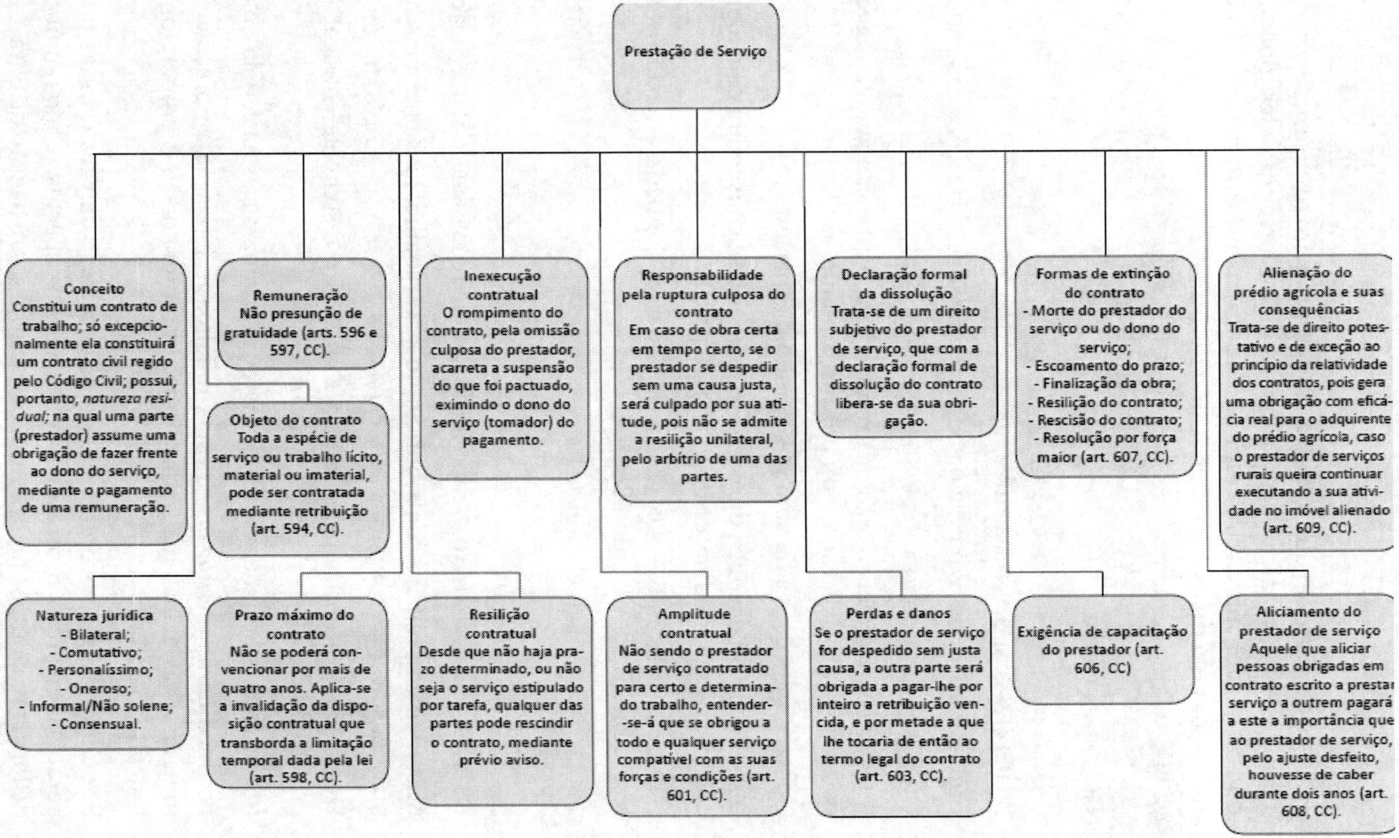

8. DA EMPREITADA (ARTS. 610 A 626 DO CC)

8.1 Conceito

Trata-se de contrato em que o contratado/empreiteiro se obriga, sem subordinação ou dependência, a realizar pessoalmente ou por terceiros determinada obra para o dono ou para o empreiteiro contratado, com material próprio ou fornecido pelo dono da obra, mediante remuneração determinada ou proporcional ao trabalho executado.

8.2 Natureza jurídica

a) Bilateral – gera deveres a ambas as partes.

b) Comutativo – possui o prévio conhecimento das obrigações contratuais.

c) Oneroso – proporciona repercussão econômica.

d) Informal e não solene – não há previsão legal expressa quanto à sua forma, podendo ser verbal, escrito ou por instrumento particular.

e) Consensual – deriva da vontade comum das partes.

f) Instantâneo ou de longa duração – o primeiro se consumará com a prática do ato, já o segundo necessita de tempo para se exaurir.

g) Não personalíssimo – sua execução pode ser confiada a terceiros, sob a responsabilidade do empreiteiro.

8.3 Espécies

a) De lavor – neste contrato o empreiteiro somente contribui com o seu trabalho.

b) Mista – o empreiteiro contribui com o seu trabalho, mas também com os materiais necessários para a sua realização.

c) De projeto – a obrigatoriedade do empreiteiro é somente entregar o seu projeto final.

d) Instantânea – é estabelecida remuneração fixa para a execução da obra.

e) Por medida/*ad mensuram* – nesta modalidade, a fixação do preço é determinada pelas etapas realizadas, isto é, a remuneração é proporcional ao trabalho executado.

f) Por administração – o empreiteiro se encarrega da execução do projeto, pesquisando preço, profissionais, entre outros aspectos, sendo remunerado de forma fixa ou por meio de um percentual sobre o custo da obra.

8.4 Deveres e direitos do dono da obra

Quando a obra for concluída de acordo com o que foi pactuado inicialmente, o dono da obra será obrigado a aceitá-la, podendo rejeitá-la caso o empreiteiro se afaste das instruções recebidas, dos planos dados ou das regras técnicas em trabalhos de tal natureza.

8.5 Responsabilidade do empreiteiro

Existem três pontos a serem analisados:

a) Consoante o art. 617 do CC:

> **Art. 617.** O empreiteiro é obrigado a pagar os materiais que recebeu, se por imperícia ou negligência os inutilizar.

b) O empreiteiro responderá durante o irredutível prazo de cinco anos, pela solidez e segurança do trabalho, como também em razão dos materiais utilizados; contudo, decairá o direito do dono da obra que não propuser a ação contra o empreiteiro, nos 180 dias seguintes ao aparecimento do vício ou defeito; cumpre ressaltar que tal responsabilidade é objetiva segundo a norma do art. 618 do CC, cuja obrigação é de resultado.
c) Se a obra ficar paralisada sem justo motivo, resolve-se em perdas e danos, podendo o empreiteiro suspender a obra nos casos do art. 625 do CC.

8.6 Subempreitada

Esta modalidade contratual não possui natureza personalíssima, podendo a execução da obra ser confiada a terceiros, desde que estes não assumam a direção ou fiscalização do serviço, ficando limitados os danos resultantes de defeitos durante o irredutível prazo de cinco anos.

8.7 Fluxograma

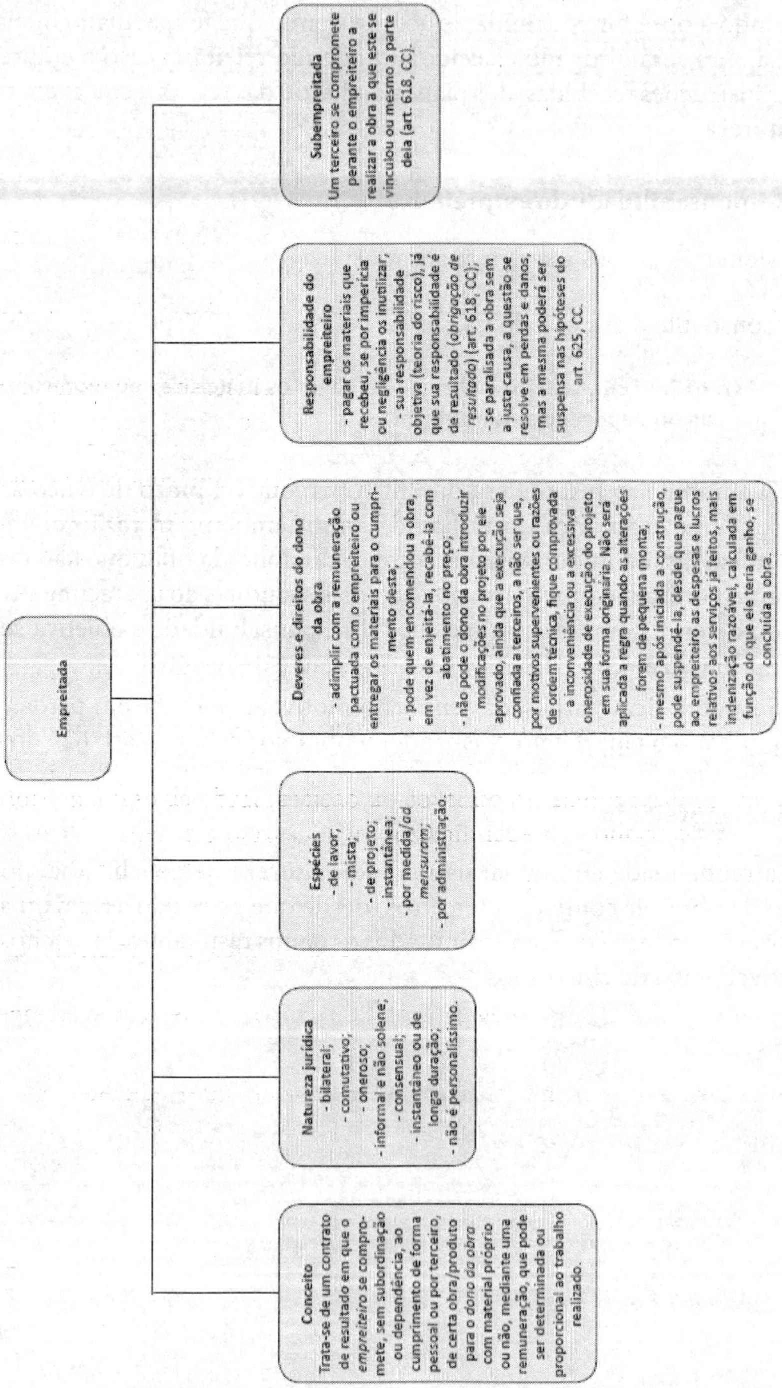

9. DO DEPÓSITO (ARTS. 627 A 652 DO CC)

9.1 Conceito

Neste contrato, o depositário recebe um objeto móvel para guardar até que o depositante o reclame, sendo, em regra, gratuito, exceto se houver convenção em contrário e for fruto de atividade negocial ou se o depositário o praticar por profissão.

9.2 Natureza jurídica

a) Real – depende da entrega da coisa.

b) Unilateral – somente gera obrigações a uma das partes, todavia, excepcionalmente na hipótese do art. 643 do Código Civil, poderá se tornar contrato bilateral imperfeito.

c) Gratuito – regra geral, onera somente uma das partes, havendo extraordinariamente remuneração ao depositário.

d) Informal – não obstante o depósito voluntário se provar por escrito, não há regramento específico para a sua celebração.

e) Não solene – pode ser feito por instrumento particular.

f) Personalíssimo – o contrato será ajustado de acordo com o depositário, podendo ser afastado quando o depositário for pessoa jurídica.

g) Temporário – pode ser estipulado prazo final ou não nesta modalidade de contrato.

9.3 Modalidades

a) Voluntário – decorre da autonomia da vontade das partes.

b) Necessário – não resulta da autonomia da vontade, sendo subdividido em:

   b.1) legal – origina-se do direito positivo;

   b.2) miserável – sucede de calamidade pública;

   b.3) hospedeiro – depende da guarda das bagagens de hóspedes.

c) Regular – deriva de bem infungível e inconsumível.

d) Irregular – oriunda de bem fungível ou consumível.

e) Judicial – possui como finalidade resguardar a coisa até a decisão final judicial, derivando de mandado judicial.

f) Bem indivisível – diz o art. 639 da Lei Civilista:

> **Art. 639.** Sendo dois ou mais depositantes, e divisível a coisa, a cada um só entregará o depositário a respectiva parte, salvo se houver entre eles solidariedade.

g) Fechado – conforme o art. 630 do Código Civil:

Art. 630. Se o depósito se entregou fechado, colado, selado, ou lacrado, nesse mesmo estado se manterá.

9.4 Direitos e deveres do depositário

A lei traz ao longo do texto os seguintes direitos:

a) o depositante terá o direito de obter a restituição sobre as despesas necessárias;
b) direito de retenção do bem depositado para o caso de inadimplemento;
c) ser remunerado, nas hipóteses em que é devida a remuneração.

Além disso, terá como dever:

a) custodiar a coisa com o devido zelo;
b) obter autorização do depositante para usar a coisa depositada;
c) restituir o bem no prazo final, no local pactuado, se responsabilizando pela coisa até a sua efetiva entrega.

9.5 Direitos e deveres do depositante

Como dever, consta o de pagar pelas despesas referentes à manutenção do depósito, bem como sobre os prejuízos que a coisa gerar ao depositário. O depositário tem o direito de ser ressarcido no caso de deterioração do bem depositado.

9.6 Da prisão do depositário infiel

Importante

A presente matéria, objeto de antigas controvérsias, foi pacificada pela Súmula Vinculante 25 do STF, estabelecendo que:

> **Súmula Vinculante 25.** É ilícita a prisão civil de depositário infiel, qualquer que seja a modalidade do depósito.

9.7 Extinção do depósito

O presente contrato será extinto por resilição unilateral, pelo término do prazo estabelecido, pelo perecimento da coisa, morte do depositário e pela incapacidade civil do depositário. Importante se faz mencionar a Lei 2.313/1954, prevendo que, após o prazo de 25 anos, se a coisa não for reclamada, os bens serão recolhidos ao Tesouro Nacional.

9.8 Fluxograma

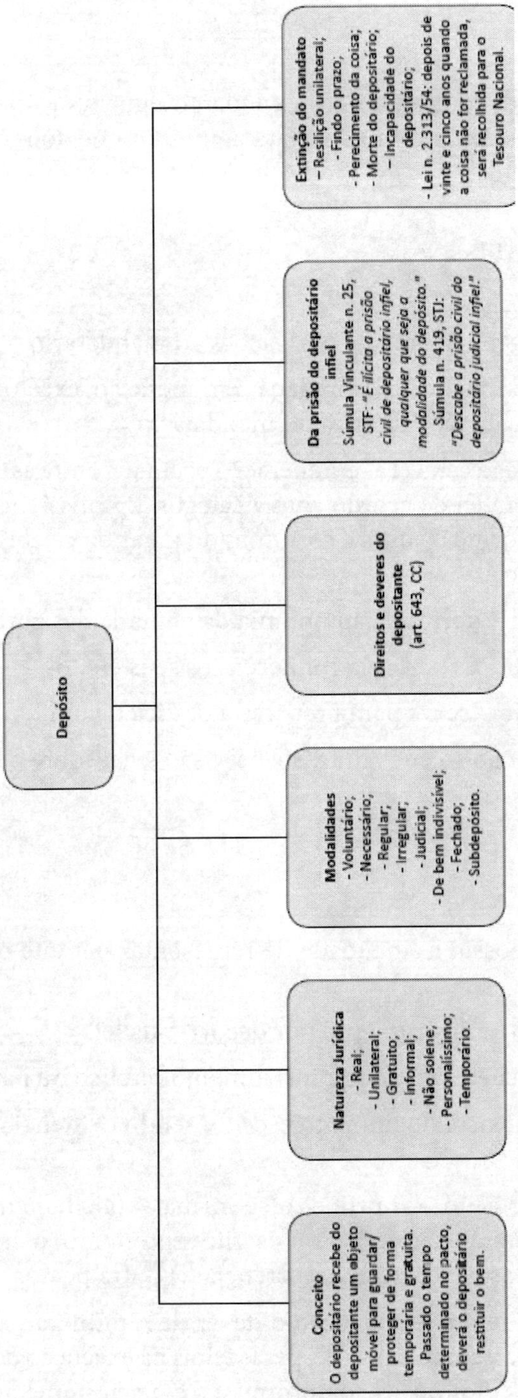

10. DO MANDATO (ARTS. 653 A 692 DO CC)

10.1 Conceito

Esta modalidade contratual ocorre enquanto alguém substitui outra pessoa, com poderes legais necessários confiados para agir em nome do representado, atuando consoante sua vontade.

10.2 Natureza jurídica

a) Unilateral – gera somente obrigações ao mandatário.

b) Gratuito – se não ficar estipulada remuneração, exceto quando se tratar de ofício ou profissão lucrativa do mandatário.

c) Oneroso – será cabível a remuneração pactuada entre as partes e, na ausência, a prevista em lei de acordo com a categoria profissional, estabelecendo-se, ainda, conforme os usos e costumes do lugar da celebração ou por arbitramento judicial.

d) Consensual – deriva da autonomia da vontade das partes.

e) Comutativo – as partes já conhecem os seus efeitos.

f) Preparatório – serve para preparar a prática de um terceiro ato.

g) Informal e não solene – inexiste previsão legal sobre o seu formato.

10.3 Espécies

a) Judicial – possui a finalidade de representar perante o Poder Judiciário o outorgante.

b) Legal – não há instrumento por decorrer da lei.

c) Escrito – materializado por instrumento público ou particular.

d) Verbal – inexiste documento escrito, sendo evidenciado por prova testemunhal.

e) Expresso e tácito – o primeiro se forma explicitamente por meio de sua forma, podendo ser verbal ou escrito, entretanto, o segundo se dá com a definição dos deveres em decorrência de outra pessoa.

f) Aparente – terá o mandatário o dever de remunerar, adiantar as despesas necessárias, reembolsar as despesas feitas na execução do mandato, ressarcir os prejuízos, honrar os compromissos em seu nome assumidos, vincular-

-se com quem seu procurador contratou, responsabilizar-se solidariamente nas hipóteses legais, pagar a remuneração do substabelecido e vincular-se a terceiro de boa-fé.

g) Salariado – trata-se de obrigação de meio, em que a remuneração se dá independente do resultado-fim.

h) Geral – engloba todo o patrimônio do outorgante.

i) Especial – abrange um ou mais negócios do mandante.

j) Conjunto – quando há uma pluralidade de mandatários que devem participar do ato designado.

k) Solidário – com cláusula *in solidum*, cada mandatário poderá realizar o mister independente dos demais.

l) Fracionário – sempre que existir divisão de tarefas devidamente delimitada entre os mandatários.

m) Singular – preza pela existência de apenas um outorgado.

n) Plural – sempre que vários são nomeados no instrumento de mandato.

10.4 Submandato

Contrato acessório ao mandato principal, devendo ser escrito, por meio do instrumento de substabelecimento, e tem como objeto obrigação de fazer fungível. Se houver reservas, tanto o mandatário quanto o submandatário podem realizar as tarefas. Todavia, quando esse instrumento for sem reservas, o mandatário revoga os seus próprios poderes perante o mandante, repassando-os para o submandatário.

10.5 Obrigações do mandatário (arts. 667 a 674 do CC)

A Lei Civil estabelece as regras gerais de obrigações do mandatário nos arts. 667 a 674, cuja leitura se faz obrigatória, podendo ser listados aqui os principais deveres:

a) agir em nome do mandante dentro dos limites outorgados no instrumento de mandato;

b) ser diligente na execução do contrato e indenizar no caso de prejuízo causado por sua culpa ou de quem substabeleceu;

c) prestar contas com o mandante, transferindo as vantagens provenientes do instrumento de mandato;

d) se identificar como mandatário perante terceiros com quem tratar;

e) concluir a tarefa a que foi contratado.

10.6 Obrigações do mandante (arts. 675 a 681 do CC)

É de extrema importância a leitura dos arts. 675 a 681 do CC, podendo ser enumerados aqui os principais deveres:

a) satisfazer todas as obrigações contraídas pelo mandatário, na conformidade do mandato conferido, e adiantar a importância das despesas necessárias à execução dele, quando necessário se fizer;

b) a pagar ao mandatário pela remuneração ajustada e despesas da execução do mandato, ainda que o negócio não surta o esperado efeito, exceto tendo o mandatário culpa;

c) é obrigatório o mandante ressarcir ao mandatário as perdas que este sofrer com a execução do mandato, sempre que não resultem de culpa sua ou de excesso de poderes;

d) o mandante ficará obrigado para com aqueles com quem o seu procurador contratou, ainda que o mandatário contrarie as instruções originárias;

e) o mandatário tem direito de retenção sobre a coisa de que tenha a posse em virtude do mandato, até do que se reembolsar no desempenho do encargo despendido.

10.7 Extinção do contrato (arts. 682 a 691 do CC)

O Código Civil regulamenta o tema nos arts. 682 a 691, determinando a extinção nas hipóteses de revogação, renúncia, morte de uma das partes, interdição de uma das partes, mudança de estado de uma das partes, término do prazo e conclusão do negócio.

10.8 Fluxograma

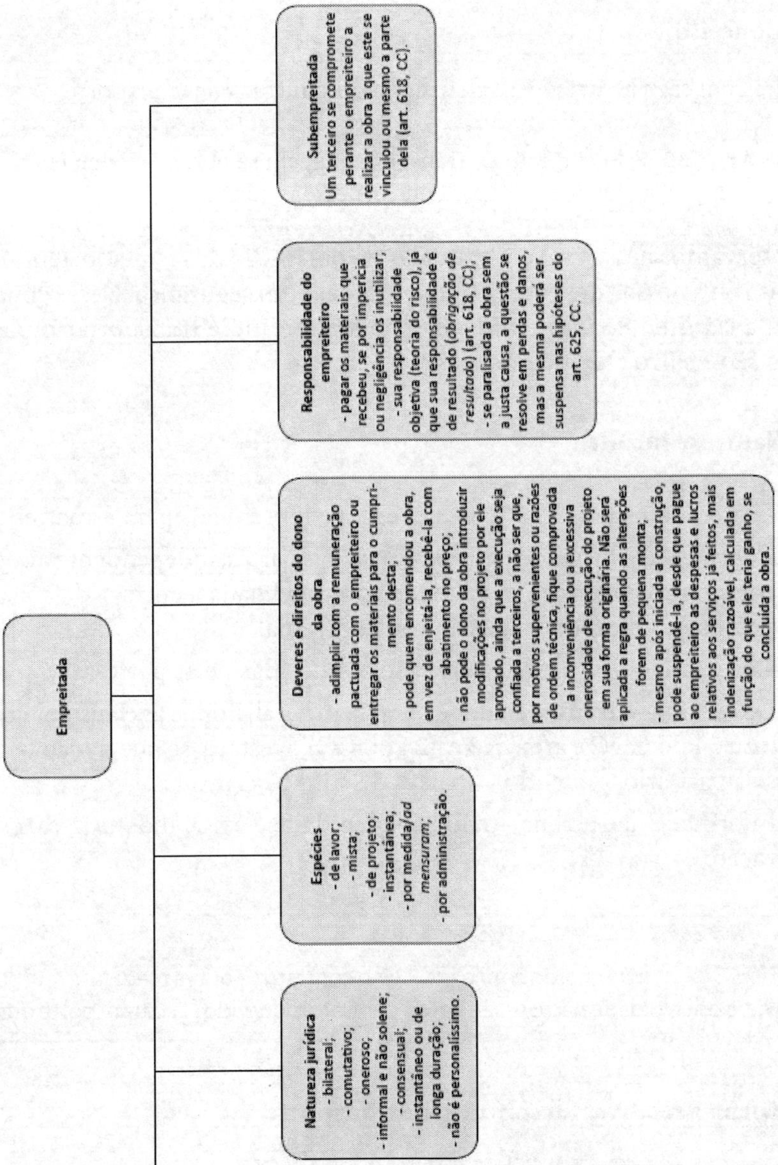

11. DO TRANSPORTE (ARTS. 730 A 756 DO CC)

11.1 Conceito

A lei civil traz no art. 730 a definição do contrato de transporte:

> **Art. 730.** Pelo contrato de transporte alguém se obriga, mediante retribuição, a transportar, de um lugar para outro, pessoas ou coisas.

Observamos nesse tipo contratual uma obrigação de resultado, tendo em vista que a coisa ou a pessoa devem ser transportadas com segurança. Nesse conceito está implícita a *cláusula de incolumidade*, cujo significado é transportar o passageiro/bagagem são e salvo até o seu destino.

11.2 Natureza jurídica

a) Bilateral ou sinalagmático – deveres proporcionais para as partes.

b) Consensual – formado pelo consenso das partes, independente da entrega da coisa ou passageiro. Sua validade não está ligada à entrega da coisa/pessoa, pois esta corresponde à execução contratual.

c) Comutativo – as prestações já são conhecidas pelas partes.

d) De adesão – o transportador é quem, em geral, impõe as cláusulas contratuais (art. 54 do CDC e arts. 423 e 424 do CC). Destaca-se que nada obsta que ele seja paritário, podendo as partes discutir as cláusulas.

e) Informal e não solene – não há solenidade e exigibilidade para a sua realização.

> **Importante**
>
> De acordo com o art. 730, o contrato se opera mediante retribuição. Todavia, a onerosidade não é essencial ao contrato, podendo ser o transporte gratuito.

11.3 Normas relativas ao contrato de transporte

O art. 731 prevê que:

> **Art. 731.** O transporte exercido em virtude de autorização, permissão ou concessão, rege-se pelas normas regulamentares e pelo que for estabelecido naqueles atos, sem prejuízo do disposto neste Código.

A lei estabelece regras de direito privado, no entanto, traz ressalva para as hipóteses relativas ao transporte público que pode ser executado de forma direta ou por meio de delegação ao particular, por concessão (delegação bilateral), permissão (licitação da prestação de serviços públicos) ou autorização (ato administrativo unilateral, precário e discricionário).

Importa mencionar que a lei, ao dispor "sem prejuízo do disposto neste código", trata da possibilidade do diálogo das fontes, tendo como exemplos o Código Civil e o Código de Defesa do Consumidor.

O art. 732 dispõe que:

> **Art. 732.** Aos contratos de transporte, em geral, são aplicáveis, quando couber, desde que não contrariem as disposições deste Código, os preceitos constantes da legislação especial e de tratados e convenções internacionais.

Importante

O Plenário do STF por maioria de votos, no RE 636.331-RJ, Rel. Min. Gilmar Mendes, DJe 13/11/2017, decidiu que em se tratando de ação de indenização por extravio de bagagem em viagens internacionais, devem ser aplicadas as convenções internacionais prevalecendo sobre os ditames do Código de Defesa do Consumidor. Assim ficou aprovada a seguinte tese:

> Tema 210 - "por força do artigo 178 da Constituição Federal, as normas e tratados internacionais limitadoras da responsabilidade das transportadoras aéreas de passageiros, especialmente as Convenções de Varsóvia e Montreal, têm prevalência em relação ao Código de Defesa do Consumidor".

Foi reconhecida a repercussão geral e a decisão do STF apenas vale para voos internacionais, portanto, o transporte aéreo nacional submete-se às leis brasileiras.

O STF decidiu que quanto ao prazo prescricional para a propositura da ação indenizatória deverá ser aplicado o disposto nas regras internacionais, que estabelece que tal prazo é de 2 anos a contar da chegada do voo ao local de destino ou que deveria chegar, enquanto o CDC traz o prazo prescricional de 5 anos contados da data do conhecimento do prejuízo e de sua autoria. Dessa forma, com a aplicação das regras internacionais, o tempo que o consumidor teria para pleitear a indenização por extravio de sua bagagem sofreu uma redução de 3 anos, o que compromete em muito o exercício do direito do consumidor em ver seus prejuízos indenizados.

Em adequação ao entendimento do STF, a Terceira Turma do Superior Tribunal de Justiça, em juízo de retratação (art. 1.040, II, do CPC/2015), reformou decisão antes proferida, entendendo ser possível a limitação, por legislação internacional espacial, do direito do passageiro à indenização por danos materiais decorrentes de extravio de bagagem. (REsp 673.048-RS, Rel. Min. Marco Aurélio Bellizze, por unanimidade, julgado em 08/05/2018, DJe 18/05/2018. **Informativo** n. 626)

O transporte cumulativo figura na redação do art. 733:

> **Art. 733.** Nos contratos de transporte cumulativo, cada transportador se obriga a cumprir o contrato relativamente ao respectivo percurso, respondendo pelos danos nele causados a pessoas e coisas.
>
> **§ 1.º** O dano, resultante do atraso ou da interrupção da viagem, será determinado em razão da totalidade do percurso.
>
> **§ 2.º** Se houver substituição de algum dos transportadores no decorrer do percurso, a responsabilidade solidária estender-se-á ao substituto.

A unidade do contrato de transporte induz à solidariedade. Percebe-se mais uma vez de forma implícita a cláusula de incolumidade.

11.4 Transporte de pessoas (arts. 734 a 742 do CC)

Dispõe o art. 734 do Diploma Civil:

> **Art. 734.** O transportador responde pelos danos causados às pessoas transportadas e suas bagagens, salvo motivo de força maior, sendo nula qualquer cláusula excludente da responsabilidade.
>
> **Parágrafo único.** É lícito ao transportador exigir a declaração do valor da bagagem a fim de fixar o limite da indenização.

Trata-se de clara obrigação de resultado do transportador, acarretando a sua responsabilidade civil objetiva baseada na teoria do risco. O risco não é integral, pois conforme a lei, poderá ser excluído pela força maior/fortuito (expressões empregadas como sinônimas pela jurisprudência).

A exclusão de responsabilidade se dará apenas em caso de ser considerado fortuito externo. O fortuito interno é aquele que está atrelado a uma causa conexa. Ex.: no caso de mal-estar de um motorista. Já o externo diz respeito a uma causa desconexa, exterior. Ex.: assalto.

O artigo sob comento reforça a Súmula 161 do STF, que explana:

> **Súmula 161.** Em contrato de transporte, é inoperante a cláusula de não indenizar.

A boa-fé é enfatizada no § 1.º do artigo, pois garante a licitude do transportador exigir a declaração do valor da bagagem.

Prevê a lei:

> **Art. 735.** A responsabilidade contratual do transportador por acidente com o passageiro não é elidida por culpa de terceiro, contra o qual tem ação regressiva.

Entendimento esse solidificado pelo STF:

> **Súmula 187.** A responsabilidade contratual do transportador, pelo acidente com o passageiro, não é elidida por culpa de terceiro, contra o qual tem ação regressiva.

Baseado no art. 736 do Código Civil:

> **Art. 736.** Não se subordina às normas do contrato de transporte o feito gratuitamente, por amizade ou cortesia.
>
> **Parágrafo único.** Não se considera gratuito o transporte quando, embora feito sem remuneração, o transportador auferir vantagens indiretas.

Citamos o posicionamento do STJ:

> **Súmula 145.** No transporte desinteressado, de simples cortesia, o transportador só será civilmente responsável por danos causados ao transportado quando incorrer em dolo ou culpa grave.

Como observa o art. 737:

> **Art. 737.** O transportador está sujeito aos horários e itinerários previstos, sob pena de responder por perdas e danos, salvo motivo de força maior.

É possível perceber mais uma veza obrigação de resultado e a incidência da responsabilidade civil objetiva fundada no risco. Passageiros considerados inconvenientes, que não estejam em condições de viajar, podem ser impedidos pelo transportador. Assim é a disposição do art. 738:

> **Art. 738.** A pessoa transportada deve sujeitar-se às normas estabelecidas pelo transportador, constantes no bilhete ou afixadas à vista dos usuários, abstendo-se de quaisquer atos que causem incômodo ou prejuízo aos passageiros, danifiquem o veículo, ou dificultem ou impeçam a execução normal do serviço.
>
> **Parágrafo único.** Se o prejuízo sofrido pela pessoa transportada for atribuível à transgressão de normas e instruções regulamentares, o juiz reduzirá equitativamente a indenização, na medida em que a vítima houver concorrido para a ocorrência do dano.

O parágrafo único do artigo citado volta a referir a culpa concorrente presente no art. 945 da presente lei civil.

Complementando o art. 738, a redação do art. 739:

> **Art. 739.** O transportador não pode recusar passageiros, salvo os casos previstos nos regulamentos, ou se as condições de higiene ou de saúde do interessado o justificarem.

Dialogando com o CDC, insta mencionar o art. 39, II, que afirma ser prática abusiva o não atendimento às demandas dos consumidores.

O art. 740 prevê a possibilidade de resilição contratual pelo passageiro, apesar de a lei mencionar "rescisão". Vejamos:

> **Art. 740.** O passageiro tem direito a rescindir o contrato de transporte antes de iniciada a viagem, sendo-lhe devida a restituição do valor da passagem, desde que feita a comunicação ao transportador em tempo de ser renegociada.
>
> **§ 1.º** Ao passageiro é facultado desistir do transporte, mesmo depois de iniciada a viagem, sendo-lhe devida a restituição do valor correspondente ao trecho não utilizado, desde que provado que outra pessoa haja sido transportada em seu lugar.
>
> **§ 2.º** Não terá direito ao reembolso do valor da passagem o usuário que deixar de embarcar, salvo se provado que outra pessoa foi transportada em seu lugar, caso em que lhe será restituído o valor do bilhete não utilizado.
>
> **§ 3.º** Nas hipóteses previstas neste artigo, o transportador terá direito de reter até cinco por cento da importância a ser restituída ao passageiro, a título de multa compensatória.

É necessário frisar que o artigo comentado não regula os casos de *overbooking* ou *overseating*, que diz respeito a prática abusiva de os transportadores venderem mais passagens do que assentos existentes.

A obrigação de resultado é reforçada na redação do art. 741:

> **Art. 741.** Interrompendo-se a viagem por qualquer motivo alheio à vontade do transportador, ainda que em consequência de evento imprevisível, fica ele obrigado a concluir o transporte contratado em outro veículo da mesma categoria, ou, com a anuência do passageiro, por modalidade diferente, à sua custa, correndo também por sua conta as despesas de estada e alimentação do usuário, durante a espera de novo transporte.

O diploma civilista traz uma norma de defesa tratando não de penhor legal, mas sim de direito pessoal de retenção sobre a bagagem do passageiro:

> **Art. 742.** O transportador, uma vez executado o transporte, tem direito de retenção sobre a bagagem de passageiro e outros objetos pessoais deste, para garantir-se do pagamento do valor da passagem que não tiver sido feito no início ou durante o percurso.

11.5 Transporte de coisas (arts. 743 a 756 do CC)

Tudo aquilo que for transportado necessita ser identificado para que seja evitada a confusão com outras coisas. A identificação se dá por um documento denominado conhecimento, em que devem constar os dados do transportador, do remetente e do destinatário. Aqui observamos a chamada boa-fé objetiva com função integrativa. No artigo exposto ainda transparece a modalidade da estipulação em favor de terceiro. De acordo com a norma civil:

> **Art. 743.** A coisa, entregue ao transportador, deve estar caracterizada pela sua natureza, valor, peso e quantidade, e o mais que for necessário para que não se confunda com outras, devendo o destinatário ser indicado ao menos pelo nome e endereço.

A informação constitui elemento essencial ao contrato de transporte:

> **Art. 744.** Ao receber a coisa, o transportador emitirá conhecimento com a menção dos dados que a identifiquem, obedecido o disposto em lei especial.
>
> **Parágrafo único.** O transportador poderá exigir que o remetente lhe entregue, devidamente assinada, a relação discriminada das coisas a serem transportadas, em duas vias, uma das quais, por ele devidamente autenticada, ficará fazendo parte integrante do conhecimento.

Examina-se o conhecimento de frete ou de carga.

Dispõe o art. 745 que:

> **Art. 745.** Em caso de informação inexata ou falsa descrição no documento a que se refere o artigo antecedente, será o transportador indenizado pelo prejuízo que sofrer, devendo a ação respectiva ser ajuizada no prazo de cento e vinte dias, a contar daquele ato, sob pena de decadência.

O prazo previsto no artigo sob comento possui natureza decadencial, entretanto, entendemos que houve um equívoco na lei, pois se a ação busca uma condenação, esse prazo deveria ser prescricional.

De acordo com o art. 746 do CC, a embalagem deve estar em conformidade com o transporte:

> **Art. 746.** Poderá o transportador recusar a coisa cuja embalagem seja inadequada, bem como a que possa pôr em risco a saúde das pessoas, ou danificar o veículo e outros bens.

Na hipótese de o objeto ser ilícito, o transporte também o será. É o que diz a lei. Veja-se:

> **Art. 747.** O transportador deverá obrigatoriamente recusar a coisa cujo transporte ou comercialização não sejam permitidos, ou que venha desacompanhada dos documentos exigidos por lei ou regulamento.

Resumindo, trata-se de um dever legal de recusa por parte do transportador.

Na leitura do art. 748 do CC, podemos verificar o denominado ***stoppage in transitu*** ou variação do destino de carga. Veja-se:

> **Art. 748.** Até a entrega da coisa, pode o remetente desistir do transporte e pedi-la de volta, ou ordenar seja entregue a outro destinatário, pagando, em ambos os casos, os acréscimos de despesa decorrentes da contraordem, mais as perdas e danos que houver.

O dispositivo abaixo ilustra a cláusula de incolumidade, desta vez no contrato de transporte de coisas:

> **Art. 749.** O transportador conduzirá a coisa ao seu destino, tomando todas as cautelas necessárias para mantê-la em bom estado e entregá-la no prazo ajustado ou previsto.

A mesma cláusula ainda pode ser verificada no art. 750:

> **Art. 750.** A responsabilidade do transportador, limitada ao valor constante do conhecimento, começa no momento em que ele, ou seus prepostos, recebem a coisa; termina quando é entregue ao destinatário, ou depositada em juízo, se aquele não for encontrado.

A limitação presente no artigo sob comento não se adéqua à relação de consumo. Tendo em vista que o art. 6.º, VI, da Lei 8.078/1990, o CDC prevê a restituição integral dos danos.

A cláusula de incolumidade se faz presente novamente na redação do art. 751.

> **Art. 751.** A coisa, depositada ou guardada nos armazéns do transportador, em virtude de contrato de transporte, rege-se, no que couber, pelas disposições relativas a depósito.

A boa-fé objetiva conflita com o art. 752, pois há um equívoco com relação ao dever de informação do transportador. Prevê a norma civilista:

> **Art. 752.** Desembarcadas as mercadorias, o transportador não é obrigado a dar aviso ao destinatário, se assim não foi convencionado, dependendo também de ajuste a entrega a domicílio, e devem constar do conhecimento de embarque as cláusulas de aviso ou de entrega a domicílio.

O dever de boa-fé, especificamente com relação ao zelo, está disposto no art. 753:

> **Art. 753.** Se o transporte não puder ser feito ou sofrer longa interrupção, o transportador solicitará, *incontinenti*, instruções ao remetente, e zelará pela coisa, por cujo perecimento ou deterioração responderá, salvo força maior.

> **§ 1.º** Perdurando o impedimento, sem motivo imputável ao transportador e sem manifestação do remetente, poderá aquele depositar a coisa em juízo, ou vendê-la, obedecidos os preceitos legais e regulamentares, ou os usos locais, depositando o valor.
>
> **§ 2.º** Se o impedimento for responsabilidade do transportador, este poderá depositar a coisa, por sua conta e risco, mas só poderá vendê-la se perecível.
>
> **§ 3.º** Em ambos os casos, o transportador deve informar o remetente da efetivação do depósito ou da venda.
>
> **§ 4.º** Se o transportador mantiver a coisa depositada em seus próprios armazéns, continuará a responder pela sua guarda e conservação, sendo-lhe devida, porém, uma remuneração pela custódia, a qual poderá ser contratualmente ajustada ou se conformará aos usos adotados em cada sistema de transporte.

Há um equívoco na lei ao realçar mais uma vez a decadência no parágrafo único do art. 754, quando se trata, em realidade, de prescrição. No *caput* o prazo é para a reclamação e no parágrafo único para a ação:

> **Art. 754.** As mercadorias devem ser entregues ao destinatário, ou a quem apresentar o conhecimento endossado, devendo aquele que as receber conferi-las e apresentar as reclamações que tiver, sob pena de decadência dos direitos.
>
> **Parágrafo único.** No caso de perda parcial ou de avaria não perceptível à primeira vista, o destinatário conserva a sua ação contra o transportador, desde que denuncie o dano em dez dias a contar da entrega.

O artigo abaixo nos indica qual procedimento deve ser adotado em caso de dúvida sobre o destinatário:

> **Art. 755.** Havendo dúvida acerca de quem seja o destinatário, o transportador deve depositar a mercadoria em juízo, se não lhe for possível obter instruções do remetente; se a demora puder ocasionar a deterioração da coisa, o transportador deverá vendê-la, depositando o saldo em juízo.

E, por fim, o art. 756 do Código Civil, que trata da solidariedade no transporte cumulativo:

> **Art. 756.** No caso de transporte cumulativo, todos os transportadores respondem solidariamente pelo dano causado perante o remetente, ressalvada a apuração final da responsabilidade entre eles, de modo que o ressarcimento recaia, por inteiro, ou proporcionalmente, naquele ou naqueles em cujo percurso houver ocorrido o dano.

Sobre o tema, ver ainda a Lei 11.442/2007, que dispõe sobre o transporte rodoviário de cargas por conta de terceiros e mediante remuneração.

11.6 Fluxogramas

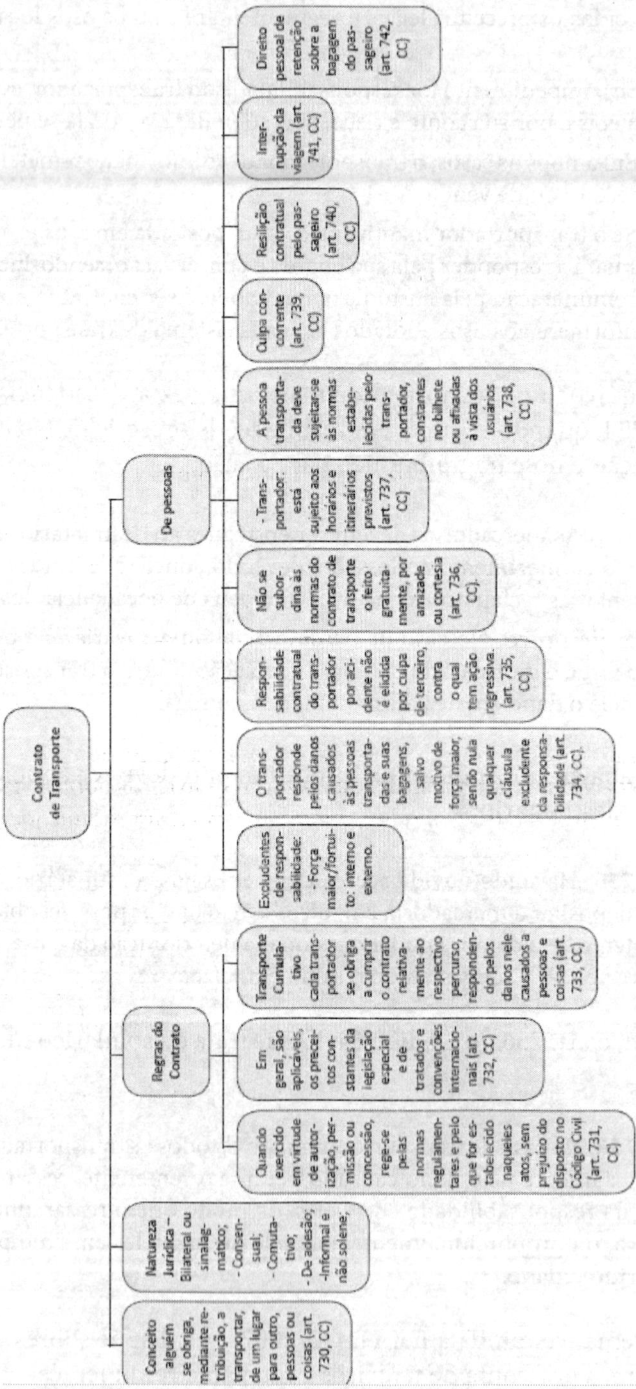

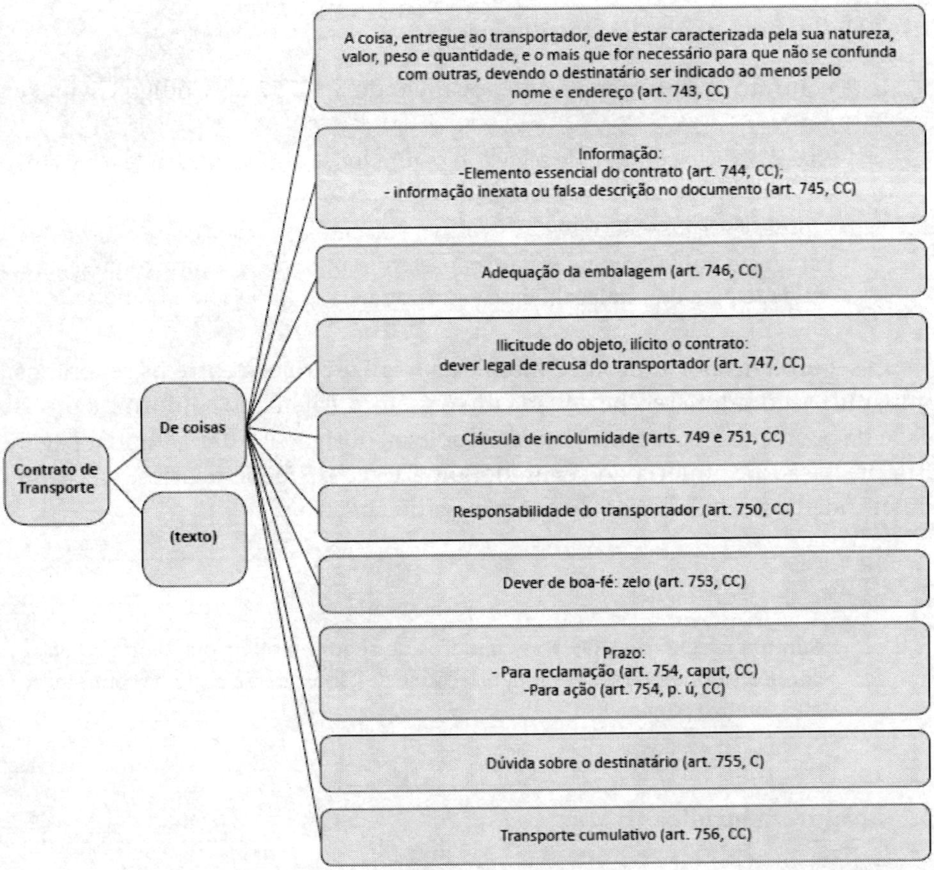
Contrato de Transporte
De coisas
(texto)
A coisa, entregue ao transportador, deve estar caracterizada pela sua natureza, valor, peso e quantidade, e o mais que for necessário para que não se confunda com outras, devendo o destinatário ser indicado ao menos pelo nome e endereço (art. 743, CC)
Informação:
-Elemento essencial do contrato (art. 744, CC);
- informação inexata ou falsa descrição no documento (art. 745, CC)
Adequação da embalagem (art. 746, CC)
Ilicitude do objeto, ilícito o contrato: dever legal de recusa do transportador (art. 747, CC)
Cláusula de incolumidade (arts. 749 e 751, CC)
Responsabilidade do transportador (art. 750, CC)
Dever de boa-fé: zelo (art. 753, CC)
Prazo:
- Para reclamação (art. 754, caput, CC)
-Para ação (art. 754, p. ú, CC)
Dúvida sobre o destinatário (art. 755, C)
Transporte cumulativo (art. 756, CC)

12. DO SEGURO (ARTS. 757 A 802 DO CC)

12.1 Definição e a socialização dos riscos

Este contrato pode ser analisado por meio do art. 757 do Código Civil:

> **Art. 757.** Pelo contrato de seguro, o segurador se obriga, mediante o pagamento do prêmio, a garantir interesse legítimo do segurado, relativo a pessoa ou a coisa, contra riscos predeterminados.
>
> **Parágrafo único.** Somente pode ser parte, no contrato de seguro, como segurador, entidade para tal fim legalmente autorizada.

O seguro tem por função econômica **socializar riscos** entre os segurados. A companhia seguradora recebe de cada um o prêmio, calculado conforme a probabilidade de ocorrência do evento danoso. Todavia, obriga-se a dar garantia, pagando certa prestação pecuniária ao segurado, ou a terceiros beneficiários, em geral de caráter indenizatório, no caso de ocorrência do sinistro.

> **Atenção!**
>
> **Súmula n. 632, do STJ:** "Nos contratos de seguro regidos pelo Código Civil, a correção monetária sobre a indenização securitária incide a partir da contratação até o efetivo pagamento".

12.2 Natureza jurídica

a) Bilateral ou sinalagmático – os direitos e deveres são proporcionais para ambas as partes.

b) Oneroso – o prêmio representa a remuneração a ser paga pelo segurado ao segurador. Vigendo o contrato, os prêmios pagos não são irrepetíveis, haja vista sua natureza aleatória.

c) Consensual – se forma pela vontade das partes, pelo consenso.

d) Aleatório – é aquele que sua natureza apresenta o risco.

> **Atenção**
>
> Parte da doutrina sustenta a natureza comutativa do contrato de seguro, tendo em vista que o risco poderia ser determinado com base em cálculos.

e) Adesão – aquele autorizado por autoridade competente ou estipulado por uma das partes, em regra, a seguradora.

12.3 Preceitos do contrato

O contrato de seguro deverá ser feito por escrito, vedada a forma verbal:

> **Art. 758.** O contrato de seguro prova-se com a exibição da apólice ou do bilhete do seguro, e, na falta deles, por documento comprobatório do pagamento do respectivo prêmio.

A proposta é fase contratual na qual dever estar presente a boa-fé objetiva, pois o segurado obriga-se a prestar todas as informações com base na lealdade e na confiança, tornando possível à seguradora avaliar os riscos, aceitar ou não o contrato e valorar o prêmio a ser pago. Diz a lei civilista:

> **Art. 759.** A emissão da apólice deverá ser precedida de proposta escrita com a declaração dos elementos essenciais do interesse a ser garantido e do risco.

Com base no art. 760 da Lei Civil:

> **Art. 760.** A apólice ou o bilhete de seguro serão nominativos, à ordem ou ao portador, e mencionarão os riscos assumidos, o início e o fim de sua validade, o limite da garantia e o prêmio devido, e, quando for o caso, o nome do segurado e o do beneficiário.
>
> **Parágrafo único.** No seguro de pessoas, a apólice ou o bilhete não podem ser ao portador.

Conforme disposto acima, o contrato de seguro deve sempre apresentar uma interpretação restritiva, não se admitindo a ampliação da álea e dos termos.

O cosseguro está disposto no art. 761 do Código, veja:

> **Art. 761.** Quando o risco for assumido em cosseguro, a apólice indicará o segurador que administrará o contrato e representará os demais, para todos os seus efeitos.

O que é cosseguro?

Trata-se de uma operação securitária na qual duas ou mais seguradoras, com a concordância do segurado, compartilham, em percentuais previamente estabelecidos, os riscos de uma apólice de seguro, respondendo cada cossegurador unicamente pelo limite da responsabilidade assumida. No cosseguro também é admitida a pluralidade de apólices para cada cosseguradora e não existindo responsabilidade solidária entre elas.

É nulo o contrato de seguro em que tenha por objeto a cobertura de atividades ilícitas ou de ato doloso do segurado. Nesse caso, é atingido o plano de validade do negócio jurídico, tratando-se de nulidade textual, consoante a conjugação dos arts. 104, 166, VI, e 762 da norma civilista. ***A embriaguez seria causa de exclusão da cobertura securitária?*** De acordo com entendimento jurisprudencial: a embriaguez, por si só, não constitui causa de exclusão da cobertura securitária, sendo necessária a prova de que o agravamento de risco dela decorrente influiu, decisivamente, na ocorrência do sinistro. Sobre o tema tal entendimento foi sumulado pelo Tribunal da Cidadania:

> **Súmula n. 620, do STJ**: "A embriaguez do segurado não exime a seguradora do pagamento da indenização prevista em contrato de seguro de vida.

A lei adverte no art. 763 que não terá direito à indenização o segurado que estiver em mora no pagamento do prêmio e se ocorrer o sinistro antes de sua purgação. A regra em questão é um meio de exceção do contrato não cumprido, e não forma de resolução do contrato. Merece a devida atenção a teoria do adimplemento substancial ou *substancial performance*, que é outra forma de impedimento da resolução do negócio.

Atenção!

> **Súmula n. 616 do STJ:** "A indenização securitária é devida quando ausente a comunicação prévia do segurado acerca do atraso no pagamento do prêmio, por constituir requisito essencial para a suspensão ou resolução do contrato de seguro".

Conforme dispõe o art. 764 do Diploma Civil, salvo disposição especial, o fato de o risco não ter sido verificado, em previsão do qual se faz o seguro, não exime o segurado de pagar o prêmio. Fica demonstrada a natureza aleatória desse negócio, estando em consonância com o já apresentado no art. 757 do CC.

A boa-fé objetiva se encontra destacada no art. 765 do da Lei Civil, que expõe:

> **Art. 765.** O segurado e o segurador são obrigados a guardar na conclusão e na execução do contrato, a mais estrita boa-fé e veracidade, tanto a respeito do objeto como das circunstâncias e declarações a ele concernentes.

Importa citar a Súmula 302 do STJ, que está em total consonância com a boa-fé objetiva:

> **Súmula 302.** É abusiva a cláusula contratual de plano de saúde que limita no tempo a internação hospitalar do segurado.

O Código de Defesa do Consumidor aplica-se a essa relação e isso está explícito no texto da Súmula 608 do STJ.

> **Súmula 608.** Aplica-se o Código de Defesa do Consumidor aos contratos de plano de saúde, salvo os administrados por entidades de autogestão.

Mais uma vez fica estabelecida a boa-fé objetiva com a apresentação do art. 766 do Código Civil, dispondo que:

> **Art. 766.** Se o segurado, por si ou por seu representante, fizer declarações inexatas ou omitir circunstâncias que possam influir na aceitação da proposta ou na taxa do prêmio, perderá o direito à garantia, além de ficar obrigado ao prêmio vencido.
>
> **Parágrafo único.** Se a inexatidão ou omissão nas declarações não resultar de má-fé do segurado, o segurador terá direito a resolver o contrato, ou a cobrar, mesmo após o sinistro, a diferença do prêmio.

Atenção!

Súmula n. 609, do STJ: "A recusa de cobertura securitária, sob a alegação de doença preexistente, é ilícita se não houve a exigência de exames médicos prévios à contratação ou a demonstração de má-fé do segurado."

No seguro à conta de outrem, o segurador pode opor ao segurado exceções que tenha contra o estipulante, por descumprimento das normas de conclusão do contrato, ou de pagamento do prêmio, é o que expõe o art. 767 do CC.

Novamente é privilegiada a boa-fé objetiva na redação do art. 768 do Código Civil:

> **Art. 768.** O segurado perderá o direito à garantia se agravar intencionalmente o risco objeto do contrato.

Pode-se afirmar que a boa-fé se presume, mas não a má-fé.

Importante

Súmula 465 do STJ. Ressalvada a hipótese de efetivo agravamento do risco, a seguradora não se exime do dever de indenizar em razão da transferência do veículo sem a sua prévia comunicação.

O dever de informação, em plena intimidade com a boa-fé, figura no art. 769 do CC. Note:

> **Art. 769.** O segurado é obrigado a comunicar ao segurador, logo que saiba, todo incidente suscetível de agravar consideravelmente o risco coberto, sob pena de perder o direito à garantia, se provar que silenciou de má-fé.

> **§ 1.º** O segurador, desde que o faça nos quinze dias seguintes ao recebimento do aviso da agravação do risco sem culpa do segurado, poderá dar-lhe ciência, por escrito, de sua decisão de resolver o contrato.
>
> **§ 2.º** A resolução só será eficaz trinta dias após a notificação, devendo ser restituída pelo segurador a diferença do prêmio.

Por outro viés, pressupõe o art. 770 do Diploma Civil que:

> **Art. 770.** Salvo disposição em contrário, a diminuição do risco no curso do contrato não acarreta a redução do prêmio estipulado; mas, se a redução do risco for considerável, o segurado poderá exigir a revisão do prêmio, ou a resolução do contrato.

A falta de comunicação do sinistro é apresentada pela lei no art. 771, que assegura que:

> **Art. 771.** Sob pena de perder o direito à indenização, o segurado participará o sinistro ao segurador, logo que o saiba, e tomará as providências imediatas para minorar-lhe as consequências.
>
> **Parágrafo único.** Correm à conta do segurador, até o limite fixado no contrato, as despesas de salvamento consequente ao sinistro.

Em síntese, o atraso não motivado acarreta a perda do direito à indenização.

Caso haja mora do segurador no pagamento do sinistro, será obrigado à atualização monetária da indenização devida de acordo com índices oficiais regularmente estabelecidos, sem prejuízo dos juros moratórios, segundo estatui o art. 772 do CC.

O art. 773 do CC apresenta penalidade à seguradora que age de má-fé:

> **Art. 773.** O segurador que, ao tempo do contrato, sabe estar passado o risco de que o segurado se pretende cobrir, e, não obstante, expede a apólice, pagará em dobro o prêmio estipulado.

A fim de garantir um pacto equilibrado e que seja protegida a função social do negócio, reza o art. 774 do CC:

> **Art. 774.** A recondução tácita do contrato pelo mesmo prazo, mediante expressa cláusula contratual, não poderá operar mais de uma vez.

Tal regra está em total sintonia com as disposições do CDC, precisamente com o disposto no rol exemplificativo das práticas e cláusulas abusivas dos arts. 39 e 51.

Conforme o art. 775 do Diploma Civil, o corretor de seguros é o agente autorizado do segurador, sob exame:

> **Art. 775.** Os agentes autorizados do segurador presumem-se seus representantes para todos os atos relativos aos contratos que agenciarem.

Na hipótese de o corretor causar danos ao segurado, a seguradora responderá solidariamente com o corretor ou por ele. Podemos assim concluir da análise dos arts. 932, III, do CC e 34 do CDC.

Antes de ingressar no seguro de dano, esclarece o art. 776 da norma civilista que:

> **Art. 776.** O segurador é obrigado a pagar em dinheiro o prejuízo resultante do risco assumido, salvo se convencionada a reposição da coisa.

Importante

Súmula 188 do STF. O segurador tem ação regressiva contra o causador do dano, pelo que efetivamente pagou, até ao limite previsto no contrato de seguro.

12.4 Seguro de dano (arts. 778 a 788 do CC)

Nesta espécie de seguro, prevê a lei que:

> **Art. 778.** Nos seguros de dano, a garantia prometida não pode ultrapassar o valor do interesse segurado no momento da conclusão do contrato, sob pena do disposto no art. 766, e sem prejuízo da ação penal que no caso couber.

Assim, o segurador terá o ônus da prova de que o valor excede o do bem e, ainda, que o segurado agiu de má-fé.

Importante

Súmula 31 do STJ. A aquisição, pelo segurado, de mais de um imóvel financiado pelo Sistema Financeiro da Habitação, situados na mesma localidade, não exime a seguradora da obrigação de pagamento dos seguros.

Dispõe o art. 779 do CC que:

> **Art. 779.** O risco do seguro compreenderá todos os prejuízos resultantes ou consequentes, como sejam os estragos ocasionados para evitar o sinistro, minorar o dano, ou salvar a coisa.

Qualquer cláusula que vá contra o previsto na norma será tida como nula.

> **Importante**
>
> **Súmula 402 do STJ.** O contrato de seguro por danos pessoais compreende os danos morais, salvo cláusula expressa de exclusão.

O contrato coligado está presente no exame do art. 780 do CC:

> **Art. 780.** A vigência da garantia, no seguro de coisas transportadas, começa no momento em que são pelo transportador recebidas, e cessa com a sua entrega ao destinatário.

Diz-se coligado, pois se estabelece pela soma do contrato de seguro mais o de transporte.

Os parâmetros para a indenização securitária estão expostos por meio do art. 781 da legislação civilista:

> **Art. 781.** A indenização não pode ultrapassar o valor do interesse segurado no momento do sinistro, e, em hipótese alguma, o limite máximo da garantia fixado na apólice, salvo em caso de mora do segurador.

Merece destaque o princípio do justo ressarcimento, pois tal contrato não tem como fim enriquecer o segurado.

É possível a cumulação de seguros ou o chamado seguro duplo e podendo ser observada na redação do art. 782 do CC:

> **Art. 782.** O segurado que, na vigência do contrato, pretender obter novo seguro sobre o mesmo interesse, e contra o mesmo risco junto a outro segurador, deve previamente comunicar sua intenção por escrito ao primeiro, indicando a soma por que pretende segurar-se, a fim de se comprovar a obediência ao disposto no art. 778.

De acordo com o art. 783 do CC, pode ser realizado o seguro parcial:

> **Art. 783.** Salvo disposição em contrário, o seguro de um interesse por menos do que valha acarreta a redução proporcional da indenização, no caso de sinistro parcial.

Nessa hipótese, evidencia-se o dispositivo que aborda a chamada cláusula de rateio, quando a cobertura contratada é inferior ao valor da coisa e dos danos.

Exclui do dever de indenizar o chamado vício ou defeito intrínseco. Em conformidade com o art. 784:

> **Art. 784.** Não se inclui na garantia o sinistro provocado por vício intrínseco da coisa segurada, não declarado pelo segurado.
>
> **Parágrafo único.** Entende-se por vício intrínseco o defeito próprio da coisa, que se não encontra normalmente em outras da mesma espécie.

O contrato de seguro não é personalíssimo e, portanto, a regra do art. 785 do CC permite que:

> **Art. 785.** Salvo disposição em contrário, admite-se a transferência do contrato a terceiro com a alienação ou cessão do interesse segurado.
>
> **§ 1.º** Se o instrumento contratual é nominativo, a transferência só produz efeitos em relação ao segurador mediante aviso escrito assinado pelo cedente e pelo cessionário.
>
> **§ 2.º** A apólice ou o bilhete à ordem só se transfere por endosso em preto, datado e assinado pelo endossante e pelo endossatário.

A lei, no art. 786, cuida da sub-rogação legal:

> **Art. 786.** Paga a indenização, o segurador sub-roga-se, nos limites do valor respectivo, nos direitos e ações que competirem ao segurado contra o autor do dano.
>
> **§ 1.º** Salvo dolo, a sub-rogação não tem lugar se o dano foi causado pelo cônjuge do segurado, seus descendentes ou ascendentes, consanguíneos ou afins.
>
> **§ 2.º** É ineficaz qualquer ato do segurado que diminua ou extinga, em prejuízo do segurador, os direitos a que se refere este artigo.

Atenção

A regra descrita não se aplica ao seguro de pessoas, conforme prevê o art. 800 da Lei Civil.

A lei prevê regras para a hipótese de o segurado causar danos a terceiros. Vejamos:

> **Art. 787.** No seguro de responsabilidade civil, o segurador garante o pagamento de perdas e danos devidos pelo segurado a terceiro.
>
> **§ 1.º** Tão logo saiba o segurado das consequências de ato seu, suscetível de lhe acarretar a responsabilidade incluída na garantia, comunicará o fato ao segurador.

> **§ 2.º** É defeso ao segurado reconhecer sua responsabilidade ou confessar a ação, bem como transigir com o terceiro prejudicado, ou indenizá-lo diretamente, sem anuência expressa do segurador.
>
> **§ 3.º** Intentada a ação contra o segurado, dará este ciência da lide ao segurador.
>
> **§ 4.º** Subsistirá a responsabilidade do segurado perante o terceiro, se o segurador for insolvente.

O artigo acima apresenta alguns problemas, ao determinar que não poderá o segurado reconhecer sua responsabilidade ou confessar a ação, bem como transigir com o terceiro prejudicado, ou indenizá-lo diretamente, sem anuência expressa do segurador. Isso fere a função social do contrato, bem como o princípio da reparação integral dos danos.

Quando intentada a ação em face do segurado, a este será dada a ciência da lide por intermédio do ***chamamento ao processo*** de acordo com o art. 130, III, do CPC/15.

Atenção!

- Súmula 529, do STJ: "No seguro de responsabilidade civil facultativo, não cabe o ajuizamento de ação pelo terceiro prejudicado direta e exclusivamente em face da seguradora do apontado causador do dano."
- Súmula n. 537, STJ: "Em ação de reparação de danos, a seguradora denunciada, se aceitar a denunciação ou contestar o pedido do autor, pode ser condenada, direta e solidariamente junto com o segurado, ao pagamento da indenização devida a vítima, nos limites contratados na apólice."
- "O seguro de responsabilidade civil facultativo garante dois interesses, o do segurado contra os efeitos patrimoniais da imputação de responsabilidade e o da vítima à indenização, ambos destinatários da garantia, com pretensão própria e independente contra a seguradora." (Enunciado n. 544, VI Jornada de Direito Civil).
- "O § 2º do art. 787 do Código Civil deve ser interpretado em consonância com o art. 422 do mesmo diploma legal, não obstando o direito à indenização e ao reembolso. Artigos 787, § 2º, e 422." (Enunciado n. 546, VI Jornada de Direito Civil).

É importante mencionar a advertência presente no art. 788:

> **Art. 788.** Nos seguros de responsabilidade legalmente obrigatórios, a indenização por sinistro será paga pelo segurador diretamente ao terceiro prejudicado.

Parágrafo único. Demandado em ação direta pela vítima do dano, o segurador não poderá opor a exceção de contrato não cumprido pelo segurado, sem promover a citação deste para integrar o contraditório.

12.5 Seguro de pessoa (arts. 789 a 802 do CC)

Neste seguro, o capital segurado poderá ser livremente pactuado entre as partes, não obedecendo ao princípio indenitário. Em síntese, a indenização pode não corresponder ao valor do prejuízo. Reza a lei:

Art. 789. Nos seguros de pessoas, o capital segurado é livremente estipulado pelo proponente, que pode contratar mais de um seguro sobre o mesmo interesse, com o mesmo ou diversos seguradores.

No seguro sobre a vida de outros, o proponente é obrigado a declarar o seu interesse pela preservação da vida do segurado, sob pena de falsidade. Até prova em contrário, presume-se o interesse, quando o segurado é cônjuge, ascendente ou descendente do proponente, de acordo com a redação do art. 790 do CC. Há um equívoco na norma, pois omitiu a figura do companheiro.

A lei prevê a possibilidade de o segurado substituir-se a qualquer tempo e ainda sem a justificação. Trata-se de uma prerrogativa:

Art. 791. Se o segurado não renunciar à faculdade, ou se o seguro não tiver como causa declarada a garantia de alguma obrigação, é lícita a substituição do beneficiário, por ato entre vivos ou de última vontade.

Parágrafo único. O segurador, que não for cientificado oportunamente da substituição, desobrigar-se-á pagando o capital segurado ao antigo beneficiário.

Não sendo indicada a pessoa ou beneficiário, ou por qualquer motivo não prevalecer aquela que fora objeto de indicação, o capital segurado será pago desta forma: metade ao cônjuge não separado judicialmente, e o restante aos herdeiros do segurado, obedecida a ordem da vocação hereditária. Caso inexistam tais pessoas, serão beneficiários aqueles que provarem que a morte do segurado os privou dos meios necessários à subsistência, de acordo com disposição do art. 792 do CC. A lei civilista destaca o termo separação judicial, porém é oportuno lembrar que entendemos que, com a EC 66/2010, essa figura foi retirada do nosso ordenamento.

O art. 793 do CC enuncia que:

Art. 793. É válida a instituição do companheiro como beneficiário, se ao tempo do contrato o segurado era separado judicialmente, ou já se encontrava separado de fato.

Fazemos neste ponto a mesma ressalva quanto à figura da separação.

O capital do seguro de vida pertence ao beneficiário, não estando sujeito às dívidas do segurado, nem é considerado como herança. Esse é o entendimento do art. 794 do CC.

Deitando bases na função social e na boa-fé objetiva, o art. 795 da norma civilista salienta que:

> **Art. 795.** É nula, no seguro de pessoa, qualquer transação para pagamento reduzido do capital segurado.

O prêmio, no seguro de vida, será conveniado por prazo limitado, ou por toda a vida do segurado. Em qualquer hipótese, quando for individual, o segurador não terá ação para cobrar o prêmio vencido, cuja falta de pagamento, nos prazos previstos, acarretará, consoante se estipular, a resolução do contrato, com a restituição da reserva já formada, ou a redução do capital garantido proporcionalmente ao prêmio pago, de acordo com a redação do art. 796 do CC.

Na ocorrência de morte, é lícito estipular-se um prazo de carência, durante o qual o segurador não responde pelo sinistro. Nesse caso, o segurador é obrigado a devolver ao beneficiário o montante da reserva técnica já formada (art. 797). Percebe-se que a lei não fixa um prazo, dessa forma, este deverá ser pautado no princípio da razoabilidade.

O art. 798 do Diploma Civil dispõe que o beneficiário não tem direito ao capital estipulado quando o segurado se suicida nos primeiros dois anos de vigência inicial do contrato, ou da sua recondução depois de suspenso, observado o disposto no parágrafo único do art. 797. Será nula a cláusula contratual que exclui o pagamento do capital por suicídio do segurado.

Atenção

Seguindo o entendimento atual do STJ, se encontram superados a Súmula n. 105 do STF e o Enunciado n. 187 da Jornada de Direito Civil. Recentemente foi determinado pela Segunda Seção o CANCELAMENTO da Súmula n. 61 do STJ e foi editada a Súmula n. 610 com o seguinte teor:

> "O suicídio não é coberto nos dois primeiros anos de vigência do contrato de seguro de vida, ressalvado o direito do beneficiário à devolução do montante da reserva técnica formada."

O segurador não pode eximir-se ao pagamento do seguro, ainda que da apólice conste a restrição, se a morte ou a incapacidade do segurado provier da utilização de meio de transporte mais arriscado, da prestação de serviço militar, da prática de esporte, ou de atos de humanidade em auxílio de outrem (art. 799 do CC). A referência aos atos de humanidade em auxílio de outrem significa aqueles que são praticados em estado de necessidade.

Nos seguros de pessoas, é defeso ao segurador sub-rogar-se nos direitos e ações do segurado, ou do beneficiário, contra o causador do sinistro. Dessa maneira, no seguro de pessoas não há direito de regresso.

O seguro de pessoas pode ser estipulado por pessoa natural ou jurídica em proveito de grupo que a ela, de qualquer modo, se vincule. O estipulante não representa o segurador perante o grupo segurado, e é o único responsável, para com o segurador, pelo cumprimento de todas as obrigações contratuais. A modificação da apólice em vigor dependerá da anuência expressa dos segurados que representem 3/4 do grupo.

A garantia de reembolso de despesas não é objeto do contrato de seguro de pessoas, mas sim do seguro de dano às despesas hospitalares ou de tratamento médico, bem como às despesas oriundas de luto e funeral do segurado.

12.6 Fluxograma

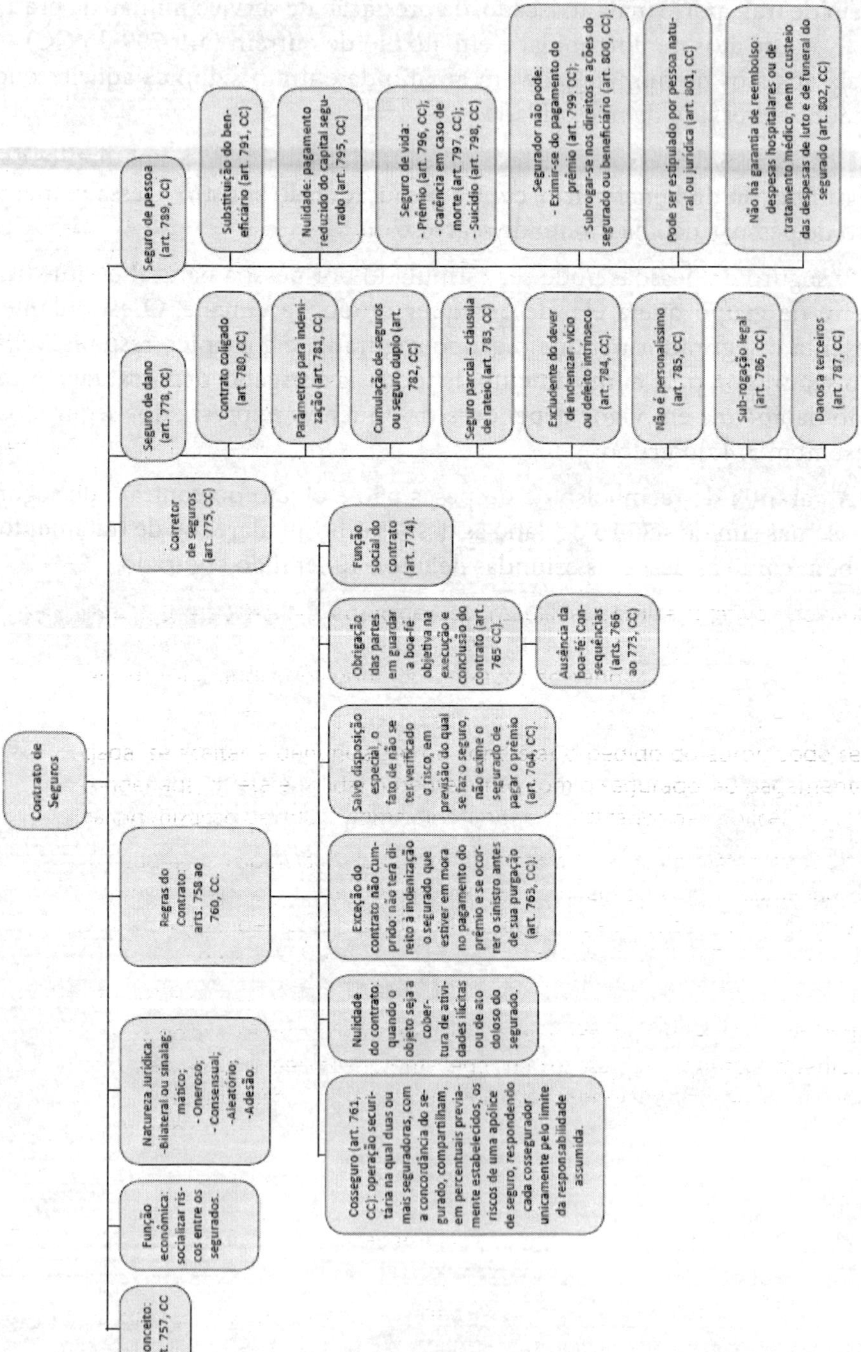

13. DA FIANÇA (ARTS. 818 A 839 DO CC)

13.1 Conceito

Trata-se de garantia fidejussória em que um terceiro (fiador) passa a garantir pessoalmente perante o credor a dívida do devedor com seu patrimônio, tendo dessa forma uma responsabilidade sem débito.

13.2 Natureza jurídica

a) Gratuito – quem obtém o benefício deste contrato é o credor, que tem o seu direito de crédito garantido. Porém, pode ser oneroso, como no caso da fiança bancária. Nesta última hipótese serão aplicadas as regras do CDC.
b) Consensual – atende à autonomia da vontade das partes.
c) Formal – exige, minimamente, documento escrito.
d) Não solene – não há necessidade de escritura pública.
e) Obrigação acessória – a sua existência depende de um contrato principal.
f) Típico – possui previsão legal.
g) Fiduciário – essencialmente, decorre da confiança das partes.

13.3 Seus efeitos e regras (arts. 827 a 836 do CC)

a) As dívidas futuras podem ser objeto de fiança, mas o fiador, nesse caso, não será demandado senão depois que se fizer certa e líquida a obrigação do principal devedor (art. 821 do CC).
b) A fiança poderá abranger a totalidade da dívida (total) ou parte da dívida (parcial), sendo a primeira ilimitada e a segunda limitada.
c) O credor possui o direito de examinar a idoneidade da fiança, não podendo ser obrigado a aceitar o fiador se o mesmo não for idôneo, domiciliado no município onde tenha de prestar a fiança e não possua bens suficientes para cumprir a obrigação.
d) Se houver insolvência do fiador, o credor poderá exigir a sua substituição.
e) É inerente à fiança o benefício de ordem, qual seja, o fiador exigir que inicialmente seja executado o bem do devedor para posteriormente ter o seu patrimônio atingido.
f) A solidariedade não se presume, decorre da lei ou da vontade das partes, logo, inexiste diploma legal dizendo que o devedor e o fiador são solidários; se inexistir no contrato, não se poderá presumi-los solidários, pois isso violaria a regra legal.

g) A fiança poderá ser prestada conjuntamente a um só débito, por mais de uma pessoa, importando o compromisso de solidariedade entre elas se declaradamente não se reservarem o benefício da divisão, respondendo cada fiador unicamente pela parte que proporcionalmente lhe couber no pagamento.
h) O fiador também tem direito perante o devedor de ser ressarcido de todas as perdas e danos que vier a sofrer em razão da fiança.
i) Poderá o fiador promover o andamento da execução contra o devedor nos casos em que o credor, sem justa causa, demorar a executar.
j) Segundo a doutrina majoritária, a renúncia convencional é nula.
k) A obrigação do fiador passa para os herdeiros, mas fica limitado ao quinhão hereditário (forças da herança).
l) É o único contrato em que há compensação sem reciprocidade de créditos e débitos, podendo ser compensado com o credor o que este deve ao afiançado.
m) A desoneração de fiador em locação urbana é regulada pelo art. 40 da Lei 8.245/1991, em que o fiador ainda responde no período de 120 dias após a sua desoneração, enquanto a da Lei Civil, o fiador ficará obrigado por todos os efeitos da fiança, durante 60 dias após a notificação do credor.
n) Não obstante discussões anteriores acerca da constitucionalidade da penhora do único bem imóvel do fiador, o STF pacificou esse entendimento acerca da possibilidade, declarando a constitucionalidade do art. 3.º, VII, da Lei 8.009/1990.

13.4 Extinção da fiança (arts. 837 a 839 do CC)

São casos de extinção da fiança:

a) resilição unilateral;
b) morte;
c) o fiador pode opor ao credor as exceções que lhe forem pessoais e as extintivas da obrigação que competem ao devedor principal, se não provierem simplesmente de incapacidade pessoal, salvo o caso do mútuo feito a pessoa menor;
d) o fiador, ainda que solidário, ficará desobrigado se, sem o seu consentimento, o credor conceder moratória ao devedor; se, por fato do credor, for impossível a sub-rogação nos seus direitos e preferências; se o credor, em pagamento da dívida, aceitar amigavelmente do devedor objeto diverso do que este era obrigado a lhe dar, ainda que depois venha a perdê-lo por evicção;
e) em caso de ser invocado o benefício da excussão e o devedor, retardando-se à execução, cair em insolvência, ficará exonerado o fiador que o invocou, se provar que os bens por ele indicados eram, ao tempo da penhora, suficientes para a solução da dívida afiançada.

13.5 Fluxograma

Fiança

Conceito
É uma obrigação de garantia pessoal, também chamada de caução fidejussória. Pelo contrato de fiança, uma pessoa garante satisfazer ao credor uma obrigação assumida pelo devedor, caso este não a cumpra (art. 818, CC).

Natureza Jurídica
- Unilateral;
- Gratuito;
- Oneroso (no caso da fiança bancária);
- Consensual;
- Formal e não solene;
- De interpretação restritiva;
- Obrigação acessória;
- Típico (paritário/adesão);
- Fiduciário.

Compensação
É uma forma indireta de pagamento quando há créditos e débitos recíprocos e é preciso que ambas as prestações sejam fungíveis, líquidas e vencidas.

Retrofiança
Ocorre quando o fiador exige do devedor outro fiador, contra o qual poderá exercer o direito de regresso.

Diferença entre fiança e aval
A fiança é um contrato acessório, enquanto o aval é autônomo. A fiança é contrato, o aval é obrigação cambial. Na fiança, ocorre o benefício de ordem (art. 827, CC); já no aval, há solidariedade entre o avalista e o devedor principal.

A fiança prestada sem autorização de um dos cônjuges implica a ineficácia total da garantia (Súmula n. 332, STJ).

Efeitos e regras
- As dívidas futuras podem ser objeto de fiança; mas o fiador, neste caso, não será demandado senão depois que se fizer certa e líquida a obrigação do principal devedor (art. 821, CC);
- A fiança pode ser *total (ilimitada)* ou *parcial (limitada)* (art. 823, CC);
- As obrigações eivadas de nulidade não podem ser objeto de fiança, exceto se a nulidade resultar apenas de incapacidade pessoal do devedor;
- É direito do credor examinar a idoneidade moral e econômica do fiador;
- Caso o fiador se torne insolvente ou incapaz, poderá o credor exigir que seja substituído;
- É inerente à fiança o benefício de ordem ou de excussão, que se traduz no direito de o fiador exigir, até a contestação da lide, que sejam primeiro executados os bens do devedor (art. 827, CC);
- A fiança *não importa* por si só em solidariedade. O fiador não é devedor solidário do afiançado, pois se trata de duas obrigações distintas. *A solidariedade tem de ser expressa*;
- Havendo cofiadores, considera-se que todos são entre eles solidários. Não é uma regra absoluta e nada impede que eles estabeleçam os quinhões pelos quais cada um responder;
- O devedor responde também perante o fiador por todas as perdas e danos que este pagar e pelos que sofrer em razão da fiança;
- Quando o credor, sem justa causa, demorar a execução iniciada contra o devedor, poderá o fiador promover-lhe o andamento (arts. 834, CC e 567, inc. III, CPC);
- Em caso de desoneração do fiador, em se tratando de locação urbana, deverá ser aplicado o art. 40 da Lei de Locações (Lei n. 8.245/91) ao invés do art. 835, CC, ficando o fiador obrigado por todos os efeitos da fiança, durante 120 dias após a notificação ao locador da desoneração (inc. X);
- A renúncia convencional é nula segundo doutrina dominante;
- A obrigação do fiador passa aos herdeiros; mas, a responsabilidade da fiança se limita ao tempo decorrido até a morte do fiador, não ultrapassando as forças da herança;
- A fiança é o único contrato em que pode ocorrer uma compensação sem haver reciprocidade dos créditos e débitos. A regra é que o fiador pode compensar com o credor o que este deve ao afiançado.

Extinção da fiança (arts. 835 a 839, CC)
- Resilição unilateral;
- Morte;
- O fiador poderá opor ao credor as exceções que lhe forem pessoais e as extintivas da obrigação que competem ao devedor principal, se não provierem simplesmente de incapacidade pessoal, com ressalva para o caso do mútuo feito à pessoa menor;
- Ficará desobrigado o fiador, ainda que seja solidário nas hipóteses em que: sem consentimento seu, o credor conceda moratória ao devedor; por fato do credor, for impossível a sub-rogação nos seus direitos e preferências; se o credor, em pagamento da dívida, aceitar amigavelmente do devedor objeto diverso do que este era obrigado a lhe dar, ainda que depois venha a perdê-lo por evicção;
- Caso seja invocado o benefício da excussão, e o devedor, retardando-se a execução, cair em insolvência, ficará exonerado o fiador que o invocou, se provar que os bens por ele indicados eram, ao tempo da penhora, suficientes para a solução da dívida afiançada.

14. DA TRANSAÇÃO (ARTS. 840 A 850 DO CC)

14.1. Conceito

O contrato de transação está disciplinado nos arts. 840 a 850 da lei civil e é o contrato pelo meio do qual as partes convencionam a extinção de uma obrigação fazendo concessões mútuas ou recíprocas.

14.2. Natureza Jurídica

a) Bilateral;

b) Comutativo;

c) Oneroso;

d) Consensual;

e) Tem por objeto apenas direitos obrigacionais de cunho patrimonial e de caráter privado (art. 841, do CC);

f) Não solene, em regra. Todavia poderá revestir-se de forma solene, de acordo com o disposto no art. 842, da lei civil.

14.3. Espécies

A norma apresenta duas modalidades de transação:

a) Judicial ou extintiva, realizada perante o juiz, quando existir litígio em relação à alguma obrigação. Necessária escritura pública ou de termo nos autos, assinado pelas partes e homologado pelo juízo;

b) Extrajudicial ou preventiva: feita com o objetivo de prevenir eventual litígio, não existindo forma solene por determinação legal, mas exige-se a forma escrita.

14.4. Efeitos

O contrato de transação deve ser interpretado restritivamente, e por ele não se transmitem, apenas se declaram ou reconhecem direitos.

Em relação a terceiros, a transação não aproveita, nem prejudica senão aos que nela intervierem, ainda que diga respeito a coisa indivisível. Se for concluída entre o credor e o devedor, desobrigará o fiador; se entre um dos credores solidários e o devedor, extingue a obrigação deste para com os outros credores; e, se entre um dos devedores solidários e seu credor, extingue a dívida em relação aos codevedores.

Ocorrendo a evicção da coisa renunciada por um dos transigentes, ou por ele transferida à outra parte, não revive a obrigação extinta pela transação; mas ao evicto cabe o direito de reclamar perdas e danos. Se um dos transigentes adquirir, depois da transação, novo direito sobre a coisa renunciada ou transferida, a transação feita não o inibirá de exercê-lo.

A transação concernente a obrigações resultantes de delito não extingue a ação penal pública. E é admissível, na transação, a pena convencional.

No que tange à nulidade de qualquer das cláusulas da transação, esta será tida por nula também. Na hipótese de a transação versar sobre diversos direitos contestados, independentes entre si, o fato de não prevalecer em relação a um não prejudicará os demais. Será também nula a transação a respeito do litígio decidido por sentença transitada em julgado, se dela não tinha ciência algum dos transatores, ou quando, por título ulteriormente descoberto, se verificar que nenhum deles tinha direito sobre o objeto da transação.

Em se tratando de anulabilidade, a transação só será anulada nos casos de dolo, coação, ou erro essencial quanto à pessoa ou coisa controversa. Todavia, não será anulada por erro de direito a respeito das questões que foram objeto de controvérsia entre as partes.

Transação (arts. 840 a 850 do CC)	Compromisso e arbitragem (arts. 851 a 853 do CC e Lei 9.307/1996
Conceito: Trata-se do contrato em que as partes pactuam a extinção de uma obrigação por meio de concessões mútuas ou recíprocas, o que inclusive pode ocorrer de forma preventiva (art. 840 do CC). "Interessante verificar, contudo, que se ambas as partes não cedem, não há que se falar em transação". **Natureza jurídica:** Contrato bilateral, oneroso consensual e comutativo, devendo ter como objetivo apenas direitos obrigacionais de cunho patrimonial. **Modalidades**: a) Transação judicial ou extintiva: é aquela feita perante o juiz, havendo litígio em relação à determinada obrigação. b) Transação extrajudicial ou preventiva: é aquela realizada com o intuito de prevenir eventual litígio judicial, não havendo maiores formalidades apontadas pela lei. – Nos dois casos a transação deve ser interpretada de forma restritiva, nunca de forma extensiva. Por meio da transação não se transmitem, mas apenas se declaram ou reconhecem direitos (art. 843 do CC).	**Conceito:** O compromisso é o acordo de vontades por meio do qual as partes, preferindo não se submeter à decisão judicial, confiam a árbitros a solução de seus conflitos de interesse, de cunho patrimonial. Pode-se dizer que o compromisso é o contrato que conduz à arbitragem, modalidade de jurisdição. **Natureza jurídica:** O compromisso arbitral é contrato ilateral, oneroso, consensual e cumulativo. **Modalidades**: O art. 851 do CC admite duas formas de compromisso arbitral, o judicial (por termo nos autos – endoprocessual) e o extrajudicial (hipótese em que não foi ajuizada ação – extrajudicial). – Além dessas hipóteses, o art. 853 do CC prevê a possibilidade da cláusula compromissória (*pactuam de compromittendo*), para resolver divergências mediante juízo arbitral, na forma estabelecida pela Lei 9.307/1996. Nesse sentido, prevê o art. 4º da referida lei que "a cláusula compromissória é a convenção através da qual as partes em um contrato comprometem-se a submeter à arbitragem os litígios que possam vir a surgir, relativamente a tal contrato".

14.5 Fluxograma

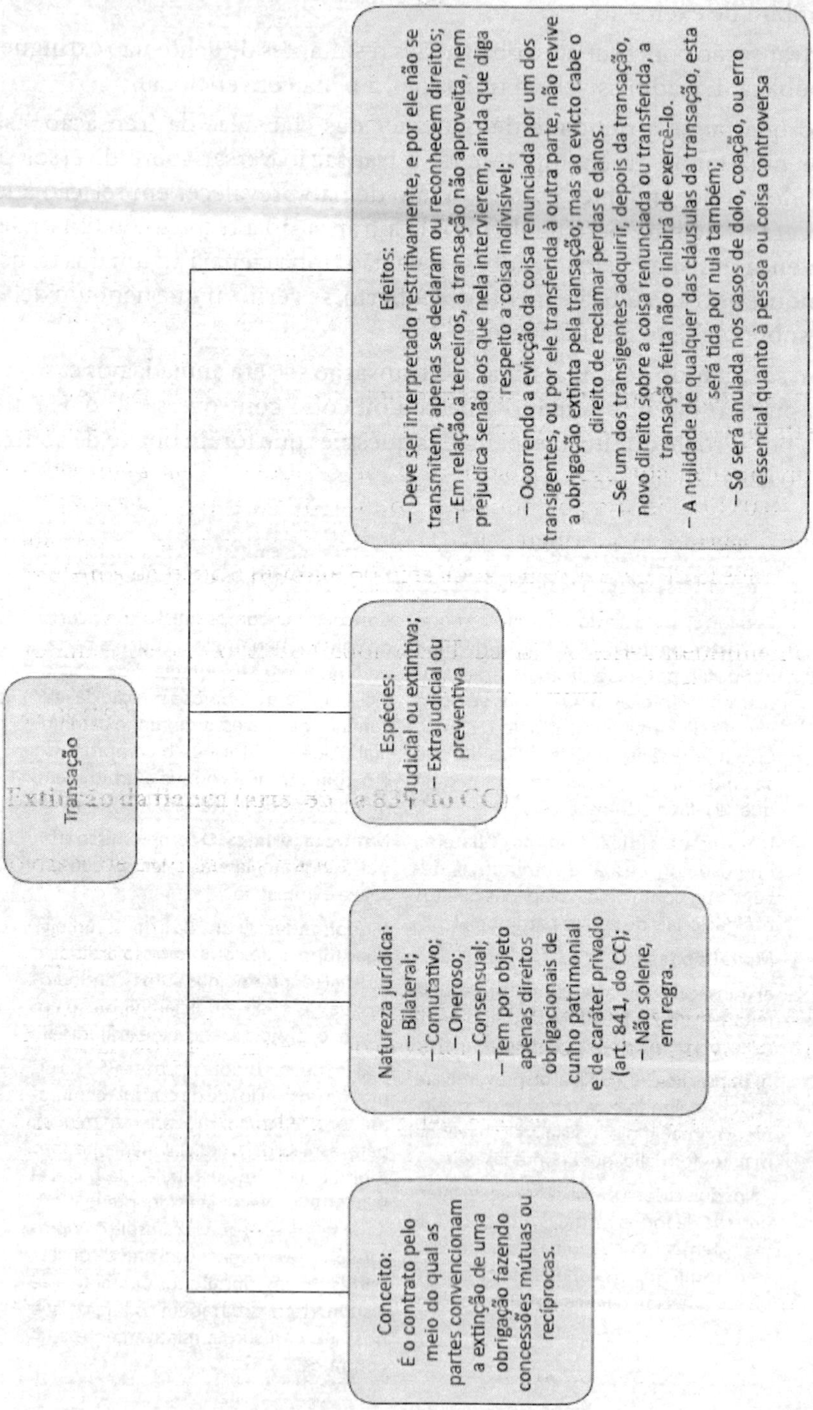

4

Responsabilidade Civil

1. DEFINIÇÃO

A matéria a ser estudada vincula-se ao dever de não causar prejuízo injustamente, buscando-se a indenização pelos danos sofridos, com a finalidade de reparação na medida do injusto causado resultante da violação do dever de cuidado.

2. REQUISITOS

a) Ato ilícito ou conduta.
b) Culpa.
c) Dano.
d) Nexo causal.

2.1 Ato ilícito ou conduta

Conduta contrária ao direito positivado, tendo por elementos a antijuridicidade, ou seja, o ato ser contrário à ordem jurídica; e o agente ser imputável, respondendo por possuir maturidade e sanidade para a prática dos atos civis.

2.1.1 Modalidades

a) Indenizatório – busca a reparação do estado inicial da vítima (*status quo ante*).
b) Invalidante – tem como objetivo a invalidade do ato praticado de forma ilícita.
c) Caducificante – resulta na efetiva perda do direito.
d) Autorizante – a lei autoriza a prática de uma conduta em rejeição a um ilícito.

2.2 Culpa

A culpa pode ser dividida em dois casos:

a) culpa *latu sensu*: tem o dolo como sua modalidade mais grave, podendo ser encontrado nas seguintes formas:
   - dolo direto: o agente deseja a prática do ilícito;
   - dolo necessário: fala a respeito de um efeito colateral típico decorrente do meio escolhido e admitido, pelo autor, como certo ou necessário;
   - dolo eventual: o agente, com a sua conduta, assume o risco do ilícito.

b) culpa *stricto sensu* (mera culpa): o agente pratica o ilícito com a ausência do dever de cuidado, gerando as seguintes espécies:
   - negligência – a conduta é caracterizada pelo desleixo;
   - imprudência – a conduta é omissiva;
   - imperícia – é a falta de habilidade técnica.

Diante do tema abordado, constata-se a existência de uma classificação referente à graduação, em que a culpa poderá ser: grave, em razão do erro grosseiro, leve, diante de falta evitável, e, ainda, levíssima, ante a falta de atenção extraordinária, sendo a indenização obrigatória em qualquer um desses graus (*in lege Aquilia et levissima culpa venit*).

2.2.1 *Modalidades de culpa* strictu sensu

a) Contratual – violação de um dever jurídico originariamente estabelecido.
b) Extracontratual ou aquiliana – aquela que ocorre sem qualquer estabelecimento de relação jurídica originária.
c) *In comitendo* – culpa por agir com imprudência.
d) *In omitendo* – culpa em omitir.
e) *In vigilando* – culpa pela vigilância.
f) *In eligendo* – culpa pela escolha.
g) *In custodiando* – culpa pela custódia, por guardar.
h) Presumida – a culpa, nesse caso, é essencial para o dever de reparar, geralmente a lei já faz o juízo de presunção, não sendo esta adotada pelo CC/2002, e, nas situações de previsão em leis esparsas, a doutrina entende que se considera caso de responsabilidade objetiva.
i) Concorrente – hipótese em que o agente e a vítima contribuem para a prática do evento danoso, sendo devida, segundo a doutrina, a divisão proporcional dos graus de culpa entre eles.

2.3 Dano

As modalidades de dano existentes são: material, moral, estético, coletivo e social e a perda de uma chance.

2.3.1 Modalidades

2.3.1.1 Dano material

Trata-se de uma efetiva lesão patrimonial, podendo ser total ou parcial, suscetível de avaliação pecuniária.

2.3.1.1.1 Danos emergentes e lucros cessantes

a) Danos emergentes – do latim *damnum emergens*, significa a perda efetivamente sofrida.
b) Lucros cessantes – atinge o patrimônio futuro (ganho presumível), impedindo seu aumento.

2.3.1.2 Dano incerto

Conforme entendimento do STJ, não é possível indenizar um dano incerto, em razão da própria natureza da responsabilidade civil, que é a efetiva reparação de dano causado ao patrimônio.

2.3.1.3 Dano material futuro

Inexiste a possibilidade desta modalidade, uma vez que somente se pode exigir reparação por danos causados e não por danos a causar, isto é, que poderão acontecer futuramente, inexistindo lesão patrimonial.

2.3.1.4 Dano moral

É uma espécie de dano, extrapatrimonial, por violação aos direitos inerentes à pessoa, contidos nos direitos da personalidade.

> **Atenção!**
>
> O dano moral indenizável não pressupõe necessariamente a verificação de sentimentos humanos desagradáveis como dor ou sofrimento. (Art. 927 - Enunciado n. 445 da V Jornada de Direito Civil).

2.3.1.4.1 Modos de fixação

a) Compensatório

São analisados dois requisitos concomitantemente: extensão do dano + condições pessoais da vítima.

Atenção!

- O patrimônio do ofendido não pode funcionar como parâmetro preponderante para o arbitramento de compensação por dano extrapatrimonial. (Art. 927, Enunciado n. 588 da VII Jornada de Direito Civil)
- A compensação pecuniária não é o único modo de reparar o dano extrapatrimonial, sendo admitida a reparação in natura, na forma de retratação pública ou outro meio. (Art. 927 – Enunciado n. 589 da VII Jornada de Direito Civil)

b) Punitivo

Neste outro ponto, existem dois requisitos: condições econômicas + grau de culpa do agente.

Punitive damages – Traduzido como danos punitivos, seria aquilo que a doutrina chama de "dano moral punitivo". Defende-se o entendimento de que tal instituto seja possível se o juiz considerar que, diante da proporcionalidade entre a culpa e o dano, é cabível indenização com o objetivo de punir o agente pela prática.

Todavia, parte da doutrina possui posicionamento diverso, interpretando que, se inexiste previsão no CC/2002, logo, não é possível ser adotado, sob pena de configurar enriquecimento sem causa como disposto no art. 884 do CC.

2.3.1.4.2 Direto e indireto ou ricochete

Ocorre o dano moral direto quando o ofendido é diretamente atingido nos seus direitos da personalidade. O sofrimento, a dor e o trauma provocados pela morte de um ente querido podem gerar o dever de indenizar. Assim tem se posicionado o Superior Tribunal de Justiça (STJ) ao julgar os pedidos de reparação feitos por parentes ou pessoas que mantenham fortes vínculos afetivos com a vítima. Trata-se de dano moral reflexo ou indireto, também denominado dano moral por ricochete. Em síntese, ocorre o mesmo quando a ofensa é dirigida a uma pessoa, mas quem sofre os seus efeitos é outra.

Atenção!

- Constituem danos reflexos reparáveis as despesas suportadas pela operadora de plano de saúde decorrentes de complicações de procedimentos por ela não cobertos. (Enunciado n. 552 da VI Jornada de Direito Civil)
- No plano patrimonial, a manifestação do dano reflexo ou por ricochete não se restringe às hipóteses previstas no art. 948 do Código Civil. (Enunciado n. 560 da VI Jornada de Direito Civil)

2.3.1.4.3 Dano moral à pessoa jurídica

Não é pacífico o ponto de vista da matéria abordada, sendo majoritário o entendimento de que é possível que a pessoa jurídica sofra dano moral, conforme dispõe a Súmula 227 do STJ: "A pessoa jurídica pode sofrer dano moral".

2.3.1.4.4 Impossibilidade de incidência de imposto de renda

O dano moral é uma recomposição de lesão, ainda que extrapatrimonial, e por tal motivo a sua indenização não significa um acréscimo patrimonial, não incidindo desse modo no imposto de renda sobre as verbas recebidas a título de ressarcimento pelos danos causados.

2.3.1.4.5 Dano moral coletivo e social

O dano moral coletivo é a lesão extrapatrimonial aos direitos da personalidade de um determinado grupo, como, por exemplo, discriminação sexual, etnia, religião, dentre outros. Já o dano moral social envolve a sociedade, ou seja, um grupo indeterminado, não se podendo medir a quantidade de pessoas lesionadas. Um grande exemplo é a ação civil pública movida pelo MPF/SP, em face da Rede TV, por ter entrevistado ao vivo a vítima Eloá no cativeiro momentos antes de seu assassinato. Nessa ocasião, foi impossível medir a quantidade de pessoas no país que estavam assistindo ao programa, sendo indiscutível, ainda, a exposição da vítima em rede nacional, argumentos esses objetos da discussão nos autos do Processo 2008.61.00.029505-0, distribuído perante a 6.ª Vara Federal Cível de São Paulo.

2.3.1.4.6 Prova do dano moral

Segundo entendimento pacífico do STJ, o dano moral é chamado de *in re ipsa (presumido)*, ou dano na própria coisa, bastando demonstrar unicamente o fato.

Atenção!

- Embora o reconhecimento dos danos morais se dê, em numerosos casos, independentemente de prova (*in re ipsa*), para a sua adequada quantificação, deve o juiz investigar, sempre que entender necessário, as circunstâncias do caso concreto, inclusive por intermédio da produção de depoimento pessoal e da prova testemunhal em audiência (Art. 944 - Enunciado n. 455 da V Jornada de Direito Civil).
- O dano à imagem restará configurado quando presente a utilização indevida desse bem jurídico, independentemente da concomitante lesão a outro direito da personalidade, sendo dispensável a prova do prejuízo do lesado ou do lucro do ofensor para a caracterização do referido dano, por se tratar de modalidade de dano *in re ipsa*. (Art. 927 - Enunciado n. 587, da VII Jornada de Direito Civil)

2.3.1.4.7 A quantificação dos danos morais

No momento de fixar o *quantum debeatur*, o magistrado deverá estabelecer uma reparação equitativa, baseada na culpa do agente, na extensão e na gravidade do prejuízo causado, bem como na capacidade econômica das partes. A indenização deve apresentar um critério de razoabilidade, proporcionalidade e ao mesmo tempo necessária à condenação do agente.

Atenção!

- A redução equitativa da indenização tem caráter excepcional e somente será realizada quando a amplitude do dano extrapolar os efeitos razoavelmente imputáveis à conduta do agente (Art. 944 - Enunciado n. 457 da V Jornada de Direito Civil).
- O grau de culpa do ofensor, ou a sua eventual conduta intencional, deve ser levado em conta pelo juiz para a quantificação do dano moral (Art. 944 - Enunciado n. 458 da V Jornada de Direito Civil).
- A quantificação da reparação por danos extrapatrimoniais não deve estar sujeita a tabelamento ou a valores fixos (Enunciado n. 550 da VI Jornada de Direito Civil).
- A indenização não inclui os prejuízos agravados, nem os que poderiam ser evitados ou reduzidos mediante esforço razoável da vítima. Os custos da mitigação devem ser considerados no cálculo da indenização. (Art. 944 - Enunciado n. 629 da VIII Jornada de Direito Civil).

Importante!

Súmulas do STJ com referência ao dano moral:

37 – "São cumuláveis as indenizações por dano material e dano moral oriundos do mesmo fato."

227 – "A pessoa jurídica pode sofrer dano moral."

281 – "A indenização por dano moral não está sujeita à tarifação prevista na Lei de Imprensa."

326 – "Na ação de indenização por dano moral, a condenação em montante inferior ao postulado na inicial não implica sucumbência recíproca."

362 – "A correção monetária do valor da indenização do dano moral incide desde a data do arbitramento."

370 – "Caracteriza dano moral a apresentação antecipada de cheque pré-datado."

385 – "Da anotação irregular em cadastro de proteção ao crédito, não cabe indenização por dano moral, quando preexistente legítima inscrição, ressalvado o direito ao cancelamento."

387 – "É lícita a cumulação das indenizações de dano estético e dano moral."

388 – "A simples devolução indevida de cheque caracteriza dano moral."

402 – "O contrato de seguro por danos pessoais compreende os danos morais, salvo cláusula expressa de exclusão."

420 – "Incabível, em embargos de divergência, discutir o valor de indenização por danos morais."

624 - "É possível cumular a indenização do dano moral com a reparação econômica da Lei n. 10.559/2002 (Lei da Anistia Política)."

642 – "O direito à indenização por danos morais transmite-se com o falecimento do titular, possuindo os herdeiros da vítima legitimidade ativa para ajuizar ou prosseguir a ação indenizatória".

647 – "São imprescritíveis as ações indenizatórias por danos morais e materiais decorrentes de atos de perseguição política com violação de direitos fundamentais ocorridos durante o regime militar".

2.3.1.5 Dano estético

É a efetiva lesão à integridade corporal da vítima e, podendo ser indenizável, o dano deve ser duradouro ou permanente ou, em alguns casos, impedir as capacidades laborativas. Para que o dano estético se configure não é necessária carga de irreversibilidade e nem de definitividade.

O STJ sumulou o seu entendimento no verbete 387, em que: "É lícita a cumulação das indenizações de dano estético e dano moral".

2.3.1.6 Perda de uma chance

Ocorre quando a vítima possui uma chance séria e real, englobando tanto o dano moral quanto o material. Exemplificando: nas Olimpíadas de Atenas em 2004, o maratonista Vanderlei Cordeiro de Lima estava liderando a prova, até que, por volta do 36.º km de prova, um padre irlandês o empurrou desconcentrando-o e retirando o ritmo da prova, fazendo com que o atleta conquistasse apenas o bronze.

Outro grande exemplo de perda de uma chance foi caso no programa "Show do Milhão" (REsp 788.459/BA), em que foi questionada ao participante uma pergunta que não possuía resposta correta. Nesse sentido, o STJ entendeu por reduzir a indenização para o valor de R$ 125.000,00 de acordo com a probabilidade matemática de o participante acertar, o que, *data venia*, saiu de graça para quem teria o dever de pagar um milhão de reais.

2.4 Nexo causal

É o vínculo ou relação de causa e efeito entre a conduta e o resultado, existindo diversas teorias, sendo adotada pela jurisprudência a Teoria do Dano Direto e Imediato. No entanto, é essencial listar as principais teorias existentes:

- Teoria da equivalência das condições/*conditio sine qua non* – nesta teoria não há diferença entre os antecedentes do resultado danoso, de forma que tudo irá concorrer para o evento considerado causador. Ela não é adotada em nosso ordenamento.
- Teoria da causalidade adequada – adotada pelo CC/2002 nos arts. 944 e 945. Para essa teoria, considera-se como causa todo e qualquer evento que haja contribuído para a efetiva ocorrência do resultado. Portanto, para que ela possa ser adotada, deve-se estar diante de uma causa adequada e apta à efetivação do resultado.
- Teoria do dano direto e imediato – segundo essa teoria, será indenizável todo o dano que se filia a uma causa, ainda que remota, desde que necessária, encontrando respaldo no art. 403 do atual Código Civil.

2.4.1 Concorrência de causas

a) Subsequentes – são causadas pela prática de conduta oriunda de um ato fundamentando por prática posterior.
b) Complementares – são geradas pela prática da conduta de dois ou mais agentes que, sem a ajuda do outro, não atingiriam o fim pretendido.
c) Cumulativas – não haveria necessidade de a conduta dos agentes somar-se, em razão de que ambas atingiriam o objetivo-fim da mesma maneira.
d) Alternativas – não há como definir o agente causador do dano.
e) Preexistentes – a conduta do agente por si só não atingiria o resultado-fim se já existisse outra causa.

f) Concomitantes – são causas geradoras do dano que são produzidas ao mesmo tempo.

g) Supervenientes – surgem após o evento danoso.

3. RISCO

Há diversas espécies de risco dispostas no ordenamento jurídico, devendo ser mencionadas as principais:

a) risco proveito – todo ônus deve ser suportado por quem recebe o bônus;

b) risco profissional – deriva das relações de trabalho;

c) risco excepcional – origina-se de atividades que exigem elevado grau de perigo;

d) risco integral – modalidade mais elevada de responsabilidade objetiva por não admitir exclusão de culpabilidade, em razão de o agente ser o responsável universal, adotado excepcionalmente no ordenamento jurídico nas seguintes formas:

d.1) dano ambiental: o art. 225, § 3.º, da CF/1988 c/c o art. 14, § 1.º, da Lei 6.938/1981 defendem que o dano ambiental deverá ser reparado independentemente de culpa;

Atenção!

Súmula n. 613, do STJ: "Não se admite a aplicação da teoria do fato consumado em tema de Direito Ambiental".

Súmula n. 618, do STJ: "A inversão do ônus da prova aplica-se às ações de degradação ambiental."

Súmula n. 623, do STJ: "As obrigações ambientais possuem natureza *propter rem*, sendo admissível cobrá-las do proprietário ou possuidor atual e/ou dos anteriores, à escolha do credor."

Súmula n. 629, do STJ: "Quanto ao dano ambiental, é admitida a condenação do réu à obrigação de fazer ou à de não fazer cumulada com a de indenizar."

Súmula n. 652, do STJ: "A responsabilidade civil da Administração Pública por danos ao meio ambiente, decorrente de sua omissão no dever de fiscalização, é de caráter solidário, mas de execução subsidiária."

d.2) seguro obrigatório – DPVAT: a Lei 6.194/1974 estabelece indenização às vítimas de acidente de veículos automotores independente de culpa ou de identificação do veículo automotor;

Atenção!

- A ação de cobrança do seguro obrigatório (DPVAT) prescreve em três anos. (Súmula n. 405, STJ)
- Os juros de mora na indenização do seguro DPVAT fluem a partir da citação. (Súmula n. 426, STJ)
- A indenização do seguro DPVAT, em caso de invalidez parcial do beneficiário, será paga de forma proporcional ao grau da invalidez. (Súmula n. 474, STJ)
- Na ação de cobrança do seguro DPVAT, constitui faculdade do autor escolher entre os foros do seu domicílio, do local do acidente ou ainda do domicílio do réu. (Súmula n. 540, STJ)
- É válida a utilização de tabela do Conselho Nacional de Seguros Privados para estabelecer a proporcionalidade da indenização do seguro DPVAT ao grau de invalidez também na hipótese de sinistro anterior a 16/12/2008, data da entrada em vigor da Medida Provisória n. 451/2008. (Súmula n. 544, STJ)
- Nas ações de indenização decorrente de seguro DPVAT, a ciência inequívoca do caráter permanente da invalidez, para fins de contagem do prazo prescricional, depende de laudo médico, exceto nos casos de invalidez permanente notória ou naqueles em que o conhecimento anterior resulte comprovado na fase de instrução. (Súmula n. 573, STJ)
- A correção monetária nas indenizações do seguro DPVAT por morte ou invalidez, prevista no § 7º do art. 5º da Lei n. 6.194/1974, redação dada pela Lei n. 11.482/2007, incide desde a data do evento danoso. (Súmula n. 580, STJ)

d.3) danos nucleares – art. 21, XXIII, "d", da CF, responsabilidade civil por danos nucleares, na qual também é aplicada a teoria do risco integral.

4. RESPONSABILIDADE POR ATO PRÓPRIO (ARTS. 939 E 940 DO CC)

Transcorre por ato do próprio agente, ora causador do dano. Está disposta nos arts. 939 e 940 do CC.

Conforme o primeiro dispositivo, quem demandar judicialmente contra devedor antes de vencida a dívida, fora dos casos em que a lei o permita, deverá aguardar o vencimento, assim como pagar as custas em dobro, sendo obrigado, ainda, a descontar os juros, por serem, até o momento, indevidos.

Já o segundo dispositivo estabelece que quem demandar judicialmente por dívida já paga, ainda que somente parte desta, ficará obrigado a pagar ao devedor, no primeiro caso, o dobro do que houver cobrado. E, ainda, se litigar sem ressalvar as quantias recebidas ou pedir mais do que for devido, ficará obrigado a pagar ao devedor o equivalente do que dele exigir. Em ambos os casos, fica ressalvado se já tiver ocorrido a prescrição.

> **Importante**
>
> A diferença entre o art. 940 do Código Civil e o parágrafo único do art. 42 da Lei 8.078/1990 é que o primeiro somente é aplicável a cobranças judiciais e o segundo, a todas as judiciais e extrajudiciais.

5. RESPONSABILIDADE POR ATO DE OUTREM OU RESPONSABILIDADE INDIRETA (ARTS. 932 A 934 DO CC)

De acordo com os ditames do art. 932 da norma civilista, é o caso que terceiros praticam o ilícito e o responsável legal responde pelo fato, isto é, responde (*Haftung*) mesmo sem ter contraído o débito (*Schuld*). O CC/2002 adotou para esses casos a responsabilidade objetiva, conforme redação do art. 933.

A responsabilidade solidária prevista no art. 942 da Lei Civil é aplicável nos casos dos incs. III, IV e V do art. 932.

- Os pais irão responder pelos atos dos filhos que estiverem sob sua guarda e companhia, mesmo que provarem não agir com negligência. A responsabilidade será objetiva e os pais irão substituir os filhos, consoante a Teoria da Substituição.
- A responsabilidade do tutor e curador pelos pupilos e curatelados que se encontrem sob sua autoridade e companhia é aplicada nos mesmos moldes que a responsabilidade dos genitores. Não há vedação legal sobre direito de regresso em face dos pupilos ou curatelados.
- No caso do empregador ou comitente, por seus empregados, serviçais e prepostos, no exercício do trabalho que lhes competir ou em razão dele, o CC/2002 inovou.

Antes da edição do Código Civil de 2002, nesses casos, aplicava-se a responsabilidade por *culpa in elegendo*, como culpa presumida na forma da Súmula 341 do STF, que, ao final, resultava nas mesmas consequências previstas no atual diploma civil, que transformou em responsabilidade objetiva.

A norma abrange não somente a relação de emprego, mas toda e qualquer outra relação empregatícia com subordinação, chamada de preposição.

- Referente aos donos de hotéis, hospedarias, casas ou estabelecimentos onde se albergue por dinheiro, mesmo para fins de educação, pelos seus hóspedes, moradores e educandos, alguns pontos merecem destaque.

A responsabilidade é objetiva, como acima mencionado. Os hotéis, em especial, responderiam também caso o CC/2002 não dispusesse sobre essa matéria, de maneira objetiva, por força do art. 14 da Lei 8.078/1990, visto que está presente o risco da atividade desenvolvida.

A teoria da guarda é aplicada tanto nos casos dos hospitais, clínicas e outros estabelecimentos similares, como nas escolas, enquanto crianças estiverem no referido local.

Quando o paciente nos hospitais for menor ou adolescente, deverá ser observado o art. 12, do ECA, alterado pela Lei n. 13.257/2016:

> **Art. 12.** Os estabelecimentos de atendimento à saúde, inclusive as unidades neonatais, de terapia intensiva e de cuidados intermediários, deverão proporcionar condições para a permanência em tempo integral de um dos pais ou responsável, nos casos de internação de criança ou adolescente.

Atualmente, estão sendo publicizados casos de *bullying* que consiste, em apertadíssima síntese, na prática infantil de deboche com isolamento da pessoa naquela comunidade, geralmente ocorrendo nos colégios (ver Lei n. 13.185/15). No caso há responsabilidade pedagógica do estabelecimento de ensino, sob pena de infração administrativa, conforme o art. 245, do ECA:

> **Art. 245.** Deixar o médico, professor ou responsável por estabelecimento de atenção à saúde e de ensino fundamental, pré-escola ou creche, de comunicar à autoridade competente os casos de que tenha conhecimento, envolvendo suspeita ou confirmação de maus-tratos contra criança ou adolescente.
>
> **Pena** – multa de três a vinte salários de referência, aplicando-se o dobro em caso de reincidência.

- Em relação aos que gratuitamente houverem participado nos produtos do crime, será responsabilizado objetivamente até a concorrente quantia da qual tirou o proveito efetivo, proclamando o princípio da reparação do indevido.
- Deve ser ressaltada a norma do art. 934 da Lei Civil, que trata do direito de regresso. Somente no caso do inc. I do art. 932 não será cabível tal direito. Atenção!

Importante!

Foi editada a Lei n. 13.871, de 17.09.2019, que altera a Lei nº 11.340/2006 (Lei Maria da Penha), para dispor sobre a responsabilidade do agressor pelo ressarcimento dos custos relacionados aos serviços de saúde prestados pelo Sistema Único de Saúde (SUS) às vítimas de violência doméstica e familiar e aos dispositivos de segurança por elas utilizados. Foram acrescidos os §§ 4º a 6º ao art. 9 da referida norma dispondo que:

> Art. 9º [...] § 4º Aquele que, por ação ou omissão, causar lesão, violência física, sexual ou psicológica e dano moral ou patrimonial a mulher fica obrigado a ressarcir todos os danos causados, inclusive ressarcir ao Sistema Único de Saúde (SUS), de acordo com a tabela SUS, os custos relativos aos serviços de saúde prestados para o total

tratamento das vítimas em situação de violência doméstica e familiar, recolhidos os recursos assim arrecadados ao Fundo de Saúde do ente federado responsável pelas unidades de saúde que prestarem os serviços.

§ 5º Os dispositivos de segurança destinados ao uso em caso de perigo iminente e disponibilizados para o monitoramento das vítimas de violência doméstica ou familiar amparadas por medidas protetivas terão seus custos ressarcidos pelo agressor.

§ 6º O ressarcimento de que tratam os §§ 4º e 5º deste artigo não poderá importar ônus de qualquer natureza ao patrimônio da mulher e dos seus dependentes, nem configurar atenuante ou ensejar possibilidade de substituição da pena aplicada.

Atenção!

Em razão da pandemia da Covid-19, uma série de leis foi elaborada para minimizar a crise econômica, dentre as quais citamos a Lei n. 14.016/2020, que dispõe sobre o combate ao desperdício de alimentos e a doação de excedentes de alimentos para o consumo humano e estabelece a responsabilidade daqueles que fornecem o alimento em caso de dano ao beneficiário. Observe:

> Art. 1º Os estabelecimentos dedicados à produção e ao fornecimento de alimentos, incluídos alimentos in natura, produtos industrializados e refeições prontas para o consumo, ficam autorizados a doar os excedentes não comercializados e ainda próprios para o consumo humano que atendam aos seguintes critérios:
>
> I – estejam dentro do prazo de validade e nas condições de conservação especificadas pelo fabricante, quando aplicáveis;
>
> II – não tenham comprometidas sua integridade e a segurança sanitária, mesmo que haja danos à sua embalagem;
>
> III – tenham mantidas suas propriedades nutricionais e a segurança sanitária, ainda que tenham sofrido dano parcial ou apresentem aspecto comercialmente indesejável.
>
> § 1º O disposto no *caput* deste artigo abrange empresas, hospitais, supermercados, cooperativas, restaurantes, lanchonetes e todos os demais estabelecimentos que forneçam alimentos preparados prontos para o consumo de trabalhadores, de empregados, de colaboradores, de parceiros, de pacientes e de clientes em geral.
>
> § 2º A doação de que trata o *caput* deste artigo poderá ser feita diretamente, em colaboração com o poder público, ou por meio de bancos de alimentos, de outras entidades beneficentes de assistência social certificadas na forma da lei ou de entidades religiosas.
>
> § 3º A doação de que trata o caput deste artigo será realizada de modo gratuito, sem a incidência de qualquer encargo que a torne onerosa.
>
> Art. 2º Os beneficiários da doação autorizada por esta Lei serão pessoas, famílias ou grupos em situação de vulnerabilidade ou de risco alimentar ou nutricional.

> Parágrafo único. A doação a que se refere esta Lei em nenhuma hipótese configurará relação de consumo.
>
> Art. 3º O doador e o intermediário somente responderão nas esferas civil e administrativa por danos causados pelos alimentos doados se agirem com dolo.
>
> § 1º A responsabilidade do doador encerra-se no momento da primeira entrega do alimento ao intermediário ou, no caso de doação direta, ao beneficiário final.
>
> § 2º A responsabilidade do intermediário encerra-se no momento da primeira entrega do alimento ao beneficiário final.
>
> § 3º Entende-se por primeira entrega o primeiro desfazimento do objeto doado pelo doador ao intermediário ou ao beneficiário final, ou pelo intermediário ao beneficiário final.
>
> Art. 4º Doadores e eventuais intermediários serão responsabilizados na esfera penal somente se comprovado, no momento da primeira entrega, ainda que esta não seja feita ao consumidor final, o dolo específico de causar danos à saúde de outrem.
>
> Art. 5º Durante a vigência da emergência de saúde pública de importância internacional decorrente do coronavírus responsável pelo surto de 2019, de que trata a Lei nº 13.979, de 6 de fevereiro de 2020, o governo federal procederá preferencialmente à aquisição de alimentos, pelo Programa de Aquisição de Alimentos (PAA), da parcela da produção de agricultores familiares e pescadores artesanais comercializada de forma direta e frustrada em consequência da suspensão espontânea ou compulsória do funcionamento de feiras e de outros equipamentos de comercialização direta por conta das medidas de combate à pandemia da Covid-19.
>
> Parágrafo único. O disposto no *caput* deste artigo não se aplica às situações nas quais os governos estaduais ou municipais estejam adotando medidas semelhantes.
>
> Art. 6º Esta Lei entra em vigor na data de sua publicação.

5.1 Das responsabilidades civil e criminal

A responsabilidade civil e criminal possui comunicação, no entanto, irá prevalecer de forma absoluta o reconhecimento do fato e de autoria na justiça penal (art. 935 do CC). Não corre a prescrição antes do trânsito em julgado da sentença penal condenatória (art. 200 do CC) e esta formará título executivo judicial na jurisdição civil, consoante disposição do CPC/15. São, portanto, instâncias independentes.

6. RESPONSABILIDADE POR FATO DA RUÍNA, COISAS CAÍDAS OU LANÇADAS E DO DANO PRATICADO PELO ANIMAL (ARTS. 936 A 938 DO CC)

O dono de edifício ou construção responde pelos danos que resultarem de sua ruína, se esta provier de falta de reparos, cuja necessidade seja manifesta.

Aquele que habitar prédio, ou parte dele, responsabiliza-se pelo dano proveniente das coisas que dele caírem ou forem lançadas em lugar indevido.

Quando não é possível identificar em um prédio com diversos blocos o autor do lançamento de objetos, a doutrina entende que se aplica a Teoria da Pulverização dos Danos, respondendo todos os condôminos por não se conseguir individualizar a conduta.

À responsabilidade por fato do animal se aplica também a teoria da guarda, devendo o dono ou o detentor de animal ressarcir o dano causado por este. Essa regra é aplicável tanto ao adestrador quanto aos estabelecimentos especializados. Para esses casos, é aplicável a isenção de responsabilidade mediante produção probatória da culpa exclusiva da vítima ou força maior.

7. EXCLUDENTES DE ILICITUDE E EXCLUDENTES DE RESPONSABILIDADE (ARTS. 188, 929 E 930 DO CC)

As excludentes de ilicitude afastam a ilicitude da conduta, mas não o dever de indenizar, respondendo o agente pelos atos lícitos. Têm-se, como exemplos, o estado de necessidade, a legítima defesa e o exercício regular do direito.

Por sua vez, as excludentes de responsabilidade rompem o nexo causal e afastam o dever de indenizar. Ex.: o caso fortuito, a força maior e a culpa exclusiva da vítima.

7.1 Estado de necessidade

Baseia-se na deterioração ou destruição da coisa alheia, ou lesão à pessoa, com o fim de remover perigo iminente, quando as circunstâncias não autorizarem outra forma de atuação. Nesse caso, o agente irá atuar com o fim de resguardar direito seu ou de outra pessoa em situação de perigo concreto.

Essa excludente foi regulamentada no art. 188, II c/c o art. 929, ambos do Código Civil.

7.2 Legítima defesa

Este instituto preceitua que o agente, diante de situação de injusta agressão atual e iminente, a si ou a outra pessoa, age de forma moderada a repelir o acometido. Tal forma de exclusão de ilicitude encontra-se prevista no art. 188, I, 1.ª parte, do Diploma Civil.

No caso de a defesa gerar danos a terceiros, deverá o agente, ainda que licitamente, em sua defesa ou de outrem, indenizar o terceiro na forma dos arts. 929 e 930 do Código Civil.

7.3 Exercício regular do direito

Presente no art. 188, I, 2.ª parte, da norma civilista, consiste na extrapolação dos fins colimados pela lei. Quando não for ilícito, será exercício regular do direito. Ressalte-se que o estrito cumprimento do dever legal não está previsto, dessa forma, deve ser encarado como uma espécie de exercício regular do direito.

7.4 Caso fortuito e força maior

São institutos bem parecidos e podem ser conceituados da seguinte maneira:

a) Caso fortuito – marcado pela imprevisibilidade, advém de causa desconhecida.
b) Força maior – caracterizada pela inevitabilidade, sobrevém de causa conhecida.

7.5 Culpa exclusiva da vítima

Diferente da culpa concorrente da vítima, a culpa exclusiva da vítima ocorrerá quando ela concorrer sozinha para a ocorrência do evento danoso. Há previsão legal nesse sentido no art. 14, § 3.º, II, da Lei 8.078/1990. Um exemplo seria um consumidor que compra uma passagem para um determinado horário e não comparece. A companhia não é obrigada a devolver o valor da passagem em razão de o serviço ter sido prestado adequadamente e o consumidor não ter se beneficiado pelo seu não comparecimento.

Já a culpa concorrente, prevista no art. 945 do Código Civil, ocorrerá se a vítima tiver concorrido culposamente para o evento danoso. A indenização será fixada tendo-se em conta a gravidade de sua culpa em confronto com a do autor do dano.

É importante destacar que, se houver previsão legal de responsabilidade objetiva, não se discute a culpa, exceto quando se tratar de culpa exclusiva da vítima ou culpa concorrente.

Atenção!

Art. 945: Culpas não se compensam. Para os efeitos do art. 945 do Código Civil, cabe observar os seguintes critérios: (i) há diminuição do *quantum* da reparação do dano causado quando, ao lado da conduta do lesante, verifica-se ação ou omissão do próprio lesado da qual resulta o dano, ou o seu agravamento, desde que (ii) reportadas ambas as condutas a um mesmo fato, ou ao mesmo fundamento de imputação, conquanto possam ser simultâneas ou sucessivas, devendo-se considerar o percentual causal do agir de cada um. (Enunciado n. 630 da VIII Jornada de Direito Civil).

7.6 Fato de terceiro

Como o próprio nome diz, um terceiro estranho à relação jurídica entre a vítima e o fornecedor de bens ou serviços causa dano. Dessa forma, o fato de terceiro não exime o dever de indenizar, mas permite o direito de regresso em face do terceiro.

7.7 Cláusula de não indenizar

Somente poderá ser utilizada nas hipóteses de responsabilidade contratual, em que uma das partes estabelece cláusula visando ao afastamento do dever de indenizar quando ocorrer o dano.

Casos em que não será aceita:

a) cada vez que seu conteúdo tiver por fim exonerar devedor que incorreria em responsabilidade por dolo ou culpa grave;
b) se houver violação a interesse de ordem pública;
c) diante dos hipossuficientes e vulneráveis;
d) nos casos dos arts. 424 e 734 do Código Civil;
e) nas hipóteses dos arts. 25 e 51, I, da Lei 8.078/1990;
f) nas condições do art. 247 da Lei 7.565/1986 (Código Brasileiro de Aeronáutica).

Requisitos para a validade da cláusula de não indenizar:

a) bilateralidade do consentimento;
b) que não colida com preceito de ordem pública;
c) igualdade das partes;
d) inexistência do escopo de eximir o dolo ou a culpa grave do estipulante;
e) ausência da intenção de afastar obrigação inerente à função.

8. FLUXOGRAMA

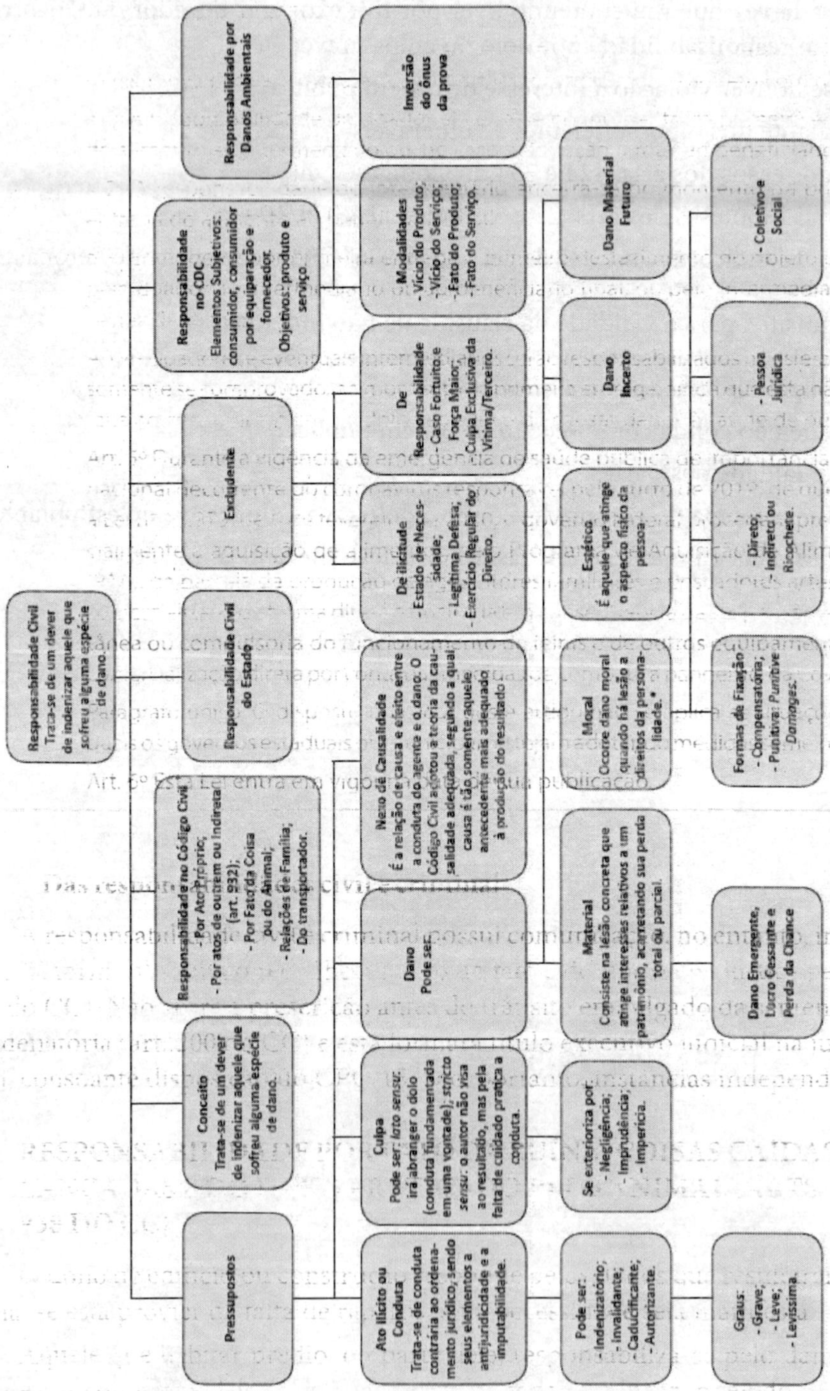

* *Vide* Súmulas do STJ n. 37; 227; 281; 326; 362; 370; 385; 387; 388; 402; 405.

5

Direitos Reais

I. POSSE

1. DEFINIÇÃO

Dispor da posse de um bem não é ter contato físico com ele, como normalmente se pensa. Para entender a sua definição, é fundamental compreender o que são os chamados poderes inerentes à propriedade.

No momento em que se torna proprietária de um bem, uma pessoa automaticamente adquire quatro poderes sobre ele: uso, fruição ou gozo, disposição e sequela. Usar o bem é praticar atos segundo sua finalidade, ou melhor, utilizar um apartamento (nele morando) ou um carro (dirigindo-o). Fruir ou gozar do bem é retirar-lhe frutos, por exemplo, alugar seu apartamento. Dispor do bem é tê-lo à sua disposição, quer dizer, dentro dos limites legais, fazer o que quiser com ele, tal como vender, doar, emprestar, alterar a substância e até destruí-lo. Poder de sequela é o poder que o proprietário tem de perseguir, de reclamar o que é seu, ou seja, de reavê-lo do poder de quem quer que injustamente o possua ou o detenha, o que é feito por intermédio de uma ação judicial chamada ação reivindicatória.

Nos termos do art. 1.196 da Norma Civilista, ter a posse de um bem é possuir o exercício de algum dos poderes inerentes à propriedade. Uma pessoa pode desfrutar de posse sem ter contato físico, bem como pode dispor de contato físico e não de posse. Vamos analisar cada uma dessas situações.

É possível que a pessoa tenha contato físico com o bem e não possua a posse, e sim detenção. Qual é a diferença entre elas? Tanto na posse como na detenção o indivíduo exerce poderes de proprietário, todavia, a detenção é um fato que não é protegido pelo direito.

A posse é um fato protegido pelo direito, pois o possuidor que é agredido em sua posse tem uma ação judicial específica para defendê-la: as ações possessórias. Entretanto, há alguns casos em que a pessoa exerce poderes de proprietário, mas a lei não lhe quer conferir proteção. Se chamasse esse fato de posse, haveria proteção, razão pela qual recebe outro nome: detenção. Assim sendo, detenção são casos de degradação da posse, isto é, situações que seriam posse, porém a lei marginalizou da proteção jurídica, não conferindo legitimidade ativa para propor as ações possessórias.

O principal caso de detenção é o chamado Fâmulo da Posse. É o servidor da posse, ou melhor, a pessoa que exerce poderes de proprietário em nome alheio, cumprindo ordens alheias, como ocorre com o caseiro ou o motorista. Exercem poderes de proprietário, pois estão usando o bem, contudo, a legitimidade para propor ação possessória não é deles, mas sim do patrão, que exerce a posse por meio do seu funcionário.

Atenção!

- Será deferida a posse a quem, evidentemente, tiver o domínio, se com base neste for ela disputada. (Súmula 487, STF).
- A ocupação indevida de bem público configura mera detenção, de natureza precária, insuscetível de retenção ou indenização por acessões e benfeitorias. (Súmula 619, STJ).
- Considera-se possuidor, para todos os efeitos legais, também a coletividade desprovida de personalidade jurídica. (Arts. 1.196, 1.205 e 1.212 - Enunciado n. 236 da III Jornada de Direito Civil).
- A posse constitui direito autônomo em relação à propriedade e deve expressar o aproveitamento dos bens para o alcance de interesses existenciais, econômicos e sociais merecedores de tutela. (Enunciado n. 492 da V Jornada de Direito Civil).
- O reconhecimento da posse por parte do Poder Público competente anterior à sua legitimação nos termos da Lei n. 11.977/2009 constitui título possessório. (Art. 1.196 - Enunciado n. 563 da VI Jornada de Direito Civil).

2. CLASSIFICAÇÕES DA POSSE (ARTS. 1.196 A 1.203 DO CC)

2.1 Posse direta e indireta

É possível a alguém possuir a posse de um bem sem com ele ter contato físico: é o que ocorre na posse indireta. Haverá posse direta e indireta quando se desmembrar os poderes de proprietário, quer dizer, sempre que a pessoa cede temporariamente a alguém um ou alguns de seus poderes de proprietário. É o caso do aluguel, em que o proprietário transfere ao inquilino o poder de usar temporariamente o bem, permanecendo com os poderes de fruição, disposição e sequela.

Como ambos exercem poderes de proprietário, eles têm posse ao mesmo tempo: aquele que cede temporariamente um ou alguns dos poderes de proprietário, dispõe da posse indireta, e aquele que os recebe temporariamente, da posse direta.

Uma vez que os dois possuem a posse, eles podem defendê-la, inclusive o possuidor direto contra o indireto (art. 1.197 do CC). Imagine que o proprietário alugue seu apartamento e, durante o contrato de aluguel, diante de justa recusa do inquilino de devolver o apartamento, use a violência para colocá-lo para fora. O inquilino tinha posse (direta) e foi agredido, podendo propor ação possessória com êxito contra o possuidor indireto.

Sobre o tema, observe os seguintes entendimentos:

- O possuidor direto tem direito de defender a sua posse contra o indireto, e este, contra aquele (art. 1.197, *in fine*, do novo Código Civil). (Art. 1.197 - Enunciado n. 76 da I Jornada de Direito Civil).
- O conceito de posse direta referido no art. 1.240-A do Código Civil não coincide com a acepção empregada no art. 1.197 do mesmo Código. (Enunciado n. 502 da V Jornada de Direito Civil).
- O detentor (art. 1.198 do Código Civil) pode, no interesse do possuidor, exercer a autodefesa do bem sob seu poder. (Enunciado n. 493 da V Jornada de Direito Civil).

Atenção

Ocorre a composse quando houver mais de um possuidor ao mesmo tempo de um bem. Posse direta e indireta não é caso de composse, pois devem ser posses de mesma natureza, tal como mais de um inquilino ou mais de um proprietário alugando seu imóvel. Desde que os compossuidores tenham posse, todos podem exercê-la, contanto que não excluam os demais (art. 1.199 do CC).

2.2 Posse justa e injusta

Posse justa é aquela legítima ou legal; e injusta é a ilegítima ou ilegal. Visto que o Diploma Civil brasileiro adotou a teoria da posse de Ihering, e não a teoria de Savigny, a pessoa pode ter a posse de um bem, mesmo sabendo não ser legítima, pois para tê-la basta dispor do exercício dos poderes inerentes à propriedade. Assim sendo, um ladrão possui a posse do carro que acaba de roubar, porém terá uma posse injusta. Razão: para não ser protegido contra quem foi vítima do roubo, pois a posse ser justa ou injusta é o critério para determinar quem vence a ação possessória.

Nos termos do art. 1.200 da Legislação Civilista, a posse é injusta quando for violenta, clandestina ou precária. Posse violenta é aquela que foi adquirida violentamente, posse clandestina é aquela que foi adquirida às escondidas e posse precária é aquela que decorre de um negócio jurídico condicionado a uma devolução futura, tornando-se precária após a recusa da devolução, quando a posse justa se torna injusta.

> **Atenção**
>
> Pode ser considerado justo título para a posse de boa-fé o ato jurídico capaz de transmitir a posse *ad usucapionem*, observado o disposto no art. 113 do Código Civil. (Arts. 1.200 e 1.214 - Enunciado n. 302 da IV Jornada de Direito Civil).

2.3 Posse de boa-fé e de má-fé

Quando falamos em posse justa ou injusta, adotamos um critério puramente objetivo para a sua classificação. Para a posse de boa-fé ou de má-fé, empregamos um critério subjetivo.

Posse de má-fé é aquela que tem um vício e o possuidor sabe ser injusta, enquanto a de boa-fé é injusta, no entanto, o possuidor não entende do seu vício. Se alguém invade um terreno e violentamente expulsa o dono, contrai uma posse injusta e de má-fé. Agora, se o invasor falsifica uma escritura pública e vende o terreno que não é seu, o comprador até terá uma posse injusta por ser ilegítima, todavia, será uma posse de boa-fé.

Um possuidor tem posse de boa-fé e fica sabendo da injustiça de sua posse. A posse torna-se de má-fé com a ciência do vício ou apenas quando citado em processo a reclamando? A posse de boa-fé perde esse caráter quando as circunstancias fizerem presumir que o possuidor sabia da injustiça da posse, ou seja, independente de processo judicial de seu questionamento (art. 1.202 do CC).

> **Atenção**
>
> – Considera-se justo título, para a presunção relativa da boa-fé do possuidor, o justo motivo que lhe autoriza a aquisição derivada da posse, esteja ou não materializado em instrumento público ou particular. Compreensão na perspectiva da função social da posse. (Art. 1.201 - Enunciado n. 303 da IV Jornada de Direito Civil).
>
> – O conceito de posse de boa-fé de que trata o art. 1.201 do Código Civil não se aplica ao instituto previsto no § 4º do art. 1.228 (Art. 1.228 - Enunciado n. 309 da IV Jornada de Direito Civil).
>
> – É cabível a modificação do título da posse – *interversio possessionis* – na hipótese em que o até então possuidor direto demonstrar ato exterior e inequívoco de oposição ao antigo possuidor indireto, tendo por efeito a caracterização do *animus domini*. (Art. 1.203 - Enunciado n. 237 da III Jornada de Direito Civil).

3. AQUISIÇÃO DA POSSE (ARTS. 1.204 A 1.209 DO CC)

Como ter a posse é ter o exercício de algum dos poderes de proprietário, ela é adquirida quando se torna possível exercer em nome próprio os poderes de proprietário. O art. 1.204 da Lei Civil diz "em nome próprio", pois, caso se torne possível exercê-los em nome alheio, não se adquire posse, mas também detenção.

Assim sendo, adquire-se a posse de um bem com a tradição, pois é a partir do momento da entrega que se torna possível exercer os poderes de proprietário. Não se deve confundir posse com propriedade: adquire-se a propriedade de bem móvel com a tradição e de bem imóvel com o registro, entretanto, sendo a aquisição da posse, seja bem móvel ou bem imóvel, ela se dará com a tradição.

São três tipos de tradição: real, simbólica ou ficta. A real é o que normalmente pensamos por tradição, isto é, quando se entrega o próprio bem. Tradição simbólica ocorre quando não se entrega o bem, e sim um símbolo que o representa (ex.: entrega das chaves de um carro). Por fim, a ficta ocorre quando a tradição se dá por ficção jurídica, podendo ser de duas naturezas: constituto possessório e *traditio brevi manu*.

a) **Constituto possessório:** haverá tradição ficta pelo constituto possessório quando houver uma mudança na natureza da posse. O indivíduo possui uma posse de proprietário e passa a ter uma posse sem ser proprietário, como ocorre quando o proprietário vende um imóvel nele permanecendo como inquilino. Ele adquiriu uma nova posse, tendo de existir uma tradição para gerar a aquisição dessa posse, que será por ficção jurídica para que ele não precise entregar o imóvel e receber imediatamente de volta.

b) ***Traditio brevi manu:*** haverá tradição *brevi manu* quando ocorrer a mudança da natureza da posse em sentido inverso, ou melhor, no momento em que a pessoa se torna dona de um bem que já tinha a posse. Possuía a posse sem ser proprietária e adquiriu uma nova posse, quer dizer, a posse de proprietário, tendo de existir a tradição para sua aquisição, que será por ficção jurídica para que ele não seja obrigado a entregar o imóvel e receber imediatamente de volta.

> **Atenção**
>
> É possível a conversão da detenção em posse, desde que rompida a subordinação, na hipótese de exercício em nome próprio dos atos possessórios. (Arts. 1.198, c/c o art. 1.204 - Enunciado n. 301 da IV Jornada de Direito Civil).

A posse pode ser adquirida pelo próprio possuidor ou por um terceiro, pois o indivíduo pode exercer os poderes de proprietário por ele mesmo ou por intermédio de um terceiro, afinal, colocar um caseiro em um imóvel é usar o bem. O detalhe é que a posse pode ser adquirida por meio de um terceiro que represente o possuidor ou até por um terceiro sem mandato, contudo, nesse caso só se considera adquirida a posse quando o possuidor ratificar, ou seja, confirmar que o terceiro age em seu nome (art. 1.205 do CC).

A aquisição da posse pode ser de duas classes: originária ou derivada. A originária acontece quando não existir um vínculo jurídico com o possuidor anterior (ex.: alguém adquire a posse de coisa sem dono por ter sido abandonada). Por sua vez, a derivada ocorre se houver vínculo jurídico com o possuidor anterior (ex.: compra de um terreno).

O interessante sobre essa classificação é que, quando a aquisição é derivada, eventuais vícios na posse são transmitidos para o novo possuidor, seja uma transmissão *inter vivos* ou *causa mortis*. Assim, se um invasor transmite a posse para um terceiro, a posse desse terceiro até pode ser de boa-fé, porém será injusta tal como era a do seu invasor.

Atenção

- A posse das coisas móveis e imóveis também pode ser transmitida pelo constituto possessório. (Art. 1.205 - Enunciado n. 77 da I Jornada de Direito Civil).
- A faculdade conferida ao sucessor singular de somar ou não o tempo da posse de seu antecessor não significa que, ao optar por nova contagem, estará livre do vício objetivo que maculava a posse anterior. (Enunciado n. 494 da V Jornada de Direito Civil).

4. EFEITOS DA POSSE (ARTS. 1.210 A 1.222 DO CC)

O Código Civil vigente cuida de relevante tema entre os seus arts. 1.210 e 1.222, quando prevê quatro efeitos da posse: proteção possessória, posse e frutos, posse e benfeitorias, e posse e responsabilidade pela perda ou deterioração do bem.

4.1 Proteção possessória

Estuda-se aqui como proteger a posse. Não confundir ação reivindicatória e ação possessória. Ação reivindicatória é aquela que o proprietário tem para reclamar o que é seu (discute-se propriedade), enquanto a possessória é para o possuidor reclamar sua posse agredida (discute-se posse). Para bem entendermos a proteção possessória, é imperioso conhecermos as categorias de agressão à posse:

a) **Esbulho:** o possuidor é retirado da posse, isto é, o bem já foi tomado, como ocorre quando alguém é expulso de um terreno.

b) **Turbação:** existem atos concretos que molestam ou dificultam o exercício da posse sem haver esbulho, por exemplo, quando alguém estaciona seu carro em terreno vizinho.

c) **Ameaça:** é promessa de agressão, sem existir uma agressão concreta, como no caso de uma pessoa ficar do lado de fora de um terreno gritando que vai invadir.

Muitos consideram equivocadamente que a única forma de proteção da posse é por meio das ações possessórias. Sabemos que o Estado tomou para si o monopólio da jurisdição, não permitindo que o jurisdicionado se defenda com suas próprias forças. Mas o Estado sabe não ser onipresente, motivo pelo qual admite excepcionalmente que a pessoa se defenda com suas próprias mãos, o que só pode acontecer nos casos expressamente permitidos em lei e diante da observância rigorosa de requisitos legais, como ocorre na legítima defesa do Direito Penal. No Direito Civil, o caso em que a lei permite que a pessoa se defenda com suas próprias mãos é na defesa da posse.

Dessa forma, há dois tipos de defesa da posse: autotutela e heterotutela. Autotutela é quando a pessoa defende sua posse com suas próprias forças. Na heterotutela um terceiro defende a posse de outrem, ou melhor, a defesa é feita pelo Estado, todavia, este por ser inerte, precisa ser provocado, o que é feito por meio do ajuizamento das ações possessórias.

4.1.1 Autotutela

O artigo 1.210, § 1.º, da Norma Civilista permite a autotutela não só diante da turbação, mas também do esbulho, apenas não cabendo contra a ameaça por não haver uma agressão concreta. Significa que a pessoa pode usar a força não só para defender sua posse de atual agressão, como também para retomá-la após ser esbulhada. Para essa retomada, a lei coloca um requisito fundamental: contanto que seja logo. A autotutela no caso de turbação é chamada de legítima defesa da posse (para a qual se exigem os requisitos da legítima defesa do Direito Penal) e no caso de esbulho é denominado de desforço imediato (esforço para retomada, que deve ser imediato).

Atenção

O que significa "logo" para cabimento de autotutela diante de esbulho? É ocorrer no calor das emoções, pois, se esfriar a tensão, vira vingança privada, que é proibida por lei. Assim sendo, se a prova afirmar que houve um esbulho e se passaram semanas ou meses ou que a vítima foi procurar um advogado dias depois, sinalizará que não cabe mais a autotutela, só podendo a posse ser defendida por meio da propositura da ação possessória cabível.

Atenção

- Será deferida a posse a quem, evidentemente, tiver o domínio, se com base neste for ela disputada. (Súmula 487, STF).
- Tendo em vista a não recepção pelo novo Código Civil da *exceptio proprietatis* (art. 1.210, § 2º) em caso de ausência de prova suficiente para embasar decisão liminar ou sentença final ancorada exclusivamente no ius possessionis, deverá o pedido ser indeferido e julgado improcedente, não obstante eventual alegação e demonstração de direito real sobre o bem litigioso. (Art. 1.210 - Enunciado n. 78 da I Jornada de Direito Civil).
- A *exceptio proprietatis*, como defesa oponível às ações possessórias típicas, foi abolida pelo Código Civil de 2002, que estabeleceu a absoluta separação entre os juízos possessório e petitório (Art. 1.210 - Enunciado n. 79 da I Jornada de Direito Civil).
- Ainda que a ação possessória seja intentada além de "ano e dia" da turbação ou esbulho, e, em razão disso, tenha seu trâmite regido pelo procedimento ordinário (CPC, art. 924), nada impede que o juiz conceda a tutela possessória liminarmente, mediante antecipação de tutela, desde que presentes os requisitos autorizadores do Código de Processo Civil. (Art. 1.210 - Enunciado n. 238 da III Jornada de Direito Civil).
- Na falta de demonstração inequívoca de posse que atenda à função social, deve-se utilizar a noção de "melhor posse", com base nos critérios previstos no parágrafo único do art. 507 do Código Civil /1916. (Art. 1.210 - Enunciado n. 239 da III Jornada de Direito Civil).
- No desforço possessório, a expressão "contanto que o faça logo" deve ser entendida restritivamente, apenas como a reação imediata ao fato do esbulho ou da turbação, cabendo ao possuidor recorrer à via jurisdicional nas demais hipóteses. (Enunciado n. 495 da V Jornada de Direito Civil).

4.1.2 *Heterotutela*

É a defesa da posse por meio do ajuizamento das ações possessórias. Nesse contexto, há proteção para as três espécies de agressão, inclusive diante da ameaça, pois a lei prevê uma ação possessória preventiva, tentando evitar a concretização da ameaça. São, portanto, três as classes de ação possessória, um para cada natureza de agressão à posse:

a) **Ação de reintegração de posse:** cabe diante de esbulho, pois a pessoa foi retirada do bem e pede para na posse ser reintegrada.

b) **Ação de manutenção de posse:** admite-se diante de turbação, pois a pessoa está sendo molestada no exercício da posse e solicita para nela ser mantida, fazendo cessar os atos de agressão.

c) **Ação de interdito proibitório:** realiza-se diante de ameaça, cujo pedido é para o juiz fixar uma multa suficientemente alta, tentando impedir a sua concretização.

Em alguns casos é difícil saber qual o tipo de agressão. Por exemplo, caso o indivíduo entenda ser um esbulho e proponha ação de reintegração de posse, porém o juiz entenda ser turbação, cabendo ação de manutenção de posse, muito gravoso seria o juiz extinguir o processo sem julgamento do mérito por entender ter sido proposta a ação errada. Para solução desse problema, existe a chamada fungibilidade das ações possessórias, quer dizer, o juiz pode substituir uma ação possessória por outra, recebendo uma pela outra.

Atenção

A fungibilidade ocorre apenas entre as ações possessórias, ou seja, caso o cabimento seja de ação de reintegração de posse e seja proposta ação de despejo, não há de se falar em fungibilidade de ações, sendo extinto o processo sem julgamento do mérito.

A ação possessória pode ser de força nova ou de força velha, a depender de quando ela é proposta. Se oferecida dentro do prazo de ano e dia, será de força nova; se depois desse prazo, será de força velha. A diferença é o procedimento: a ação possessória de força nova seguirá o procedimento especial do Título III do Livro I da Parte Especial do CPC/15 (mais célere) e a ação possessória de força velha seguirá o procedimento comum ordinário. Por isso, é necessário expor na petição inicial da ação possessória a data da agressão à posse para saber o procedimento a ser adotado.

Não se deve esquecer que a ação possessória é uma ação dúplice, isto é, ação em que pode ser formulada pretensão na contestação, sem necessidade de reconvenção.

Sobre ação possessória, é fundamental conhecer a regra do art. 1.212 do Diploma Civil. Alguém é esbulhado, todavia, antes de reclamar a posse, o agressor a cede para um terceiro: não caberá ação possessória contra ele se tiver posse de boa-fé. O artigo diz só caber ação possessória e de indenização contra terceiro que tenha posse de má-fé, só restando ação indenizatória contra o agressor da posse, pois quem causa o dano é obrigado a indenizar.

Atenção

É inadmissível o direcionamento de demanda possessória ou ressarcitória contra terceiro possuidor de boa-fé, por ser parte passiva ilegítima diante do disposto no art. 1.212 do novo Código Civil. Contra o terceiro de boa-fé, cabe tão somente a propositura de demanda de natureza real. (Art. 1.212 - Enunciado n. 80 da I Jornada de Direito Civil).

Ação reivindicatória não se confunde com ação possessória. Nesta só se discute posse e naquela apenas propriedade (juízo possessório diferente de juízo petitório). Nesse sentido, não cabe exceção de domínio nas ações possessórias, ou melhor, ajuizada ação possessória, não pode o réu se defender alegando propriedade, quer dizer, ser dono.

> **Atenção!**
>
> Súmula n. 637, STJ: "O ente público detém legitimidade e interesse para intervir, incidentalmente, na ação possessória entre particulares, podendo deduzir qualquer matéria defensiva, inclusive, se for o caso, o domínio." Corte Especial, julgado em 06/11/2019, DJe 11/11/2019.

4.2 Posse e frutos

O possuidor que colhe frutos de um bem e vem a perdê-lo tem de indenizar os frutos colhidos? Depende se tinha posse de boa-fé ou de má-fé, pois é diferente se violentamente esbulhou alguém e colheu frutos ou se comprou terreno enganado por um estelionatário e colheu frutos do que acreditava ser seu. Esses casos serão analisados separadamente:

a) **Possuidor de boa-fé (art. 1.214 do CC):** faz seus os frutos colhidos enquanto durar a boa-fé, ou seja, se a pessoa tem posse de boa-fé, não precisa indenizar os frutos que colheu. Se, quando cessar a boa-fé, houver frutos pendentes, esses serão do reclamante da posse, depois de ressarcir os custos da produção para evitar o seu enriquecimento sem causa. Entretanto, se ela colheu os frutos por antecipação, estes deverão ser indenizados, se quando deveria ser colhido já cessara a boa-fé.

b) **Possuidor de má-fé (art. 1.216 do CC):** deve indenizar não só os frutos colhidos, mas também os que se perderam por sua causa. Contudo, será ressarcido nos custos da produção para evitar o enriquecimento sem causa da outra parte.

4.3 Posse e benfeitorias

Se porventura o possuidor fizer benfeitorias em um bem e vier a perdê-lo, ele tem direito de ser indenizado? Dependerá, além da espécie de benfeitoria, se ele possuía posse de boa-fé ou de má-fé, pois o procedimento é diferente se violentamente esbulhou alguém e realizou benfeitorias ou se comprou imóvel enganado por um estelionatário e as realizou no bem que acreditava ser seu.

a) **Possuidor de boa-fé (art. 1.219 do CC):** tem direito de ser indenizado pelas benfeitorias necessárias e úteis. As voluptuárias, se não lhe forem pagas, poderá retirá-las, desde que não prejudique o bem principal.
b) **Possuidor de má-fé (art. 1.220 do CC):** até tem direito de ser indenizado, porém apenas pelas benfeitorias necessárias, pois, como tinha que ser feita, se não houvesse indenização, seria caso de enriquecimento sem causa do reclamante da posse.

Perceba que, em ambos os casos, o possuidor tem direito de ser indenizado. A questão é: ele tem direito de retenção? Com efeito, direito de retenção é poder reter legitimamente o bem até ser indenizado. O possuidor de boa-fé tem direito de retenção, mas o possuidor de má-fé não.

Atenção

– O direito de retenção é incompatível com a má-fé. Se a prova afirmar que um possuidor de má-fé tem direito de retenção, certamente a assertiva é falsa.
– O direito de retenção previsto no art. 1.219 do Código Civil, decorrente da realização de benfeitorias necessárias e úteis, também se aplica às acessões (construções e plantações) nas mesmas circunstâncias. (Enunciado n. 81 da I Jornada de Direito Civil).

Importante:

Súmula n. 619, do STJ: "A ocupação indevida de bem público configura mera detenção, de natureza precária, insuscetível de retenção ou indenização por acessões e benfeitorias."

O reclamante da posse tem de indenizar o possuidor estando ele de boa-fé ou de má-fé. Consoante o art. 1.222 da Legislação Civilista, se indenizar o possuidor de boa-fé, será pelo valor atual da benfeitoria, no entanto, se for indenizar possuidor de má-fé, poderá optar pelo valor atual da benfeitoria ou pelo seu valor de custo.

4.4 Posse e responsabilidade pela perda ou deterioração do bem

O possuidor que perde o bem para o proprietário ou um melhor possuidor que o reclama terá de indenizá-lo se o bem se perdeu ou se deteriorou durante sua posse? Por incrível que pareça, tanto na posse de má-fé como na de boa-fé o possuidor deverá indenizar o reclamante, isto é, mesmo que a pessoa quebre o que acredita ser seu, descobrindo depois não ser, será civilmente responsável. Contudo, a lei difere se era possuidor de boa-fé ou de má-fé.

a) **Possuidor de boa-fé (art. 1.217 do CC):** É responsável pela perda ou deterioração do bem que deu causa. Suponha que você compre um bem que não sabia ser roubado e o destrói em um momento de raiva. O dono do bem chega até você para reclamá-lo e descobre que você o quebrou. Você terá de indenizá-lo pela perda do bem, pois deu causa a ela. Por outro lado, se o bem é roubado de sua casa ou se quebrou por puro acidente, não terá de indenizar por não ter dado causa à perda do bem.

b) **Possuidor de má-fé (art. 1.218 do CC):** responde pela perda ou deterioração do bem mesmo que não tenha dado causa, ou melhor, mesmo que acidental. Como exemplo, se você rouba ou furta o bem de alguém e este se perde, quando o dono reclamar e descobrir que o bem não mais existe, você vai indenizar tanto se destruiu em um momento de raiva como se foi roubado ou se quebrou acidentalmente. A única defesa que cabe ao possuidor de má-fé para não indenizar a perda ou deterioração do bem é provando que o bem se perderia ou se deterioraria de igual forma se estivesse nas mãos do reivindicante. Para esse caso, podemos imaginar o roubo de uma vaca da fazenda vizinha, que morre na inundação de fortes chuvas, que a teria matado mesmo se não a tivesse roubado, por ter alagado ambas as fazendas.

5. PERDA DA POSSE (ARTS. 1.223 E 1.224 DO CC)

Como ter a posse é gozar do exercício de algum dos poderes de proprietário, perde-se a posse quando não é mais possível exercer os poderes de proprietário, por exemplo, o possuidor de um terreno é expulso do imóvel por ter sido ameaçado pelo invasor. O curioso é que, se o possuidor não presenciou a agressão, só se considera perdida a posse quando ele tiver ciência da agressão e se abstiver de retomar a coisa ou, tentando recuperá-la, for violentamente repelido (art. 1.224 do CC).

II. PROPRIEDADE

1. DEFINIÇÃO E LIMITAÇÕES (ARTS. 1.228 A 1.232 DO CC)

Direito de propriedade é o direito real mais amplo, pois confere ao seu titular a maior gama de poderes sobre o bem. Em conformidade com o já visto, são quatro os poderes que o proprietário tem sobre ele: uso, fruição ou gozo, disposição e sequela. Não esqueça que, quando se fala em propriedade, a ação judicial para reclamá-la é a ação reivindicatória, e não as ações possessórias, em que se discute posse.

Características do direito de propriedade:

Exclusivo (no condomínio, recai sobre a parte ideal)	Não é admitido que duas pessoas sejam titulares sobre a mesma coisa ao mesmo tempo. Impossível haver mais de um domínio sobre o mesmo bem. É inviável estabelecer um direito real onde outro da mesma natureza esteja presente. *Amigo leitor!* Atenção à regra do art. 1.231 do CC.

Absoluto	Ao contrário dos direitos pessoais, o direito de propriedade se exerce em face de todos (*erga omnes*). Não poderá o proprietário utilizar a propriedade como bem entender. Deve esse respeitar a norma prevista no art. 1.228, § 1º, do CC.
Perpétuo	A propriedade não se extingue pelo não uso.
Elástico	Pode o proprietário expandir ou até mesmo comprimir o conteúdo da propriedade. Ex.: Usufruto. Aqui vale mencionar o princípio da consolidação, que, nas palavras de Cristiano Chaves Farias e Nelson Rosenvald, "indica que todas as contrações do domínio serão transitórias e anormais. Após certo tempo, as compressões cessam e, reunificados os direitos desmembrados, reassume o titular da propriedade o domínio em sua plenitude".
Limitado	O proprietário fica limitado aos poderes impostos pela ordem constitucional. Não se pode afirmar que a propriedade é ilimitada.

O direito de propriedade é o direito real mais amplo, todavia não é ilimitado, uma vez que sofre limitações tanto na sua extensão física quanto em aspectos jurídicos.

A limitação em extensão está prevista no art. 1.229 da Lei Civil. O direito de propriedade abrange o subsolo e o espaço aéreo correspondente, entretanto, em altura e profundidade úteis ao seu exercício, não podendo o proprietário impedir atividades além nem aquém desses limites. A regra se completa com o art. 1.230 do presente Código Civil, que afirma que a propriedade do solo não abrange as jazidas, minas e demais recursos minerais, os potenciais de energia hidráulica, os monumentos arqueológicos e outros bens referidos por leis especiais.

As limitações jurídicas estão previstas nos parágrafos do art. 1.228 da Norma Civilista, consubstanciadas em restrições ao poder de disposição do proprietário e até em situações que podem gerar a perda do seu direito de propriedade. São elas:

a) O direito de propriedade deve ser exercido observando a sua função social, sob pena de perda da propriedade pela reforma agrária em razão de injustificada improdutividade. Ademais, devem ser respeitados a flora, a fauna, as belezas naturais, o equilíbrio ecológico, o patrimônio histórico e artístico e de modo a evitar a poluição do ar e das águas.
b) Respeito aos direitos de vizinhança, que são regras que limitam a atuação do proprietário em seu imóvel para preservar os direitos dos vizinhos. Uma vez violadas, legitima interferência na propriedade (ex.: embargo de obra que não poderia ser feita).
c) Possibilidade de perda da propriedade pela desapropriação, quando o interesse público reclamar, mediante percebimento de justa indenização.
d) Os §§ 4.º e 5.º trouxeram uma possibilidade de perda da propriedade. Imagine que um considerável número de pessoas tenha posse injusta, contudo de boa-fé de extensa área por mais de cinco anos ininterruptos, realizando

obras ou serviços de relevante interesse econômico e social. Se o dono propõe ação reivindicatória para reclamar o que é seu, deveria sair vitorioso. Porém, se preenchidos todos esses requisitos e os possuidores pagarem uma indenização fixada pelo juiz, o proprietário perderá a propriedade para os possuidores. É um erro dizer que se trata de novo caso de usucapião, pois aí não há dever de indenização para aquisição da propriedade. Mais parece com desapropriação, mas não no interesse público, razão pela qual é conhecida como "desapropriação privada".

Importante!

Sobre o tema referente aos instrumentos de regularização urbana, a Lei n. 13.465/2017 em seu art. 15, inc. III prevê em seu rol a desapropriação em favor dos possuidores, nos termos dos §§ 4º e 5º do art. 1.228, da lei civil.

Atenção

- Interpreta-se restritivamente a regra do art. 1.228, § 2º, do novo Código Civil, em harmonia com o princípio da função social da propriedade e com o disposto no art. 187. (Enunciado n. 49 da I Jornada de Direito Civil).
- É constitucional a modalidade aquisitiva de propriedade imóvel prevista nos §§ 4º e 5º do art. 1.228 do novo Código Civil. (Enunciado n. 82 da I Jornada de Direito Civil).
- Nas ações reivindicatórias propostas pelo Poder Público, não são aplicáveis as disposições constantes dos §§ 4º e 5º do art. 1.228 do novo Código Civil. (Enunciado n. 83 da I Jornada de Direito Civil alterado pelo Enunciado 304 da IV Jornada)
- A defesa fundada no direito de aquisição com base no interesse social (art. 1.228, §§ 4º e 5º, do novo Código Civil) deve ser arguida pelos réus da ação reivindicatória, eles próprios responsáveis pelo pagamento da indenização. 9 Enunciado n. 84 da I Jornada de Direito Civil).
- A justa indenização a que alude o § 5º do art. 1.228 não tem como critério valorativo, necessariamente, a avaliação técnica lastreada no mercado imobiliário, sendo indevidos os juros compensatórios. (Enunciado n. 240 da III Jornada de Direito Civil).
- O registro da sentença em ação reivindicatória, que opera a transferência da propriedade para o nome dos possuidores, com fundamento no interesse social (art. 1.228, § 5º), é condicionada ao pagamento da respectiva indenização, cujo prazo será fixado pelo juiz. (Enunciado n. 241 da III Jornada de Direito Civil)
- São aplicáveis as disposições dos §§ 4º e 5º do art. 1.228 do Código Civil às ações reivindicatórias relativas a bens públicos dominicais, mantido, parcialmente, o Enunciado 83 da I Jornada de Direito Civil, no que concerne às

demais classificações dos bens públicos. (Enunciado n. 304 da IV Jornada de Direito Civil).

- Tendo em vista as disposições dos §§ 3º e 4º do art. 1.228 do Código Civil, o Ministério Público tem o poder-dever de atuar nas hipóteses de desapropriação, inclusive a indireta, que encerrem relevante interesse público, determinado pela natureza dos bens jurídicos envolvidos. (Enunciado n. 305 da IV Jornada de Direito Civil).
- A situação descrita no § 4º do art. 1.228 do Código Civil enseja a improcedência do pedido reivindicatório. (Enunciado n. 306 da IV Jornada de Direito Civil).
- Na desapropriação judicial (art. 1.228, § 4º), poderá o juiz determinar a intervenção dos órgãos públicos competentes para o licenciamento ambiental e urbanístico. (Enunciado n. 307 da IV Jornada de Direito Civil).
- A justa indenização devida ao proprietário em caso de desapropriação judicial (art. 1.228, § 5º) somente deverá ser suportada pela Administração Pública no contexto das políticas públicas de reforma urbana ou agrária, em se tratando de possuidores de baixa renda e desde que tenha havido intervenção daquela nos termos da lei processual. Não sendo os possuidores de baixa renda, aplica-se a orientação do Enunciado 84 da I Jornada de Direito Civil. (Enunciado n. 308 da IV Jornada de Direito Civil).
- O conceito de posse de boa-fé de que trata o art. 1.201 do Código Civil não se aplica ao instituto previsto no § 4º do art. 1.228. (Enunciado n. 309 da IV Jornada de Direito Civil).
- Interpreta-se extensivamente a expressão "imóvel reivindicado" (art. 1.228, § 4º), abrangendo pretensões tanto no juízo petitório quanto no possessório. (Enunciado n. 310 da IV Jornada de Direito Civil).
- Caso não seja pago o preço fixado para a desapropriação judicial, e ultrapassado o prazo prescricional para se exigir o crédito correspondente, estará autorizada a expedição de mandado para registro da propriedade em favor dos possuidores. (Enunciado n. 311 da IV Jornada de Direito Civil).
- O conteúdo do art. 1.228, §§ 4º e 5º, pode ser objeto de ação autônoma, não se restringindo à defesa em pretensões reivindicatórias. (Enunciado n. 496 da V Jornada de Direito Civil).
- Na aplicação do princípio da função social da propriedade imobiliária rural, deve ser observada a cláusula aberta do § 1º do art. 1.228 do Código Civil, que, em consonância com o disposto no art. 5º, inc. XXIII, da Constituição de 1988, permite melhor objetivar a funcionalização mediante critérios de valoração centrados na primazia do trabalho. (Enunciado n. 507 da V Jornada de Direito Civil).
- Verificando-se que a sanção pecuniária se mostrou ineficaz, a garantia fundamental da função social da propriedade (arts. 5º, XXIII, da CRFB e 1.228, § 1º, do CC) e a vedação ao abuso do direito (arts. 187 e 1.228, § 2º, do CC)

justificam a exclusão do condômino antissocial, desde que a ulterior assembleia prevista na parte final do parágrafo único do art. 1.337 do Código Civil delibere a propositura de ação judicial com esse fim, asseguradas todas as garantias inerentes ao devido processo legal. (Enunciado n. 508 da V Jornada de Direito Civil).

2. AQUISIÇÃO DA PROPRIEDADE DE BEM IMÓVEL (ARTS. 1.238 A 1.259 DO CC)

São quatro as formas de aquisição da propriedade de bem imóvel: registro, acessão, usucapião e herança. Repare que, em regra, adquire-se a propriedade de um bem imóvel com o registro do título constitutivo em cartório, no entanto, há casos em que a adquirimos independente de registro. No caso da acessão, adquire-se a propriedade de algo que é somado ao seu terreno, que já está registrado. Na usucapião, adquire-se a propriedade do bem quando se completa o prazo exigido por lei, independente de registro. No caso da herança, em razão do princípio de *saisine*, os herdeiros adquirem a propriedade dos bens do *de cujus* no exato momento de sua morte, independente de registro.

Considerando que herança é tema de direito das sucessões, aqui estudaremos três formas de aquisição da propriedade de bem imóvel: usucapião, registro e acessão.

2.1 Usucapião (arts. 1.238 a 1.244 do CC)

Usucapião vem do latim *usucapio*, que significa adquirir pelo uso. O possuidor que, mediante observância de requisitos legais, tem a posse prolongada no tempo, adquire a propriedade. Existe usucapião de bem móvel e imóvel, entretanto, aqui nos ocupamos do bem imóvel, pois estamos vendo aquisição de propriedade imóvel. Ao tratar da aquisição da propriedade móvel, dedicaremos nossa atenção à usucapião de bem móvel.

A aquisição da propriedade por usucapião independe de registro, ocorrendo quando se completa o prazo legal. O posterior ajuizamento da ação de usucapião é apenas para regularização da situação em cartório, pois o arquivamento da sentença transfere o registro para o nome do usucapiente. Por isso afirmamos que a ação de usucapião é declaratória, e não constitutiva.

Disso decorre algo importante: usucapião pode ser usada como exceção, ou melhor, como matéria de defesa. Imagine que, completado o prazo de usucapião, a pessoa adquire a propriedade de um terreno, contudo, não propõe ação de usucapião para a regularização cartorária. O até então dono do terreno, ainda registrado como proprietário no cartório, ajuíza ação reivindicatória contra ela. O que pode alegar em sua defesa? Que ela é dona do terreno em razão da usucapião, mesmo não estando o registro em seu nome, pois a aquisição se dá com o fim do prazo e o registro faz presunção relativa de propriedade, o que significa admitir prova em contrário, nesse caso, a usucapião.

A ideia da usucapião é o possuidor ter uma posse injusta, porém comportando-se como se dono fosse, e o verdadeiro dono não reclamar sua propriedade. Por isso, para gerar usucapião, a posse deve ser *animus domini* (ânimo de dono) e incontestada (não reclamada), além de dever ser contínua, pacífica e pública. Quando a posse tem as características que permitem a usucapião, ela é chamada de posse *ad usucapionem*.

Nem todo bem pode ser objeto de usucapião. Não podem ser usucapidos os bens legalmente inalienáveis (ex.: terreno indígena) nem os bens públicos, seja qual for a sua espécie, inclusive os dominicais. **Cuidado com pegadinha de prova:** se o bem é convencionalmente inalienável, poderá ser usucapido, pois somente quando a lei lhe proibir a venda é que não poderá ser objeto de usucapião.

Atenção!

- O usucapião pode ser arguido em defesa. (Súmula 237, STF).
- Desde a vigência do Código Civil, os bens dominicais, como os demais bens públicos, não podem ser adquiridos por usucapião. (Súmula 340, STF).

Qual o tempo necessário para o possuidor usucapir? Depende se ele tem posse de má-fé ou de boa-fé, pois diferente será se invadiu o imóvel e esbulhou o proprietário ou se o adquiriu vendido por um estelionatário, que não era dono do terreno, e há anos está lá acreditando ser o legítimo proprietário.

Assim sendo, a usucapião pode ser de duas categorias: ordinária (posse de boa-fé) ou extraordinária (posse de má-fé). A usucapião extraordinária exige prazo de 15 anos e a ordinária, de dez anos. Se o possuidor usa o imóvel como moradia ou lhe dá destinação produtiva, haverá uma redução em cinco anos em ambos os prazos, quer dizer, reduzem, respectivamente, para dez e cinco anos.

Nos termos do art. 1.244 do Diploma Civil, aplicam-se ao prazo de usucapião as causas que impedem, suspendem ou interrompem o prazo prescricional, tema já debatido na parte geral do Direito Civil desta obra.

Ainda no que se refere à contagem do prazo, a Legislação Civilista, no art. 1.243, permite a chamada *acessio temporis* ou *acessio possessionis*, ou seja, a soma dos tempos ou das posses para efeito de usucapião. Significa que o possuidor pode acrescentar à sua posse a dos seus antecessores para contagem do prazo para usucapir, contanto que sejam contínuas.

Atenção

- O prazo, na ação de usucapião, pode ser completado no curso do processo, ressalvadas as hipóteses de má-fé processual do autor. (Enunciado n. 497 da V Jornada de Direito Civil).
- As normas relativas à usucapião extraordinária (art. 1.238, caput, CC) e à usucapião ordinária (art. 1.242, *caput*, CC), por estabelecerem redução de prazo em benefício do possuidor, têm aplicação imediata, não incidindo o disposto no art. 2.028 do Código Civil. (Enunciado n. 564 da VI Jornada de Direito Civil).
- No caso do art. 1.242, parágrafo único, a usucapião, como matéria de defesa, prescinde do ajuizamento da ação de usucapião, visto que, nessa hipótese, o usucapiente já é o titular do imóvel no registro. (Enunciado n. 569 da VI Jornada de Direito Civil).

A Constituição da República criou dois tipos de usucapião especial para ajudar quem não tem teto para morar ou terra para trabalhar, pois o prazo para usucapir será de cinco anos. São eles: usucapião especial urbana (*pro misero*) e usucapião especial rural (*pro labore*). Não se exige posse de boa-fé para aqui se inserir, mas, além dos requisitos gerais já analisados, o possuidor deve preencher os seguintes requisitos:

a) **Usucapião especial urbana:** área urbana, não ter outro imóvel, área menor que 250 m², usar para sua moradia ou de sua família.
b) **Usucapião especial rural:** área rural, não ter outro imóvel, área menor que 50 ha, dar-lhe destinação produtiva e usar como sua moradia ou de sua família.

Atenção

- A presença da União ou de qualquer de seus entes, na ação de usucapião especial, não afasta a competência do foro da situação do imóvel. (Súmula 11, STJ).
- Observado o teto constitucional, a fixação da área máxima para fins de usucapião especial rural levará em consideração o módulo rural e a atividade agrária regionalizada. (Art. 1.239 - Enunciado n. 312 da IV Jornada de Direito Civil).
- Quando a posse ocorre sobre área superior aos limites legais, não é possível a aquisição pela via da usucapião especial, ainda que o pedido restrinja a dimensão do que se quer usucapir. (Arts. 1.239 e 1.240 - Enunciado n. 313 da IV Jornada de Direito Civil).
- A *accessio possessionis* de que trata o art. 1.243, primeira parte, do Código Civil não encontra aplicabilidade relativamente aos arts. 1.239 e 1.240 do mesmo diploma legal, em face da normatividade da usucapião constitucional urbano e rural, arts. 183 e 191, respectivamente. (Enunciado n. 317 da IV Jornada de Direito Civil).

- É possível adquirir a propriedade de área menor do que o módulo rural estabelecido para a região, por meio da usucapião especial rural. (Enunciado 594 da VII Jornada de Direito Civil).

Importante destacar que a Lei Civil, a partir de alteração do seu texto no ano de 2010 pela inclusão do art. 1.240-A, traz mais uma categoria especial de usucapião, chamada de usucapião por abandono de lar, que se configura quando um casal tem um único imóvel como proprietários e um deles abandona a residência.

Nesse sentido, quando ex-cônjuge ou ex-companheiro abandona o lar, o que lá permanecer adquire a propriedade com exclusividade do imóvel, mantendo-se lá contínua e incontestadamente pelo prazo de dois anos. Observe que este vai usucapir a fração ideal que cabia àquele que abandonou o lar. Antes era dono de metade do imóvel, agora é dono com exclusividade.

Atenção

- A fluência do prazo de 2 (dois) anos previsto pelo art. 1.240-A para a nova modalidade de usucapião nele contemplada tem início com a entrada em vigor da Lei n. 12.424/2011. (Enunciado n. 498 da V Jornada de Direito Civil).
- A modalidade de usucapião prevista no art. 1.240-A do Código Civil pressupõe a propriedade comum do casal e compreende todas as formas de família ou entidades familiares, inclusive homoafetivas. (Enunciado n. 500 da V Jornada de Direito Civil).
- As expressões "ex-cônjuge" e "ex-companheiro", contidas no art. 1.240-A do Código Civil, correspondem à situação fática da separação, independentemente de divórcio. (Enunciado n. 501 da V Jornada de Direito Civil).
- O conceito de posse direta referido no art. 1.240-A do Código Civil não coincide com a acepção empregada no art. 1.197 do mesmo Código. (Enunciado n. 502 da V Jornada de Direito Civil).
- O requisito 'abandono do lar' deve ser interpretado na ótica do instituto da usucapião familiar como abandono voluntário da posse do imóvel somado à ausência da tutela da família, não importando em averiguação da culpa pelo fim do casamento ou união estável. (Enunciado 595 da VII Jornada de Direito Civil).

Importante

Sobre as espécies de usucapião:

Extraordinária:	Ordinária:	Rural (*pro labore*):	Especial urbana (*pro misero*):	Especial urbana coletiva:	Abandono de lar conjugal:
– Posse de 15 anos (podendo reduzir-se a dez anos se o possuidor houver estabelecido no imóvel a sua moradia habitual ou nele realizado obras ou serviços de caráter produtivo. Posse trabalho); – Exercida com ânimo de dono, de forma contínua, mansa e pacífica; – Dispensam-se os requisitos do justo título e da boa-fé.	– Posse de dez anos (podendo ser reduzida para cinco anos, na hipótese prevista no parágrafo único, sendo necessário o registro do título e prazo de, no mínimo, cinco anos antes de o registro ser cancelado. Denomina-se de convalescença registral); – Exercida com ânimo de dono, de forma contínua, mansa e pacificamente; – Necessita de justo título e boa-fé.	– Posse de cinco anos, contínua, mansa e pacífica; – Área rural contínua, não excedente de 50 ha, tornando-a produtiva e nela tendo sua morada; – Não ser o usucapiente proprietário rural nem urbano; – Independe de justo título e boa-fé e não pode recair sobre bens públicos; – Presunção absoluta da destinação do bem.	– Posse de área urbana de até 250 m²; – Prazo de cinco anos; – Posse contínua, mansa e pacífica; – Utilização do imóvel para moradia do possuidor ou de sua família; – Não proprietário de outro imóvel urbano ou rural; – Não pode recair sobre imóveis públicos, nem ser reconhecido ao novo possuidor mais de uma vez (art. 183 da CF; art. 1.240 do CC e art. 9.º da Lei 10.257/2001).	– Núcleos urbanos informais existentes sem oposição há mais de cinco anos e cuja área total dividida pelo número de possuidores seja inferior a 250 m² por possuidor são suscetíveis de serem usucapidos coletivamente, desde que os possuidores não sejam proprietários de outro imóvel urbano ou rural.; – O possuidor pode, para o fim de contar o prazo exigido, acrescentar sua posse à de seu antecessor, contanto que ambas sejam contínuas. (art. 10 da Lei 10.257/2001).	– Posse por dois anos ininterruptamente e sem oposição, posse direta, com exclusividade; – Imóvel urbano de até 250 m², propriedade dividida com ex-cônjuge ou ex-companheiro que abandonou o lar, utilizando-o para sua moradia ou de sua família; – Adquirir-lhe-á o domínio integral, desde que não seja proprietário de outro imóvel urbano ou rural.

O CPC promoveu inovação acerca da usucapião administrativa sendo amplamente por ele tratada. Assim, em quaisquer das modalidades de usucapião citadas, caberá o caminho extrajudicial, com o fim de desjudicializar as contendas.

Nesta esteira, o art. 1.071 do CPC/15 introduziu o art. 216-A na Lei n. 6.015/73, Lei de Registros Públicos, tratando da usucapião extrajudicial, disciplinando que:

> Art. 216-A. Sem prejuízo da via jurisdicional, é admitido o pedido de reconhecimento extrajudicial de usucapião, que será processado diretamente perante o cartório do registro de imóveis da comarca em que estiver situado o imóvel usucapiendo, a requerimento do interessado, representado por advogado, instruído com:
>
> I – ata notarial lavrada pelo tabelião, atestando o tempo de posse do requerente e seus antecessores, conforme o caso e suas circunstâncias;
>
> II – planta e memorial descritivo assinado por profissional legalmente habilitado, com prova de anotação de responsabilidade técnica no respectivo conselho de fiscalização profissional, e pelos titulares de direitos reais e de outros direitos registrados ou averbados na matrícula do imóvel usucapiendo e na matrícula dos imóveis confinantes;

III – certidões negativas dos distribuidores da comarca da situação do imóvel e do domicílio do requerente;

IV – justo título ou quaisquer outros documentos que demonstrem a origem, a continuidade, a natureza e o tempo da posse, tais como o pagamento dos impostos e das taxas que incidirem sobre o imóvel.

§ 1º O pedido será autuado pelo registrador, prorrogando-se o prazo da prenotação até o acolhimento ou a rejeição do pedido.

§ 2º Se a planta não contiver a assinatura de qualquer um dos titulares de direitos reais e de outros direitos registrados ou averbados na matrícula do imóvel usucapiendo e na matrícula dos imóveis confinantes, esse será notificado pelo registrador competente, pessoalmente ou pelo correio com aviso de recebimento, para manifestar seu consentimento expresso em 15 (quinze) dias, interpretado o seu silêncio como discordância.

§ 3º O oficial de registro de imóveis dará ciência à União, ao Estado, ao Distrito Federal e ao Município, pessoalmente, por intermédio do oficial de registro de títulos e documentos, ou pelo correio com aviso de recebimento, para que se manifestem, em 15 (quinze) dias, sobre o pedido.

§ 4º O oficial de registro de imóveis promoverá a publicação de edital em jornal de grande circulação, onde houver, para a ciência de terceiros eventualmente interessados, que poderão se manifestar em 15 (quinze) dias.

§ 5º Para a elucidação de qualquer ponto de dúvida, poderão ser solicitadas ou realizadas diligências pelo oficial de registro de imóveis.

§ 6º Transcorrido o prazo de que trata o § 4º deste artigo, sem pendência de diligências na forma do § 5º deste artigo e achando-se em ordem a documentação, com inclusão da concordância expressa dos titulares de direitos reais e de outros direitos registrados ou averbados na matrícula do imóvel usucapiendo e na matrícula dos imóveis confinantes, o oficial de registro de imóveis registrará a aquisição do imóvel com as descrições apresentadas, sendo permitida a abertura de matrícula, se for o caso.

§ 7º Em qualquer caso, é lícito ao interessado suscitar o procedimento de dúvida, nos termos desta Lei.

§ 8º Ao final das diligências, se a documentação não estiver em ordem, o oficial de registro de imóveis rejeitará o pedido.

§ 9º A rejeição do pedido extrajudicial não impede o ajuizamento de ação de usucapião.

§ 10. Em caso de impugnação do pedido de reconhecimento extrajudicial de usucapião, apresentada por qualquer um dos titulares de direito reais e de outros direitos registrados ou averbados na matrícula do imóvel usucapiendo e na matrícula dos imóveis confinantes, por algum dos entes públicos ou por algum terceiro interessado, o oficial de registro de imóveis remeterá os autos ao juízo competente da comarca da situação do imóvel, cabendo ao requerente emendar a petição inicial para adequá-la ao procedimento comum.

A via extrajudicial é uma faculdade e não obrigação peremptória, sendo viável em todas as modalidades de usucapião, caso em que havendo sua impugnação, esta será convertida para a via judicial, seguindo a ação o rito comum.

Atenção!

– Foi aprovada a Lei n. 14.010/2020, que dispõe sobre o Regime Jurídico Emergencial e Transitório das relações jurídicas de Direito Privado (RJET) no período da pandemia do coronavírus (Covid-19). Dentre as medidas, dispõe o seguinte:

CAPÍTULO VII
DA USUCAPIÃO

Art. 10. Suspendem-se os prazos de aquisição para a propriedade imobiliária ou mobiliária, nas diversas espécies de usucapião, a partir da entrada em vigor desta Lei até 30 de outubro de 2020.

Importante!

Tema de grande importância diz respeito à regularização fundiária urbana tratada na recente Lei n. 13.465/2017, que a partir do seu art. 9º, traz normas gerais e procedimentos aplicáveis em todo o território nacional que abrange medidas jurídicas, urbanísticas, ambientais e sociais destinadas à incorporação dos núcleos urbanos informais ao ordenamento territorial urbano e à titulação de seus ocupantes.

A nova lei, em seu art. 15 apresenta um rol de instrumentos prevendo que poderão ser empregados, no âmbito da Reurb (Regularização Fundiária Urbana), sem prejuízo de outros que se apresentem adequados, e destacamos os seus incisos I e II, dispondo acerca da legitimação fundiária e da legitimação de posse, e a usucapião, nos termos dos arts. 1.238 a 1.244 do Código Civil, dos arts. 9º a 14 da Lei n. 10.257/2001, e do art. 216-A da Lei n. 6.015/73, respectivamente.

A legitimação fundiária constitui forma originária de aquisição do direito real de propriedade conferido por ato do poder público, exclusivamente no âmbito da Reurb, àquele que detiver em área pública ou possuir em área privada, como sua, unidade imobiliária com destinação urbana, integrante de núcleo urbano informal consolidado existente em 22 de dezembro de 2016. O ocupante adquire a unidade imobiliária com destinação urbana livre e desembaraçada de quaisquer ônus, direitos reais, gravames ou inscrições, eventualmente existentes em sua matrícula de origem, exceto quando disserem respeito ao próprio legitimado.

Na Reurb-S (Reurb de Interesse Social - regularização fundiária aplicável aos núcleos urbanos informais ocupados predominantemente por população de baixa renda, assim declarados em ato do Poder Executivo municipal) de imóveis públicos, a União, os Estados, o Distrito Federal e os Municípios, e as suas entidades vinculadas, quando titulares do domínio, ficam autorizados a reconhecer o direito de propriedade aos ocupantes do núcleo urbano informal regularizado por meio da legitimação fundiária. (art. 23).

Já a legitimação da posse encontra-se disciplinada nos arts. 25 ao 27, da norma sob comento. Trata-se de instrumento de uso exclusivo para fins de regularização fundiária, constitui ato do poder público destinado a conferir título, por meio do qual fica reconhecida a posse de imóvel objeto da Reurb, com a identificação de seus ocupantes, do tempo da ocupação e da natureza da posse, o qual é conversível em direito real de propriedade, na forma desta Lei. Poderá ser transferida por *causa mortis* ou por ato *inter vivos*. E não se aplica aos imóveis urbanos situados em área de titularidade do poder público.

Aquele em cujo favor for expedido título de legitimação de posse, sem prejuízo dos direitos decorrentes do exercício da posse mansa e pacífica no tempo, decorrido o prazo de cinco anos de seu registro, terá a conversão automática dele em título de propriedade, desde que atendidos os termos e as condições do art. 183 da CF/88, independentemente de prévia provocação ou prática de ato registral. Nos casos não contemplados pela norma constitucional, o título de legitimação de posse poderá ser convertido em título de propriedade, desde que satisfeitos os requisitos de usucapião estabelecidos na legislação em vigor, a requerimento do interessado, perante o registro de imóveis competente.

A legitimação de posse, após convertida em propriedade, constitui forma originária de aquisição de direito real, de modo que a unidade imobiliária com destinação urbana regularizada restará livre e desembaraçada de quaisquer ônus, direitos reais, gravames ou inscrições, eventualmente existentes em sua matrícula de origem, exceto quando disserem respeito ao próprio beneficiário.

O título de legitimação de posse poderá ser cancelado pelo poder público emitente quando constatado que as condições estipuladas em lei deixaram de ser satisfeitas, sem que seja devida qualquer indenização àquele que irregularmente se beneficiou do instrumento.

2.2 Registro (arts. 1.245 a 1.247 do CC)

Em regra, a aquisição da propriedade de bem imóvel se dá com o registro do título constitutivo em cartório. O direito de propriedade nasce a partir da prática de um negócio jurídico, como um contrato de compra e venda ou de doação. Todavia, não basta a celebração do ato para aquisição da propriedade, que só se dá com a prática de um ato posterior: o registro desse documento no cartório de registro de imóveis.

Suponha que A é dono de um imóvel e o vende para B, que não registra o contrato em cartório. Dias depois, A vende o mesmo imóvel a C, que registra o contrato. Quem é o dono desse imóvel? C, pois não se adquire a propriedade com a assinatura do contrato, mas sim quando do seu registro. O máximo que B poderá fazer é cobrar indenização de A por não poder cumprir o contrato com ele assinado.

Por isso, o registro do imóvel em cartório faz presumir propriedade. Entretanto, essa presunção é relativa, quer dizer, admite prova em contrário. Imagine que um estelionatário venda um imóvel, falsificando a escritura pública, que é registrada por ser tão bem falsificada ou porque o funcionário do cartório faz parte de uma quadrilha criminosa. O comprador é presumido dono do imóvel, contudo, pode-se desconstituir o registro provando a falsidade da escritura pública.

Atenção

- Considera-se também título translativo, para fins do art. 1.245 do novo Código Civil, a promessa de compra e venda devidamente quitada (arts. 1.417 e 1.418 do Código Civil e § 6º do art. 26 da Lei n. 6.766/79). (Enunciado n. 87 da I Jornada de Direito Civil).
- É relativa a presunção de propriedade decorrente do registro imobiliário, ressalvado o sistema Torrens. (Enunciado n. 503 da V Jornada de Direito Civil).
- A anulação do registro, prevista no art. 1.247 do Código Civil, não autoriza a exclusão dos dados invalidados do teor da matrícula. (Art. 1.247 - Enunciado n. 624 da VIII Jornada de Direito Civil).

2.3 Acessão (arts. 1.248 a 1.259 do CC)

Acessão vem de *acessio*, que significa soma. A aquisição da propriedade pela acessão independe de registro, pois o dono do terreno adquire a propriedade do que se soma a seu terreno, que já está registrado. São cinco as formas de acessão: formação de ilhas, aluvião, avulsão, álveo abandonado e construções e plantações.

a) **Formação de ilhas. Quem será o dono de uma ilha se ela surgir no meio de um rio, caso este diminua o seu volume ou se surgir pelo acúmulo de areia levado pela correnteza?** Caso surja no meio de uma propriedade, por evidente, a esse proprietário pertencerá. A questão é: e se o rio corre entre duas propriedades? Dividimos o álveo ao meio com uma linha divisória imaginária, acrescendo o terreno que estiver em cada lado dessa linha à respectiva propriedade ribeirinha. Com efeito, álveo é a superfície coberta pelas águas sem transbordamento, ou seja, é a terra embaixo das águas do rio quando está no seu volume normal.

b) **Aluvião e avulsão.** Tanto na aluvião quanto na avulsão temos um acréscimo de terra a um terreno trazido pela correnteza das águas. No entanto, na aluvião o fenômeno é imperceptível, pois é composto de minúsculas partículas apenas perceptíveis com o acúmulo resultante do passar do tempo, enquanto na avulsão o fenômeno é perceptível, pois é abrupto, isto é, decorre de uma porção de terra arrancada pela força das águas. O dono do terreno adquire, por acessão, a propriedade da porção que se somou a seu terreno, porém diferem na aquisição da propriedade, porque na aluvião independe de indenização, já na avulsão é condicionada ao pagamento de indenização ao proprietário que perdeu a porção de terra pela força das águas. Em caso de recusa, deverá permitir a retirada da porção de terra acrescida. Na avulsão, há prazo de um ano para cobrança, sob pena de afastar a necessidade de indenização para aquisição de propriedade.

c) **Álveo abandonado.** Haverá álveo abandonado quando o rio tiver um novo curso, ficando o álveo exposto. Quem será o dono? Se em meio a uma propriedade, por evidente, a esse proprietário pertencerá, mas, se era um rio entre duas propriedades, dividimos o álveo ao meio com uma linha divisória imaginária, acrescendo o terreno que estiver em cada lado dessa linha à respectiva propriedade ribeirinha.

Atenção

Os proprietários do terreno por onde passar o novo curso do rio não terão direito à indenização.

d) **Construções e plantações.** Considere que A construa uma casa no terreno de B, ensejando um conflito, no qual B reclama pelo pedaço do seu terreno e A alega que não é possível retirar-se porque construiu uma casa ou plantou algo. Como resolver esse impasse? Siga a regra: o dono do terreno, no caso em tela, B é dono por acessão de tudo que é construído ou plantado em seu terreno. Agora, uma coisa é A construir ou plantar no terreno que pertence a B com sua permissão (boa-fé), outra é invadi-lo e construir ou plantar sem B autorizar (má-fé). Assim, o dono do terreno é dono da construção ou plantação, no entanto, se o construtor ou plantador agiu de boa-fé, terá direito de indenização pelo material empregado. Se procedeu de má-fé, não só não será indenizado como terá de indenizar o dono do terreno por perdas e danos, por exemplo, podendo ser obrigado a desfazer a construção ou plantação. Há, todavia, um caso em que o dono da construção ou plantação adquire a propriedade do terreno: se o valor da construção ou plantação exceder consideravelmente o valor do terreno e o construtor ou plantador agiu de boa-fé, mediante pagamento de indenização fixada judicialmente.

> **Atenção**
>
> O direito à aquisição da propriedade do solo em favor do construtor de má-fé (art. 1.258, parágrafo único) somente é viável quando, além dos requisitos explícitos previstos em lei, houver necessidade de proteger terceiros de boa-fé. (Enunciado n. 318 da IV Jornada de Direito Civil).

3. AQUISIÇÃO DA PROPRIEDADE DE BEM MÓVEL (ARTS. 1.260 A 1.274 DO CC)

Em regra, adquire-se a propriedade de bem móvel com a tradição, no entanto, há formas de aquisição que independem da entrega do bem. São formas de aquisição:

3.1 Usucapião (arts. 1.260 a 1.262 do CC)

É forma de aquisição de propriedade móvel que independe da tradição, pois se dá com o término do prazo. Aplica-se aqui o que foi visto em usucapião de bem imóvel, sendo a única diferença o tempo exigido para usucapir: usucapião extraordinária (posse de má-fé) exige prazo de cinco anos e usucapião ordinária (posse de boa-fé), de três anos. Não há as usucapiões especiais (urbana e rural) de bens móveis, pois elas são destinadas a ajudar a dar teto para morar ou terra para trabalhar para quem não os tem, o que é incompatível com a aquisição de propriedade móvel.

> **Importante**
>
> – O terceiro de boa-fé não é oponível a alienação fiduciária não anotada no certificado de registro do veículo automotor. (Súmula n. 92, STJ).
>
> – A expressão "justo título" contida nos arts. 1.242 e 1.260 do Código Civil abrange todo e qualquer ato jurídico hábil, em tese, a transferir a propriedade, independentemente de registro. (Enunciado n. 86 da I Jornada de Direito Civil).

Atenção

Ordinária:	Extraordinária:
– Prazo de 3 anos; – Posse contínua e incontestada; – Com justo título e boa-fé.	– Prazo de 5 anos; – Independe de justo título e boa-fé.

3.2 Ocupação (art. 1.263 do CC)

É o ato de se assenhorear de coisa sem dono, fazendo a pessoa adquirir a propriedade móvel, quando a ocupação não é defesa em lei. Coisa sem dono é chamada *res nullius*, também sendo coisa sem dono a coisa abandonada, chamada *res derelicta*, pois abandono é causa de perda da propriedade. Sendo bem móvel e não defesa a ocupação, o ato de se apoderar da *res nullius* ou *res derelicta* faz da pessoa o seu dono.

3.3 Achado de tesouro (arts. 1.264 a 1.266 do CC)

É a coisa de valor encontrada em bem imóvel, que se achava oculta, não se conhecendo o dono ou cujo dono não haja mais memória. Quem acha o tesouro adquire a propriedade de metade do tesouro, sendo a outra metade do dono do imóvel.

3.4 Tradição (arts. 1.267 e 1.268 do CC)

Não se adquire a propriedade de um bem móvel com a prática do ato jurídico, mas também com a prática de um ato posterior: a tradição, que é a entrega do bem com a intenção de transferir a propriedade. O elemento subjetivo é fundamental para aquisição da propriedade, pois se entrega um bem a um ladrão em um assalto, não há transferência da propriedade. Aplica-se aqui o que foi visto sobre tradição na aquisição de posse, para onde remetemos sua leitura, lembrando que a tradição pode ser real, simbólica e ficta, podendo esta última ser pelo constituto possessório ou pela *traditio brevi manu*. A diferença é que a tradição é forma de aquisição de posse de bens móveis ou imóveis, todavia, é forma de aquisição de propriedade apenas de bens móveis. Assim, as considerações feitas sobre tradição no estudo da posse só se aplicam, em termos de aquisição de propriedade, para bens móveis.

Atenção

A compra e venda de automóvel não prevalece contra terceiros, de boa-fé, se o contrato não foi transcrito no registro de títulos e documentos. (Súmula n. 489, do STF).

3.5 Especificação (arts. 1.269 a 1.271 do CC)

É o modo de aquisição de propriedade móvel em razão do trabalho humano transformando matéria-prima alheia (ex.: couro em calçado, barra em escultura). Se for possível reverter a transformação, o especificador não adquire propriedade do bem. Não sendo possível a reversão, dependerá se o especificador agiu de boa-fé ou sc de má-fé, pois diferem-se as hipóteses de roubo da matéria-prima ou se procedeu à sua transformação por acreditar ser ela de sua propriedade. Se de má-fé, não adquire a propriedade, entretanto, se de boa-fé, sim, desde que indenize o dono da matéria-prima pelo seu valor correspondente.

3.6 Confusão, comistão e adjunção (arts. 1.272 a 1.274 do CC)

Compreendem situações em que coisas móveis, que pertencem a donos diferentes, se misturam. Confusão é mistura de líquidos (ex.: dois vinhos de espécies diferentes), comistão (a lei diz equivocadamente comissão) é a mistura de coisas secas (ex.: dois cafés de qualidades diferentes) e adjunção é a justaposição de uma coisa a outra (ex.: quando se molda uma peça a um motor). Se há como separá-las, os bens retornam a seus respectivos donos. O problema é quando não for possível a separação ou quando esta for muito dispendiosa. Quem será dono da mistura? Depende se a mistura se deu de boa-fé ou de má-fé. Se de boa-fé, havendo bem principal e acessório (adjunção), o dono do principal adquire a propriedade do acessório, por este indenizando seu dono. Se não houver bem principal e acessório (confusão e comistão), ambos são donos em condomínio. Se a mistura se deu de má-fé, a outra parte poderá optar em adquirir a propriedade, indenizando o que não era seu, ou renunciar sua propriedade, optando pelo recebimento da indenização.

4. PERDA DA PROPRIEDADE (ARTS. 1.275 E 1.276 DO CC)

O art. 1.275 do Código Civil traz as seguintes causas de perda da propriedade: alienação, renúncia, abandono, perecimento da coisa e desapropriação.

Conforme visto, abandono é causa de perda da propriedade, sendo o bem chamado de *res derelicta*. Importante destacar que há diferença se for abandonado bem móvel ou imóvel. Se abandonado bem móvel, quem se apoderar dele adquire imediatamente a propriedade pela ocupação. Se abandonado bem imóvel, quem se apoderar não adquire automaticamente a sua propriedade, o que poderá ocorrer apenas anos depois, se preenchidos os requisitos da usucapião. Se o bem imóvel abandonado não for apoderado por ninguém, será, por meio de processo próprio, arrecadado pelo Poder Público.

Sobre o tema, o instituto previsto na lei civil constitui um dos importantes instrumentos de regularização urbana e a recente Lei n. 13.465/2017 em seu art. 15, inc. IV prevê em seu rol a arrecadação de bem vago, e regulamentou a matéria em seus arts. 64 e 65.

Dessa forma, os imóveis urbanos privados abandonados cujos proprietários não possuam a intenção de conservá-los em seu patrimônio ficam sujeitos à arrecadação pelo Município ou pelo Distrito Federal na condição de bem vago. A intenção será presumida quando o proprietário, cessados os atos de posse sobre o imóvel, não adimplir os ônus fiscais instituídos sobre a propriedade predial e territorial urbana, por cinco anos.

O procedimento de arrecadação de imóveis urbanos abandonados obedecerá ao disposto em ato do Poder Executivo municipal ou distrital e deverão ser observados, no mínimo, os seguintes requisitos: I - abertura de processo administrativo para tratar da arrecadação; II - comprovação do tempo de abandono e de inadimplência fiscal; e, III - notificação ao titular do domínio para, querendo, apresentar impugnação no prazo de trinta dias, contado da data de recebimento da notificação. Na hipótese de ausência de manifestação do titular do domínio, esta será interpretada como concordância com a arrecadação.

Respeitado o procedimento de arrecadação, o Município poderá realizar, diretamente ou por meio de terceiros, os investimentos necessários para que o imóvel urbano arrecadado atinja prontamente os objetivos sociais a que se destina.

Se o proprietário reivindicar a posse do imóvel declarado abandonado, no decorrer do triênio referido no art. 1.276, do Código Civil, fica assegurado ao Poder Executivo municipal ou distrital o direito ao ressarcimento prévio, e em valor atualizado, de todas as despesas em que eventualmente houver incorrido, inclusive tributárias, em razão do exercício da posse provisória.

Os imóveis arrecadados pelos Municípios ou pelo Distrito Federal poderão ser destinados aos programas habitacionais, à prestação de serviços públicos, ao fomento da Reurb-S (Reurb de Interesse Social - regularização fundiária aplicável aos núcleos urbanos informais ocupados predominantemente por população de baixa renda, assim declarados em ato do Poder Executivo municipal) ou serão objeto de concessão de direito real de uso a entidades civis que comprovadamente tenham fins filantrópicos, assistenciais, educativos, esportivos ou outros, no interesse do Município ou do Distrito Federal.

Atenção

- Não ocorre a perda da propriedade por abandono de resíduos sólidos, que são considerados bens socioambientais, nos termos da Lei n. 12.305/2012. (Art. 1.275, III - Enunciado n. 565 da VI Jornada de Direito Civil).
- A aplicação do art. 1.276 depende do devido processo legal, em que seja assegurado ao interessado demonstrar a não cessação da posse. (Enunciado n. 242 da III Jornada de Direito Civil).
- A presunção de que trata o § 2º do art. 1.276 não pode ser interpretada de modo a contrariar a norma-princípio do art. 150, inc. IV, da Constituição da República. (Enunciado n. 243 da III Jornada de Direito Civil).
- Eventual ação judicial de abandono de imóvel, caso procedente, impede o sucesso de demanda petitória. (Enunciado n. 316 da IV Jornada de Direito Civil).
- A posse impeditiva da arrecadação, prevista no art. 1.276 do Código Civil, é efetiva e qualificada por sua função social. (Enunciado 597 da VII Jornada de Direito Civil).

5. DIREITO DE VIZINHANÇA (ARTS. 1.277 A 1.313 DO CC)

O direito de propriedade não é ilimitado. De acordo com o que vimos, o proprietário tem o poder de disposição sobre seu bem, que lhe permite fazer o que quiser com ele, contudo dentro de limites legais. O direito de vizinhança é uma dessas limitações legais ao poder de disposição do proprietário, pois deve respeitar os direitos dos vizinhos.

> **Atenção**
>
> A condução e a solução das causas envolvendo conflitos de vizinhança devem guardar estreita sintonia com os princípios constitucionais da intimidade, da inviolabilidade da vida privada e da proteção ao meio ambiente. (Enunciado n. 319 da IV Jornada de Direito Civil).

Direito de vizinhança, portanto, são limitações ao direito de propriedade impostas por lei, traduzidas em obrigações *propter rem*, visando a evitar ou compor conflitos decorrentes da proximidade de imóveis. Vimos em obrigações neste livro, para onde remetemos a sua leitura, que obrigação *propter rem* é aquela que decorre da titularidade de um direito real, não apenas pecuniária, porém um dar, um fazer ou um não fazer. É o que aqui ocorre, pois, em razão de ser dono de um imóvel, a lei impõe obrigações de não fazer, no sentido de respeito ao interesse dos vizinhos. As regras estão previstas na Norma Civilista, em seus arts. 1.277 e 1.313, podendo assim ser sintetizadas:

a) **Uso anormal da propriedade:** é o mau uso, provocando interferências prejudiciais na propriedade vizinha, tendo o proprietário ou possuidor o direito de, embargando a obra, fazer cessar interferências prejudiciais à segurança, sossego e saúde provocadas por vizinho.

b) **Árvores limítrofes:** se uma árvore está no limite entre duas propriedades, esta pertence, em condomínio, a ambos os proprietários vizinhos. As raízes e os ramos de árvores que invadam terreno vizinho poderão ser cortados pelo dono do terreno invadido até o limite de sua propriedade. Por fim, se uma árvore está em um terreno e os frutos caírem em terreno vizinho, estes serão do dono do terreno onde caíram.

c) **Passagem forçada:** caso um prédio esteja encravado em outro, sem acesso à via pública, nascente ou porto, seu proprietário poderá constranger o vizinho a eles lhe dar passagem. O interessante é que poderá constranger, mas mediante pagamento de indenização. Importante destacar que prédio, em direito real, é sinônimo de imóvel, isto é, um terreno, uma casa, um edifício, tudo isso é prédio em sentido técnico.

> **Atenção**
>
> O direito de passagem forçada, previsto no art. 1.285 do CC, também é garantido nos casos em que o acesso à via pública for insuficiente ou inadequado, consideradas, inclusive, as necessidades de exploração econômica. (Enunciado n. 88 da I Jornada de Direito Civil).

d) **Passagem de cabos e tubulações:** o proprietário é obrigado a tolerar a passagem de cabos e tubulações em seu imóvel quando reclamar o interesse público. Receberá indenização e poderá exigir ser feito do meio menos gravoso e, se houver risco, exigir obras de segurança.

e) **Das águas:** pela importância da água para a sobrevivência humana, tem-se o direito de constranger vizinho, mediante pagamento de indenização, a aceitar a construção de canais para recebimento de água indispensável às primeiras necessidades da vida. Águas pluviais são *res nullius*, no entanto, será do dono do terreno se escorrer por terrenos particulares (aquisição da propriedade pela ocupação). Pode ser usada por inteiro pelo seu dono, podendo construir barragens, açudes ou outras obras para represamento. Quando houver prédio superior e inferior, o dono ou possuidor de prédio inferior é obrigado a receber as águas que correm naturalmente do superior. Todavia, se a ele chegar artificialmente, poderá exigir seu desvio ou indenização pelo prejuízo sofrido.

> **Atenção!**
>
> - De acordo com o REsp 1.616.038-RS, o proprietário de imóvel tem direito de construir aqueduto no terreno do seu vizinho, independentemente do consentimento deste, para receber águas provenientes de outro imóvel, desde que não existam outros meios de passagem de águas para a sua propriedade e haja o pagamento de prévia indenização ao vizinho prejudicado. (Informativo n. 591).
> - O art. 1.291 deve ser interpretado conforme a Constituição, não sendo facultada a poluição das águas, quer sejam essenciais ou não às primeiras necessidades da vida. (Enunciado n. 244 da III Jornada de Direito Civil).
> - Embora omisso acerca da possibilidade de canalização forçada de águas por prédios alheios, para fins industriais ou agrícolas, o art. 1.293 não exclui a possibilidade da canalização forçada pelo vizinho, com prévia indenização aos proprietários prejudicados. (Enunciado n. 245 da III Jornada de Direito Civil).
> - Na redação do art. 1.293, "agricultura e indústria" não são apenas qualificadores do prejuízo que pode ser causado pelo aqueduto, mas também finalidades que podem justificar sua construção. (Enunciado 598 da VII Jornada de Direito Civil).

f) **Limites entre prédios e o direito de tapagem:** tapar é de qualquer forma vedar um prédio de um outro que lhe seja vizinho (lembre-se que prédio é sinônimo de imóvel). O proprietário tem o direito de cercar, murar, valar ou tapar de qualquer modo o seu imóvel e até aviventar rumos apagados e renovar marcos divisórios destruídos, dividindo com o proprietário vizinho os custos da tapagem, que pertencerá, em condomínio, a ambos os vizinhos. Se um dos vizinhos quer uma tapagem de melhor qualidade ou der causa à construção de uma tapagem especial, por exemplo, necessidade de um muro maior porque comprou um cachorro que pula sobre o muro existente, deverá arcar sozinho com os custos da tapagem. O direito de tapagem é exigido judicialmente por meio de uma ação judicial chamada ação demarcatória.

Atenção

É indispensável o procedimento de demarcação urbanística para regularização fundiária social de áreas ainda não matriculadas no Cartório de Registro de Imóveis, como requisito à emissão dos títulos de legitimação da posse e de domínio. (Enunciado 593 da VII Jornada de Direito Civil).

g) **Direito de construir:** a lei limita o poder de construção do proprietário, em razão do prejuízo que causaria ao vizinho, que poderá embargar a obra, caso as proibições sejam desrespeitadas. Algumas limitações que devem ser conhecidas: o proprietário não pode abrir janelas e varandas a menos de um metro e meio do terreno vizinho; na zona rural não é permitido levantar edificações a menos de três metros do terreno vizinho; não pode construir de modo a despejar água em prédio vizinho ou chaminés, nele interferindo prejudicialmente, entre outras, nos termos dos arts. 1.299 a 1.313 do Diploma Civil.

Atenção

- Parede de tijolos de vidro translúcido pode ser levantada a menos de metro e meio do prédio vizinho, não importando servidão sobre ele. (Súmula n. 120, STF).
- Não se distingue a visão direta da oblíqua na proibição de abrir janela, ou fazer terraço, eirado, ou varanda, a menos de metro e meio do prédio de outrem. (Súmula n. 414, STF).
- De acordo com o STJ, no REsp 1.531.094-SP, a proibição inserta no art. 1.301, *caput*, do Código Civil – de não construir janelas a menos de um metro e meio do terreno vizinho – possui caráter objetivo, traduz verdadeira presunção de devassamento, que não se limita à visão e engloba outras espécies de invasão (auditiva, olfativa e principalmente física). (Inf. n. 592).

6. CONDOMÍNIO (ARTS. 1.314 A 1.358-A DO CC)

Haverá condomínio quando houver mais de um proprietário ao mesmo tempo de um bem. Pense, por exemplo, em duas pessoas dividindo a compra de um terreno. Só há condomínio se houver o que chamamos de **fração ideal**. O que significa isso? No exemplo citado, são dois donos, entretanto, não há uma definição da parte do terreno que pertence a cada um deles. Se a definirmos, extinto estará o condomínio, pois não haverá um terreno com dois donos, e sim dois terrenos, cada um com um dono. Ambos são donos de tudo ao mesmo tempo, contudo, como são dois donos, titularizam uma fração de 1/2 do bem, uma fração não definida, idealizada, uma fração ideal.

A Legislação Civilista trata de duas espécies de condomínio: geral e edilício. Condomínio geral é o que acabamos de definir e condomínio edilício é o condomínio de apartamentos quando se mora em um edifício. Condomínio edilício não é verdadeiramente condomínio, pois há vários donos de um edifício, porém é definida a área de propriedade exclusiva de cada um, só havendo verdadeiro condomínio nas áreas comuns. Por isso, aqui trataremos do condomínio geral, que é o verdadeiro condomínio.

Quanto à origem, o condomínio pode ser convencional, eventual ou legal (necessário). Será convencional quando decorrer da vontade dos condôminos, como no exemplo em que dois amigos compram juntos um terreno. Será eventual quando decorrer da vontade de um terceiro, tal como a doação de um terreno do pai para seus dois filhos. Por fim, será legal ou necessário quando decorrer de lei, como no já visto exemplo de uma árvore ou de um muro ou qualquer tapagem na linha divisória de duas propriedades.

> **Atenção**
>
> **Condomínio *pro diviso* ou *pro indiviso*.** Segundo abordado, não podemos definir a área de propriedade que pertence a cada dono, pois representaria o fim do condomínio. Mas podemos determinar a área em que cada condômino exerce a posse com exclusividade, ou melhor, todos são donos, no entanto, cada um representa os atos de proprietário com exclusividade em área definida. Assim sendo, condomínio *pro diviso* é aquele em que as posses são delimitadas, como dois amigos que compram um terreno e cada um constrói e exerce posse em uma metade definida. Já o condomínio *pro indiviso* é aquele em que não há delimitação das áreas de posse, todos exercendo posse sobre todo bem, tal como marido e mulher donos de um apartamento.

São três os principais direitos dos condôminos:

(i) todos os condôminos têm direito de usar a coisa consoante sua destinação, exercendo todos os direitos compatíveis com a indivisão, respeitando igual direito dos demais;

(ii) reivindicar a coisa comum, bem como defender a posse; e

(iii) vender ou gravar a sua fração ideal (um condômino não pode vender o bem, pois não é o seu único dono, todavia, pode vender sua fração ideal, pois é o que pertence, devendo conferir direito de preferência para os demais).

São três os principais deveres dos condôminos:

(i) não alterar a coisa comum nem dar posse a estranho sem autorização dos demais;

(ii) arcar com as despesas comuns na proporção de suas frações ideais; e

(iii) responder perante os demais pelos frutos colhidos, pois pertencem a todos.

A simples leitura da lei nos faz perceber que o legislador não gosta muito da figura do condomínio, pois o vê como uma fonte de desavenças. Percebemos isso porque observamos que ele facilita ao máximo sua extinção, pois não importa quantos condôminos existam, bastando a vontade de um para o condomínio ser extinto. A extinção se dará de forma diferente a depender se condomínio de bem divisível ou de bem indivisível.

a) Bem divisível: se o bem é divisível, divide-se o bem em tantas partes quantos os condôminos, tal como ocorre com o condomínio de um terreno. Se houver acordo e todos forem maiores e capazes, pode ser feito extrajudicialmente, por exemplo, no próprio cartório, quando imóvel. Se não houver acordo ou se houver algum menor ou incapaz, deve ser feito judicialmente, por meio de uma ação chamada ação divisória.

b) Bem indivisível: se o bem é indivisível, como o condomínio de um apartamento, de uma casa ou de um carro, em razão de não ser possível a divisão, a única solução para sua extinção é a alienação da coisa comum. Se houver acordo e todos forem capazes, pode ser feita extrajudicialmente, entretanto, se não houver acordo ou se houver algum menor ou incapaz, deve ser feita judicialmente, por meio da ação de alienação da coisa comum.

Atenção

– Foi aprovada a Lei n. 14.010/2020, que dispõe sobre o Regime Jurídico Emergencial e Transitório das relações jurídicas de Direito Privado (RJET) no período da pandemia do coronavírus (Covid-19). Dentre as medidas, dispõe o seguinte:

CAPÍTULO VIII

DOS CONDOMÍNIOS EDILÍCIOS

Art. 12. A assembleia condominial, inclusive para os fins dos arts. 1.349 e 1.350 do Código Civil, e a respectiva votação poderão ocorrer, em caráter emergencial, até 30 de outubro de 2020, por meios virtuais, caso em que a manifestação de vontade de cada condômino será equiparada, para todos os efeitos jurídicos, à sua assinatura presencial.

> Parágrafo único. Não sendo possível a realização de assembleia condominial na forma prevista no caput, os mandatos de síndico vencidos a partir de 20 de março de 2020 ficam prorrogados até 30 de outubro de 2020.
>
> Art. 13. É obrigatória, sob pena de destituição do síndico, a prestação de contas regular de seus atos de administração.

Importa mencionar a Lei n. 14.309, de 08 de março de 2022, que alterou o Código Civil prevendo a permissão para a realização de reuniões e deliberações virtuais pelas organizações da sociedade civil, assim como pelos condomínios edilícios, e para possibilitar a sessão permanente das assembleias condominiais, arts. 1.353, §§ 1º ao 3º e art. 1.354-A.

7. CONDOMÍNIO DE LOTES E CONDOMÍNIO URBANO SIMPLES (ART. 1.358-A DO CC E ARTS. 61 A 63 DA LEI N. 13.465/2017)

Como já referido, o Código Civil disciplina duas espécies de condomínio: o tradicional, chamado de geral, com previsão a partir do art. 1.314, CC e o edilício, tratado a partir do art. 1.331, do CC, aplicando-se no que couber as disposições da norma que trata do condomínio em edificações e as incorporações imobiliárias, a Lei n. 4.591/64.

Atualmente, foram introduzidas no Direito Civil, através da Lei n. 13.465, de 11 de julho de 2017 (conversão da MP n. 759/2016), outras duas modalidades de condomínio:

a) o *condomínio de lotes,* que encontra disposição no art. 1.358-A do CC e também pelo art. 2º, § 7º, e pelo art. 4º, § 4º, da Lei n. 6.766/79; e
b) o *condomínio urbano simples*, disciplinado pelos arts. 61 a 63 da Lei n. 13.465/2017.

A Seção IV do Capítulo VII relativo ao condomínio edilício traz disposições acerca do *condomínio de lotes*, estabelecendo o art. 1.358-A, incluído pela Lei nº 13.465, de 2017, que pode haver, em terrenos, partes designadas de lotes que são propriedade exclusiva e partes que são propriedade comum dos condôminos. O condomínio de lotes decorre do parcelamento do solo que consiste na divisão de uma gleba em lotes. Na hipótese de criação de vias de circulação, conforme o art. 2º, Lei nº 6.766/79, tal parcelamento passa a ser designado de loteamento. Até a edição nova norma, ao ser realizado o parcelamento do solo, não poderia haver a criação de áreas de propriedade comum dos proprietários dos lotes.

No entanto, com os novos usos e ocupação do solo, os loteamentos fechados ou condomínios de casas, se tornaram prática comum e proliferaram, necessitando que houvesse um tratamento jurídico sobre o fenômeno. De acordo com a recente disposição legal, o lote poderá ser constituído sob a forma de imóvel autônomo ou de unidade imobiliária integrante de condomínio de lotes (§ 7º no art. 2º da Lei 6.766/79).

Assim, fica permitida a criação de um condomínio que será composto por lotes, os quais estarão necessariamente vinculados a uma fração ideal das áreas comuns em proporção a ser definida no ato de instituição. As vis e as demais áreas de uso comum são tidas por propriedade privada e pertencem aos titulares do lote de acordo com a respectiva fração ideal, não sendo transferidas ao município. No entanto, o município poderá instituir limitações administrativas ou direitos reais sobre essa área privada em benefício do interesse público (§ 4º do art. 4º da Lei n. 6.766/79, introduzido pela Lei n. 13.465/2017). No condomínio de lotes, não haverá uma associação de moradores, e sim um condomínio.

Ponto que merece destaque é alteração trazida pela Lei n. 13.465/2017 ao inserir o art. 36-A na Lei n. 6.766/79 dispondo que "*as atividades desenvolvidas pelas associações de proprietários de imóveis, titulares de direitos ou moradores em loteamentos ou empreendimentos assemelhados, desde que não tenham fins lucrativos, bem como pelas entidades civis organizadas em função da solidariedade de interesses coletivos desse público com o objetivo de administração, conservação, manutenção, disciplina de utilização e convivência, visando à valorização dos imóveis que compõem o empreendimento, tendo em vista a sua natureza jurídica, vinculam-se, por critérios de afinidade, similitude e conexão, à atividade de administração de imóveis. Parágrafo único. A administração de imóveis na forma do caput deste artigo sujeita seus titulares à normatização e à disciplina constantes de seus atos constitutivos, cotizando-se na forma desses atos para suportar a consecução dos seus objetivos*". O que nos leva a inferir que tal previsão passa a obrigar o pagamento das despesas de conservação nos condomínios de lotes, afastando a jurisprudência já consolidada dos tribunais superiores.

Por fim, para fins de incorporação imobiliária, a implantação de toda a infraestrutura ficará a cargo do empreendedor. Serão aplicadas ao condomínio de lotes as regras de condomínio edilício no que couber.

Atenção!

Poderá o incorporador submeter a incorporação imobiliária do condomínio de lotes ao regime da afetação, onde o terreno e as acessões objeto de incorporação imobiliária do condomínio de lotes, os demais bens e direitos a ela vinculados, serão mantidos separados do patrimônio do incorporador e constituirão patrimônio de afetação, destinado à realização das obras e à entrega das unidades imobiliárias aos respectivos adquirentes. Tal possibilidade significa maior segurança jurídica para os consumidores e para as instituições financiadoras dos empreendimentos. Nesse sentido, citamos a VIII Jornada de Direito Civil: Enunciado n. 625 – *Art. 1.358-A: A incorporação imobiliária que tenha por objeto o condomínio de lotes poderá ser submetida ao regime do patrimônio de afetação, na forma da lei especial.*

Mencionamos ainda que o § 8º do art. 2º, da Lei 6.766/79, também inserido pela recente norma trata do *loteamento de acesso controlado* como sendo a modalidade de loteamento, cujo controle de acesso será regulamentado por ato do poder público municipal, sendo vedado o impedimento de acesso a pedestres ou a condutores de veículos, não residentes, devidamente identificados ou cadastrados. Observe que nesta modalidade as vias de circulação são bens públicos municipais, acessíveis a qualquer pessoa; já no condomínio de lotes, as vias de circulação interna constituem bens de natureza privada sujeitos às determinações imposta pelos condôminos.

A outra novidade trazida pela Lei n. 13.465/2017 é o denominado *condomínio urbano simples*, que encontra disciplina nos seus arts. 61 a 63, estabelecendo que quando um mesmo imóvel contiver construções de casas ou cômodos, poderá ser instituído, inclusive para fins de regularização urbana, condomínio urbano simples, respeitados os parâmetros urbanísticos locais, e serão discriminadas, na matrícula, a parte do terreno ocupada pelas edificações, as partes de utilização exclusiva e as áreas que constituem passagem para as vias públicas ou para as unidades entre si. Este deverá ser registrado na matrícula do respectivo imóvel, na qual deverão ser identificadas as partes comuns ao nível do solo, as partes comuns internas à edificação, se houver, e as respectivas unidades autônomas, dispensada a apresentação de convenção de condomínio.

Após seu registro, deverá ser aberta uma matrícula para cada unidade autônoma, à qual caberá, como parte inseparável, uma fração ideal do solo e das outras partes comuns, se houver, representada na forma de percentual. As unidades autônomas constituídas em matrícula própria poderão ser alienadas e gravadas livremente por seus titulares. Nenhuma unidade autônoma poderá ser privada de acesso ao logradouro público e no que tange à gestão das partes comuns, será feita de comum acordo entre os condôminos, podendo ser formalizada por meio de instrumento particular.

Em se tratando Reurb de Interesse Social - regularização fundiária aplicável aos núcleos urbanos informais ocupados predominantemente por população de baixa renda, assim declarados em ato do Poder Executivo municipal (Reurb-S), a averbação das edificações poderá ser efetivada a partir de mera notícia, a requerimento do interessado, da qual constem a área construída e o número da unidade imobiliária, dispensada a apresentação de habite-se e de certidões negativas de tributos e contribuições previdenciárias.

Importante!

Sobre o tema referente às incorporações imobiliárias, foi editada a Lei n. 13.786, de 27 de dezembro de 2018, Lei do Distrato, que altera as Leis 4.591/1964, e 6.766/1979, para disciplinar a resolução do contrato por inadimplemento do adquirente de unidade imobiliária em incorporação imobiliária e em parcelamento de solo urbano.

Em rápida análise das modificações relativas à extinção do contrato de incorporação imobiliária, nos é possível observar que tal contrato poderá ser extinto nas seguintes hipóteses: i) extinção normal do contrato, com o cumprimento de todas as obrigações nele contidas pelas partes; ii) direito de arrependimento do adquirente; iii) Resolução por inadimplemento culposo do adquirente ou do incorporador; e iv) Distrato (resilição bilateral).

Atenção!

Tema 1002: Nos compromissos de compra e venda de unidades imobiliárias anteriores à Lei nº 13.786/2018, em que é pleiteada a resolução do contrato por iniciativa do promitente comprador de forma diversa da cláusula penal convencionada, os juros de mora incidem a partir do trânsito em julgado da decisão. REsp 1740911/DF.

8. MULTIPROPRIEDADE (ARTS. 1.358-B A 1.358-U DO CC)

Foi publicada a Lei n. 13.777, de 20.12.2018, que alterou o Código Civil e a Lei de Registros Públicos, para dispor sobre o regime jurídico da multipropriedade e seu registro. Sendo regida pelo disposto no Capítulo VII-A e, de forma supletiva e subsidiária, pelas demais disposições da lei civil e pelas disposições das Leis nºs 4.591/1964, e CDC, Lei n. 8.078/1990 (art. 1.358-B, do CC).

De acordo com definição dada pela lei, no art. 1.358-C, do CC, "multipropriedade é o regime de condomínio em que cada um dos proprietários de um mesmo imóvel é titular de uma fração de tempo, à qual corresponde a faculdade de uso e gozo, com exclusividade, da totalidade do imóvel, a ser exercida pelos proprietários de forma alternada. E não se extinguirá automaticamente se todas as frações de tempo forem do mesmo multiproprietário. O imóvel objeto da multipropriedade é indivisível, não se sujeitando a ação de divisão ou de extinção de condomínio, e inclui as instalações, os equipamentos e o mobiliário destinados a seu uso e gozo" (art. 1358-D).

Cada fração de tempo é indivisível e o período correspondente a cada fração de tempo será de, no mínimo, 7 (sete) dias, seguidos ou intercalados, e poderá ser: I - fixo e determinado, no mesmo período de cada ano; II - flutuante, caso em que a determinação do período será realizada de forma periódica, mediante procedimento objetivo que respeite, em relação a todos os multiproprietários, o princípio da isonomia, devendo ser previamente divulgado; ou III - misto, combinando os sistemas fixo e flutuante. Todos os multiproprietários terão direito a uma mesma quantidade mínima de dias seguidos durante o ano, podendo haver a aquisição de frações maiores que a mínima, com o correspondente direito ao uso por períodos também maiores (art. 1.358-E).

A multipropriedade será instituída por ato entre vivos ou testamento, registrado no competente cartório de registro de imóveis, devendo constar a duração dos períodos correspondentes a cada fração de tempo. O instrumento de instituição da multipropriedade ou a convenção de condomínio em multipropriedade poderá estabelecer o limite máximo de frações de tempo no mesmo imóvel que poderão ser detidas pela mesma pessoa natural ou jurídica. Em caso de instituição da multipropriedade para posterior venda das frações de tempo a terceiros, o atendimento a eventual limite de frações de tempo por titular estabelecido no instrumento de instituição será obrigatório somente após a venda das frações (art. 1.358-F e 1.358-H, CC).

Conforme disposto no art. 1.358-G, da lei civil, além das cláusulas que os multiproprietários decidirem estipular, a convenção de condomínio em multipropriedade determinará:

> I - os poderes e deveres dos multiproprietários, especialmente em matéria de instalações, equipamentos e mobiliário do imóvel, de manutenção ordinária e extraordinária, de conservação e limpeza e de pagamento da contribuição condominial;
>
> II - o número máximo de pessoas que podem ocupar simultaneamente o imóvel no período correspondente a cada fração de tempo;
>
> III - as regras de acesso do administrador condominial ao imóvel para cumprimento do dever de manutenção, conservação e limpeza;
>
> IV - a criação de fundo de reserva para reposição e manutenção dos equipamentos, instalações e mobiliário;
>
> V - o regime aplicável em caso de perda ou destruição parcial ou total do imóvel, inclusive para efeitos de participação no risco ou no valor do seguro, da indenização ou da parte restante;
>
> VI - as multas aplicáveis ao multiproprietário nas hipóteses de descumprimento de deveres.

Constituem direitos do multiproprietário, além daqueles previstos no instrumento de instituição e na convenção de condomínio em multipropriedade (art. 1.358-I, do CC):

> I - usar e gozar, durante o período correspondente à sua fração de tempo, do imóvel e de suas instalações, equipamentos e mobiliário;
>
> II - ceder a fração de tempo em locação ou comodato;
>
> III - alienar a fração de tempo, por ato entre vivos ou por causa de morte, a título oneroso ou gratuito, ou onerá-la, devendo a alienação e a qualificação do sucessor, ou a oneração, ser informadas ao administrador;
>
> IV - participar e votar, pessoalmente ou por intermédio de representante ou procurador, desde que esteja quite com as obrigações condominiais, em: a) assembleia geral do condomínio em multipropriedade, e o voto do multiproprietário corresponderá à quota de sua fração de tempo no imóvel; b) assembleia geral do condomínio edilício, quando for o caso, e o voto do multiproprietário corresponderá à quota de sua fração de tempo em relação à quota de poder político atribuído à unidade autônoma na respectiva convenção de condomínio edilício.

O multiproprietário tem por obrigações, além daquelas previstas no instrumento de instituição e na convenção de condomínio (art. 1.358-J, CC):

> I - pagar a contribuição condominial do condomínio em multipropriedade e, quando for o caso, do condomínio edilício, ainda que renuncie ao uso e gozo, total ou parcial, do imóvel, das áreas comuns ou das respectivas instalações, equipamentos e mobiliário;
>
> II - responder por danos causados ao imóvel, às instalações, aos equipamentos e ao mobiliário por si, por qualquer de seus acompanhantes, convidados ou prepostos ou por pessoas por ele autorizadas;
>
> III - comunicar imediatamente ao administrador os defeitos, avarias e vícios no imóvel dos quais tiver ciência durante a utilização;
>
> IV - não modificar, alterar ou substituir o mobiliário, os equipamentos e as instalações do imóvel;
>
> V - manter o imóvel em estado de conservação e limpeza condizente com os fins a que se destina e com a natureza da respectiva construção;
>
> VI - usar o imóvel, bem como suas instalações, equipamentos e mobiliário, conforme seu destino e natureza;
>
> VII - usar o imóvel exclusivamente durante o período correspondente à sua fração de tempo;
>
> VIII - desocupar o imóvel, impreterivelmente, até o dia e hora fixados no instrumento de instituição ou na convenção de condomínio em multipropriedade, sob pena de multa diária, conforme convencionado no instrumento pertinente;
>
> IX - permitir a realização de obras ou reparos urgentes.

Conforme previsão que deverá constar da respectiva convenção de condomínio em multipropriedade, o multiproprietário estará sujeito a: I - multa, no caso de descumprimento de qualquer de seus deveres; II - multa progressiva e perda temporária do direito de utilização do imóvel no período correspondente à sua fração de tempo, no caso de descumprimento reiterado de deveres.

No que tange à responsabilidade pelas despesas referentes a reparos no imóvel, bem como suas instalações, equipamentos e mobiliário, será de todos os multiproprietários, quando decorrentes do uso normal e do desgaste natural do imóvel e exclusivamente do multiproprietário responsável pelo uso anormal, sem prejuízo de multa, quando decorrentes de uso anormal do imóvel.

Para fins de direitos e obrigações, de acordo com o disposto no art. 1.358-K, equiparam-se aos multiproprietários os promitentes compradores e os cessionários de direitos relativos a cada fração de tempo.

A transmissão do direito de multipropriedade e a sua produção de efeitos perante terceiros se darão na forma da lei civil e não dependerão da anuência ou cientificação dos demais multiproprietários. Não haverá direito de preferência na alienação de fração de tempo, salvo se estabelecido no instrumento de instituição ou na convenção do condomínio em multipropriedade em favor dos demais multiproprietários ou do instituidor do condomínio em multipropriedade. E o adquirente será solidariamente responsável com o alienante pelas obrigações caso não obtenha a declaração de inexistência de débitos referente à fração de tempo no momento de sua aquisição (art. 1.358-L, do CC).

Disciplina o art. 1.358-M que a administração do imóvel e de suas instalações, equipamentos e mobiliário será de responsabilidade da pessoa indicada no instrumento de instituição ou na convenção de condomínio em multipropriedade, ou, na falta de indicação, de pessoa escolhida em assembleia geral dos condôminos. O administrador exercerá, além daquelas previstas no instrumento de instituição e na convenção de condomínio em multipropriedade, as seguintes atribuições:

> I - coordenação da utilização do imóvel pelos multiproprietários durante o período correspondente a suas respectivas frações de tempo;
>
> II - determinação, no caso dos sistemas flutuante ou misto, dos períodos concretos de uso e gozo exclusivos de cada multiproprietário em cada ano;
>
> III - manutenção, conservação e limpeza do imóvel;
>
> IV - troca ou substituição de instalações, equipamentos ou mobiliário, inclusive: a) determinar a necessidade da troca ou substituição; b) providenciar os orçamentos necessários para a troca ou substituição; c) submeter os orçamentos à aprovação pela maioria simples dos condôminos em assembleia. Pode a convenção de condomínio em multipropriedade regrar de forma diversa a atribuição prevista.
>
> V - elaboração do orçamento anual, com previsão das receitas e despesas;
>
> VI - cobrança das quotas de custeio de responsabilidade dos multiproprietários;
>
> VII - pagamento, por conta do condomínio edilício ou voluntário, com os fundos comuns arrecadados, de todas as despesas comuns.

O instrumento de instituição poderá prever fração de tempo destinada à realização, no imóvel e em suas instalações, em seus equipamentos e em seu mobiliário, de reparos indispensáveis ao exercício normal do direito de multipropriedade. Tal fração de tempo poderá ser atribuída ao instituidor da multipropriedade; ou aos multiproprietários, proporcionalmente às respectivas frações. Em caso de emergência, os reparos poderão ser feitos durante o período correspondente à fração de tempo de um dos multiproprietários (art. 1.335-N, do CC).

No que concerne às disposições específicas relativas às unidades autônomas de condomínios edilícios, o condomínio edilício poderá adotar o regime de multipropriedade em parte ou na totalidade de suas unidades autônomas, mediante previsão no instrumento de instituição; ou deliberação da maioria absoluta dos condôminos (art. 1.358-O). No caso previsão no instrumento de instituição, a iniciativa e a responsabilidade para a instituição do regime da multipropriedade serão atribuídas às mesmas pessoas e observarão os mesmos requisitos indicados nas alíneas *a*, *b* e *c* e no § 1º do art. 31 da Lei nº 4.591/1964. Nestas hipóteses, a convenção de condomínio edilício deve prever, além das matérias elencadas nos arts. 1.332, 1.334 e, se for o caso, 1.358-G, do Código Civil (art. 1.358-P):

> I - a identificação das unidades sujeitas ao regime da multipropriedade, no caso de empreendimentos mistos;
>
> II - a indicação da duração das frações de tempo de cada unidade autônoma sujeita ao regime da multipropriedade;
>
> III - a forma de rateio, entre os multiproprietários de uma mesma unidade autônoma, das contribuições condominiais relativas à unidade, que, salvo se disciplinada de forma diversa no instrumento de instituição ou na convenção de condomínio em multipropriedade, será proporcional à fração de tempo de cada multiproprietário;
>
> IV - a especificação das despesas ordinárias, cujo custeio será obrigatório, independentemente do uso e gozo do imóvel e das áreas comuns;
>
> V - os órgãos de administração da multipropriedade;
>
> VI - a indicação, se for o caso, de que o empreendimento conta com sistema de administração de intercâmbio, na forma prevista no § 2º do art. 23 da Lei nº 11.771, de 17 de setembro de 2008, seja do período de fruição da fração de tempo, seja do local de fruição, caso em que a responsabilidade e as obrigações da companhia de intercâmbio limitam-se ao contido na documentação de sua contratação;
>
> VII - a competência para a imposição de sanções e o respectivo procedimento, especialmente nos casos de mora no cumprimento das obrigações de custeio e nos casos de descumprimento da obrigação de desocupar o imóvel até o dia e hora previstos;
>
> VIII - o quórum exigido para a deliberação de adjudicação da fração de tempo na hipótese de inadimplemento do respectivo multiproprietário;
>
> IX - o quórum exigido para a deliberação de alienação, pelo condomínio edilício, da fração de tempo adjudicada em virtude do inadimplemento do respectivo multiproprietário.

Na hipótese do art. 1.358-O, da lei civil, o regimento interno do condomínio edilício poderá ser instituído por escritura pública ou por instrumento particular e deve prever (art. 1.358-Q, do CC):

> I - os direitos dos multiproprietários sobre as partes comuns do condomínio edilício;
>
> II - os direitos e obrigações do administrador, inclusive quanto ao acesso ao imóvel para cumprimento do dever de manutenção, conservação e limpeza;
>
> III - as condições e regras para uso das áreas comuns;

IV - os procedimentos a serem observados para uso e gozo dos imóveis e das instalações, equipamentos e mobiliário destinados ao regime da multipropriedade;

V - o número máximo de pessoas que podem ocupar simultaneamente o imóvel no período correspondente a cada fração de tempo;

VI - as regras de convivência entre os multiproprietários e os ocupantes de unidades autônomas não sujeitas ao regime da multipropriedade, quando se tratar de empreendimentos mistos;

VII - a forma de contribuição, destinação e gestão do fundo de reserva específico para cada imóvel, para reposição e manutenção dos equipamentos, instalações e mobiliário, sem prejuízo do fundo de reserva do condomínio edilício;

VIII - a possibilidade de realização de assembleias não presenciais, inclusive por meio eletrônico;

IX - os mecanismos de participação e representação dos titulares;

X - o funcionamento do sistema de reserva, os meios de confirmação e os requisitos a serem cumpridos pelo multiproprietário quando não exercer diretamente sua faculdade de uso;

XI - a descrição dos serviços adicionais, se existentes, e as regras para seu uso e custeio.

O condomínio edilício em que tenha sido instituído o regime de multipropriedade em parte ou na totalidade de suas unidades autônomas terá necessariamente um administrador profissional. O prazo de duração do contrato de administração será livremente convencionado. O administrador do condomínio será também o administrador de todos os condomínios em multipropriedade de suas unidades autônomo e será mandatário legal de todos os multiproprietários, exclusivamente para a realização dos atos de gestão ordinária da multipropriedade, incluindo manutenção, conservação e limpeza do imóvel e de suas instalações, equipamentos e mobiliário. Poderá, ainda, modificar o regimento interno quanto aos aspectos estritamente operacionais da gestão da multipropriedade no condomínio edilício. O administrador pode ser ou não um prestador de serviços de hospedagem. (art. 1.358-R, do CC).

Prevê o art. 1.358-S que na hipótese de inadimplemento, por parte do multiproprietário, da obrigação de custeio das despesas ordinárias ou extraordinárias, é cabível, na forma da lei processual civil, a adjudicação ao condomínio edilício da fração de tempo correspondente. Se o imóvel objeto da multipropriedade for parte integrante de empreendimento em que haja sistema de locação das frações de tempo no qual os titulares possam ou sejam obrigados a locar suas frações de tempo exclusivamente por meio de uma administração única, repartindo entre si as receitas das locações independentemente da efetiva ocupação de cada unidade autônoma, poderá a convenção do condomínio edilício regrar que em caso de inadimplência:

> I - o inadimplente fique proibido de utilizar o imóvel até a integral quitação da dívida;
>
> II - a fração de tempo do inadimplente passe a integrar o *pool* da administradora;
>
> III - a administradora do sistema de locação fique automaticamente munida de poderes e obrigada a, por conta e ordem do inadimplente, utilizar a integralidade dos valores líquidos a que o inadimplente tiver direito para amortizar suas dívidas condominiais, seja do condomínio edilício, seja do condomínio em multipropriedade, até sua integral quitação, devendo eventual saldo ser imediatamente repassado ao multiproprietário.

O multiproprietário somente poderá renunciar de forma translativa a seu direito de multipropriedade em favor do condomínio edilício. Tal renúncia só é admitida se o multiproprietário estiver em dia com as contribuições condominiais, com os tributos imobiliários e, se houver, com o foro ou a taxa de ocupação (art. 1.358-T, do CC).

As convenções dos condomínios edilícios, os memoriais de loteamentos e os instrumentos de venda dos lotes em loteamentos urbanos poderão limitar ou impedir a instituição da multipropriedade nos respectivos imóveis, vedação que somente poderá ser alterada no mínimo pela maioria absoluta dos condôminos (art. 1.358-U, do CC).

Por fim, a Lei n. 13.777/2018 alterou o art. 176, da LRP, inserido no § 1º, inc. II, o item 6) e os §§ 10 a 12, dispondo que:

> Art. 176. O Livro nº 2 - Registro Geral - será destinado, à matrícula dos imóveis e ao registro ou averbação dos atos [...]
>
> § 1º A escrituração do Livro nº 2 obedecerá às seguintes normas: II - são requisitos da matrícula:
>
> [...] 6) tratando-se de imóvel em regime de multipropriedade, a indicação da existência de matrículas, nos termos do § 10 deste artigo;
>
> [...] § 10. Quando o imóvel se destinar ao regime da multipropriedade, além da matrícula do imóvel, haverá uma matrícula para cada fração de tempo, na qual se registrarão e averbarão os atos referentes à respectiva fração de tempo, ressalvado o disposto no § 11 deste artigo.
>
> § 11. Na hipótese prevista no § 10 deste artigo, cada fração de tempo poderá, em função de legislação tributária municipal, ser objeto de inscrição imobiliária individualizada.
>
> § 12. Na hipótese prevista no inciso II do § 1º do art. 1.358-N da Lei nº 10.406, de 10 de janeiro de 2002 (Código Civil), a fração de tempo adicional, destinada à realização de reparos, constará da matrícula referente à fração de tempo principal de cada multiproprietário e não será objeto de matrícula específica.

E alterou ainda o art. 178 da referida lei, inserindo o inc. III dispondo que: "Registrar-se-ão no Livro nº 3 - Registro Auxiliar: III - as convenções de condomínio edilício, condomínio geral voluntário e condomínio em multipropriedade."

9. DO FUNDO DE INVESTIMENTO (ARTS. 1.368-C A 1.368-F DO CC)

A Lei n. 13.874/2019 introduziu no Livro III Do Direito das Coisas, o Capítulo X que trata do fundo de investimento, disciplinado nos arts. 1.368-C a 1.368- F, do CC. A doutrina majoritariamente entende que o Código Civil não representa o local adequado para abrigar tal instituto, que além de possuir suas especificidades, de acordo com o próprio § 2º do art. 1.368-C requer que a Comissão de Valores Mobiliários discipline a matéria.

De acordo com apontamentos de Flávio Tartuce, apesar de "o instituto possuir traços de negócio fiduciário (*trust*) e a comunhão de investidores pode formar um condomínio, mas deveria ganhar corpo normativo por meio de uma lei especial." Reforçando a sua inadequação no que concerne a localizar-se na lei civil, afirma que "não vejo como viável juridicamente tratar do assunto dentro do Código Civil, notadamente no capítulo de Direito das Coisas. Isso porque a codificação privada está toda fundada na ideia de que "coisa" é bem corpóreo ou material, sendo os fundos de investimento formados por bens incorpóreos ou imateriais.

A doutrina entende que seria mais adequado que a disciplina sobre a matéria referente ao Fundo de Investimento fosse tratada na Lei de Mercado de Capitais (Lei nº 4.728/1965), cuja principiologia se alinha ao ambiente de risco, de individualismo e de riscos inerentes ao instituto.

O *caput* do art. 1.368-C conceitua o que vem a ser o fundo de investimento, definindo-o como "uma comunhão de recursos, constituído sob a forma de condomínio de natureza especial, destinado à aplicação em ativos financeiros, bens e direitos de qualquer natureza." O seu § 1º dispõe que não se aplica ao instituto as regras relativas ao condomínio em geral, condomínio edilício e condomínio de lotes, tratados nos art. 1.314 a 1358-A deste diploma. O § 2º do artigo, apesar de reafirmar a competência da Comissão de Valores Mobiliários (CVM) para disciplinar a matéria, em seu § 3º, prevê que o registro do regulamento desses fundos de investimento na CVM é condição suficiente para garantir sua publicidade e oponibilidade perante terceiros.

O art. 1368-D, *caput* e incisos estabelece os pontos que podem figurar no regulamento do fundo de investimento e permite aos fundos estabelecer classes de cotas com direitos e obrigações distintas, sendo possível constituir patrimônio separado para cada classe. O seu § 1º trata da adoção da responsabilidade limitada por fundo de investimento sem a limitação de responsabilidade apenas dirá respeito aos fatos ocorridos após operada a mudança no seu respectivo regulamento.

Dispõe seu § 2º sobre os pontos que serão sempre ser considerados para avaliação da responsabilidade dos prestadores de serviços: os riscos inerentes às aplicações nos mercados de atuação do fundo de investimento e a natureza de obrigação de meio de seus serviços. Por fim, sobre o estabelecimento de classe de cotas, o seu § 3º limita a responsabilidade de cada condômino ao valor de suas cotas.

O art. 1.368-E, do CC, trata da responsabilidade dos fundos de investimento. Não tendo o fundo patrimônio suficiente para quitar as cotas em resgate, os cotistas serão incluídos na lista de credores em observância às regras de insolvência do Código Civil. A insolvência poderá ser requerida judicialmente por credores, por deliberação própria dos cotistas do fundo de investimento, nos termos de seu regulamento, ou pela CVM. A norma repisa a responsabilidade dos prestadores de serviços fiduciários perante as obrigações legais e contratuais previstas no regulamento dos fundos, ressalvadas as hipóteses de dolo ou má-fé.

Finalmente, o art. 1.368-F, do CC, prevê a observância do diploma civil sobre a matéria, no que couber, aos fundos de investimento constituídos por lei específica e regulamentados pela Comissão de Valores Mobiliários.

III. DIREITOS REAIS SOBRE COISAS ALHEIAS

Fundamental para entendermos os direitos reais sobre coisas alheias é lembrar os chamados poderes inerentes à propriedade: uso, fruição ou gozo, disposição e sequela. A razão é simples: haverá direito real sobre coisas alheias quando houver um desmembramento dos poderes de proprietário, quer dizer, quando o proprietário ceder para alguém um ou alguns de seus poderes, permanecendo com os demais. Quem os recebe poderá ter um direito real sobre algo que não lhe pertence, tal como o direito real de usufruto, quando recebe os direitos de usar e fruir. Também são chamados de direitos reais limitados, pois seu titular tem menos poderes do que o proprietário.

Assim sendo, haverá dois atores envolvidos nos direitos reais sobre coisas alheias. De um lado o proprietário, que não tem mais a propriedade plena, por ter cedido um ou alguns de seus poderes. Passa a ser chamado de nu-proprietário, pois despido de um ou alguns de seus poderes, e a propriedade não plena é chamada de nua-propriedade. De outro lado, o titular do direito real sobre coisas alheias, cujo nome varia a depender do direito real sobre coisas alheias em questão.

Nos termos do art. 1.225 da Lei Civil, são os direitos reais sobre coisas alheias: superfície, servidão, usufruto, uso, habitação, direito do promitente comprador de imóveis, hipoteca, penhor, anticrese, concessão de uso especial para fins de moradia, concessão de direito real de uso.

Importante:

De acordo com a doutrina a norma civilista optou por tratar o *direito real de laje, introduzido na pela Lei n. 13.465/17 como direito real sobre coisa própria e não sobre coisa alheia*. E se aduz que apesar de não ser considerado como subespécie do direito real de superfície, a proximidade entre os institutos torna possível ao jurista, na hipótese de lacuna legal, a utilização análoga das regras relativas ao direito de superfície.

1. DIREITO REAL DE SUPERFÍCIE (ARTS. 1.369 A 1.377 DO CC)

É o direito real em que o proprietário cede por tempo determinado a alguém o direito de construir ou plantar em seu terreno. O nu-proprietário é chamado de fundeiro e o titular do direito real de superfície é chamado de superficiário. Como exemplo, temos o direito real de superfície por vários anos para a construção de um hotel. Durante alguns anos o superficiário compensa seu investimento, lucrando os ganhos dos demais anos.

O nome é direito de superfície, pois o superficiário só pode usar a superfície, não podendo explorar o subsolo. Ele só poderá usar o subsolo no que for indispensável para a construção ou plantação, como o subsolo necessário para a base da construção.

Atenção

- As normas previstas no Código Civil sobre direito de superfície não revogam as relativas a direito de superfície constantes do Estatuto da Cidade (Lei n. 10.257/2001) por ser instrumento de política de desenvolvimento urbano. (Enunciado n. 93 da I Jornada de Direito Civil).
- A propriedade superficiária pode ser autonomamente objeto de direitos reais de gozo e garantia, cujo prazo não exceda a duração da concessão da superfície, não se lhe aplicando o art. 1.474. (Enunciado n. 249 da III Jornada de Direito Civil).
- Admite-se a constituição do direito de superfície por cisão. (Enunciado n. 250 da III Jornada de Direito Civil).
- Os direitos e obrigações vinculados ao terreno e, bem assim, aqueles vinculados à construção ou à plantação formam patrimônios distintos e autônomos, respondendo cada um de seus titulares exclusivamente por suas próprias dívidas e obrigações, ressalvadas as fiscais decorrentes do imóvel. (Enunciado n. 321 da IV Jornada de Direito Civil).
- O direito de superfície abrange o direito de utilizar o solo, o subsolo ou o espaço aéreo relativo ao terreno, na forma estabelecida no contrato, admitindo-se o direito de sobrelevação, atendida a legislação urbanística. (Art. 1.369, Código Civil e art. 21, Estatuto da Cidade - Enunciado n. 568 da VI Jornada de Direito Civil).
- As partes têm plena liberdade para deliberar, no contrato respectivo, sobre o rateio dos encargos e tributos que incidirão sobre a área objeto da concessão do direito de superfície. (Enunciado n. 94 da I Jornada de Direito Civil).

É obrigatoriamente temporário, o que significa que o superficiário devolve o terreno ao fundeiro ao final do prazo contratado. Pode ser gratuito ou oneroso, se há ou não um valor a ser pago pela exploração do terreno, pagamento que recebe o nome de cânon superficiário. Mesmo sendo gratuito, é vantajoso para o fundeiro, pois este retoma o seu terreno ao final, adquirindo, por acessão, a propriedade da construção ou plantação.

Como todo direito real sobre bem imóvel, adquire-se com o registro, que aqui é do contrato de superfície. É medida importante, pois o fundeiro pode vender o terreno a terceiros, afinal, ele permanece com o poder de disposição, contudo, o comprador terá que respeitar o direito real de superfície pelo restante do prazo acordado. Com o registro, não poderá o adquirente alegar ignorância do fato, pois o registro dá publicidade ao ônus real. Do mesmo modo, o superficiário pode alienar o direito real de superfície a um terceiro. Se o nu-proprietário alienar a nua-propriedade ou se o superficiário alienar o direito de superfície, deverá dar direito de preferência ao outro.

> **Atenção**
>
> Ao superficiário que não foi previamente notificado pelo proprietário para exercer o direito de preferência previsto no art. 1.373 do CC é assegurado o direito de, no prazo de seis meses, contado do registro da alienação, adjudicar para si o bem mediante depósito do preço. (Enunciado n. 510 da V Jornada de Direito Civil).

2. DIREITO REAL DE SERVIDÃO (ARTS. 1.378 A 1.389 DO CC)

No direito real de servidão há um prédio (chamado de serviente) servindo a outro prédio (chamado de dominante). Sem esquecer que prédio é sinônimo de imóvel, direito real de servidão, portanto, é o direito pelo qual o proprietário do prédio dominante desfruta de alguma vantagem sobre o prédio serviente.

Não há na lei uma lista de vantagens que podem ser desfrutadas, pois nasce de um contrato, que representa um acordo de vontade das partes. Porém, há tipos mais comuns, podendo ser citados: servidão de pasto (pastagem para animais), servidão de cacimba (busca de água em poço), servidão de passagem (direito de passar no terreno alheio), servidão de aqueduto (passar aquedutos no prédio serviente), servidão de vista (não haver construção acima de certa altura para não tirar a vista do prédio dominante).

> **Atenção**
>
> Não confundir servidão de passagem com direito de passagem forçada. Na servidão de passagem há acordo de vontade das partes ao estabelecer um direito real, pois ela nasce de um contrato. Já na passagem forçada, como o nome sinaliza, é forçar o vizinho, mediante indenização, a dar passagem quando não há acesso à via pública, nascente ou porto, sendo uma limitação fruto do direito de vizinhança.

STF, Súmula 415: Servidão de trânsito não titulada, mas tomada permanente, sobretudo pela natureza das obras realizadas, considera-se aparente, conferindo direito a proteção possessória.

Como é direito real sobre bem imóvel, nasce a partir do registro, que, consoante discutido, é do contrato de servidão, em que os contratantes chegam a um acordo acerca de uma vantagem que o prédio dominante terá sobre o prédio serviente. Importante medida, pois o proprietário do prédio serviente pode aliená-lo, no entanto, o adquirente deverá suportar o ônus real. Como nasce com o registro, não poderá alegar desconhecimento do fato, pois o registro confere publicidade. O dono do prédio dominante também poderá aliená-lo, caso em que o adquirente desfrutará da vantagem do prédio serviente.

Não é temporário, só chegando a termo nas hipóteses previstas em lei, casos que estão arrolados no art. 1.388 do Código Civil, a saber: se o dono do prédio dominante renunciar, se o dono do prédio serviente resgatar a servidão (recomprá-la) ou se cessar a utilidade para o prédio dominante que determinou a constituição da servidão. A eles acrescento o caso do dono de um prédio dominante se tornar dono do prédio serviente, pois só há servidão com prédio de donos distintos. Se não acontecer qualquer dos casos aí previstos, assumirá a servidão o caráter da perpetuidade.

Atenção

O prazo máximo para o usucapião extraordinário de servidões deve ser de 15 anos, em conformidade com o sistema geral de usucapião previsto no Código Civil. (Art. 1.379 - Enunciado n. 251 da III Jornada de Direito Civil).

3. DIREITO REAL DE USUFRUTO (ARTS. 1.390 A 1.411 DO CC)

O nu-proprietário cede ao usufrutuário temporariamente o direito de usar e fruir de seu bem, permanecendo com os poderes de disposição e sequela. Assim, o usufrutuário pode não só morar no apartamento, mas também alugá-lo. Embora seja mais comum recair sobre bem imóvel, pode ter por objeto também bem móvel.

São duas as principais características do usufruto:

a) **Temporário:** não pode haver usufruto eterno, tendo o usufrutuário o dever de devolver o bem ao final do prazo. Pode ser por prazo indeterminado, como o usufruto vitalício, pois não se sabe quando a pessoa morre, todavia, é temporário, pois é certa a morte da pessoa natural. Como não é certa a morte da pessoa jurídica, até pode haver concessão de usufruto para pessoa jurídica, entretanto, a lei limita com prazo máximo de 30 anos.

b) **Intransmissível:** o direito de usufruto é personalíssimo, ou seja, o usufrutuário não pode cedê-lo (*inter vivos* ou *causa mortis*). A consequência da intransmissibilidade é a morte do usufrutuário gerar extinção do usufruto.

> **Atenção**
>
> A morte do nu-proprietário não acarreta a extinção do usufruto, pois ele pode ceder a nua-propriedade em razão de permanecer com o poder de disposição do bem, sendo os herdeiros o nu-proprietário.

Sobre a intransmissibilidade, cuidado com o art. 1.393 da Norma Civilista, que dispõe: "Não se pode transferir o usufruto por alienação, mas o seu exercício pode ceder-se por título gratuito ou oneroso". O artigo afirma ser o usufruto intransmissível, contudo, prevê que o seu exercício pode ser transmitido a terceiros. O que significa isso? O usufrutuário não pode ceder o direito real de usufruto, porém pode ceder os direitos que decorrem do usufruto, isto é, o direito de usar e de fruir do bem, afinal, pensando no usufruto de um apartamento, o usufrutuário pode alugá-lo (ceder o uso) e até, se houver permissão contratual, alugá-lo com direito de sublocação (ceder a fruição).

> **Atenção**
>
> De acordo com entendimento do STJ, no REsp 1.202.843-PR, o usufrutuário possui legitimidade e interesse para propor ação reivindicatória – de caráter petitório – com o objetivo de fazer prevalecer o seu direito de usufruto sobre o bem, seja contra o nu-proprietário, seja contra terceiros. (Inf. n. 550)

O direito real de usufruto surge a partir de um contrato em que as partes acordam na cessão do uso e da fruição do bem, mas só há direito real de usufruto com a prática de ato posterior: se usufruto de imóvel, com o registro desse contrato no cartório de imóveis; se usufruto de bem móvel, com a tradição do bem. No entanto, o usufruto pode decorrer de lei, sendo chamado de usufruto legal, adquirido independente de registro ou tradição. Em conformidade com o art. 1.689 do Diploma Civil, os pais têm a administração e o usufruto legal dos bens dos filhos menores durante o poder familiar.

Para a prova, é importante conhecer duas categorias específicas de usufruto:

a) **Deducto ou retenção:** é quando o proprietário transfere a propriedade do bem, reservando para si o usufruto. É o inverso do normal, pois, em vez de o dono ceder o usufruto do que é seu, ele transfere a propriedade e retém o usufruto do bem.

b) **Impróprio ou quase usufruto:** é o usufruto que recai sobre bens consumíveis e fungíveis. Em tese, não poderia haver usufruto de bem consumível, pois o usufrutuário pode usar o bem, todavia, deve devolvê-lo no fim do prazo, o que com ele seria incompatível, pois o uso gera sua destruição imediata. Entretanto, a lei afirma ser possível usufruto de bem consumível, desde que também seja fungível, pois será possível devolver outro idêntico no fim do prazo, não sendo verdadeiro usufruto.

4. DIREITO REAL DE USO E DIREITO REAL DE HABITAÇÃO (ARTS. 1.412 A 1.416 DO CC)

O direito real de uso não permite ao usuário apenas usar bem alheio, como o nome faz parecer, mas também dele fruir. Não se confunde com usufruto, pois o fruir é limitado para atendimento das necessidades do usuário e de sua família. Assim, pensando no uso de um imóvel, pode não só nele morar, e sim retirar frutos de árvores no jardim, fazer um comércio junto com o residir ou até alugar um dos quartos, se assim reclamar as necessidades familiares. Para efeitos do fruir no direito real de uso, família tem sentido peculiar, compreendendo o cônjuge, os filhos solteiros e as pessoas do serviço doméstico.

Quando o uso consistir no habitar gratuitamente, haverá direito real de habitação. Se o direito real de uso é limitado, o direito real de habitação ainda mais o será, pois é apenas residir com a família gratuitamente. Assim, no direito real de habitação, não pode este ser oneroso, nem o imóvel ser usado para outro fim, tal como a utilização comercial de parte dele ou aluguel de um dos quartos.

5. CONCESSÃO DE USO ESPECIAL PARA FINS DE MORADIA E CONCESSÃO DE DIREITO REAL DE USO (LEI 11.481/2007)

A Lei 11.481/2007, uma lei de direito administrativo, trata da possibilidade de o Poder Público ceder a particulares o direito de usar ou habitar bens públicos. Para que essas pessoas tenham um direito com força de direito real, a referida lei administrativa criou dois novos direitos reais em 2007. Criou a concessão de direito real de uso para o particular usar bem público e a concessão de uso especial para fins de moradia para o particular habitar bens públicos, conforme regras de direito administrativo. Assim sendo, quando falamos em direito real de uso e de habitação, estamos falando do particular contratando com outro particular o uso ou habitação de bem particular, diferente da concessão de direito real de uso e de uso especial para fins de moradia, que trata do particular usando ou habitando bem público.

É necessário neste ponto que venhamos a observar outros diplomas, como o Decreto-Lei n. 271/67 e a Medida Provisória n. 2.220/01.

6. DIREITO REAL DE PROMITENTE COMPRADOR DE IMÓVEL (ARTS. 1.417 E 1.418 DO CC)

Se alguém quer comprar um imóvel, há duas formas de fazê-lo. A primeira forma é celebrar um contrato de compra e venda em que o comprador entrega o dinheiro e o vendedor entrega a escritura pública assinada, cujo registro faz nascer o direito real de propriedade. Caso não seja possível o pagamento à vista, uma segunda forma é celebrar um contrato de promessa de compra e venda. Trata-se de um pré-contrato, ou melhor, um contrato no qual se assume a obrigação de celebrar no futuro o contrato definitivo, que aqui é o contrato de compra e venda de imóvel. Muito comum na compra de apartamento de prédio em construção, celebrando-se a promessa de compra e venda, para, após o pagamento de certo número de prestações mensais, haver a celebração do contrato de compra e venda.

No caso da promessa de compra e venda, durante o pagamento das prestações mensais, o promitente comprador não é dono, pois só adquire a propriedade quando pagar a última prestação e, celebrando o contrato de compra e venda, registrá-lo no cartório de imóveis. Para que o promitente comprador tenha um direito real antes da celebração do contrato de compra e venda, quer dizer, durante o pagamento das prestações mensais, a lei diz que o registro do contrato de promessa de compra e venda faz nascer o direito real de promitente comprador de imóvel.

Atenção

O contrato de promessa de compra e venda pode ser por instrumento particular, mesmo sendo exigido que o contrato de compra e venda seja por escritura pública. A razão é que a promessa de compra e venda é um pré-contrato e, nos termos do art. 462 do CC, o contrato preliminar ou pré-contrato, exceto quanto à forma, deve ter os mesmos requisitos do contrato definitivo.

Com a celebração do contrato de promessa de compra e venda, o promitente comprador assume a obrigação de pagar as prestações mensais determinadas no contrato e o promitente vendedor assume a obrigação de entregar-lhe ao final a escritura pública assinada para aquisição da propriedade com o registro. Caso o promitente vendedor não a entregue, o promitente comprador poderá propor uma ação judicial chamada ação de adjudicação compulsória para entrega forçada do bem, pois a sentença de procedência vale como título para registro no cartório de imóveis para aquisição da propriedade.

Atenção

- É inadmissível o arrependimento no compromisso de compra e venda sujeito ao regime do Dec.-Lei 58, de 10.12.1937. (Súmula n. 166, STF).

- Considera-se também título translativo, para fins do art. 1.245 do novo Código Civil, a promessa de compra e venda devidamente quitada (arts. 1.417 e 1.418 do Código Civil e § 6º do art. 26 da Lei n. 6.766/79). (Enunciado n. 87 da I Jornada de Direito Civil).
- O direito à adjudicação compulsória (art. 1.418 do novo Código Civil), quando exercido em face do promitente vendedor, não se condiciona ao registro da promessa de compra e venda no cartório de registro imobiliário (Súmula n. 239 do STJ). (Enunciado n. 95 da I Jornada de Direito Civil).
- O promitente comprador, titular de direito real (art. 1.417), tem a faculdade de reivindicar de terceiro o imóvel prometido a venda. (Enunciado n. 253 da III Jornada de Direito Civil).

7. DIREITOS REAIS DE GARANTIA: PENHOR, HIPOTECA E ANTICRESE (ARTS. 1.419 A 1.510 DO CC)

Os direitos reais sobre coisas alheias podem ser de duas espécies:

a) **De fruição:** concede ao seu titular o direito de, nas mais diferentes formas, usar ou fruir do bem. É o caso de todos os direitos reais sobre coisas alheias estudados até aqui.

b) **De garantia:** o seu titular não tem a prerrogativa de usar ou fruir do bem, contudo, apenas de tê-lo como garantia de pagamento, ou seja, caso o credor não receba seu crédito, poderá executar o bem, tendo preferência no pagamento com os recursos obtidos com sua venda. São três os direitos reais sobre coisas alheias de garantia: hipoteca, penhor e anticrese.

Haverá hipoteca quando for dado em garantia bem imóvel e penhor sempre que for dado em garantia bem móvel. Haverá anticrese quando se der bem imóvel em garantia, para o credor retirar frutos até receber o que lhe era devido. Começaremos vendo disposições comuns a todos eles, para, a seguir, destacar questões específicas de hipoteca, penhor e anticrese.

7.1 Disposições comuns ao penhor, hipoteca e anticrese

É importante conhecermos três diferenças entre hipoteca e penhor:

a) **Objeto:** a hipoteca se dá sobre bem imóvel e o penhor se dá sobre bem móvel. O curioso é que navios e aeronaves, embora sejam bens móveis, se dados em garantia, são casos de hipoteca em razão de seus altos valores.

b) **Posse do bem:** na hipoteca, o devedor continua com a posse do bem dado em garantia, enquanto, no penhor, o devedor transfere a posse do bem ao credor.

c) **Registro:** embora o penhor seja direito real sobre bem móvel, tanto a hipoteca quanto o penhor devem ser registrados em cartório. A diferença está no cartório em que se dará o registro. A hipoteca é registrada no cartório de registro de imóveis e o penhor é registrado no cartório de registro de títulos e documentos.

Os direitos reais de garantia têm como característica a indivisibilidade. Isso quer dizer que o pagamento parcial da dívida não corresponde à exoneração da parte correspondente da garantia, mesmo que esta compreenda mais de um bem (art. 1.421 do CC). Assim, se o devedor dá várias joias em garantia ao banco, o pagamento de uma prestação não permite resgatar parte delas cujo valor corresponda ao já pago.

Nos termos do art. 1.428 da Legislação Civilista, é nulo o chamado pacto comissório, isto é, a cláusula contratual que autoriza o credor a ficar com bem objeto da garantia se o devedor não pagar a dívida. Não é admitida, pois seria uma forte pressão ao devedor, bastando imaginar o caso em que o bem vale o dobro do valor da dívida. O correto é a venda processual do bem em processo de execução para, com o dinheiro obtido, o credor ser pago, sendo devolvido eventual saldo ao devedor.

No entanto, de acordo com o que preceitua o seu parágrafo único, nada impede que o devedor, após o vencimento, ofereça ao credor o bem dado em garantia como forma de pagamento. Embora não seja obrigado, o credor poderá aceitar, caso em que haverá extinção da obrigação pela dação em pagamento.

Atenção!

Enunciado n. 626 – Art. 1.428: Não afronta o art. 1.428 do Código Civil, em relações paritárias, o pacto marciano, cláusula contratual que autoriza que o credor se torne proprietário da coisa objeto da garantia mediante aferição de seu justo valor e restituição do supérfluo (valor do bem em garantia que excede o da dívida) (VIII Jornada de Direito Civil).

7.2 Penhor (arts. 1.431 a 1.472 do CC)

Compreende o direito real de garantia que tem por objeto bens móveis, cuja posse se transfere ao credor, assegurando preferência no recebimento de seus créditos. O credor garantido pelo penhor é chamado de credor pignoratício e o bem dado em penhor é dito bem empenhado.

Conforme vimos, a posse do bem empenhado é transferida ao credor. Todavia, há importante exceção. Entendemos por penhor industrial, mercantil ou rural (agrícola ou pecuário) o penhor em que o empresário oferece em garantia pignoratícia os bens que integram o seu estabelecimento. Não deve esquecer que estabelecimento é o conjunto de bens que o empresário organiza para exploração da empresa. Se o empresário transferisse a posse do bem empenhado, não teria como continuar a exploração da empresa, de onde aufere recursos para pagamento da dívida. Por essa razão, sendo penhor industrial, mercantil ou rural, há uma tradição ficta, quer dizer, por ficção jurídica, não havendo entrega real do bem ao credor pignoratício.

Constituem naturezas do penhor:

a) **Convencional:** é o caso mais comum, isto é, o penhor que surge do acordo de vontade das partes, após a tradição do bem empenhado e o registro do penhor no cartório de registro de títulos e documentos.

b) **Legal:** é aquele que decorre da lei, independendo da vontade das partes, tradição e registro. Nos termos do art. 1.467 do Diploma Civil, é admitido em dois casos, devendo ser homologado judicialmente, de acordo com a ação judicial com procedimento previsto nos arts. 703 a 706 do CPC:

   (i) hospedeiros, ou fornecedores de pousada ou alimento, sobre as bagagens, móveis, joias ou dinheiro que seus consumidores ou fregueses tiverem consigo nas respectivas casas ou estabelecimentos, pelas despesas ou consumo que aí tiverem feito; e

   (ii) o dono do prédio rústico ou urbano, sobre os bens móveis que o rendeiro ou inquilino tiver guarnecendo o mesmo prédio, pelos aluguéis ou rendas.

7.3 Hipoteca (arts. 1.473 a 1.505 do CC)

É o direito real de garantia que tem por objeto bens imóveis, navios ou aeronaves e que, embora não entregues ao credor, assegura preferência no recebimento de seus créditos.

Só pode hipotecar bem imóvel quem tem legitimidade para vendê-lo, pois é o que irá acontecer se a dívida não for paga. Por isso, não só a venda de bem imóvel, mas também a sua hipoteca, exige outorga uxória ou material, salvo se casados no regime da separação de bens, segundo prevê o art. 1.647, I, da Lei Civil.

> **Atenção**
>
> A hipoteca firmada entre a construtora e o agente financeiro, anterior ou posterior à celebração da promessa de compra e venda, não tem eficácia perante os adquirentes do imóvel. (Súmula n. 308, STJ).

Importante

- Em relação ao objeto da hipoteca, o bem de família pode ser validamente hipotecado. Se a dívida não é paga, o bem hipotecado é penhorado e vendido no processo de execução. O bem de família é impenhorável, todavia, o entendimento jurisprudencial é pela validade da hipoteca de bem imóvel, representando renúncia da impenhorabilidade.
- A ausência de registro da hipoteca em cartório de registro de imóveis não afasta a exceção à regra de impenhorabilidade prevista no art. 3º, V, da Lei n. 8.009/1990, a qual autoriza a penhora de bem de família dado em garantia hipotecária na hipótese de dívida constituída em favor de entidade familiar. (STJ, REsp 1.455.554-RN, Inf. n. 585)

Consoante vimos, ao hipotecar um bem, o devedor continua com a posse do bem. Diante disso, questiona-se: pode o devedor dar o mesmo bem em garantia hipotecária a mais de um credor? É possível, sim, em conformidade com o permissivo do art. 1.476 do Código Civil. É o que chamamos de sub-hipoteca ou hipoteca de segundo grau. Se a venda do bem não gerar recursos suficientes para o pagamento de todos os créditos, terá preferência no recebimento não quem primeiro contraiu o empréstimo, mas sim quem primeiro registrou a hipoteca.

Atenção

Um bem hipotecado pode ser validamente vendido a um terceiro? Não só pode ser vendido, como a lei diz ser nula a cláusula que proíbe a venda (art. 1.475 do CC). É, entretanto, uma compra perigosa, pois, se o devedor não pagar a dívida, o credor hipotecário poderá executar o bem, mesmo já pertencendo a um terceiro. Não poderá o comprador do bem alegar desconhecimento do fato, pois a hipoteca só nasce com o registro no cartório de imóveis, não havendo boa-fé diante de registro, pois este se presta a conferir publicidade ao ato, facilmente apurado em uma certidão de ônus reais do imóvel.

São três os tipos de hipoteca:

a) **Convencional:** é o caso mais comum, ou melhor, a hipoteca que surge do acordo de vontade das partes, após seu registro no cartório de registro de imóveis.
b) **Legal:** é a que decorre da lei, independendo da vontade das partes e de registro. Os casos estão previstos no art. 1.497 da Norma Civilista.
c) **Judicial:** é a fixada pelo juiz em processo judicial sobre bens imóveis do devedor sucumbente no processo, para que o credor tenha uma garantia com força de direito real para recebimento do seu crédito.

> **Atenção**
>
> Os arts. 1.482 e 1.483, constam como revogados pelo art. 1.072, inc. II, do CPC/15, Lei n. 13.105, de 17.03.2015. Não sendo mais possível a remição pelos familiares do executado, que têm apenas o direito de preferência na compra do bem. A adjudicação com direito de preferência a favor dos parentes foi mantida pelo CPC/15, de acordo com o art. 876, § 5º. No que tange à remição realizada pelo próprio executado, esta persiste, mas apenas na esfera processual.

7.4. Anticrese (arts. 1.506 a 1.510 do CC)

A anticrese constitui-se quando se der bem imóvel em garantia, para o credor retirar frutos até receber o que lhe era devido, previsto nos arts. 1.506 a 1.510 da lei civil.

O credor anticrético pode administrar os bens dados em anticrese e fruir seus frutos e utilidades, mas deverá apresentar anualmente balanço, exato e fiel, de sua administração. Responderá pelas deteriorações que, por culpa sua, o imóvel vier a sofrer, e pelos frutos e rendimentos que, por sua negligência, deixar de perceber. Pode vindicar ainda os seus direitos contra o adquirente dos bens, os credores quirografários e os hipotecários posteriores ao registro da anticrese.

O adquirente dos bens dados em anticrese poderá remi-los, antes do vencimento da dívida, pagando a sua totalidade à data do pedido de remição e imitir-se-á, se for o caso, na sua posse.

8. DIREITO REAL DE LAJE (ARTS. 1.510-A A 1.510-E DO CC)

Recentemente, a Medida Provisória n. 759/2016, que havia introduzido o direito de laje no Código Civil foi convertida na Lei n. 13.465, de 11 de julho de 2017, que alterou a primeira versão do texto legal ampliando as regras e fazendo alusão à cessão de superfície. A partir de então, o instituto se encontra previsto nos arts. 1.510-A a 1.510-E, da lei civil.

De acordo com a doutrina, a norma civilista optou por tratar o direito real de laje como direito real sobre coisa própria e não sobre coisa alheia. E se aduz que apesar de não ser considerado como subespécie do direito real de superfície, a proximidade entre os institutos torna possível ao jurista, na hipótese de lacuna legal, a utilização análoga das regras relativas ao direito de superfície.

Dispõe a lei que o proprietário de uma construção-base poderá ceder a superfície superior ou inferior de sua construção como objetivo de o titular da laje mantenha unidade distinta daquela originalmente construída sobre o solo. O direito de laje abrange o espaço aéreo ou o subsolo de terrenos públicos ou privados, tomados em projeção vertical, como unidade imobiliária autônoma, não contemplando as demais áreas edificadas ou não pertencentes ao proprietário da construção-base, compreendido este último como a edificação do imóvel original.

Os encargos e tributos que incidirem sobre a sua unidade imobiliária autônoma constituída em matrícula própria serão de responsabilidade de seus titulares que, podendo dela usar, gozar e dispor. A instituição do direito real de laje não implica a atribuição de fração ideal de terreno ao titular da laje ou a participação proporcional em áreas já edificadas.

Seus titulares poderão, ainda, ceder a superfície de sua construção para a instituição de um sucessivo direito real de laje, desde que os titulares da construção-base e das demais lajes o autorizem de forma expressa, devendo ser respeitadas as posturas edilícias e urbanísticas vigentes. E caberá aos Municípios e ao Distrito Federal dispor acerca das posturas edilícias e urbanísticas associadas ao direito real de laje. A lei traz vedação expressa ao titular da laje de prejudicar com obras novas ou com falta de reparação a segurança, a linha arquitetônica ou o arranjo estético do edifício, observadas as posturas previstas em legislação local.

Foi ainda dada nova redação ao art. 176, § 9º da Lei de Registros Públicos (Lei n. 6.015/73 - LRP), dispondo que a instituição do direito real de laje ocorrerá por meio da abertura de uma matrícula própria no registro de imóveis e por meio da averbação desse fato na matrícula da construção-base e nas matrículas de lajes anteriores, com remissão recíproca.

O direito de laje poderá ser cedido para terceiro que terá direito autônomo e independente da unidade imobiliária da qual ela decorre. Assim, haverá titularidades distintas, e em síntese, o proprietário da construção não se confunde com o titular do direito real.

O proprietário da construção-base e o titular da laje partilharão entre si, na proporção que venha a ser estipulada em contrato para fins do direito real de laje, as despesas necessárias à conservação e fruição das partes que sirvam a todo o edifício e ao pagamento de serviços de interesse comum, sendo observadas, no que couber, as normas aplicáveis aos condomínios edilícios. Constituem partes que servem a todo o edifício: os alicerces, colunas, pilares, paredes-mestras e todas as partes restantes que constituam a estrutura do prédio; o telhado ou os terraços de cobertura, ainda que destinados ao uso exclusivo do titular da laje; as instalações gerais de água, esgoto, eletricidade, aquecimento, ar condicionado, gás, comunicações e semelhantes que sirvam a todo o edifício; e em geral, as coisas que sejam afetadas ao uso de todo o edifício.

Não haverá possibilidade de constituição de direito de laje, em prédios ou imóveis de condomínios edilícios, pois nesse caso as unidades são isoladas entre si. Destacamos que o direito de laje é incompatível com edificações já construídas em pavimentos e apesar das semelhanças, o direito real de laje não é uma espécie de condomínio edilício, pois, além de não atribuir ao titular da laje qualquer fração ideal sobre o terreno, possui regramento próprio.

Fica assegurado, em qualquer caso, o direito de qualquer interessado em promover reparações urgentes na construção, podendo o credor, independentemente de autorização judicial, executar ou mandar executar o fato, sendo depois ressarcido, em conformidade com o art. 249, § único, CC.

Ocorrendo alienação de qualquer das unidades sobrepostas, deve ser observado o direito de preferência, em igualdade de condições com terceiros, os titulares da construção-base e da laje, nessa ordem, que serão cientificados por escrito para que se manifestem no prazo de trinta dias, salvo se o contrato dispuser de modo diverso. Tratando-se de mais de uma laje, terá preferência, sucessivamente, o titular das lajes ascendentes e o titular das lajes descendentes, assegurada a prioridade para a laje mais próxima à unidade sobreposta a ser alienada. A inobservância do direito de preferência possibilita ao titular da construção-base ou da laje, mediante depósito do respectivo preço, haver para si a parte alienada a terceiros, se o requerer no prazo decadencial de cento e oitenta dias, contado da data de alienação.

Por fim, o direito real de laje se extinguirá com a ruína da construção-base, exceto em duas hipóteses: se este tiver sido instituído sobre o subsolo; e, se a construção-base não for reconstruída no prazo de cinco anos. Fica garantido o direito a eventual reparação civil contra o culpado pela ruína.

Uma crítica a ser realizada é que o tema foi inserido na parte de Direitos Reais de Garantia e deveria ter sido relacionado à propriedade.

Inovou o legislador ao destacar a possibilidade do proprietário da construção ceder a superfície inferior de sua construção, e assim agora podemos então falar em direito de laje subterrânea.

E para quem já possui uma laje construída? E se ela estiver habitada por terceiro? É possível alienar a laje já construída?

Destaco, que a doutrina vem defendendo que para constituição do direito real de laje é preciso nova construção, ou seja, trata-se de um pré-requisito. Sustento, que apesar da Lei n. 13.465/17 não ter abordado o assunto, o proprietário que construiu uma laje para seu uso e não tem mais a intenção de usá-la, desde que, observado os requisitos legais, poderá aliená-la para um terceiro. Imagine você que construiu a Laje para que seus filhos brincassem, mas o tempo passou, eles casaram e saíram de casa. Interpretamos, que esse proprietário poderá abrir matrícula para essa parte do imóvel e aliená-la.

Sobre o preço da alienação destaco que poderá ser: a) de forma onerosa; b) de forma não onerosa.

Quais são os requisitos da escritura pública de alienação da laje?

a) capacidade e em alguns casos legitimação;
b) qualificação dos alienantes e adquirentes;
c) objeto; e
d) preço.

Importante!

É possível usucapir o direito de laje? Sendo a usucapião modalidade originária de aquisição de domínio de bem imóvel privado pelo exercício da posse, incide sobre o direito real de laje (art. 1.510-A e parágrafos, CC) em suas espécies, quais sejam: ordinária, extraordinária, especial urbana, coletiva ou extrajudicial. Nesse sentido: Enunciado n. 627 – *O direito real de laje em terreno privado é passível de usucapião.* (VIII Jornada de Direito Civil)

Atenção!

DIREITO DE LAJE X DIREITO DE SUPERFÍCIE

Direito Real de Laje	Direito Real de Superfície
Perene	Temporário
Respeito ao art. 108, do CC para a sua aplicação	Escritura pública é obrigatória
Nova matrícula é aberta para o direito real de laje.	A mesma matrícula é utilizada para o direito real de superfície.

9. FLUXOGRAMAS

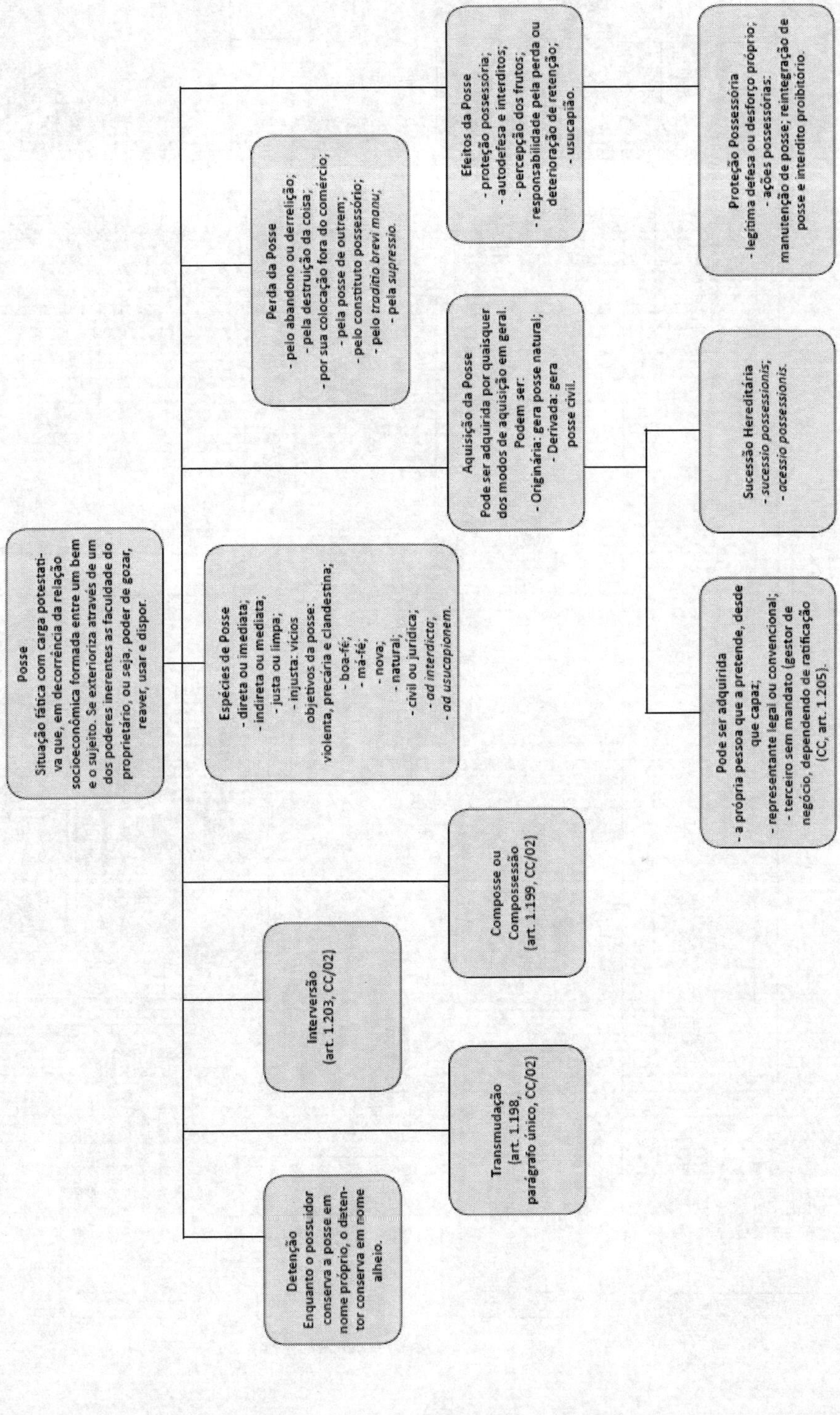

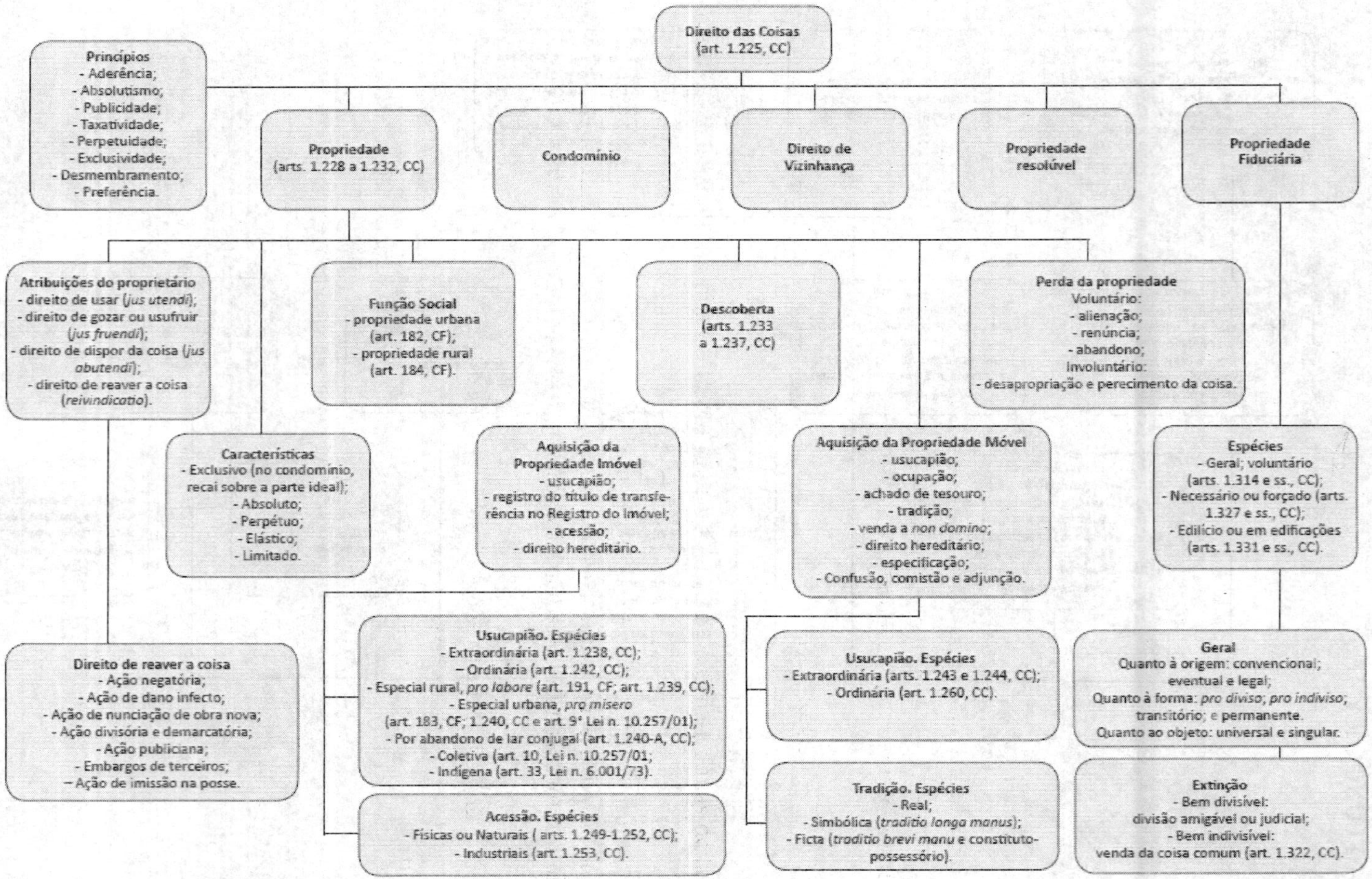
Direito das Coisas
(art. 1.225, CC)
Princípios
- Aderência;
- Absolutismo;
- Publicidade;
- Taxatividade;
- Perpetuidade;
- Exclusividade;
- Desmembramento;
- Preferência.
Propriedade
(arts. 1.228 a 1.232, CC)
Condomínio
Direito de Vizinhança
Propriedade resolúvel
Propriedade Fiduciária
Atribuições do proprietário
- direito de usar (*jus utendi*);
- direito de gozar ou usufruir (*jus fruendi*);
- direito de dispor da coisa (*jus abutendi*);
- direito de reaver a coisa (*reivindicatio*).
Função Social
- propriedade urbana (art. 182, CF);
- propriedade rural (art. 184, CF).
Descoberta
(arts. 1.233 a 1.237, CC)
Perda da propriedade
Voluntário:
- alienação;
- renúncia;
- abandono;
Involuntário:
- desapropriação e perecimento da coisa.
Características
- Exclusivo (no condomínio, recai sobre a parte ideal);
- Absoluto;
- Perpétuo;
- Elástico;
- Limitado.
Aquisição da Propriedade Imóvel
- usucapião;
- registro do título de transferência no Registro do Imóvel;
- acessão;
- direito hereditário.
Aquisição da Propriedade Móvel
- usucapião;
- ocupação;
- achado de tesouro;
- tradição;
- venda a *non domino*;
- direito hereditário;
- especificação;
- Confusão, comistão e adjunção.
Espécies
- Geral; voluntário (arts. 1.314 e ss., CC);
- Necessário ou forçado (arts. 1.327 e ss., CC);
- Edilício ou em edificações (arts. 1.331 e ss., CC).
Direito de reaver a coisa
- Ação negatória;
- Ação de dano infecto;
- Ação de nunciação de obra nova;
- Ação divisória e demarcatória;
- Ação publiciana;
- Embargos de terceiros;
– Ação de imissão na posse.
Usucapião. Espécies
- Extraordinária (art. 1.238, CC);
– Ordinária (art. 1.242, CC);
- Especial rural, *pro labore* (art. 191, CF; art. 1.239, CC);
- Especial urbana, *pro misero*
(art. 183, CF; 1.240, CC e art. 9º Lei n. 10.257/01);
- Por abandono de lar conjugal (art. 1.240-A, CC);
- Coletiva (art. 10, Lei n. 10.257/01;
- Indígena (art. 33, Lei n. 6.001/73).
Acessão. Espécies
- Físicas ou Naturais (arts. 1.249-1.252, CC);
- Industriais (art. 1.253, CC).
Usucapião. Espécies
- Extraordinária (arts. 1.243 e 1.244, CC);
- Ordinária (art. 1.260, CC).
Tradição. Espécies
- Real;
- Simbólica (*traditio longa manus*);
- Ficta (*traditio brevi manu* e constituto-possessório).
Geral
Quanto à origem: convencional; eventual e legal;
Quanto à forma: *pro diviso*; *pro indiviso*; transitório; e permanente.
Quanto ao objeto: universal e singular.
Extinção
- Bem divisível:
divisão amigável ou judicial;
- Bem indivisível:
venda da coisa comum (art. 1.322, CC).

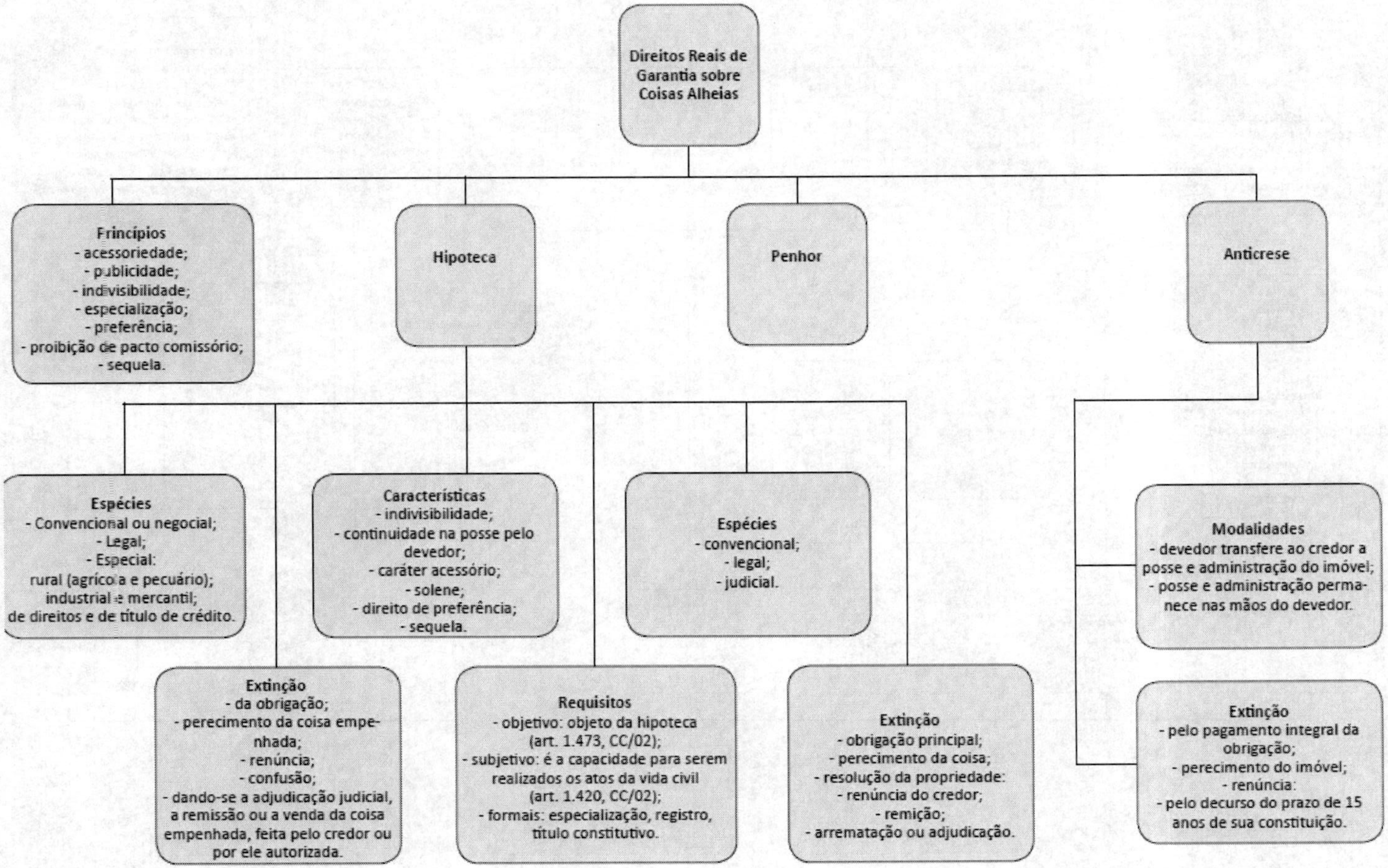
Direitos Reais de Garantia sobre Coisas Alheias
Princípios
- acessoriedade;
- publicidade;
- indivisibilidade;
- especialização;
- preferência;
- proibição de pacto comissório;
- sequela.
Hipoteca
Penhor
Anticrese
Espécies
- Convencional ou negocial;
- Legal;
- Especial:
rural (agrícola e pecuário);
industrial e mercantil;
de direitos e de título de crédito.
Características
- indivisibilidade;
- continuidade na posse pelo devedor;
- caráter acessório;
- solene;
- direito de preferência;
- sequela.
Espécies
- convencional;
- legal;
- judicial.
Modalidades
- devedor transfere ao credor a posse e administração do imóvel;
- posse e administração permanece nas mãos do devedor.
Extinção
- da obrigação;
- perecimento da coisa empenhada;
- renúncia;
- confusão;
- dando-se a adjudicação judicial, a remissão ou a venda da coisa empenhada, feita pelo credor ou por ele autorizada.
Requisitos
- objetivo: objeto da hipoteca (art. 1.473, CC/02);
- subjetivo: é a capacidade para serem realizados os atos da vida civil (art. 1.420, CC/02);
- formais: especialização, registro, título constitutivo.
Extinção
- obrigação principal;
- perecimento da coisa;
- resolução da propriedade:
- renúncia do credor;
- remição;
- arrematação ou adjudicação.
Extinção
- pelo pagamento integral da obrigação;
- perecimento do imóvel;
- renúncia:
- pelo decurso do prazo de 15 anos de sua constituição.

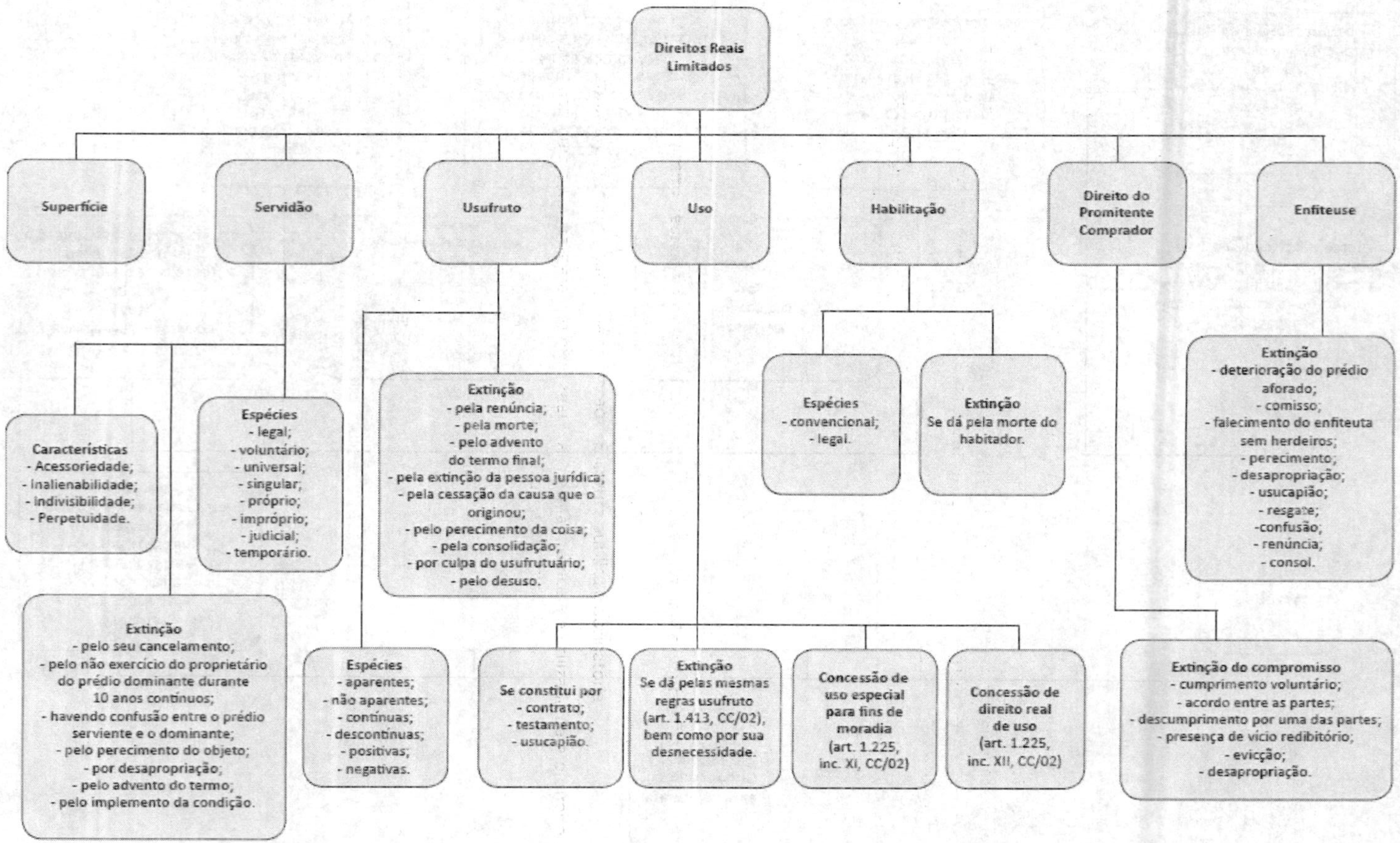
Direitos Reais Limitados
Superfície
Servidão
Usufruto
Uso
Habilitação
Direito do Promitente Comprador
Enfiteuse
Características
- Acessoriedade;
- Inalienabilidade;
- Indivisibilidade;
- Perpetuidade.
Espécies
- legal;
- voluntário;
- universal;
- singular;
- próprio;
- impróprio;
- judicial;
- temporário.
Extinção
- pelo seu cancelamento;
- pelo não exercício do proprietário do prédio dominante durante 10 anos contínuos;
- havendo confusão entre o prédio serviente e o dominante;
- pelo perecimento do objeto;
- por desapropriação;
- pelo advento do termo;
- pelo implemento da condição.
Extinção
- pela renúncia;
- pela morte;
- pelo advento do termo final;
- pela extinção da pessoa jurídica;
- pela cessação da causa que o originou;
- pelo perecimento da coisa;
- pela consolidação;
- por culpa do usufrutuário;
- pelo desuso.
Espécies
- aparentes;
- não aparentes;
- contínuas;
- descontínuas;
- positivas;
- negativas.
Se constitui por
- contrato;
- testamento;
- usucapião.
Extinção
Se dá pelas mesmas regras usufruto (art. 1.413, CC/02), bem como por sua desnecessidade.
Concessão de uso especial para fins de moradia (art. 1.225, inc. XI, CC/02)
Concessão de direito real de uso (art. 1.225, inc. XII, CC/02)
Espécies
- convencional;
- legal.
Extinção
Se dá pela morte do habitador.
Extinção do compromisso
- cumprimento voluntário;
- acordo entre as partes;
- descumprimento por uma das partes;
- presença de vício redibitório;
- evicção;
- desapropriação.
Extinção
- deterioração do prédio aforado;
- comisso;
- falecimento do enfiteuta sem herdeiros;
- perecimento;
- desapropriação;
- usucapião;
- resgate;
-confusão;
- renúncia;
- consol.

6

Direito das Famílias

1. A FAMÍLIA CONTEMPORÂNEA E SEUS PRINCÍPIOS NORTEADORES

1.1 Introdução

O Direito das Famílias constitui um **conjunto de normas** que orientam a celebração do casamento, sua validade e os efeitos que dele resultam, a constituição da união estável, as relações pessoais e econômicas dos membros dessas entidades, as relações entre pais e filhos, bem como os vínculos de solidariedade e assistência entre aqueles que são considerados Família. Regula, ainda, a proteção aos incapazes por meio dos institutos da Tutela, Curatela e da Tomada de Decisão Apoiada. É um ramo do Direito Civil que se constitui em direito extrapatrimonial e personalíssimo, regido por normas cogentes ou de ordem pública.

A família contemporânea possui como paradigmas o afeto, a ética, a solidariedade e a dignidade de seus membros, ou seja, o direito à vida digna e ao pleno desenvolvimento é que deve nortear a formação e condução da entidade familiar.

Importante destacar que toda relação jurídica de direito de família é geradora de direitos/deveres entre os seus membros, que traz um poder jurídico para os pais no que se refere aos filhos.

1.2 Características

Os direitos subjetivos das famílias são aplicáveis sob uma ótica funcional, isto é, o seu exercício em função da dignidade de cada membro que a compõe. O titular do direito é obrigado a exercê-lo pela função do direito que atende ao interesse de outrem. O direito subjetivo de família não se destina exclusivamente a conceder direitos, mas também atribui deveres aos seus titulares, fazendo surgir o poder-dever ou o poder-função (art. 1.696 do CC).

Não se aplica, em regra, ao direito das famílias o princípio da representação. Cada direito e dever são exercidos pelo seu próprio titular e não são submetidos a condição ou termo, com exceção de algumas disposições referentes ao regime patrimonial de bens. Os direitos subjetivos nascidos da relação familiar são irrenunciáveis e intransmissíveis. As pretensões decorrentes da violação aos direitos das famílias são imprescritíveis, contudo, as consequências patrimoniais dela decorrentes não o são, a exemplo da Súmula 149 do Supremo Tribunal Federal, que reconhece a imprescritibilidade da ação de reconhecimento de paternidade, porém permite a aplicação do prazo geral de prescrição para o exercício da pretensão nas ações de petição de herança.

São regidos por uma intervenção mínima do Estado e dos particulares, por intermédio da aplicação do denominado "princípio da menor intervenção", previsto no art. 1.513 do Código Civil.

> **Art. 1.513.** É defeso a qualquer pessoa, de direito público ou privado, interferir na comunhão de vida instituída pela família.

1.3 As famílias na Constituição Federal

O direito das famílias deve ser compreendido como um meio de realização da pessoa humana, fundado na existência de uma família plural, democrática, que assegura a isonomia entre o casal e a igualdade substancial – proteção às crianças, aos adolescentes, jovens e idosos, trazendo igualdade entre os filhos e implementando o combate à violência doméstica.

Encontram-se na Constituição da República os seguintes preceitos que a norteiam:

> Art. 1.º, III – Dignidade da pessoa humana.
>
> Art. 3.º, III e IV – Igualdade substancial.
>
> Art. 5.º, I – Isonomia entre homens e mulheres.
>
> Art. 226 – A consagração da família plural, em uma cláusula geral de inclusão: rol exemplificativo, que admite diversas entidades familiares.
>
> Art. 227 – Proteção integral à criança, ao adolescente e ao jovem (ver a EC 65/2010).
>
> Art. 227, § 6.º – Igualdade jurídica entre os filhos.

Destas disposições constitucionais podem ser extraídos os seguintes princípios:

- Afetividade: orientador das relações familiares.
- Monogamia: organizador das relações conjugais.
- Melhor interesse da criança/adolescente.

- Igualdade de gêneros e o respeito à diferença.
- Pluralidade das entidades familiares.
- Igualdade entre homem e mulher.
- Igualdade jurídica entre os filhos.
- Facilitação da dissolução do casamento.
- Filiação responsável e planejamento familiar.

1.4 Espécies de famílias

A família, conforme dita a Constituição, é base da sociedade e, como tal, vem sofrendo modificações em sua estrutura ao longo do tempo, e a concepção tradicionalista não mais comporta a diversidade que esse instituto hodiernamente apresenta, com um novo formato que abarca uma gama complexa de afetividades que dão origem às entidades familiares. Diante disso, convém mencionar as suas várias espécies, quais sejam:

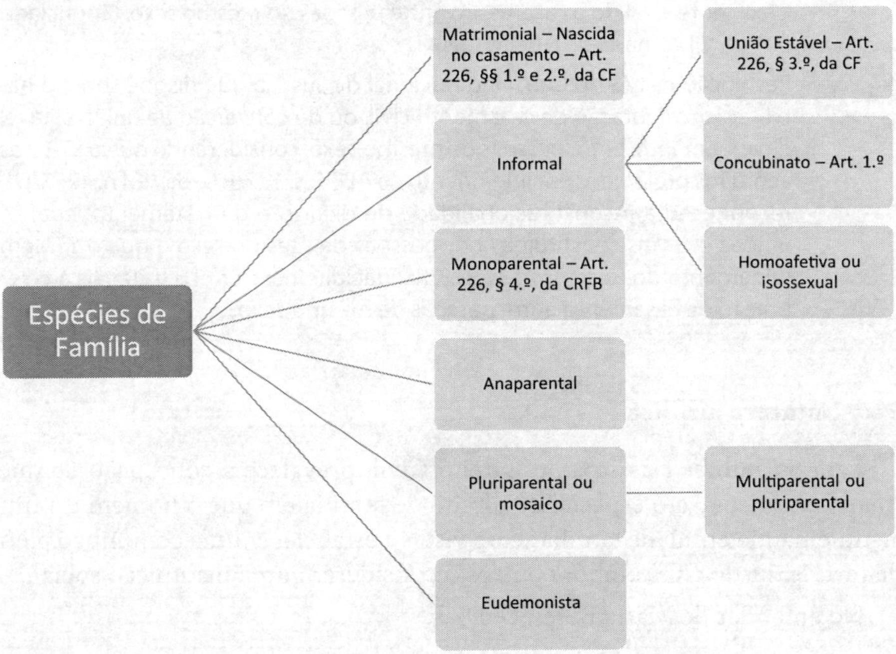

Dica

O Superior Tribunal de Justiça reconheceu que a proteção às entidades familiares deve ser extensiva às pessoas solteiras, separadas e viúvas, nos termos de sua Súmula 364.

2. CASAMENTO (ARTS. 1.511 A 1.590 DO CC)

2.1 Conceito (arts. 1.511 e 1.512 do CC)

Casamento é o vínculo jurídico entre pessoas que se unem material e espiritualmente para constituírem uma família. O assunto sobre a diversidade de sexos, historicamente sustentado, deixou de ser requisito em nossa doutrina majoritária e jurisprudência, diante da possibilidade do casamento homoafetivo, e não vem se mantendo como substrato jurídico. Mantendo-se como demais pressupostos, o consentimento e a celebração. Constituem os pressupostos de validade: sanidade; puberdade; potência.

Trata-se de uma entidade familiar com proteção e *status* constitucional (art. 226 da CF).

Atenção

- É existente e válido o casamento entre pessoas do mesmo sexo. (Enunciado 601 da VII Jornada de Direito Civil).
- Resolução n. 175 do Conselho Nacional de Justiça que dispõe sobre a habilitação, celebração de casamento civil, ou de conversão de união estável em casamento, entre pessoas de mesmo sexo, considerando que o STF, nos acórdãos prolatados em julgamento da ADPF n. 132/RJ e da ADI n. 4277/DF, reconheceu a inconstitucionalidade de distinção de tratamento legal às uniões estáveis constituídas por pessoas de mesmo sexo e que o STJ, em julgamento do Resp n. 1.183.378/RS, decidiu inexistir óbices legais à celebração de casamento entre pessoas de mesmo sexo.

2.2 Natureza jurídica

Para os autores clássicos do Direito Civil, prevalece a concepção de que casamento é um contrato especial de direito de família em que o homem e a mulher constituem uma entidade familiar com vistas a estabelecer uma comunhão plena de vida (art. 1.511 do CC), embora outros o considerem uma instituição social.

No entender de Maria Berenice Dias:

> Casamento tanto significa o ato de celebração do matrimônio como a relação jurídica que dele se origina, a relação matrimonial. (...) O **casamento é uma relação complexa, assumindo o par direitos e deveres recíprocos que acarretam sequelas não só no âmbito pessoal**. A partir de sua celebração, altera-se a situação patrimonial dos bens. A identificação do estado civil serve para dar publicidade, não só de sua condição pessoal, mas também de sua condição patrimonial, destinando-se a proporcionar segurança a terceiros.

3. EFEITOS (ARTS. 1.511 E 1.565 A 1.570 DO CC)

a) Estabelecimento de comunhão plena de vida (art. 1.511 do CC).
b) Direitos e deveres entre os cônjuges (arts. 1.565 a 1.570 do CC).
c) Regime patrimonial de bens (art. 1.639 do CC).

4. ASPECTOS GERAIS DA CELEBRAÇÃO DO CASAMENTO (ARTS. 1.517 A 1.564 DO CC)

4.1 Capacidade para o casamento (arts. 1.517 a 1.520 do CC)

A idade núbil, ou seja, aquela a partir da qual é possível se casar, desde que autorizados os nubentes por ambos os pais ou por seus representantes legais, começa aos 16 anos (art. 1.517 do CC). Antes dessa idade, o casamento só é admitido sob autorização judicial, que deverá ser concedida tendo por base o melhor interesse do menor nubente (arts. 1.518 a 1.520 do CC).

O art. 1.518, CC sofreu alteração de acordo com disposto no art. 114, do Estatuto da Pessoa com Deficiência, Lei n. 13.146, de 06.07.2015, passando a vigorar, com a seguinte redação: "Art. 1.518. Até a celebração do casamento podem os pais ou tutores revogar a autorização." O artigo sob comento sofreu alteração, não prevendo mais a figura do curador com a legitimação para revogar a autorização de casamento.

Como vimos, a capacidade para o casamento está disciplinada nos arts. 1.517 a 1.520, do Código Civil. A idade núbil, ou seja, aquela a partir da qual é possível se casar, desde que autorizados os nubentes por ambos os pais ou por seus representantes legais, começa aos 16 anos, de acordo com disposição do art. 1.517 do CC. Antes dessa idade, o casamento só era admitido sob autorização judicial, que deveria ser concedida tendo por base o melhor interesse do menor nubente (arts. 1.518 a 1.520 do CC).

Foi publicada a Lei n. 13.811, de 12 de março de 2019, alterando a redação do art. 1.520 do Código Civil, proibindo, a partir de então, o casamento de menores de 16 anos em qualquer hipótese. Antes da mudança, o dispositivo sob comento previa que "Excepcionalmente, será permitido o casamento de quem ainda não alcançou a idade núbil (art. 1.517), para evitar imposição ou cumprimento de pena criminal ou em caso de gravidez." Tratava-se de hipóteses taxativas, não podendo haver suprimento judicial de idade, quando não constatada uma das hipóteses presentes. Ressalte-se que não sendo mais a ação penal de natureza privada, o casamento não funcionaria como perdão. Com a alteração restam suprimidas as exceções legais permissivas do casamento infantil. Ficando mantida, assim, a exceção que consta no Código Civil, segundo a qual pais ou responsáveis de jovens com 16 e 17 anos podem autorizar a união.

Tal alteração em relação ao casamento de menores de idade vem dialogar e coadunar-se com outras legislações e proibições impostas a esses jovens, admitindo que se é vedado a uma criança ou um jovem de 15 anos o consumo de bebidas alcoólicas, dirigir e votar, claro está que também o é se casar.

A Lei n. 13.811/2019 entrou em vigor na data de sua publicação.

Apesar da alteração, doutrina autorizada entende que a vedação referente ao casamento de menores de 16 anos já estava presente em outras normas, e que a despeito da mudança, apenas corroborou-se um entendimento já consolidado já que a norma anterior, que excepcionava a possibilidade do casamento do menor de 16 anos, tinha seus efeitos amenizados por três leis penais, quais sejam a Lei n. 11.106/2005, a Lei n. 12.015/2009 e a Lei n. 13.718/2018.

Discute-se sobre o casamento infantil ser hipótese de nulidade ou anulabilidade. Em conformidade com a pontuação feita por Tartuce, não havendo qualquer alteração ou revogação expressa de qualquer outro comando do Código Civil em vigor, e como o menor de 16 anos já era considerado incapaz para o casamento pelo sistema anterior, seu entendimento é no sentido de subsistir a nulidade relativa ou anulabilidade do casamento do menor de 16 anos, vigorando plenamente o art. 1.550, inc. I, da lei civil. O mesmo entendimento vale para os dispositivos que tratam da possibilidade de convalidação do casamento do menor, arts. 1.551 e 1.553; da norma que elenca os legitimados para promoverem a ação anulatória, art. 1.552 e do comando que consagra o prazo decadencial de 180 dias para o ingresso da ação anulatória do casamento em casos tais, art. 1.560, § 1º, todos do Código Civil.

Outro ponto, mencionado pelo autor, diz respeito à alteração ter criado uma hipótese de impedimento para o matrimônio.

Tartuce posiciona-se, ainda, contrário à afirmação feita no âmbito doutrinário no sentido de ser o *casamento infantil* agora nulo de pleno direito, pois a lei proíbe a prática do ato sem cominar sanção, presente a chamada *nulidade virtual*, nos termos do art. 166, inc. VII, 2ª parte, do Código Civil. Segundo o autor, tal comando geral apenas seria aplicado no caso de inexistência de todas as disposições específicas sobre o tema, que, em seu entender, não foram revogadas expressa ou tacitamente. Com o fim de afastar a ideia relativa à revogação tácita, reforça que o casamento de menor de 16 anos já não era admitido anteriormente em nossa legislação.

De outro modo entende Cristiano Chaves de Farias, para quem o eventual casamento de uma pessoa menor dessa idade será hipótese de nulidade, e não anulabilidade, na medida em que estará violando proibição legal presente no art. 166, da lei civil. Legitimando-se, inclusive, o promotor de justiça a ajuizar ações de nulidade, na hipótese de um indevido matrimônio de pessoa com menos de 16 anos de idade.

Para Rolf Madaleno, apesar de o casamento de menor de 16 anos restar terminantemente proibido, nada esclarece a Lei n. 13.811/2019 acerca de seus efeitos jurídicos. Mas entende o autor que se trata de casamento proibido, ingressando nos impedimentos do art. 1.521 do Código Civil.

Questão que se impõe também controversa na doutrina diante da recente alteração legal diz respeito à possibilidade da realização de união estável de menores de 16 anos, já que resta proibido peremptoriamente o casamento infantil no ordenamento pátrio.

Sobre o tema, Flávio Tartuce dispõe que a união estável é tida como uma *união livre*, cujos elementos caracterizadores constam do art. 1.723 da lei civil, segundo o qual é reconhecida como entidade familiar a união entre duas pessoas, "configurada na convivência pública, contínua e duradoura e estabelecida com o objetivo de constituição de família". Inexiste dispositivo que trate da idade mínima para a sua constituição, a exemplo do que ocorre com o casamento, estando a *idade núbil* de 16 anos fixada no art. 1.517, do CC. Sobre a união estável, menciona ainda o art. 1.727, da lei civil, que afasta a sua caracterização em havendo impedimento matrimonial, prevendo que "as relações não eventuais entre o homem e a mulher, impedidos de casar, constituem concubinato". Enfatiza o autor que a questão da idade não importa em impedimento para o casamento, mas em questão afeita à incapacidade matrimonial, e por isso, o último preceito não tem incidência para o tema relativo à possibilidade de união estável entre menores de 16 anos.

Ainda que ausente norma específica relativa à capacidade para a constituição da união estável há entendimento doutrinário e jurisprudencial no sentido de que devem ser observados, por analogia, os mesmos critérios presentes para o casamento. Nessa medida, a união estável do menor de 16 anos deve ser tida como nula ou até como inexistente. Isso porque, em havendo incapacidade para o casamento, esta também se faz presente para a união estável, aplicando-se o art. 1.517, do CC para a última entidade familiar. Não se cogita a anulabilidade da união estável pela falta de previsão legal a respeito da invalidade, ao contrário do que ocorre com o casamento (art. 1.550, inc. I, do CC).

No mesmo sentido, Rolf Madaleno, entende que enquanto não atingirem os 16 anos de idade, os adolescentes estão proibidos de casar, e igualmente não será reconhecida qualquer união estável. Nesse sentido costumam concluir os tribunais asseverando que qualquer outra interpretação seria um desestímulo ao casamento.

No entanto, Tartuce faz menção à possibilidade de um entendimento diverso, afastando a tese quanto à aplicação do art. 1.517 do Código Civil por analogia, já que se trata de norma restritiva, que, como tal, não comporta essa forma de *integração*, prevista no art. 4º da LINDB. Acerca da equiparação das duas entidades familiares, que culminou com o julgamento do STF que declarou a inconstitucionalidade do art. 1.790 do Código Civil, mantêm-se a afirmação no sentido de que permanecem as diferenças entre o casamento e a união estável, sobretudo quanto às normas de constituição e de formalidades.

Raphael Carneiro Arnaud Neto, sobre a matéria relativa à união estável entre menores de 16 anos, analisando o disposto no art. 1.723 da lei civil, entende que a norma aponta em quais casos a união estável não se constituirá e, para tanto, faz remissão aos impedimentos do casamento constantes no art. 1.521, evidenciando que, no caso de a pessoa casada (hipótese de proibição trazida pelo inc. VI) se encontrar separada de fato, a união estável poderá ser reconhecida. Alerta, ainda, que também não impedirá a união estável a ocorrência das causas suspensivas, hipóteses que não geram nulidade do casamento. E segue, dispondo acerca dos impedimentos presentes no art. 1.521, do CC, observando que, não há em qualquer dos seus incisos, menção ao impedimento de pessoas menores de 16 anos casarem-se.

Diante do exposto, é possível observar que ainda há controvérsias a serem pacificadas pela doutrina e pelos tribunais acerca da recente alteração trazida pela Lei n. 13.811/2019. Sobre o tema, convém, no entanto, mencionar o posicionamento desse autor, que apesar da omissão relativa ao disposto no art. 1.520, da lei civil, entende que tal hipótese está incluída nos impedimentos do art. 1.521, do CC.

4.2 Pressupostos da existência jurídica do casamento

a) **Consentimento**: a falta de consentimento torna inexistente o casamento.

b) **Celebração por autoridade competente**: inexiste casamento se o consentimento é manifestado perante quem não tem competência para celebrar o ato matrimonial. Casamento celebrado diante de autoridade incompetente (prefeito municipal ou delegado de polícia) não é nulo, contudo simplesmente inexistente.

4.3 Formalidades

São prescrições normativas para a celebração do casamento válido, uma vez que constitui ato jurídico formal, devendo atender estritamente às previsões legais para sua celebração. São elas:

a) **Formalidades preliminares**: são as que antecedem ao casamento. Elas são de três ordens: habilitação (arts. 1.525 e 1.526 do CC) – nesta fase ocorre a apreciação dos documentos, a apuração da capacidade dos nubentes e a inexistência dos impedimentos matrimoniais; publicação dos editais (art. 1.527 do CC) – a dispensa dos editais é possível nas seguintes hipóteses: se ficar comprovada a urgência (grave enfermidade, parto eminente, viagem inadiável), como também no caso de casamento nuncupativo; e emissão do certificado da habilitação (arts. 1.533 a 1.538 do CC) – o oficial extrairá o certificado de habilitação durando a eficácia da habilitação por 90 dias.

b) **Formalidades concomitantes**: são as que acompanham a cerimônia e estão detalhadamente previstas nos arts. 1.533 a 1.538 da Lei Civil. Importante notar que sua inobservância determina a nulidade do ato.

4.4 Dos impedimentos matrimoniais (arts. 1.521 e 1.522 do CC)

São as circunstâncias que impossibilitam a realização de determinado casamento; em outras palavras, é a ausência de requisito ou de qualidade que a lei articulou entre as condições que invalidam ou apenas proíbem a união civil.

Desde já é importante observar a diferença entre incapacidade e impedimento matrimonial. A incapacidade é geral, a pessoa considerada incapaz não pode se casar com quem quer que seja (ex.: pessoa casada). O impedimento matrimonial é relativo, sendo um óbice estabelecido por lei em razão de determinada posição jurídica, ou seja, a pessoa considerada impedida não pode se casar com determinada pessoa ou enquanto ostentar determinado estado (ex.: não podem se casar os irmãos, nem as pessoas que ostentarem a condição de casadas – respectivamente, art. 1.521, IV e VI, do CC).

Os impedimentos eram classificados na Lei Civil anterior como dirimentes públicos ou absolutos, relativos e impedientes. Contudo, o legislador considera como **impedimento** somente aquelas causas capazes de trazer a **nulidade do casamento**.

Os impedimentos matrimoniais, previstos no art. 1.521 do Código Civil, são classificados em três categorias: resultantes do parentesco (art. 1.521, I a V); de vínculo (art. 1.521, VI); e de crime (art. 1.521, VII). Acarretam, como efeito, a **nulidade do casamento**. Considerando o interesse público neles estampado, podem ser arguidos por qualquer interessado e pelo Ministério Público.

4.5 Das causas suspensivas (arts. 1.523 e 1.524 do CC)

O art. 1.523, da lei civil elenca as hipóteses que obstam a casamento. Caso sejam conhecidas as causas ou suscitadas depois da celebração do casamento, a única consequência será a imposição do regime de separação de bens. Em geral, são causas para impedir confusão patrimonial, não sendo hipótese de nulidade absoluta.

Observe que as causas suspensivas não se aplicam às uniões estáveis. E desaparece a causa suspensiva se for provada a ausência de prejuízo para os envolvidos.

Segundo disciplina o art. 1.524, do CC, a suspensão deve ocorrer até que se verifique a existência ou não da causa suspensiva. Só podendo ser alegadas por parentes em linha reta, consanguíneos (pai, avós, sogros etc.) ou afins, e pelos colaterais em segundo grau, consanguíneos ou afins (irmãos ou cunhados). Não sendo possível ao juiz pronunciá-las de ofício.

Atenção

As causas suspensivas da celebração do casamento poderão ser arguidas inclusive pelos parentes em linha reta de um dos nubentes e pelos colaterais em segundo grau, por vínculo decorrente de parentesco civil. (Enunciado n. 330 da IV Jornada de Direito Civil).

4.6 Procedimentos de habilitação (arts. 1.525 a 1.532 do CC)

O casamento religioso se equipara ao civil. O legislador, no art. 1.515 do Código Civil, explicita os modos pelos quais se alcançam os efeitos civis:

a) **Habilitação prévia**: os nubentes se apresentam ao oficial do registro civil e se habilitam ao ato posterior. Encerrado o procedimento de habilitação (em um prazo de 90 dias), é extraída uma "sentença", resultando em uma certidão a ser mostrada ao ministro religioso. A habilitação aqui descrita é a mesma exigida para o casamento civil e o procedimento visa declarar e certificar que os interessados não possuem impedimentos, estando aptos para o casamento.

b) **Habilitação posterior**: nesse caso, primeiro é realizada a cerimônia religiosa com posterior competente habilitação e, por fim, a inscrição do casamento no registro público. O registro funciona como uma espécie de convalidação.

4.7 Celebração do casamento (arts. 1.533 a 1.542 do CC)

Dada a importância de que se reveste o casamento, tanto na ordem pública como na ordem privada, o legislador reveste-o de toda a solenidade possível. É o que se depreende da leitura dos arts. 1.533 a 1.538 do CC.

a) **Casamento por procuração**: a lei permite a celebração do ato por procuração cuja eficácia não ultrapassará 90 dias, desde que o nubente impossibilitado outorgue poderes especiais a alguém para comparecer em seu lugar e receber, em seu nome, o outro consorte. Hoje, em decorrência de disposição legal expressa (art. 1.542 do CC), é imprescindível a escritura pública para a sua validade. Essa procuração é um ato eminentemente revogável até o momento da celebração do casamento.

b) **Casamento na presença de autoridade diplomática ou consular**: dispõe o art. 7.º, § 2.º, da LINDB: "O casamento de estrangeiros poderá celebrar-se perante autoridades diplomáticas ou consulares do país de ambos os nubentes".

c) No caso de **um dos nubentes ser brasileiro e outro estrangeiro**, cessa a competência da autoridade consular. Se o casamento for realizado no Brasil, será aplicada a lei brasileira quanto aos impedimentos e às formalidades do casamento (art. 7.º, § 1.º, da LINDB).

d) **Casamento nuncupativo**: também chamado *in extremis vitae momentis* ou *in articulo mortis*, é forma especial de celebração de casamento, prevista pelo Código Civil, quando um dos contraentes se encontra em iminente perigo de vida, não havendo, assim, tempo para a celebração do casamento com todo o formalismo previsto na Lei Civil.

O art. 1.540 do Código Civil permite que o oficial do Registro Civil, mediante despacho da autoridade competente, à vista dos documentos exigidos no art. 1.525 e independentemente de edital de proclamas, dê a certidão de habilitação, dispensando o processo regular. Todavia, a lei chega mesmo a permitir a dispensa da autoridade competente se os contraentes não lograrem obter sua presença. Dessa maneira, os nubentes figurarão como celebrantes e realizarão oralmente o casamento, ante seis testemunhas, que não tenham parentesco em linha reta, ou na colateral, até o segundo grau.

4.8 Das provas do casamento (arts. 1.543 a 1.547 do CC)

O casamento realizado no Brasil, consoante estatui o art. 1.543 do Código Civil, prova-se pela certidão do registro, que, na hipótese do casamento religioso, é feito em até 90 dias após a sua celebração (art. 1.516, § 1.º, do CC). A prova supletória só se torna admissível quando, preliminarmente, justifica-se a falta ou a perda do registro (ex.: passaporte, depoimento de testemunhas, certidão de proclamas etc.).

O Código Civil admite uma prova indireta: a posse do estado de casados, que nada mais é do que a situação de duas pessoas que sempre se comportaram, privada e publicamente, como marido e mulher e que, para a comunidade, encontram-se no gozo recíproco da situação de esposos. Segundo a disposição legal, a concessão feita pelo art. 1.545 da Lei Civil fica subordinado a quatro pressupostos:

a) ambos os pais tenham falecido;
b) os pais dos dois tenham vivido naquele estado;
c) a prole comum prove que o é;
d) não se apresente certidão de registro civil provando a ocorrência de casamento.

A regra do *in dubio pro matrimonio* (art. 1.547 do CC) é utilizada sempre que houver dúvida sobre a prova do casamento, ou seja, quanto à existência do ato constitutivo do vínculo conjugal, o julgador deve se inclinar pela sua existência.

O art. 1.546 da norma civilista prevê a retroatividade dos efeitos do registro da sentença que reconhece o casamento à data de sua celebração. O artigo consagra os efeitos da retroação sentencial, chancelando a dimensão do afeto em detrimento do puro formalismo.

O casamento celebrado no exterior é válido no Brasil, desde que registrado quando do retorno dos nubentes ao País. Desse modo, a validade do casamento celebrado no estrangeiro, no consulado brasileiro, está submetida ao requisito de que ambos os nubentes sejam brasileiros. A eficácia do ato, no Brasil, está vinculada à condição suspensiva, isto é, a realização de seu registro em território nacional. Após o retorno dos brasileiros a esse território, deverá ser registrado em 180 dias, a contar da volta de um ou de ambos os cônjuges.

4.9 Da invalidade do casamento (arts. 1.548 a 1.564 do CC)

a) **Casamento inexistente**: o casamento é inexistente enquanto lhe faltam um ou mais elementos essenciais à sua formação. O ato, não adquirindo existência, nenhum efeito pode produzir.

b) **Casamento nulo**: segundo o disposto no art. 1.548 do Código em estudo, nulo é o casamento contraído por infringência de impedimentos (art. 1.521, I a VII, do CC). A decretação da nulidade pode ser promovida pelo Ministério Público ou por qualquer interessado (art. 1.549 do CC). A sentença de nulidade do casamento tem caráter declaratório, uma vez que reconhece apenas o fato que o invalida, gerando efeitos *ex tunc* (art. 1.563 do CC).

c) **Casamento anulável**: o art. 1.550 do Código Civil trata dos casos de casamento anulável que substituem, em linhas gerais, os outrora denominados impedimentos dirimentes relativos. São seis as hipóteses legais de anulação do casamento. Não existem outras; logo, trata-se de uma enumeração taxativa e não exemplificativa. São elas:

1) Quem não completou a idade mínima para casar (a regra comporta as exceções previstas nos arts. 1.520 e 1.551 do CC).

2) O menor em idade núbil, não autorizado pelo seu representante legal: entretanto, depois de atingi-la, poderá confirmar seu casamento, com a autorização de seus representantes legais, ou com suprimento judicial (art. 1.533 do CC).

3) A ocorrência de vício de vontade: nos arts. 1.556 e 1.557 do Código em questão, o legislador trata da complexa matéria da ocorrência de erro essencial de um dos nubentes quanto à pessoa do outro. Em seguida, arrola as circunstâncias caracterizadoras daquele erro. A saber:

   a) o que diz respeito à sua identidade, honra e boa fama;

   b) a ignorância de crime anterior ao casamento;

   c) a ignorância, anterior ao casamento, de defeito físico irremediável ***que não caracterize deficiência*** ou de moléstia grave e transmissível, por contágio ou por herança, capaz de pôr em risco a saúde do outro cônjuge ou de sua descendência.

Com efeito, para que o erro essencial quanto à pessoa do outro nubente seja causa de anulabilidade do casamento, é preciso a ocorrência de três pressupostos:

a) anterioridade do defeito ao casamento;

b) desconhecimento do defeito pelo cônjuge enganado;

c) insuportabilidade da vida em comum.

4) O incapaz de consentir ou manifestar, de modo inequívoco, seu consentimento.

5) Pelo mandatário, sem que ele ou outro contratante soubesse da revogação do mandato, não sobrevindo coabitação entre os cônjuges.

6) Por incompetência da autoridade celebrante: o legislador se refere aqui à incompetência *ratione loci* (em razão do lugar da celebração) ou, então,

ratione personarum (em razão das pessoas dos nubentes, quanto a seus domicílios). A incompetência *ratione materiae* (incompetência em razão da matéria), conforme visto, gera inexistência do casamento, salvo na hipótese do art. 1.554 do Código Civil.

> **Atenção**
>
> De acordo com o Estatuto da Pessoa com Deficiência, Lei n. 13.146, de 06.07.2015, que acresceu § 2º ao art. 1.550, do CC, preceitua que a pessoa com deficiência mental ou intelectual em idade núbil poderá contrair matrimônio, expressando sua vontade diretamente ou por meio de seu responsável ou curador.

4.10 Casamento putativo (art. 1.561 do CC)

Diz-se putativo o casamento que, conquanto nulo, ou anulável, foi contraído de boa-fé, por um só ou por ambos os cônjuges, reconhecendo-lhe efeitos à ordem jurídica. O termo vem do latim *putare*, que significa "imaginar". Atendendo à boa-fé e ao princípio da equidade, o ordenamento jurídico reconhece ao casamento nulo, ou anulável, todos os efeitos – aos filhos e ao cônjuge de boa-fé – do casamento válido.

Declarado putativo, o casamento ganha validade e produz todos os efeitos que apresentaria o casamento válido, até a data da sentença que o invalidou. A putatividade pode ocorrer na própria ação anulatória ou em processo autônomo promovido pelo(s) cônjuge(s) enganado(s), pelos filhos ou por terceiros que tenham interesse na declaração, se a sentença foi omissa a esse respeito.

5. DISSOLUÇÕES DA SOCIEDADE CONJUGAL (ARTS. 1.571 A 1.582 DO CC)

O Brasil adota por princípio a dissolubilidade do vínculo conjugal, consoante disposto no art. 226, § 6.º, da CF, alterado em julho de 2010 pela Emenda Constitucional 66/2010. A partir desse princípio se reforça o fundamento de que o pedido de divórcio é um direito potestativo do casal, podendo ser exercido sempre que um deles não quiser manter a relação conjugal.

As causas de dissolução poderão ser concomitantes à constituição do vínculo conjugal caracterizando as nulidades e as anulabilidades e posteriores à celebração do casamento. Não havendo vícios ou invalidades na celebração do casamento, sua dissolução só ocorrerá pela morte e pelo divórcio, mesmo que o Código Civil mantenha previsão em seu art. 1.571 em relação à separação.

Existe hoje uma grande discussão concernente à modificação quanto à dissolução do casamento em razão da Emenda Constitucional 66/2010. A partir dela, converge-se para a inexistência de requisitos objetivos (tempo de casamento, separação de fato anterior) ou subjetivos (culpa de uma das partes, impossibilidade de manutenção do vínculo) para o deferimento do divórcio. Sob a ótica de Rodrigo da Cunha Pereira, houve a derrogação dos artigos da Lei Civil que cuidavam da separação judicial. Nesse caso, trata-se de uma revogação tácita e que traz a extinção simultânea da sociedade e do vínculo conjugal.

Na opinião de Maria Berenice Dias, "é necessário alertar que a novidade atinge as ações em andamento. Todos os processos de separação perderam o objeto por impossibilidade jurídica do pedido (art. 485, VI, CPC). Não podem seguir tramitando demandas que buscam uma resposta não mais contemplada no ordenamento jurídico" (**Divórcio já!**, RT, 2010).

Outras vozes têm se levantado e dito que a norma constitucional não vedou a separação e que, portanto, ela ainda estaria em vigor. Em razão da grande discussão sobre o tema, serão mantidos os tópicos acerca da separação. Ressalte-se que a inclinação é no sentido de se considerarem revogados os dispositivos acerca da separação judicial.

Atenção

- Em recente entendimento da 4ª Turma do STJ, foi afirmado que a entrada em vigor da EC n. 66/2010, que modificou o art. 226, da CF/88 para deixar de condicionar o divórcio à prévia separação judicial ou de fato, não aboliu a figura da separação judicial do ordenamento jurídico brasileiro, mas apenas facilitou aos cônjuges o exercício pleno de sua autonomia privada, a única alteração ocorrida com foi a supressão do requisito temporal e do sistema bifásico para que o casamento possa ser dissolvido pelo divórcio.
- Sobre o CPC/15 e o instituto da separação, eliminado do sistema jurídico brasileiro pela EC n. 66/10, o novo diploma processual faz referência expressa à ação de separação litigiosa, submetida ao procedimento especial. Já a separação consensual encontra-se disciplinada pelo procedimento especial de jurisdição voluntária, em conformidade com o arts. 731 a 734 do digesto processual. Infere-se assim, que partindo desse pressuposto processual, a separação se manteria em nosso sistema jurídico.
- A Emenda Constitucional n. 66/2010 não extinguiu o instituto da separação judicial e extrajudicial. (Enunciado n. 514 da V Jornada de Direito Civil).
- Se comprovada a resolução prévia e judicial de todas as questões referentes aos filhos menores ou incapazes, o tabelião de notas poderá lavrar escrituras públicas de dissolução conjugal. (Arts. 1.571 ao 1.582 do Código Civil, combinados com a Lei n. 11.441/2007 - Enunciado n. 571 da VI Jornada de Direito Civil).
- Transitada em julgado a decisão concessiva do divórcio, a expedição do mandado de averbação independe do julgamento da ação originária em que persista a discussão dos aspectos decorrentes da dissolução do casamento. (Enunciado 602 da VII Jornada de Direito Civil).

- Pela interpretação teleológica da Emenda Constitucional n. 66/2010, não há prazo mínimo de casamento para a separação consensual. (Art. 1.574, *caput* – Enunciado n. 515 da V Jornada de Direito Civil).
- Na separação judicial por mútuo consentimento, o juiz só poderá intervir no limite da preservação do interesse dos incapazes ou de um dos cônjuges, permitida a cindibilidade dos pedidos com a concordância das partes, aplicando-se esse entendimento também ao divórcio. (Art. 1.574, parágrafo único - Enunciado n. 516 da V Jornada de Direito Civil).

Questões importantes!

- Como ficou a competência no CPC/15? Vejamos:

> Art. 53. É competente o foro:
>
> I – para a ação de divórcio, separação, anulação de casamento e reconhecimento ou dissolução de união estável:
>
> a) de domicílio do guardião de filho incapaz;
>
> b) do último domicílio do casal, caso não haja filho incapaz;
>
> c) de domicílio do réu, se nenhuma das partes residir no antigo domicílio do casal;
>
> d) de domicílio da vítima de violência doméstica e familiar, nos termos da Lei nº 11.340, de 7 de agosto de 2006 (Lei Maria da Penha) (Incluída pela Lei n. 13.894, de 2019).

- O MP deve atuar nas ações de divórcio? Observe o CPC/15:

> Art. 178. O Ministério Público será intimado para, no prazo de 30 (trinta) dias, intervir como fiscal da ordem jurídica nas hipóteses previstas em lei ou na Constituição Federal e nos processos que envolvam:
>
> I – interesse público ou social;
>
> II – interesse de incapaz;
>
> III – litígios coletivos pela posse de terra rural ou urbana.
>
> Parágrafo único. A participação da Fazenda Pública não configura, por si só, hipótese de intervenção do Ministério Público.
>
> Art. 698. Nas ações de família, o Ministério Público somente intervirá quando houver interesse de incapaz e deverá ser ouvido previamente à homologação de acordo.
>
> Parágrafo único. O Ministério Público intervirá, quando não for parte, nas ações de família em que figure como parte vítima de violência doméstica e familiar, nos termos da Lei nº 11.340, de 7 de agosto de 2006 (Lei Maria da Penha). (Incluída pela Lei nº 13.894, de 2019)

- Como fica a citação no divórcio? Vejamos a lei processual:

> Art. 249. A citação será feita por meio de oficial de justiça nas hipóteses previstas neste Código ou em lei, ou quando frustrada a citação pelo correio.

– E no caso de revelia no divórcio, como fica? Diz o CPC/15:

> Art. 345. A revelia não produz o efeito mencionado no art. 344 se:
> [...] II – o litígio versar sobre direitos indisponíveis.

5.1 Efeitos da separação e do divórcio

Com base no entendimento de que não cabe interpretação revogatória do instituto da separação à luz da nova redação constitucional (atenção, pois esta concepção é minoritária), pode-se pensar nos efeitos dos dois institutos para a ruptura do casamento.

Os efeitos da separação de direito e do divórcio atingem tanto a pessoa dos cônjuges quanto o seu patrimônio, por isso se fala em efeitos pessoais e patrimoniais.

5.1.1 Efeitos pessoais

a) Põe termo aos deveres recíprocos do casamento.

b) Faculta ao cônjuge manter o sobrenome do outro, no entanto, traz no art. 1.578 do Código Civil hipóteses para a perda do direito de usar o sobrenome do outro, pena que se concretizará se não ocorrer alguma das alternativas previstas nos incisos do citado artigo:

I – evidente prejuízo para sua identificação;

II – manifesta distinção entre o seu nome de família e o dos filhos havidos da união dissolvida;

III – dano grave reconhecido na decisão judicial.

> **Atenção**
>
> De acordo com o entendimento do STJ no REsp 1.279.952-MG, é admissível a averbação, no registro de nascimento do filho, da alteração do sobrenome de um dos genitores que, em decorrência do divórcio, optou por utilizar novamente o nome de solteiro, contanto que ausentes quaisquer prejuízos a terceiros. (Inf. n. 555)

c) Impossibilita a realização de novas núpcias.

d) Autoriza a conversão da separação em divórcio. A ação de conversão de separação em divórcio (o chamado divórcio indireto) inegavelmente persiste no sistema para que as pessoas que atualmente não estão divorciadas possam romper o vínculo, já que a emenda constitucional não as transforma em divorciadas. Porém, o prazo de um ano previsto para a conversão no *caput* do art. 1.580 do Código Civil não mais existe. Assim, tais pessoas podem se beneficiar da conversão sem necessidade de observância de qualquer prazo.

> ***Atenção***
>
> A Emenda Constitucional n. 66/2010 extinguiu os prazos previstos no art. 1.580 do Código Civil, mantido o divórcio por conversão. (Enunciado n. 517 da V Jornada de Direito Civil).

e) Em consequência do poder familiar, emerge o direito de se pleitear a guarda dos filhos incapazes na forma do art. 1.583 da Lei Civil, podendo ser estabelecida a guarda unilateral ou compartilhada.

5.1.2 *Efeitos patrimoniais*

a) Põe fim ao regime matrimonial de bens.

> ***Atenção***
>
> – O divórcio direto pode ser concedido sem que haja prévia partilha dos bens. (Súmula n. 197, STJ).
> – Não é obrigatória a partilha de bens na separação judicial. (Art. 1.575 - Enunciado n. 255 da III Jornada de Direito Civil).

b) Substitui o dever de sustento pela obrigação alimentar.

c) Extingue o direito sucessório entre os cônjuges.

d) Pode dar origem à indenização por perdas e danos se ocorrerem prejuízos morais ou patrimoniais, desde que se configure a prática de ato ilícito ou abuso de direito.

A sentença de divórcio produz os seguintes efeitos:

a) dissolve definitivamente o vínculo matrimonial;

b) põe fim aos deveres conjugais;

c) extingue o regime matrimonial de bens, sem que seja necessário efetuar a partilha dos bens, havendo o estabelecimento de condomínio entre o casal, conforme discorre o art. 1.580 do CCB;

d) faz cessar o direito sucessório;

e) não admite reconciliação entre os cônjuges;

f) possibilita novo casamento aos divorciados;

g) mantém inalterados os direitos e deveres dos pais em relação aos filhos.

Atenção

O fato de o pai ou a mãe constituírem nova união não repercute no direito de terem os filhos do leito anterior em sua companhia, salvo quando houver comprometimento da sadia formação e do integral desenvolvimento da personalidade destes. (Art. 1.588 - Enunciado n. 337 da IV Jornada de Direito Civil)

Atenção!

Observe o Provimento n. 82/2019, do CNJ que dispõe sobre o procedimento de averbação, no registro de nascimento e no de casamento dos filhos, da alteração do nome do genitor e dá outras providências.

5.1.3 Dissolução extrajudicial do casamento (Lei 11.441/2007)

A partir de 2007, com a vigência da Lei 11.441, o Código de Processo Civil passou a admitir a possibilidade da realização de procedimento extrajudicial para a dissolução do casamento, bem como os inventários e as partilhas, que devem ser realizados extrajudicialmente por escritura pública (art. 733 do CPC).

O procedimento extrajudicial é facultativo, não podendo o juiz se recusar a homologar o pedido feito em sede judicial.

As partes precisam ser assistidas por advogado, podendo o mesmo profissional representar ambos os cônjuges. Da escritura devem constar estipulações quanto à pensão alimentícia, à partilha dos bens, à mantença do nome de casado ou ao retorno do nome de solteiro. Os cônjuges podem escolher livremente o Tabelionato, não havendo qualquer regra que fixe competência.

A manifestação de vontade declinada na escritura é irretratável, mas, como se trata de negócio jurídico, pode ser anulada por incapacidade ou por vício de consentimento.

Quanto à medida cautelar de separação de corpos, prevista no art. 189, II e 301, do Código de Processo Civil em vigor, há sua permanência em vigor e criando plenos efeitos. Sua eficácia está restrita à tutela dos interesses do autor, não se utilizando essa medida como termo inicial para a contagem do prazo para a concessão do divórcio previsto art. 1.580, *caput*, do Código Civil ou para a caracterização da "culpa" de um dos cônjuges pelo denominado "abandono de lar". Nesse caso, cabe à parte interessada o pedido de divórcio, sem a necessidade de qualquer requisito preliminar.

Dica

A separação de fato, que, consoante os ensinamentos de Orlando Gomes, é a "cessação da vida em comum", produz efeitos jurídicos entre o casal. O primeiro deles é a possibilidade de o separado de fato contrair união estável (art. 1.723, § 1.º, *in fine*). Quanto aos efeitos patrimoniais, devem ser elencados: 1) cessação dos efeitos do regime patrimonial de bens (os bens havidos após a separação de fato não serão objeto de comunhão); e 2) extingue-se a capacidade sucessória, nos termos do art. 1.830 do CC.

Atenção!

Sobre o tema, veja as seguintes teses do STJ:

- O divórcio direto pode ser concedido sem que haja prévia partilha dos bens. (Súmula n. 197).
- É de quatro anos o prazo decadencial para anular partilha de bens em dissolução de sociedade conjugal ou de união estável, nos termos do art. 178 do Código Civil.
- As verbas de natureza trabalhista nascidas e pleiteadas na constância da união estável ou do casamento celebrado sob o regime da comunhão parcial ou universal de bens integram o patrimônio comum do casal e, portanto, devem ser objeto da partilha no momento da separação.
- Deve ser reconhecido o direito à meação dos valores depositados em conta vinculada ao FGTS auferidos durante a constância da união estável ou do casamento celebrado sob o regime da comunhão parcial ou universal de bens, ainda que não sejam sacados imediatamente após a separação do casal ou que tenham sido utilizados para aquisição de imóvel pelo casal durante a vigência da relação.
- A valorização patrimonial dos imóveis ou das cotas sociais de sociedade limitada, adquiridos antes do casamento ou da união estável, não deve integrar o patrimônio comum a ser partilhado quando do término do relacionamento, visto que essa valorização é decorrência de um fenômeno econômico que dispensa a comunhão de esforços do casal.
- Os valores investidos em previdência privada fechada se inserem, por analogia, na exceção prevista no art. 1.659, VII, do CC, consequentemente, não integram o patrimônio comum do casal e, portanto, não devem ser objeto da partilha.
- Após a separação de fato ou de corpos, o cônjuge que estiver na posse ou na administração do patrimônio partilhável - seja na condição de administrador provisório, seja na de inventariante - terá o dever de prestar contas ao ex-consorte, enquanto perdurar o estado de mancomunhão.
- Na separação e no divórcio, o fato de certo bem ainda pertencer indistintamente aos ex-cônjuges, por ausência de formalização da partilha, não representa automático empecilho ao pagamento de indenização pelo uso exclusivo do bem por um deles, desde que a parte que toca a cada um tenha sido definida por qualquer meio inequívoco, visto que medida diversa poderia importar enriquecimento sem causa.

- Admite-se o arbitramento de aluguel a um dos cônjuges por uso exclusivo de bem imóvel comum do casal somente na hipótese em que, efetuada a partilha do bem, um dos cônjuges permaneça residindo no imóvel.
- Comprovada a separação de fato ou judicial entre os casados, a existência de casamento válido não obsta o reconhecimento da união estável.

6. REGIME PATRIMONIAL DE BENS (ARTS. 1.639 A 1.688 DO CC)

É a disciplina legal dos efeitos patrimoniais do casamento, podendo ser considerado como o conjunto de princípios que regula a situação patrimonial do casal.

O art. 1.639 do Código Civil resgata o princípio da autonomia da vontade, em matéria de regime de bens, permitindo aos cônjuges estipular o que lhes aprouver.

Atenção

- É admissível a alteração do regime de bens entre os cônjuges, quando então o pedido, devidamente motivado e assinado por ambos os cônjuges, será objeto de autorização judicial, com ressalva dos direitos de terceiros, inclusive dos entes públicos, após perquirição de inexistência de dívida de qualquer natureza, exigida ampla publicidade. (Enunciado n. 113 da I Jornada de Direito Civil).
- O regime de bens no casamento somente interfere na concorrência sucessória do cônjuge com descendentes do falecido. (Enunciado 609 da VII Jornada de Direito Civil).

Na realidade, o legislador criou três hipóteses de incidência de regras em matéria de regime de bens:

a) **os cônjuges escolhem o que lhes aprouver:** materializando sua escolha em documento próprio (pacto antenupcial – art. 1.640 c/c o art. 1.653, ambos do CC);

b) **os cônjuges aderem ao regime legal:** sem convenção, aceitando em bloco o regime da comunhão parcial de bens (art. 1.640 do CC);

c) **os cônjuges estão submetidos ao regime da separação total de bens obrigatória:** não há pacto antenupcial, e, se houvesse, esse seria nulo, porquanto há a imposição do regime quando um ou ambos os cônjuges tiverem mais de **70 anos**, se existir necessidade de autorização judicial para o casamento ou se estiverem presentes as causas suspensivas (art. 1.641 do CC).

Dica

O REsp 1.190.722/SP reconheceu a possibilidade de aplicação do Regime da Separação Obrigatória de Bens à União Estável, entretanto, essa posição não é unânime.

Atenção

- A obrigatoriedade do regime da separação de bens não se aplica a pessoa maior de sessenta anos, quando o casamento for precedido de união estável iniciada antes dessa idade. (Enunciado n. 261 da III Jornada de Direito Civil).
- A obrigatoriedade da separação de bens nas hipóteses previstas nos incs. I e III do art. 1.641 do Código Civil não impede a alteração do regime, desde que superada a causa que o impôs. (Enunciado n. 262 da III Jornada de Direito Civil).

Não havendo a imposição do regime da separação obrigatória, a liberdade dos cônjuges no exercício da escolha é total, mas a lei impõe a necessidade da convenção – pacto antenupcial – sempre que a opção exercida difere do padrão ofertado pela lei. Importante ressaltar que o regime de bens começa a vigorar desde a data do casamento, diz o § 1.º do art. 1.639 do Código Civil. Todavia, esse regime é passível de modificação (art. 1.639, § 2.º, do CC), mediante a ocorrência de três requisitos cumulativos: autorização judicial, pedido motivado de ambos os cônjuges e ressalva dos direitos de terceiros.

Atenção

O estatuto patrimonial do casal pode ser definido por escolha de regime de bens distinto daqueles tipificados no Código Civil (art. 1.639 e parágrafo único do art. 1.640), e, para efeito de fiel observância do disposto no art. 1.528 do Código Civil, cumpre certificação a respeito, nos autos do processo de habilitação matrimonial. (Enunciado n. 331 da IV Jornada de Direito Civil).

O pedido de alteração é dirigido ao juiz competente, em ação própria, que só o deferirá sempre que convicto da motivação relevante e do não prejuízo dos interesses de terceiros. O pedido motivado de ambos os cônjuges cerca o pedido de maior garantia; a falta de anuência de um não só compromete o deferimento, como também não poderá ser suprida pelo juiz. O pedido pode ser requerido mesmo se o regime for o da separação total obrigatória.

Questão importante é a possível antinomia, também denominada como lacuna de conflito, entre a previsão do art. 2.039 do Código Civil de 2002 e a possibilidade de modificação do regime de bens aos cônjuges que se casaram na vigência da Lei

Civil de 1916. *Há o entendimento prevalecente pela possibilidade de alteração, conforme* entendimento do Superior Tribunal de Justiça (REsp 821.807/PR).

> **Atenção**
>
> A alteração do regime de bens prevista no § 2º do art. 1.639 do Código Civil também é permitida nos casamentos realizados na vigência da legislação anterior. (Arts. 1.639, § 2º, e 2.039 - Enunciado n. 260 da III Jornada de Direito Civil).

6.1 Pacto antenupcial (arts. 1.653 a 1.657 do CC)

O pacto antenupcial é um negócio jurídico pessoal, solene, sendo indispensável à escritura pública (art. 1.653 do CC), nominado e típico, visto que os nubentes têm a sua autonomia limitada pela lei e não podem, consequentemente, estipular que o pacto gerará efeitos diversos daqueles previstos pela norma jurídica.

Acrescenta o art. 1.653 do presente Código em análise que o pacto é nulo se não lhe seguir o casamento. Ou seja, o casamento é condição necessária para que ele produza os seus reais efeitos. Logo, não realizado o casamento, o pacto se torna ineficaz.

> **Atenção!**
>
> **Enunciado n. 635** – "Art. 1.655: O pacto antenupcial e o contrato de convivência podem conter cláusulas existenciais, desde que estas não violem os princípios da dignidade da pessoa humana, da igualdade entre os cônjuges e da solidariedade familiar." (VIII Jornada de Direito Civil)

O pacto antenupcial só terá efeito perante terceiros – art. 1.657 do CC – depois de registrado. Assim como o casamento é objeto de registro público, a lei também exige o registro do pacto antenupcial no Registro de Imóveis, para que apresente os efeitos diante de terceiros. A eficácia, a que se refere o texto legal, diz respeito tão somente aos bens imóveis. O registro imobiliário competente é o do domicílio dos cônjuges, devendo eles levar ao registro imobiliário a escritura pública do pacto antenupcial e a certidão do casamento.

6.2 Regime da comunhão parcial de bens (arts. 1.658 a 1.666 do CC)

Introduzido no Brasil pela Lei do Divórcio (Lei 6.515/1977), alterou o então vigente art. 258 do Código Civil de 1916, determinando que, não havendo convenção, ou sendo nula, vigoraria, quanto aos bens, o regime da comunhão parcial, trazendo uma presunção: os bens adquiridos a título oneroso na constância do casamento seriam partilhados.

O regime de comunhão parcial limita o patrimônio comum aos bens adquiridos na constância do casamento a título oneroso (ou seja, a ocorrência da sociedade conjugal não anula a individualidade e a autonomia dos cônjuges em matéria patrimonial). Desse modo, o regime da comunhão parcial faz surgir três massas distintas de bens, isto é: os bens particulares do marido, os particulares da mulher e os comuns do casal.

No art. 1.659 do Código Civil estão arrolados os bens que não entram na comunhão:

a) aqueles que cada cônjuge possuir ao se casar e os que lhe sobrevierem, na constância do casamento, por doação ou sucessão e os sub-rogados em seu lugar;
b) os adquiridos com valores exclusivamente pertencentes a um dos cônjuges em sub-rogação dos bens particulares. O limite da sub-rogação é o valor do bem particular (adquirido antes do casamento, ou doado, ou herdado). Se o bem sub-rogado é mais valioso que o alienado, a diferença do valor, se não foi paga com recursos próprios e particulares do cônjuge, passa a ser comum a ambos os cônjuges;
c) as obrigações anteriores ao casamento – obrigações negociais;
d) as obrigações provenientes de atos ilícitos, salvo reversão em proveito do casal;
e) os de uso pessoal, os livros e os instrumentos de profissão;
f) os proventos do trabalho pessoal de cada cônjuge;
g) as pensões, meios-soldos, montepios e outras rendas semelhantes.

Os bens que participam da comunhão são aqueles descritos no art. 1.660 do Código Civil.

Atenção

No regime da comunhão parcial de bens é sempre indispensável a autorização do cônjuge, ou seu suprimento judicial, para atos de disposição sobre bens imóveis. (Enunciado n. 340 da IV Jornada de Direito Civil).

6.3 Regime de comunhão universal de bens (arts. 1.667 a 1.671 do CC)

Segundo o art. 1.667 do Código Civil, o regime da comunhão universal importa a comunicação de todos os bens presentes e futuros dos cônjuges e suas dívidas. Todos os bens, reza a lei, logo, móveis e imóveis, direitos e ações, passam a constituir uma só massa, que permanece indivisível até a dissolução da sociedade conjugal.

Cada um dos cônjuges tem direito à metade ideal dessa massa, por isso, se diz que o cônjuge é "meeiro". Com a exclusão das exceções previstas no art. 1.668 e arroladas no art. 1.669 da Lei Civil, os patrimônios dos cônjuges se fundem em um só, passando marido e mulher a figurar como condôminos de um condomínio peculiar, já que é insuscetível de divisão antes da dissolução da sociedade conjugal.

6.4 Regime da participação final nos aquestos (arts. 1.672 a 1.686 do CC)

Na participação final nos aquestos há formação de massas de bens particulares incomunicáveis durante o casamento, porém que se tornam comuns no momento da sua dissolução.

Durante o casamento, como ocorre na separação de bens, cada um dos cônjuges goza de liberdade total na administração e na disposição dos seus bens, mas, ao mesmo tempo, associa cada cônjuge aos ganhos do outro, valor este a ser levantado na dissolução da sociedade conjugal, quando ressurge a ideia da comunhão.

O art. 1.673 do Código Civil delimita o que é patrimônio comum, dispondo, no seu parágrafo único, que a administração dos bens é exclusiva de cada cônjuge, que os poderá livremente alienar, se forem móveis. Vale ressaltar que, posto que o parágrafo único do art. 1.673 da referida Lei só admita a alienação dos bens móveis, a possibilidade se estende, igualmente, aos bens imóveis, desde que a hipótese tenha sido objeto de cláusula no pacto antenupcial (art. 1.656 do CC).

6.5 Regime da separação de bens (arts. 1.687 e 1.688 do CC)

O regime de separação de bens é aquele em que cada cônjuge conserva o domínio e a administração de seus bens presentes e futuros, se responsabilizando, individualmente, pelas dívidas interiores e posteriores ao casamento.

O regime de separação é legal, cada vez que os nubentes se encontram em uma das hipóteses do art. 1.641 do Código Civil, ou convencional, sendo este decorrente da manifestação de vontade exarada no pacto antenupcial.

Embora o estatuto imposto pelo art. 1.641 da Lei Civil preveja a total dissociação do patrimônio, o Supremo Tribunal Federal editou a Súmula 377, que, em nome da vedação ao enriquecimento sem causa, garante ao cônjuge que provar o esforço comum no casamento sob o regime de separação legal de bens a partilha do patrimônio.

Importante!

"Art. 1.641: É lícito aos que se enquadrem no rol de pessoas sujeitas ao regime da separação obrigatória de bens (art. 1.641 do Código Civil) estipular, por pacto antenupcial ou contrato de convivência, o regime da separação de bens, a fim de assegurar os efeitos de tal regime e afastar a incidência da Súmula 377 do STF". (Enunciado n. 634 da VIII Jornada de Direito Civil).

6.6 Outorga conjugal

Exige-se a outorga conjugal como forma de preservar o patrimônio da entidade familiar. É uma espécie de legitimação necessária para a prática de atos negociais pela pessoa casada e só se excetua no regime da separação absoluta de bens (art. 1.647, *caput*, do CC) e no art. 1.656 da legislação em questão, se os cônjuges convencionarem a livre disposição dos bens particulares.

Se o cônjuge que deveria assistir o ato recusar a autorização, há possibilidade de suprimento judicial. Caso o ato seja praticado sem outorga conjugal, será passível de anulação, no prazo decadencial de dois anos a contar da dissolução do vínculo conjugal.

6.7 Cessação dos efeitos

O regime de bens se extingue com a dissolução do casamento, contudo, nossa jurisprudência consolidou o entendimento de que não são partilháveis os bens adquiridos pela pessoa casada após a separação de fato, em face da vedação ao enriquecimento sem causa.

7. BEM DE FAMÍLIA (ARTS. 1.711 A 1.722 DO CC E LEI 8.009/1990)

7.1 Bem de família voluntário

O bem de família se constitui em torno da porção de bens que a lei resguarda da possível execução por dívidas, conferindo impenhorabilidade em benefício da constituição e permanência de uma moradia para o corpo familiar. Para instituir essa modalidade de bem, o valor não poderá ultrapassar um terço do seu patrimônio líquido ao tempo da instituição (art. 1.711 do CC).

Os elementos que se destacam da noção legal do instituto são: os cônjuges ou os conviventes, por si ou individualmente, que o constituem; o prédio de propriedade do instituidor e sua destinação ao domicílio familial, ficando isento de execução por dívidas posteriores à constituição; a solvência do instituidor, por ocasião da constituição; a imutabilidade da destinação acima citada e a inalienabilidade do referido prédio, sem o consentimento dos interessados; e a publicidade para sua constituição.

Muito embora não seja usual, um terceiro também poderá instituir o bem de família voluntário por testamento ou doação (art. 1.711, parágrafo único, do CC).

7.2 Bem de família legal

O bem de família é o imóvel residencial, urbano ou rural, próprio do casal ou da entidade familiar, bem como os móveis que o guarnecem e que são impenhoráveis por determinação legal (Lei 8.009/1990).

Como resta evidente, nesse conceito, a instituição decorre da própria lei, que impõe o bem de família, por norma de ordem pública, em defesa da célula familial, trazendo efetividade ao direito fundamental à moradia. A partir dessa norma, a família não fica à mercê da proteção de seus próprios integrantes, todavia, é defendida pelo próprio Estado pelo fundamento constitucional insculpido no art. 6.º da Carta Constitucional.

Na interpretação acerca da efetividade da Lei 8.009/1990, o STJ já reconheceu a possibilidade de se aplicar a impenhorabilidade à moradia de pessoa "solteira, divorciada ou viúva". Quanto ao bem objeto da impenhorabilidade, o mesmo Tribunal realizou uma interpretação teleológica do art. 1.º da referida lei ao reconhecer a possibilidade de se conferir proteção a proprietários que não residam no bem, mas que o aluguem para obtenção de recursos para a subsistência da entidade familiar.

Atenção

O conceito de impenhorabilidade de bem de família abrange também o imóvel pertencente a pessoas solteiras, separadas e viúvas. (Súmula n. 364, STJ).

7.3 Exceções à impenhorabilidade do bem de família

Observe o quadro comparativo contendo as hipóteses do Código Civil e a Lei 8.009/1990:

LEI 8.009/1990 – BEM DE FAMÍLIA LEGAL (ART. 3.º)	CÓDIGO CIVIL – BEM DE FAMÍLIA VOLUNTÁRIO
1. Créditos decorrentes do financiamento à construção ou à aquisição do imóvel.	Não consta.
2. Créditos decorrentes de obrigação alimentar.	Não consta.
3. Créditos tributários devidos em função do imóvel.	Créditos tributários devidos em função do imóvel (art. 1.725 do CC).
4. Crédito hipotecário.	Não consta.
5. Aquisição criminosa do bem de família.	Não consta.
6. Obrigação decorrente de fiança concedida em contrato de locação.	Não consta.
	Despesas de condomínio.

Atenção

É válida a penhora de bem de família pertencente a fiador de contrato de locação. (Súmula n. 549, STJ).

7.4 Bem de família voluntário: valores mobiliários

A proteção de valores mobiliários no bem de família voluntário não poderá exceder o valor do prédio instituído a ele.

A renda dos valores mobiliários instituída no bem de família voluntário deve ser aplicada, obrigatoriamente, na conservação do imóvel e no sustento da família. Para melhor aplicação da renda, o instituidor poderá determinar que a administração dos valores mobiliários seja confiada à instituição financeira.

7.5 Bem de família legal: proteção dos bens móveis

Não se incluem na proteção do bem de família legal os veículos de transporte, obras de arte e adornos suntuosos. Só possuem proteção legal os mobiliários devidamente quitados, até mesmo na hipótese de imóvel locado.

Atenção

O art. 833, do CPC/15, dispõe sobre a possibilidade de penhora dos bens móveis, os pertences e as utilidades domésticas que guarnecem a residência do executado de elevado valor ou os que ultrapassem as necessidades comuns correspondentes a um médio padrão de vida, e dos vestuários, bem como os pertences de uso pessoal do executado de elevado valor.

Importante

Sobre o tema, veja as teses adotadas pelo STJ:

- Na execução civil movida pela vítima, não é oponível a impenhorabilidade do bem de família adquirido com o produto do crime, ainda que a punibilidade do acusado tenha sido extinta em razão do cumprimento das condições estipuladas para a suspensão condicional do processo.
- É impenhorável o único imóvel comercial do devedor quando o aluguel daquele está destinado unicamente ao pagamento de locação residencial por sua entidade familiar.
- A impenhorabilidade do bem de família prevista no art. 3º, III, da Lei n. 8.009/90 não pode ser oposta ao credor de pensão alimentícia decorrente de vínculo familiar ou de ato ilícito.
- Os integrantes da entidade familiar residentes no imóvel protegido pela Lei n. 8.009/90 possuem legitimidade para se insurgirem contra a penhora do bem de família.
- A proteção contida na Lei n. 8.009/1990 alcança não apenas o imóvel da família, mas também os bens móveis indispensáveis à habitabilidade de uma residência e os usualmente mantidos em um lar comum.
- É impenhorável o único imóvel residencial do devedor que esteja locado a terceiros, desde que a renda obtida com a locação seja revertida para a subsistência ou a moradia da sua família (Súmula 486/STJ).
- A vaga de garagem que possui matrícula própria no registro de imóveis não constitui bem de família para efeito de penhora. (Súmula 449/STJ).

- O conceito de impenhorabilidade de bem de família abrange também o imóvel pertencente a pessoas solteiras, separadas e viúvas. (Súmula 364/STJ).
- A impenhorabilidade do bem de família é oponível às execuções de sentenças cíveis decorrentes de atos ilícitos, salvo se decorrente de ilícito previamente reconhecido na esfera penal.
- A exceção à impenhorabilidade prevista no artigo 3º, II, da Lei n. 8.009/90 abrange o imóvel objeto do contrato de promessa de compra e venda inadimplido.
- É possível a penhora do bem de família para assegurar o pagamento de dívidas oriundas de despesas condominiais do próprio bem.
- O fato de o terreno encontrar-se desocupado ou não edificado são circunstâncias que sozinhas não obstam a qualificação do imóvel como bem de família, devendo ser perquirida, caso a caso, a finalidade a este atribuída.
- Afasta-se a proteção conferida pela Lei n. 8.009/90 ao bem de família, quando caracterizado abuso do direito de propriedade, violação da boa-fé objetiva e fraude à execução.
- A impenhorabilidade do bem de família hipotecado não pode ser oposta nos casos em que a dívida garantida se reverteu em proveito da entidade familiar.
- A impenhorabilidade do bem de família não impede seu arrolamento fiscal.
- A preclusão consumativa atinge a alegação de impenhorabilidade do bem de família quando houver decisão anterior acerca do tema.
- É legítima a penhora de apontado bem de família pertencente a fiador de contrato de locação, ante o que dispõe o art. 3º, inciso VII, da Lei n. 8.009/1990 (Tese julgada sob o rito do art. 543-C do CPC _TEMA 708)(Súmula 549/STJ).
- É possível a penhora do bem de família de fiador de contrato de locação, mesmo quando pactuado antes da vigência da Lei n. 8.245/91, que acrescentou o inciso VII ao art. 3º da Lei n. 8.009/90.
- A impenhorabilidade do bem de família é questão de ordem pública, razão pela qual não admite renúncia pelo titular.
- A impenhorabilidade do bem de família pode ser alegada em qualquer momento processual até a sua arrematação, ainda que por meio de simples petição nos autos.
- A Lei 8.009/90 aplica-se à penhora realizada antes de sua vigência. (Súmula 205/ STJ).

8. PARENTESCO (ARTS. 1.591 A 1.619 DO CC)

O estado familiar se caracteriza por quatro ordens de relações: o vínculo conjugal ou de união estável, o parentesco, a afinidade e o vínculo socioafetivo. A partir delas, a pessoa humana se insere em seu núcleo familiar.

Cabe destacar o conceito atual de multiparentalidade, no qual se admite o estabelecimento simultâneo de dois vínculos de parentesco: biológico e socioafetivo.

Nessas hipóteses, a pessoa teria condições jurídicas de estabelecer laços de parentesco tanto com a família biológica quanto com a socioafetiva, sendo possível que venha a ter dois pais ou duas mães simultaneamente.

Sobre a parentalidade socioafetiva, de acordo com a doutrina mais autorizada, socioafetividade representa um convívio de carinho e participação no desenvolvimento e formação da criança, sem a concorrência do vínculo biológico. Essa relação de fato advinda da filiação socioafetiva deve ser reconhecida e amparada juridicamente, tendo em vista que a parentalidade que nasce de uma decisão espontânea, deve ter guarida no Direito de Família.

Em recente e histórica decisão, o Supremo Tribunal Federal, no RE n. 898.060 e da análise da Repercussão Geral 622, reconheceu o instituto da paternidade socioafetiva mesmo diante da ausência de registro e afirmou que a paternidade socioafetiva não representa uma paternidade de segunda categoria diante da biológica; possibilitou ainda a abertura das portas do sistema jurídico brasileiro para "multiparentalidade". Assim se pronunciou por maioria que: "a paternidade socioafetiva, declarada ou não em registro, não impede o reconhecimento do vínculo de filiação concomitante, baseada na origem biológica, com os efeitos jurídicos próprios".

Tal entendimento vem responder às demandas sociais atuais, bem como reconhecer o redimensionamento da noção tradicional de família, que comumente trata como prioridade e legitimidade aquela cunhada na origem biológica.

Claro está que tal decisão reverberará em algumas esferas jurídicas, quais sejam a do Direito Previdenciário e Sucessório, bem como na questão relativa à prestação de alimentos, adoção e no que tange à inseminação artificial e aos doadores de material genético e a decorrente identificação da ascendência biológica e geração ou não de efeitos de paternidade, questão essa gerada em decorrência da edição do Provimento n. 52/2016 da Corregedoria Nacional de Justiça que regulamenta a emissão de certidão de nascimento dos filhos cujos pais optaram pela fertilização *in vitro* ou pela gestação por substituição.

Sobre o tema, importa mencionar o Provimento n. 83, de 14/08/2019, do CNJ que alterou a Seção II que trata da Paternidade Socioafetiva, do Provimento n. 63, de 14/11/2017 sobre o tratamento do procedimento extrajudicial para o reconhecimento da parentalidade socioafetiva.

Uma das principais alterações diz respeito à autorização perante os cartórios do reconhecimento voluntário da paternidade ou da maternidade socioafetiva de pessoas acima de 12 anos, prevendo a partir de então uma faixa etária para esse procedimento extrajudicial, já que anteriormente, esse reconhecimento voluntário era autorizado para pessoas de qualquer idade, não existindo restrição para tanto. Assim, apenas adolescentes de 12 a 18 anos e os adultos poderão valer-se de tal medida e, consequentemente, as crianças de 0 a 11 anos não poderão através da via extrajudicial formalizar elos socioafetivos.

Outro ponto que sofreu modificação, diz respeito à previsão da participação do Ministério Público neste procedimento, com a manifestação do membro do Parquet nesse requerimento de registro extrajudicial de filiações socioafetivas, devendo essa ser realizada no próprio cartório de registro civil.

As demais mudanças proporcionam além de esclarecimentos do que já constava originalmente no próprio Provimento 63, reforçam também em elementos documentais ou de segurança jurídica inerentes a tais atos.

8.1 Espécies de parentesco

a) **Natural:** é o que se origina da consanguinidade.

b) **Civil:** é o decorrente da adoção, ou seja, o vínculo legal que se estabelece à semelhança da filiação consanguínea, independente dos laços de sangue. Em decorrência do art. 227, § 6.º, da Constituição Federal, que consagra o princípio da absoluta igualdade entre os filhos, o adotado tem os mesmos direitos do filho consanguíneo.

c) **Por afinidade:** é aquele que resulta do casamento ou da união estável, gerando uma relação entre um cônjuge ou companheiro e os parentes do outro. Inicialmente, vale mencionar que o casamento não cria parentesco algum entre o homem e a mulher. Marido e mulher, companheiro e companheira, constituem uma sociedade conjugal, baseada no *affectio maritalis*. Conquanto haja simetria com a contagem dos graus no parentesco, a afinidade não decorre da natureza, nem do sangue, mas tão somente da relação familiar constituída pelo homem e pela mulher.

A afinidade, assim como o parentesco por consanguinidade, comporta duas linhas: a reta e a colateral. São afins em linha reta ascendente: sogro, sogra, padrasto e madrasta (no mesmo grau que pai e mãe). São afins na linha reta descendente: genro, nora, enteado, enteada (no mesmo grau que filho e filha).

A afinidade na linha reta é sempre mantida (art. 1.595, § 2.º, do CC), porém a colateral (ou cunhado) se extingue com o término do casamento. Em assim sendo, inexiste impedimento de o viúvo (ou divorciado) se casar com a cunhada. Esse parentesco não gera obrigação de alimentar e nem direitos sucessórios.

d) **Vínculo socioafetivo:** nasce da posse do estado de filho, a partir da assunção da condição de filho por determinada pessoa, e não era prevista no Código Civil de 1916. Ganha legítimo reconhecimento na singela fórmula do art. 1.593 do Código Civil de 2002, quando se refere ao parentesco que resulta de **outra origem**, podendo ocorrer pela prática da "adoção à brasileira", do reconhecimento de filho de outrem por desconhecimento ou, ainda, nos casos de inseminação artificial heteróloga (art. 1.597, IV, do CC).

Atenção

- O Código Civil reconhece, no art. 1.593, outras espécies de parentesco civil além daquele decorrente da adoção, acolhendo, assim, a noção de que há também parentesco civil no vínculo parental proveniente quer das técnicas de reprodução assistida heteróloga relativamente ao pai (ou mãe) que não contribuiu com seu material fecundante, quer da paternidade socioafetiva, fundada na posse do estado de filho. (Enunciado n. 103 da I Jornada de Direito Civil).
- No fato jurídico do nascimento, mencionado no art. 1.603, compreende-se, à luz do disposto no art. 1.593, a filiação consanguínea e também a socioafetiva. (Enunciado n. 108 da I Jornada de Direito Civil).
- A posse do estado de filho (parentalidade socioafetiva) constitui modalidade de parentesco civil. (Enunciado n. 256 da III Jornada de Direito Civil).
- O reconhecimento judicial do vínculo de parentesco em virtude de socioafetividade deve ocorrer a partir da relação entre pai(s) e filho(s), com base na posse do estado de filho, para que produza efeitos pessoais e patrimoniais. (Enunciado n. 519 da V Jornada de Direito Civil).

8.2 Contagem do parentesco

O parentesco é contado por intermédio de linhas e graus.

Existem duas espécies de linhas: reta (quando as pessoas descendem umas das outras) e colateral ou transversal (quando as pessoas, entre si, não descendem umas das outras, mesmo que procedendo de um tronco ancestral comum). Dispõe, com efeito, o art. 1.592 do Código Civil:

> **Art. 1.592.** São parentes em linha colateral ou transversal, até o quarto grau, as pessoas provenientes de um só tronco, sem descenderem uma da outra.

Os graus são o meio de que se estatui para determinar a proximidade ou remoticidade do parentesco.

Discorre a respeito o art. l.594 da Lei Civil:

> **Art. 1.594.** Contam-se, na linha reta, os graus de parentesco pelo número de gerações, e, na colateral, também pelo número delas, subindo de um dos parentes até ao ascendente comum, e descendo até encontrar o outro parente.

8.3 Efeitos do parentesco

As relações de parentesco afetam os mais diversos campos do Direito, desde os impedimentos que se traduzem em inelegibilidade da constituição até os impedimentos para o casamento.

No processo civil, estão impedidos de depor, como testemunha, além do cônjuge e companheiro da parte, seu ascendente ou descendente em qualquer grau, assim como o colateral até o terceiro grau, seja consanguíneo ou afim (art. 447, § 2.º, I, do CPC/15).

No direito penal, há crimes cujo parentesco entre o agente causador e a vítima agrava a intensidade da pena. No direito fiscal, o parentesco pode definir isenções, deduções ou o nível de tributação. No direito constitucional e no direito administrativo, existem restrições de parentesco para ocupar certos cargos.

No direito das famílias, os efeitos do parentesco se fazem sentir com mais intensidade ao estabelecer impedimentos para o casamento, o dever de prestar alimentos, de servir como tutor etc.

No direito sucessório, o parentesco estabelece as classes de herdeiros que podem concorrer à herança, se limitando, na classe dos colaterais, àqueles até o quarto grau.

9. FILIAÇÃO (ARTS. 1.596 A 1.619 DO CC)

9.1 Introdução

Filiação é a relação de parentesco, em primeiro grau e em linha reta, que liga uma pessoa aos seus pais, sejam seus genitores (no sentido daqueles que o geraram) ou pais socioafetivos.

A Constituição Federal (art. 227, § 6.º) estabeleceu absoluta igualdade entre todos os filhos, não admitindo mais a retrógrada distinção entre filiação legítima e ilegítima. O princípio da igualdade dos filhos é reiterado no art. 1.596 do Código Civil, que enfatiza:

> **Art. 1.596.** Os filhos, havidos ou não da relação do casamento, ou por adoção, terão os mesmos direitos e qualificações, proibidas quaisquer designações discriminatórias relativas à filiação.

Atenção!

Sobre o reconhecimento da multiparentalidade: "Enunciado n. 632 – Art. 1.596: Nos casos de reconhecimento de multiparentalidade paterna ou materna, o filho terá direito à participação na herança de todos os ascendentes reconhecidos." (VIII Jornada de Direito Civil).

9.2 Presunção de paternidade

Por mais que a norma constitucional tenha trazido isonomia em relação à paternidade, essa igualdade não se projetou no que se refere à presunção de paternidade. O Código Civil em vigor manteve a presunção de filiação nos moldes do

Direito Romano: presume-se filho o concebido na constância do casamento: *pater is est quem iustae nuptiae demonstrant*, pois se considerava que a *mater semper certa est*. Em regra, o simples fato do nascimento estabelece o vínculo jurídico entre a mãe e o filho. Se a mãe for casada, essa circunstância determina a paternidade.

Perdeu-se a oportunidade de se contemplar com a presunção de paternidade os filhos havidos da união estável. Sendo esta uma entidade familiar isonomicamente equiparada ao casamento, não caberia a distinção entre os filhos gerados por esses núcleos familiares. Contudo, a jurisprudência pátria vem estendendo a isonomia negada pelo legislador, em interpretação analógica do art. 1.595 do Código Civil. Nesse aspecto, se pronunciou o Superior Tribunal de Justiça, em dezembro de 2012.

A doutrina de Direito Civil nesse diapasão sustenta: "ainda que o artigo sob comento refira-se à 'constância do casamento', a presunção de filiação, paternidade e maternidade aplica-se integralmente à união estável". A redação originária do Projeto do Código Civil de 2002 reproduziu a equivalente do Código de 1916, que apenas contemplava a família constituída pelo casamento e a filiação legítima, não tendo sido feita a atualização pelo Congresso Nacional ao disposto no art. 226 da Constituição Federal.

A presunção de paternidade dos filhos da mulher casada está prevista no art. 1.597 do Código Civil. Nesse dispositivo, estabelecem-se as situações em que o estado de casado gera o vínculo de paternidade entre a criança nascida e o marido da mulher, ainda que este não seja o pai biológico.

O vocábulo "fecundação" indica a fase de reprodução assistida consistente na fertilização do óvulo pelo espermatozoide. A fecundação ou inseminação homóloga é realizada com material genético do marido (sêmen). Dessa forma, o óvulo e o sêmen pertencem à mulher e ao marido, respectivamente, pressupondo-se, *in casu*, o consentimento de ambos, e poderá ser feita durante a vida do marido ou *post mortem*.

A Lei Civil não define a partir de quando se considera o embrião, entretanto, inicialmente, a Resolução 1.358/1992 do Conselho Federal de Medicina indicava que, a partir de 14 dias, tem-se propriamente o embrião, ou vida humana. Essa distinção é aceita em vários direitos estrangeiros, especialmente na Europa. Esse entendimento permaneceu na Resolução 1.957/2010, Resolução 2.013/2013, Resolução 2.121/2015 e foi mantido com a nova regulação do procedimento por meio da Resolução 2.168/2017.

Apenas é admitida a concepção de embriões excedentários se estes derivam de fecundação homóloga, ou seja, de gametas da mãe e do pai, sejam casados ou companheiros de união estável. Por consequência, está proibida a utilização de embrião excedentário por homem e mulher que não sejam os pais genéticos ou por outra mulher titular da entidade monoparental.

A Resolução 2.168/2017 do Conselho Federal de Medicina admite a doação temporária do útero, sem fins lucrativos. As doadoras "deve pertencer à família de um dos parceiros em parentesco consanguíneo até o quarto grau (primeiro grau –mãe/filha; segundo grau – avó/irmã; terceiro grau – tia/sobrinha; quarto grau – prima), estando os demais casos sujeitos à autorização do Conselho Regional de Medicina. Em todos os casos respeitada a idade limite de até 50 anos. As exceções a esse limite serão aceitas baseadas em critérios técnicos e científicos fundamentados pelo médico responsável quanto à ausência de comorbidades da mulher e após esclarecimento ao(s) candidato(s) quanto aos riscos envolvidos para a paciente e para os descendentes eventualmente gerados a partir da intervenção, respeitando-se a autonomia da paciente.

O inc. V do art. 1.597 do Código Civil presume concebidos no casamento os filhos "havidos por inseminação artificial heteróloga, desde que tenha prévia autorização do marido".

Ocorre tal modalidade de inseminação desde que seja utilizado sêmen de outro homem, normalmente doador anônimo, e não o do marido, para a fecundação do óvulo da mulher. A lei não exige que o marido seja estéril ou, por qualquer razão física ou psíquica, não possa procriar. A única imposição é que ele tenha previamente autorizado a utilização de sêmen estranho ao seu. A lei não ordena que haja autorização escrita, apenas que seja "prévia", razão pela qual poderia ser verbal e comprovada em juízo como tal. Mas, pela Resolução 2.168/2017 do CFM, se estabelece que o consentimento seja expresso e manifestado por escrito: "O consentimento livre e esclarecido informado será obrigatório para todos os pacientes submetidos às técnicas de reprodução assistida.[...]"

A paternidade, nesse caso, apesar de não ter componente genético, terá fundamento moral, estabelecendo-se a relação socioafetiva.

Se o marido anuiu na inseminação artificial heteróloga, será o pai legal da criança assim concebida, não podendo voltar atrás, salvo se provar que, na verdade, aquele filho adveio da infidelidade da mulher (arts. 1.600 e 1.602 do CC).

A impugnação da paternidade conduzirá o filho a uma outra incerteza, em razão do segredo profissional médico e do anonimato do doador do sêmen inoculado na mulher.

Em regra, a presunção de paternidade prevista no art. 1.597 do Código Civil é *juris tantum*, admitindo a prova em contrário. Pode, porquanto, ser elidida pelo marido, mediante ação negatória de paternidade, que é imprescritível (art. 1.602 do CC).

Vale observar que a prova de impotência do cônjuge para gerar, à época da concepção, ilide a presunção de paternidade (art. 1.599 do CC).

O importante é que a patologia tenha ocorrido depois de estabelecida a convivência conjugal e no prazo legal atribuído ao momento da concepção, traduzido nos 121 dias, ou mais, dos 300 que houverem precedido ao nascimento do filho.

Dica

No fato jurídico nascimento, mencionado no art. 1.603 do Código Civil, compreende-se, à luz do disposto no art. 1.593 desse mesmo dispositivo, a filiação consanguínea e também a socioafetiva.

Atenção

- No âmbito das técnicas de reprodução assistida envolvendo o emprego de material fecundante de terceiros, o pressuposto fático da relação sexual é substituído pela vontade (ou eventualmente pelo risco da situação jurídica matrimonial) juridicamente qualificada, gerando presunção absoluta ou relativa de paternidade no que tange ao marido da mãe da criança concebida, dependendo da manifestação expressa (ou implícita) da vontade no curso do casamento. (Enunciado n. 104 da I Jornada de Direito Civil).
- As expressões "fecundação artificial", "concepção artificial" e "inseminação artificial" constantes, respectivamente, dos incs. III, IV e V do art. 1.597 deverão ser interpretadas como "técnica de reprodução assistida". (Enunciado n. 105 da I Jornada de Direito Civil).
- Para que seja presumida a paternidade do marido falecido, será obrigatório que a mulher, ao se submeter a uma das técnicas de reprodução assistida com o material genético do falecido, esteja na condição de viúva, sendo obrigatória, ainda, a autorização escrita do marido para que se utilize seu material genético após sua morte. (Enunciado n. 106 da I Jornada de Direito Civil).
- Finda a sociedade conjugal, na forma do art. 1.571, a regra do inc. IV somente poderá ser aplicada se houver autorização prévia, por escrito, dos ex-cônjuges para a utilização dos embriões excedentários, só podendo ser revogada até o início do procedimento de implantação desses embriões. (Enunciado n. 107 da I Jornada de Direito Civil).
- As expressões "fecundação artificial", "concepção artificial" e "inseminação artificial", constantes, respectivamente, dos incs. III, IV e V do art. 1.597 do Código Civil, devem ser interpretadas restritivamente, não abrangendo a utilização de óvulos doados e a gestação de substituição. (Enunciado n. 257 da III Jornada de Direito Civil).
- Art. 1.597: É possível ao viúvo ou ao companheiro sobrevivente, o acesso à técnica de reprodução assistida póstuma – por meio da maternidade de substituição, desde que haja expresso consentimento manifestado em vida pela sua esposa ou companheira. (Enunciado n. 633 da VIII Jornada de Direito Civil).

9.3 Ação negatória de paternidade e de maternidade

Conhecida também como ação de contestação de paternidade, a ação negatória destina-se a excluir a presunção legal de paternidade.

A legitimidade ativa é privativa do marido (art. 1.601 do CC). Só ele tem a titularidade, a iniciativa da ação, mas, uma vez iniciada, passa a seus herdeiros (art. 1.601, parágrafo único, do CC), se este vier a falecer durante o seu curso.

Assim, entende a doutrina que nem mesmo o curador do marido interdito poderia ajuizar tal ação.

Atenção

- Não cabe a ação prevista no art. 1.601 do Código Civil se a filiação tiver origem em procriação assistida heteróloga, autorizada pelo marido nos termos do inc. V do art. 1.597, cuja paternidade configura presunção absoluta. (Enunciado n. 258 da III Jornada de Direito Civil).
- O conhecimento da ausência de vínculo biológico e a posse de estado de filho obstam a contestação da paternidade presumida. (Enunciado 520 da V Jornada de Direito Civil).

Importante

Recente decisão do STF admitiu a possibilidade de uma pessoa ter dois pais, sem hierarquia entre eles: um biológico e outro socioafetivo. Ficou firmado que o pai genético tem a obrigação de fornecer ao filho sobrenome, pensão alimentícia e herança, mesmo que outro homem tenha registrado a criança e mantenha, com ela, relação de paternidade. O caso tem repercussão geral — ou seja, juízes de todo o país deverão repetir a mesma decisão no julgamento de casos semelhantes. (RE 898060). A tese fixada estabelece que: "A paternidade socioafetiva, declarada ou não em registro público, não impede o reconhecimento do vínculo de filiação concomitante baseado na origem biológica, com os efeitos jurídicos próprios."

Legitimado passivamente para essa ação é o filho, mas, por ter sido efetuado o registro pela mãe – e porque se objetiva desconstituir um ato jurídico, retirando do registro civil o nome que figura como pai –, deve ela também integrar a lide, na posição de ré. Se o filho é falecido, a ação deve ser movida contra seus herdeiros (normalmente a mãe é a herdeira).

Por mais que o marido não tenha ajuizado a negatória de paternidade, tem sido reconhecido ao filho o direito de impugnar a paternidade, com base no art. 1.604 da Lei Civil.

No entanto, essa possibilidade se evidenciou com o advento da Lei 8.560/1992, elaborada com o intuito de conferir maior proteção aos filhos, por permitir que a investigação da paternidade, mesmo adulterina, seja proposta contra o homem casado, ou pelo filho da mulher casada contra o seu verdadeiro pai; e por permitir, também, no art. 8.º, a retificação, por decisão judicial, ouvido o Ministério Público, dos "registros de nascimento anteriores à data da presente lei".

Nessa linha de pensamento, também se encontra o Estatuto da Criança e do Adolescente estabelecendo em seu art. 27:

> **Art. 27.** O reconhecimento do estado de filiação é direito personalíssimo, indisponível e imprescritível, podendo ser exercitado contra os pais ou seus herdeiros, sem qualquer restrição, observado o segredo de justiça.

Institui o art. 1.608 do Código Civil:

> **Art. 1.608.** Quando a maternidade constar do termo do nascimento do filho, a mãe só poderá contestá-la, provando a falsidade do termo, ou das declarações nele contidas.

Tal dispositivo abre exceção à presunção *mater in jure semper certa est*, que visa à proteção da família constituída pelo casamento. A falsidade do termo de nascimento pode ser atribuída ao próprio oficial de registro civil ou à declaração da mãe ou do pai, induzidos a erro por falta de cuidado de hospitais e maternidades, como ocorre nos casos de troca de bebês.

Deve-se, pois, distinguir a ação negatória de paternidade ou maternidade daquela destinada a impugnar a paternidade ou maternidade. A primeira tem por objeto negar o *status* de filho ao que goza de presunção decorrente da concepção na constância do casamento. A segunda visa negar o fato da própria concepção, ou provar a suposição de parto, para afastar a condição de filho, como nas hipóteses de troca de criança em maternidades, de simulação de parto e introdução maliciosa na família da pessoa portadora do *status* de filho e de falsidade ideológica do assento de nascimento.

Somente a ação negatória é privativa do marido ou da mulher. A de impugnação da paternidade ou da maternidade pode ser ajuizada pelo próprio filho, por interesse moral ou até mesmo de natureza sucessória, com citação dos pais presumidos, fazendo-o com base no art. 1.604 do Código Civil e provando erro ou falsidade do registro, ou ainda por quem demonstre legítimo interesse, como os irmãos da pessoa registrada como filho.

Atenção

- Em ação negatória de paternidade, não é possível ao juiz declarar a nulidade do registro de nascimento com base, exclusivamente, na alegação de dúvida acerca do vínculo biológico do pai com o registrado, sem provas robustas da ocorrência de erro escusável quando do reconhecimento voluntário da paternidade. (STJ, REsp 1.272.691-SP, Inf. n. 533).
- Em ação negatória de paternidade, o não comparecimento do filho menor de idade para submeter-se ao exame de DNA não induz presunção de inexistência de paternidade. (STJ, REsp 1.272.691-SP, Inf. n. 533).
- Qualquer descendente possui legitimidade, por direito próprio, para propor o reconhecimento do vínculo de parentesco em face dos avós ou de qualquer ascendente de grau superior, ainda que o pai não tenha iniciado a ação de prova da filiação em vida. (Enunciado n. 521 da V Jornada de Direito Civil).

Determina o art. 1.603 do Código Civil que a filiação se prova pela certidão do termo de nascimento lançada no Registro Civil.

O registro, que deve conter os dados exigidos no art. 54 da Lei dos Registros Públicos, discriminando-os em dez itens, prova não só o nascimento, como também a filiação.

Atenção

- No fato jurídico do nascimento, mencionado no art. 1.603, compreende-se, à luz do disposto no art. 1.593, a filiação consanguínea e também a socioafetiva. (Enunciado n. 108 da I Jornada de Direito Civil).
- É possível o registro de nascimento dos filhos de pessoas do mesmo sexo originários de reprodução assistida, diretamente no Cartório do Registro Civil, sendo dispensável a propositura de ação judicial, nos termos da regulamentação da Corregedoria local. (Enunciado 608 da VII Jornada de Direito Civil).

Comprova-se também a filiação pelos meios de prova elencados no art. 1.609 do Código Civil como modos voluntários de reconhecimento dos filhos havidos fora do casamento.

Atenção

- A restrição da coisa julgada oriunda de demandas reputadas improcedentes por insuficiência de prova não deve prevalecer para inibir a busca da identidade genética pelo investigando. (Enunciado n. 109 da I Jornada de Direito Civil).
- O reconhecimento de filho havido em união estável fruto de técnica de reprodução assistida heteróloga "a patre" consentida expressamente pelo companheiro representa a formalização do vínculo jurídico de paternidade-filiação, cuja constituição se deu no momento do início da gravidez da companheira. (Arts. 1.607 e 1.609 - Enunciado n. 570 da VI Jornada de Direito Civil).

9.4 Reconhecimento judicial da filiação: investigação de paternidade e de maternidade

O filho não reconhecido voluntariamente pode obter o reconhecimento judicial, forçado ou coativo, por meio da ação de investigação de paternidade, que é ação de estado, de natureza declaratória e imprescritível.

Os efeitos da sentença que declara a paternidade são os mesmos do reconhecimento voluntário e também *ex tunc*: retroagem à data do nascimento (art. 1.616 do CC).

Atenção

- Julgada procedente a investigação de paternidade, os alimentos são devidos a partir da citação. (Súmula n. 277, STJ).
- Em ação investigatória, a recusa do suposto pai a submeter-se ao exame de DNA induz presunção "juris tantum" de paternidade. (Súmula n. 301, STJ).

Importante

Embora a ação seja imprescritível, os efeitos patrimoniais do estado da pessoa prescrevem. Por essa razão, preceitua a Súmula 149 do STF:

Súmula 149. É imprescritível a ação de investigação de paternidade, mas não o é a de petição de herança.

Consoante previsão do art. 205 do Código Civil, esse tipo de ação prescreve em dez anos, a contar não da morte do suposto pai, mas sim do momento em que foi reconhecida a paternidade. É que o prazo de prescrição somente se inicia quando surge o direito à ação, e este só nasce com o reconhecimento.

A legitimidade ativa para o ajuizamento da ação de investigação de paternidade é do filho. O reconhecimento do estado de filiação é direito personalíssimo, por isso, a ação é privativa dele. Se menor, será representado pela mãe ou tutor.

É de se admitir o litisconsórcio ativo facultativo dos filhos da mesma mãe na investigação de paternidade do mesmo suposto genitor.

Se a mãe do investigante é menor, relativa ou absolutamente incapaz, poderá ser representada ou assistida por um dos seus genitores, ou por tutor nomeado especialmente para o ato, a pedido do Ministério Público, que zela pelos interesses do incapaz.

A mãe natural, ainda que menor, exerce o poder familiar de filho menor não reconhecido pelo pai e o representa nos atos da vida civil, podendo, "destarte, assistida por seu pai, intentar em nome do filho a ação investigatória de paternidade".

Se o filho falecer antes de iniciá-la, seus herdeiros e sucessores ficarão inibidos para o ajuizamento, salvo se "ele morrer menor ou incapaz" (art. 1.606 do CC). Se já tiver sido iniciada, "têm eles legitimação para continuá-la, salvo se julgado extinto o processo" (art. 1.606, parágrafo único, do CC).

Atenção!

É imprescindível o consentimento de pessoa maior para o reconhecimento de filiação *post mortem*. Em princípio, basta que haja o reconhecimento voluntário e desprovido de vícios acerca da relação construída pelo afeto, amor e companheirismo entre as pessoas envolvidas para que exista, por consequência, o reconhecimento da relação familiar fundada na socioafetividade. Nesse contexto, se é verdade que, para a doutrina, o ato de reconhecimento é, em regra, unilateral, não é menos verdade que a doutrina igualmente aponta que o art. 1.614 do CC/2002 excepciona essa regra geral, exigindo o consentimento na hipótese em que se pretenda reconhecer o filho maior. Assim, não se pode reconhecer a existência de maternidade socioafetiva *post mortem* sem o consentimento do filho maior, o que é impossível, uma vez que este é falecido, devendo ser respeitadas a memória e a imagem póstumas de modo a preservar sua história. REsp 1.688.470-RJ, Rel. Min. Nancy Andrighi, por unanimidade, julgado em 10/04/2018, DJe 13/04/2018. (Inf. n. 623)

A moderna doutrina, secundada pela jurisprudência, tem reconhecido legitimidade ao nascituro para a sua propositura, representado pela mãe, não só em face do que dispõe o parágrafo único do art. 1.609 do Código Civil, como também por se tratar de pretensão que se insere no rol dos direitos da personalidade e na ideia de proteção integral à criança, consagrada na própria Constituição Federal.

A Lei 8.560/1992 permite que a referida ação seja ajuizada pelo Ministério Público, na qualidade de parte, havendo elementos suficientes, assim que o oficial do Registro Civil encaminhar ao juiz os dados sobre o suposto pai, fornecidos pela mãe ao registrar o filho (art. 2.º, § 4.º, do CC), posto que o registro de nascimento tenha sido lavrado anteriormente à sua promulgação. Trata-se de legitimação extraordinária deferida aos membros do *parquet*, na defesa dos interesses do investigando.

A legitimidade passiva recai no suposto pai ou na suposta mãe, dependendo de quem está sendo investigado. Se o demandado já for falecido, a ação deverá ser dirigida contra seus herdeiros, podendo também ser proposta em face do Estado e ainda em face do avô. Havendo descendentes ou ascendentes, o cônjuge do falecido não participará da ação, se não concorrer com estes à herança, salvo como representante do filho menor.

Deverá a viúva ser citada como parte, todavia, sempre que for herdeira, seja por inexistirem descendentes e ascendentes (art. 1.829, III, do CC), seja por concorrer com eles à herança (art. 1.829, I e II, do CC).

Não é correto mover a ação contra o espólio do finado pai. O espólio não tem personalidade jurídica, sendo tratado como um ente despersonalizado.

O art. 27 do Estatuto da Criança e do Adolescente menciona expressamente "os herdeiros" do suposto pai, no entanto, a ação pode ser contestada por qualquer pessoa "que justo interesse tenha" (art. 1.615 do CC). A defesa pôde, assim, ser apresentada pela mulher do investigado, pelos filhos havidos no casamento ou filhos reconhecidos anteriormente, bem como por outros parentes sucessíveis, uma vez que a declaração do estado de filho repercute não apenas na relação entre as partes, como também pode atingir terceiros, como aquele que se considera o verdadeiro genitor.

Se não houver herdeiros sucessíveis conhecidos, a ação deverá ser movida contra eventuais herdeiros incertos e desconhecidos por meio de editais.

9.5 Efeitos do reconhecimento dos filhos havidos fora do casamento

O reconhecimento gera efeitos de natureza patrimonial e de cunho moral. O principal deles é estabelecer a relação jurídica de parentesco entre pai e filho. Conquanto eles se produzam a partir do momento de sua realização, são, porém, retroativos ou retro-operantes (*ex tunc*), gerando as suas consequências, não da data do ato, mas retroagindo "até o dia do nascimento do filho, ou mesmo de sua concepção, se isto condisser com seus interesses".

Com o reconhecimento, o filho ingressa na família do genitor e passa a usar o seu sobrenome. O registro de nascimento deve ser, pois, alterado, para que dele venham a constar os dados atualizados sobre sua ascendência.

Se menor, estará sujeito ao poder familiar, gerando aos pais o poder-dever constante do art. 1.634 do Código Civil.

Entre o pai e o filho reconhecido há direitos recíprocos aos alimentos (art. 1.696 do CC) e à sucessão (art. 1.829, I e II, do CC).

Estatui o art. 1.616 do Código Civil que:

> **Art. 1.616.** A sentença que julgar procedente a ação de investigação produzirá os mesmos efeitos do reconhecimento; mas poderá ordenar que o filho se crie e eduque fora da companhia dos pais ou daquele que lhe contestou essa qualidade.

O dispositivo permite, portanto, que, em nome do melhor interesse da criança, ela possa permanecer na companhia de quem a acolheu e criou.

Atenção

- A flexibilização da coisa julgada material em investigação de paternidade não atinge as decisões judiciais fundadas no conhecimento científico da época, se este ainda for válido nos dias atuais. (STJ, AgRg no REsp 929.773-RS, Inf. n. 512).
- É possível a flexibilização da coisa julgada material nas ações de investigação de paternidade, na situação em que o pedido foi julgado improcedente por falta de prova. (STJ, REsp 1.223.610-RS, Inf. n. 512).

O reconhecimento é incondicional: não se pode subordiná-lo a condição ou a termo (art. 1.613 do CC). É vedado ao pai subordinar a eficácia do reconhecimento a determinada data ou a certo período, afastando-se, assim, a temporariedade do ato.

9.6 Adoção (arts. 1.618 e 1.619 do CC e arts. 39 a 52-D do ECA)

O princípio da isonomia dos filhos instituído pelo art. 227, § 6.º, da Carta Constitucional estabeleceu que os filhos, havidos de qualquer relação, inclusive da adoção, gozam dos mesmos direitos assegurados pelo ordenamento jurídico, até mesmo no plano sucessório.

A adoção resulta de um ato jurídico em sentido estrito, cuja eficácia depende de homologação judicial, e estabelece uma nova relação parental: "a adoção atribui a condição de filho ao adotado, com os mesmos direitos e deveres, inclusive sucessórios, desligando-o de qualquer vínculo com os pais e parentes consanguíneos, salvo quanto aos impedimentos para o casamento" (art. 41 do ECA).

A partir da vigência da Lei 12.010/2010, houve uma derrogação da Lei Civil em seus arts. 1.620 a 1.629, aplicando-se, na forma do art. 1.619 dessa referida norma, as regras gerais do Estatuto da Criança e do Adolescente para a adoção de maiores. Seja o adotando menor ou maior, a adoção só será admitida se constituir efetivo benefício ao adotado (art. 43 do ECA).

Qualquer pessoa pode adotar, basta ter mais de 18 anos, independente do estado civil (art. 42 do ECA). A lei exige, ainda, uma diferença de idade mínima de 16 anos entre o adotante e o adotado (art. 42, § 3.º, do ECA). Como regra geral, a adoção depende do consentimento do adotado, se maior de 12 anos, bem como dos seus pais ou representantes legais (art. 45 do ECA). Essa exigência pode ser dispensada na hipótese do § 1.º do referido dispositivo (pais desconhecidos ou do infante exposto, com pais desaparecidos ou destituídos do poder familiar). Para que duas pessoas possam adotar, o art. 42, § 2.º, do ECA exige que os adotantes devam ser marido e mulher ou vivam em união estável. O § 4.º do referido texto legal trata de uma hipótese especial em relação às pessoas divorciadas ou separadas:

> **Art. 42, § 4.º** Os divorciados, os judicialmente separados e os ex-companheiros podem adotar conjuntamente, contanto que acordem sobre a guarda e o regime de visitas e desde que o estágio de convivência tenha sido iniciado na constância do período de convivência e que seja comprovada a existência de vínculos de afinidade e afetividade com aquele não detentor da guarda, que justifiquem a excepcionalidade da concessão.

À adoção precederá o chamado estágio de convivência, que é o período necessário para que seja avaliada a adaptação da criança ou adolescente à sua nova família, período de tempo no qual o magistrado expede um termo de responsabilidade, entregando a criança ou adolescente aos futuros pais adotivos, antes de deferir a adoção.

O ECA exige, como regra, o estágio de convivência entre o adotante e o adotando, que será acompanhado por equipe interprofissional a serviço do Juizado da Infância e Juventude. O estágio de convivência poderá ser dispensado se o adotando já estiver sob a tutela ou guarda legal do adotante durante tempo suficiente para que seja possível avaliar a conveniência da constituição do vínculo. A simples guarda de fato, por si só, portanto, não autoriza a dispensa do estágio de convivência. Antes da reforma, a idade de até um ano do adotando dispensava tal estágio, todavia, tal exceção foi suprimida pela Lei 12.010/2009.

A duração do estágio de convivência não era predeterminada legalmente. Todavia, o art. 46, do ECA foi alterado pela Lei n. 13.509/2017, passando a determinar que estágio de convivência compreenderá o prazo máximo de 90 (noventa) dias, observadas a idade da criança ou adolescente e as peculiaridades do caso. Esse prazo poderá ser prorrogado por até igual período, mediante decisão fundamentada da autoridade judiciária.

Nos casos de adoção internacional por pessoa ou casal residente ou domiciliado fora do País, o estágio de convivência será de, no mínimo, 30 (trinta) dias e, no máximo, 45 (quarenta e cinco) dias, prorrogável por até igual período, uma única vez, mediante decisão fundamentada da autoridade judiciária.

Ao final deste prazo deverá ser apresentado laudo fundamentado pela equipe interprofissional a serviço da Justiça da Infância e da Juventude, que recomendará ou não o deferimento da adoção à autoridade judiciária.

O estágio de convivência será cumprido no território nacional, preferencialmente na comarca de residência da criança ou adolescente, ou, a critério do juiz, em cidade limítrofe, respeitada, em qualquer hipótese, a competência do juízo da comarca de residência da criança.

A sentença de adoção possui eficácia constitutiva e seus efeitos começam a fluir a partir do trânsito em julgado da sentença (*ex nunc*), não produzindo efeito retroativo, conforme o art. 47, § 7.º, do Estatuto, exceto na hipótese em que a adoção poderá ser deferida ao adotante que, após inequívoca manifestação de vontade, vier a falecer no curso do procedimento, antes de prolatada a sentença (art. 42, § 6.º), caso em que terá força retroativa à data do óbito.

De acordo com o § 9º, do art. 47, do ECA, terão prioridade de tramitação os processos de adoção em que o adotando for criança ou adolescente com deficiência ou com doença crônica. E o prazo máximo para conclusão da ação de adoção será de 120 (cento e vinte) dias, prorrogável uma única vez por igual período, mediante decisão fundamentada da autoridade judiciária (§ 10º do art. 47, ECA com redação dada pela Lei n. 13.509/2017).

Importante salientar que a Lei 12.010/2009 assegurou ao adotado o direito de conhecer sua origem biológica, bem como de "obter acesso irrestrito ao processo no qual a medida foi aplicada e seus eventuais incidentes, após completar 18 anos", disposição contida no art. 48 do ECA.

Dica

O direito à origem está compreendido na esfera dos direitos da personalidade humana, mas não se confunde com o direito ao reconhecimento, pois neste último há o surgimento de uma relação jurídica de filiação, enquanto no primeiro existe a finalidade de se identificar a ancestralidade, porém sem gerar relação jurídica de direito de família.

Importante!

A Lei nº 13.509/2017 alterou o ECA, dispondo que:

Art. 39. (...) § 3º Em caso de conflito entre direitos e interesses do adotando e de outras pessoas, inclusive seus pais biológicos, devem prevalecer os direitos e os interesses do adotando.

No que diz respeito à adoção internacional, o Estatuto da Criança e do Adolescente discorre sobre o tema em seus arts. 51 a 52-D. Sobre esse assunto, o Brasil ratificou a convenção relativa à proteção das crianças e à cooperação em matéria de adoção internacional, concluída na cidade de Haia, Holanda, em 29.05.1993, aprovada pelo Decreto Legislativo 1, de 14.01.1999, e promulgada pelo Decreto 3.087, de 21.06.1999.

9.7 Poder familiar (arts. 1.630 a 1.638 do CC)

Sob a ótica de Caio Mário da Silva Pereira, o poder familiar pode ser compreendido como o "complexo de direitos e deveres quanto à pessoa e bens do filho, exercidos pelos pais na mais estreita colaboração e em igualdade de condições, segundo o artigo 226, § 5.º, da Constituição da República".

O poder familiar, que se traduz modernamente numa ideia de poder-função ou direito-dever, nada mais é do que um feixe de relações jurídicas emanadas da filiação. A ideia predominante é de que a *potestas*, como era conhecido o poder familiar à época do direito romano, deixou de ser uma prerrogativa do pai para se afirmar como a fixação jurídica do interesse dos filhos.

Atualmente, ele é regulado pelo Código Civil (arts. 1.630 a 1.638) e pelo Estatuto da Criança e do Adolescente, que trata do direito à convivência familiar e comunitária (arts. 21 a 24) e da perda e suspensão do poder familiar (arts. 155 a 163).

Esse poder decorre tanto da paternidade natural como da filiação legal e é irrenunciável, intransferível, inalienável e imprescritível. As obrigações que dele fluem são personalíssimas.

Todos os filhos, de zero a 18 anos, estão sujeitos ao poder familiar, que é exercido pelos pais. Falecidos ou desconhecidos ambos os genitores, os filhos ficarão sob tutela (art. 1.728 do CC).

O poder familiar é sempre compartilhado entre os genitores. O desaparecimento do relacionamento entre pais (casamento ou união estável) não interfere nele (art. 1.632 do CC).

O Estado pode, em determinadas situações, intervir no exercício do poder familiar. Surgem, assim, as hipóteses de suspensão da destituição, as quais constituem sanções aplicadas aos genitores pela infração dos deveres inerentes a ele. A perda ou suspensão do poder de um ou ambos os pais não retira do filho menor o direito de ser alimentado por eles.

A suspensão do poder familiar representa medida menos grave, daí por que é sujeita à revisão. Superadas as causas que a provocaram, pode ser cancelada a convivência familiar atender ao interesse dos filhos. A suspensão é facultativa, podendo o juiz deixar de aplicá-la. Ela cabe nas hipóteses de abuso de autoridade (art. 1.637 do CC).

Distingue a doutrina a noção de perda e extinção do poder familiar. Perda é uma sanção imposta pelo Estado, enquanto a extinção ocorre pela morte, emancipação ou extinção do sujeito passivo.

Havendo o comportamento lesivo ao filho nos moldes do art. 1.638 do Código Civil, a perda do poder familiar é sanção imperativa, não cabendo ao magistrado a faculdade de adotá-la.

Importante!

A Lei n. 13.509/2017 inseriu o inc. V no art. 1.638, da lei civil dispondo que:

Art. 1.638. Perderá por ato judicial o poder familiar o pai ou a mãe que:

[...] V - entregar de forma irregular o filho a terceiros para fins de adoção.

O instituto do poder familiar sofreu alterações legais no que concerne às hipóteses que preveem a sua perda através da Lei n. 13.715/2018 alterando o Código Penal (Del. n. 2.848/1940), Estatuto da Criança e do Adolescente (Lei n. 8.069/1990) e o Código Civil (Lei n. 10.406/2002), dispondo sobre hipóteses de perda do poder familiar pelo autor de determinados crimes contra outrem igualmente titular do mesmo poder familiar ou contra filho, filha ou outro descendente.

A alteração trazida pela nova legislação ao ECA, em seu art. 23, § 2º, incluiu no rol de vítimas "outrem igualmente titular do mesmo poder familiar", compreendidos a mãe e o pai, e "outro descendente", como netos, bisnetos, passando à seguinte redação:

> *Art. 23. [...] § 2º A condenação criminal do pai ou da mãe não implicará a destituição do poder familiar, exceto na hipótese de condenação por crime doloso sujeito à pena de reclusão contra outrem igualmente titular do mesmo poder familiar ou contra filho, filha ou outro descendente.*

No que diz respeito à lei civil, além das hipóteses elencadas nos incisos do caput do art. 1.638, a Lei n. 13.715/2018 incluiu parágrafo único ao artigo sob comento, prevendo outras hipóteses de perda do poder familiar, quais sejam:

> *Art. 1.638. Parágrafo único. Perderá também por ato judicial o poder familiar aquele que:*
>
> *I – praticar contra outrem igualmente titular do mesmo poder familiar:*
>
> *a) homicídio, feminicídio ou lesão corporal de natureza grave ou seguida de morte, quando se tratar de crime doloso envolvendo violência doméstica e familiar ou menosprezo ou discriminação à condição de mulher;*
>
> *b) estupro ou outro crime contra a dignidade sexual sujeito à pena de reclusão;*
>
> *II – praticar contra filho, filha ou outro descendente:*
>
> *a) homicídio, feminicídio ou lesão corporal de natureza grave ou seguida de morte, quando se tratar de crime doloso envolvendo violência doméstica e familiar ou menosprezo ou discriminação à condição de mulher;*
>
> *b) estupro, estupro de vulnerável ou outro crime contra a dignidade sexual sujeito à pena de reclusão.*

Sobre o tema relativo à responsabilidade do agente que pratica violência doméstica, foi editada a Lei n. 13.871, de 17.09.2019, que altera a Lei nº 11.340/2006 (Lei Maria da Penha), para dispor sobre a responsabilidade do agressor pelo ressarcimento dos custos relacionados aos serviços de saúde prestados pelo Sistema Único de Saúde (SUS) às vítimas de violência doméstica e familiar e aos dispositivos de segurança por elas utilizados. Foram acrescidos os §§ 4º a 6º ao art. 9 da referida norma dispondo que:

> Art. 9º [...] § 4º Aquele que, por ação ou omissão, causar lesão, violência física, sexual ou psicológica e dano moral ou patrimonial a mulher fica obrigado a ressarcir todos os danos causados, inclusive ressarcir ao Sistema Único de Saúde (SUS), de acordo com a tabela SUS, os custos relativos aos serviços de saúde prestados para o total tratamento das vítimas em situação de violência doméstica e familiar, recolhidos os recursos assim arrecadados ao Fundo de Saúde do ente federado responsável pelas unidades de saúde que prestarem os serviços.
>
> § 5º Os dispositivos de segurança destinados ao uso em caso de perigo iminente e disponibilizados para o monitoramento das vítimas de violência doméstica ou familiar amparadas por medidas protetivas terão seus custos ressarcidos pelo agressor.
>
> § 6º O ressarcimento de que tratam os §§ 4º e 5º deste artigo não poderá importar ônus de qualquer natureza ao patrimônio da mulher e dos seus dependentes, nem configurar atenuante ou ensejar possibilidade de substituição da pena aplicada.

Atenção!

COVID-19:

– Recomendação n. 1/2020, do Ministério da Cidadania. Dispõe sobre cuidados a crianças e adolescentes com medida protetiva de acolhimento, no contexto de transmissão comunitária do novo Coronavírus (Covid-19), em todo o território nacional e dá outras providências.

9.8 Guarda

Pode ser compreendida como o direito-dever dos pais de terem consigo seus filhos, com vistas a garantir o seu pleno desenvolvimento.

A guarda poderá ser deferida a um dos genitores ou a alguém que o substitua, consoante o melhor interesse do menor. Nesse caso, tem-se a guarda unilateral. Ao outro genitor, portanto, restará o direito de visita, forma de regulamentação do direito à convivência familiar.

A guarda poderá ser:

a) Unilateral: um dos genitores exerce a guarda, sem, contudo, caracterizar a perda do poder familiar por parte do outro.

b) Alternada: o tempo de convivência do filho é dividido entre os pais, passando a viver alternadamente, de acordo com o que ajustarem os pais ou o que for decidido pelo juiz, na residência de um e de outro. Alguns denominam essa modalidade de residências alternadas. **A doutrina especializada recomenda que sua utilização deva ser feita em situação excepcional, porque não preenche os requisitos essenciais da guarda compartilhada, a saber, a convivência simultânea com os pais, a corresponsabilidade pelo exercício do poder familiar, a definição da residência preferencial do filho.**

c) Compartilhada: guarda conjunta ou compartilhada significa mais prerrogativas aos pais, fazendo com que estejam presentes de forma mais intensa na vida dos filhos. A participação no processo de desenvolvimento integral dos filhos leva à *pluralização de responsabilidades*, estabelecendo verdadeira democratização de sentimentos. A proposta é manter os laços de afetividade, minorando os efeitos que a separação sempre acarreta nos filhos e conferindo aos pais o exercício da função parental de forma igualitária.

d) De fato: é aquela que se consolida pela convivência e cuidado do responsável para com o menor.

Dica

A Lei 12.398, de 28 de março de 2011, alterou o art. 1.589, parágrafo único, do Código Civil e regulou o direito de visitação aos avós, nos seguintes termos: "O direito de visita estende-se a qualquer dos avós, a critério do juiz, observados os interesses da criança ou do adolescente".

A guarda unilateral, a despeito de regular os interesses do menor, limita a convivência com o genitor não guardião. A guarda unilateral obriga o pai ou a mãe que não a detenha a supervisionar os interesses dos filhos, e, para possibilitar tal supervisão, qualquer dos genitores sempre será parte legítima para solicitar informações e/ou prestação de contas, objetivas ou subjetivas, em assuntos ou situações que direta ou indiretamente afetem a saúde física e psicológica e a educação de seus filhos. A partir dessa concepção, surgiu a modalidade de guarda compartilhada, consolidada na jurisprudência pátria e que foi inserta no ordenamento jurídico brasileiro por força da Lei 11.698/2008 e da Lei n. 13.058/2014, que alterou o Código Civil em seu art. 1.583 e seguintes.

Guarda conjunta ou compartilhada segundo o art. 1.583, do CC, compreende-se por guarda unilateral a atribuída a um só dos genitores ou a alguém que o substitua e, por guarda compartilhada a responsabilização conjunta e o exercício de direitos e deveres do pai e da mãe que não vivam sob o mesmo teto, concernentes ao poder familiar dos filhos comuns. Onde o tempo de convívio com os filhos deve ser dividido de forma equilibrada com a mãe e com o pai, sempre tendo em vista as condições fáticas e os interesses dos filhos. A cidade considerada base de moradia dos filhos será aquela que melhor atender aos seus interesses.

De acordo com o art. 1.584 do Código Civil, a guarda unilateral ou a guarda compartilhada poderá ser requerida por consenso, pelo pai e pela mãe, ou por qualquer deles, em ação autônoma de separação, de divórcio, de dissolução de união estável ou em medida cautelar; ou decretada pelo juiz, em atenção a necessidades específicas do filho, ou em razão da distribuição de tempo necessário ao convívio deste com o pai e a mãe. Estabelecida a guarda compartilhada, o juiz, na audiência de conciliação, informará ao pai e à mãe o significado desse instituto, a sua importância, a similitude de deveres e direitos atribuídos aos genitores e as sanções pelo descumprimento de suas cláusulas.

Quando não houver acordo entre a mãe e o pai quanto à guarda do filho, encontrando-se ambos os genitores aptos a exercer o poder familiar, será aplicada a guarda compartilhada, salvo se um dos genitores declarar ao magistrado que não deseja a guarda do menor.

Para estabelecer as atribuições do pai e da mãe e os períodos de convivência sob guarda compartilhada, o juiz, de ofício ou a requerimento do Ministério Público, poderá basear-se em orientação técnico-profissional ou de equipe interdisciplinar, que deverá visar à divisão equilibrada do tempo com o pai e com a mãe.

Caso ocorra a alteração não autorizada ou o descumprimento imotivado de cláusula de guarda unilateral ou compartilhada poderá implicar a redução de prerrogativas atribuídas ao seu detentor. E verificando o juiz que o filho não deve permanecer sob a guarda do pai ou da mãe, deferirá a guarda a pessoa que revele compatibilidade com a natureza da medida, considerados, de preferência, o grau de parentesco e as relações de afinidade e afetividade.

Qualquer estabelecimento público ou privado é obrigado a prestar informações a qualquer dos genitores sobre os filhos destes, sob pena de multa de diária pelo não atendimento da solicitação.

Em sede de medida cautelar de separação de corpos, em sede de medida cautelar de guarda ou em outra sede de fixação liminar de guarda, a decisão sobre guarda de filhos, mesmo que provisória, será proferida preferencialmente após a oitiva de ambas as partes perante o juiz, salvo se a proteção aos interesses dos filhos exigir a concessão de liminar sem a oitiva da outra parte, observado o art. 1.584 da lei civil.

Dica

Não se pode confundir guarda compartilhada com guarda alternada, pois nesta o tempo de convivência do filho é dividido entre os pais, passando a viver alternadamente, de acordo com o que ajustarem os pais ou o que for decidido pelo juiz, na residência de um e de outro. Alguns denominam essa modalidade de residências alternadas. **A doutrina especializada recomenda que sua utilização deva ser feita em situação excepcional, porque não preenche os requisitos essenciais da guarda compartilhada, a saber, a convivência simultânea com os pais, a corresponsabilidade pelo exercício do poder familiar, a definição da residência preferencial do filho.**

Quando a guarda é deferida a terceiros, ou enquanto a criança é colocada em família substituta, não se extingue o poder familiar dos pais, que não ficam livres da obrigação alimentar.

O art. 1.634 do Código Civil elenca as principais competências, também conhecidas como direitos-deveres que os pais possuem em relação aos filhos qualquer que seja a sua situação conjugal, para o pleno exercício do poder familiar. Trata-se de um rol meramente exemplificativo.

Atenção

- A guarda compartilhada somente deixará de ser aplicada quando houver inaptidão de um dos ascendentes para o exercício do poder familiar, fato que deverá ser declarado, prévia ou incidentalmente à ação de guarda, por meio de decisão judicial. (STJ, REsp 1.629.994-RJ. Inf. n. 595).

- Sem prejuízo dos deveres que compõem a esfera do poder familiar, a expressão "guarda de filhos", à luz do art. 1.583, pode compreender tanto a guarda unilateral quanto a compartilhada, em atendimento ao princípio do melhor interesse da criança. (Enunciado n. 101 da I Jornada de Direito Civil).
- O direito de visita pode ser estendido aos avós e a pessoas com as quais a criança ou o adolescente mantenha vínculo afetivo, atendendo ao seu melhor interesse. (Enunciado n. 333 da IV Jornada de Direito Civil).
- A guarda de fato pode ser reputada como consolidada diante da estabilidade da convivência familiar entre a criança ou o adolescente e o terceiro guardião, desde que seja atendido o princípio do melhor interesse. (Enunciado n. 334 da IV Jornada de Direito Civil).
- A guarda compartilhada deve ser estimulada, utilizando-se, sempre que possível, da mediação e da orientação de equipe interdisciplinar. (Art. 1.636 - Enunciado n. 335 da IV Jornada de Direito Civil).
- A paternidade socioafetiva, calcada na vontade livre, não pode ser rompida em detrimento do melhor interesse do filho. (Enunciado n. 339 da IV Jornada de Direito Civil).
- A nova redação aos arts. 1.583 e 1.584 do Código Civil, não se restringe à guarda unilateral e à guarda compartilhada, podendo ser adotada aquela mais adequada à situação do filho, em atendimento ao princípio do melhor interesse da criança e do adolescente. A regra aplica-se a qualquer modelo de família. Atualizados os Enunciados n. 101 e 336 em razão de mudança legislativa, agora abrangidos por este enunciado. (Enunciado n. 518 da V Jornada de Direito Civil – Arts. 1.583 e 1.584).
- A distribuição do tempo de convívio na guarda compartilhada deve atender precipuamente ao melhor interesse dos filhos, não devendo a divisão de forma equilibrada, a que alude o § 2 do art. 1.583 do Código Civil, representar convivência livre ou, ao contrário, repartição de tempo matematicamente igualitária entre os pais. (Enunciado 603 da VII Jornada de Direito Civil).
- A divisão, de forma equilibrada, do tempo de convívio dos filhos com a mãe e com o pai, imposta na guarda compartilhada pelo § 2º do art. 1.583 do Código Civil, não deve ser confundida com a imposição do tempo previsto pelo instituto da guarda alternada, pois esta não implica apenas a divisão do tempo de permanência dos filhos com os pais, mas também o exercício exclusivo da guarda pelo genitor que se encontra na companhia do filho. (Enunciado 604 da VII Jornada de Direito Civil).
- A guarda compartilhada não exclui a fixação do regime de convivência. (Enunciado 605 da VII Jornada de Direito Civil).
- O tempo de convívio com os filhos "de forma equilibrada com a mãe e com o pai" deve ser entendido como divisão proporcional de tempo, da forma que cada genitor possa se ocupar dos cuidados pertinentes ao filho, em razão das peculiaridades da vida privada de cada um. (Enunciado 606 da VII Jornada de Direito Civil).

- A guarda compartilhada não implica ausência de pagamento de pensão alimentícia. (Enunciado 607 da VII Jornada de Direito Civil).
- É admissível, no procedimento de mediação, em casos de fundamentada necessidade, a participação de crianças, adolescentes e jovens – respeitado seu estágio de desenvolvimento e grau de compreensão – quando o conflito (ou parte dele) estiver relacionado aos seus interesses ou direitos. (Enunciado n. 26 *da* I Jornada de Prevenção e Solução Extrajudicial de Litígios).

9.9 Alienação parental (Lei 12.318/2010)

Em nome da proteção integral ao menor em todas as esferas de sua dignidade, a Lei 12.318, de 26 de agosto de 2010, regulou o instituto da alienação parental. Conforme dispõe o art. 2.º da referida lei, alienação parental pode ser considerada como "a interferência na formação psicológica da criança ou do adolescente promovida ou induzida por um dos genitores, pelos avós ou pelos que tenham a criança ou adolescente sob a sua autoridade, guarda ou vigilância para que repudie genitor ou que cause prejuízo ao estabelecimento ou à manutenção de vínculos com este". O alienador poderá ser qualquer pessoa que tenha a confiança do menor e que vise abalar a relação de um dos genitores com o filho.

Deve ser enfatizado que a alienação parental não foi tipificada como ilícito penal, não havendo criminalização, mas apenas a prática de ilícito civil, que acarretará as sanções previstas no art. 6.º da mencionada norma, chegando inclusive à suspensão do poder familiar.

10. UNIÃO ESTÁVEL (ARTS. 1.723 A 1.727 DO CC)

É entidade familiar prevista e tutelada na Constituição da República, em seu art. 226, § 3.º, e pode ser compreendida como a união duradoura de duas pessoas, ainda que do mesmo sexo, não ligadas pelo casamento civil e com a intenção de viverem sob laços de afeto, em uma convivência *more uxorio.*

Dica

Conceito à luz da ADIN 4.277/2011. "É entidade familiar composta pela união duradoura **de duas pessoas não ligadas pelo casamento civil e com a intenção de viverem sob os laços de afeto**, demonstrando uma convivência *more uxorio*".

O Supremo Tribunal Federal publicou em 14 de setembro de 2011 a Instrução Normativa 126, de 17 de agosto de 2011, que dispõe em seu art. 2.º sobre os procedimentos para o reconhecimento da união estável no âmbito de sua competência.

> **Art. 2.º** Para fins desta Instrução Normativa, considera-se como entidade familiar a convivência contínua, pública e duradoura entre casais heteroafetivos e pares homoafetivos.

É considerada um fato jurídico natural, pois se constituirá a partir do comportamento do casal na forma da lei. É também possível que a união estável nasça de um negócio jurídico bilateral e solene: o contrato de união estável previsto no art. 1.725 do Código Civil.

São requisitos objetivos para a constituição da união estável: publicidade, estabilidade, inexistência de impedimentos matrimoniais e durabilidade. Como requisitos subjetivos devem ser considerados o *intuitu familiæ*, convivência *more uxorio*, vivendo como se casados fossem, e o *affectio maritalis* – "no namoro a família é futura, na união estável a família já existe". Ressalte-se que não há mais prazo mínimo fixado em lei para o reconhecimento da união estável, sendo pacífica a revogação da Lei 8.971/1994.

Aos companheiros são estabelecidos deveres de lealdade, respeito e assistência, e de guarda, sustento e educação dos filhos (art. 1.724 do CC).

A terminologia "união estável", empregada pelo constituinte de 1988, se refere à união livre, entre homem e mulher não impedidos de casar ou que, nos termos do art. 1.723, § 1.º, do Código Civil estejam separados de fato ou judicialmente. Na hipótese dos demais impedimentos matrimoniais, o art. 1.727 desse mesmo diploma legal prevê que a relação estável entre os impedidos de casar será considerada concubinato.

Patrimonialmente, a união estável gera efeitos similares aos do casamento, pois a regra geral do regime de bens é o da comunhão parcial. Contudo, a lei permite aos companheiros alterar esse regime, por meio de documento escrito, conhecido na doutrina como "contrato de convivência" (art. 1.725 do CC). Esse tipo de contrato é acessório, cujo objeto é essencialmente patrimonial. Produz efeitos *ex nunc*, salvo disposição em contrário das partes, e não pode eliminar direitos indisponíveis.

Atenção

- Há presunção de comunhão de aquestos na constância da união extramatrimonial mantida entre os companheiros, sendo desnecessária a prova do esforço comum para se verificar a comunhão dos bens. (Enunciado n. 115 da I Jornada de Direito Civil).
- Na união estável o regime patrimonial obedecerá à norma vigente no momento da aquisição de cada bem, salvo contrato escrito. (Enunciado n. 346 da IV Jornada de Direito Civil).

Importante

Recentemente a 3ª Turma do STJ estabeleceu que desde que cumpridos os requisitos que tornam legítimo o negócio jurídico, mesmo na ausência do seu registro público, têm-se por válidos os contratos de convivência relativos ao regime de união estável e que regulam relações patrimoniais, inclusive aqueles que se assemelham ao regime de comunhão universal de bens. Trata-se de decisão que acolheu recurso especial submetido a segredo de justiça e restabeleceu sentença que reconhecendo a dissolução de uma união estável e, conforme contrato estabelecido entre os conviventes, determinou a realização de partilha de bens pelo regime da comunhão universal.

A liberdade que assiste aos conviventes para delinear questões de natureza patrimonial deve balizar-se somente nos requisitos de validade dos negócios jurídicos, de acordo com os ditames do art. 104 do CC, quais sejam: agente capaz; objeto lícito, possível, determinado ou determinável; e, forma prescrita ou não defesa em lei.

Diferentemente do que ocorreu na regulação do regime de bens dentro do casamento, o Código Civil, no que toca aos conviventes, fixou a exigência de contrato escrito para fazer a vontade dos conviventes, ou a incidência do regime da comunhão parcial de bens, na hipótese de se quedarem silentes quanto à regulação das relações patrimoniais.

Mesmo que se trate de uma entidade familiar com proteção jurídica, o Código Civil prevê a possibilidade de conversão da união estável em casamento (art. 1.726). O sentido prático da transformação seria para estabelecer seu termo inicial, possibilitando a fixação de regras patrimoniais com efeito retroativo.

Atenção

É possível a conversão de união estável entre pessoas do mesmo sexo em casamento, observados os requisitos exigidos para a respectiva habilitação. (Enunciado n. 526 da V Jornada de Direito Civil).

Importante

Sobre a outorga do companheiro na união estável, sendo esta uma união de fato, dispensando o seu registro público, entende-se que a outorga não poderá ser exigida em nome da proteção do adquirente de boa-fé, sendo a questão resolvida via responsabilidade civil. Dessa forma, o terceiro adquirente se vê protegido em seu direito, cabendo ao companheiro o direito de regresso contra aquele que o prejudicou.

Mas a questão não é pacífica na jurisprudência do STJ, existindo alguns entendimentos que ora afirmam a necessidade de outorga do companheiro quando a união estável estiver registrada em cartório ora afirmam a desnecessidade da outorga no que se refere às alienações de imóveis.

De acordo com a redação do art. 226, § 3.º, do Texto Constitucional e o disposto no art. 1.723 do CC, a união estável se configuraria por meio de uma relação entre homem e mulher na forma da lei. Todavia, a partir da decisão proferida pelo Supremo Tribunal Federal na ADIN 4.277/2011, no sentido de que a família tem como requisito fundamental os valores de afeto e solidariedade e que, estando estes presentes, poderá se constituir união estável entre pessoas do mesmo sexo, o requisito da diversidade de sexos foi afastado.

O Superior Tribunal de Justiça reconheceu a impossibilidade de reconhecimento da união estável putativa, consoante o Recurso Especial 789.293/RJ.

Atenção

- A vida em comum sob o mesmo teto, "more uxorio", não é indispensável à caracterização do concubinato. (Súmula n. 382, STF).
- A vedação do art. 1.801, inc. III, do Código Civil não se aplica à união estável, independentemente do período de separação de fato (art. 1.723, § 1º). (Enunciado n. 269 da III Jornada de Direito Civil).
- As demandas envolvendo união estável entre pessoas do mesmo sexo constituem matéria de Direito de Família. (Enunciado n. 524 da V Jornada de Direito Civil).
- Os arts. 1.723, § 1º, 1.790, 1.829 e 1.830 do Código Civil admitem a concorrência sucessória entre cônjuge e companheiro sobreviventes na sucessão legítima, quanto aos bens adquiridos onerosamente na união estável. (Enunciado n. 525 da V Jornada de Direito Civil).

Importante

Sobre o tema, veja as teses adotadas pelo STJ:

- Os princípios legais que regem a sucessão e a partilha não se confundem: a sucessão é disciplinada pela lei em vigor na data do óbito; a partilha deve observar o regime de bens e o ordenamento jurídico vigente ao tempo da aquisição de cada bem a partilhar.
- A coabitação não é elemento indispensável à caracterização da união estável.

- A vara de família é a competente para apreciar e julgar pedido de reconhecimento e dissolução de união estável homoafetiva.
- Não é possível o reconhecimento de uniões estáveis simultâneas.
- A existência de casamento válido não obsta o reconhecimento da união estável, desde que haja separação de fato ou judicial entre os casados.
- Na união estável de pessoa maior de setenta anos (art. 1.641, II, do CC/02), impõe-se o regime da separação obrigatória, sendo possível a partilha de bens adquiridos na constância da relação, desde que comprovado o esforço comum.
- São incomunicáveis os bens particulares adquiridos anteriormente à união estável ou ao casamento sob o regime de comunhão parcial, ainda que a transcrição no registro imobiliário ocorra na constância da relação.
- O companheiro sobrevivente tem direito real de habitação sobre o imóvel no qual convivia com o falecido, ainda que silente o art. 1.831 do atual Código Civil.
- O direito real de habitação poder ser invocado em demanda possessória pelo companheiro sobrevivente, ainda que não se tenha buscado em ação declaratória própria o reconhecimento de união estável.
- Não subsiste o direito real de habitação se houver copropriedade sobre o imóvel antes da abertura da sucessão ou se, àquele tempo, o falecido era mero usufrutuário do bem.
- A valorização patrimonial dos imóveis ou das cotas sociais de sociedade limitada, adquiridos antes do início do período de convivência, não se comunica, pois não decorre do esforço comum dos companheiros, mas de mero fator econômico.
- A incomunicabilidade do produto dos bens adquiridos anteriormente ao início da união estável (art. 5º, § 1º, da Lei n. 9.278/96) não afeta a comunicabilidade dos frutos, conforme previsão do art. 1.660, V, do Código Civil de 2002.
- Comprovada a existência de união homoafetiva, é de se reconhecer o direito do companheiro sobrevivente à meação dos bens adquiridos a título oneroso ao longo do relacionamento.
- Não há possibilidade de se pleitear indenização por serviços domésticos prestados com o fim do casamento ou da união estável, tampouco com o cessar do concubinato, sob pena de se cometer grave discriminação frente ao casamento, que tem primazia constitucional de tratamento.
- Compete à Justiça Federal analisar, incidentalmente e como prejudicial de mérito, o reconhecimento da união estável nas hipóteses em que se pleiteia a concessão de benefício previdenciário.

- A presunção legal de esforço comum quanto aos bens adquiridos onerosamente prevista no art. 5º da Lei 9.278/1996, não se aplica à partilha do patrimônio formado pelos conviventes antes da vigência da referida legislação.

11. ALIMENTOS (ARTS. 1.694 A 1.710 DO CC)

11.1 Introdução

O termo "alimentos", na linguagem jurídica, consiste em proporcionar os bens da vida necessários à existência com dignidade. Em sentido amplo: tudo aquilo que é necessário à sobrevivência individual – sustento, habitação, vestuário, tratamento, saúde e outros bens. Visam assegurar a **sobrevivência digna** (art. 1.º, III, da CF). Podem ser considerados: naturais – sustento, vestuário e habitação – e civis ou côngruos – educação, instrução e assistência.

11.2 Pressupostos

Conforme disposição do art. 1.694, § 1.º, da Lei Civil, os alimentos deverão ser fixados segundo a necessidade do alimentando, a possibilidade do alimentante, respeitando-se a proporção entre a necessidade e a possibilidade (Princípio da Proporcionalidade). Há o estabelecimento de um trinômio: necessidade *x* possibilidade *x* proporcionalidade.

Atenção

- Os créditos de natureza alimentícia gozam de preferência, desvinculados os precatórios da ordem cronológica dos créditos de natureza diversa. (Súmula n. 144, STJ).
- O débito alimentar que autoriza a prisão civil do alimentante é o que compreende as três prestações anteriores ao ajuizamento da execução e as que se vencerem no curso do processo. (Súmula n. 309, STJ).
- Na apuração da possibilidade do alimentante, observar-se-ão os sinais exteriores de riqueza. (Enunciado n. 573 da VI Jornada de Direito Civil).

11.2.1 Sujeitos da obrigação alimentar

São sujeitos da obrigação alimentar, sendo respectivamente credores e devedores entre si, os quais sejam parentes (arts. 1.696 a 1.698 do CC), cônjuges e companheiros (arts. 1.702 a 1.704 do CC).

11.3 Princípios da obrigação alimentar

Como se trata de um *munus* público, as regras que disciplinam a matéria são de ordem pública, portanto inderrogáveis por convenção entre as partes. Assim, não se pode renunciar o direito de exigir alimentos (art. 1.707 do CC); de ajustar que seu montante jamais será alterado; e de estabelecer condição contrária ao disposto na lei.

a) **Princípio da reciprocidade**: determina o art. 1.696 do Código Civil que o direito à prestação de alimentos é recíproco entre pais e filhos e extensivo a todos os ascendentes, recaindo a obrigação nos mais próximos em grau, uns em falta de outros. Isto é, a reciprocidade da obrigação alimentar ocorre tanto entre ascendentes quanto descendentes.

Importante!

Súmula n. 596, do STJ: "A obrigação alimentar dos avós tem natureza complementar e subsidiária, somente se configurando no caso da impossibilidade total ou parcial de seu cumprimento pelos pais."

Atenção

- É indenizável o acidente que cause a morte de filho menor, ainda que não exerça trabalho remunerado. (Súmula n. 491, STF).
- Para os fins do art. 1.696, a relação socioafetiva pode ser elemento gerador de obrigação alimentar. (Enunciado n. 341 da IV Jornada de Direito Civil).
- Cabe prisão civil do devedor nos casos de não prestação de alimentos gravídicos estabelecidos com base na Lei n. 11.804/2008, inclusive deferidos em qualquer caso de tutela de urgência. (Arts. 1.694, 1.696, 1ª parte, e 1.706 - Enunciado n. 522 da V Jornada de Direito Civil).
- Deve o magistrado, em sede de execução de alimentos avoengos, analisar as condições do (s) devedor (es), podendo aplicar medida coercitiva diversa da prisão civil ou determinar seu cumprimento em modalidade diversa do regime fechado (prisão em regime aberto ou prisão domiciliar), se o executado comprovar situações que contraindiquem o rigor na aplicação desse meio executivo e o torne atentatório à sua dignidade, como corolário do princípio de proteção aos idosos e garantia à vida. (Enunciado 599 da VII Jornada de Direito Civil).

b) **Princípio da preferência**: na falta de ascendente, a obrigação cabe aos descendentes e, faltando estes, aos irmãos, tanto germanos como unilaterais (art. 1.697 do CC). O Código Civil limita a obrigação na linha colateral ao segundo grau (irmãos), logo, tios ou sobrinhos (parentes em 3.º grau) escapam da previsão legal. Cumpre ressaltar que o elenco previsto pela lei é taxativo, *numerus clausus*, de modo que, faltando alguma das categorias citadas, extingue-se a obrigação alimentar decorrente do parentesco.

c) **Princípio da complementaridade**: se o parente convocado não estiver habilitado a cumprir a obrigação totalmente (art. 1.698 do CC), poderá chamar outros parentes, de grau imediato, para concorrer no cumprimento da dívida alimentar.

Atenção

O chamamento dos codevedores para integrar a lide, na forma do art. 1.698 do Código Civil, pode ser requerido por qualquer das partes, bem como pelo Ministério Público, quando legitimado. (Enunciado n. 523 da V Jornada de Direito Civil).

d) **Princípio da mutabilidade (ou da variabilidade da prestação)**: a decisão judicial sobre alimentos faz coisa julgada formal, todavia não material, isto é, ela é mutável, podendo ser modificada a qualquer tempo, sempre em decorrência da variação financeira das partes interessadas (art. 1.699 do CC). Se o *quantum* da pensão alimentícia se subordina a um critério de proporcionalidade entre as necessidades do alimentado e os recursos do alimentante, sempre que o binômio se alterar produzirá efeitos imediatos sobre a pensão, provocando exoneração, redução ou majoração. Desse modo, entende-se que a revisão é da essência da obrigação alimentar.

Atenção

- A constituição de nova família pelo devedor de alimentos não acarreta, por si só, revisão da quantia estabelecida a título de alimentos em favor dos filhos advindos de anterior unidade familiar formada pelo alimentante, sobretudo se não houver prova da diminuição da capacidade financeira do devedor em decorrência da formação do novo núcleo familiar. (STJ, REsp 1.496.948-SP, Inf. n. 557).
- Os efeitos da sentença proferida em ação de revisão de alimentos – seja em caso de redução, majoração ou exoneração – retroagem à data da citação (art. 13, § 2º, da Lei 5.478/1968), ressalvada a irrepetibilidade dos valores adimplidos e a impossibilidade de compensação do excesso pago com prestações vincendas. (STJ, EREsp 1.181.119-RJ, Inf. n. 543).

- Os efeitos da sentença que reduz, majora ou exonera o alimentante do pagamento retroagem à data da citação, vedadas a compensação e a repetibilidade. (Súmula n. 621, do STJ).

e) **Princípio da transmissibilidade**: os alimentos poderão ser cobrados do espólio ou de cada herdeiro, no entanto, sempre no limite das forças do monte, respondendo cada herdeiro proporcionalmente à parte que lhe couber na herança.

Atenção

- A transmissibilidade da obrigação alimentar é limitada às forças da herança. (Enunciado n. 343 da IV Jornada de Direito Civil).
- O falecimento do pai do alimentando não implica a automática transmissão do dever alimentar aos avós. É orientação do STJ que a responsabilidade dos avós de prestar alimentos é subsidiária, e não sucessiva. Essa obrigação tem natureza complementar e somente exsurge se ficar demonstrada a impossibilidade de os genitores proverem os alimentos de seus filhos. Assim, para intentar ação contra ascendente de segundo grau, deve o alimentando demonstrar não somente a impossibilidade ou insuficiência de cumprimento da obrigação pela mãe, como também pelo espólio do pai falecido. (REsp 1.249.133-SC, Inf. n. 587)

f) **Princípio da alternatividade**: os alimentos podem ser pagos em espécie (moradia, alimentação, vestuário etc.) ou em dinheiro, mediante o pagamento da prestação pecuniária. O art. 1.701 do Código Civil confere ao devedor de alimentos a faculdade de optar entre o cumprimento da pensão em espécie ou em dinheiro, isto é, o dispositivo legal prescreve uma obrigação alternativa. O direito de escolha, porém, não é absoluto, pois o parágrafo único do artigo referido confere ao juiz, se as circunstâncias o exigirem, o poder de fixar a forma do cumprimento da prestação.

Atenção

- A obrigação alimentar originada do poder familiar, especialmente para atender às necessidades educacionais, pode não cessar com a maioridade. (Enunciado n. 344 da IV Jornada de Direito Civil).
- Mediante ordem judicial, é admissível, para a satisfação do crédito alimentar atual, o levantamento do saldo de conta vinculada ao FGTS. (Arts. 1.695 e 1.701, parágrafo único - Enunciado n. 572 da VI Jornada de Direito Civil).

g) **Princípio da irrenunciabilidade**: consoante dispõe o art. 1.707 do Código Civil, os alimentos não podem ser objeto de renúncia, questão que deve ser analisada com temperamento, visto que já estava consolidado o entendimento de que há renunciabilidade dos alimentos entre os cônjuges.

Atenção

- No acordo de desquite não se admite renúncia aos alimentos, que poderão ser pleiteados ulteriormente, verificados os pressupostos legais. (Súmula n. 379, STF).
- O art. 1.707 do Código Civil não impede seja reconhecida válida e eficaz a renúncia manifestada por ocasião do divórcio (direto ou indireto) ou da dissolução da "união estável". A irrenunciabilidade do direito a alimentos somente é admitida enquanto subsistir vínculo de Direito de Família. (Enunciado n. 263 da III Jornada de Direito Civil).

11.4 Fontes da obrigação alimentar

a) **Vontade das partes**: apesar de hipótese rara, ela pode se materializar nos casos de separação consensual, na qual o marido (ou a mulher) convenciona a pensão a ser paga ao outro cônjuge. Também pode derivar de disposição testamentária (art. 1.920 do CC).

b) **Parentesco**: a lei impõe aos pais o encargo de prover a mantença da família e, por decorrência jurídica, a eles cabe sustentar e educar os filhos. Da mesma forma, aos filhos compete sustentar os pais na velhice e quando necessitarem de auxílio.

c) **Casamento e união estável**: por força do princípio constitucional que inseriu as uniões estáveis como espécie do gênero maior "entidades familiares", os companheiros também podem pedir uns aos outros os alimentos de que necessitem para viver (art. 1.694 do CC).

d) **Ato ilícito**: todas as vezes que o causador do dano ficar obrigado a reparar o prejuízo por meio do pagamento de uma indenização, a pensão alimentar decorre da responsabilidade civil. É o que sucede do disposto no art. 927 do CC.

11.5 Natureza da obrigação

A obrigação de prestar alimentos é personalíssima, sendo o respectivo crédito insuscetível de cessão, compensação ou penhora.

Sendo proteção à vida, o inadimplemento voluntário dessa obrigação pode gerar a prisão civil do devedor de alimentos, nos termos do art. 5.º, LXVII, da CF. Nessa hipótese, o credor poderá requerer a prisão civil do devedor conforme o art. 528, § 3º, do CPC/15, dispondo que no cumprimento de sentença que condene ao pagamento de prestação alimentícia ou de decisão interlocutória que fixe alimentos, se o executado não pagar ou se a justificativa apresentada não for aceita, o juiz, além de mandar protestar o pronunciamento judicial, decretar-lhe-á a prisão pelo prazo de 1 (um) a 3 (três) meses. A prisão será cumprida em regime fechado, devendo o preso ficar separado dos presos comuns e o cumprimento da pena não exime o executado do pagamento das prestações vencidas e vincendas.

Paga a prestação alimentícia, o juiz suspenderá o cumprimento da ordem de prisão. O débito alimentar que autoriza a prisão civil do alimentante é o que compreende até as 3 (três) prestações anteriores ao ajuizamento da execução e as que se vencerem no curso do processo, de acordo com o § 7º do art. 528, do CPC/15 e Súmula n. 309 do Superior Tribunal de Justiça.

No que tange à execução fundada em título executivo extrajudicial que contenha obrigação alimentar, de acordo com o art. 911, do CPC/15, o juiz mandará citar o executado para, em 3 (três) dias, efetuar o pagamento das parcelas anteriores ao início da execução e das que se vencerem no seu curso, provar que o fez ou justificar a impossibilidade de fazê-lo, aplicam-se, no que couber, os §§ 2º a 7º do art. 528.

Os valores pagos a título de alimentos são irrepetíveis, não sendo suscetíveis de devolução ou de serem objeto de ação de repetição de indébito. As prestações pagas exaurem-se em si mesmas.

A obrigação de prestar alimentos é divisível, consoante disposição do art. 1.698 do Código Civil, em que cada obrigado efetuará a prestação devida na **proporção de seus recursos**. Atente-se para exceção trazida pelo Estatuto do Idoso, em que aqueles que são considerados devedores de alimentos em relação ao idoso são considerados **solidariamente responsáveis** (art. 12 da Lei 10.741/2003).

Atenção!

Em decisão unânime, a Terceira Turma do STJ admitiu em decisão recente que pensões alimentícias pagas por um pai a filhos de relacionamentos diferentes possam ser fixadas em valores distintos. O colegiado levou em consideração a capacidade financeira das mães das crianças. A Min.ª Rel.ª Nancy Andrighi, reconheceu que, em regra, não se deve fixar a obrigação de alimentos em valor absoluto ou percentual diferente entre a prole, uma vez que os filhos, indistintamente, necessitam ter acesso a condições dignas de sobrevivência em igual medida. No entanto, destacou que essa igualdade não é um princípio de natureza inflexível: "É dever de ambos os cônjuges contribuir para a manutenção dos filhos na proporção de seus recursos. Assim, poderá ser justificável a fixação de alimentos diferenciados entre a prole se, por exemplo, sendo os filhos oriundos de distintos relacionamentos, houver melhor capacidade de contribuição de um genitor ou genitora em relação ao outro". Ainda foi mencionado outra hipótese de arbitramento diferenciado de pensão que seria justificável e não ofensivo ao princípio da igualdade, destacando a importância de serem avaliadas as reais necessidades dos filhos, como um recém-nascido, incapaz de desenvolver quaisquer atividades, e um filho mais velho, capaz de trabalhar. O número do processo não foi divulgado em razão de segredo de justiça.

11.6 Exoneração da obrigação alimentar

As três hipóteses estão arroladas no *caput* do art. 1.708 do Código Civil (casamento, união estável ou concubinato), na medida em que acarretam o vínculo do credor da pensão a outra pessoa, são suficientes para justificar a cessação do pagamento da dívida alimentar. Cessa o dever de prestar alimento em caráter definitivo, porque o credor se encontra vinculado a outra pessoa. O parágrafo único do referido artigo introduz a hipótese de ingratidão do alimentário como causa extintiva da obrigação do devedor.

Importante

Observe-se que qualquer alteração na prestação de alimentos deve ser realizada por intermédio das garantias do devido processo legal e do contraditório, conforme discorre a Súmula 358 do Superior Tribunal de Justiça.

Atenção

- Na interpretação do que seja procedimento indigno do credor, apto a fazer cessar o direito a alimentos, aplicam-se, por analogia, as hipóteses dos incs. I e II do art. 1.814 do Código Civil. (Enunciado n. 264 da III Jornada de Direito Civil).
- Na hipótese de concubinato, haverá necessidade de demonstração da assistência material prestada pelo concubino a quem o credor de alimentos se uniu. (Enunciado n. 265 da III Jornada de Direito Civil).
- O "procedimento indigno" do credor em relação ao devedor, previsto no parágrafo único do art. 1.708 do Código Civil, pode ensejar a exoneração ou apenas a redução do valor da pensão alimentícia para quantia indispensável à sobrevivência do credor. (Enunciado n. 345 da IV Jornada de Direito Civil).

11.7 Atualização da dívida alimentar

No art. 1.710 do Código Civil, a atualização monetária é feita por fórmula mais ampla (índice oficial regularmente estabelecido) que subsiste por tempo indeterminado, sem risco de perda de parâmetro oficial quando da desvalorização da moeda nacional.

Dica

A Lei n. 12.415/2011 acrescentou o parágrafo único ao art. 130 da Lei 8.069, de 13 de julho de 1990 (Estatuto da Criança e do Adolescente), determinando que alimentos provisórios sejam fixados cautelarmente em favor da criança ou do adolescente, cujo agressor seja afastado da moradia comum por determinação judicial.

Atenção!

Súmula n. 594, STJ: "O Ministério Público tem legitimidade ativa para ajuizar ação de alimentos em proveito de criança ou adolescente independentemente do exercício do poder familiar dos pais, ou do fato de o menor se encontrar nas situações de risco descritas no artigo 98 do Estatuto da Criança e do Adolescente, ou de quaisquer outros questionamentos acerca da existência ou eficiência da Defensoria Pública na comarca."

Importante

Sobre o tema, veja as teses adotadas pelo STJ:

- É possível que o magistrado, no âmbito da execução de alimentos, adote as medidas executivas do protesto e da inscrição do nome do devedor nos cadastros de restrição ao crédito, caso se revelem eficazes para o pagamento da dívida.
- Na execução de alimentos, é possível o protesto (art. 526, § 3º do NCPC) e a inscrição do nome do devedor nos cadastros de proteção ao crédito.
- O Ministério Público tem legitimidade ativa para ajuizar ação/execução de alimentos em favor de criança ou adolescente, nos termos do art. 201, III, da Lei 8.069/90.
- É devido alimentos ao filho maior quando comprovada a frequência em curso universitário ou técnico, por força da obrigação parental de promover adequada formação profissional.
- O débito alimentar que autoriza a prisão civil do alimentante é o que compreende as três prestações anteriores ao ajuizamento da execução e as que se vencerem no curso do processo. (Súmula 309/STJ) (Art. 528, § 7 do NCPC).
- É possível a modificação da forma da prestação alimentar (em espécie ou *in natura*), desde que demonstrada a razão pela qual a modalidade anterior não mais atende à finalidade da obrigação, ainda que não haja alteração na condição financeira das partes nem pretensão de modificação do valor da pensão.
- O pagamento parcial da obrigação alimentar não impede a prisão civil do devedor.

- A base de cálculo da pensão alimentícia fixada sobre o percentual do vencimento do alimentante abrange o décimo terceiro salário e o terço constitucional de férias, salvo disposição expressa em contrário.
- A constituição de nova família pelo alimentante não acarreta a revisão automática da quantia estabelecida em favor dos filhos advindos de união anterior.
- Os alimentos devidos entre ex-cônjuges devem ter caráter excepcional, transitório e devem ser fixados por prazo determinado, exceto quando um dos cônjuges não possua mais condições de reinserção no mercado do trabalho ou de readquirir sua autonomia financeira.
- É possível, em sede de execução de alimentos, a dedução na pensão alimentícia fixada exclusivamente em pecúnia das despesas pagas *in natura*, com o consentimento do credor, referentes a aluguel, condomínio e IPTU do imóvel onde residia o exequente.

11.8. Alimentos gravídicos

A Lei n. 11.804/08 trata dos alimentos gravídicos e garante-se o direito à vida mesmo antes do nascimento, *o que valora a teoria concepcionista*. Através da norma é assegurado à mulher grávida o direito a alimentos a lhe serem alcançados por quem afirma ser o pai de seu filho. São chamados de gravídicos porque são assegurados desde a concepção. Dispõe o seu art. 2º que:

> Os alimentos de que trata esta Lei compreenderão os valores suficientes para cobrir as despesas adicionais do período de gravidez e que sejam dela decorrentes, da concepção ao parto, inclusive as referentes a alimentação especial, assistência médica e psicológica, exames complementares, internações, parto, medicamentos e demais prescrições preventivas e terapêuticas indispensáveis, a juízo do médico, além de outras que o juiz considere pertinentes.
>
> Parágrafo único. Os alimentos de que trata este artigo referem-se à parte das despesas que deverá ser custeada pelo futuro pai, considerando-se a contribuição que também deverá ser dada pela mulher grávida, na proporção dos recursos de ambos.

Os alimentos gravídicos irão perdurar até o nascimento da criança, conforme preceitua o art. 6º da Lei:

> Convencido da existência de indícios da paternidade, o juiz fixará alimentos gravídicos que perdurarão até o nascimento da criança, sopesando as necessidades da parte autora e as possibilidades da parte ré.
>
> Parágrafo único. Após o nascimento com vida, os alimentos gravídicos ficam convertidos em pensão alimentícia em favor do menor até que uma das partes solicite a sua revisão.

Tendo a mulher dúvida sobre a paternidade de seu filho, trazendo indícios a dois possíveis pais, dificultando o convencimento do juiz, o pedido será tido por improcedente, pois embora a norma não exija prova cabal da paternidade, os indícios terão de ser fortes para convencer o julgador a condenar o demandado, principalmente pelo risco da irrepetibilidade dos alimentos.

Outro ponto a ser destacado é sobre a possibilidade de haver responsabilidade civil por exame negativo de DNA. Quando aquele que propõe ação e logo após é constatado que o que respondeu não é o pai, ficará a este assegurado o direito de reparação de danos morais e materiais.

Aplicam-se supletivamente nos processos regulados por esta Lei as disposições das Leis n. 5.478, de 25 de julho de 1968, e o CPC em vigor, Lei n. 13.105/2015. Porém o prazo para o réu apresentar resposta será de cinco dias. De quando estes são devidos? Entendo que data do despacho da inicial.

De acordo com o art. 318, do CPC/15, aplicar-se a todas as causas o procedimento comum, respeitando-se as limitações da Lei n. 11.804/08 e as diretrizes da Lei de Alimentos. A ação deve ser ajuizada no foro da residência da mulher gestante (art. 53, II, CPC/15). Pode-se resumir o procedimento da seguinte forma: a) petição inicial (art. 319 e 320, CPC/15); b) audiência de justificação/conciliação: com o objetivo de tentar-se acordo entre as partes e ainda para a oitiva de testemunhas com objetivo de fazer prova quanto ao relacionamento amoroso entre a autora e o réu; c) decisão quanto ao pedido de "alimentos provisórios" (art. 300, CPC/15); d) citação do réu para responder em 5 dias (art. 7º, Lei n. 11.804/08); e) sentença.

Atenção!

– Foi aprovada a Lei n. 14.010/2020, que dispõe sobre o Regime Jurídico Emergencial e Transitório das relações jurídicas de Direito Privado (RJET) no período da pandemia do coronavírus (Covid-19). Dentre as quais, dispõe que:

CAPÍTULO X

DO DIREITO DE FAMÍLIA E SUCESSÕES

Art. 15. Até 30 de outubro de 2020, a prisão civil por dívida alimentícia, prevista no art. 528, 3 0 e seguintes da Lei no 13.105, de 16 de março de 2015 (Código de Processo Civil), deverá ser cumprida exclusivamente sob a modalidade domiciliar, sem prejuízo da exigibilidade das respectivas obrigações.

12. DO DIREITO ASSISTENCIAL: DA TUTELA E CURATELA E DA TOMADA DE DECISÃO APOIADA (ARTS. 1.728 A 1.783-A DO CC)

A tutela e a curatela têm um ponto em comum: ambos os institutos objetivam proteger pessoas incapazes, de fato e de direito, que necessitam da presença de outrem que aja em nome delas. Tanto a tutela quanto a curatela representam um *munus* (encargo) público, de caráter personalíssimo e em princípio irrenunciável.

O Código Civil manteve a distinção do direito antigo: a tutela se dirige aos menores e a curatela, aos maiores incapazes. Aí reside o divisor de águas entre os dois institutos.

12.1 Tutela (arts. 1.728 a 1.766 do CC)

A tutela tem por finalidade o cuidado e a representação do menor e de seu patrimônio.

Três são os tipos de tutela reconhecidos pela ordem civil brasileira:

a) **Tutela testamentária**: o art. 1.729 do Código Civil restringe aos pais, em conjunto, a nomeação do tutor. Ambos devem estar no exercício do poder parental (art. 1.730 do CC). Se existir apenas um dos genitores, a este competirá a nomeação do tutor. O art. 1.733 desse mesmo diploma legal dispõe, ainda, que, se mais de um tutor foi nomeado em disposição testamentária, entende-se que a tutela foi atribuída ao primeiro e que os outros lhe sucederão pela ordem de nomeação, no caso de morte, incapacidade, escusa ou qualquer outro impedimento.

b) **Tutela legítima**: na falta de nomeação, a lei estabelece a ordem de preferência dos eventuais tutores (art. 1.731 do CC), ordem que não é inflexível, devendo-se considerar, sempre, o maior interesse do menor.

c) **Tutela dativa**: na ausência ou na impossibilidade dos parentes, o *munus* é direcionado a pessoa estranha ao grupo familiar (art. 1.732 do CC). A tutela dativa tem caráter subsidiário, porque somente ocorrerá sempre que inexistir tutor testamentário ou legítimo.

São incapazes de exercer a tutela segundo a Lei:

> Art. 1.735. Não podem ser tutores e serão exonerados da tutela, caso a exerçam:
>
> I – aqueles que não tiverem a livre administração de seus bens;
>
> II – aqueles que, no momento de lhes ser deferida a tutela, se acharem constituídos em obrigação para com o menor, ou tiverem que fazer valer direitos contra este, e aqueles cujos pais, filhos ou cônjuges tiverem demanda contra o menor;
>
> III – os inimigos do menor, ou de seus pais, ou que tiverem sido por estes expressamente excluídos da tutela;
>
> IV – os condenados por crime de furto, roubo, estelionato, falsidade, contra a família ou os costumes, tenham ou não cumprido pena;
>
> V – as pessoas de mau procedimento, ou falhas em probidade, e as culpadas de abuso em tutorias anteriores; VI – aqueles que exercerem função pública incompatível com a boa administração da tutela.

> *Atenção!*
>
> **Enunciado n. 636** – Art. 1.735: O impedimento para o exercício da tutela do inc. IV do art. 1.735 do Código Civil pode ser mitigado para atender ao princípio do melhor interesse da criança. (VIII Jornada de Direito Civil)

12.2 Da escusa dos tutores (arts. 1.736 a 1.739 do CC)

Sendo um *munus*, a tutela deve ser exercida pelo tutor pelo prazo mínimo de dois anos. Contudo, os arts. 1.736 e 1.737 do Código Civil arrolam os casos específicos em que se justifica a escusa. São hipóteses *numerus clausus*, não admitindo interpretação extensiva.

12.3 Do exercício da tutela (arts. 1.740 a 1.752 do CC)

Incumbe ao tutor, sob inspeção do Poder Judiciário, quanto à pessoa do menor: dirigir-lhe a educação, defendê-lo e prestar-lhe alimentos; providenciar a sua correção, desde que seja necessário; representá-lo ativa e passivamente; adimplir os demais deveres que normalmente competem aos pais.

Quanto ao patrimônio, compete ao tutor administrar os bens do tutelado em proveito deste, podendo até mesmo ser remunerado nos termos do art. 1.752 da Lei Civil.

O art. 1.743 do Código Civil previu a ocorrência de tutor sub-rogado sempre que o vulto e a complexidade do patrimônio o exigirem e mediante justificativa em juízo. Da mesma forma, o Código admite a figura do protutor (pessoa encarregada de fiscalizar o tutor) no art. 1.742 do referido texto legal.

12.4 Da prestação de contas do tutor (arts. 1.755 a 1.762 do CC)

Como administrador da pessoa do menor e de seu eventual patrimônio, o tutor fica obrigado a prestar contas (art. 1.755 do CC), ainda que os pais do tutelado tenham disposto o contrário.

Ao final de cada ano de administração, os tutores submeterão ao juiz o balanço respectivo (art. 1.756 do CC) e prestarão contas de dois em dois anos quando, por qualquer motivo, deixarem o exercício da tutela ou toda vez que o juiz achar conveniente (art. 1.757 do CC).

Finda a tutela, a quitação do menor só produzirá efeito depois de aprovadas as contas pelo juiz (art. 1.758 do CC), subsistindo inteira, até então, a responsabilidade do tutor. Em qualquer hipótese de impossibilidade de o tutor prestar contas (morte, ausência etc.), estas serão prestadas por seus herdeiros ou representantes (art. 1.759 do CC).

12.5 Da cessação da tutela (arts. 1.763 a 1.766 do CC)

A tutela cessa, sob o prisma do tutelado, com a maioridade ou emancipação do menor, ou ao cair este sob o poder familiar (caso de adoção, por exemplo). Sob o prisma do tutor: ao expirar o termo em que era obrigado a servir (dois anos, consoante prevê o art. 1.765 do CC), ao sobrevir escusa legítima ou ao ser removido (art. 1.764 do CC).

Visualiza o art. 1.766 do Código Civil a possibilidade de destituição do tutor enquanto negligente (isto é, descaso ou falta de zelo no exercício de suas funções), prevaricador (é o que descumpre o dever a que está obrigado, por improbidade ou má-fé) ou incurso em incapacidade (todas as vezes que o tutor se encontrar em qualquer das situações do art. 1.735 do CC).

12.6 Curatela (arts. 1.767 do CC)

O exercício da curatela trata da representação das pessoas arroladas no art. 1.767 do Código Civil, cuja incapacidade deverá ser provada em ação de interdição. Os arts. 1.768 a 1.773 do CC, foram revogados pelo art. 1.072, inc. II, do Novo CPC, Lei n. 13.105, de 17.03.2015, A matéria passou a ser tratada no CPC/15, nos arts. 747 a 755.

São legitimados para a ação de interdição no Estatuto Processual, de acordo com o art. 747 do CPC/15, "a interdição pode ser promovida: I – pelo cônjuge ou companheiro; II – pelos parentes ou tutores; III – pelo representante da entidade em que se encontra abrigado o interditando; IV – pelo Ministério Público. Parágrafo único. A legitimidade deverá ser comprovada por documentação que acompanhe a petição inicial".

O art. 748 do CPC/15 estabelece que o Ministério Público só promoverá interdição em caso de doença mental grave: *a)* se as pessoas designadas nos incisos I, II e III do art. 747 não existirem ou não promoverem a interdição; e *b)* se, existindo, forem incapazes as pessoas mencionadas nos incisos I e II do art. 747. O que se percebe é que a legitimidade do MP é somente *subsidiária* e *extraordinária*, funcionando como substituto processual, seja por uma ou por outra norma.

O art. 751 do CPC/15, estabelece que o interditando será citado para, em dia designado, comparecer perante o juiz, que o entrevistará minuciosamente acerca de sua vida, negócios, bens, vontades, preferências e laços familiares e afetivos e sobre o que mais lhe parecer necessário para convencimento quanto à sua capacidade para praticar atos da vida civil, devendo ser reduzidas a termo as perguntas e respostas. Não podendo o interditando deslocar-se, o juiz o ouvirá no local onde estiver (§ 1º). A entrevista poderá ser acompanhada por especialista (§ 2º). Durante a entrevista, é assegurado o emprego de recursos tecnológicos capazes de permitir ou de auxiliar o interditando a expressar suas vontades e preferências e a responder às perguntas formuladas (§ 3º). A critério do juiz, poderá ser requisitada a oitiva de parentes e de pessoas próximas (§ 4º do art. 751 do CPC/15).

Importante!

Enunciado n. 637 – Art. 1.767: Admite-se a possibilidade de outorga ao curador de poderes de representação para alguns atos da vida civil, inclusive de natureza existencial, a serem especificados na sentença, desde que comprovadamente necessários para proteção do curatelado em sua dignidade. (VIII Jornada de Direito Civil).

Importante frisar que, sendo a tutela e a curatela institutos típicos da representação e com finalidade semelhante, o legislador determina, consoante o art. 1.774 do CC, a aplicação das normas reguladoras da tutela à curatela.

Sobre a ordem de nomeação do curador, prevê o art. 1.775 da Lei Civil:

> O cônjuge ou companheiro, não separado judicialmente ou de fato, é, de direito, curador do outro, quando interdito.
>
> §1º Na falta do cônjuge ou companheiro, é curador legítimo o pai ou a mãe; na falta destes, o descendente que se demonstrar mais apto.
>
> § 2º Entre os descendentes, os mais próximos precedem aos mais remotos.
>
> § 3º Na falta das pessoas mencionadas neste artigo, compete ao juiz a escolha do curador.

Neste último tópico observamos o chamado curador dativo.

Importante!

Enunciado n. 638 – Art. 1.775: A ordem de preferência de nomeação do curador do art. 1.775 do Código Civil deve ser observada quando atender ao melhor interesse do curatelado, considerando suas vontades e preferências, nos termos do art. 755, II, e § 1º, do CPC. (VIII Jornada de Direito Civil).

De acordo com o art. 1.775-A, CC introduzido pela Lei nº 13.146/15, na nomeação de curador para a pessoa com deficiência, o juiz poderá estabelecer curatela compartilhada a mais de uma pessoa.

O art. 1.777, da lei civil prevê que as pessoas que por causa transitória ou permanente não puderem exprimir sua vontade receberão todo o apoio necessário para ter preservado o direito à convivência familiar e comunitária, sendo evitado o seu recolhimento em estabelecimento que os afaste desse convívio.

12.7 Curatela dos nascituros (art. 1.779 do CC)

Nascituro (art. 1.779 do CC) é o ser humano já concebido, porém ainda não nascido. Duas são as condições necessárias para materializar a curatela de seus bens:

falecimento do pai ou perda do poder parental e se estiver a mulher grávida, mas não tendo o poder parental. A finalidade dessa curadoria é zelar pelos interesses do nascituro e impedir, em favor do feto e de terceiros, a substituição e a supressão do parto.

12.8 Da Tomada de Decisão Apoiada (art. 1.783-A do CC)

O instituto da tomada de decisão apoiada foi introduzido no Código Civil através da Lei nº 13.146, de 2015. Trata-se do processo pelo qual a pessoa com deficiência elege pelo menos duas pessoas idôneas para prestar-lhe apoio na tomada de decisão sobre atos da vida civil, fornecendo-lhes os elementos e informações necessários para que possa exercer a sua capacidade.

O beneficiário manterá sua capacidade de fato, mesmo nos atos específicos em que os apoiadores ajudem na tomada de decisão.

O objetivo do apoio é fornecer qualidade de vida à pessoa com deficiência, sendo o papel dos apoiadores se manter fiel ao termo levado a juízo.

Para formular pedido de tomada de decisão apoiada, a pessoa com deficiência e os apoiadores devem apresentar termo em que constem os limites do apoio a ser oferecido e os compromissos dos apoiadores, inclusive o prazo de vigência do acordo e o respeito à vontade, aos direitos e aos interesses da pessoa que devem apoiar.

O pedido de tomada de decisão apoiada será requerido pela pessoa a ser apoiada, com indicação expressa das pessoas aptas a prestarem o apoio. E antes de se pronunciar sobre o pedido, o juiz, assistido por equipe multidisciplinar, após oitiva do Ministério Público, ouvirá pessoalmente o requerente e as pessoas que lhe prestarão apoio.

A decisão tomada por pessoa apoiada terá validade e efeitos sobre terceiros, sem restrições, desde que esteja inserida nos limites do apoio acordado. O término do acordo firmado pode ser solicitado pela pessoa apoiada a qualquer tempo.

O terceiro com quem a pessoa apoiada mantenha relação negocial pode solicitar que os apoiadores contra-assinem o contrato ou acordo, especificando, por escrito, sua função em relação ao apoiado.

Em caso de negócio jurídico que possa trazer risco ou prejuízo relevante, havendo divergência de opiniões entre a pessoa apoiada e um dos apoiadores, deverá o juiz, ouvido o Ministério Público, decidir sobre a questão.

Agindo o apoiador com negligência, exercendo pressão indevida ou não adimplindo as obrigações assumidas, poderá a pessoa apoiada ou qualquer pessoa apresentar denúncia ao Ministério Público ou ao juiz. Procedendo a denúncia, o juiz destituirá o apoiador e nomeará, ouvida a pessoa apoiada e se for de seu interesse, outra pessoa para prestação de apoio.

A pessoa apoiada pode, a qualquer tempo, solicitar o término de acordo firmado em processo de tomada de decisão apoiada.

O apoiador pode solicitar ao juiz a exclusão de sua participação do processo de tomada de decisão apoiada, sendo seu desligamento condicionado à manifestação do juiz sobre a matéria.

Por fim, aplicam-se à tomada de decisão apoiada, no que couber, as disposições referentes à prestação de contas na curatela.

Importante!

- A opção pela tomada de decisão apoiada é de legitimidade exclusiva da pessoa com deficiência. A pessoa que requer o apoio pode manifestar, antecipadamente, sua vontade de que um ou ambos os apoiadores se tornem, em caso de curatela, seus curadores. (Art. 1.783-A - Enunciado n. 639 da VIII Jornada de Direito Civil).
- A tomada de decisão apoiada não é cabível, se a condição da pessoa exigir aplicação da curatela. (Art. 1.783-A - Enunciado n. 640 da VIII Jornada de Direito Civil).

Atenção!

Nota Técnica n. 6/2019/GTEC/CG do Conselho Federal de Psicologia

Nota Técnica de Orientação às(aos) Psicólogas(os) sobre Avaliação da Capacidade Decisional de Pessoas com Deficiência e/ou com Doenças Crônicas

[...] A Lei n.o 13.146, de 6 de julho de 2015, que institui a Lei Brasileira de Inclusão da Pessoa com Deficiência (Estatuto da Pessoa com Deficiência), retirou as pessoas com deficiência intelectual, as pessoas com deficiência mental e as pessoas com transtornos mentais do rol de incapazes civilmente, e acresceu o artigo 1.783-A à Lei n.o 10.406, de 10 de janeiro de 2002 (Código Civil), que estabelece: "a tomada de decisão apoiada é o processo pelo qual a pessoa com deficiência elege pelo menos duas pessoas idôneas, com as quais mantenha vínculos e que gozem de sua confiança, para prestar-lhe apoio na tomada de decisão sobre atos da vida civil, fornecendo-lhes os elementos e informações necessários para que possa exercer sua capacidade";

A curatela como medida excepcional, e o Código de Ética Profissional do Psicólogo, especialmente em seu princípio fundamental II: "A(O) psicóloga(o) trabalhará visando promover a saúde e a qualidade de vida das pessoas e das coletividades e contribuirá para a eliminação de quaisquer formas de negligência, discriminação, exploração, violência, crueldade e opressão"; A Resolução CFP n. 09/2018, especialmente no que concerne à justiça e proteção dos direitos humanos na avaliação psicológica; A Resolução CFP n. 06/2019, especialmente no que concerne aos cuidados com a reprodução de lógicas de segregação, conforme disposto no seu artigo 7º, parágrafo 3º: "À(ao) psicóloga(o) é vedado, sob toda e qualquer condição, o uso dos instrumentos, técnicas psicológicas e experiência profissional de forma a sustentar modelo institucional e ideológico de segregação dos diferentes modos de subjetivação", e a possibilidade de intervir na demanda que lhe é apresentada, conforme artigo 7º, parágrafo 4º: "Sempre que o trabalho exigir, poderá a(o) psicóloga(o), mediante fundamentação, intervir sobre a demanda e construir um projeto de trabalho que aponte para a reformulação dos condicionantes que provocam o sofrimento psíquico, a violação dos direitos humanos e a manutenção ou prática de preconceito, discriminação, violência e exploração como formas de dominação e segregação";

A Nota Técnica CFP n. 04/2019, sobre a "Construção, Adaptação e Validação de Instrumentos para Pessoas com Deficiência", no que concerne à importância de observação do desenho universal e do conhecimento aprofundado do público-alvo a que se destinam os testes, considerando as especificidades das pessoas com deficiência,

O Conselho Federal de Psicologia orienta: A capacidade legal ou jurídica, ancorada nos Direitos Humanos e na Convenção sobre os Direitos das Pessoas com Deficiência, compreende o direito de ser titular de direitos e de exercê-los, o que significa reger-se ao máximo pelo princípio do respeito à autonomia pessoal e promoção dos mecanismos de tomada de decisão apoiada, tomando como exceção as situações que demandam decisão substituta, como a curatela. A capacidade decisional como a capacidade para tomada de decisões sobre a própria vida, o que envolve entendimento de informações relevantes que permitam decisão sobre determinada dimensão da vida, levando em conta possíveis consequências. Em conjunto, a capacidade jurídica e a capacidade decisional permitirão o exercício da autonomia pessoal em situações cotidianas.

Assim, em situações de dúvida quanto à capacidade decisional podem gerar demanda por avaliação psicológica, sendo obrigatório que a(o) psicóloga(o) reporte-se, em sua elaboração às normativas da profissão, especialmente à Resoluções CFP n. 09/2018 e CFP n. 06/2019, tendo como complemento as orientações constantes na Nota Técnica n.o 04/2019. A avaliação psicológica da capacidade decisional, portanto, não é uma avaliação global. Tratará sempre de domínios específicos, tais como: financeiro, afetivo, de saúde, educação, autocuidado etc. A avaliação psicológica de capacidade decisional difere de avaliação de deficiência intelectual, de capacidade ou transtorno mental, podendo complementá-las, mas, de modo algum, substituí-las ou a elas equivaler-se. A avaliação psicológica de capacidade decisória deve considerar recursos de apoio para a tomada de decisão, tais como tecnologia assistiva e comunicação alternativa, utilização de tradução e intérprete etc. A(o) psicóloga(o), ao fazer a avaliação, deve comprometer-se a orientar as(os) envolvidas(os) no processo de tomada de decisão sobre a necessidade de garantia de condições e de recursos favoráveis à autonomia da pessoa com deficiência para a tomada de suas decisões. Em consonância com o Código de Ética do Psicólogo e com a Resolução CFP, n. 09/2018, em especial o item VI. *Justiça e proteção dos Direitos Humanos* na Avaliação Psicológica, a participação de psicólogas(os) em todo e qualquer processo de avaliação psicológica de capacidade decisional: Deve basear-se no princípio da proteção, defesa e promoção de direitos das pessoas que, por diferentes motivos, tenham obstaculizada, temporária ou permanentemente, sua capacidade de tomada de decisão. Não deve induzir a convicções políticas, filosóficas, morais, ideológicas, religiosas, de orientação sexual ou a qualquer tipo de preconceito Durante o processo de avaliação psicológica de capacidade decisional, deve- se garantir recursos como tecnologia assistiva e comunicação alternativa, a fim de que se garanta a expressão da própria pessoa ao longo de todo processo avaliativo. Não se pode, portanto, confundir barreiras que agem no processo de comunicação com prejuízos cognitivos. No processo de avaliação psicológica de capacidade decisional, é imprescindível considerar sistemas de opressão tais como violência doméstica, patrimonial, de gênero, orientação sexual e identidade de gênero, dependência afetiva e/ou financeira, racismo, capacitismo, que podem influenciar na livre expressão da pessoa avaliada e comprometer os resultados da avaliação.

Na avaliação psicológica de capacidade decisional, quando observado prejuízo da capacidade decisional, a(o) psicóloga(o) deve informar a dimensão a que o prejuízo se refere e indicar a necessidade de utilização de recursos de tomada de decisão apoiada.

13. FLUXOGRAMA

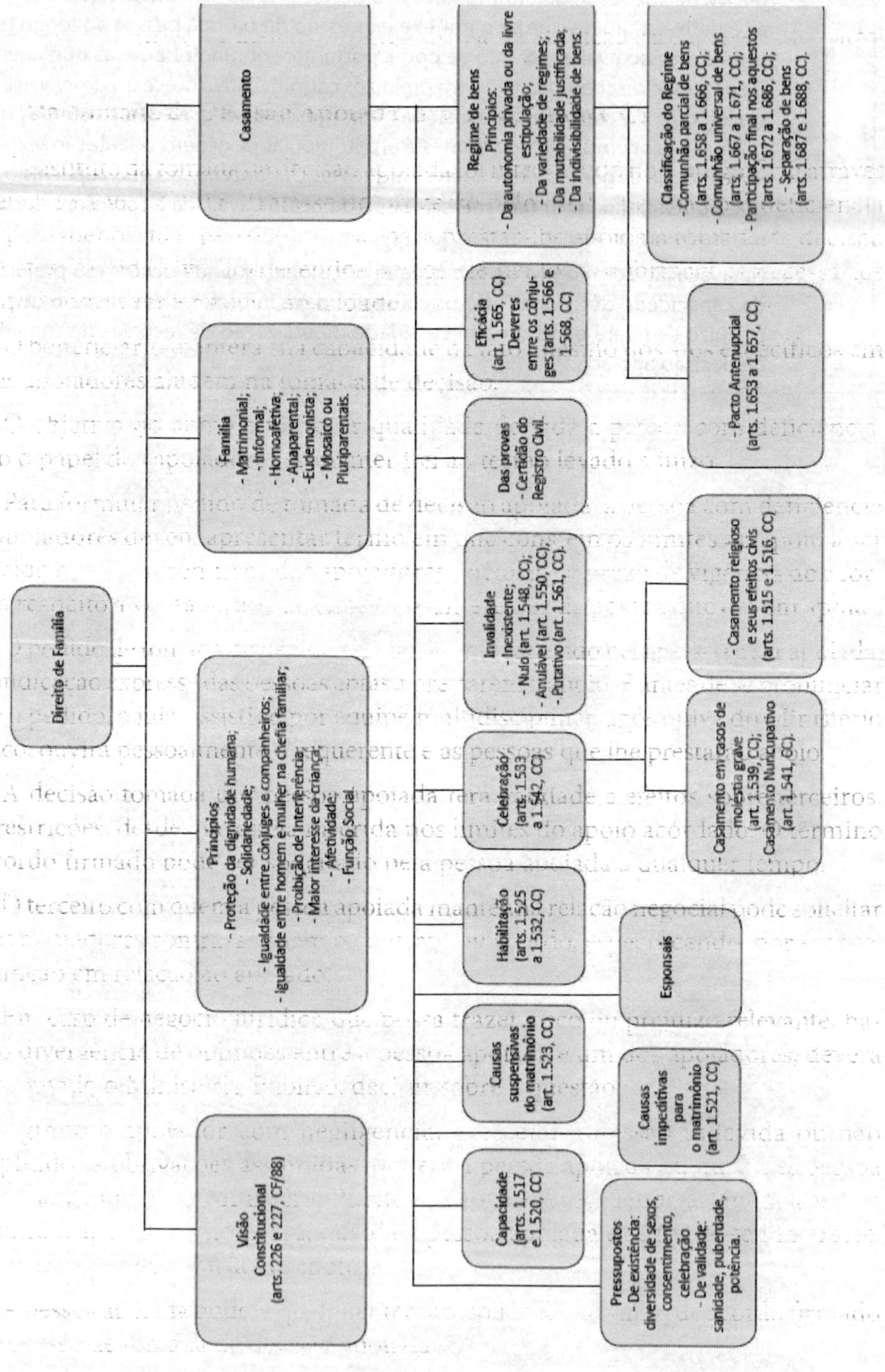

7

Direito das Sucessões

1. INTRODUÇÃO E DEFINIÇÃO

Previsto a partir do art. 1.784 do Código Civil brasileiro, o Direito das Sucessões regula a sucessão *mortis causa*, ou seja, aquela que decorre do fato jurídico morte e consequente extinção da personalidade civil da pessoa humana.

Pode ser observada em dois aspectos: subjetivo e objetivo. No primeiro, implica a continuação de uma pessoa em relação jurídica que cessou para o anterior sujeito e continua em outro. É a capacidade para suceder; já no segundo, é o conjunto de normas que regula a transmissão do patrimônio do extinto.

1.1 Fundamento constitucional

O direito à herança é garantido por disposição constitucional, elencada entre as garantias individuais asseguradas pela Constituição da República. É compreendido como um desdobramento da faculdade de dispor inerente ao proprietário e tem proteção expressa na forma do art. 5.º, XXX, da Carta Constitucional.

2. ESPÉCIES: LEGÍTIMA, TESTAMENTÁRIA E MISTA (ART. 1.786 DO CC)

A aquisição da herança no direito brasileiro surge por meio da disposição da lei, denominando-se sucessão legítima, ou por expressa manifestação de vontade da parte por meio de testamento válido, qual seja, sucessão testamentária.

Dentro de nossa tradição jurídica, o direito sucessório sempre esteve ligado ao direito de família, uma vez que prevalece em nossa sociedade a concepção de que os familiares, especialmente os filhos, são os destinatários do patrimônio amealhado pelo indivíduo durante sua vida.

A partir dessa concepção, busca-se proteger aqueles a quem a lei considera como herdeiros necessários, consoante disposto nos arts. 1.845 a 1.850 da Lei Civil. Essa proteção constitui a legítima, quinhão correspondente à metade do patrimônio deixado pelo ***de cujus***, reservado por lei às pessoas elencadas no art. 1.845 desse mesmo diploma legal.

Havendo testamento, prevalecerá a vontade do testador, desde que seja preservada a **legítima**, quinhão reservado por lei aos herdeiros necessários. Essa solução, denominada "relativa liberdade de testar", é considerada por nossa doutrina e jurisprudência como a mais adequada, uma vez que concilia a livre disposição patrimonial como desdobramento do direito de propriedade, bem como mantém os privilégios inerentes à família.

Portanto, sucessão legítima tem natureza subsidiária e será utilizada para a transmissão dos bens quando houver herdeiros necessários (art. 1.789 c/c os arts. 1.845 e 1.846 do CC), na inexistência de testamento ou enquanto esse negócio jurídico for eivado de nulidade ou caducidade nos termos do art. 1.788 do Código Civil.

A doutrina instituiu a expressão "sucessão mista" nas hipóteses em que há coexistência da sucessão legítima e da testamentária.

3. TRANSMISSÃO DA HERANÇA (ARTS. 1.788 A 1.790 DO CC)

A transmissão da herança ocorre no momento da abertura da sucessão, instante do falecimento do titular do patrimônio, ocorrendo a transferência imediata do patrimônio, mediante aplicação do princípio da *saisine*.

São pressupostos de transmissão da herança: I) a morte do autor da herança; II) a sobrevivência do beneficiário; e III) a existência de patrimônio a ser transmitido.

Ressalte-se que, mesmo nas sucessões em que os herdeiros ainda não são conhecidos, há a *saisine*. Nessa hipótese, declara-se a jacência da herança na forma do art. 1.819 do Código Civil. Se efetivamente inexistirem herdeiros, haverá a sentença de vacância e, a partir dela, o deferimento da herança jacente ao Estado, como sucessor obrigatório. É necessário destacar que ao Estado não é assegurada a *saisine*, pois ele só sucederá na ausência de herdeiros e a titularidade dos bens é recebida pela sentença de vacância, que não produz efeitos retroativos.

Juntamente com o momento da abertura da sucessão, dá-se a fase da **delação** ou a **devolução sucessória**, na qual há o oferecimento da herança a quem tenha capacidade para adquiri-la, habilitando o herdeiro a declarar que a aceita ou não. A manifestação de vontade do herdeiro de tornar-se titular das relações jurídicas, que têm por objeto o patrimônio do extinto, produz efeitos retroativos à data da abertura da sucessão (art. 1.804 do CC).

3.1 Lei aplicável à abertura da sucessão

No tocante à regulamentação da transferência do patrimônio, aplicar-se-á a legislação vigente ao tempo da abertura da sucessão. A título de exemplo, podemos considerar que, tendo a sucessão de A sido aberta em 3 de janeiro de 2003, sua esposa B não poderá pleitear a condição de herdeira ao lado dos descendentes, uma vez que esse direito só lhe seria conferido se o óbito tivesse ocorrido a partir da vigência do Código Civil.

3.2 Modos de suceder

Há três modos de suceder:

a) *iure proprio* (ex.: o filho sempre herdará por direito próprio, uma vez que era o parente mais próximo em grau do falecido, conforme dispõe o art. 1.835 do CC);

b) *iure representationis* (ocorrerá nas hipóteses em que os descendentes ou irmãos do falecido já sejam premortos ou declarados indignos, dessa forma, seus descendentes herdarão – arts. 1.851 a 1.856 c/c o art. 1.816 do CC);

c) *iure transmissionis* (o art. 1.809 do CC consagra o *jure transmissionis*, isto é, falecendo o herdeiro sem declarar se aceita ou não a herança, a aceitação ou a renúncia do patrimônio hereditário será imediatamente transmitida àqueles que o sucedem).

3.3 Modos de partilhar

Existem três modos de partilhar:

a) *in capita* – por cabeça: herança dividida em partes iguais entre os herdeiros de grau mais próximo (arts. 1.833 e 1835, 1.ª parte, do CC);

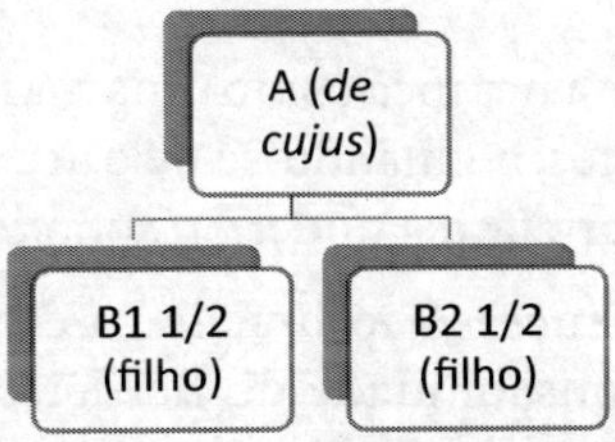

b) *in stirpes* – por estirpe: se dá por direito de representação, em que a sucessão ocorrerá entre indivíduos de graus diversos, aqui, os representantes receberão o quinhão do representado (art. 1.835, 2.ª parte, do CC);

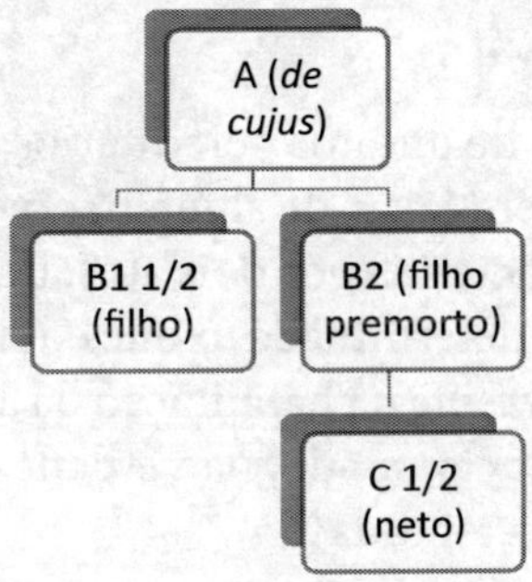

c) *in lineas* – por linhas: aqui, são chamados à sucessão os ascendentes do *de cujus* sem descendentes (art. 1.836 do CC).

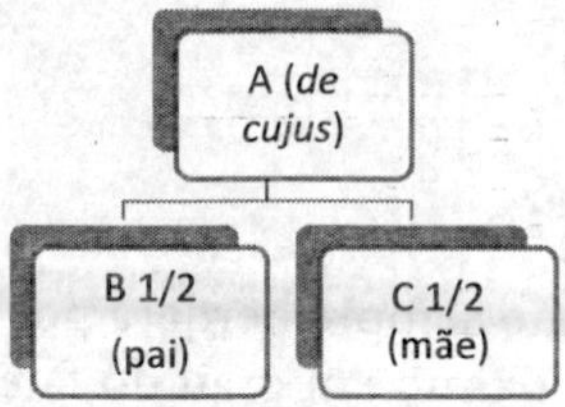

4. DA HERANÇA E DE SUA ADMINISTRAÇÃO (ARTS. 1.791 A 1.797 DO CC)

A herança é o instituto fundamental do direito sucessório. A ideia da transmissibilidade do patrimônio é sua força motriz, devendo ser reconhecida de pronto pelo ordenamento jurídico.

Segundo o mestre Orlando Gomes, é o patrimônio do defunto. Não se confunde com o acervo hereditário, que é a massa dos bens deixados, porque pode compor-se apenas de dívidas, tornando-se passiva.

É bem indivisível (art. 1.791 do CC) e recebe o tratamento de universalidade de direito (ver art. 91). Pode ser definida como o conjunto de bens, direitos e obrigações deixados pelo extinto a seus herdeiros, que, consoante decisão do Superior Tribunal de Justiça, são partes legítimas para pleitearem, inclusive reparação a danos morais sofridos pelo sucedido em vida.

Logo, caracterizando-se a herança como uma massa indivisível e considerando os herdeiros como condôminos, regulando-se pelo art. 1.314 e seguintes do presente Código, cada um dos coproprietários poderá responder por sua integralidade.

A herança no direito sucessório brasileiro é transmitida a "benefício de inventário", ou seja, a responsabilidade do herdeiro quanto às obrigações deixadas pelo morto não pode ser *ultra vires hereditatis*, limitando-se ao valor do quinhão recebido, como estabelecido no art. 1.792 da Lei Civil, "às forças da herança" recebida.

4.1 Renúncia translativa

É modalidade de cessão de direitos hereditários, pois neste ato o herdeiro dispõe do patrimônio recebido em favor de alguém, portanto, pode-se identificar que a "renúncia translativa se caracteriza por dois atos: uma aceitação tácita da herança e sua transferência de pessoa determinada, o que equivale a uma cessão de direitos. A aceitação da herança, decorrente da habilitação da agravante nos autos, não constitui óbice ao pedido de renúncia, sendo, na verdade, um antecedente necessário à realização da transferência pretendida".

4.2 Cessão de direitos hereditários

O direito à sucessão aberta é considerado como bem imóvel para efeitos legais (ver art. 80, II) e, como tal, poderá ser objeto de transmissão. Cabe ressaltar que essa possibilidade somente surge após a abertura da sucessão, uma vez que é expressamente vedada a possibilidade de se estipular contrato sobre herança de pessoa viva (ver art. 426 do CC), não sendo oportuno o estabelecimento de pactos sucessórios, admitindo apenas duas exceções: no caso das doações *mortis causa*, estabelecidas por ocasião do pacto antenupcial e de divisão dos bens da herança pelo pai de família, ainda em vida, entre seus filhos.

Aberta a sucessão, o herdeiro poderá livremente transmitir, a título oneroso ou gratuito, o quinhão que lhe foi destinado. Essa possibilidade já era admitida no direito anterior pela doutrina e jurisprudência vigente, mas em geral limitava-se ao plano obrigacional, não transmitindo efetivamente a titularidade da herança, somente o direito à sua aquisição.

Nessa hipótese, há sub-rogação subjetiva do adquirente quanto aos direitos patrimoniais havidos pelo herdeiro.

Vale ressaltar o disposto no art. 1.793 da legislação civilista, que estabelece um requisito de validade para a cessão de direitos hereditários: a transferência do patrimônio por escritura pública, uma vez que se trata de bem imóvel e sua alienação deve atender à disposição legal.

Caso o herdeiro deseje alienar apenas sua quota-parte, o requisito de legitimação necessário limita-se à garantia do direito de preferência dos demais herdeiros. Porém, havendo a individualização do bem, torna-se exigível, ainda, a assistência de todos os coerdeiros (art. 1.793, § 2.º, do CC) e, não havendo consenso entre os herdeiros, o § 3.º prevê a possibilidade de obtenção de autorização judicial.

Sendo a herança uma universalidade, é conferido aos coerdeiros o direito de preferência depois que houver a cessão de direitos hereditários a título oneroso, facultando aos prejudicados a possibilidade de se anular o negócio jurídico celebrado, no prazo decadencial de 180 dias contados da transmissão. Na opinião do mestre Luiz Roldão de Freitas Gomes, "sendo a herança disciplinada pelas regras do condomínio até a partilha, seria desnecessária a previsão, que é ínsita à alienação da cota pelo condômino", não sendo possível tal alienação, pois não há como transmitir direitos sobre bem não individuado sem respeitar a preferência dos demais copossuidores.

É importante salientar que, sendo a herança uma massa de bens indivisível, a cessão somente poderá incidir sobre uma quota-parte, não podendo ser considerada sobre coisa certa e determinada. Se houver tal determinação, deverá ser tratada como um negócio jurídico condicional, que se subordinará à existência do objeto determinado e, ainda, a que o bem seja efetivamente atribuído ao cedente.

4.3 Administração da herança (arts. 1.796 e 1.797 do CC)

O art. 1.796 do Código Civil de 2002, inserido neste capítulo por tratar-se da administração da herança, traz o prazo de 30 dias para que haja a propositura do inventário dos bens e também se efetive a regular partilha. Todavia, a partir da vigência da Lei 11.441/2007, houve a derrogação desse dispositivo pelo art. 983 do CPC/73, que corresponde ao art. 611, do CPC/15 que estabelece o prazo de 2 meses para a propositura do inventário, que poderá ser judicial ou extrajudicial.

Quanto à nomeação do inventariante, a legislação utiliza-se da ordem claramente explicitada no art. 617 do Código de Processo Civil vigente, trazendo apenas flagrante modificação ao inserir no inc. I do art. 1.797 do Código Civil a possibilidade de o cônjuge ou companheiro ter condição de ser nomeado administrador do patrimônio.

4.3.1 Lugar da abertura da sucessão

É fundamental se destacar que, para a abertura do processo de inventário, partilha, arrecadação da herança e demais procedimentos judiciais que envolvam o espólio, observar-se-á a regra do art. 48 do novo Código de Processo Civil. Consagra-se o princípio da universalidade do juízo sucessório, que gera uma *vis attractiva* sobre os processos descritos no art. 48 do CPC/15 e, ainda, todos os feitos em que o espólio for **réu**.

A lei adota o último domicílio do *de cujus* como critério de fixação da competência para a propositura de tais ações. Estabelece, ainda, em seu parágrafo único, que, caso o titular do patrimônio não tenha domicílio fixo, a competência deverá ser fixada pelo local da situação dos bens ou, ainda, se os bens estiverem situados em diversos lugares, o foro competente para julgar tais ações será o do local do falecimento.

Em se tratando de falecido que seja domiciliado no estrangeiro, cabe lembrar o Princípio da Proteção à Família Brasileira, insculpido no art. 5.º, XXXI, da Constituição da República, que estabelece a aplicação da lei brasileira sempre que esta seja mais benéfica ao cônjuge e descendentes brasileiros do que a lei do domicílio do *de cujus* (ver ainda o art. 10, § 1.º, da LINDB). Atente-se para a competência exclusiva da autoridade judiciária brasileira para proceder em matéria de sucessão hereditária, proceder à confirmação de testamento particular e ao inventário e à partilha de bens situados no Brasil, ainda que o autor da herança seja de nacionalidade estrangeira ou tenha domicílio fora do território nacional (art. 23, II, CPC/15).

Para proceder aos inventários extrajudiciais, consoante a Resolução 35 do CNJ, que dispõe sobre a aplicação da Lei 11.441/2007, não há que se observar a regra de competência fixada pela Lei Civil e Processual Civil, qual seja:

Art. 1.º Para a lavratura dos atos notariais de que trata a Lei n.º 11.441/2007, é **livre** a escolha do tabelião de notas, **não se aplicando as regras de competência do Código de Processo Civil**.

5. DA VOCAÇÃO HEREDITÁRIA (ARTS. 1.798 A 1.803 DO CC)

Antes de se considerar a existência da vocação hereditária, o art. 1.798 do atual Código Civil explicita o conceito de capacidade sucessória, condição comum a toda e qualquer pessoa, física ou jurídica, existente na época da abertura da sucessão, embora a terminologia não esteja explicitada em nossa lei. A capacidade sucessória baseia-se na existência da pessoa para fins sucessórios, a não ser nas situações previstas no art. 1.799 dessa Lei civilista, e na convocação para receber a herança em razão do falecimento, sendo o chamamento ou vocação do herdeiro, quer seja legítimo ou testamentário. É a instituição da condição de herdeiro, momento em que surge a vocação hereditária.

Atenção

- A regra do art. 1.798 do Código Civil deve ser estendida aos embriões formados mediante o uso de técnicas de reprodução assistida, abrangendo, assim, a vocação hereditária da pessoa humana a nascer cujos efeitos patrimoniais se submetem às regras previstas para a petição da herança. (Enunciado n. 267 da III Jornada de Direito Civil).
- Nos termos do inc. I do art. 1.799, pode o testador beneficiar filhos de determinada origem, não devendo ser interpretada extensivamente a cláusula testamentária respectiva. (Enunciado n. 268 da III Jornada de Direito Civil).

A capacidade para suceder é mensurada a partir do momento do óbito, no qual se dá a **delação**, o oferecimento da herança àquele que tenha condições de adquiri-la.

Dentro de tal orientação, o Código Civil trata da vocação hereditária, que se pode definir como "atribuição do direito de suceder. Não a atribuição da própria herança, que só se dará se o beneficiário aceitar, mas a atribuição do direito a tornar-se sucessor". Logo, a vocação hereditária é uma aptidão genérica de aquisição de direitos sucessórios, que tem como requisito a existência do herdeiro no momento da abertura da sucessão ou, ainda, que esse beneficiário já tenha sido concebido, em uma nítida proteção ao nascituro, em consonância com o art. 2.º dessa Lei Civil. Essa disposição já era prevista na norma civilista anterior, em seu art. 1.717. É a "atribuição do direito de suceder".

A lei outorga, ainda, seguindo a orientação decorrente da norma anterior, que sejam contempladas em testamento a prole eventual e as fundações cuja constituição tenha sido designada pelo *de cujus* em testamento. O legislador foi bastante feliz na redação de tais artigos ao estipular uma limitação para que a herança fique disponível ao herdeiro eventual. Então, não havendo o surgimento do herdeiro em até dois anos após a abertura da sucessão, esta se destinará aos herdeiros legítimos, respeitada a ordem de vocação hereditária, conforme o § 4.º do art. 1.800 do CC/2002.

É essencial ressaltar, ainda, a ausência de legitimação para que as pessoas recebam quinhões hereditários, de acordo com o disposto no art. 1.801 do Código Civil. Essas pessoas, ainda que possuam capacidade sucessória, não podem ser beneficiárias de testamento nas hipóteses previstas no artigo supracitado. Tais vedações visam proteger a livre manifestação de vontade do testador, como na situação daquele que escreveu o testamento ou algum de seus parentes e uma proibição de ordem moral, uma vez que veda que o concubino, em relação adulterina, venha a se beneficiar do patrimônio deixado por seu companheiro casado.

Majoritariamente, a doutrina considera essa ausência de legitimação como uma espécie de incapacidade passiva, isto é, a impossibilidade de receber o acervo hereditário por meio de testamento, consoante explicitado no art. 1.900, V, do Código Civil.

Atenção

A vedação do art. 1.801, inc. III, do Código Civil não se aplica à união estável, independentemente do período de separação de fato (art. 1.723, § 1º). (Enunciado n. 269 da III Jornada de Direito Civil).

6. ACEITAÇÃO E RENÚNCIA DA HERANÇA (ARTS. 1.804 A 1.813 DO CC)

Aceitação é o ato jurídico pelo qual o sucessor de uma pessoa manifesta a vontade de receber a herança que lhe foi conferida a partir da abertura da sucessão, quer seja legítima ou testamentária. A partir da aceitação, opera-se de pleno direito a transmissão do patrimônio, produzindo efeitos *ex tunc* à data da abertura da sucessão. A aceitação poderá ser expressa, tácita ou presumida (arts. 1.805 e 1.807 do CC).

A renúncia, denominada renúncia abdicativa, é o ato jurídico em sentido estrito com caráter abdicativo, por intermédio do qual o sucessor do *de cujus* expressamente se manifesta no sentido de se afastar definitivamente do acervo hereditário que lhe foi destinado. A partir da renúncia válida, o herdeiro é tido como se nunca houvesse participado da sucessão (art. 1.804, parágrafo único, do CC) e sua quota retornará ao monte partível, sendo dividido entre os próximos em condições de suceder.

A aceitação e a renúncia são irretratáveis e devem advir de manifestação de vontade. Contudo, em face da possibilidade de afastar o titular do direito hereditário em caráter definitivo da sucessão, a renúncia só é possível na forma expressa, não se admitindo qualquer tipo de presunção.

Atenção

Concorrendo herdeiros de classes diversas, a renúncia de qualquer deles devolve sua parte aos que integram a mesma ordem dos chamados a suceder. (Enunciado n. 575 da VI Jornada de Direito Civil).

7. DOS EXCLUÍDOS DA SUCESSÃO (ARTS. 1.814 A 1.818 DO CC)

A exclusão dos herdeiros poderá ocorrer por meio da Indignidade e da Deserdação e sempre deverá ser interpretada restritivamente, de maneira a preservar os interesses dos herdeiros prejudicados.

A exclusão do herdeiro da sucessão por indignidade é uma espécie de sanção civil àqueles que praticam atos reprováveis contra o titular do patrimônio. No Código Civil, ela está prevista nos arts. 1.814 a 1.818. Tal instituto baseia-se em um princípio moral, pois não é admissível que alguém suceda outrem após tê-lo lesado. A grande modificação no presente texto legal é que pode ser excluído da sucessão não apenas aquele que atente contra a vida e a integridade física do autor da herança ou contra sua honra, mas também contra seus descendentes, ascendentes, cônjuge ou companheiro.

Embora o herdeiro possa ser afastado da sucessão caso incida em uma das hipóteses do art. 1.814 do Código Civil, a exclusão não poderá ser declarada de ofício, pois é um direito potestativo do titular do acervo hereditário ou dos herdeiros interessados, devendo ser manifestada em testamento pelo ofendido ou requerida por meio de ação ordinária, na qual se obterá sentença de natureza declaratória, na forma do art. 1.815 desse diploma legal. A propositura da referida ação deverá ser feita no prazo decadencial de quatro anos, contados a partir da abertura da sucessão. Na hipótese do inc. I do art. 1.814, que dispõe acerca da exclusão da sucessão "por que houverem sido autores, coautores ou partícipes de homicídio doloso, ou tentativa deste, contra a pessoa de cuja sucessão se tratar, seu cônjuge, companheiro, ascendente ou descendente", o Ministério Público tem legitimidade para demandar a exclusão do herdeiro ou legatário.

Por tratar-se de uma faculdade do ofendido, a lei confere ao testador a possibilidade de efetuar o perdão dos atos praticados, mediante manifestação expressa em documento autêntico ou testamento, sendo que, se nesse ato houver disposição que o contemple após a prática dos atos lesivos, haverá uma espécie de perdão tácito, na forma do parágrafo único do art. 1.818 do CC/2002, que beneficiará o ofensor com a quota que a ele foi destinada naquele ato de última vontade.

Sendo uma espécie de sanção, só atingirá aquele que praticou os atos ofensivos, e não aos seus herdeiros, que o representarão regularmente na sucessão, como se morto fosse (ver Direito de Representação – arts. 1.851 a 1.856 do CC); entretanto, o excluído estará afastado definitivamente da administração ou do usufruto desse patrimônio.

Atenção

Na interpretação do que seja procedimento indigno do credor, apto a fazer cessar o direito a alimentos, aplicam-se, por analogia, as hipóteses dos incs. I e II do art. 1.814 do Código Civil. (Enunciado n. 264 da III Jornada de Direito Civil).

Importante!

O Ministério Público, por força do art. 1.815 do novo Código Civil, desde que presente o interesse público, tem legitimidade para promover ação visando à declaração da indignidade de herdeiro ou legatário. (Enunciado n. 116 da I Jornada de Direito Civil).

Conforme mencionado, tal entendimento foi positivado pela Lei n. 13.532/2017 que introduziu § 2º no art. 1.815 dispondo acerca da legitimidade do Ministério Público para ajuizar ação de indignidade.

O art. 1.817 do presente Código consagra a teoria do herdeiro aparente, ou seja, aquele que aos olhos da sociedade apresenta-se como o legítimo titular dos direitos sucessórios, validando os atos praticados pelo suposto herdeiro em face de terceiros. Contudo, mantendo disposição da lei anterior, reserva aos herdeiros prejudicados o direito de requerer-lhe perdas e danos, bem como de exigir do excluído a restituição dos frutos e rendimentos que, porventura, tenha percebido, garantindo, no entanto, que haja a indenização dos valores por ele despendidos a título de despesas com a conservação e administração do patrimônio.

Já a deserdação traz uma forma de exclusão dos herdeiros necessários, isto é, aqueles que têm direito a metade do acervo hereditário (art. 1.845 do CC). É a manifestação de vontade efetuada em testamento, por intermédio da qual o titular do patrimônio afasta o herdeiro necessário da sucessão legítima. É uma modalidade de disposição testamentária negativa, excluindo da sucessão aqueles a quem a lei garante um quinhão. É instituto que visa a afastar apenas os herdeiros legítimos, pois a exclusão dos herdeiros facultativos se faz pelo mero ato de o testador dispor de seu patrimônio de forma diversa daquela prevista em lei.

A deserdação só poderá ser efetuada nas hipóteses previstas em lei, sendo, por isso, *numerus clausus*, não podendo ficar ao arbítrio do testador, devendo ser declarada por justo motivo, na forma do art. 1.964 do Código Civil de 2002.

Não basta que a deserdação seja efetuada em testamento, mas deve ser demonstrada a veracidade da causa que a motivou, pelo herdeiro interessado, por meio de ação de rito ordinário, cujo prazo decadencial de quatro anos encontra-se explicitado no art. 1.695, parágrafo único, desse Código. Esse prazo também é fatal para que o herdeiro excluído comprove a inverdade dos fatos contidos no testamento e recupere seu quinhão. Esse direito também é extensivo aos seus herdeiros, se o deserdado tiver falecido sem intentar tal ação.

Vale enfatizar que, para a melhor doutrina, os efeitos da deserdação assemelham-se aos da exclusão prevista no art. 1.814 e seguintes da Lei civilista, sendo, então, personalíssimos. Os herdeiros do deserdado o representam como se morto fosse, por meio da representação, em analogia com o art. 1.816 desse mesmo dispositivo legal. O principal argumento nesse sentido é que, sendo a deserdação uma sanção civil, não pode ultrapassar da pessoa do delinquente.

8. DA HERANÇA JACENTE (ARTS. 1.819 A 1.823 DO CC)

A herança jacente caracteriza-se como aquela que, embora tenha sido aberta a sucessão, não se transmitiu aos seus titulares, seja por inexistirem herdeiros conhecidos ou por estes a terem renunciado. É calcada na incerteza da existência dos herdeiros, sendo aquela que permanece sem titular, constituindo-se em um patrimônio sem titular.

É considerada como um ente despersonalizado e tem sua representação processual descrita no art. 75, VI, do atual Código de Processo Civil. Portanto, a partir da declaração de jacência, os bens da herança se tornam uma massa cuja administração é confiada a um administrador designado pelo juiz competente, passando a constituir um ente despersonalizado, sempre de existência transitória, pois será destinada ao herdeiro expectado e, a partir da comprovação da inexistência de herdeiros, ao ente público.

O procedimento de arrolamento dos bens de uma herança jacente é feito mediante **arrecadação**, na forma do art. 740 do CPC/15, objetivando realizar um levantamento dos bens deixados, bem como anunciar a jacência do patrimônio para que haja a habilitação dos possíveis herdeiros.

> **Dica**
>
> A herança jacente não se confunde com o espólio, pois, embora ambos sejam uma massa de bens, este possui titulares desde a abertura da sucessão, enquanto aquela não possui seus herdeiros identificados.

Hipóteses em que a herança será considerada jacente:

a) se não houver herdeiro certo e determinado;

b) caso não se saiba da existência de herdeiros;

c) se for repudiada e não existirem outros herdeiros;

d) quando destinada a nascituro;

e) enquanto aguarda-se a constituição de pessoa jurídica a quem foram destinados os bens;

f) sempre que o herdeiro for instituído sob condição suspensiva ainda pendente.

Findo o processo de jacência, o acervo hereditário se incorporará ao domínio do Poder Público (Município ou Distrito Federal), por intermédio da declaração de vacância, quando se reconhece que não houve qualquer herdeiro em condição de se habilitar àqueles bens. Cabe destacar que o ente público não adquire a condição de herdeiro, mas tão somente de sucessor obrigatório, na forma do art. 1.844 do Código Civil, não se aplicando a ele as regras da *saisine*, isto é, a transmissão imediata dos bens a partir da abertura da sucessão (art. 1.784 do CC).

Nessa fase, a partir da sentença de vacância o patrimônio permanecerá sob a propriedade resolúvel do Município ou do Distrito Federal, até que se completem cinco anos da abertura da sucessão ou que a herança seja reivindicada pelos herdeiros que a ela se habilitarem. Destaque-se que o patrimônio se incorporará de maneira definitiva ao patrimônio público se inexistirem herdeiros necessários e os colaterais não se habilitarem até a sentença de vacância (art. 1.822, parágrafo único, do CC).

Findo o prazo de cinco anos, a herança passará a ser parte integrante do patrimônio do Estado em caráter definitivo. A lei prevê, ainda, a possibilidade da declaração de vacância automática, enquanto se dá a assunção da propriedade dos bens jacentes sem que haja o processo de jacência previsto na lei processual e poderá ocorrer sempre que todos os herdeiros conhecidos renunciarem à herança na forma do art. 1.823 da Lei Civil vigente.

9. DA PETIÇÃO DE HERANÇA (ARTS. 1.824 A 1.828 DO CC)

Pode ser definida como a "pretensão deduzida em juízo pelo herdeiro preterido, no sentido de lhe ser deferida quer a quota-parte que lhe caberia, quer, ainda, a totalidade da herança, reconhecendo-se em todo caso, a qualidade de herdeiro que lhe é natural" (Giselda Hironaka). É tida como uma ação de estado, ou seja, aquela que visa a constituir, modificar ou extinguir um determinado estado da pessoa natural.

A doutrina e a jurisprudência fartamente reconheciam a possibilidade de o sucessor que foi afastado da sucessão hereditária intentar, em face daqueles que detinham a posse do acervo patrimonial do *de cujus*, ação de petição de herança, de rito ordinário, com o objetivo de reconhecer sua qualidade de herdeiro. Ocorre que o Código Civil atual acolheu expressamente em seu texto essa ação, reconhecendo seus efeitos para os herdeiros que, por qualquer motivo, tenham sido afastados da sucessão.

Essa ação possui dois objetivos fundamentais: reconhecer judicialmente a capacidade sucessória do herdeiro a quem foram negados os direitos sucessórios e, por consequência, restituir-lhe os bens da herança, seja em parte ou na sua totalidade.

É necessário que o herdeiro demonstre sua *qualidade sucessória* para que haja a recuperação no todo ou em parte da herança, o que pode ser realizado por meio da propositura de uma ação de estado, *v.g.*, investigação de paternidade, para que haja o reconhecimento dos seus direitos sucessórios.

É importante ressaltar que a ação de petição de herança não é uma ação de estado, embora às vezes tenha duplo objeto. Ela tem natureza condenatória, qual seja, compelir aqueles que receberam a herança que seria destinada ao herdeiro alijado a lhe entregarem a parcela que lhe é devida. Essa ação é considerada como uma ação real e deve ser proposta em face dos herdeiros aparentes ou qualquer pessoa que esteja na posse ou administração do patrimônio.

É interessante enfatizar também a existência da Súmula 149 do STF, que reconhece a imprescritibilidade da ação de investigação de paternidade, mas não da petição de herança. A interpretação da súmula gera divergência quanto ao aspecto da prescrição.

O prazo para propositura da ação de petição de herança é o da abertura da sucessão, sendo aplicado o prazo geral de dez anos previsto no art. 205 do Código Civil. Todavia, nas hipóteses em que a ação tiver cumulada com a investigação de paternidade, uma vez que o exercício da pretensão do herdeiro está vinculado ao reconhecimento de sua relação de parentesco com o extinto, o *dies a quo* deverá ser o do reconhecimento da paternidade.

10. SUCESSÃO LEGÍTIMA (ARTS. 1.829 A 1.856 DO CC)

Denomina-se sucessão legítima aquela que é deferida por intermédio de determinação da lei. É a modalidade de sucessão predominante em nossa sociedade, ocorrendo na ausência de manifestação de vontade do sucedido por meio de testamento, quando este for nulo ou não contemplar a totalidade de bens da herança.

10.1 Da ordem da vocação hereditária (arts. 1.829 a 1.844 do CC)

Ordem pela qual são deferidos os direitos hereditários daqueles que têm sua condição de herdeiros reconhecida por força de lei. A vocação hereditária no direito brasileiro defere-se por meio de três critérios:

a) preferência de classes, na forma explicitada no art. 1.829 do CC, em que só se devolverá a herança para a classe seguinte assim que esgotada a anterior;
b) predileção de grau, em que o mais próximo exclui o mais remoto, resguardadas as hipóteses do direito de representação;
c) divisão por cabeça, em que, sendo os herdeiros de mesma classe e grau, a parte que caberá a cada um será igual, ressalvadas as situações em que o cônjuge é herdeiro concorrente ou a sucessão é deferida ao Estado.

A ordem de vocação hereditária estabelecida pelo art. 1.829 do atual Código Civil traz um rol de herdeiros legítimos, a quem a herança será atribuída de forma sucessiva após o esgotamento de cada uma das classes sucessórias.

Tal ordem presente no artigo sob comento deve ser lida de acordo com a recente decisão do STF, no RE n. 878.694, que equiparou a união estável ao casamento e foi declarada a inconstitucionalidade do art. 1.790 do Código Civil, estabelecendo a seguinte tese: "*No sistema constitucional vigente é inconstitucional a diferenciação de regime sucessório entre cônjuges e companheiros devendo ser aplicado em ambos os casos o regime estabelecido no artigo 1.829 do Código Civil.*"

Ordem de Vocação Hereditária no CC/02 – Arts. 1.829 e 1.790
i) Aos descendentes, em concorrência com o cônjuge ou companheiro sobrevivente, exceto se o regime do casamento ou da união estável for o de comunhão universal, o da separação obrigatória de bens, ou se, no regime da comunhão parcial, o autor da herança não houver deixado bens particulares;
ii) Aos ascendentes, em concorrência com o cônjuge ou companheiro, independentemente do regime de bens;
iii) Ao cônjuge ou companheiro sobrevivente; e
iv) Aos colaterais.

10.2 Deferimento de direitos hereditários ao cônjuge sobrevivente (arts. 1.830 a 1.832 do CC)

O cônjuge supérstite é herdeiro em três classes sucessórias: na 1.ª classe como herdeiro concorrente com os descendentes, na 2.ª, enquanto concorre com apenas ascendentes, e na 3.ª, sempre que suceder sozinho, podendo ser meeiro e herdeiro simultaneamente. Apenas não se falará em sucessão concorrente entre cônjuges e descendentes se o regime do casamento for o da comunhão universal (quando o viúvo ou a viúva forem apenas meeiros), na separação obrigatória de bens ou se casado pelo regime da comunhão parcial, o falecido não houver deixado bens particulares. Nas demais classes, ele herdará qualquer que seja o regime de bens.

Quanto à participação do cônjuge sobrevivente na sucessão do outro quando concorrente com os descendentes, se o regime de bens for o da comunhão parcial, cabe ressaltar que, majoritariamente, prevalece a seguinte interpretação:

A concorrência do cônjuge com os descendentes, se o casamento se regeu pela comunhão parcial, já é uma situação excepcional, que, portanto, tem de receber **interpretação restritiva**. E, diante de um quadro em que o cônjuge aparece bastante beneficiado, não há base ou motivo, num caso de dúvida, para que se opte por uma decisão que prejudica os descendentes do *de cujus*, que, ademais, têm de suportar – se for o caso – o direito real de habitação relativamente ao imóvel destinado à residência da família, de que o cônjuge é titular, observado o art. 1.831.

A partir dessa lógica, tem se defendido que o cônjuge sobrevivente, todas as vezes que concorrer com os descendentes do *de cujus* nesse regime, deverá herdar apenas sobre os bens particulares.

Importante também trazer à baila a interpretação que tem avançado nos Tribunais pátrios sobre os direitos sucessórios da pessoa casada sob o regime da separação total de bens convencional e que esteja concorrendo com os descendentes do extinto. O art. 1.829, I, da lei atual traz uma disposição excludente. Ele dispõe que o cônjuge concorrerá com os descendentes, "salvo se" casado nos regimes ali elencados. Por isso, *a contrario sensu*, os regimes de bens não elencados nos artigos permitem ao cônjuge a concorrência sucessória. Essa era a interpretação que prevalecia em nossa doutrina e jurisprudência, apesar de várias críticas em contrário.

Porém, o Superior Tribunal de Justiça tem entendido que, se os nubentes firmaram no pacto antenupcial válido o regime da separação total de bens, que importa na absoluta dissenção do patrimônio daquele casal, não há como se falar em herança recíproca. Então, se o art. 1.829 do Código Civil menciona em seu inc. I o regime da separação de bens, caberá uma interpretação extensiva e a aplicação do dispositivo tanto no regime da separação obrigatória quanto na separação convencional.

Atenção!

Arts. 1.640, parágrafo único e 1.829 – O regime de bens no casamento somente interfere na concorrência sucessória do cônjuge com descendentes do falecido (Enunciado n. 609 da VII Jornada de Direito Civil).

Conforme previsão do art. 1.832 da Lei Civil, caberá ao cônjuge sobrevivente quinhão hereditário igual aos dos que sucederem por cabeça (art. 1.835 do CC), estando, no entanto, em situação privilegiada com relação a estes, pois sua quota não poderá ser inferior à quarta parte da herança disponível, se for ascendente dos herdeiros com os quais vier a concorrer. O artigo é claro nesse sentido, todavia, a questão que se instaura é que, dada a modificação das estruturas familiares na atualidade, como se regulará a partilha dos quinhões entre os filhos e o cônjuge sobrevivente, se este não for ascendente de todos os filhos do falecido? Respeitar-se-á a quarta parte prevista em lei ou se partilhará em quinhões iguais? A interpretação que tem prevalecido é no sentido de que, havendo a filiação híbrida, o quinhão deverá ser dividido por igual entre o cônjuge e os filhos.

Entretanto, os direitos sucessórios atribuídos ao cônjuge supérstite só lhe serão deferidos se comprovada a existência da sociedade conjugal. Logo, não cabe falar de capacidade sucessória do cônjuge sobrevivente se ao tempo do falecimento não estava o casal separado judicialmente ou separado de fato há mais de dois anos. Dispensa-se hoje a apuração da culpa na dissolução da sociedade conjugal.

Ainda quanto à situação jurídica do cônjuge supérstite, a ele é garantido pelo art. 1.831 do Código Civil vigente, qualquer que seja o regime de bens, o direito real de habitação sobre o imóvel destinado à residência da família, desde que este seja o único bem dessa natureza a inventariar.

Atenção

- O direito real de habitação deve ser estendido ao companheiro, seja por não ter sido revogada a previsão da Lei n. 9.278/96, seja em razão da interpretação analógica do art. 1.831, informado pelo art. 6º, caput, da CF/88. (Enunciado n. 117 da I Jornada de Direito Civil).
- O cônjuge pode renunciar ao direito real de habitação nos autos do inventário ou por escritura pública, sem prejuízo de sua participação na herança. (Enunciado n. 271 da III Jornada de Direito Civil).

A concessão desse direito real em nada obsta ou prejudica o cônjuge sobrevivo quanto à aquisição da condição de herdeiro e a consequente aquisição do acervo hereditário.

10.3 Direito sucessório dos descendentes

O direito sucessório dos descendentes foi bastante alterado a partir do reconhecimento do cônjuge como herdeiro necessário e concorrente. Contudo, o modo pelo qual a herança lhes será deferida não sofreu qualquer tipo de alteração.

A sucessão entre descendentes, consoante disposto no art. 1.835 do Código Civil atual, que mantém na íntegra a redação da Lei anterior, em seu art. 1.604, reconhece a existência de dois tipos de direitos sucessórios no tocante a esses herdeiros, podendo ser por direito próprio e por estirpe.

A sucessão por direito próprio é aquela na qual os herdeiros, por serem os mais próximos em graus do falecido, têm sua herança deferida individualmente, *in capita*. Por isso, sendo A, B e C herdeiros do falecido, cada um receberá 1/3 da herança por ele deixada, havendo a divisão por cabeça.

Os descendentes, parentes em linha reta, têm sua relação de parentesco medida para com o extinto a partir da contagem de graus, ou seja, o número de gerações que entre eles existe.

Havendo descendentes do mesmo grau, o acervo hereditário será partilhado proporcionalmente ao número de herdeiros. É a denominada sucessão por cabeça ou por direito próprio, na qual o monte será repartido em igualdade de condições por tantos quantos forem os herdeiros, ressalvados os casos em que o cônjuge for herdeiro concorrente e incorrer na hipótese do art. 1.832 do Código Civil de 2002. Suponha-se que C, cônjuge sobrevivo, concorra com D, E, F, G, H e I, seus filhos com o falecido. A herança será deferida 1/4 para o cônjuge sobrevivente e 1/8 para os filhos. Não sendo o cônjuge sobrevivo ascendente dos demais herdeiros, a herança se partilhará igualmente entre eles, cabendo 1/7 para cada um deles.

Atenção

Na concorrência entre o cônjuge e os herdeiros do *de cujus*, não será reservada a quarta parte da herança para o sobrevivente no caso de filiação híbrida. (Enunciado n. 527 da V Jornada de Direito Civil).

O art. 1.834 dessa Lei Civil prevê disposição que já se encontrava implícita a partir da vigência da Constituição Federal de 1988, em que os herdeiros de mesmo grau têm os mesmos direitos à sucessão de seus ascendentes, sem qualquer caráter discriminatório, consagrando o princípio da igualdade das legítimas. Esse dispositivo veio substituir o art. 1.605 do Código Civil anterior, que equiparava os filhos legitimados, naturais reconhecidos e adotivos aos legítimos, regra incabível sob a égide de nossa Lei Maior.

Não sendo todos os descendentes de mesmo grau, a lei reconhece a existência da sucessão por representação, em que se dá uma vocação indireta, ficando o herdeiro chamado a suceder em razão de ser descendente de herdeiro premorto ou que tenha sido declarado indigno (arts. 1.851 a 1.856 do CC).

10.4 Direito sucessório dos ascendentes

A sucessão entre os ascendentes se operará enquanto não existirem quaisquer descendentes do *de cujus*, situação na qual concorrerá da mesma forma que os herdeiros de primeira classe, com o cônjuge sobrevivente.

Nessa modalidade de sucessão não existe a figura do direito de representação, havendo apenas a sucessão por cabeça, na qual o parente de grau mais próximo exclui imediatamente o de grau mais distante. Logo, estando vivos o pai do falecido e seus avós maternos, a herança será deferida integralmente ao primeiro, em conformidade com o preceituado no art. 1.836, § 1.º, do Código Civil.

Não obstante, nessa modalidade sucessória ocorrerá a sucessão por linhas – *in lineas* –, sendo deferida metade para os ascendentes maternos do falecido e a outra metade, para os ascendentes paternos.

Por conseguinte, havendo ascendentes de mesmo grau e linhas diversas, o quinhão hereditário será repartido ao meio e atribuído aos herdeiros de cada uma das linhas. A exemplo, sendo herdeiros um avô paterno do *de cujus* e os dois avós maternos, será atribuída metade da herança ao primeiro e a outra metade será deferida aos dois últimos, cabendo 1/4 para cada um deles, na forma do art. 1.836, § 2.º, do referido diploma legal.

Atenção!

Art. 1.836: Nas hipóteses de multiparentalidade, havendo o falecimento do descendente com o chamamento de seus ascendentes à sucessão legítima, se houver igualdade em grau e diversidade em linha entre os ascendentes convocados a herdar, a herança deverá ser dividida em tantas linhas quantos sejam os genitores. (Enunciado n. 642 da VIII Jornada de Direito Civil).

Novamente, o problema que se instaura é sempre que houver a figura do cônjuge sobrevivo. Seguindo a regra do art. 1.837 do Código Civil, concorrendo o cônjuge com ascendente de primeiro grau, àquele tocará 1/3 da herança.

Se os ascendentes forem de 2.º grau em diante ou se for apenas um, caberá ao cônjuge sobrevivo 1/2 da herança disponível.

A exemplo, concorrendo o cônjuge com o pai e a mãe do falecido, caberá a cada um deles 1/3 da herança, conforme anteriormente demonstrado. Porém, se o viúvo concorrer com uma avó paterna e os dois avós maternos, a ele caberá 1/2 da herança, à avó paterna, 1/4, e aos últimos, 1/8 do acervo hereditário.

10.5 Direito sucessório do cônjuge sobrevivente

Não existindo descendentes ou ascendentes, o cônjuge sobrevivente será único herdeiro, desde que atenda às disposições do art. 1.830 da Lei Civil, fazendo parte da 3.ª classe sucessória, qualquer que seja o regime de bens do casamento.

10.6 Sucessão entre companheiros (art. 1.790 do CC)

Nas situações em que houver o reconhecimento de união estável nos termos do art. 1.723, a Lei Civil reconhece ao companheiro sobrevivente direitos sucessórios, sem prejuízo da parte que lhe caiba por meação.

De acordo com o dispositivo, o companheiro passaria a concorrer ao direito de herança somente na condição apresentada pelo artigo mencionado, não possuindo qualquer participação na herança de bens adquiridos antes ou graciosamente. Claro está que a regra também se aplica ao caso das uniões homoafetivas.

No entanto, recentemente o **STF declarou a inconstitucionalidade do art. 1.790 do Código Civil.**

O tema referente à sucessão de companheiros já vinha suscitando vários questionamentos sendo ponto relevante a possibilidade de ser declarada a sua inconstitucionalidade sobre a sucessão de bens adquiridos onerosamente durante a união estável, e como se daria a transmissão dos bens do *de cujus* adquiridos a título gratuito e sem deixar herdeiros. Segundo tal artigo, o companheiro supérstite não teria direito algum, todavia o art. 1.844 prevê que não sobrevivendo cônjuge, ou companheiro, nem parente algum sucessível, ou tendo eles renunciado a herança, esta se devolve ao Município ou ao Distrito Federal, se localizada nas respectivas circunscrições, ou à União, quando situada em território federal.

Outra questão dizia respeito aos incisos I e II do art. 1. 1790 do CC, os quais tratam da hipótese de o companheiro concorrer com descendentes exclusivos do autor da herança ou com descendentes do próprio companheiro, mas não da concorrência com descendentes exclusivos e comuns, ensejando diversos entendimentos para solucionar a questão.

Na ocasião no julgado em que se discutia a matéria e sobre o qual foi reconhecida pelo Supremo Tribunal Federal a repercussão geral, o RE n. 878.694/MG, e onde se questionava o tratamento diferenciado dispensado ao cônjuge e ao companheiro, entendendo-se pela inconstitucionalidade da diferenciação do regime sucessório fundamentando-se na tese que "no sistema constitucional vigente é inconstitucional a distinção de regimes sucessórios entre cônjuges e companheiros, devendo ser aplicado, em ambos os casos, o regime estabelecido no artigo 1.829 do Código Civil de 2002". Foi ressaltado ainda que concepção de que a relação advinda do casamento tem peso diferente da relação havida da união estável era incompatível com a Constituição Federal, por violação aos princípios da dignidade da pessoa humana, da igualdade e da proteção da família; considerando ainda que a norma viola o princípio da vedação ao retrocesso.

Recentemente, a questão foi resolvida e o STF concluiu o julgamento que discutia a equiparação entre cônjuge e companheiro para fins de sucessão, inclusive em uniões homoafetivas. A decisão foi proferida no julgamento dos RE n. 646721, que aborda a sucessão em uma relação homoafetiva e RE n. 878694, que trata de união de casal heteroafetivo, ambos com repercussão geral reconhecida no qual os ministros declararam inconstitucional o art. 1.790 do Código Civil, que estabelece diferenças entre a participação do companheiro e do cônjuge na sucessão dos bens. Concluiu-se assim, que não existe elemento de discriminação que justifique o tratamento diferenciado entre cônjuge e companheiro estabelecido pelo Código Civil, estendendo esses efeitos independentemente de orientação sexual.

Na discussão prevaleceu o voto do Min. Luís Roberto Barroso, relator do RE n. 878694, que também proferiu o primeiro voto divergente no RE n. 646721, relatado pelo ministro Marco Aurélio. Barroso sustentou que o STF já equiparou as uniões homoafetivas às uniões "convencionais", o que implica utilizar os argumentos semelhantes em ambos. Após a Constituição de 1988, argumentou, foram editadas duas normas, a Lei 8.971/1994 e a Lei 9.278/1996, que equipararam os regimes jurídicos sucessórios do casamento e da união estável.

O Código Civil entrou em vigor em 2003, alterando o quadro. Isso porque o código foi fruto de um debate realizado nos anos 1970 e 1980, anterior a várias questões que se colocaram na sociedade posteriormente. "Portanto, o Código Civil é de 2002, mas ele chegou atrasado relativamente às questões de família", afirma. Assim, "Quando o Código Civil desequiparou o casamento e as uniões estáveis, promoveu um retrocesso e promoveu uma hierarquização entre as famílias que a Constituição não admite", completou. O artigo 1.790 do Código Civil pode ser considerado inconstitucional porque viola princípios como a igualdade, dignidade da pessoa humana, proporcionalidade e a vedação ao retrocesso.

Atenção

O STF, por maioria, reconheceu de forma incidental a inconstitucionalidade do art. 1.790 do CC/2002 e para fim de repercussão geral, foi aprovada a seguinte tese, válida para ambos os processos: *"No sistema constitucional vigente é inconstitucional a diferenciação de regime sucessório entre cônjuges e companheiros devendo ser aplicado em ambos os casos o regime estabelecido no artigo 1829 do Código Civil."* (RE n. 646.721 e RE n. 878.694).

Ordem de Vocação Hereditária no CC/02 – arts. 1.829 e 1.790
Descendentes (+ cônjuge ou companheiro sobrevivente)
Ascendentes (+ cônjuge ou companheiro sobrevivente)
Cônjuge sobrevivente sozinho
Colaterais até o quarto grau (+ companheiro sobrevivente)
Companheiro sobrevivente sozinho

Importante!

A decisão do Supremo Tribunal Federal que declarou a inconstitucionalidade do art. 1.790 do Código Civil não importa equiparação absoluta entre o casamento e a união estável. Estendem-se à união estável apenas as regras aplicáveis ao casamento que tenham por fundamento a solidariedade familiar. Por outro lado, é constitucional a distinção entre os regimes, quando baseada na solenidade do ato jurídico que funda o casamento, ausente na união estável. (Enunciado n. 641 da VIII Jornada de Direito Civil).

Caberá também ao companheiro o direito real de habitação sobre o imóvel de residência do casal, quer por analogia ao art. 1.831 do presente Código, quer pela aplicação da Lei 9.278/1996 em seu art. 7.º, parágrafo único.

10.7 Sucessão entre colaterais (arts. 1.839 a 1.844 do CC)

Inicialmente, vale destacar que os colaterais são considerados herdeiros facultativos, isto é, aqueles que podem ser totalmente alijados da sucessão pela manifestação de vontade do autor da herança em testamento válido, conforme previsto no art. 1.850 da Lei Civil.

O direito brasileiro prevê a sucessão para os colaterais de até 4.º grau (ver relações de parentesco – arts. 1.591 a 1.595 do CC).

Semelhantemente à sucessão dos ascendentes, o colateral de grau mais próximo exclui aquele de grau mais remoto, ressalvada a hipótese prevista no art. 1.840 desse Código, que concede aos sobrinhos do falecido sucederem a seus pais pelo instituto do direito de representação.

O Código Civil trata da sucessão dos irmãos bilaterais de forma diversa da sucessão entre irmãos unilaterais. Estes últimos herdam metade do que é destinado aos irmãos bilaterais (a lei anterior utilizava a expressão "irmãos germanos", hoje pouco utilizada) e essa restrição também é estendida aos sobrinhos, filhos destes. Ou seja, A e B são irmãos bilaterais do falecido e C é irmão unilateral. Os dois primeiros herdarão 2/5 da herança e o último, 1/5. Essa mesma solução é aplicada depois que concorrerem apenas sobrinhos do *de cujus*, como prevê o art. 1.843, § 2.º, da legislação civil.

Se todos os herdeiros forem irmãos ou sobrinhos bilaterais ou unilaterais, todos herdam por cabeça, sem qualquer distinção quanto à parte no quinhão hereditário, consoante disposto nos arts. 1.842 e 1.843, § 3.º, do Código Civil de 2002.

Importante ressaltar o art. 1.843, que dispõe que, "na falta de irmãos, herdarão os filhos destes", em detrimento dos tios do *de cujus*, parentes de grau idêntico aos sobrinhos do morto. Não havendo sobrinhos, a herança será deferida aos parentes mais próximos em grau, sempre respeitando o limite do 4.º grau de parentesco imposto pelo art. 1.839 desse texto legal.

Verificando-se a inexistência de herdeiros legítimos ou testamentários, a herança será declarada jacente, sendo deferida ao Estado, seguindo o disposto nos arts. 1.819 a 1.823 do Código Civil e nos arts. 738 a 743 do CPC/15.

10.8 Limitação ao poder de dispor (arts. 1.845 a 1.850 do CC)

10.8.1 Herdeiros necessários

O Código Civil Português, em seu art. 2.156.º, define a legítima como a "porção de bens de que o testador não pode utilizar, por ser legalmente destinada aos herdeiros legitimários". De acordo com esse dispositivo, a legítima pode ser vista sob duas perspectivas: a do autor da sucessão e a dos herdeiros necessários. Para o autor da sucessão, a legítima é a porção de bens de que não pode dispor; já para os herdeiros necessários, é a porção de bens que lhes é legalmente destinada. Logo, temos de um lado a noção da legítima (para os herdeiros necessários) e, do outro, de quota indisponível (para o autor da sucessão).

> **Dica**
>
> Embora a condição de herdeiro só surja a partir do momento da abertura da sucessão, a proteção à legítima é garantida anteriormente, quando, por exemplo, veda-se ao titular do patrimônio as doações que excedam a parte da qual ele poderia dispor em testamento (Doações Inoficiosas – art. 549 do CC).

Companheiro deve ser considerado herdeiro necessário? Antes do Código Civil, o STJ entendeu que não (REsp 191.393/SP). Sob a égide da nova lei, para Caio Mário (Carlos Roberto Barbosa Moreira) é forçoso que se reconheça a condição de herdeiro necessário ao companheiro, uma vez que essa união, possuindo o *status* de família, tem especial proteção constitucional. Assim já decidiu o Tribunal de Justiça do Rio Grande do Sul. Para o autor, a redação do art. 1.790 da Lei Civil "determina" a participação do companheiro na sucessão, tornando-o, por isso, uma espécie de herdeiro necessário.

No entanto, para a maioria dos doutrinadores e tribunais pátrios, o companheiro não pode ser considerado herdeiro necessário.

10.8.2 Cálculo da legítima

O cálculo da legítima é feito sobre o patrimônio líquido da herança, descontadas todas as despesas e as dívidas que, porventura, tenham sido deixadas pelo falecido ou contraídas pelo espólio, somando-se, ainda, as doações que tenham sido feitas em vida pelo autor da herança aos seus descendentes.

Toda manifestação de vontade que incida sobre a parte que exceder os limites da legítima será considerada uma liberalidade inoficiosa, sendo declarada ineficaz, facultando ao herdeiro lesado ingressar com ação de redução para que obtenha a reintegração da legítima.

O Código Civil atual é mais rigoroso quanto a esse aspecto, limitando tal determinação de vontade. Inicialmente, no art. 1.848, § 1.º, é vedado ao testador converter os bens da herança em bens de qualquer outra natureza e, ainda, no *caput* do mesmo dispositivo, apenas é permitido ao testador estabelecer gravames aos bens da legítima se houver justa causa declarada em testamento. Acolhendo ao posicionamento já consolidado em nossa jurisprudência, o § 2.º do art. 1.848 do Código Civil admite a alienação dos bens gravados, desde que haja a sub-rogação mediante autorização judicial.

> **Atenção**
>
> A perda de finalidade de testamento – elaborado apenas para que os bens imóveis herdados pelos filhos do testador fossem gravados com cláusula de incomunicabilidade – não ocasiona a perda do direito do testamenteiro de receber um prêmio pelo exercício de seu encargo (art. 1.987 do CC/2002) caso a execução da disposição testamentária só tenha sido obstada em razão de omissão do próprio testador que, após a vigência do novo Código Civil, deixou de aditar o testamento para indicar a justa causa da restrição imposta (art. 1.848 c/c art. 2.042 do CC/2002). (STJ, REsp 1.207.103-SP, Inf. n. 553).

O art. 1.849 da Lei Civil atual apenas limita-se a repetir a redação do art. 1.724 do Código Civil anterior, prevendo que o herdeiro beneficiado em testamento com a parte disponível do autor da herança não perde seu direito à legítima.

Por conseguinte, sendo A, B e C filhos do testador, e tendo este beneficiado B com sua parte disponível, este herdará 2/3 da herança e os demais herdarão 1/6.

Dessa forma, analisemos os dados apresentados:

- O testador era pai de A, B e C.
- Deixou "a disponível", equivalente a 50%, para seu filho B.

Matematicamente, a modelagem do problema é a seguinte:

A legítima, equivalente a 1/2 (50%) e será dividida entre os três filhos (A, B e C).

- 1/2 dividida por 3 = 1/2 x 1/3 = 1/6 = 16,66% para cada filho.

A disponível **corresponde a 1/2 (50%) e teve como beneficiário apenas o filho B.**

Então, a parte de B é a seguinte: 1/2 (disponível – 50%) + 1/6 (legítima – 16,66%) = 4/6 = 2/3 = 66,68%.

Assim, observe o quadro abaixo:

Filhos	A disponível	A legítima	Valores
A	0	1/6 = 16,66%	**1/6 = 16,66%**
B	1/2 = 50%	1/6 = 16,66%	**2/3 = 66,68%**
C	0	1/6 = 16,66%	**1/6 = 16,66%**
TOTAL			**1/1 = 100%**

10.8.3 Partilha na hipótese de representação

B, C e D recebem cada um 1/4 da herança e F, G e H partilharão o 1/4 destinado a seu pai, resultando em 1/12 para cada herdeiro representante, conforme figura a seguir.

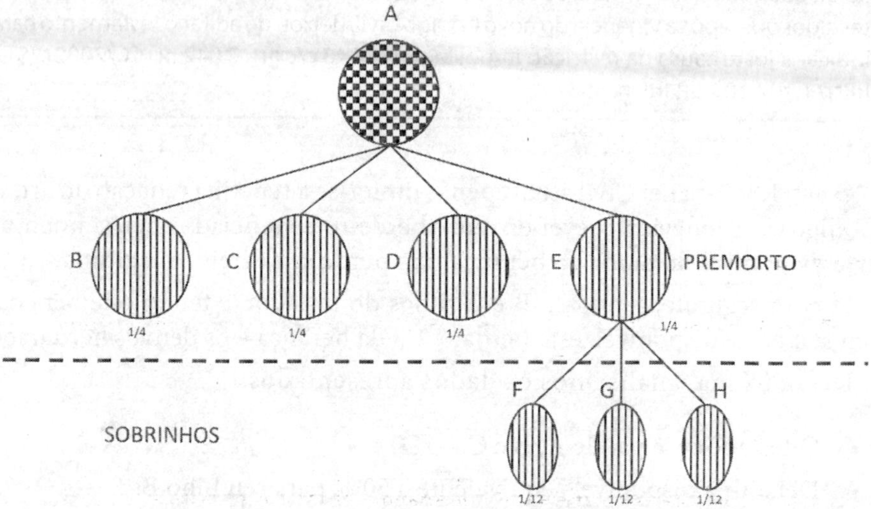

10.8.4 Direito de representação (arts. 1.851 a 1.856 do CC)

O direito de representação pode ser definido como o mecanismo pelo qual se opera a *vocação indireta* na sucessão legítima, não existindo na sucessão testamentária. O art. 1.851 da Lei atual prevê apenas a hipótese da sucessão por representação pela pré-morte do herdeiro, mas também haverá representação na indignidade (art. 1.816 do CC), que trata expressamente da sucessão do herdeiro do excluído, que o representa em seu quinhão e também nos herdeiros dos deserdados, considerada uma modalidade de exclusão. Em determinado momento, o descendente de herdeiro premorto, deserdado ou excluído da sucessão, será chamado para suceder como se tivesse o mesmo grau de parentesco dos herdeiros mais próximos em grau do falecido.

Essa sucessão é caracterizada pela desigualdade de graus entre os herdeiros, pois aqueles que possuem grau mais próximo herdam por cabeça e os mais remotos representam aquele que foi excluído da sucessão ou era premorto ao autor da herança.

O direito de representação só é admitido em nosso ordenamento em relação aos descendentes no parentesco por linha reta e na linha colateral e ele é limitado aos sobrinhos, não se estendendo aos demais parentes.

O direito de representação nos traz a figura da sucessão por estirpe, na qual os descendentes do herdeiro premorto ou excluído da sucessão herdam o seu quinhão, independente de quantos sejam tais representantes. Por conseguinte, A falece deixando três filhos: B, C e D. Ocorre que E, seu quarto filho, lhe era premorto, mas deixou mais três filhos, F, G e H. A sucessão de A será partilhada da seguinte forma: B, C e D recebem cada um 1/4 da herança e F, G e H partilharão o 1/4 destinado a seu pai, resultando em 1/12 para cada herdeiro representante.

É preciso frisar a distinção entre direito de representação e *ius transmissionis*, ou o direito de transmissão, previsto no art. 1.809 desse dispositivo legal. Nesse caso, o herdeiro falece após a abertura da sucessão, sem ter efetuado a aceitação. Dessa maneira, seus herdeiros se habilitam a receber o quinhão que lhes coube na herança, como se fossem o próprio herdeiro falecido. Dá-se esse fenômeno por ser o direito de suceder um verdadeiro direito subjetivo patrimonial, passando aos herdeiros do falecido se este não tiver ainda aceitado ou renunciado à herança.

11. SUCESSÃO TESTAMENTÁRIA (ARTS. 1.857 A 1.990 DO CC)

O testamento é um negócio jurídico unilateral, personalíssimo, gratuito, solene, revogável e de última vontade, pois produz efeitos *post mortem*. Pode dispor sobre interesses de ordem patrimonial ou, ainda, de acordo com o art. 1.857 do CC, também tratar de questões não patrimoniais, como o reconhecimento de filhos, de união estável ou mesmo de um concubinato.

É a vontade que emana do titular da herança por meio de declaração de um negócio jurídico denominado testamento. É a ordem sucessória que se revela mediante manifestação de vontade efetuada pelo testador, que estabelece sua sucessão de maneira diversa daquela estabelecida em lei.

A sucessão testamentária não exclui a sucessão legítima, podendo coexistir assim que houver herdeiros necessários ou bens que nele não tenham sido contemplados. Nesse caso, denomina-se sucessão mista, na qual a parcela do patrimônio não prevista no testamento será deferida aos herdeiros pela ordem de vocação hereditária estabelecida em lei.

É a possibilidade que a lei confere ao titular de um patrimônio de instituir seus herdeiros e legatários.

Poderá ser estabelecida a título universal ou singular. Sucessão testamentária universal é aquela em que são chamados a suceder os herdeiros com a totalidade do acervo hereditário ou por intermédio de quinhões divididos em frações ideais.

Na sucessão testamentária singular há a instituição do **legado**, em que os herdeiros, ora denominados legatários, herdam coisa certa e determinada, individualizada pela vontade do testador.

Em nossa sociedade, essa modalidade sucessória é uma excepcionalidade, pois a esmagadora maioria das transmissões dos direitos hereditários se dá por meio da sucessão legítima.

O direito brasileiro adota como princípio norteador da transmissão da herança a relativa liberdade de testar. O testador está limitado pela existência de herdeiros necessários, vedação explicitada no art. 1.857, § 1.º, do Código Civil. Há a liberdade de testar mitigada, em face da existência da *legítima*.

Pode-se definir testamento como o **negócio jurídico unilateral** por meio do qual o autor de determinada herança dispõe sobre a sua própria sucessão. O testamento se aperfeiçoa no momento da manifestação de vontade, desde que atenda aos requisitos da Lei. Poderá ser total, todas as vezes que incidir sobre a integralidade do patrimônio, ou parcial, quando contemplar apenas parte do acervo hereditário.

Do ponto de vista da nossa melhor doutrina, o testamento é **negócio jurídico pessoal, unilateral, formal, gratuito, de última vontade, revogável e *mortis causa***, não havendo qualquer possibilidade de produzir efeitos durante a vida do testador. A legislação brasileira prevê a existência dos testamentos ordinários e especiais. Entretanto, qualquer que seja a modalidade escolhida pelo testador, havendo o respeito às formalidades exigidas pela lei, seu valor jurídico será exatamente o mesmo.

Como negócio jurídico revogável, o testamento pode ser modificado a qualquer tempo pelo testador, podendo ser totalmente revogado ou modificado em apenas parte de seu conteúdo.

A lei confere ao interessado a faculdade de impugnar o testamento se seu teor não estiver em conformidade com a manifestação da vontade do *de cujus* ou contiver algum vício em sua constituição no período de cinco anos contados do registro, prazo esse de natureza decadencial. Essa disposição não possui correspondência na legislação anterior.

Dica

Há no Brasil o crescimento do instituto originário dos EUA e denominado *living will* ou testamento vital. Cabe esclarecer que essa declaração de vontade não é propriamente um testamento, mas uma manifestação volitiva com o objetivo de dispor sobre a condução de seu tratamento médico na hipótese de doença grave que possa leva-la à morte. É um negócio jurídico unilateral, extrapatrimonial e *inter vivos*.

11.1 Pressupostos (arts. 1.857 a 1.859 do CC)

A validade do testamento está condicionada à apuração de elementos intrínsecos (capacidade do testador, espontaneidade da declaração, objeto e limites desta) e de elemento extrínseco ou formal. No entender de Caio Mário, pressupõe os requisitos externos ou formais e, bem assim, os de natureza subjetiva.

11.2 Capacidade de testar (arts. 1.860 e 1.861 do CC)

Capacidade de testar é a condição objetiva para que a pessoa manifeste de forma válida sua vontade em testamento para que produza efeitos após o seu falecimento. É uma capacidade de exercício, não se confundindo com a capacidade de direito do indivíduo. Por exemplo, aquele que testar e for acometido de incapacidade posterior, mantém-se no exercício do seu direito a ver efetuada a sucessão na forma em que manifestara, contudo, não poderá efetuar um novo testamento que seja válido.

O art. 1.860 da Lei informa que não podem testar os que, no ato de fazê-lo, não tiverem pleno discernimento, podendo testar os maiores de dezesseis anos.

Assim, a norma estabelece que não podem realizar um testamento, além dos incapazes, absoluta e relativamente, conforme disciplina disposta nos arts. 3º e 4º, do CC, com a redação dada pelo Estatuto da Pessoa com Deficiência, Lei n. 13.146, de 06.07.2015, aqueles que, não dispuserem de seu pleno discernimento. Do contrário, poderão testar livremente.

Vale ressaltar que a falta de discernimento mental, que serviria como obstáculo para a elaboração de um testamento, não constitui motivo suficiente para caracterizar uma incapacidade jurídica. O Estatuto da Pessoa com Deficiência. Trouxe vários avanços para a proteção da dignidade da pessoa com deficiência.

O conceito da pessoa com deficiência está previsto no art. 2º, do Estatuto: "Considera-se pessoa com deficiência como aquela que tem impedimento de longo prazo de natureza física, mental, intelectual ou sensorial, o qual, em interação com uma ou mais barreiras, pode obstruir sua participação plena e efetiva na sociedade em igualdade de condições com as demais pessoas." O seu art. 84, estabelece que a pessoa com deficiência tem assegurado o direito ao exercício de sua capacidade legal em igualdade de condições com as demais pessoas.

A alteração do art. 3º, do CC através da Lei n. 13.146/15 implica na não existência de pessoa absolutamente incapaz que seja maior de idade, pois apenas pessoas menores de 16 anos podem ser consideradas absolutamente incapazes.

O art. 4º, do CC que trata da incapacidade relativa, dispõe acerca dos maiores de 16 e menores de 18 anos, dos pródigos, ébrios habituais e toxicômanos, que não necessariamente encontram-se sem discernimento. Conforme a norma, resta claro que aos maiores de 16 anos é autorizada a elaboração do testamento. De acordo com a posição majoritária, é plenamente válida a disposição testamentária efetivada pelo pródigo. No que tange aos ébrios habituais e toxicômanos, a questão é relativa e deverá ser apurada de acordo com as circunstâncias.

O legislador foi bem mais feliz ao elaborar a redação do presente dispositivo, prevendo que o testador tenha como requisito fundamental capacidade de testar o denominado **discernimento**. A questão que sem dúvida se levantará é como mensurar a existência do discernimento para testar. Nas hipóteses em que houver sentença de interdição declarando a incapacidade do indivíduo, é evidente a inexistência da incapacidade. Porém, nos casos em que esse discernimento não seja explicitado, o interessado em declarar nulas as disposições testamentárias deverá provar a ausência de condições objetivas para que o testamento seja celebrado.

Nos ensinamentos de Orlando Gomes, a incapacidade para testar deve sempre ser provada em juízo, admitindo-se todos os meios de prova para tal, havendo, no entanto, a predominância da prova documental sobre a testemunhal. Deve-se provar que o manifestante da vontade era portador de uma incapacidade permanente, extensiva a todos os demais atos da vida civil ou **acidental**, que não decorre sempre de uma anomalia psíquica, mas que no momento da elaboração do testamento o agente não estava em seu perfeito juízo.

A capacidade à qual os dispositivos anteriores se referem é a capacidade ativa, qual seja, a condição objetiva de elaborar testamento válido, que coadune com a real intenção do manifestante. A incapacidade de testar acarreta a nulidade do testamento, não podendo ser validado posteriormente, ainda que a situação do testador seja modificada. Ou ao contrário, celebrando o testamento enquanto plenamente capaz, o testador acometido de incapacidade posterior não terá sua manifestação de vontade eivada de nulidade, sendo perfeitamente válida e produzindo seus regulares efeitos.

11.3 Das disposições testamentárias (arts. 1.897 a 1.911 do CC)

As disposições testamentárias são o instrumento por intermédio do qual o testador busca solucionar a partilha de seu patrimônio após a sua morte, podendo também estabelecer cláusulas de caráter não patrimonial e que deseja que produzam efeitos após a sua morte.

Na lição de Oliveira Ascensão, testamento não pode ser caracterizado apenas como um ato de disposição de bens, pois deve atender tanto ao seu aspecto patrimonial quanto pessoal. Embora seja corrente a concepção de que a principal vocação da disposição testamentária é regular a questão patrimonial, não raro são encontradas em testamentos disposições tocantes ao reconhecimento de filhos fruto de relações extraconjugais, à revogação de testamento anterior, à designação de tutores ou curadores aos filhos incapazes do *de cujus*, à nomeação de testamenteiro, ao perdão a herdeiro excluído por ter incorrido em uma das hipóteses do art. 1.814, disposições acerca do enterro, solenidades *post mortem* e outras tantas.

Ao regular tais disposições, o legislador buscou nortear a manifestação de vontade do testador, de maneira a assegurar a formalidade e os princípios jurídicos e morais que devem estar contidos em todos os negócios jurídicos. Cabe frisar, ainda, que todas as disposições acerca da herança devem se originar do ato *causa mortis*. Não é possível que haja qualquer disposição em outros instrumentos contratuais ou declarações de vontade.

Partindo-se do pressuposto de que todo testamento é um negócio jurídico (ver comentários ao capítulo I do Título III deste Livro), como tal deverá ser considerado, podendo, por conseguinte, conter disposições que estipulem aos herdeiros condições ou encargos para que sua situação jurídica se aperfeiçoe. É importante destacar que não se admite em nosso Direito a herança a termo, com exceção do instituto do fideicomisso.

Todavia, nossa doutrina considera que tais condições devam ser físicas e juridicamente possíveis, não tendo validade sempre que versarem sobre questões limitadoras das liberdades individuais do herdeiro, reputando-se como não escritas, assim como aquelas que contrariem normas de ordem pública, *v.g.*, considera-se inválida a condição que estabeleça que o herdeiro nunca deva se casar, deixar de estudar, converter-se a determinada religião ou praticar atos ilícitos.

Também deve ser relembrada a concepção existente no direito brasileiro de que apenas as pessoas podem ser consideradas sujeitos de uma relação jurídica, logo, podendo ser beneficiadas em testamento. Não há a possibilidade de se testar em favor de coisas ou animais, salvo se beneficiá-los indiretamente mediante disposição testamentária que determine que o herdeiro deva zelar por um desses objetos de direito.

É eivada de nulidade por disposição expressa do art. 1.900 do Código Civil a instituição do herdeiro sob condição captatória, a herdeiro que não se possa averiguar a identidade ou que venha a ser identificado por terceiro, que estabeleça legados sem valor fixo, com exceção do previsto no mesmo dispositivo, em seu art. 1.901, II (ver também art. 1.912 e seguintes do CC), e que beneficie as pessoas elencadas nos arts. 1.801 e 1.802 do CC/2002.

Serão perfeitamente válidas as disposições a pessoas incertas, desde que no momento da abertura da sucessão haja a possibilidade de se precisar a identidade de tais herdeiros, como na hipótese do art. 1.901, I, da Lei Civil. Entretanto, o art. 1.903 do presente Código traz exceção quanto à não identificação do herdeiro ou legatário, quando por outros instrumentos inequívocos puder se precisar a pessoa ou a coisa pretendida pelo testador.

Quanto à partilha do quinhão hereditário, todos os bens não contemplados em testamentos serão partilhados consoante a regra da herança legítima, conforme a ordem de vocação hereditária. Os arts. 1.904 a 1.908 do Código Civil estabelecem de forma cristalina o modo pelo qual deverão ser partilhados os bens do acervo hereditário, no momento da execução do testamento válido.

O art. 1.911 da Lei Civil consagra uma tendência jurisprudencial já consolidada por meio da Súmula 49 do STF, ao trazer presunção de que a inalienabilidade imposta aos bens por meio de disposição testamentária implica também a incomunicabilidade e a impenhorabilidade dos bens. Reflete também a jurisprudência já pacificada ao admitir a sub-rogação dos bens clausulados mediante autorização judicial, partindo exclusivamente da conveniência econômica do donatário ou herdeiro.

11.4 Dos legados (arts. 1.912 a 1.946 do CC)

É toda disposição testamentária a título singular, isto é, aquela que deixa para o beneficiário na sucessão, ora denominado legatário, bens ou direitos individualizados. Portanto, o legado se caracteriza pela transmissão de um bem específico e pelo fato de o legatário não responder pelo passivo da herança, enquanto o herdeiro recebe um quinhão, fração ou parcela do falecido, abrangendo tanto os haveres como os débitos da massa de bens que constituiu o espólio.

11.5 Das substituições (arts. 1.947 a 1.960 do CC)

Instituto privativo da sucessão testamentária é o ato por intermédio do qual o testador nomeia herdeiro ou legatário para ser chamado a suceder na ausência daqueles originariamente designados no testamento ou pelo advento de termo ou condição resolutiva.

Esse herdeiro é denominado substituto ou suplente e poderá ocorrer nas hipóteses dos arts. 1.947 a 1.953 da Lei Civil.

11.6 Da redução das disposições testamentárias (arts. 1.966 a 1.968 do CC)

Se existirem herdeiros necessários, como já tratado na análise dos dispositivos supramencionados, o testador só poderá testar sobre metade de seu patrimônio disponível. Ocorre que, havendo violação desse dispositivo, mediante determinação testamentária ou por meio de doação *inter vivos*, que caracterizem excesso nas manifestações de vontade emanadas do *de cujus*, poderão os herdeiros necessários, qualquer daqueles que estejam sub-rogados em seus direitos ou créditos ou os credores do herdeiro lesado, requerer no curso do processo de inventário ou por meio de ação própria, denominada *actio in rem scripta*, a anulação das partes das disposições que sejam fruto da liberalidade excessiva do testador.

Contudo, não se falará em rompimento se o testador expressamente excluir seus herdeiros necessários de sua parte disponível ou, sabendo de sua existência, testar em benefício de terceiros, respeitando sempre a instituição da "legítima".

11.7 Da revogação do testamento (arts. 1.969 a 1.972 do CC)

Sendo o testamento uma modalidade de negócio jurídico essencialmente revogável, poderá o testador, a qualquer tempo, modificar a sua manifestação de vontade, até o momento de sua morte. Essa revogação é possível a qualquer tempo, por ser o testamento uma disposição de última vontade, aquela que irá prevalecer após a sua morte, bem como poderá torná-lo sem efeito quando quiser, até o momento de seu falecimento.

O testador poderá revogar seu testamento, mediante outra disposição de qualquer natureza, não necessitando ser feita no mesmo tipo de instrumento pelo qual a vontade foi manifestada. A revogação poderá ser expressa, se especificamente mencionar nos termos do ato revogador o desejo de se tornarem ineficazes as disposições de testamento anterior. Será tácita todas as vezes que as disposições do testamento mais novo forem incompatíveis com as cláusulas do documento anterior.

Todas as vezes que o testamento revogatório tratar de todo o patrimônio do testador de forma diversa do primeiro, haverá a revogação total. Se existir ato posterior apenas dispondo sobre parte dos bens, ocorrerá uma revogação parcial e, nessa hipótese, os dois testamentos deverão ser considerados, valendo as disposições do primeiro negócio jurídico que não conflitarem com as cláusulas do último.

11.8 Do rompimento do testamento (Arts. 1.973 a 1.975, CC)

Se após a redação do testamento sobrevém um filho ao testador, rompe-se o testamento, independente de ação própria, bastando decisão do juiz nos próprios autos do inventário.

Atenção!

- O rompimento do testamento (art. 1.973 do Código Civil) se refere exclusivamente às disposições de caráter patrimonial, mantendo-se válidas e eficazes as de caráter extrapatrimonial, como o reconhecimento de filho e o perdão ao indigno. (Art. 1.973 - Enunciado n. 643 da VIII Jornada de Direito Civil).
- Aplica-se o mesmo tratamento quanto aos filhos adotivos, bem como será rompido na ignorância de herdeiros necessários.

Não se rompe o testamento se o testador dispuser da sua metade, não contemplando os herdeiros necessários de cuja existência saiba, ou quando os exclua dessa parte.

11.9 Do testamenteiro (arts. 1.976 a 1.990 do CC)

Testamenteiro é a pessoa natural nomeada pelo testador ou pelo juiz para que promova a execução do testamento. É aquele que irá efetuar o cumprimento das disposições fruto da manifestação de vontade do *de cujus*. Não há qualquer imposição legal para que o testador nomeie testamenteiro, sendo, por isso, uma faculdade que a lei lhe confere. Uma vez que é considerada uma faculdade, também é dada à pessoa nomeada para o cumprimento de tal encargo a faculdade de renunciar. Nesse caso, poderá o juiz nomear testamenteiro dentre os herdeiros, legatários ou cônjuge sobrevivente. Não obstante possa renunciar à sua nomeação, a testamentária é uma função *intuitu personae*, não podendo o testamenteiro delegá-la a terceiro.

Pode recair sobre uma ou mais pessoas, herdeiros, cônjuge ou até pessoa estranha ao *de cujus*. Não sendo o testamenteiro herdeiro do falecido e não tendo sido nomeado por testamento, e sim pelo juiz, será designado testamenteiro dativo. Havendo mais de um testamenteiro, estes poderão ser nomeados para que administrem o patrimônio conjuntamente, ou seja, outorgada, a cada um, atribuição específica dentro do processo de inventário. Porém, a lei os considera solidariamente responsáveis pelos atos praticados, uma vez que devem buscar o fiel cumprimento da vontade do extinto.

Não sendo o testamenteiro herdeiro ou legatário, terá, na forma do art. 1.987 do Código Civil, direito a um prêmio por força do exercício dessa atribuição, que será arbitrado pelo juiz, na falta de manifestação de vontade do testador, em percentual variável entre 1 e 5% da herança líquida. A lei faculta ainda que o herdeiro ou legatário que sejam nomeados testamenteiros, se o prêmio lhes for mais interessante que a própria herança ou o legado, possam a eles renunciar e receber aquele valor.

O testamenteiro é responsável pela administração da herança e pelo cumprimento do testamento, podendo ser civilmente responsabilizado por má-administração do patrimônio e pelo não cumprimento das funções para as quais foi designado, por intermédio da propositura de ação ordinária, cujo prazo prescricional inicia-se a partir do momento em que cessou a testamentária, aplicando-se o prazo geral de dez anos, previsto no art. 205 do Código Civil.

12. DO INVENTÁRIO E DA PARTILHA (ARTS. 1.991 A 2.027 DO CC)

Previstos no Código Civil anterior, nos arts. 1.770 a 1.805, hoje os aspectos processuais do Inventário são, com muita propriedade, regulados pelo novo Código de Processo Civil em seus arts. 610 a 667.

12.1 Do inventário (art. 1.991 do CC, arts. 610 a 667 do CPC/15, e Lei 11.441/2007)

Inventário é o procedimento judicial ou extrajudicial (Lei 11.441/2007) que visa regularizar a transmissão do patrimônio do *de cujus*, que foi conferido aos herdeiros no momento da abertura da sucessão. Objetiva o levantamento e a apuração dos bens pertencentes ao falecido, que visa à realização do ativo e pagamento do passivo, a fim de partilhar o patrimônio entre os seus herdeiros. Possui caráter obrigatório sempre que houver o falecimento de uma pessoa que tenha deixado bens e herdeiros. Como já visto, se o sucedido possuía bens, mas não tinha herdeiros legítimos nem instituiu herdeiros testamentários, dar-se-á início ao processo de arrecadação, com a declaração de jacência da herança e o posterior reconhecimento da vacância dos bens, consoante analisado anteriormente.

O processo de inventário poderá ocorrer por meio de ritos distintos:

a) Processo ordinário: quando as partes não concordarem quanto aos termos da partilha, se existirem herdeiros incapazes (hipótese em que deverão ser regularmente representados e o representante do Ministério Público ouvido, na forma da Lei), ou, ainda, o *de cujus* tiver deixado testamento.
b) Rito especial: por meio do arrolamento de bens previsto no art. 659 e seguintes do CPC/15, tem natureza meramente homologatória e ocorrerá quando os herdeiros, todos plenamente capazes, estiverem em consonância com os termos da partilha. Havendo um único herdeiro, esse procedimento visará obter uma Carta de Adjudicação, que transmitirá a ele, por determinação judicial, o patrimônio deixado pelo *de cujus*.
c) Extrajudicial: na existência de acordo entre herdeiros capazes, será feito por escritura pública no cartório de notas e levado a registro no registro de imóveis para eficácia *erga omnes*. Introduzido no sistema jurídico brasileiro pela Lei 11.441/2007, tem seu procedimento regulado pela Resolução 35/2007 do CNJ.
d) Inventário negativo: admitido pela jurisprudência brasileira para que o herdeiro obtenha declaração de inexistência de bens do extinto, de maneira a afastar qualquer responsabilidade sobre as dívidas do espólio. Poderá ser judicial ou extrajudicial, desde que atenda aos pressupostos da Lei (partes capazes e de acordo).

12.2 Inventariante

Sem dispositivo correspondente na Lei anterior, a Lei Civil atual em análise afasta qualquer dúvida quanto àquele que possui legitimidade para administrar o acervo hereditário até a efetiva partilha, qual seja, o **inventariante**.

Inventariante é a pessoa que recebe a incumbência de administrar os bens do espólio até a data da partilha, possuindo poderes de guarda, administração e assistência do patrimônio inventariado. A inventariança possui uma controvertida natureza jurídica. Sendo designado por determinação judicial e devendo atender a todos os requisitos da lei, maior exatidão estaria em se considerar a inventariança um *munus*, um encargo público, uma vez que, inclusive, está sujeita à fiscalização judicial. Na opinião de outros, o inventariante é o mandatário legal da herança, com autoridade para atuar em seu interesse. Para o festejado mestre Caio Mário, é um administrador da herança, uma vez que nem sempre atua em prol dos interesses dos herdeiros, mas daquilo que é mais apropriado para que se conclua o processo de inventário.

O art. 617 do Código de Processo Civil em vigor estabelece uma ordem de inventariança, a qual deve ser respeitada pelo juiz ao nomear o representante legal do acervo hereditário, a não ser que haja impugnação do nomeado por parte dos demais herdeiros ou que aquele estabelecido por lei não possua condições físicas ou mentais de assumir esse encargo. O inventariante nomeado pelo juiz, na forma do art. 617, VIII, dessa lei processual será denominado inventariante dativo.

Importante!

O processo de inventário e partilha deve ser instaurado dentro de 2 (dois) meses, a contar da abertura da sucessão, ultimando-se nos 12 (doze) meses subsequentes, podendo o juiz prorrogar esses prazos, de ofício ou a requerimento de parte.

Atenção!

– Foi aprovada a Lei n. 14.010/2020, que dispõe sobre o Regime Jurídico Emergencial e Transitório das relações jurídicas de Direito Privado (RJET) no período da pandemia do coronavírus (Covid-19). Dentre as medidas, dispõe o seguinte:

CAPÍTULO X

DO DIREITO DE FAMÍLIA E SUCESSÕES

> Art. 16. O prazo do art. 611 do Código de Processo Civil para sucessões abertas a partir de 1 0 de fevereiro de 2020 terá seu termo inicial dilatado para 30 de outubro de 2020.
>
> Parágrafo único. O prazo de 12 (doze) meses do art. 611 do Código de Processo Civil, para que seja ultimado o processo de inventário e de partilha, caso iniciado antes de 10 de fevereiro de 2020, ficará suspenso a partir da entrada em vigor desta Lei até 30 de outubro de 2020.

12.3 Dos sonegados (arts. 1.992 a 1.996 do CC)

São bens deixados pelo morto ou que foram objeto de doação em vida pelo titular da herança e também omitidos dolosamente pelos herdeiros ou pelo cônjuge sobrevivente. Não há como caracterizar os sonegados se os herdeiros ou o cônjuge ignoravam a existência do patrimônio. Há que se ressaltar ainda que só se caracteriza a sonegação cada vez que, na forma do art. 1.996 do Código Civil, o herdeiro ou inventariante declara expressamente que não há qualquer outro bem a inventariar, ocultando a existência de determinados bens.

A pena a ser aplicada ao herdeiro sonegador é a perda dos direitos aos bens sonegados. Todavia, essa sanção somente será aplicada mediante sentença prolatada em ação própria, movida por um dos herdeiros interessados ou pelos credores que se sintam prejudicados pela omissão. Não havendo como restituir ao espólio o bem sonegado, o herdeiro sonegador deverá ser condenado a entregar quantia correspondente ao valor do bem ocultado, acrescido de perdas e danos, conforme disposto no art. 1.995 da Lei Civil.

12.4 Do pagamento das dívidas (arts. 1.997 a 2.001 do CC)

A partir do processo de inventário será apurada a herança líquida deixada aos herdeiros, isto é, aquela que, satisfeitas as obrigações deixadas pelo morto e quitadas as dívidas do espólio, restará aos beneficiários.

O pagamento de dívida visa apurar as obrigações deixadas pelo *de cujus* e que seus credores tenham se habilitado no processo de inventário, com os títulos comprobatórios da existência dos valores a receber. Habilitando-se os credores do morto no processo de inventário, o juiz determinará a quitação das obrigações antes da partilha do patrimônio entre os herdeiros, podendo ainda, na forma do art. 1.997, § 1.º, da norma civilista, designar reserva de patrimônio para a satisfação de créditos que porventura tenham sido impugnados pelos herdeiros, mas que haja título hábil para justificar a sua existência.

Já tendo sido efetuada a partilha, os credores do extinto somente poderão cobrar aos herdeiros o quinhão correspondente à proporção herdada por cada um, não havendo qualquer tipo de solidariedade entre eles após a efetiva transmissão do patrimônio a cada um dos beneficiários.

Interessante ressaltar o disposto no art. 2.001 do Diploma Civil, que aquele herdeiro devedor do espólio terá sua obrigação dividida entre todos os herdeiros proporcionalmente, compensando, logicamente, com o seu próprio quinhão. Entretanto, é faculdade dos sucessores que acordem acerca da imputação da dívida com o quinhão a ser recebido pelo herdeiro devedor.

12.5 Da colação (arts. 2.002 a 2.012 do CC)

Prevista nos arts. 2.002 a 2.012 da Lei Civil e nos arts. 639 a 641 do atual Código de Processo Civil, é um procedimento que tem por finalidade igualar o recebimento dos quinhões pelos herdeiros necessários, para igualar a "legítima". Ocorre enquanto existirem herdeiros que tenham recebido, do autor da herança, doações em vida na forma do art. 544 do Código Civil. Haverá a necessidade de realizar-se a colação, para que as quotas a serem partilhadas entre tais herdeiros não sejam desiguais, salvo disposição expressa do autor da herança que tais doações incidirão sobre a parte disponível, na forma admitida pelo art. 1.849 desta Lei, havendo ainda a possibilidade de os bens serem dispensados da colação, por disposição expressa do doador, por intermédio de cláusula inserida no testamento ou na própria escritura de doação.

A doação remuneratória, prevista no art. 540 desse Código Civil, também está excluída da colação, uma vez que visa expressar a gratidão do doador em face de algum benefício a ele efetuado pelo donatário.

Caso os herdeiros não levem os bens recebidos por doação à colação, incidirão em sonegação, podendo sofrer as penas pertinentes aos sonegados.

Por outro lado, se os bens doados excederem a legítima, serão objeto de redução até a proporção do quinhão a que o herdeiro teria direito. Essa redução ensejará a devolução ao monte do valor excedente, seja por meio da devolução do excesso, do próprio bem ou da restituição do valor em dinheiro.

Importante!

Os arts. 2.003 e 2.004 do Código Civil e o art. 639 do CPC devem ser interpretados de modo a garantir a igualdade das legítimas e a coerência do ordenamento. O bem doado, em adiantamento de legítima, será colacionado de acordo com seu valor atual na data da abertura da sucessão, se ainda integrar o patrimônio do donatário. Se o donatário já não possuir o bem doado, este será colacionado pelo valor do tempo de sua alienação, atualizado monetariamente. (Enunciado n. 644 da VIII Jornada de Direito Civil).

12.6 Da partilha (arts. 2.013 a 2.022 do CC)

Partilha é a repartição ou distribuição dos bens do falecido, que tem efeitos meramente declaratórios, pois o patrimônio do extinto transfere-se aos herdeiros no momento do seu falecimento, por força do *droit de saisine*. Então, tal ato visa apenas regularizar a transmissão dos bens e esclarecer aquilo que caberá a cada um dos herdeiros. Tal procedimento encerra o processo de inventário.

A lei confere ao herdeiro, a despeito de vedação expressa do testador, a faculdade de requerer a partilha, a qualquer tempo. Contudo, só se dará a partilha verificando-se a quitação de todos os débitos do espólio, bem como a quitação dos tributos relativos à transmissão do patrimônio.

A partilha poderá ser feita em vida pelo autor da herança, por meio de escritura pública ou testamento. Porém, essa hipótese só terá validade se os valores dos bens e os quinhões destinados aos herdeiros necessários forem correspondentes à época da abertura da sucessão.

Se todos os herdeiros forem capazes, poderão realizar a denominada partilha amigável, que será meramente homologada pelo juiz. Todavia, se existirem incapazes ou se todos forem capazes, mas houver discordância quanto à divisão dos bens, a partilha será judicial, estando os herdeiros obrigados a acatar a decisão do juiz quanto às quotas destinadas a cada um deles.

Se existirem bens que não constaram na partilha inicial, por não terem sido arrolados no inventário por desconhecimento de sua existência, sonegados ou de difícil divisão e os herdeiros anuírem quanto à sua divisão posterior, poderá ser realizada a **sobrepartilha**, que ocorrerá de maneira adicional à primeira.

12.7 Da garantia dos quinhões hereditários (arts. 2.023 a 2.026 do CC)

Ocorrendo a partilha dos bens e verificando-se que a quota destinada a um dos herdeiros foi objeto de evicção (ver notas aos arts. 447 a 457 desse Código), os coerdeiros ficarão obrigados a indenizar o evicto quanto ao valor perdido em decorrência da sentença judicial, que atribuiu a terceiro a propriedade dos bens que lhe haviam sido destinados mediante partilha, na proporção dos quinhões recebidos por cada um.

Os herdeiros poderão acordar que não arcarão com os riscos da evicção, nesse caso, se esta se caracterizar, não há que se falar em dever de indenizar.

Entretanto, essa garantia só existirá quando a evicção se der sem culpa do evicto e por fato anterior à partilha. Caracterizando-se a culpa do herdeiro evicto ou a ocorrência do fato posterior, não há que se falar em indenização.

12.8 Da anulação da partilha (art. 2.027 do CC)

A partilha é anulável pelos vícios e defeitos que invalidam, em geral, os negócios jurídicos, com redação dada pela Lei nº 13.105, de 2015. (ver comentários aos arts. 138 a 165 desse Código).

A anulação da partilha será proposta mediante ação ordinária e pelos herdeiros interessados, cujo prazo de um ano possui natureza decadencial.

Atenção

O prazo para exercer o direito de anular a partilha amigável judicial, decorrente de dissolução de sociedade conjugal ou de união estável, extingue-se em 1 (um) ano da data do trânsito em julgado da sentença homologatória, consoante dispõem o art. 2.027, parágrafo único, do Código Civil de 2002, e o art.1.029, parágrafo único, do Código de Processo Civil (art. 657, parágrafo único, do Novo CPC). (Enunciado 612 da VII Jornada de Direito Civil).

13. FLUXOGRAMA

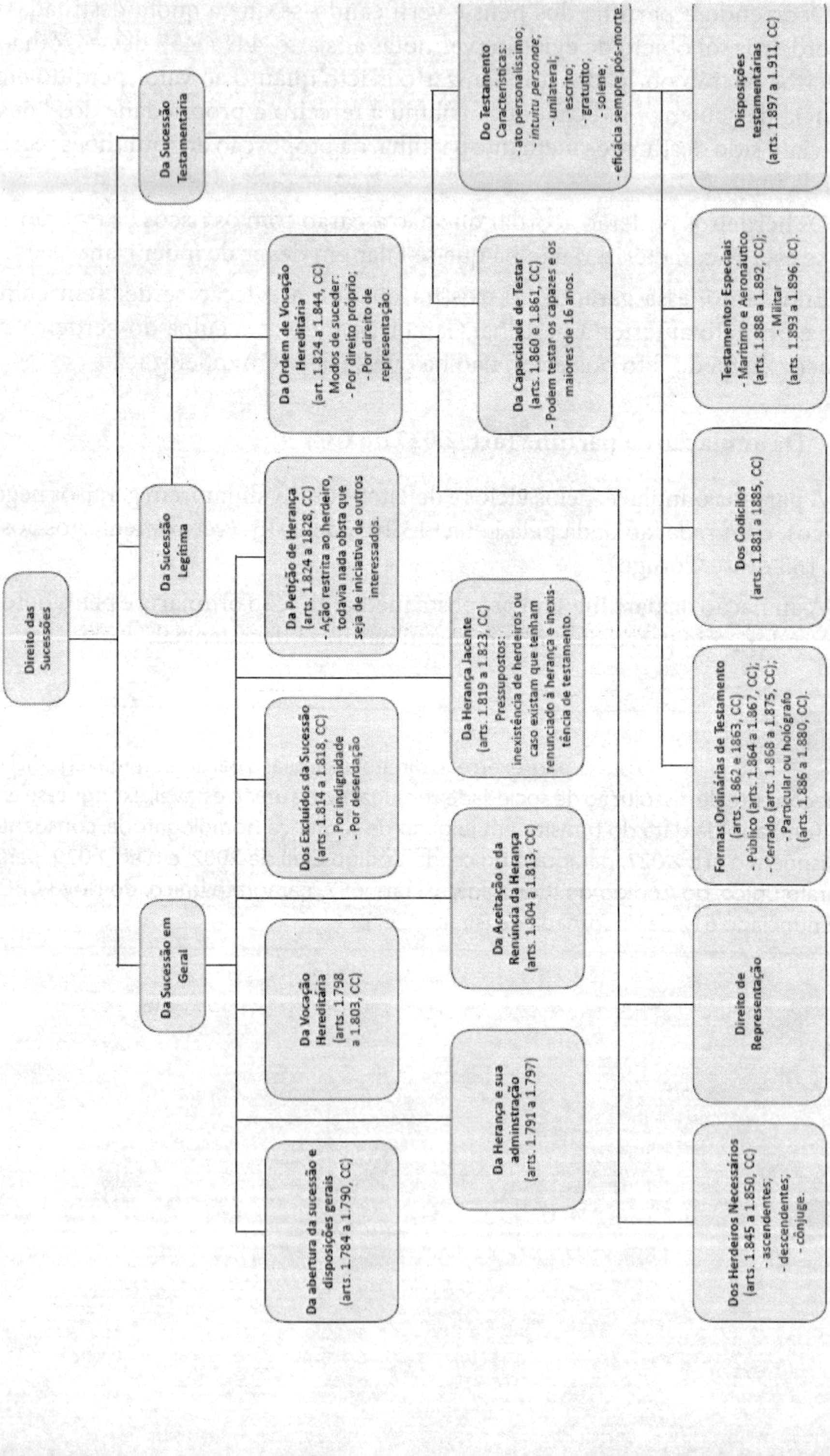

Parte 2

DIREITO PROCESSUAL CIVIL

Sabrina Dourado

Modelos de Peças

1. MODELO DE PROCURAÇÃO

A procuração é um instrumento que atesta a regularidade do contrato de mandado. Ela atesta que o advogado tem poderes para atuar em favor da parte.

O advogado não será admitido a postular em juízo sem procuração, salvo para evitar preclusão, decadência ou prescrição, ou para praticar ato considerado urgente.

Nas hipóteses acima, o advogado deverá, independentemente de caução, exibir a procuração no prazo de 15 (quinze) dias, prorrogável por igual período por despacho do juiz.

O ato não ratificado será considerado ineficaz relativamente àquele em cujo nome foi praticado, respondendo o advogado pelas despesas e por perdas e danos.

A procuração geral para o foro, outorgada por instrumento público ou particular assinado pela parte, habilita o advogado a praticar todos os atos do processo, exceto receber citação, confessar, reconhecer a procedência do pedido, transigir, desistir, renunciar ao direito sobre o qual se funda a ação, receber, dar quitação, firmar compromisso e assinar declaração de hipossuficiência econômica, que devem constar de cláusula específica.

Ademais, a procuração pode ser assinada digitalmente, na forma da lei 11.419/06.

Vale lembrar que a procuração deverá conter o nome do advogado, seu número de inscrição na Ordem dos Advogados do Brasil e endereço completo.

Vale ressalvar que se o outorgado integrar sociedade de advogados, a procuração também deverá conter o nome dessa, seu número de registro na Ordem dos Advogados do Brasil e endereço completo.

Por fim, salvo disposição expressa em sentido contrário constante do próprio instrumento, a procuração outorgada na fase de conhecimento é eficaz para todas as fases do processo, inclusive para o cumprimento de sentença.

PROCURAÇÃO "AD JUDICIA"

FULANO DE TAL, nacionalidade, estado civil, profissão, RG:, inscrito no CPF sob o nº..., residente de domiciliado na..., nomeia e constitui sua procuradora a advogada CICLANA, nacionalidade, estado civil, inscrita na OAB/BA sob o nº ...., com endereço profissional situado na rua..., nº..., bairro..., cidade..., cep..., a quem confere poderes para o foro em geral, com a cláusula "ad judicia", em qualquer juízo, instância ou Tribunal, podendo propor contra quem de direito as ações competentes e defendê-lo(a) nas contrárias, seguindo umas e outras, até final decisão, usando os recursos legais e acompanhando-o(a), conferindo-lhe, firmar compromissos ou acordos, receber e dar quitação, agindo em conjunto ou separadamente, podendo ainda substabelecer este instrumento a outrem, com ou sem reservas de iguais poderes, dando tudo por bom, firme e valioso.

Local, data e ano.

Assinatura do outorgante

2. MODELO DE TUTELA DE URGÊNCIA DE NATUREZA ANTECIPADA REQUERIDA EM CARÁTER ANTECEDENTE

Nos casos em que a urgência for contemporânea à propositura da ação, a petição inicial pode limitar-se ao requerimento da tutela antecipada e à indicação do pedido de tutela final, com a exposição da lide, do direito que se busca realizar e do perigo de dano ou do risco ao resultado útil do processo.

Concedida a tutela antecipada:

- o autor deverá aditar a petição inicial, com a complementação de sua argumentação, a juntada de novos documentos e a confirmação do pedido de tutela final, em 15 (quinze) dias ou em outro prazo maior que o juiz fixar;
- o réu será citado e intimado para a audiência de conciliação ou de mediação na forma do art. 334 do CPC;
- não havendo autocomposição, o prazo para contestação será contado na forma do art. 335 do CPC.

Não realizado o aditamento o processo será extinto sem resolução do mérito. O aditamento dar-se-á nos mesmos autos, sem incidência de novas custas processuais.

Na petição inicial, o autor terá de indicar o valor da causa, que deve levar em consideração o pedido de tutela final.

Caso entenda que não há elementos para a concessão de tutela antecipada, o órgão jurisdicional determinará a emenda da petição inicial em até 5 (cinco) dias, sob pena de ser indeferida e de o processo ser extinto sem resolução de mérito.

A tutela antecipada, concedida nos termos do art. 303, torna-se estável se da decisão que a conceder não for interposto o respectivo recurso.

Qualquer das partes poderá demandar a outra com o intuito de rever, reformar ou invalidar a tutela antecipada estabilizada.

A tutela antecipada conservará seus efeitos enquanto não revista, reformada ou invalidada por decisão de mérito.

Qualquer das partes poderá requerer o desarquivamento dos autos em que foi concedida a medida, para instruir a petição inicial da ação, prevento o juízo em que a tutela antecipada foi concedida.

O direito de rever, reformar ou invalidar a tutela antecipada, previsto no § 2º do art. 304, extingue-se após 2 (dois) anos, contados da ciência da decisão que extinguiu o processo.

A decisão que concede a tutela não fará coisa julgada, mas a estabilidade dos respectivos efeitos só será afastada por decisão que a revir, reformar ou invalidar, proferida em ação ajuizada por uma das partes, nos termos do § 2ºdo art. 304 do CPC.

1º Passo: Endereçamento

AO JUÍZO DE DIREITO DA .... VARA CÍVEL DA COMARCA DE ..../ ESTADO

2º Passo: Qualificação das partes

FULANO DE TAL, (estado civil), (profissão), (RG), (CPF), (endereço eletrônico), (endereço), através do advogado que a esta subscreve, constituído nos termos da procuração em anexo (doc. 01), vem a presença de vossa excelência, com fundamento nos artigos 303 e 304 do CPC, apresentar **PEDIDO DE TUTELA ANTECIPADA EM CARÁTER ANTECEDENTE** em face de BELTRANO, (estado civil), (profissão), (CPF), (endereço eletrônico), (endereço), de acordo com as razões de fato e de direito a seguir expostas:

3º Passo: Fundamentação

1. FATOS

2. DO DIREITO

A) DA PROBABILIDADE DO DIREITO

B) DO PERIGO DE DANO

4º Passo: Da indicação de utilização da tutela antecipada em caráter antecedente

3. DA TUTELA REQUERIDA EM CARÁTER ANTECEDENTE

Justifique que você está utilizando a ferramenta da tutela antecipada antecedente.

5º Passo: Requerimentos Finais

4. DOS REQUERIMENTOS

Diante do exposto, requer:

a) o deferimento de tutela antecipada em caráter antecedente, para determinar que a demandada ...;

b) a citação e intimação do réu para comparecimento em audiência de mediação ou conciliação;

c) a concessão de prazo de 15 dias ou outro maior fixado por este juízo, a fim de que a autora proceda com o aditamento da petição inicial, com a complementação da argumentação e juntada de novos argumentos.

6º Passo: Protesto pelas provas

Requer provar o alegado por todos os meios de provas em direito admitidos, em especial pelo depoimento pessoal, testemunhas, perícias e tudo quanto se fizer necessário para a efetivação da justiça!

7º Passo: Valor da causa

Dá-se à causa o valor de R$ .....

Aqui, especifique o valor.

8º Passo: Encerramento

Termos em que pede deferimento.

Local, data,

Advogado

OAB...

3. MODELO DE TUTELA DE URGÊNCIA DE NATUREZA CAUTELAR REQUERIDA EM CARÁTER ANTECEDENTE

Cautelar se presta à proteção. Proteção de **BENS, PESSOAS ou PROVAS** que corram risco de perecer.

As cautelares podem ser antecedentes ou incidentes. As últimas, serão formuladas como simples petições em processos em curso e não dependerão do recolhimento de novas custas.

A petição inicial da ação que visa à prestação de tutela cautelar em caráter antecedente indicará a lide e seu fundamento, a exposição sumária do direito que se objetiva assegurar e o perigo de dano ou o risco ao resultado útil do processo.

Caso entenda que o pedido acima tem natureza antecipada, o juiz observará o disposto no art. 303 do CPC.

O réu será citado para, no prazo de 5 (cinco) dias, contestar o pedido e indicar as provas que pretende produzir.

Não sendo contestado o pedido, os fatos alegados pelo autor presumir-se-ão aceitos pelo réu como ocorridos, caso em que o juiz decidirá dentro de 5 (cinco) dias.

Contestado o pedido no prazo legal, observar-se-á o procedimento comum.

Efetivada a tutela cautelar, o pedido principal terá de ser formulado pelo autor no prazo de 30 (trinta) dias, caso em que será apresentado nos mesmos autos em que deduzido o pedido de tutela cautelar, não dependendo do adiantamento de novas custas processuais.

O pedido principal pode ser formulado conjuntamente com o pedido de tutela cautelar.

A causa de pedir poderá ser aditada no momento de formulação do pedido principal.

Apresentado o pedido principal, as partes serão intimadas para a audiência de conciliação ou de mediação, na forma do art. 334, por seus advogados ou pessoalmente, sem necessidade de nova citação do réu.

Não havendo autocomposição, o prazo para contestação será contado na forma do art. 335 do CPC.

Cessa a eficácia da tutela concedida em caráter antecedente, se:

- o autor não deduzir o pedido principal no prazo legal;
- não for efetivada dentro de 30 (trinta) dias;
- o juiz julgar improcedente o pedido principal formulado pelo autor ou extinguir o processo sem resolução de mérito.

Se por qualquer motivo cessar a eficácia da tutela cautelar, é vedado à parte renovar o pedido, salvo sob novo fundamento.

O indeferimento da tutela cautelar não obsta a que a parte formule o pedido principal, nem influi no julgamento desse, salvo se o motivo do indeferimento for o reconhecimento de decadência ou de prescrição.

1º Passo: Endereçamento

AO JUÍZO DE DIREITO DA .... VARA CÍVEL DA COMARCA DE ..../ ESTADO

2º Passo: Qualificação das partes

FULANO DE TAL, (estado civil), (profissão), (RG), (CPF), (endereço eletrônico), (endereço), através do advogado que a esta subscreve, constituído nos termos da procuração em anexo (doc. 01), vem a presença de vossa excelência, com fundamento nos artigos 305 a 310 do CPC, apresentar **PEDIDO DE TUTELA CAUTELAR DE ....** em face de BELTRANO, (estado civil), (profissão), (RG), (CPF), (endereço eletrônico), (endereço), de acordo com as razões de fato e de direito a seguir expostas:

3º Passo: Fundamentação

1. FATOS

Traga, de forma clara, os principais pontos da demanda.

2. DO DIREITO

A) DA PROBABILIDADE DO DIREITO

Aqui, desenvolva o tópico. Recomendamos que você cite uma doutrina, bem como uma jurisprudência.

B) DO PERIGO DE DANO OU RISCO AO RESULTADO ÚTIL DO PROCESSO

3. CONCLUSÃO

O desfecho é muito importante para sua peça. Como destaca o CPC, da narração dos fatos deve decorrer logicamente à conclusão.

4º Passo: Requerimentos Finais

D) DOS PEDIDOS

Diante do exposto, requer:

a) Seja deferida a medida LIMINARMENTE, nos termos do artigo 300, § 2º do CPC;

b) Caso Vossa excelência entenda necessária, que seja designada audiência de justificação prévia;

c) a citação do requerido para, querendo, oferecer contestação no prazo de cinco dias;

d) efetivada a medida cautelar, o requerente irá apresentar o pedido principal, consoante o disposto no artigo 308, CPC.

5º Passo: Valor da causa

Dá-se à causa o valor de R$ ..... (correspondente ao valor do proveito econômico).

6º Passo: Protesto pelas provas

Requer provar o alegado por todos os meios de prova em direito admitidos, seja pelo depoimento pessoal, testemunhas, perícias e tudo quanto se fizer necessário para a efetivação da justiça!

7º Passo: Encerramento

Termos em que pede deferimento.

Local, data,

Advogado

OAB...

4. MODELO DE TUTELA CAUTELAR DE ARRESTO REQUERIDA EM CARÁTER ANTECEDENTE

1º Passo: Endereçamento

AO JUÍZO DE DIREITO .... VARA CÍVEL DA COMARCA DE ...../ ESTADO

2º Passo: Qualificação das partes

FULANO DE TAL, (estado civil), (profissão), (CPF), (endereço eletrônico), (endereço), através do advogado que a esta subscreve, constituído nos termos da procuração em anexo (doc. 01), vem a presença de vossa excelência, com fundamento nos artigos 305 a 310 do CPC, apresentar **PEDIDO DE MEDIDA CAUTELAR DE ARRESTO EM CARÁTER ANTECEDENTE** em face de BELTRANO, (estado civil), (profissão), (CPF), (endereço eletrônico), (endereço), de acordo com as razões de fato e de direito a seguir expostas:

3º Passo: Fundamentação

1. FATOS

Aqui, narre os pontos mais importantes da casuística concreta. Seja claro, conciso e coerente.

2. DO DIREITO

A) DA PROBABILIDADE DO DIREITO

A plausibilidade do direito do requerente é constatada na medida em que ... Desenvolva melhor esse tópico.

B) DO PERIGO DE DANO OU RISCO AO RESULTADO ÚTIL DO PROCESSO

4º Passo: Requerimentos Finais

D) DOS REQUERIMENTOS

Diante do exposto, requer:

a) Seja deferida a medida de arresto LIMINARMENTE, nos termos do artigo 300, § 2º do CPC;

b) Caso Vossa excelência entenda necessária, que seja designada audiência de justificação prévia;

c) a citação do requerido para, querendo, oferecer contestação no prazo de cinco dias;

d) efetivada a medida cautelar, o requerente irá apresentar o pedido principal no prazo de trinta dias, consoante o disposto no artigo 308, CPC.

5º Passo: Valor da causa

Dá-se à causa o valor de R$ ..... (correspondente ao valor da pretensão executiva).

6º Passo: Protesto pelas provas

Requer provar o alegado por todos os meios de prova em direito admitidos, seja pelo depoimento pessoal, testemunhas, perícias e tudo quanto se fizer necessário para a efetivação da justiça!

7º Passo: Encerramento

Termos em que pede deferimento.

Local, data,

Advogado

OAB...

5. MODELO DE TUTELA CAUTELAR DE SEQUESTRO REQUERIDA EM CARÁTER ANTECEDENTE

1º Passo: Endereçamento

AO JUÍZO DE DIREITO .... VARA DE XXX DA COMARCA DE ....../ ESTADO

2º Passo: Qualificação das partes

FULANO DE TAL, (estado civil), (profissão), (CPF), (endereço eletrônico), (endereço), através do advogado que a esta subscreve, constituído nos termos da procuração em anexo (doc. 01), vem a presença de vossa excelência, **com fundamento nos artigos 305 a 310 do CPC, apresentar PEDIDO DE MEDIDA CAUTELAR DE SEQUESTRO EM CARÁTER ANTECEDENTE** em face de BELTRANO, (estado civil), (profissão), (CPF), (endereço eletrônico), (endereço), de acordo com as razões de fato e de direito a seguir expostas:

3º Passo: Fundamentação

1. FATOS

2. DO DIREITO

A) DA PROBABILIDADE DO DIREITO

B) DO PERIGO DE DANO OU RISCO AO RESULTADO ÚTIL DO PROCESSO

4º Passo: Requerimentos Finais

D) DOS REQUERIMENTOS

Diante do exposto, requer:

a) seja deferida a medida LIMINARMENTE, nos termos do artigo 300, § 2º, CPC, com o sequestro dos XXX que estão na posse do requerido, entregando-os a requerente ou ao depositário nomeado por este juízo;

b) caso V. Exa entenda necessária, que seja designada audiência de justificação prévia;

c) a citação do requerido para, querendo, oferecer contestação no prazo de cinco dias;

d) efetivada a medida cautelar, o requerente irá apresentar o pedido principal no prazo de trinta dias, consoante o disposto no artigo 308, CPC.

5º Passo: Valor da causa

Dá-se à causa o valor de R$ ..... (correspondente ao valor dos bens sequestrados).

6º Passo: Protesto pelas provas

Requer provar o alegado por todos os meios de prova em direito admitidos, seja pelo depoimento pessoal, testemunhas, perícias e tudo quanto se fizer necessário para a efetivação da justiça!

7º Passo: Encerramento

Termos em que pede deferimento.

Local, data,

Advogado

OAB...

6. MODELO DE PEDIDO DE MEDIDA CAUTELAR DE BUSCA E APREENSÃO EM CARÁTER INCIDENTAL

As cautelares incidentais são formuladas no curso do processo. Como já dito, não dependem de custas. É importante registrar a comprovação dos seus requisitos, dispostos no art. 300 do CPC/15, quais sejam:

1º Passo: Endereçamento e menção ao número do processo em curso.

EXCELENTÍSSIMO SENHOR JUIZ DA ....A VARA DE FAMÍLIA DA COMARCA DE .... (CIDADE E ESTADO)

Proc. N. ....

2º Passo: Menção ao nome das partes, sem a qualificação completa.

FULANO DE TAL, qualificado nos autos do processo em epígrafe, movido em face de BELTRANO, também qualificado, através do advogado que a esta subscreve, vem à presença de vossa excelência, com fundamento nos artigos 294 e seguintes do CPC, requerer, em caráter incidental, **MEDIDA CAUTELAR DE BUSCA E APREENSÃO,** de acordos com as razões que a seguir passa a expor:

3º Passo: descrição dos FATOS e REQUISITOS ensejadores da tutela cautelar

DOS FATOS

DO DIREITO

4º Passo: Pedido

Sendo assim, com o objetivo de assegurar o seu direito, vem o requerente pleitear a competente medida de Busca e apreensão XXX, nos termos do artigo 301 e seguintes do CPC.

5º Passo: Encerramento

Termos em que pede deferimento.

Local, data

Advogado

OAB...

7. MODELO DE PETIÇÃO INICIAL

Ela é o primeiro ato do processo. Por meio dela, o autor levará suas pretensões ao Estado-juiz. A lei exige o preenchimento de requisitos para a sua construção. Ela é, portanto, um ato solene. Seus requisitos estão dispostos nos arts. 319 e 320 do CPC, senão vejamos:

A petição inicial indicará:

- o juízo a que é dirigida;

ENDEREÇAMENTO – COMPETÊNCIA

Com o inciso I, aponta-se o órgão competente para conhecer da ação, primeira dificuldade com que se defronta o advogado, pois nem sempre de fácil determinação.

Através do endereçamento será delimitada a competência. Regra geral, ela será endereçada ao juízo de primeiro grau, mas, lembre-se que, excepcionalmente, será encaminhada aos tribunais, nas causas da sua competência originária. Eis o que se visualiza no ajuizamento de uma ação rescisória, por exemplo.

- os nomes, os prenomes, o estado civil, a existência de união estável, a profissão, o número de inscrição no Cadastro de Pessoas Físicas ou no Cadastro Nacional da Pessoa Jurídica, o endereço eletrônico, o domicílio e a residência do autor e do réu[1];

1. Em demandas que visam à reintegração de posse, em casos como o de invasões de terras por integrantes do "Movimento dos Sem Terra", tem-se com razão dispensado a

QUALIFICAÇÃO – INDIVIDUALIZAÇÃO DAS PARTES

O inciso é muito mais moderno e completo quando comparado ao CPC/73. Passa-se a se exigir a declaração da existência da união estável, bem como CPFs ou CNPJs e *e-mails* das partes.

– o fato e os fundamentos jurídicos do pedido;

FATOS – HISTÓRIA DA VIDA QUE ENSEJOU O AJUIZAMENTO DA DEMANDA

Determina-se a causa de pedir não apenas com a indicação da relação jurídica de que se trata (propriedade, por exemplo), mas também com a indicação do respectivo fato gerador (aquisição da propriedade por compra e venda, por doação, por sucessão *mortis causa* etc.).

Adotou, assim, o Código, não a teoria da individualização (bastaria à indicação da relação jurídica correspondente, especialmente nas ações reais – causa de pedir imediata), mas a da substanciação (os fatos integram a causa de pedir – causa de pedir mediata, fática ou remota).

Exige-se a indicação do fundamento jurídico do pedido (propriedade, por exemplo), não a indicação do dispositivo legal correspondente.

Logo,

FUNDAMENTO LEGAL # FUNDAMENTO JURÍDICO

– **o pedido com as suas especificações;**

É um dos mais importantes requisitos da exordial.

Distingue-se o pedido imediato do mediato. O pedido imediato indica a natureza da providência solicitada: declaração, condenação, constituição, mandamento, execução. Pedido mediato é o bem da vida pretendido (quantia em dinheiro, bem que se encontra em poder do réu etc.).

Estudaremos o pedido com mais detalhes.

– **o valor da causa;**

O valor da causa, a que se refere o inciso V, pode ser importante para fins de determinação do órgão competente, do procedimento a ser observado, dos recur-

---

indicação do nome de cada um dos invasores, sendo a ação movida contra os invasores ou ocupantes, citando-se os líderes do movimento, ou todos, com o uso de megafone. É possível, ainda em outros casos, que o juiz haja de se contentar com a descrição física do réu e indicação do lugar em que se encontre.

sos cabíveis e do valor da taxa judiciária, das custas, da condenação em honorários advocatícios e multas.

O valor da causa é o "quanto representativo", precisado e estipulado pelo autor em moeda corrente nacional, ao tempo do ajuizamento da demanda, e atribuído na petição inicial, considerando-se, para sua fixação, regras ditadas no CPC ou fazendo-se sua estipulação criteriosamente, quando assim é facultado.

Vejamos:

De acordo com a disposição do art. 291 do CPC, a toda causa será atribuído valor certo, ainda que não tenha conteúdo econômico imediatamente aferível.

O artigo 292 do CPC/15 relaciona os valores da causa legais. Vejamos:

- na ação de cobrança de dívida, a soma monetariamente corrigida do principal, dos juros de mora vencidos e de outras penalidades, se houver, até a data de propositura da ação;
- na ação que tiver por objeto a existência, a validade, o cumprimento, a modificação, a resolução, a resilição ou a rescisão de ato jurídico, o valor do ato ou o de sua parte controvertida;
- na ação de alimentos, a soma de 12 (doze) prestações mensais pedidas pelo autor;
- na ação de divisão, de demarcação e de reivindicação, o valor de avaliação da área ou do bem objeto do pedido;
- na ação indenizatória, inclusive a fundada em dano moral, o valor pretendido;
- na ação em que há cumulação de pedidos, a quantia correspondente à soma dos valores de todos eles;
- na ação em que os pedidos são alternativos, o de maior valor;
- na ação em que houver pedido subsidiário, o valor do pedido principal.

Atenção!

Quando se pedirem prestações vencidas e vincendas, considerar-se-á o valor de umas e outras.

O valor das prestações vincendas será igual a uma prestação anual, se a obrigação for por tempo indeterminado ou por tempo superior a 1 (um) ano, e, se por tempo inferior, será igual à soma das prestações.

O juiz corrigirá, de ofício e por arbitramento, o valor da causa quando verificar que não corresponde ao conteúdo patrimonial em discussão ou ao proveito econômico perseguido pelo autor, caso em que se procederá ao recolhimento das custas correspondentes.

O réu poderá impugnar, em preliminar da contestação, o valor atribuído à causa pelo autor, sob pena de preclusão, e o juiz decidirá a respeito, impondo, se for o caso, a complementação das custas.

- as provas com que o autor pretende demonstrar a verdade dos fatos alegados;

Na petição inicial deverá o autor indicar de maneira especificada as provas que pretende demonstrar o fato constitutivo do seu direito alegado, não bastando requerer ou muito menos protestar genericamente pela 'produção de todos os meios de prova admitidos em direito. O réu, por sua vez, fará o mesmo na contestação.

- a opção do autor pela realização ou não de audiência de conciliação ou de mediação.

Eis um requisito novo. O autor terá de indicar se pretende ou não comparecer em audiência de conciliação ou mediação, a depender do caso.

NOTAS SOBRE A CITAÇÃO ELETRÔNICA

Com a edição da Lei 14.195/21, diversas alterações foram realizadas na dinâmica da citação, senão vejamos:

De acordo com o art. 246 do CPC, a citação será feita preferencialmente por meio eletrônico, no prazo de até 2 (dois) dias úteis, contado da decisão que a determinar, por meio dos endereços eletrônicos indicados pelo citando no banco de dados do Poder Judiciário, conforme regulamento do Conselho Nacional de Justiça.

As empresas públicas e privadas são obrigadas a manter cadastro nos sistemas de processo em autos eletrônicos, para efeito de recebimento de citações e intimações, as quais serão efetuadas preferencialmente por esse meio.

A ausência de confirmação, em até 3 (três) dias úteis, contados do recebimento da citação eletrônica, implicará a realização da citação:

- pelo correio;
- por oficial de justiça;
- pelo escrivão ou chefe de secretaria, se o citando comparecer em cartório;
- por edital.

Na primeira oportunidade de falar nos autos, o réu citado deverá apresentar justa causa para a ausência de confirmação do recebimento da citação enviada eletronicamente.

Nessa toada, considera-se ato atentatório à dignidade da justiça, passível de multa de até 5% (cinco por cento) do valor da causa, deixar de confirmar no prazo legal, sem justa causa, o recebimento da citação recebida por meio eletrônico.

As citações por correio eletrônico serão acompanhadas das orientações para realização da confirmação de recebimento e de código identificador que permitirá a sua identificação na página eletrônica do órgão judicial citante.

Dicas sintéticas

Caso não disponha das informações relativas à qualificação das partes, poderá o autor, na petição inicial, requerer ao juiz diligências necessárias à sua obtenção (art. 319, parágrafo 1º).

A petição inicial não será indeferida se, a despeito da falta de informações relacionadas à qualificação, for possível a citação do réu. Ademais, ela não será indeferida pelo não atendimento ao disposto acima se a obtenção de tais informações tornar impossível ou excessivamente oneroso o acesso à justiça.

Entendemos como superpositivas as disposições acima. O CPC/15, como já vimos, adotou o princípio da supremacia do julgamento de mérito.

EMENDA DA INICIAL

Nos termos do art. 321 do CPC, o juiz, ao verificar que a petição inicial não preenche os requisitos dos arts. 319 e 320 ou que apresenta defeitos e irregularidades capazes de dificultar o julgamento de mérito, determinará que o autor, no prazo de 15 (quinze) dias[2], a emende ou a complete, indicando com precisão o que deve ser corrigido ou completado.

Observe que o Código de ritos exige que o juiz indique o que deve ser emendado na peça inicial. Veda-se a ordem genérica de emenda.

Se ele for omisso, será cabível a oposição dos embargos de declaração.

EMENDA: VÍCIOS SANÁVEIS

PRAZO: 15 DIAS ÚTEIS

ANOTE!

Se o autor não cumprir a diligência, o juiz indeferirá a petição inicial.

Passemos a estudar o Pedido

PEDIDO – PRETENSÃO DO AUTOR

EIS O QUE ELE DESEJA

O pedido deve ser certo, ou seja, expresso[3].

Compreendem-se no principal os juros legais, a correção monetária e as verbas de sucumbência, inclusive os honorários advocatícios. Eis uma novidade que estava consolidada na jurisprudência. Essas hipóteses são conhecidas como pedidos implícitos.

---

2. No CPC/73 o prazo era de dez dias.
3. O antigo artigo 286 do CPC anterior trazia uma grande anomalia. Sinalizava que o pedido seria certo ou determinado.

O CPC/15 determina que a interpretação do pedido considerará o conjunto da postulação e observará o princípio da boa-fé. Dispositivo substancial e muito importante.

Reza o artigo 323 do CPC, que na ação que tiver por objeto cumprimento de obrigação em prestações sucessivas, essas serão consideradas incluídas no pedido, independentemente de declaração expressa do autor, e serão incluídas na condenação, enquanto durar a obrigação, se o devedor, no curso do processo, deixar de pagá-las ou de consigná-las.

O pedido deve ser determinado, ou seja, deve conter quantidade e qualidade.

É lícito, porém, formular pedido genérico:

- nas ações universais, se o autor não puder individuar os bens demandados;
- quando não for possível determinar, desde logo, as consequências do ato ou do fato;
- quando a determinação do objeto ou do valor da condenação depender de ato que deva ser praticado pelo réu.

O pedido será alternativo quando, pela natureza da obrigação, o devedor puder cumprir a prestação de mais de um modo (art. 325 do CPC).

Saliente-se que quando, pela lei ou pelo contrato, a escolha couber ao devedor, o juiz lhe assegurará o direito de cumprir a prestação de um ou de outro modo, ainda que o autor não tenha formulado pedido alternativo.

O CPC autoriza a formulação de mais de um pedido em ordem subsidiária, a fim de que o juiz conheça do posterior, quando não acolher o anterior.

É lícito formular mais de um pedido, alternativamente, para que o juiz acolha um deles. Esse fenômeno é chamado de cumulação alternativa de pedidos.

PEDIDO ALTERNATIVO # CUMULAÇÃO ALTERNATIVA

Vejamos as regras para a cumulação de pedidos, tema muito recorrente em prova e importante para a prática forense. É lícita a cumulação, em um único processo, contra o mesmo réu, de vários pedidos, ainda que entre eles não haja conexão.

São requisitos de admissibilidade da cumulação que:

- os pedidos sejam compatíveis entre si;
- seja competente para conhecer deles o mesmo juízo;
- seja adequado para todos os pedidos o tipo de procedimento.

IMPORTANTE!

Quando, para cada pedido, corresponder tipo diverso de procedimento, será admitida a cumulação se o autor empregar o procedimento comum, sem prejuízo do emprego das técnicas processuais diferenciadas previstas nos procedimentos especiais a que se sujeitam um ou mais pedidos cumulados, que não forem incompatíveis com as disposições sobre o procedimento comum.

Na obrigação indivisível, prevista no art. 328 do CPC, com pluralidade de credores, aquele que não participou do processo receberá sua parte, deduzidas as despesas na proporção de seu crédito.

Alterabilidade da demanda em síntese

O autor poderá[4]:

- até a citação, aditar ou alterar o pedido ou a causa de pedir, independentemente de consentimento do réu;
- até o saneamento do processo, aditar ou alterar o pedido e a causa de pedir, com consentimento do réu, assegurado o contraditório mediante a possibilidade de manifestação deste no prazo mínimo de 15 (quinze) dias, facultado o requerimento de prova suplementar.[5]

INDEFERIMENTO DA INICIAL

INDEFERIMENTO DA INICIAL – VÍCIOS INSANÁVEIS – SENTENÇA TERMINATIVA

O indeferimento está previsto nos artigos 330 e 331 do CPC.

PETIÇÃO INICIAL PODE CONTER UM VÍCIO INSANÁVEL (exemplo: ilegitimidade de parte).

Nesse caso, como o vício não pode ser regularizado, o JUIZ INDEFERIRÁ LIMINARMENTE a petição inicial, JULGANDO EXTINTO O PROCESSO, SEM RESOLUÇÃO DO MÉRITO. Ele aplicará o art. 485 do CPC.

O indeferimento importará na prolação de uma sentença, sendo o recurso cabível o de apelação, a ser interposto no prazo de quinze dias. Ao receber o recurso, o juiz poderá retratar-se, ou seja, poderá reformar a sua própria decisão e determinar a continuidade do processo, com a citação do requerido.

As hipóteses de indeferimento estão dispostas no art. 330, vejamos:

- for inepta;
- a parte for manifestamente ilegítima;
- o autor carecer de interesse processual;
- não atendidas as prescrições dos arts. 106 e 321.

---

4. Art. 329 do CPC.
5. Mesmas disposições se aplicam à reconvenção e à respectiva causa de pedir.

Considera-se inepta a petição inicial[6] quando:

- lhe faltar pedido ou causa de pedir;
- o pedido for indeterminado, ressalvadas as hipóteses legais em que se permite o pedido genérico;
- da narração dos fatos não decorrer logicamente a conclusão;
- contiver pedidos incompatíveis entre si.

Indeferida a petição inicial, o autor poderá apelar, facultado ao juiz, no prazo de 5 (cinco) dias, retratar-se.

Se não houver retratação, o juiz mandará citar o réu para responder ao recurso. Em observância a garantia constitucional do contraditório que foi agigantada na nova legislação.

Sendo a sentença reformada pelo tribunal, o prazo para a contestação começará a correr da intimação do retorno dos autos, observado o disposto no art. 334 do CPC/15.

Não interposto o recurso de apelação, o réu será intimado do trânsito em julgado da sentença. Eis mais uma novidade.

ANOTE!

Nas ações que tenham por objeto a revisão de obrigação decorrente de empréstimo, de financiamento ou de alienação de bens, o autor terá de, sob pena de inépcia, discriminar na petição inicial, dentre as obrigações contratuais, aquelas que pretende controverter, além de quantificar o valor incontroverso do débito. O valor incontroverso deverá continuar a ser pago no tempo e modo contratados.

IMPROCEDÊNCIA LIMINAR DO PEDIDO

IMPROCEDÊNCIA LIMINAR DO PEDIDO – SENTENÇA DEFINITIVA

Saliente-se, desde logo, que o instituto fora reformulado no novo texto. Ele recebeu novos contornos, senão vejamos.

Nos termos do art.332 do CPC, nas causas que dispensem a fase instrutória, o juiz, independentemente da citação do réu, julgará liminarmente improcedente o pedido que contrariar:

- enunciado de súmula do Supremo Tribunal Federal ou do Superior Tribunal de Justiça;
- acórdão proferido pelo Supremo Tribunal Federal ou pelo Superior Tribunal de Justiça em julgamento de recursos repetitivos;

---

6. No CPC/73 seria inepta a inicial quando formulado pedido juridicamente impossível.

- entendimento firmado em incidente de resolução de demandas repetitivas ou de assunção de competência;
- enunciado de súmula de tribunal de justiça sobre direito local.

Observe-se que o juiz também poderá julgar liminarmente improcedente o pedido se verificar, desde logo, a ocorrência de decadência ou de prescrição. No CPC anterior, de forma equivocada, mesma hipótese dava espaço para o indeferimento da petição inicial.

Não interposta à apelação, o réu será intimado do trânsito em julgado da sentença, nos termos do art. 241.

Interposta a apelação, o juiz poderá retratar-se em 5 (cinco) dias.

Se houver retratação, o juiz determinará o prosseguimento do processo, com a citação do réu, e, se não houver retratação, determinará a citação do réu para apresentar contrarrazões, no prazo de 15 (quinze) dias.

AUDIÊNCIA DE CONCILIAÇÃO OU DE MEDIAÇÃO

AUDIÊNCIA DE AUTOCOMPOSIÇÃO – PASSA A SER A REGRA GERAL DO PROCEDIMENTO COMUM

A audiência de autocomposição está prevista no art. 334 do CPC.

Desataca-se que se a petição inicial preencher os requisitos essenciais e não for o caso de improcedência liminar do pedido, o juiz designará audiência de conciliação ou de mediação com antecedência mínima de 30 (trinta) dias, devendo ser citado o réu com pelo menos 20 (vinte) dias de antecedência.

O conciliador ou mediador, onde houver, atuará necessariamente na audiência de conciliação ou de mediação, levando em consideração às disposições do CPC, bem como as disposições da lei de organização judiciária.

Observe-se que poderá haver mais de uma sessão destinada à conciliação e à mediação, não podendo exceder a 2 (dois) meses da data de realização da primeira sessão, desde que necessárias à composição das partes.

Vale lembrar ainda que a intimação do autor para a audiência será feita na pessoa de seu advogado.

CUIDADO!

A audiência não será realizada:

- se ambas as partes manifestarem, expressamente, desinteresse na composição consensual;
- quando não se admitir a autocomposição. Observe-se que o legislador não fez referência aos direitos indisponíveis, uma vez que há direitos indisponíveis que admitem autocomposição. P.ex.: alimentos.

Ademais, o autor deverá indicar, na petição inicial[7], seu desinteresse na autocomposição, e o réu deverá fazê-lo, por petição, apresentada com 10 (dez) dias de antecedência, contados da data da audiência.

ATENÇÃO MÁXIMA!

Havendo litisconsórcio, o desinteresse na realização da audiência deve ser manifestado por todos os litisconsortes.

– Sabrina, é verdadeira a informação acima?
– Sim! Questionável, porém verdadeira.

A audiência de conciliação ou de mediação pode realizar-se por meio eletrônico, nos termos da Lei 11.419/06.

O não comparecimento injustificado do autor ou do réu à audiência de conciliação é considerado ato atentatório à dignidade da justiça e será sancionado com multa de até dois por cento da vantagem econômica pretendida ou do valor da causa, revertida em favor da União ou do Estado.

Não esqueça que as partes devem estar acompanhadas por seus advogados ou defensores públicos. A lei impede que as partes compareçam sozinhas nessa audiência preliminar do art. 334. Prestigia-se o chamado debate qualificado.

No entanto, a parte poderá constituir representante, por meio de procuração específica, com poderes para negociar e transigir.

A autocomposição obtida será reduzida a termo e homologada por sentença. Trata-se de sentença definitiva.

A pauta das audiências de conciliação ou de mediação será organizada de modo a respeitar o intervalo mínimo de 20 (vinte) minutos entre o início de uma e o início da seguinte.

1º passo: Endereçamento

AO JUÍZO DE DIREITO .... VARA DE XXX DA COMARCA DE ....../ ESTADO

2º Passo: Qualificação das partes

FULANO DE TAL, (estado civil), (profissão), (CPF), (endereço eletrônico), (endereço), através do advogado que a esta subscreve, constituído nos termos da

7. Eis um requisito que está presente no art. 319 do CPC.

procuração em anexo (doc. 01), vem a presença de vossa excelência, propor AÇÃO INDENIZATÓRIO (POR EXEMPLO) em face de BELTRANO, (estado civil), (profissão), (CPF), (endereço eletrônico), (endereço), de acordo com as razões de fato e de direito a seguir expostas:

3º passo: verificação da necessidade de abrir os seguintes tópicos

1. DA CONCESSÃO DOS BENEFÍCIOS DA GRATUIDADE JUDICIÁRIA,

2. DE PRIORIDADE DE TRAMITAÇÃO

4º Passo: Fundamentação

3. FATOS

4. DO DIREITO

5º Passo: Requerimentos Finais

5. DOS REQUERIMENTOS

Diante do exposto, requer:

a) seja concedida a gratuidade judiciária, nos moldes da lei, em vigor;

b) siga o processo em prioridade de tramitação;

c) a designação de audiência de conciliação;

d) seja concedido do Pedido de tutela antecipada tal..., ante a prova do direito urgente e da demonstração do perigo da demora, a qual deve ser viabilizada liminarmente e ratificada por sentença;

e) sejam os pedidos (especifique-os) julgados procedentes a fim de que...

f) seja o réu citado e intimado para comparecer à audiência de autocomposição e, se não for bem-sucedida, oferecer resposta, no prazo de 15 dias, nos moldes do art. 336, sob pena de revelia;

g) seja intimado o Ministério Público (nas hipóteses de sua intervenção obrigatória);

h) Requer, ainda, a condenação do réu no pagamento das custas e condenação em honorários advocatícios sucumbenciais, nos moldes do art. 85 do CPC;

6º Passo: Protesto pelas provas

Protesta provar o alegado por todos os meios de prova em direito admitidos, seja pelo depoimento pessoal, testemunhas, perícias e tudo quanto se fizer necessário para a efetivação da justiça!

7º Passo: Valor da causa

Dá-se à causa o valor de R$ .....

8º Passo: Encerramento

Termos em que pede deferimento.

Local, data,

Advogado

OAB...

8. MODELO DE QUALIFICAÇÃO DE PESSOA JURÍDICA – SOCIEDADE EMPRESÁRIA

Empresa X, pessoa jurídica de direito privado, com sede na cidade de... (endereço completo), inscrita no CNPJ/MF sob o nº..., neste ato representada por seu administrador fulano de tal (obs.: o administrador receberá qualificação completa conforme modelo geral de pessoa natural), conforme contrato social anexo (ATENÇÃO! A referência a contrato social deverá ser utilizada se a pessoa jurídica for sociedade limitada. Em se tratando de sociedade anônima deve-se utilizar a expressão "estatuto social"), por seu advogado devidamente constituído...

9. MODELO DE AÇÃO DE OBRIGAÇÃO DE FAZER COM PEDIDO DE TUTELA ANTECIPADA

Ação de procedimento comum que visa a obtenção de tutela para que o réu seja compelido a cumprir uma obrigação de fazer.

1º Passo: Endereçamento

EXCELENTÍSSIMO SENHOR JUIZ DE DIREITO DA VARA CÍVEL DA COMARCA DE XX/ XX

2º Passo: Qualificação das partes

FULANO DE TAL, (Qualificação), através do advogado que a esta subscreve, e-mail..., com escritório profissional situado na (endereço completo), onde receberá intimações, vem a presença de vossa excelência, com fundamento nos artigos 319, 300 e 497 do CPC, c/c artigo 84, CDC, propor **AÇÃO DE OBRIGAÇÃO DE FAZER COM PEDIDO DE TUTELA ANTECIPADA,** em face de BELTRANO, (Qualificação completa), nos seguintes termos:

3º Passo: Fundamentação

FATOS

Aqui, traga de forma clara os principais pontos da casuística concreta do cliente.

DO DIREITO

Aqui, traga a lei, doutrina e jurisprudência.

DA TUTELA ANTECIPADA

Probabilidade do direito

Do perigo de dano

4º Passo: Pedidos

DOS PEDIDOS

Diante do exposto, requer:

a) Seja deferida a TUTELA ANTECIPADA, de modo que o réu seja condenado em obrigação de fazer, consistente na xxx, sob pena de multa diária, a ser prudentemente fixada por este mm. Juízo, nos termos do artigo 84, par. 4º, do Código de defesa do consumidor (Lei 8.078/90) c/c artigo 497 do CPC;

b) Caso V. Exa. entenda necessária, que seja designada audiência de justificação prévia do CPC;

c) a citação do réu para, querendo, comparecer à audiência e não obtida a conciliação, oferecer resposta, sob pena de revelia;

d) AO FINAL, seja a ação julgada procedente, com a confirmação da tutela antecipada e condenação do réu nas custas processuais e honorários advocatícios.

5º Passo: Protesto pelas provas

Protesta provar o alegado por todos os meios de prova em direito admitidos, seja pelo depoimento pessoal, testemunhas, perícias e tudo quanto se fizer necessário para a efetivação da justiça!

6º Passo: Valor da causa

Dá-se à causa o valor de R$ ..... (correspondente ao valor dos bens sequestrados).

7º Passo: Encerramento

Termos em que pede deferimento.

Local, data,

Advogado

OAB...

10. MODELO DE AÇÃO DE REPARAÇÃO DE DANO SOFRIDO EM ACIDENTE DE VEÍCULOS

Tal ação tem por escopo a reparação de danos causados em razão de acidentes de veículos. Atente-se à competência territorial. Tal demanda será proposta no local do acidente ou foro do domicílio da vítima, nos termos do art. 53 do CPC.

1º Passo: Endereçamento

EXCELENTÍSSIMO SENHOR JUIZ DE DIREITO DA... VARA CÍVEL DA COMARCA DE...

2º Passo: Qualificação das partes

FULANO DE TAL, (Qualificação completa), através do advogado que a esta subscreve, e-mail..., com escritório profissional situado na (endereço completo), onde receberá intimações, vem a presença de vossa excelência, com fundamento nos artigos 319 do CPC e 186 do CC/02, propor **AÇÃO DE REPARAÇÃO DE DANOS SOFRIDOS EM ACIDENTE DE VEÍCULOS**, em face de BELTRANO, (Qualificação completa), nos seguintes termos:

3º Passo: Fundamentação

FATOS

Como já sinalizamos, narre com clareza e precisão

DO DIREITO

4º Passo: Pedido de tutela antecipada

DA TUTELA ANTECIPADA

a) Probabilidade do direito

A plausibilidade do direito do demandante é constatada na medida em que...

b) Do perigo de dano

Por sua vez, o perigo dano resta evidenciado, na medida em que a XXX

Sendo assim, cumpridos os requisitos legais, torna-se necessária a concessão de tutela antecipada para determinar ...

5º Passo: Pedidos

DOS PEDIDOS

Diante do exposto, requer:

a) Seja deferida a TUTELA ANTECIPADA, de modo que o réu seja condenado a...

b) Caso V. Exa. entenda necessária, que seja designada audiência de justificação prévia do CPC;

c) a citação do réu para, querendo, comparecer à audiência e não obtida a conciliação, oferecer resposta, sob pena de revelia;

d) a designação de audiência de conciliação;

d) AO FINAL, seja a ação julgada procedente, com a confirmação da tutela antecipada e condenação do réu nas custas processuais e honorários advocatícios.

6º Passo: Protesto pelas provas

Protesta provar o alegado por todos os meios de provas em direito admitidos, em especial pelo depoimento pessoal, testemunhas, perícias e tudo quanto se fizer necessário para a efetivação da justiça!

7º Passo: Valor da causa

Dá-se à causa o valor de R$ ...

Termos em que pede deferimento.

Local, data,

Advogado...

OAB...

11. MODELO DE AÇÃO DE IMISSÃO DE POSSE

A ação de imissão de posse, de natureza petitória, é demanda que tem por objetivo conceder ao interessado a posse de seu bem, a qual lhe tenha sido retirada. Ela é cabível pelo proprietário, o qual adquiriu a legítima propriedade e requer a posse que nunca teve. Não se confunde com as possessórias. Atenção! Se a parte requerer a possessória quando cabe a petitória será caso típico de inercia da inicial.

1º passo: Endereçamento

EXCELENTÍSSIMO SENHOR DOUTOR JUIZ DA .... VARA CÍVEL DA COMARCA DE......./ESTADO

2º passo: Qualificação das partes

FULANO DE TAL, (estado civil), (profissão), (CPF), (endereço eletrônico), (endereço), através do advogado que a esta subscreve, constituído nos termos da procuração em anexo (doc. 01), vem a presença de vossa excelência, com fundamento no artigo 1.228 do CC, propor **AÇÃO DE IMISSÃO DE POSSE** em face de BELTRANO, (estado civil), (profissão), (CPF), (endereço eletrônico), (endereço), de acordo com as razões de fato e de direito a seguir expostas:

3º passo: Exposição dos fatos:

1. DOS FATOS

1. O Requerente é legítimo proprietário de um imóvel situado nesta cidade, na ...;

2. A aquisição se deu através de regular contrato de compra e venda, celebrado na data tal, com escritura pública lavrada e registrada no ... cartório de registro de imóveis desta cidade...;

3. Não obstante, fato é que o requerente se viu impedido de tomar posse no referido imóvel, haja vista que nele se estabeleceu o demandado desde a data ....., afirmando que não sairá, pois, apesar de saber que não é dono da coisa, não tem para onde ir e, por isso, ali permanecerá;

4. Assim, não restou outra alternativa ao requerente senão vir a este juízo postular o que entende de direito.

4º passo: Exposição do direito.

2. DO DIREITO

O art. 1.228 do Código Civil é claro no sentido de apontar os poderes inerentes do direito de propriedade, ao aduzir que o proprietário tem a faculdade de usar, gozar e dispor da coisa, e o direito de reavê-la do poder de quem quer que injustamente a possua ou detenha.

É o que ocorre nos autos: De um lado, o requerente é proprietário do bem em questão; por outro lado, a posse injusta do réu, aliada à má-fé, negando a desocupar o imóvel, vem causando sérios danos de difícil reparação, no sentido de que o requerente está impedido de adentrar ao imóvel que adquiriu de forma legítima.

Destarte mostra-se perfeitamente cabível o manejo da ação de imissão de posse para o caso em tela.

5º passo: Pedido de tutela de urgência de natureza antecipada.

3. DA TUTELA DE URGÊNCIA

Após adquirir o imóvel objeto da presente demanda, o demandante se desfez do imóvel que anteriormente possuía, de modo que, agora, não tem para onde ir.

Destarte, considerando que a demora na prestação jurisdicional poderá ocasionar dano irreparável ao demandante, é mister que seja concedida a tutela de urgência de natureza antecipada para determinar a sua imediata imissão na posse, visto que devidamente presentes a probabilidade do direito e o perigo de dano ou o risco ao resultado útil do processo, nos termos do artigo 300, CPC.

6º passo: Pedidos

4. DOS PEDIDOS

Diante do exposto, requer:

a) A concessão da tutela de urgência de natureza antecipada, assegurando o autor de prejuízo iminentes, determinando-se a expedição de mandado de imissão de posse, com o devido reforço policial, acaso necessário;

b) A designação de audiência de mediação ou conciliação;

c) Ao final, a procedência do pedido, com a confirmação da tutela de urgência de natureza antecipada e condenação do requerido nas custas processuais e honorários advocatícios.

7º passo: Protesto pelas provas

Protesta provar o alegado por todos os meios de prova em direito admitidos, seja pelo depoimento pessoal, documentos, testemunhas, perícias e tudo que se fizer necessário para a efetivação da justiça.

8º passo: Valor da causa.

Dá-se à causa o valor de R$.... (valor do imóvel).

9º passo: Encerramento.

Nestes termos, pede deferimento.

Local, data

Advogado

12. MODELO DE AÇÃO DE NUNCIAÇÃO DE OBRA NOVA

Nunciação de obra nova é demanda que tem por objetivo a tutela de proteção aos direitos que estão dispostos nos artigos 1301, 1302, 1311 e 1312 do Código Civil de 2002. No CPC/73 ela era regulada como procedimento especial. No entanto, no CPC/15 ela segue o procedimento comum, que, como vimos, é o procedimento padrão do CPC.

1º passo: Endereçamento

EXCELENTÍSSIMO SENHOR DOUTOR JUIZ DA .... VARA CÍVEL DA COMARCA DE......./ESTADO

2º passo: Qualificação das partes

FULANO DE TAL, (estado civil), (profissão), (CPF), (endereço eletrônico), (endereço), através do advogado que a esta subscreve, constituído nos termos da procuração em anexo (doc. 01), vem a presença de vossa excelência, com fundamento nos artigos 1.277 e seguintes do Código Civil, propor **AÇÃO DE NUNCIAÇÃO DE OBRA NOVA** em face de BELTRANO, (estado civil), (profissão), (CPF), (endereço eletrônico), (endereço), de acordo com as razões de fato e de direito a seguir expostas:

3º passo: Exposição dos fatos:

1. DOS FATOS

1. O nunciante é proprietário de prédio residencial localizado no Bairro...

2. O prédio vizinho ao seu é de propriedade do nunciado, o qual reside sozinho.

3. Há três meses, o nunciado iniciou a construção de um anexo nos fundos de seu terreno.

4. Ocorre que, ao invés de implantar novos alicerces para a estrutura, aproveitou antigas colunas que faziam parte do terreno, tornando temerária a construção, a qual ameaça cair sobre o prédio de do nunciante, pelo que não restou outra alternativa senão vir a este juízo requerer o que entende de direito.

4º passo: Exposição do direito.

2. DO DIREITO

5. A ação de nunciação de obra nova poderá ser utilizada pelo proprietário, a fim de impedir que a edificação de obra nova em imóvel vizinho lhe prejudique o prédio, suas servidões ou fins a que é destinado;

6. A utilização do instrumento em questão apoia-se no direito de vizinhança, previsto nos artigos 1.277 e seguintes do Código Civil, relativamente ao uso anormal da propriedade.

7. É o que se verifica no caso narrado. Ora, conforme mencionado alhures, o nunciante é proprietário de imóvel que corre o sério risco de danificação em virtude de má- execução da obra que está sendo realizada no prédio vizinho.

8. Destarte, mostra-se perfeitamente cabível o manejo deste instrumento jurídico para o caso em tela.

5º passo: Pedido de tutela de urgência de natureza antecipada.

3. DA TUTELA DE URGÊNCIA

Considerando que a demora na prestação jurisdicional poderá ocasionar dano irreparável ao demandante, é mister que seja concedida a tutela de urgência de natureza antecipada para determinar a imediata paralisação da obra nova, visto que devidamente presentes a probabilidade do direito e o perigo de dano ou o risco ao resultado útil do processo, nos termos do artigo 300, CPC.

6º passo: Pedidos

4. DOS PEDIDOS

Diante do exposto, requer:

a) O deferimento de tutela de urgência, no sentido de que a obra seja embargada, com a consequente suspensão, cominando-se multa para o caso de descumprimento do preceito;

b) Seja o réu citado para comparecer à audiência de mediação ou conciliação;

c) Ao final, a procedência do pedido contido na ação, com a confirmação da tutela inicialmente deferida e condenação do requerido a proceder com as alterações necessárias para o ajuste da obra;

d) A condenação do requerido nas custas processuais e honorários advocatícios.

7º passo: Protesto pelas provas

Protesta provar o alegado por todos os meios de prova em direito admitidos, seja pelo depoimento pessoal, documentos, testemunhas, perícias e tudo que se fizer necessário para a efetivação da justiça.

8º passo: Valor da causa.

Dá-se à causa o valor de R$.... (valor dos prejuízos).

9º passo: Encerramento.

Nestes termos, pede deferimento.

Local, data

Advogado...

OAB...

13. MODELO DE AÇÃO DE USUCAPIÃO URBANA

A ação de usucapião urbana pode ser definida como demanda que ter por objetivo permitir ao autor a obtenção da propriedade em razão do exercício efetivo da posse de bens móveis ou imóveis em decorrência da utilização e fruição do bem do bem por tempo contínuo e de forma inconteste.

1º Passo: Endereçamento

EXCELENTÍSSIMO SENHOR JUIZ DA VARA CÍVEL DA COMARCA DE SALVADOR/BAHIA

2º Passo: Qualificação das partes

FULANO DE TAL, (estado civil), (profissão), (CPF), (endereço eletrônico), (endereço), através do advogado que a esta subscreve, constituído nos termos da procuração em anexo (doc. 01), vem a presença de vossa excelência, com fundamento nos artigos com fundamento no art. 183 da Constituição Federal de 1988, Art. 1.240 do Código Civil, na lei 10.257/01 e nos Artigos 318 e seguintes do CPC, propor a presente **AÇÃO DE USUCAPIÃO URBANA** em face de BELTRANO, (estado civil), (profissão), (CPF), (endereço eletrônico), (endereço), de acordo com as razões de fato e de direito a seguir expostas:

3º Passo: Fundamentação

A) FATOS:

1. O requerente é possuidor do imóvel ...., localizado na ...., nº..., nesta cidade, desde.... (data), totalizando um prazo de mais de 5 (cinco) anos;

2. O referido imóvel está localizado em área urbana e possui extensão inferior a 250 metros quadrados;

3. A propriedade do imóvel está registrada no nome do réu, tendo as seguintes confrontações: À direita, com a propriedade de número....., endereço....; À esquerda, com a propriedade de número...., endereço..; Aos fundos, com a propriedade de número...., endereço..., tudo conforme especificado na planta do imóvel que segue em anexo;

4. Desde que o autor fora investido na posse, utilizou-se do referido imóvel, como se dono fosse, para moradia do grupo familiar;

5. A posse sempre fora exercida de forma mansa e pacífica, de modo que nenhum ato de oposição fora apresentado durante todo esse tempo;

6. Ressalte-se, por fim, que o autor não possui a propriedade de outro imóvel, seja ele rural ou urbano;

B) DIREITO:

7. O Código Civil, em seu artigo 1.240, consubstancia a regra segundo a qual *"Art. 1.240. Aquele que possuir, como sua, área urbana de até duzentos e cinquenta metros quadrados, por cinco anos ininterruptamente e sem oposição, utilizando-a para sua moradia ou de sua família, adquirir-lhe-á o domínio, desde que não seja proprietário de outro imóvel urbano ou rural."*

8. Ressalte-se que o autor preenche todos os requisitos citados no dispositivo em questão (*posse mansa e ininterrupta/ por cinco anos/ de imóvel urbano com dimensão inferior a 250 metros quadrados/ pra moradia/ sem propriedade de outro imóvel)*, conforme mencionado nos fatos narrados;

9. Sendo assim, é forçoso reconhecer o direito de que lhe seja declarada propriedade, ante a existência de usucapião, por ser medida de justiça

4º Passo: Pedidos

C) DOS PEDIDOS

Diante de todo o exposto, requer:

a) Seja citado o réu, em cujo nome está registrada a propriedade do imóvel, para que compareça à audiência de mediação ou conciliação;

b) Sejam citados os confinantes, nos endereços constantes das especificações acima referidas;

c) A intimação dos representantes judiciais da fazenda pública Federal, estadual e municipal, para que manifestem interesse na causa;

d) A intimação do representante do Ministério Público para acompanhar o feito na condição de fiscal da ordem jurídica;

e) Ao final, a procedência dos pedidos contidos na ação, com a consequente expedição de mandado para a transcrição da sentença junto ao cartório de registro de imóveis.

5º Passo: Protesto pelas provas

Protesta provar o alegado por todos os meios de provas em direito admitidos, em especial pelo depoimento pessoal, testemunhas, perícias e tudo quanto se fizer necessário para a efetivação da justiça!

6º Passo: Valor da causa

Dá-se à causa o valor de .... (valor do imóvel)

7º Passo: Encerramento

Nestes termos, pede deferimento.

Local, data

Advogado...

OAB...

14. MODELO DE AÇÃO DE EVICÇÃO

A ação de evicção é demanda de procedimento comum. Ela permite que o adquirente de coisa certa possa exigir do alienante o preço, a indenização e as despesas, bem como a quantia relativa aos danos sofridos, em razão de ter sido privado, após adquirir a coisa e dela tiver sido privado, no todo ou em parte, por decisão judicial que conferiu a outrem essa coisa adquirida.

Vejamos a sua estrutura.

1º Passo: Endereçamento

EXCELENTÍSSIMO SENHOR JUIZ DA VARA CÍVEL DA COMARCA DE ... / ESTADO (EXEMPLO)

2º Passo: Qualificação das partes

FULANO DE TAL, (Qualificação completa), através do advogado que a esta subscreve, devidamente constituído através de procuração anexa, e-mail..., com escritório profissional situado na (endereço completo), onde receberá intimações (art. 287, CPC/2015), vem a presença de vossa excelência, com fundamento no artigo 319 do CPC, c/c art. 447 e ss do Código Civil, propor **AÇÃO DE EVICÇÃO**, em face de BELTRANO, (Qualificação completa), nos seguintes termos:

3º Passo: Fundamentação

1. FATOS

Fulano, já qualificado acima, adquiriu bem.... de marca tal em tal data...

Ocorre que após a referida aquisição, foi surpreendido com a apreensão do mesmo...

2. DO DIREITO

4º Passo: Pedidos

3. DOS PEDIDOS

A vista do exposto requer a citação do réu, a fim de que, querendo compareça a audiência de autocomposição e não obtido êxito, conteste no prazo legal.

Declara o autor, para os devidos fins, que tem interesse no comparecimento da audiência de autocomposição;

Requer a procedência da ação, a fim de que seja o réu condenado pela evicção do mencionado..., mediante o ressarcimento do valor efetivamente recebido, atualizado monetariamente até o efetivo pagamento, juros, custas processuais e honorários advocatícios que forem arbitrados por esse MM. Juízo.

5º Passo: Protesto pelas provas

Protesta-se por provar o alegado pelos meios de provas admitidas pelo Direito, notadamente o depoimento pessoal do suplicado, sob pena de confissão, caso não compareça ou comparecendo se recuse a depor, inquirição de testemunhas, juntada, requisição e exibição de documentos.

6º Passo: Valor da causa

Dá-se à causa o valor de ....

8º Passo: Encerramento

Termos em que pede deferimento.

Local, data,

Advogado...

OAB...

15. MODELO DE AÇÃO PAULIANA

Sigamos!

A ação Pauliana é demanda de procedimento comum, que tem por objetivo permitir que credores que tenham a intenção de anular negócio jurídico feito por devedores insolventes com bens que seriam utilizados para quitação de débitos contraídos por um devedor ou devedores. Sua finalidade é resguardar e tornar eficaz regra através da qual o patrimônio do devedor constitui uma garantia real das obrigações. Evita-se, por conseguinte, que o autor do processo tenha como ônus provas muito difíceis.

1º Passo: Endereçamento

EXCELENTÍSSIMO SENHOR JUIZ DA VARA CÍVEL DA COMARCA DE ... / ESTADO (EXEMPLO)

2º Passo: Qualificação das partes

FULANO DE TAL, (Qualificação completa), através do advogado que a esta subscreve, devidamente constituído pelo instrumento procuratório anexo, e-mail..., com escritório profissional situado na (endereço completo), onde receberá intimações (art. 287 CPC/2015), vem à presença de vossa excelência, com fundamento no artigo 319 do CPC, c/c art. 158 do CC, propor AÇÃO PAULIANA, em face de BELTRANO, (Qualificação completa), nos seguintes termos:

3º Passo: Fundamentação

1. FATOS

Trata-se de demanda que tem por objeto...

O devedor, de forma descabida...

2. DO DIREITO

7. Preceitua o artigo 158 do Código Civil Brasileiro, in verbis:

"Os atos de transmissão gratuita de bens, ou remissão de dívida, quando os pratique o devedor já insolvente, ou por eles reduzido à insolvência, poderão ser anulados pelos credores quirografários como lesivos dos seus direitos."

4º Passo: Pedidos

4. DOS PEDIDOS

Face ao exposto, requer que se digne Vossa Excelência em determinar a expedição de mandado para a citação do réu, no endereço fornecido, para que, no prazo legal, compareça à audiência de autocomposição. Não obtido acordo, que, querendo conteste no prazo legal.

Declara o autor, para os devidos fins que tem interesse em comparecer à audiência de autocomposição;

Requer que a demanda seja julgada procedente, ao fim de anular a escritura pública de doação, lavrada pelo... Tabelião de..., às fls..., do livro..., bem como a respectiva matrícula, sob nº..., no Registro de Imóveis da... Circunscrição da Capital,

Roga a condenação do réu ao pagamento das custas, honorários e demais cominações legais.

5º Passo: Protesto pelas provas

Protesta-se por provar o alegado por todos os meios de provas admitidas pelo Direito, em especial...

6º Passo: Valor da causa

Dá-se à causa o valor de ....

7º Passo: Encerramento

Termos em que pede deferimento.

Local, data,

Advogado...

OAB...

16. MODELO DE AÇÃO DE REPETIÇÃO DE INDÉBITO

A demanda de repetição de indébito tem por escopo permitir ao autor o ressarcimento, a devolução de valores cobrados indevidamente. O devedor, por seu turno, tornar-se-á credor. Vale observar as disposições constantes nos artigos 319 e 320 do CPC bem como arts. 884 e 885 do CC/02.

1º passo: endereçamento

EXCELENTÍSSIMO SENHOR DOUTOR JUIZ DE DIREITO DA VARA CÍVEL ... DA COMARCA DE...

2º passo: qualificação das partes

FULANO, nacionalidade..., estado civil..., profissão..., inscrito no CPF sob o nº..., residente na (endereço completo), e-mail, por seu advogado infra-assinado, conforme procuração anexada (doc.), vem respeitosamente à presença de Vossa Excelência, ajuizar a presente **AÇÃO DE REPETIÇÃO DE INBÉTIDO CUMULADA COM REPARAÇÃO DOS DANOS** em face de BELTRANO, nacionalidade..., estado civil..., profissão..., inscrito no CPF sob o nº ..., residente e domiciliado na... (endereço completo), com fundamento nos artigos 42 do CDC e 319 do Código de Processo Civil, pelos fundamentos de fato e de direitos a seguir aduzidos:

3º passo: fundamentos

DOS FATOS

DO DIREITO

4º passo: pedidos

Ante o exposto, requer:

O deferimento dos benefícios da gratuidade judiciária, na forma da Lei;
A citação do réu para, querendo, comparecer à audiência e, não obtido êxito, apresentar defesa, sob pena de revelia;

Declara o autor, para os devidos fins, que tem interesse em comparecer à audiência de autocomposição;

No mérito, a incidência do CDC, invertendo-se o ônus da prova para, ao final, dar PROCEDÊNCIA TOTAL à Ação para condenar a promovida ao pagamento de INDENIZAÇÃO PELOS DANOS ... no valor de ..., tendo em vista os danos ...

A REPETIÇÃO DO INDÉBITO do valor de ..., referentes ao dobro do montante cobrado pelo réu e pago, injustificadamente, pela autora, somando-se a esta quantia juros e correção monetária, na forma do §único do Art. 42 do CDC;

A condenação do réu ao pagamento de custas e honorários advocatícios. Nos moldes preconizados no art. 85 do CPC.

5º passo: indicação dos meios de prova

Protesta provar o alegado por todos os meios de prova em direito admitidos, especialmente por prova testemunhal, depoimento pessoal, prova documental e pericial.

6º passo: valor da causa

Dá-se à causa o valor de R$... (valor por extenso), para todos os efeitos legais.

7º passo: encerramento

Termos em que,

Pede deferimento.

Local, data e ano.

Advogado...

OAB...

17. MODELO DE AÇÃO DE PREEMPÇÃO

Trata-se de demanda que permite à pessoa que tem o direito de preferência de compra do bem de obrigar o vendedor a atender a esta preferência. O fundamento é encontrado no artigo 33 da lei 8245/91 e 319 do CPC.

1º passo: endereçamento

EXCELENTÍSSIMO SENHOR DOUTOR JUIZ DE DIREITO DA VARA CÍVEL ... DA COMARCA DE...

2º passo: qualificação das partes

FULANO, nacionalidade..., estado civil..., profissão..., inscrito no CPF sob o nº..., residente na (endereço completo), e-mail, por seu advogado infra-assinado, conforme procuração anexada (doc.), vem respeitosamente à presença de Vossa Excelência, ajuizar a presente **AÇÃO DE PREEMPÇÃO** em face de BELTRANO, nacionalidade..., estado civil..., profissão..., inscrito no CPF sob o nº..., residente e domiciliado na... (endereço completo), com fundamento nos artigos 33 da lei 8245/91 e 319 do Código de Processo Civil, pelos fundamentos de fato e de direitos a seguir aduzidos:

3º passo: fatos

O autor é locatário de um imóvel localizado na... (endereço completo), locado em... (dia, mês e ano).

O contrato acima fora firmado por instrumento escrito e por tempo indeterminado.

No entanto, o locador, sem qualquer prévio aviso ou ajuste, alienou o imóvel, em tela ao Sr.... (Desenvolva melhor o tópico, tomando por base os dados do enunciado de sua prova ou a narrativa do seu cliente).

4º passo: fundamentos

Há norma expressa que, por seu turno, autoriza que o locatário exerça o seu direito de preferência reclamando para si o imóvel locado, consoante norma expressa no art. 33 da lei 8245/91, vejamos:

"O locatário foi claramente preterido no seu direito de preferência poderá reclamar do alienante as perdas e danos ou, depositando o preço e demais despesas do ato de transferência, haver para si o imóvel locado, se o requerer no prazo de seis meses, a contar do registro do ato no cartório de imóveis, desde que o contrato de locação esteja averbado pelo menos trinta dias antes da alienação junto à matrícula do imóvel.

Parágrafo único. "A averbação far- se - á à vista de qualquer das vias do contrato de locação desde que subscrito também por duas testemunhas."

Como se observa, com breve análise, através da análise dos documentos acostados, o locatário procedeu dentro dos prazos e cumpriu todas as exigências legais para ter o imóvel locado adjudicado.

5º passo: pedidos

Diante do acima exposto, requer a citação do réu (e da esposa/companheira, se casado for ou viva em união estável reconhecida), para que compareça à audiência de autocomposição e não obtido êxito, conteste a ação no prazo legal, sob pena de revelia.

Roga a procedência da demanda, bem como aa adjudicação do bem imóvel, com o prévio depósito do valor do negócio realizado e expedição dos competentes mandados de averbação, como de direito.

Por fim, pleiteia a condenação do multicitado réu no pagamento das custas e honorários advocatícios, nos termos do art. 85 do CPC.

6º passo: indicação dos meios de prova

Requer provar o alegado por todos os meios de provas em direito admitidas, especialmente pelo depoimento pessoal das partes, oitiva de testemunhas, juntada de documentos, expedição de ofícios e precatórias, perícias e demais provas pertinentes.

7º passo: valor da causa

Atribui-se a presente o valor de R$ .... (valor por extenso), para todos os efeitos legais.

8º passo: encerramento

Termos em que,

Pede deferimento.

Local, data e ano.

Advogado...

OAB...

18. MODELO DE CONTESTAÇÃO

A contestação é a peça de defesa por excelência.

O réu poderá oferecer contestação, por petição, no prazo de 15 (quinze) dias, cujo termo inicial será a data (art. 335 do CPC):

- da audiência de conciliação ou de mediação, ou da última sessão de conciliação, quando qualquer parte não comparecer ou, comparecendo, não houver autocomposição;

- do protocolo do pedido de cancelamento da audiência de conciliação ou de mediação apresentado pelo réu, quando ocorrer a hipótese do art. 334, § 4º, inciso I;
- prevista no art. 231, de acordo com o modo como foi feita a citação, nos demais casos.

Vale lembrar que incumbe ao réu alegar, na contestação, toda a matéria de defesa, expondo as razões de fato e de direito com que impugna o pedido do autor e especificando as provas que pretende produzir. Eis o que chamamos de princípio da CONCENTRAÇÃO DA DEFESA.

Tratemos das preliminares da peça contestatória, vamos juntos!

Elas estão elencadas no art. 337 e podem ser peremptórias ou dilatórias, vejamos. Incumbe ao réu, antes de discutir o mérito, alegar:

- inexistência ou nulidade da citação;
- incompetência absoluta e relativa;
- incorreção do valor da causa;
- inépcia da petição inicial;
- perempção;
- litispendência;
- coisa julgada;
- conexão;
- incapacidade da parte, defeito de representação ou falta de autorização;
- convenção de arbitragem;
- ausência de legitimidade ou de interesse processual;
- falta de caução ou de outra prestação que a lei exige como preliminar;
- indevida concessão do benefício de gratuidade de justiça.

A preliminar será peremptória quando sua aceitação importar na extinção do processo sem resolução do mérito.

Ela será dilatória quando sua aceitação não extinguir o processo.

Noções importantes!

- Verifica-se a litispendência ou a coisa julgada quando se reproduz ação anteriormente ajuizada.
- Uma ação é idêntica à outra quando possui as mesmas partes, a mesma causa de pedir e o mesmo pedido.
- Há litispendência quando se repete ação que está em curso.

- Há coisa julgada quando se repete ação que já foi decidida por decisão transitada em julgado.
- Excetuadas a convenção de arbitragem e a incompetência relativa, o juiz conhecerá de ofício das matérias enumeradas acima.
- A ausência de alegação da existência de convenção de arbitragem, implica aceitação da jurisdição estatal e renúncia ao juízo arbitral.

NOVIDADE!

Alegando o réu, na contestação, ser parte ilegítima ou não ser o responsável pelo prejuízo invocado, o juiz facultará ao autor, em 15 (quinze) dias, a alteração da petição inicial para substituição do réu.

Realizada a substituição, o autor reembolsará as despesas e pagará os honorários ao procurador do réu excluído, que serão fixados entre três e cinco por cento do valor da causa ou, sendo este irrisório, nos termos do art. 85, § 8º.

Quando alegar sua ilegitimidade, incumbe ao réu indicar o sujeito passivo da relação jurídica discutida sempre que tiver conhecimento, sob pena de arcar com as despesas processuais e de indenizar o autor pelos prejuízos decorrentes da falta de indicação.

O autor, ao aceitar a indicação, procederá, no prazo de 15 (quinze) dias, à alteração da petição inicial para a substituição do réu, observando-se, ainda, o parágrafo único do art. 338.

No prazo de 15 (quinze) dias, o autor pode optar por alterar a petição inicial para incluir, como litisconsorte passivo, o sujeito indicado pelo réu.

ATENÇÃO MÁXIMA!

Havendo alegação de incompetência relativa ou absoluta, a contestação poderá ser protocolada no foro de domicílio do réu, fato que será imediatamente comunicado ao juiz da causa, preferencialmente por meio eletrônico.

A contestação será submetida a livre distribuição ou, se o réu houver sido citado por meio de carta precatória, juntada aos autos dessa carta, seguindo-se a sua imediata remessa para o juízo da causa.

Reconhecida a competência do foro indicado pelo réu, o juízo para o qual for distribuída a contestação ou a carta precatória será considerado prevento.

Alegada a incompetência será suspensa a realização da audiência de conciliação ou de mediação, se tiver sido designada.

Definida a competência, o juízo competente designará nova data para a audiência de conciliação ou de mediação.

Incumbe também ao réu, nos moldes do art. 341 do CPC, manifestar-se precisamente sobre as alegações de fato constantes da petição inicial, presumindo-se verdadeiras as não impugnadas, salvo se:

- não for admissível, a seu respeito, a confissão;
- a petição inicial não estiver acompanhada de instrumento que a lei considerar da substância do ato;
- estiverem em contradição com a defesa, considerada em seu conjunto.

O ônus da impugnação especificada dos fatos não se aplica ao defensor público, ao advogado dativo e ao curador especial.

Por fim, depois da contestação, só é lícito ao réu deduzir novas alegações quando:

- relativas a direito ou a fato superveniente;
- competir ao juiz conhecer delas de ofício;
- por expressa autorização legal, puderem ser formuladas em qualquer tempo e grau de jurisdição.

As disposições acima estão reguladas no art. 342 do CPC.

1º passo: Endereçamento

EXCELENTÍSSIMO SENHOR JUIZ DA 1ª VARA CÍVEL DA COMARCA DE ... (LOCAL INDICADO NO ENUNCIADO DA PEÇA)

2º passo: Qualificação das partes

Processo nº...

FULANO, já devidamente qualificado nos autos do processo em epígrafe, vem, por meio de seu advogado abaixo assinado, constituído através do instrumento procuratório anexo, e-mail..., com endereço profissional (endereço completo), onde receberá intimações de estilo, apresentar **CONTESTAÇÃO**, com fulcro no art. 336 do CPC, contra BELTRANO, também já devidamente qualificado, pelos fatos e fundamentos que passa a expor:

3º passo: Resumo dos fatos

XXX

4º passo: Das preliminares - Atenção: será fundamental consultar o artigo 337 do CPC.

Preliminarmente, cumpre ressaltar que o réu é parte ilegítima para figurar no polo passivo da demanda em tela, nos termos do art. 337, XI, do CPC. Isso porque, conforme se verifica nos autos, a demanda foi proposta contra quem não poderia ocupar o polo passivo. Não de se falar em qualquer responsabilidade, a qual lhe possa ser imputada.

5º passo: Prejudiciais de mérito

Vale destacar que a pretensão, em tela, já está prescrita, tendo em vista que a lei civil...

Assim sendo, requer a extinção do processo com resolução do mérito, com base no artigo 487 do CPC.

6º passo: Fundamentos

XXX

7º passo: Requerimentos/pedidos

Ex: Ante todo o exposto, requer que aceite a ilegitimidade da parte e que, por conseguinte se extinga o processo sem resolução do mérito, com base no art. 485 do CPC.

Roga o reconhecimento da prescrição e, por conseguinte, a extinção da demanda com a correspondente resolução do mérito.

Caso V. Excelência assim não entenda, o que não se espera, requer então que se julgue improcedente o pleito indenizatório requerido por..., uma vez que não há nexo de causalidade e consequentemente inexiste o dever de reparação.

Atesta provar o alegado por meio de prova documental, depoimento pessoal das partes, prova testemunhal e todos os demais meios de prova em direito admitidos.

Requer, ainda, a condenação o autor no pagamento de custas e honorários advocatícios sucumbenciais, nos moldes do art. 85, parágrafo 1º, do CPC.

8º Passo: Encerramento

Termos em que pede deferimento.

Local, data,

Advogado...

OAB...

19. MODELO DE RECONVENÇÃO

RECONVENÇÃO

Na contestação, é lícito ao réu propor reconvenção para manifestar pretensão própria, conexa com a ação principal ou com o fundamento da defesa. Observe-se que no CPC/73 a reconvenção era apresentada em peça separada. Com o CPC/15, a reconvenção deve ser, em regra, apresentada na própria contestação. Ela está prevista no art. 343 do CPC.

Proposta a reconvenção, o autor será intimado, na pessoa de seu advogado, para apresentar resposta no prazo de 15 (quinze) dias. Manifestação indispensável para o contraditório real.

A desistência da ação ou a ocorrência de causa extintiva que impeça o exame de seu mérito não obsta ao prosseguimento do processo quanto à reconvenção. Logo, ela é autônoma. Diferencia-se do intitulado pedido contraposto. Nos JECs, a reconvenção não é admitida.

NOVIDADE!

A reconvenção pode ser proposta contra o autor e terceiro.

Ademais, ela pode ser proposta pelo réu em litisconsórcio com terceiro.

Vaticina o texto processual que se o autor for substituto processual, o reconvinte deverá afirmar ser titular de direito em face do substituído, e a reconvenção deverá ser proposta em face do autor, também na qualidade de substituto processual.

Vale lembrar que o réu pode propor reconvenção independentemente de oferecer contestação. Apenas nesse caso, ela será oferecida autonomamente.

DICAS SINTÉTICAS

Atribua valor da causa na reconvenção;

Há fixação de honorários na reconvenção.

1º passo: Endereçamento;

EXCELENTÍSSIMO SENHOR JUIZ DA ...A VARA CÍVEL DA COMARCA DE ... (LOCAL INDICADO NO ENUNCIADO DA PEÇA)

2º passo: Qualificação das partes

Processo nº...

FULANO, já devidamente qualificado nos autos do processo em tela, vem, por meio de seu advogado abaixo assinado, constituído através do instrumento procuratório anexo, e-mail..., com endereço profissional (endereço completo), onde receberá intimações de estilo, apresentar **CONTESTAÇÃO com RECONVENÇÃO,** com fulcro nos artigos 336 e 343 do CPC, contra BELTRANO, também já devidamente qualificado, pelos fatos e fundamentos que passa a expor:

3º passo: Resumo dos fatos

Faça uma síntese contendo os principais pontos do enunciado.

4º passo: Das preliminares

As preliminares da contestação estão arroladas no artigo 337 do CPC.

5º passo: Prejudiciais de mérito

São matérias que atingem direta ou indiretamente o mérito.

Vale destacar que a pretensão, em tela, já está prescrita, tendo em vista que a lei civil...

Assim sendo, requer a extinção do processo com resolução do mérito, com base no artigo 487 do CPC.

6º passo: Fundamentos

A matéria de mérito da contestação deve ser trabalhada aqui.

7º passo: Requerimentos/pedidos

Ex: Ante todo o exposto, requer que aceite a ausência de interesse de agir e que, por conseguinte se extinga o processo sem resolução do mérito, com base no art. 485 do CPC.

Roga o reconhecimento da prescrição e, por conseguinte, a extinção da demanda com a correspondente resolução do mérito.

Caso V. Excelência assim não entenda, o que não se espera, requer então que se julgue improcedente o pleito ... (desenvolver de acordo com o enunciado).

Atesta provar o alegado por meio de prova documental, depoimento pessoal das partes, prova testemunhal e todos os demais meios de prova em direito admitidos.

Requer, ainda, a condenação o autor no pagamento de custas e honorários advocatícios sucumbenciais, nos moldes do art. 85, parágrafo 1º, do CPC.

8º Passo: Reconvenção

Resumo da inicial proposta pelo autor, com a narrativa, por parte do reconvinte, do ocorrido, de modo a levar ao conhecimento do juiz da causa as informações que não foram prestadas na exordial.

Demonstrar conexão, justificando o cabimento da reconvenção. Indicação dos artigos da lei material e processual que incidem sobre a hipótese fática apresentada pela banca.

O examinando requererá a procedência do pleito reconvencional e, por conseguinte, o julgamento procedente da reconvenção.

Deste modo, requer:

a) a intimação do reconvindo, para, querendo, apresentar contestação, em 15 dias, sob pena de revelia;

b) A procedência da reconvenção para, ...

c) A condenação o reconvindo no pagamento de custas e honorários advocatícios sucumbenciais, nos moldes do art. 85 do CPC.

Atesta provar o alegado por meio de prova documental, depoimento pessoal das partes, prova testemunhal e todos os demais meios de prova em direito admitidos.

Deve ser indicado valor da causa

Dá-se à causa o valor de...

9º Passo: Encerramento

Termos em que pede deferimento.

Local, data,

Advogado...

OAB...

20. MODELO DE RÉPLICA

Réplica pode ser entendida como a manifestação do autor à contestação. Seu prazo é de 15 dias. Ela será apresentada por escrito e permite ao autor se manifestar sobre preliminares e fatos novos da contestação.

1º passo: endereçamento

EXCELENTÍSSIMO SENHOR DOUTOR JUIZ DE DIREITO DA ... VARA DE FAMÍLIA DA COMARCA DE ...

2º passo: qualificação das partes

FULANO, já devidamente qualificado no processo nº..., vem, por intermédio de seu advogado devidamente constituído pelo instrumento procuratório anexo, com endereço profissional (ENDEREÇO COMPLETO) e-mail..., apresentar RÉPLICA com base no art. 351 do CPC, em desfavor do BELTRANO, também já devidamente qualificado, pelos fatos e fundamentos a seguir delineados.

3º passo: tempestividade

Destaque-se que a presente réplica é devidamente tempestiva, haja vista que o prazo para sua apresentação é de 15 (quinze) dias, contados do primeiro dia útil seguinte ao da publicação.

Assim, é patente a sua tempestividade.

4º passo: fatos

O réu foi validamente citado para apresentar sua peça contestatória, na qual foram contempladas matérias preliminares, as quais devem ser afastadas. Como se não bastasse, foram mencionados fatos novos, os quais são inverossímeis, conforme se verá.

5º passo: fundamentos da réplica

Há nítido interesse de agir na demanda, em apreço. A ação é útil, necessária e foi proposta através da via adequada. Não há razão para aceitar a tese da sua ausência. Trata de manifestação temerária e descabida do réu, a qual merece ser afastada.

6º passo: pedidos

Ante o exposto, requer que sejam afastadas todas as preliminares suscitadas na contestação, as quais não merecem prosperar. Ademais, requer a consequente procedência de todos os pedidos elencados na inicial.

7º passo: encerramento

Nestes termos,

Pede deferimento

Local, data e ano...

Advogado...

OAB...

21. MODELO DE REQUERIMENTO DE CUMPRIMENTO DE SENTENÇA

Cumprimento de sentença é FASE que visa à implementação de títulos executivos judiciais.

Consoante às modificações promovidas no CPC revogado através da Lei 11.232/05, as obrigações de pagar quantia consubstanciadas em título executivo judicial não mais serão executadas em processo autônomo de execução, mas sim em fase do mesmo processo, denominada de fase de cumprimento de sentença. O CPC/15, por seu turno, fortalece o sistema do sincretismo processual.

As demais espécies de obrigações previstas em títulos executivos judiciais, como a de fazer, não fazer e entregar coisa, igualmente necessitam de fase de cumprimento de sentença, pois se efetivam por meio da concessão de tutela específica ou por determinação de providências que asseguram o resultado prático equivalente ao do adimplemento, conforme regra prevista nos artigos 497 e ss., bem como 536 e 498 do CPC.

Até mesmo a Fazenda Pública sujeita-se ao regramento do cumprimento de sentença, consoante dispõe o art. 534, que será estudado na sequência.

O cumprimento da sentença que reconhece o dever de pagar quantia, provisório ou definitivo, far-se-á a requerimento do exequente.

O devedor será intimado para cumprir a sentença:

- pelo Diário da Justiça, na pessoa de seu advogado constituído nos autos;
- por carta com aviso de recebimento, quando representado pela Defensoria Pública ou quando não tiver procurador constituído nos autos, ressalvada a hipótese do inciso IV;
- por meio eletrônico, quando, no caso do § 1º do art. 246, não tiver procurador constituído nos autos;
- por edital, quando, citado na forma do art. 256, tiver sido revel na fase de conhecimento.

ANOTE!

Se o requerimento acima indicado for formulado após 1 (um) ano do trânsito em julgado da sentença, a intimação será feita na pessoa do devedor, por meio de carta com aviso de recebimento encaminhada ao endereço constante dos autos, observado o disposto no parágrafo único do art. 274 e no § 3º do artigo 513.

MUITO IMPORTANTE!

O cumprimento da sentença não poderá ser promovido em face do fiador, do coobrigado ou do corresponsável que não tiver participado da fase de conhecimento.

Quando o juiz decidir relação jurídica sujeita a condição ou termo, o cumprimento da sentença dependerá de demonstração de que se realizou a condição ou de que ocorreu o termo.

Conheçamos os TÍTULOS EXECUTIVOS JUDICIAIS! Eles estão previstos no art. 515 do CPC.

São títulos executivos judiciais, cujo cumprimento dar-se-á de acordo com as disposições aqui estudadas:

- as decisões proferidas no processo civil que reconheçam a exigibilidade de obrigação de pagar quantia, de fazer, de não fazer ou de entregar coisa;
- a decisão homologatória de autocomposição judicial;
- a decisão homologatória de autocomposição extrajudicial de qualquer natureza;
- o formal e a certidão de partilha, exclusivamente em relação ao inventariante, aos herdeiros e aos sucessores a título singular ou universal;
- o crédito de auxiliar da justiça, quando as custas, emolumentos ou honorários tiverem sido aprovados por decisão judicial;
- a sentença penal condenatória transitada em julgado;
- a sentença arbitral;
- a sentença estrangeira homologada pelo Superior Tribunal de Justiça;
- a decisão interlocutória estrangeira, após a concessão do exequatur à carta rogatória pelo Superior Tribunal de Justiça.

LEMBRE!

A sentença arbitral é título executivo JUDICIAL.

CUIDADO!

A autocomposição judicial pode envolver sujeito estranho ao processo e versar sobre relação jurídica que não tenha sido deduzida em juízo.

Tratemos de competência, vejamos:

O cumprimento da sentença efetuar-se-á perante (art. 516, CPC):

- os tribunais, nas causas de sua competência originária;
- o juízo que decidiu a causa no primeiro grau de jurisdição;

– o juízo cível competente, quando se tratar de sentença penal condenatória, de sentença arbitral, de sentença estrangeira ou de acórdão proferido pelo Tribunal Marítimo.

Nas hipóteses de decisão homologatória de autocomposição judicial ou de decisão homologatória de autocomposição extrajudicial de qualquer natureza, o exequente poderá optar pelo juízo do atual domicílio do executado, pelo juízo do local onde se encontrem os bens sujeitos à execução ou pelo juízo do local onde deva ser executada a obrigação de fazer ou de não fazer, casos em que a remessa dos autos do processo será solicitada ao juízo de origem.

Já ouviu falar do protesto de decisão judicial?

Ele está disposto no art. 517 do CPC.

A decisão judicial transitada em julgado poderá ser levada a protesto, nos termos da lei, depois de transcorrido o prazo para pagamento voluntário previsto no art. 523, já mencionado acima.

Para efetivar o protesto, incumbe ao exequente apresentar certidão de teor da decisão.

A certidão de teor da decisão deverá ser fornecida no prazo de 3 (três) dias e indicará o nome e a qualificação do exequente e do executado, o número do processo, o valor da dívida e a data de decurso do prazo para pagamento voluntário.

CUIDADO!

O executado que tiver proposto ação rescisória para impugnar a decisão exequenda pode requerer, a suas expensas e sob sua responsabilidade, a anotação da propositura da ação à margem do título protestado.

A requerimento do executado, o protesto será cancelado por determinação do juiz, mediante ofício a ser expedido ao cartório, no prazo de 3 (três) dias, contado da data de protocolo do requerimento, desde que comprovada a satisfação integral da obrigação.

Todas as questões relativas à validade do procedimento de cumprimento da sentença e dos atos executivos subsequentes poderão ser arguidas pelo executado nos próprios autos e nestes serão decididas pelo juiz.

REGRA DE APLICAÇÃO SUBSIDIÁRIA

Aplicam-se as disposições relativas ao cumprimento da sentença, provisório ou definitivo, e à liquidação, no que couber às decisões que concederem tutela provisória.

O requerimento previsto no art. 523 será instruído com demonstrativo discriminado e atualizado do crédito, devendo a petição conter:

– o nome completo, o número de inscrição no Cadastro de Pessoas Físicas ou no Cadastro Nacional da Pessoa Jurídica do exequente e do executado, observado o disposto no art. 319, §§ 1º a 3º do CPC;

- o índice de correção monetária adotado;
- os juros aplicados e as respectivas taxas;
- o termo inicial e o termo final dos juros e da correção monetária utilizados;
- a periodicidade da capitalização dos juros, se for o caso;
- especificação dos eventuais descontos obrigatórios realizados;
- indicação dos bens passíveis de penhora, sempre que possível.

Quando o valor apontado no demonstrativo aparentemente exceder os limites da condenação, a execução será iniciada pelo valor pretendido, mas a penhora terá por base a importância que o juiz entender adequada.

Para a verificação dos cálculos, o juiz poderá valer-se de contabilista do juízo, que terá o prazo máximo de 30 (trinta) dias para efetuá-la, exceto se outro lhe for determinado.

Quando a elaboração do demonstrativo depender de dados em poder de terceiros ou do executado, o juiz poderá requisitá-los, sob cominação do crime de desobediência.

Quando a complementação do demonstrativo depender de dados adicionais em poder do executado, o juiz poderá, a requerimento do exequente, requisitá-los, fixando prazo de até 30 (trinta) dias para o cumprimento da diligência.

1º Passo: Endereçamento

EXCELENTÍSSIMO SENHOR JUIZ DA ... VARA CÍVEL DA COMARCA DE ... (CIDADE/ESTADO).

2º Passo: Apresentação das partes

FULANO DE TAL, CPF n. ...., já qualificado nos autos do processo em referência, movido em face de BELTRANO, CNPJ..., também qualificado, através do advogado que a esta subscreve, vem a presença de vossa Excelência, com fundamento nos artigos 523 e seguintes do CPC, requerer o CUMPRIMENTO DE SENTENÇA, nos seguintes termos:

3º Passo: Fundamentação de fato e de direito

1. A decisão que condenou o réu ao pagamento de ressarcimento por danos materiais na quantia de R$... transitou em julgado no dia....;

2. O valor atual da dívida é de R$...., haja vista a aplicação de juros de ...%, bem como do índice de correção monetária ...., com termo inicial em... e final em...., consoante aponta a planilha acostada em anexo;

4º Passo: Pedidos

Sendo assim, vem o exequente requerer providências deste juízo no sentido de intimar o devedor para que efetue o pagamento no prazo de quinze dias, sob pena do montante da obrigação ser acrescido de multa no percentual de 10%, nos termos do artigo 523, § 1º do NCPC;

Com o objetivo de acelerar a execução, o exequente indica à penhora, desde já, o seguinte bem: (descrever o bem).

5º Passo: Encerramento

Termos em que pede deferimento.

Local, data,

Advogado

OAB...

22. MODELO DE IMPUGNAÇÃO AO CUMPRIMENTO DE SENTENÇA

A impugnação constitui o meio de defesa do devedor na fase do cumprimento da sentença condenatória que prevê obrigação de pagar quantia.

Quanto à natureza jurídica da impugnação, o CPC a considera como mero incidente da fase de cumprimento da sentença e não como ação autônoma de conhecimento, como são considerados os embargos à execução.

Porém, é inconteste a natureza de ação da impugnação fundada na hipótese prevista no incido VI do art. 525 ("qualquer causa, modificativa ou extintiva da obrigação, como pagamento, novação, compensação, transação ou prescrição, desde que superveniente à sentença"), por visar à declaração de extinção da própria obrigação. Eis uma situação excepcional.

Transcorrido o prazo previsto no art. 523 sem o pagamento voluntário, inicia-se o prazo de 15 (quinze) dias para que o executado, independentemente de penhora ou nova intimação[8], apresente, nos próprios autos, sua impugnação.

8. O entendimento prevalecente à luz do CPC/73 era o da necessidade de garantia do juízo para o oferecimento da impugnação. A impugnação poderia ser oferecida pelo devedor

A impugnação poderá ser apresentada por meio de simples petição, sem os requisitos dos artigos 319 e 320.

Na impugnação, o executado poderá alegar (art. 525, parágrafo 1º):

- falta ou nulidade da citação se, na fase de conhecimento, o processo correu à revelia;
- ilegitimidade de parte;
- inexequibilidade do título ou inexigibilidade da obrigação;
- penhora incorreta ou avaliação errônea;
- excesso de execução ou cumulação indevida de execuções;
- incompetência absoluta ou relativa do juízo da execução;
- qualquer causa modificativa ou extintiva da obrigação, como pagamento, novação, compensação, transação ou prescrição, desde que supervenientes à sentença.

A alegação de impedimento ou suspeição observará o disposto nos arts. 146 e 148.

Quando o executado alegar que o exequente, em excesso de execução, pleiteia quantia superior à resultante da sentença, cumprir-lhe-á declarar de imediato o valor que entende correto, apresentando demonstrativo discriminado e atualizado de seu cálculo.

Na hipótese acima, não apontado o valor correto ou não apresentado o demonstrativo, a impugnação será liminarmente rejeitada, se o excesso de execução for o seu único fundamento, ou, se houver outro, a impugnação será processada, mas o juiz não examinará a alegação de excesso de execução.

A apresentação de impugnação não impede a prática dos atos executivos, inclusive os de expropriação, podendo o juiz, a requerimento do executado e desde que garantido o juízo com penhora, caução ou depósito suficientes, atribuir-lhe efeito suspensivo, se seus fundamentos forem relevantes e se o prosseguimento da execução for manifestamente suscetível de causar ao executado grave dano de difícil ou incerta reparação. Para a concessão do mencionado efeito, se faz indispensável a garantia do juízo.

A concessão de efeito suspensivo a que se refere o § 6º do art. 525 não impedirá a efetivação dos atos de substituição, de reforço ou de redução da penhora e de avaliação dos bens.

---

no prazo preclusivo de 15 (quinze) dias, contados da juntada aos autos da intimação do auto de penhora e avaliação (CPC/73, art. 475-J, § 1º). Portanto, a realização da penhora era pressuposto necessário para a oposição da impugnação, diversamente do que ocorria com os embargos à execução da obrigação prevista em título executivo extrajudicial.

Quando o efeito suspensivo atribuído à impugnação disser respeito apenas a parte do objeto da execução, esta prosseguirá quanto à parte restante.

A concessão de efeito suspensivo à impugnação deduzida por um dos executados não suspenderá a execução contra os que não impugnaram, quando o respectivo fundamento disser respeito exclusivamente ao impugnante.

Ainda que atribuído efeito suspensivo à impugnação, é lícito ao exequente requerer o prosseguimento da execução, oferecendo e prestando, nos próprios autos, caução suficiente e idônea a ser arbitrada pelo juiz.

As questões relativas a fato superveniente ao término do prazo para apresentação da impugnação, assim como aquelas relativas à validade e à adequação da penhora, da avaliação e dos atos executivos subsequentes, podem ser arguidas por simples petição, tendo o executado, em qualquer dos casos, o prazo de 15 (quinze) dias para formular esta arguição, contado da comprovada ciência do fato ou da intimação do ato.

1º Passo: Endereçamento

EXCELENTÍSSIMO SENHOR JUIZ DA ...VARA CÍVEL DA COMARCA DE ...

2º Passo: Apresentação das partes

FULANO DE TAL, já qualificado nos autos do processo em referência, em que lhe move BELTRANO, também qualificado, através do advogado que a esta subscreve, vem a presença de vossa Excelência, com fundamento nos artigos 525, caput e § 6º do CPC, apresentar IMPUGNAÇÃO AO CUMPRIMENTO DE SENTENÇA, nos seguintes termos:

3º Passo: Menção ao prazo

DA TEMPESTIVIDADE

O presente instrumento jurídico está sendo utilizado dentro do prazo legal, a saber, 15 dias, contados após o transcurso do prazo para pagamento voluntário (art. 525, caput, CPC).

É que, tendo sido expirado o prazo para pagamento no dia..... e apresentada a impugnação nesta data, a mesma mostra-se tempestiva.

4º Passo: Fundamentação

A) FATOS:

1. A impugnada moveu ação de cobrança em face do impugnante, sendo o pedido julgado procedente, logo após a decretação da revelia, consoante atesta sentença de fls. xx;

2. A decisão que condenou o Impugnante ao pagamento de quantia certa transitou em julgado no dia .... e, feito o requerimento de cumprimento de sentença, este juízo determinou a expedição de mandado de penhora e avaliação;

3. Ocorre, V. Exa., que, em momento algum, o impugnante tomou conhecimento da ação que lhe fora movida. É que não há qualquer prova, nos autos, de sua citação.

B) DIREITO:

4. O ordenamento jurídico pátrio consubstancia regra segundo a qual, para a validade do processo, é indispensável a citação do réu (art. 239, CPC). Significa que a ausência de citação é fator que compromete toda a atividade processual cognitiva.

5. Sendo assim, é forçoso reconhecer a nulidade processual, com a consequente extinção do presente cumprimento de sentença e retorno do feito à fase de conhecimento.

5º Passo: Pedido de efeito suspensivo

C) DO EFEITO SUSPENSIVO

8. O Código de Processo Civil, em seu artigo 525, § 6º, indica que o Juiz poderá conceder efeito suspensivo à Impugnação, desde que relevantes seus fundamentos e o prosseguimento da execução seja manifestamente suscetível de causar ao executado grave dano de difícil ou incerta reparação.

9. Ora, douto julgador, a continuidade da presente execução poderá acarretar graves prejuízos ao impugnante, na medida em que o mesmo correrá o risco de privar-se de seus bens, quando da realização de atos expropriatórios, sem, sequer, ter havido citação nos presentes autos.

10. Sendo assim, é imperiosa a concessão de efeito suspensivo à presente impugnação.

6º Passo: Requerimentos

D) REQUERIMENTOS

Diante de todo o exposto, requer:

a) A concessão de efeito suspensivo à impugnação, sendo a mesma processada nos próprios autos;

b) Seja a mesma, ao final, julgada procedente, com a consequente extinção da presente execução, por ser medida de pura justiça;

c) a condenação do exequente nas custas processuais e honorários advocatícios.

7º Passo: Encerramento

D) REQUERIMENTOS

Termos em que pede deferimento.

Local, data,

Advogado

OAB...

23. MODELO DA AÇÃO DE CONSIGNAÇÃO EM PAGAMENTO

A consignação é o procedimento, judicial ou extrajudicial, para a obtenção pelo autor, de quitação de dívida naquelas hipóteses em que o credor se nega a receber a coisa ou o dinheiro, ou ainda quando o devedor não sabe a quem pagar. Com a quitação, o autor busca evitar a mora e os seus efeitos.

1º passo: endereçamento

EXCELENTÍSSIMO SENHOR DOUTOR JUIZ DE DIREITO DA ... VARA CÍVEL DA COMARCA DE SALVADOR – BAHIA.

2º passo: qualificação das partes

FULANO DE TAL, estado civil..., profissão..., inscrito no cadastro de pessoas físicas sob o no..., com o endereço eletrônico..., vem, perante Vossa Excelência, por seu advogado abaixo assinado (e-mail e endereço), ajuizar AÇÃO DE

CONSIGNAÇÃO EM PAGAMENTO COM PEDIDO DE ANTECIPAÇÃO DOS EFEITOS DA TUTELA JURISDICIONAL em face de BELTRANO, estado civil..., profissão..., inscrito no cadastro de pessoas físicas sob o nº.., com o endereço eletrônico..., vem, perante Vossa Excelência, por seu advogado abaixo assinado (e-mail e endereço) expondo e requerendo o seguinte:

3º passo: fatos

...

4º passo: fundamentos

Os arts. 304 do CC e 539 do CPC reconhecem ao autor, na qualidade de devedor, o direito de pagar a dívida e extinguir a obrigação, inclusive por meios coercitivos. A consignação é considerada pagamento e extingue a obrigação, como prescreve o art. 334 do CC, sendo cabível também para o caso de o credor residir em lugar incerto, a teor do inciso III do art. 335 do CC.

Desta maneira, concorrem no caso concreto todos os requisitos para a consignação em pagamento, notadamente no que diz respeito às pessoas, ao objeto, ao modo e ao tempo do pagamento, conforma determina o art. 336 do CC, sendo visível o cabimento do pagamento em consignação.

Autorizado pela legislação, requererá o autor o depósito da quantia de ..., devidamente corrigido e atualizado, a ser efetivado no prazo de cinco dias contados do deferimento desta medida, conforme art. 542, I do CPC, eximindo-se a partir deste instante dos juros e dos riscos com a coisa, de acordo com o art. 540, última parte, do CPC, rogando seja citado o réu para levantar o referido crédito, julgando-se procedente o pedido, como prescreve o inciso II do mesmo art. 542 do CPC.

Com estas providências e após regular tramitação, Vossa Excelência deverá julgar procedente os pedidos formulados na petição inicial, declarando extinta a obrigação e condenando o réu no pagamento de custas e honorários advocatícios, como reza o art. 546 do CPC.

Mas, além disto, o autor também necessitará de tutela jurisdicional que determine o cancelamento de seu nome dos órgãos de proteção ao crédito. Com efeito, se é certo dizer que o autor até o presente momento não havia realizado o pagamento da dívida, certo também será admitir que com a quitação não mais se justifica em hipótese alguma a negativação do nome deste, sob pena de lesão à sua imagem e boa fama, protegidos pelo art. 20 do CC.

Nessa toada, o autor cumula pedido de cancelamento do seu nome dos órgãos de proteção ao crédito eis que está autorizado a fazer cessar qualquer lesão a seu direito de personalidade, na forma do art. 12 do CC.

Ressalta-se que o art. 327 do CPC autoriza a cumulação de pedidos em um único processo, contra o mesmo réu, ainda que entre eles não haja conexão, desde que tais pleitos sejam compatíveis entre si, sendo o juízo competente para conhecer de ambos e, finalmente, seja adequado o procedimento que, no caso, poderá ser o comum, como permitido pelo referido dispositivo de lei.

DO PEDIDO DE ANTECIPAÇÃO DOS EFEITOS DA TUTELA JURISDICIONAL DE URGÊNCIA.

A tutela de urgência deve ser concedida quando houver elementos que evidenciem a probabilidade do direito e o perigo de dano, ou ainda o risco ao resultado útil do processo, como afirma o art. 300 do CPC.

É o caso dos autos. O autor está providenciando o depósito da quantia devida de maneira que não mais se justifica a sua negativação nos órgãos de proteção ao crédito, surgindo a partir deste instante dano injusto a sua imagem atributo e boa-fama (CC, art. 20).

Isto posto, o autor requer tutela de urgência que liminarmente determine o cancelamento da negativação do seu nome dos órgãos de proteção ao crédito.

5ª passo: pedidos

Assim, o autor requer seja designada audiência de conciliação com antecedência mínima de 30 dias, devendo ser citado o réu com pelo menos 20 dias de antecedência para tanto, nos termos do art. 334 do CPC, advertindo a parte contrária que o não comparecimento da mesma será considerado ato atentatório à dignidade da Justiça sancionado com multa de até dois por cento da vantagem econômica pretendida, ou do valor da causa, revertida em favor da União ou do Estado.

Concluída a audiência e não havendo acordo, requer seja aberto prazo de 15 dias úteis para o réu oferecer contestação aos pedidos de consignação em pagamento, de cancelamento da negativação, e os demais abaixo listados, sob pena de sofrer os efeitos da revelia, tramitando-se o feito com regular instrução, quando então Vossa Excelência deverá julgar procedente todos os pedidos vestibulares formulados, especialmente para:

1. Confirmar os efeitos da tutela jurisdicional de cancelamento do nome do autor dos órgãos de proteção ao crédito.

2. Autorizar o depósito judicial da quantia de mil reais, acrescida de juros e correção monetária em favor do réu.

3. Reconhecer realizado o pagamento e quitada a obrigação, liberando o autor do vínculo obrigacional e da dívida até então existente.

4. Condenar o réu no pagamento das despesas processuais e dos honorários advocatícios arbitrados em vinte por cento do valor da causa.

6º passo: indicação dos meios de prova

O autor pretende provar todos os fatos acima alegados por meio da apresentação de documentos, depoimento pessoal do réu e oitiva de testemunhas.

7º passo: valor da causa

Dá-se à causa o valor de ...

8º passo: encerramento

Nestes termos,

Pede deferimento.

Local, data e ano.

Advogado...

OAB...

24. MODELO DA AÇÃO DE EMBARGOS DE TERCEIRO

É a ação incidental, de rito especial, destinada a excluir bens de terceiro que foram ilegitimamente alvos de constrição judicial. A ação judicial ter por escopo a liberação bens daquele que não é parte em dado processo judicial, além de não possuir a qualidade de codevedor. O ato prejudicial em questão deve ter sido praticado pelo Poder Judiciário. Assim, acaso a posse venha a ser ofendida por ato de particular, o remédio jurídico adequado passa a ser a ação possessória.

1º Passo: Endereçamento

EXCELENTÍSSIMO SENHOR JUIZ DA ...A VARA CÍVEL DA COMARCA DE ... (CIDADE/ESTADO).

Distribuição por dependência ao proc. nº xxxxxxxxx

2º Passo: Qualificação das partes

FULANO DE TAL, (Estado Civil), (Profissão), (endereço eletrônico), inscrito no CPF sob o nº ..., residente e domiciliado na..., através do advogado que a esta subscreve, constituído nos termos da procuração em anexo, vem a presença de vossa Excelência, com fundamento nos artigos 674 e seguintes do CPC, propor a presente AÇÃO DE EMBARGOS DE TERCEIRO, em face de BELTRANO, (Estado Civil), (Profissão), (endereço eletrônico), inscrito no CPF sob o nº ..., residente e domiciliado na..., de acordo com os fatos e fundamentos que a seguir passa expor:

3º Passo: Fundamentação

A) FATOS:

1. descrever;

4. Ocorre, vossa excelência, que o requerente não é parte no mencionado processo de execução, sendo importante anotar, conforme acima exposto.

B) DIREITO:

5. O Código de Processo Civil, em seu artigo 674, consubstancia a regra segundo a qual, quem, não sendo parte no processo, sofrer ato de constrição judicial sobre seus bens, possa requerer sejam mantidos ou restituídos por meio de embargos.

6. Ressalte-se que o requerente é proprietário ...., ocasião em que inexistia qualquer demanda judicial em face do executado, não havendo que se falar, portanto, em fraude à execução;

7. A jurisprudência do Superior Tribunal de Justiça, inclusive, já pacificou entendimento neste sentido ao editar a súmula 375, nos seguintes termos: "O reconhecimento da fraude à execução depende do registro da penhora do bem alienado ou da prova de má-fé do terceiro adquirente";

8. Sendo assim, é forçoso reconhecer que o ato judicial que determinou a constrição do bem fora ilegítimo e, portanto, sujeito a cancelamento, por ser medida de justiça.

4º Passo: Pedido de liminar

C) DA LIMINAR

9. Considerando que o prosseguimento da execução possa causar ao embargante grave dano de difícil ou incerta reparação, é necessário que lhe seja

concedida liminar de manutenção de posse, de acordo com o preceituado no artigo 678 do CPC.

5º Passo: Pedidos

D) DOS PEDIDOS

Diante de todo o exposto, requer:

a) Sejam os embargos distribuídos por dependência, nos termos do artigo 676, CPC;

b) A concessão de mandado LIMINAR de manutenção/restituição da posse do requerente sobre o bem atingido;

c) Seja o requerido citado para, querendo, apresentar contestação no prazo de 15 (quinze) dias, sob pena de serem reputados como verdadeiros os fatos aqui alegados;

d) Ao final, a procedência dos embargos, com a consequente liberação definitiva dos bens constritos e condenação do requerido nas custas processuais e honorários advocatícios.

6º Passo: Valor da causa

Dá-se à causa o valor de .... (valor do bem)

7º Passo: Protesto pelas provas

Protesta provar o alegado por todos os meios de provas em direito admitidos, seja pelo depoimento pessoal, documentos, testemunhas, perícias e tudo quanto se fizer necessário para a efetivação da justiça!

8º Passo: Rol de testemunhas

Requisito específico desse modelo de peça é o rol de testemunhas, exigido nos termos do artigo 677 do CPC. Por exemplo:

Apresenta o requerente o seguinte rol de testemunhas:

xxxxxx

xxxxxx

9º Passo: Encerramento

Termos em que pede deferimento.

Local, data,

Advogado...

OAB...

25. MODELO DE AÇÃO MONITÓRIA

Trata-se de demanda, de rito especial, que tem por objetivo atribuir força executiva a documento desprovido de tal caráter, para a consequente satisfação do direito do credor, mediante o pagamento de soma em dinheiro, entrega de bem móvel ou imóvel ou cumprimento de obrigação de fazer ou não fazer.

1º Passo: Endereçamento

EXCELENTÍSSIMO SENHOR JUIZ DA .... VARA CÍVEL DA COMARCA DE ...../ ESTADO

2º Passo: Qualificação das partes

FULANO DE TAL, (Estado Civil), (Profissão), (endereço eletrônico), inscrito no CPF sob o nº ..., residente e domiciliado na..., através do advogado que a esta subscreve, constituído nos termos da procuração em anexo, vem a presença de vossa Excelência, com fundamento nos artigos 700 a 702 do CPC, propor a presente AÇÃO MONITÓRIA, em face de BELTRANO, (Estado Civil), (Profissão), (endereço eletrônico), inscrito no CPF sob o nº ..., residente e domiciliado na..., de acordo com os fatos e fundamentos que a seguir passa expor:

3º Passo: Fundamentação

1. FATOS

...

Destarte, não restou outra alternativa ao autor, senão vir a este juízo requerer o que lhe seja de direito, valendo-se do procedimento monitório.

2. DO DIREITO

5. Conforme estabelece o art. 700 do Código de Processo Civil que a ação monitória poderá ser utilizada por quem pretender, com base em prova escrita, sem eficácia de título executivo, o pagamento de soma em dinheiro (art. 700, I, CPC).

6. É o que se verifica no caso narrado.

7. Ora, conforme mencionado alhures, o demandante é legítimo credor de quantia expressa em ... que, por ..., perdeu a força executiva, tornando-se prova escrita, sem eficácia de título executivo.

4º Passo: Pedidos

3. DOS PEDIDOS

Diante do exposto, requer:

a) Seja deferida expedição de mandado monitório, convidando o demandado a efetuar o pagamento da quantia devida no prazo de 15 dias ou, se preferir, apresentar embargos ao mandado, sob pena de revelia;

b) Não sendo apresentada a resposta ou sendo os embargos julgados improcedentes, que seja o mandado inicial convertido em mandado executivo, prosseguindo-se nos demais termos executivos;

c) A condenação do réu nas custas processuais e honorários advocatícios.

5º Passo: Valor da causa

Dá-se à causa o valor de ..., correspondente ao valor atualizado da dívida.

6º Passo: Protesto pelas provas

Protesta provar o alegado por todos os meios de provas em direito admitidos, seja pelo depoimento pessoal, documentos, testemunhas, perícias e tudo quanto se fizer necessário para a efetivação da justiça!

7º Passo: Encerramento

Termos em que pede deferimento.

Local, data,

Advogado

OAB...

26. MODELO DE AÇÃO POSSESSÓRIA

São demandas que visam sanar, de forma preventiva ou repressiva, a perturbação ou perda da posse de um bem.

Vale ressaltar que três são as modalidades de ação possessória, a depender da espécie de violação:

Ação de reintegração de posse - ajuíza-se essa ação quando o possuidor sofre esbulho na sua posse, ou seja, o possuidor é totalmente destituído de sua posse, podendo, neste momento, estar na posse direta ou não do bem.

Ação de manutenção da posse - ajuíza-se a ação em tela quando o possuidor é turbado de sua posse, ou seja, tem o seu exercício limitado, no entanto continua exercendo-a.

Interdito proibitório: ocorre quando o possuidor está sendo ameaçado de perder a sua posse.

1º Passo: Endereçamento

EXCELENTÍSSIMO SENHOR JUIZ DA .... VARA CÍVEL DA COMARCA DE ...../ ESTADO

2º Passo: Qualificação das partes

FULANO DE TAL, (Estado Civil), (Profissão), (endereço eletrônico), inscrito no CPF sob o nº ..., residente e domiciliado na..., através do advogado que a esta subscreve, constituído nos termos da procuração em anexo, vem a presença de vossa Excelência, com fundamento nos artigos 554 e seguintes do CPC, propor a presente AÇÃO DE .... (Reintegração, Manutenção ou interdito proibitório) POSSE, em face de BELTRANO, (Estado Civil), (Profissão), (endereço eletrônico), inscrito no CPF sob o nº ..., residente e domiciliado na..., de acordo com os fatos e fundamentos que a seguir passa expor:

3º Passo: Fundamentação

1. FATOS

1. O Autor é legítimo proprietário e possuidor de um imóvel situado nesta cidade, na ...., adquirido mediante escritura de compra e venda lavrada em ..... conforme certidão em anexo e, durante todo esse período, sempre manteve a posse mansa e pacífica do bem.

2. Ocorre que, no dia....., o mesmo teve sua posse ...... (turbada/esbulhada ou ameaçada) por ato praticado pelo suplicado, consistente em (expor os fatos que apontam a existência de turbação, esbulho ou ameaça).

3. Instado a ...... (cessar com a prática do ato/ devolver o imóvel esbulhado/ não consumar a agressão), o demandado negou-se, pelo que não restou outra alternativa ao autor, senão vir a este mm. Juízo requerer o que lhe seja de direito.

2. DO DIREITO

4. Conforme estabelecem os arts. 560 do Código de Processo Civil e 1.210 do Código Civil, o possuidor tem o direito de ser (mantido na posse, no caso de turbação, e reintegrado em caso de esbulho), o que se verifica no caso narrado.

5. Ora, conforme mencionado alhures, o demandante é legítimo proprietário e possuidor do imóvel em questão, tendo sido lesada, injustamente, a sua posse por ato do demandado, pelo que se torna necessário o reestabelecimento da ordem jurídica abalada pelo ato praticado.

4º Passo: Pedido de liminar

3. DO PEDIDO DE LIMINAR

6. O ordenamento jurídico nacional, através do artigo 562, CPC, previu a possibilidade de o juiz deferir, sem ouvir o réu, a expedição de mandado liminar de (reintegração/manutenção), desde que a petição esteja devidamente instruída.

7. É o que ocorre no presente caso, senão vejamos: a petição inicial está devidamente instruída com a prova da posse, prova do (esbulho/turbação/ameaça) praticado pelo réu, além do quê, a data da violação mostra que a agressão é recente, ensejadora, portanto, de proteção liminar.

5º Passo: Pedidos

4. DOS PEDIDOS

Diante do exposto, requer:

a) Seja deferida a medida LIMINAR, com a consequente expedição de mandado de... (manutenção/ reintegração/proibitório);

b) Caso V. Exa. entenda necessária, que seja designada audiência de justificação prévia, a teor do que dispõe o artigo 562, citando-se o réu para comparecimento;

c) Seja cominada multa ao réu, nos termos do art. 555, parágrafo único, I, do Código de Processo Civil, em montante fixado por este mm. Juízo, na hipótese de novo esbulho ou nova turbação.

d) A citação do réu para, querendo, oferecer resposta, sob pena de revelia;

e) AO FINAL, seja o pedido julgado procedente, com a confirmação da medida liminarmente deferida e condenação do réu nas custas processuais e honorários advocatícios.

6º Passo: Valor da causa

Dá-se à causa o valor de xxx, correspondente ao valor atualizado dos prejuízos causados ao autor.

7º Passo: Protesto pelas provas

Protesta provar o alegado por todos os meios de provas em direito admitidos, seja pelo depoimento pessoal, documentos, testemunhas, perícias e tudo quanto se fizer necessário para a efetivação da justiça!

8º Passo: Encerramento

Termos em que pede deferimento.

Local, data,

Advogado...

OAB...

27. MODELO DE PEDIDO DE ABERTURA DE INVENTÁRIO

A demanda de inventário compreende a um procedimento através qual se contempla a definição dos bens, os quais compõe o acervo hereditário, bem como qual quinhão será oferecido a cada herdeiro. O inventário pode realizar-se na vida judicial ou extrajudicial. Na via extrajudicial são exigidos alguns requisitos, quais sejam:

Havendo testamento ou interessado incapaz, proceder-se-á ao inventário judicial.

Se todos forem capazes e concordes, o inventário e a partilha poderão ser feitos por escritura pública, a qual constituirá documento hábil para qualquer ato de registro, bem como para levantamento de importância depositada em instituições financeiras.

O tabelião somente lavrará a escritura pública se todas as partes interessadas estiverem assistidas por advogado ou por defensor público, cuja qualificação e assinatura constarão do ato notarial.

1º Passo: Endereçamento

EXCELENTÍSSIMO SENHOR JUIZ DE DIREITO DA .... VARA DE SUCESSÕES......DA COMARCA DE..../ESTADO

2º Passo: Qualificação das partes

FULANA DE TAL, (estado civil), (profissão), CPF inscrito sob o Nº..., (endereço eletrônico), residente e domiciliado na ......, através do advogado que a esta subscreve, com escritório profissional situado na ...., local onde receberá as intimações, vem a presença de vossa Excelência, com fundamento nos artigos 610 e seguintes do CPC, requerer abertura de

INVENTÁRIO

dos bens deixados por .... (de cujus), pelos fatos e fundamentos a seguir expostos:

3º Passo: Fundamentação

1. DOS FATOS

1 – A Requerente é esposa do de cujus, falecido em ......, nesta cidade, conforme, respectivamente, as certidões de casamento e de óbito em anexo (docs..).

2 – O de cujus, à época do falecimento, deixou, além da requerente, outros herdeiros e bens a inventariar, não deixando testamento ou declaração de última vontade.

2. DO DIREITO

3. De acordo com o art. 611 do Código de Processo Civil, o processo de inventário e partilha deve ser instaurado dentro de 2 (dois) meses, a contar da abertura da sucessão, ultimando-se nos 12 (doze) meses subsequentes.

4. Considerando que a requerente tem legitimidade para requerer a abertura do inventário, consoante o disposto no artigo 616, I, CPC, pede-se a instauração de tal procedimento.

5. Conforme afirmado anteriormente, a requerente é esposa do de cujus e está na posse e administração dos seus bens desde o seu falecimento, motivo pelo qual requer a sua nomeação como inventariante, prestando compromisso para tanto.

4º Passo: Pedidos

3. DO PEDIDO

Diante do exposto, requer:

a) a abertura do inventário;

b) seja a requerente nomeada inventariante, prestando compromisso para, após, serem apresentadas as primeiras declarações e demais formalidades inerentes ao procedimento.

5º Passo: Valor da causa

Dá-se à causa o valor de R$...., correspondente ao valor do patrimônio deixado pelo de cujus.

6º Passo: Protesto pelas provas

Protesta provar o alegado pelos meios de prova necessários, em especial pela posterior juntada de novos documentos.

7º Passo: Encerramento

Termos em que pede deferimento.

Local, data,

Advogado

28. MODELO DE AÇÃO DE HABILITAÇÃO

A habilitação ocorre quando, por falecimento de qualquer das partes, os interessados houverem de suceder-lhe no processo. Se a morte do autor se der e o direito for intransmissível por disposição legal não ocorrerá a sucessão processual. Nestes casos, o processo será extinto sem resolução do mérito.

1º Passo: Endereçamento

EXCELENTÍSSIMO SENHOR JUIZ DA ... VARA CÍVEL DA COMARCA DE ... (CIDADE/ESTADO).

2º Passo: Qualificação das partes

HERDEIRO 1, (Estado Civil), (Profissão), (endereço eletrônico), inscrito no CPF sob o nº ..., residente e domiciliado na..., HERDEIRO 2, (Estado Civil), (Profissão), (endereço eletrônico), inscrito no CPF sob o nº ..., residente e domiciliado na..., através do advogado que a esta subscreve, constituído nos termos da procuração em anexo, vêm a presença de vossa Excelência, com fundamento nos artigos 687 a 692 do CPC, requerer

HABILITAÇÃO

Nos autos do processo, por motivo de falecimento da parte autora, consoante comprova certidão de óbito em anexo, pelos fatos e fundamentos que a seguir passa a expor:

3º Passo: Fundamentação

1. FATOS

1. O *de cujus* havia ajuizado ação de cobrança de dívida em face do Sr. ...,, em trâmite neste juízo sob o N...;

2. Ocorre que, consoante informa certidão de óbito em anexo, o mesmo veio a falecer na data ...;

3. Assim, fez-se necessário que os seus herdeiros, acima qualificados, viessem a este juízo requerer a habilitação, na forma da lei.

2. DO DIREITO

4. Com efeito, a habilitação tem lugar quando, por falecimento de qualquer das partes, os interessados houverem de suceder-lhe no processo.

5. Neste contexto, a habilitação pode ser requerida tanto pela parte, em relação aos sucessores do falecido, quanto pelos sucessores do falecido, em relação à parte.

4º Passo: Pedidos

D) DOS PEDIDOS

Diante de todo o exposto, requer:

a) a suspensão do feito, nos ternos do artigo 689 do CPC;

b) a citação do requerido para se pronunciar no prazo de cinco dias;

c) uma vez processado o feito, sejam os sucessores julgados habilitados, a fim de que o feito principal prossiga em seu curso normal.

5º Passo: Valor da causa

Dá-se à causa o valor de R$ ...., para efeitos fiscais.

6º Passo: Protesto pelas provas

Protesta provar o alegado por todos os meios de provas em direito admitidos, seja pelo depoimento pessoal, documentos, testemunhas, perícias e tudo quanto se fizer necessário para a efetivação da justiça!

7º Passo: Encerramento

Termos em que pede deferimento.

Local, data,

Advogado

OAB...

29. AÇÃO CONSENSUAL DE RECONHECIMENTO CUMULADA COM DISSOLUÇÃO DE UNIÃO ESTÁVEL

Procedimento judicial, de jurisdição contenciosa, que visa reconhecer e dissolver a união estável. Poder ser cumulada, ou não, com partilha de bens, alimentos, guarda e convivência. Suas disposições estão previstas no art. 731 e seguintes do Código de Processo Civil.

1º Passo: Endereçamento.

EXCELENTÍSSIMO SENHOR JUIZ DA ....VARA DE FAMÍLIA DA COMARCA DE ...../ESTADO

2º Passo: Qualificação das partes.

FULANO DE TAL, (Nacionalidade), (Estado Civil), (Profissão), endereço eletrônico ..., portador da Carteira de Identidade nº ..., inscrito no CPF sob o nº ..., residente e domiciliado na Rua ..., nº ..., Bairro ..., Cidade ..., Cep. ..., no Estado de ..., e BELTRANO, (Nacionalidade), (Estado Civil), (Profissão), endereço eletrônico....., portador da Carteira de Identidade nº ..., inscrito no CPF sob o nº ..., residente e domiciliado na Rua ..., nº ..., Bairro ..., Cidade ..., Cep. ..., no Estado de ..., através de seu advogado comum que a esta subscreve, constituído nos termos da procuração anexa (doc. 01), vem, à presença de Vossa Excelência, com fundamento no artigo 731 e seguintes do Código de Processo Civil, propor a presente Ação Consensual de Reconhecimento Cumulada com Dissolução de União Estável, de acordo com os fatos e fundamentos que a seguir passa expor:

3º Passo: Fundamentação.

1. FATOS.

1. Requerente e Requerido têm união estável desde o dia......., sob regime..., conforme declaração de união estável junta (Doc).

2. Da referida união não nasceram os filhos: ......, conforme certidões de nascimento em anexo (Doc).

3. Há aproximadamente .... meses/anos, o casal não vem se entendendo mais, optando pela dissolução afetiva.

4. Por fim, ressalta-se que o casal adquiriu um único imóvel durante união (Doc) e ambos trabalham, não necessitando de alimentos.

2. DO DIREITO.

Tendo em vista a união estável, o regime de bens será o da comunhão parcial, sendo o imóvel objeto de meação igualitária, na forma dos arts. 1.725 e 1.660, I do Código Civil.

4º Passo: Pedidos.

D) DOS PEDIDOS

Diante de todo o exposto, requer:

a) o reconhecimento e a dissolução da união estável;

b) a homologação do plano de partilha;

d) a dispensa recíproca dos alimentos.

5º Passo: Protesto pelas provas.

Protesta provar o alegado por todos os meios de provas em direito admitidos.

6º Passo: Valor da causa.

Dá-se à causa o valor de ...

7º Passo: Encerramento.

Termos em que pede deferimento.

Local, data,

Advogado

OAB...

30. DIVÓRCIO EXTRAJUDICIAL

Procedimento Judicial que visa desconstituir o vínculo matrimonial. Exige que todos os envolvidos sejam maiores e capazes, haja consenso e presença do advogado. Demanda que seja regulada dissolução afetiva, partilha de bens, alimentos e retomada, ou não, do nome de solteiro(a).

1º Passo: Endereçamento.

ILUSTRÍSSIMO(A) SENHOR(A) DOUTOR(A) TABELIÃO(Ã) DO .... OFÍCIO DE NOTAS DE ...

2º Passo: Qualificação das partes.

FULANO DE TAL, (Nacionalidade), (Estado Civil), (Profissão), endereço eletrônico ..., portador da Carteira de Identidade nº ..., inscrito no CPF sob o nº ..., residente e domiciliado na Rua ..., nº ..., Bairro ..., Cidade ..., Cep. ..., no Estado de ..., e BELTRANO, (Nacionalidade), (Estado Civil), (Profissão), endereço eletrônico....., portador da Carteira de Identidade nº ..., inscrito no CPF sob o nº ..., residente e domiciliado na Rua ..., nº ..., Bairro ..., Cidade ..., Cep. ..., no Estado de ..., através de seu advogado comum que a esta subscreve, constituído nos termos da procuração anexa (doc. 01), vem a presença deste Ilustríssimo Tabelião, com fundamento no artigo 733 e seguintes do Código de Processo Civil e nas Resoluções 35 e 220 do Conselho Nacional de Justiça, propor o PROCEDIMENTO DE DIVÓRCIO EXTRAJUDICIAL, de acordo com os fatos e fundamentos que a seguir passa expor:

3º Passo: Fundamentação.

1. Os Requerentes se casaram no dia XXX de XXXX de XXXXX, conforme certidão de casamento anexa.

Resolveram se divorciar e, para tanto, declaram que não tem filhos menores ou incapazes e que o Cônjuge Virago não está gravida.

2. Os bens a partilhar são:

XXXX

YYYYY

ZZZZZ

3. Diante dos bens, o plano de partilha ficará da seguinte forma:

a)

b)

c)

4. O Cônjuge XXXXX deseja retornar ao nome de solteiro (a), com base no art. 1.578 do Código Civil e art. 41 da Resolução 35 do Conselho Nacional de Justiça.

5. Os cônjuges, por terem aptidão para o trabalho e formação profissional, dispensam, mutuamente, os alimentos.

4º Passo: Pedidos.

D) DOS PEDIDOS

Diante de todo o exposto, requer:

a) a decretação do divórcio;

b) a homologação do plano de partilha;

c) a alteração para o nome anterior ao casamento;

d) a dispensa recíproca dos alimentos.

5º Passo: Protesto pelas provas.

Protesta provar o alegado por todos os meios de provas em direito admitidos.

6º Passo: Valor da causa.

Dá-se à causa o valor de ....

7º Passo: Encerramento.

Termos em que pede deferimento.

Local, data,

Advogado...

OAB...

31. RECONHECIMENTO E DISSOLUÇÃO DE UNIÃO ESTÁVEL EXTRAJUDICIAL

Procedimento cartorário que visa reconhecer e dissolver a união estável. Poder ser cumulada, ou não, com partilha de bens, alimentos, guarda e convivência. Suas disposições estão previstas no art. 731 e seguintes do Código de Processo Civil.

1º Passo: Endereçamento.

ILUSTRÍSSIMO(A) SENHOR(A) DOUTOR(A) TABELIÃO(Ã) DO 6º OFÍCIO DE NOTAS DE SALVADOR/BA.

2º Passo: Qualificação das partes.

FULANO DE TAL, (Nacionalidade), (Estado Civil), (Profissão), endereço eletrônico ..., portador da Carteira de Identidade nº ..., inscrito no CPF sob o nº ..., residente e domiciliado na Rua ..., nº ..., Bairro ..., Cidade ..., Cep. ..., no Estado de ..., e BELTRANO, (Nacionalidade), (Estado Civil), (Profissão), endereço eletrônico....., portador da Carteira de Identidade nº ..., inscrito no CPF sob o nº ..., residente e domiciliado na Rua ..., nº ..., Bairro ..., Cidade ..., Cep. ..., no Estado de ..., através de seu advogado comum que a esta subscreve, constituído nos termos da procuração anexa (doc. 01), vem a presença deste Ilustríssimo Tabelião, com fundamento no artigo 733 e seguintes do Código de Processo Civil e nas Resoluções 35 e 220 do Conselho Nacional de Justiça, propor o PROCEDIMENTO DE RECONHECIMENTO E DISSOLUÇÃO DE UNIÃO ESTÁVEL EXTRAJUDICIAL, de acordo com os fatos e fundamentos que a seguir passa expor:

3º Passo: Fundamentação.

Os Requerentes convivem em união estável desde XXX de XXXX de XXXXX e resolveram findar a união. Para tanto, declaram que não tem filhos menores ou incapazes e que o Cônjuge Virago não está gravida.

7. Os bens a partilhar são:

XXXX

YYYYY

ZZZZZ

8. Diante dos bens, o plano de partilha ficará da seguinte forma:

a)

b)

c)

9. Os conviventes dispensam, reciprocamente, os alimentos.

4º Passo: Pedidos.

D) DOS PEDIDOS

Diante de todo o exposto, requer:

a) O Reconhecimento e a Dissolução da União Estável;

b) A homologação do plano de partilha;

c) Dispensa reciproca dos alimentos;

5º Passo: Protesto pelas provas.

Protesta provar o alegado por todos os meios de provas em direito admitidos.

6º Passo: Valor da causa.

Dá-se à causa o valor de ...

7º Passo: Encerramento.

Termos em que pede deferimento.

Local, data,

Advogado...

OAB...

32. AÇÃO DE GUARDA E REGIME DE CONVÍVIO

Demanda que tem por escopo regular o regime de guarda e convívio dos filhos. Ela pode ser proposta através de ação autônoma ou de forma cumulada com a separação, o divórcio, o reconhecimento cumulado com a dissolução da união estável ou em medida cautelar (art. 1.584, I do Código Civil).

1º Passo: Endereçamento.

EXCELENTÍSSIMO SENHOR DOUTOR JUIZ DE DIREITO DA ... VARA DE FAMÍLIA DA COMARCA DE...

2º Passo: Qualificação das partes.

FULANO DE TAL, Menor, (Nacionalidade), portador da Carteira de Identidade nº ..., inscrito no CPF sob o nº ..., neste ato representado(a) pelo seu Genitor(a), (Nacionalidade), portador da Carteira de Identidade nº ..., inscrito no CPF sob o nº ..., endereço eletrônico ..., ambos residentes e domiciliados na Rua ..., nº ..., Bairro ..., Cidade ..., Cep. ..., no Estado de ..., através do advogado que a esta subscreve, constituído nos termos da procuração em anexo (doc. 01), vem a presença de vossa Excelência, com fundamento no artigo 1.583 e seguintes do Código Civil e art. 696 e seguintes do Código de Processo Civil, propor a presente AÇÃO DE REGULAMENTAÇÃO DE GUARDA E REGIME DE CONVÍVIO, em face de BELTRANO, (Nacionalidade), (Estado Civil), (Profissão), endereço eletrônico....., portador da Carteira de Identidade nº ..., inscrito no CPF sob o nº ..., residente e domiciliado na Rua ..., nº ..., Bairro ..., Cidade ..., Cep. ..., no Estado de ..., de acordo com os fatos e fundamentos que a seguir passa expor:

3º Passo: Fundamentação.

a) Fatos

- O menor é fruto do matrimônio entre o Genitor Requerente e a Genitora Requerida, conforme Certidão de Nascimento anexa.
- Os Genitores estão em processo de divórcio, em ação tombada sob o no XXX, em tramite na XXX Vara de Família desta Capital.
- Com o fim do matrimônio surge a necessidade de definir sobre a guarda e regime de convívio dos filhos menores.

b) Direito

Da narrativa fática, o mérito desta inicial perpassara por dois temas: b.1) Da Guarda e b.2) do regime de convívio

b.1) Da Guarda.

- Código Civil estabelece duas modalidades exemplificativas de guarda: a unilateral e a compartilhada.
- O artigo 1.583, § 1º, do Código Civil define a guarda unilateral como aquela atribuída a um dos Genitores ou alguém que o substitua e por guarda compartilhada a responsabilização conjunta e o exercício de direitos e deveres do pai e da mãe que não vivam sob o mesmo teto, concernentes ao poder familiar dos filhos comuns.
- Malgrado a dualidade sistemática, é clara a preferência legislativa pelo modelo conjunto de guarda.
- Nos termos do artigo 1584, § 2º do Código Civil verifica-se que ainda que não haja consenso entre os genitores, demonstrando ambos aptidão ao exercício do poder familiar, deverá o magistrado aplicar a guarda compartilhada, a menos que um dos genitores declare que não deseja ter a guarda do menor.

b.1) Regime de Convívio

- O direito à convivência familiar é assegurado à criança e ao adolescente. O §2º do artigo 1.583 do Código Civil determina que na guarda compartilhada, o tempo de convívio com os filhos deve ser dividido de forma equilibrada com a mãe e com o pai, sempre tendo em vista condições fáticas e os interesses dos filhos.

– Diante dos comandos legislativos que disciplinam acerca do direito fundamental dos filhos terem o direito a conviver com ambos os pais, requer seja seguido o seguinte modelo de convívio.

I) residência fixa com a Genitora;

II) finais de semanas alternados com o Genitor;

III) Visitas livres durante a semana.

4º Passo: Tutela de Urgência.

c) Da tutela de urgência

Considerando que a situação em tela é capaz de causar ao menor grave dano de difícil ou incerta reparação é necessário que seja concedida a antecipação dos efeitos da tutela, com espeque no artigo 300 do Código de Processo Civil, haja vista a probabilidade do direito e o perigo de dano ou risco ao resultado útil do processo.

5º Passo: Pedidos.

Por tudo o que fora exposto, após a regular citação da Requerida, requer:

a) Seja concedida a tutela de urgência de caráter antecipatório, para decretar a guarda compartilhada do menor, e o regime de visitas nos seguintes moldes:...

b) No mérito, a decretação da guarda compartilhada e regime de visitação nos seguintes moldes: ...

c) A intervenção do Ministério Público, tendo em vista envolver interesse de incapaz, na forma do art. 178 do Código de Processo Civil;

6º Passo: Protesto pelas provas.

Protesta provar o alegado por todos os meios de provas em direito admitidos, em especial pelo depoimento pessoal, testemunhas, perícias e tudo quanto se fizer necessário para a efetivação da justiça.

7º Passo: Valor da causa.

Dá-se à causa o valor de ...

8º Passo: Encerramento.

Termos em que pede deferimento.

Local, data,

Advogado

33. ALIENAÇÃO PARENTAL

Procedimento especial que visa impedir que atos dos Genitores, ou dos Avós, que tenham a criança sob a sua autoridade, hábeis a interferir na formação psicológica da criança ou do adolescente. Tais atos tem por finalidade que o menor repudie o outro Genitor ou que cause prejuízo ao estabelecimento ou à manutenção de vínculos com este.

1º Passo: Endereçamento.

EXCELENTÍSSIMO SENHOR DOUTOR JUIZ DE DIREITO DA ... VARA DE FAMÍLIA DA COMARCA DE ...

2º Passo: Qualificação das partes.

FULANO DE TAL, Menor, (Nacionalidade), portador da Carteira de Identidade nº ..., inscrito no CPF sob o nº ..., neste ato representado(a) pelo seu Genitor(a), (Nacionalidade), portador da Carteira de Identidade nº ..., inscrito no CPF sob o nº ..., endereço eletrônico ..., ambos residentes e domiciliados na Rua ..., nº ..., Bairro ..., Cidade ..., Cep. ..., no Estado de ..., através do advogado que a esta subscreve, constituído nos termos da procuração em anexo (doc. 01), vem a presença de vossa Excelência, com fundamento na Lei nº 12.318/2010 e artigos 696 e seguintes do Código de Processo Civil, propor a presente AÇÃO DE ALIENAÇÃO PARENTAL, em face de BELTRANO, (Nacionalidade), (Estado Civil), (Profissão), endereço eletrônico....., portador da Carteira de Identidade nº ..., inscrito no CPF sob o nº ..., residente e domiciliado na Rua ..., nº ..., Bairro ..., Cidade ..., Cep. ..., no Estado de ..., de acordo com os fatos e fundamentos que a seguir passa expor:

3º Passo: Fundamentação.

a) Fatos

- A criança é fruto de união estável havida entre o Genitor Requerente e a Genitora Requerida, conforme Certidão de Nascimento anexa.
- Em acordo realizado em audiência, nos autos do processo no XXX no dia XXX, restou pactuado a guarda compartilhada do menor, com residência fixa com a Genitora Requerida e regime de convívio em finais de semanas alternados com o Genitor Requerente.
- Malgrado o acordo, o Genitor Requerente está encontrando óbices ao exercício do direito de convívio com o seu filho, em virtude de condutas da Genitora Requerida.
- Outrossim, o Genitor Requerente está encontrando dificuldades em obter importantes informações sobre a rotina da criança, novamente em razão de condutas da Genitora Requerida.

b) Direito

- O artigo 2º, parágrafo único, IV e V elenca como conduta consistente em ato de alienação parental, dificultar o exercício do direito regulamentado de convivência familiar e omitir deliberadamente a genitor informações pessoais relevantes sobre a criança ou adolescente, inclusive escolares, médicas e alterações de endereço.

4º Passo: Tutela de Urgência.

c) Da tutela de urgência

Considerando que a situação em tela é capaz de causar ao menor grave dano de difícil ou incerta reparação é necessário que seja concedida a antecipação dos efeitos da tutela, com espeque no artigo 300 do Código de Processo Civil; haja vista a probabilidade do direito e o perigo de dano ou risco ao resultado útil do processo.

5º Passo: Pedidos.

Diante de todo o exposto, após a regular citação do Réu, requer:

a) A tramitação prioritária da demanda, nos termos do art. 4º da Lei nº 12.318/2010;

b) Uma vez constatados indícios de alienação parental, a determinação de perícia psicológica e/ou biopsicossocial, conforme art. 5º da Lei 12.318/2010, no prazo de 90 (noventa) dias;

c) Seja o menor ouvido por este nobre Magistrado, com o acompanhamento de especialista, conforme obtempera o artigo 699 do Código de Processo Civil.

d) A intervenção do Ministério Público, tendo em vista envolver a presente interesse de incapaz, na forma do art. 178 do Código de Processo Civil;

e) A aplicação das penalidades elencadas no art. 6º da Lei 12.318/2010, conforme o melhor juízo deste Nobre Magistrado, após advertência ao Requerido sobre suas condutas.

6º Passo: Protesto pelas provas.

Protesta provar o alegado por todos os meios de provas em direito admitidos, em especial pelo depoimento pessoal, testemunhas, perícias e tudo quanto se fizer necessário para a efetivação da justiça.

7º Passo: Valor da causa.

Dá-se à causa o valor de ....

8º Passo: Encerramento.

Termos em que pede deferimento.

Local, data,

Advogado...

OAB...

34. MODELO DE AÇÃO DE DIVÓRCIO LITIGIOSO C/C SEPARAÇÃO DE CORPOS

Procedimento judicial, de jurisdição contenciosa, que visa desconstituir o vínculo matrimonial. Exige que todos os envolvidos sejam maiores e capazes, haja consenso e presença do advogado. Demanda que seja regulada dissolução afetiva, partilha de bens, alimentos e retomada, ou não, do nome de solteiro(a).

1º Passo: Endereçamento

EXCELENTÍSSIMO SENHOR JUIZ DA ....VARA DE FAMÍLIA DA COMARCA DE ...../ESTADO

2º Passo: Qualificação das partes

FULANO DE TAL, (estado civil), (profissão), CPF inscrito sob o Nº..., (endereço eletrônico), residente e domiciliado na ......, através do advogado que a esta subscreve, com escritório profissional situado na ...., local onde receberá intimações, vem à presença de vossa excelência, com fundamento nos artigos 693 e seguintes do CPC, propor AÇÃO DE DIVÓRCIO C/C PEDIDO DE SEPARAÇÃO DE CORPOS

em face de BELTRANO, (estado civil), (profissão), CPF inscrito sob o Nº..., (endereço eletrônico), residente e domiciliado na ......, pelos fatos e fundamentos que a seguir passa expor:

3º Passo: Fundamentação

1. FATOS

1. A requerente e o requerido convolaram núpcias na data...., sob regime ..., conforme certidão de casamento inclusa.

2. Da referida união nasceram os filhos: ......, conforme certidões de nascimento em anexo.

3. Há aproximadamente .... meses/anos, o casal não vem se entendendo mais, tendo em vista que o requerido passou a tratar com desprezo, ofensas morais e ameaças de agressão física, tanto a requerente quanto os filhos.

4. A requerente já expressou sua intenção de divorciar-se, porém, sempre que a mesma entra nesse assunto, o requerido a ameaça, mostrando ser impossível a realização de um divórcio consensual.

5. Tendo em vista que o casal vive sob o mesmo teto, a requerente acredita que se propuser apenas a ação de divórcio, irá acirrar ao máximo os ânimos, a ponto de pôr em risco a sua vida e a de seus filhos.

6. Ademais, a requerente e seus filhos não têm onde se abrigar, por essa razão, a separação de corpos deve caracterizar-se com o afastamento do requerido do lar conjugal.

7. Por fim, ressalta-se que o casal não adquiriu bens durante o matrimônio, pois a casa onde reside juntamente com seus filhos pertence ao pai da reque-

rente, conforme demonstra o documento incluso (DOC. no), sendo incabível o requerido exigir algum direito sobre esta.

8. Daí a necessidade do presente pedido da separação de corpos juntamente com o divórcio litigioso.

2. DO DIREITO

A Emenda Constitucional no. 66 alterou a disposição do art. 226, §6º, passando a prever que o "casamento civil pode ser dissolvido pelo divórcio".

Portanto, conclui-se que a extinção do vínculo matrimonial pode se dar sem a necessidade da prévia separação judicial.

4º Passo: Medida cautelar de separação de corpos

3. DA SEPARAÇÃO DE CORPOS

Ressalta-se que os requisitos básicos para a concessão da medida de urgência de natureza cautelar estão presentes no caso tela, conforme foi exposto acima, tendo em vista a plausibilidade do pedido bem como o perigo iminente da requerente e seus filhos sofrerem agressões por parte do requerido.

Portanto, de acordo com o artigo 1.562 do Código Civil, requer que, antes de analisar o divórcio pleiteado, a concessão da tutela para a separação de corpos.

5º Passo: Pedidos

4. DOS PEDIDOS

Ante o exposto, requer:

a) a concessão da tutela cautelar de separação de corpos, determinado a saída, imediata, do requerido do lar conjugal, expedindo-se o competente mandado, onde deverá constar, se necessário, autorização para o uso de força policial;

b) a intimação do ilustre representante do Ministério Público, nos termos do art. 178, II, do CPC;

c) a citação do requerido, para que compareça à audiência de mediação ou conciliação;

d) Ao final, a procedência do pedido, decretando-se o divórcio do casal, expedindo-se o mandado de Averbação;

e) o retorno da requerente ao nome de solteira, qual seja: ....;

f) a condenação do requerido no pagamento das custas processuais e nos honorários advocatícios.

6º Passo: Valor da causa

Dá-se à causa o valor de R$ ...., para efeitos fiscais.

7º Passo: Protesto pelas provas

Protesta provar o alegado por todos os meios de provas em direito admitidos, seja pelo depoimento pessoal, documentos, testemunhas, perícias e tudo quanto se fizer necessário para a efetivação da justiça!

8º Passo: Encerramento

Termos em que pede deferimento.

Local, data,

Advogado...

OAB...

35. MODELO DE AÇÃO DE INTERDIÇÃO

Interdição pode ser compreendida como demanda excepcional, intentada no âmbito cível e tem por finalidade precípua a declaração da incapacidade de determinada pessoa.

1º Passo: Endereçamento

EXCELENTÍSSIMO SENHOR JUIZ DA ..... VARA CÍVEL DA COMARCA DE ... (CIDADE/ESTADO).

2º Passo: Qualificação

FULANO DE TAL, (estado civil), (profissão), CPF inscrito sob o Nº..., (endereço eletrônico), residente e domiciliado na ......, através do advogado que a esta subscreve, com escritório profissional situado na ...., local onde receberá intimações, vem a presença de vossa excelência, com fundamento nos artigos 1.767 e seguintes do CC e artigos. 747 e seguintes do CPC, requerer a

INTERDIÇÃO

de BELTRANO, (estado civil), (profissão), CPF inscrito sob o Nº..., , residente e domiciliado na ......, de acordo com os fatos e fundamentos que a seguir passa expor:

3º Passo: Fundamentação

A) FATOS:

1. A requerente é filha do interditando, mora com o mesmo e lhe presta toda a assistência material necessária.

2. Em virtude da idade avançada, o interditando possui diversas limitações físicas e mentais, necessitando do auxílio da requerente para o desempenho de atividades mais elementares como banho, realização de refeições e ministração dos vários remédios que visam controlar sua patologia, dentre outras patologias existentes, conforme relatórios médicos emitidos por médico assistente.

3. É certo que o interditando não pode exprimir a sua vontade e a aposentadoria que recebe do INSS é fundamental para cobrir as despesas com medicamentos, ficando as demais despesas suportadas pela requerente.

4. Recentemente, chegou à residência da requerente uma correspondência do INSS comunicando que o interditando deveria comparecer ao posto da autarquia mais próximo para recadastramento e retirada de novo cartão de benefício previdenciário, sob pena de ser suspenso o pagamento do benefício de aposentadoria.

B) DIREITO:

5. O Código Civil, em seu artigo 1.767, consubstancia a regra segundo a qual estão sujeitos a curatela aqueles que, por enfermidade ou deficiência mental, não tiverem o necessário discernimento para os atos da vida civil.

6. É o que ocorre no presente caso: conforme anteriormente mencionado, o interditando possui idade avançada, além de diversas limitações físicas e mentais, de modo que o mesmo necessita do auxílio da requerente para o desempenho de atividades mais elementares como banho, realização de refeições e ministração dos vários medicamentos que controlam o mal de Alzheimer, dentre outras patologias existentes.

7. Sendo assim, é forçoso reconhecer a necessidade de nomeação da requerente como sua curadora, de modo a poder assisti-lo nos atos da vida civil.

4º Passo: CURATELA PROVISÓRIA

C) DA CURATELA PROVISÓRIA

Considerando o estado de incapacidade do interditando e a imediata necessidade de resguardar os seus direitos, requer a nomeação do requerente na condição de curador provisório.

5º Passo: Pedidos

D) DOS PEDIDOS

Diante de todo o exposto, requer:

a) Seja a autora nomeada como CURADORA PROVISÓRIA do interditando, para que possa assisti-lo nos atos da vida civil;

b) Seja o interditando examinado pessoalmente por este juízo, nos termos do artigo 751, do CPC;

c) A intimação do representante do Ministério Público para acompanhar o feito na condição de fiscal da ordem jurídica;

d) Ao final, a procedência dos pedidos contidos na ação, com a confirmação da NOMEAÇÃO DEFINITIVA da autora como CURADORA do interditando, nos limites da curatela fixados na sentença.

6º Passo: Valor da causa

Dá-se à causa o valor de R$ ...., para efeitos fiscais.

7º Passo: Protesto pelas provas

Protesta provar o alegado por todos os meios de provas em direito admitidos, seja pelo depoimento pessoal, documentos, testemunhas, perícias e tudo quanto se fizer necessário para a efetivação da justiça!

8º Passo: Encerramento

Termos em que pede deferimento.

Local, data,

Advogado...

OAB...

36. MODELO DE MANDADO DE SEGURANÇA

Eis um remédio processual, de natureza constitucional, utilizado para evitar ou sanar lesão a direito líquido e certo, não amparado por *habeas corpus* ou *habeas data*, quando o ato ou omissão for praticada por parte de autoridade pública ou por quem o faça as vezes. Ele está amparado em prova pré-constituída. Só poderá o impetrante se valer de prova documental ou documentada. Ele pode ser preventivo ou repressivo. Pode ter por objetivo a tutela individual e coletiva. A lei que o regulamenta é a 12.016/09.

1º Passo: Endereçamento

EXCELENTÍSSIMO SENHOR JUIZ DA VARA DA FAZENDA PÚBLICA DE ... (CIDADE/ESTADO).

2º Passo: Qualificação das partes

FULANO DE TAL, (Estado Civil), (Profissão), inscrito no CPF sob o nº ..., (endereço eletrônico), (endereço), através do advogado que a esta subscreve, constituído nos termos da procuração em anexo (doc. 01), com escritório profissional situado na......, local onde receberá as intimações, vem a presença de vossa Excelência, com fundamento no artigo 5º, LXIX da Constituição Federal de 1988 e da Lei 12.016/09, impetrar o presente

MANDADO DE SEGURANÇA,

contra ato do..... (autoridade coatora), a ser encontrado no ...(endereço), de acordo com os fatos e fundamentos que a seguir passa expor:

3º Passo: Fundamentação

1. FATOS:

1. O Impetrante Inscreveu-se em concurso público para provimento de vagas de ….., realizado pela Entidade em tela, na condição de portador de necessidade especial;

2. O certame foi constituído das seguintes fases:......;

3. Efetivadas as aprovações nas duas primeiras fases, o impetrante viu-se surpreendido com a notícia de que fora reprovado no certame, em virtude do resultado do exame pericial, com a equipe multiprofissional, sob a alegação de que a deficiência auditiva unilateral não lhe enquadraria na categoria de "portador de deficiência", mas, apenas a perda "bilateral" da audição.

2. DIREITO:

4. A Constituição Federal, em seu artigo 5º, LXIX e a Lei 12.016/09 consagram a regra segundo a qual "conceder-se-á mandado de segurança para proteger direito líquido e certo, não amparado por "habeas-corpus" ou "habeas-data", quando o responsável pela ilegalidade ou abuso de poder for autoridade pública ou agente de pessoa jurídica no exercício de atribuições do Poder Público."

No caso em tela, os requisitos para a concessão da segurança estão devidamente presentes, senão vejamos:

A) Direito líquido e certo

5. O impetrante preenche todos os requisitos para avançar às demais etapas do concurso, tendo em vista que logrou êxito nas duas primeiras etapas e se enquadra na condição de "portador de deficiência". É que, segundo a lei..., a qualidade de portador de deficiência física é caracterizada quando..., sendo certo, portanto, que a surdez unilateral está inclusa nessa condição.

B) Da lesão

6. Não obstante a existência do direito líquido e certo mencionado, fato é que a comissão do concurso desprezou os termos legais, reprovando o impetrante, sob a alegação de que a deficiência auditiva, na modalidade unilateral, não enquadraria o mesmo na condição de portador de deficiência física.

7. Sendo assim, é forçoso reconhecer que o ato administrativo questão é abusivo, necessitando, por isso, ser retirado do mundo jurídico, por ser medida de justiça.

4º Passo: Pedido de liminar

3. DA LIMINAR:

8. Considerando que o decurso do tempo poderá causar grave dano ao direito líquido e certo do impetrante, é necessário que lhe seja concedida LIMINAR para o fim de suspender o ato impugnado e determinar sua inclusão nas demais etapas do concurso, bem como que seja reservada a respectiva vaga até que seja o mérito devidamente julgado.

5º Passo: Pedidos

4. DOS PEDIDOS:

Diante de todo o exposto, requer:

a) que se notifique a autoridade coatora do conteúdo da petição inicial, enviando-lhe a segunda via apresentada com as cópias dos documentos, a fim de que, no prazo de 10 (dez) dias, preste as informações;

b) Que se dê ciência do feito ao órgão de representação judicial da pessoa jurídica interessada, enviando-lhe cópia da inicial sem documentos, para que, querendo, ingresse no feito;

c) seja ouvido o representante do Ministério Público;

d) seja concedido o pedido de LIMINAR para o fim de suspender o ato impugnado e determinar sua inclusão nas demais etapas do concurso, bem como que seja reservada a respectiva vaga até que seja o mérito devidamente julgado;

e) NO MÉRITO, seja confirmada a liminar deferida e definitivamente concedida a segurança, por ser medida de justiça!

6º Passo: Produção de provas

– Provas pré-constituídas anexas.

7º Passo: Valor da causa

Atribui à causa o valor de R$ ......, para efeitos meramente fiscais.

8º Passo: Encerramento

Termos em que pede deferimento.

Local, data,

Advogado

OAB...

37. MODELO DE AÇÃO CIVIL PÚBLICA

Procedimento Especial que está previsto na lei 7347/85. Ela visa tutelar direitos coletivos, que estão dispostos no texto da lei acima, tais quais: meio ambiente, consumidor, bens de valor artístico, estético, paisagístico, histórico, turístico, etc.

1º Passo: Endereçamento

EXCELENTÍSSIMO SENHOR JUIZ DA ...... VARA CÍVEL DA COMARCA DE ....../ESTADO

2º Passo: Qualificação das partes

A ASSOCIAÇÃO DE DEFESA DO CONSUMIDOR ....., pessoa jurídica de direito privado, inscrita no CNPJ ...., (endereço eletrônico), com sede na ...., por meio do seu representante legal, o Sr. ...., através do advogado que a esta subscreve, constituído nos termos da procuração em anexo (doc...), com endereço profissional situado na ..., local onde receberá intimações, vem à presença de Vossa excelência, com fundamento na Lei 7.347/85, propor a presente

AÇÃO CIVIL PÚBLICA

em face da empresa ....., CNPJ Nº..., (endereço eletrônico), com endereço situado na ...., pelos fatos e fundamentos a seguir expostos:

3º Passo: Fundamentação

1. FATOS

Aqui, narre os fatos de forma clara, concisa e coerente. Organize as ideias e traga a cronologia do seu texto.

2. DIREITO

Nos termos do artigo 1º da Lei 7.347/85, é cabível o ajuizamento da ação civil pública para prevenir ou reprimir danos morais ou materiais causados ao consumidor, bem como a outros interesses difusos ou coletivos.

Conforme comprovado pelos laudos anexos, a atuação da empresa ré está causando profundo impacto ...

Por outro lado, a legitimidade da associação autora é contemplada na medida em que a mesma foi legalmente constituída desde ....., segundo noticia documentação relação ao registro do estatuto em anexo (doc..), sendo notória a pertinência temática com o objeto da presente lide.

4º Passo: Pedido de liminar

3. DA LIMINAR

No caso em apreço, é patente a plausibilidade do direito invocado, visto que os dois laudos que instruem a inicial estão a demonstrar a extrema lesividade ao consumidor através da atividade desenvolvida pela ré. Desenvolva melhor o tópico acima.

5º Passo: Pedidos

4. DOS PEDIDOS

Diante do exposto, requer:

a) Seja deferida medida LIMINAR, determinando-se que a empresa ré....

b) Seja ordenada a citação da ré para comparecer à audiência de autocomposição;

c) A intimação do ilustre representante do Ministério Público, nos termos do artigo 5.o, §1.o da Lei 7.347/85, para acompanhar o feito na condição de fiscal da ordem jurídica;

d) AO FINAL, sejam julgados procedentes os pedidos formulados, condenando-se à empresa ré a abster-se de ..., cominando-se multa diária para o não cumprimento da obrigação, bem como a sua condenação nas custas processuais e honorários advocatícios;

6º Passo: Valor da causa

Dá-se à causa o valor de ..., correspondente ao valor atualizado dos prejuízos causados pelo réu.

7º Passo: Protesto pelas provas

Protesta provar o alegado por todos os meios de provas em direito admitidos, seja pelo depoimento pessoal, documentos, testemunhas, perícias e tudo quanto se fizer necessário para a efetivação da justiça!

8º Passo: Encerramento

Termos em que pede deferimento.

Local, data,

Advogado...

OAB...

38. MODELO DE AÇÃO DE EXECUÇÃO POR QUANTIA CERTA DE TÍTULO EXTRAJUDICIAL

Demanda que tem por objetivo a implementação forçada de títulos executivos extrajudiciais, os quais estão dispostos no art. 784 do CPC.

1º Passo: Endereçamento

EXCELENTÍSSIMO SENHOR JUIZ DA .... VARA CÍVEL DA COMARCA DE ...../ ESTADO

2º Passo: Qualificação das partes

FULANO DE TAL, (Estado Civil), (Profissão), (endereço eletrônico), inscrito no CPF sob o nº ..., residente e domiciliado na..., através do advogado que a esta subscreve, constituído nos termos da procuração em anexo, vem a presença de vossa Excelência, com fundamento nos artigos 824 e seguintes do CPC, propor a presente AÇÃO DE EXECUÇÃO, em face de BELTRANO, (Estado Civil), (Profissão), (endereço eletrônico), inscrito no CPF sob o nº ..., residente e domiciliado na..., de acordo com os fatos e fundamentos que a seguir passa expor:

3º Passo: Fundamentação

1. FATOS

1. O exequente é credor da importância líquida, certa e exigível de R$ 20.000,00 (vinte mil reais), conforme demonstra .... (espécie de título executivo extrajudicial) em anexo.

2. Ocorre que, apesar de todos os esforços, no sentido de receber o referido crédito amigavelmente, estes foram ineficazes, sendo certo que fora feito o

protesto do título após regular notificação e permanência do inadimplemento por parte do executado;

3. Assim, não restou outra alternativa ao exequente, senão vir a este mm. juízo requerer o que lhe seja de direito.

2. DO DIREITO

O Código de Processo Civil, em seu artigo 783, aponta que a execução para cobrança de crédito fundar-se-á sempre em título de obrigação certa, líquida e exigível.

É o que ocorre nos autos.

Sendo o exequente credor da quantia líquida, certa e exigível de R$ 30.000,00 (trinta mil reais), constante em título executivo previsto em lei, a presente demanda mostra-se perfeitamente cabível.

4º Passo: Pedidos

3. DOS PEDIDOS

Diante do exposto, requer:

a) Seja o executado citado para efetuar o pagamento da dívida no prazo de 03 (três) dias;

b) Não sendo feito o pagamento, que oficial de justiça proceda com a penhora e avaliação de bens necessários à satisfação do crédito previsto no título;

c) Ato contínuo, que se proceda com os atos de expropriação;

d) A condenação do executado ao pagamento das custas processuais e honorários advocatícios.

5º Passo: Valor da causa

Dá-se à causa o valor de ...., correspondente ao valor atualizado da dívida.

6º Passo: Protesto pelas provas

Protesta provar o alegado por todos os meios de provas em direito admitidos, seja pelo depoimento pessoal, documentos, testemunhas, perícias e tudo quanto se fizer necessário para a efetivação da justiça!

7º Passo: Encerramento

Termos em que pede deferimento.

Local, data,

Advogado

39. MODELO DE EMBARGOS À EXECUÇÃO

Defesa que tem por objeto permitir ao devedor o exercício do contraditório e da ampla defesa no processo de execução.

1º Passo: Endereçamento

EXCELENTÍSSIMO SENHOR JUIZ DA ...A VARA CÍVEL DA COMARCA DE ... (CIDADE/ESTADO).

Distribuição por dependência ao proc. no xxxxxxxxxx

2º Passo: Qualificação das partes

FULANO DE TAL, (Estado Civil), (Profissão), (endereço eletrônico), inscrito no CPF sob o nº ..., residente e domiciliado na..., através do advogado que a esta subscreve, constituído nos termos da procuração em anexo, vem a presença de vossa Excelência, com fundamento nos artigo 914 do CPC, propor a presente AÇÃO DE EMBARGOS À EXECUÇÃO, em face de BELTRANO, (Estado Civil), (Profissão), (endereço eletrônico), inscrito no CPF sob o nº ..., residente e domiciliado na..., de acordo com os fatos e fundamentos que a seguir passa expor:

3º Passo: Menção ao prazo e aos documentos

DA TEMPESTIVIDADE

O presente instrumento jurídico está sendo utilizado dentro do prazo legal, a saber, 15 dias (art. 915 do NCPC).

É que, sendo o mandado de citação juntado aos autos no dia ......, e apresentados os embargos nesta data, os mesmos mostram-se tempestivos.

De igual modo, é mister que se faça, menção às peças processuais relevantes, as quais deverão instruir os embargos (art. 914, § 1º, CPC). Por exemplo:

DOS DOCUMENTOS

A presente ação está instruída com cópias dos seguintes documentos, declarados autênticos pelo advogado que a esta subscreve, a saber: 1) petição inicial; 2) auto de penhora, etc.

4º Passo: Fundamentação

2. NO MÉRITO

A) FATOS:

1. O embargado ajuizou ação de execução por quantia certa fundada em título extrajudicial em face do embargante, apoiada em cheque, com valor de R$....;

2. Iniciada a execução, este mm. Juízo, acolhendo indicação do embargado, determinou a penhora do imóvel situado na ...., de propriedade do executado;

3. Ocorre que o referido imóvel é o único de propriedade do embargante, sendo o mesmo destinado à sua residência.

B) DIREITO:

4. O ordenamento jurídico pátrio consubstancia regra segundo a qual "O imóvel residencial próprio do casal, ou da entidade familiar, é impenhorável e não responderá por qualquer tipo de dívida civil, comercial, fiscal, previdenciária ou de outra natureza, contraída pelos cônjuges ou pelos pais ou filhos que sejam seus proprietários e nele residam, salvo nas hipóteses previstas nesta lei." (art. 1º da Lei 8.009/90);

5. E nem se diga que o fato do embargante ser solteiro constitui motivo para a penhora do bem, haja vista que a jurisprudência do Superior Tribunal de Justiça já pacificou entendimento no sentido de que "O conceito de impenhorabilidade de bem de família abrange também o imóvel pertencente a pessoas solteiras, separadas e viúvas" (súmula 364, STJ)

6. Sendo assim, é forçoso reconhecer que a constrição sobre dito bem fora ilegítima.

5º Passo: Pedido de efeito suspensivo

C) DO EFEITO SUSPENSIVO

7. O Código de Processo Civil, em seu artigo 914, § 1º, indica que o Juiz poderá conceder efeito suspensivo aos embargos, desde que relevantes seus funda-

mentos e o prosseguimento da execução possa causar ao executado grave dano de difícil ou incerta reparação.

8. Ora, douto julgador, a continuidade da presente execução poderá acarretar graves prejuízos ao embargante, na medida em que poderá privá-lo do seu bem de família, quando da realização de atos expropriatórios, ferindo claramente o princípio constitucional da dignidade da pessoa humana.

9. Ressalte-se que a execução já está garantida pela penhora, segundo consta em termo lavrado às fls. ...;

10. Sendo assim, é imperiosa a concessão de efeito suspensivo aos presentes embargos.

6º Passo: Pedidos

D) DOS PEDIDOS

Diante de todo o exposto, requer:

a) Sejam os embargos recebidos e instruídos por este juízo sob o efeito suspensivo;

b) Seja o embargado ouvido no prazo de quinze dias;

c) Ao final, a procedência dos embargos, com a consequente liberação de penhora sobre o bem de família;

d) a condenação do embargado em todas as custas processuais e honorários advocatícios.

7º Passo: Valor da causa

Dá-se à causa o valor de R$ ....

8º Passo: Protesto pelas provas

Protesta provar o alegado por todos os meios de provas em direito admitidos, em especial pelo depoimento pessoal, testemunhas, perícias e tudo quanto se fizer necessário para a efetivação da justiça!

9º Passo: Encerramento

Termos em que pede deferimento.

Local, data,

Advogado

40. MODELO DE APELAÇÃO

É o recurso cabível contra as sentenças, ou seja, as decisões que importem em extinção do processo com ou sem julgamento de mérito (arts. 485 e 487 do CPC).

De acordo com o art. 1.009, parágrafo 1º, as questões resolvidas na fase de conhecimento, se a decisão a seu respeito não comportar agravo de instrumento, não são cobertas pela preclusão e devem ser suscitadas em preliminar de apelação, eventualmente interposta contra a decisão final, ou nas contrarrazões.

Se as questões referidas no § 1º, acima indicado, forem suscitadas em contrarrazões, o recorrente será intimado para, em 15 (quinze) dias, manifestar-se a respeito delas.

Assim, das interlocutórias previstas nos termos do art. 1.015 do CPC, será cabível a interposição imediata do agravo de instrumento. As demais interlocutórias serão objeto da apelação.

Além de delimitar o cabimento da apelação, o artigo 1.009 do CPC, traz importantes e inovadoras regras.

A apelação é o recurso cabível contra as sentenças, sendo por excelência um recurso de cognição ampla destinado à correção tanto de *errores in procedendo* como quanto *errores in judicando*.

A cognição ampla, por seu turno, permite ao julgador o reexame de todo acervo probatório até então produzido nos autos do processo.

Como o CPC/15 prega a irrecorribilidade imediata de uma grande gama de decisões interlocutórias, sinaliza que as questões resolvidas na fase de conhecimento, se a decisão a seu respeito não comportar agravo de instrumento, não são cobertas pela preclusão e devem ser suscitadas em preliminar de apelação, eventualmente interposta contra a decisão final, ou nas contrarrazões.

Vejamos os **requisitos da apelação**:

A apelação, interposta por petição dirigida ao juízo de primeiro grau, conterá (art.1.010 do CPC):

- os nomes e a qualificação das partes;
- a exposição do fato e do direito;

- as razões do pedido de reforma ou de decretação de nulidade;
- o pedido de nova decisão.

O apelado será intimado para apresentar contrarrazões no prazo de 15 (quinze) dias.

Atenção!

Se o apelado interpuser apelação adesiva, o juiz intimará o apelante para apresentar contrarrazões.

Após as formalidades acima indicadas, os autos serão remetidos ao tribunal pelo juiz, **independentemente de juízo de admissibilidade. Assim, constata-se que o juízo de primeiro grau é absolutamente incompetente para realizar o juízo de admissibilidade da apelação.**

Repassando:

A apelação, como todo e qualquer recurso, possui certas regularidades formais que devem ser respeitadas, sob pena de seu não conhecimento. São basicamente três os aspectos formais.

O primeiro refere-se ao nome e qualificação das partes, a qual pode ser dispensada desde que já se tenha procedido com ela.

O segundo requisito trata-se da necessidade de especificar os fundamentos de fato e de direito que levam ao pedido de uma nova decisão, este o terceiro requisito.

A apelação, interposta por petição dirigida ao juízo de primeiro grau, conterá os requisitos acima mencionados.

Ademais, o apelado será intimado para apresentar contrarrazões no prazo de 15 (quinze) dias. Se o apelado interpuser apelação adesiva, o juiz intimará o apelante para apresentar contrarrazões.

Depois de tais formalidades, os autos serão remetidos ao tribunal pelo juiz, independentemente de juízo de admissibilidade.

Eis uma novidade, já que o juiz não está habilitado a proceder ao 1º juízo de admissibilidade, como dito acima. A admissibilidade e análise do mérito da apelação é atribuição confiada ao tribunal. TJs ou TRFs.

Nos termos dispostos no art. 1.011 do CPC, recebido o recurso de apelação no tribunal e distribuído imediatamente, o relator:

- decidi-lo-á monocraticamente apenas nas hipóteses do art. 932, incisos III a V;
- se não for o caso de decisão monocrática, elaborará seu voto para julgamento do recurso pelo órgão colegiado.

De acordo com o art. 1.012, a apelação terá efeito suspensivo[9]**.**

Além de outras hipóteses previstas em lei, começa a produzir efeitos imediatamente após a sua publicação a sentença que:

- homologa divisão ou demarcação de terras;
- condena a pagar alimentos;
- extingue sem resolução do mérito ou julga improcedentes os embargos do executado;
- julga procedente o pedido de instituição de arbitragem;
- confirma, concede ou revoga tutela provisória;
- decreta a interdição.

Nos casos acima, o apelado poderá promover o pedido de cumprimento provisório depois de publicada a sentença, uma vez que a apelação será dotada de efeito devolutivo apenas.

O pedido de concessão de efeito suspensivo nas hipóteses acima listadas, poderá ser formulado por requerimento dirigido ao:

- **tribunal,** no período compreendido entre a interposição da apelação e sua distribuição, ficando o relator designado para seu exame prevento para julgá-la;
- **relator,** se já distribuída a apelação.

Nas multicitadas hipóteses acima, a eficácia da sentença poderá ser suspensa pelo relator se o apelante demonstrar a probabilidade de provimento do recurso ou se, sendo relevante a fundamentação, houver risco de dano grave ou de difícil reparação.

A apelação devolverá ao tribunal o conhecimento da matéria impugnada. Eis o que chamamos de efeito **DEVOLUTIVO. Efeito disposto nos termos do 1.013 do CPC.**

Serão, porém, objeto de apreciação e julgamento pelo tribunal todas as questões suscitadas e discutidas no processo, ainda que não tenham sido solucionadas, desde que relativas ao capítulo impugnado.

Quando o pedido ou a defesa tiver mais de um fundamento e o juiz acolher apenas um deles, a apelação devolverá ao tribunal o conhecimento dos demais.

9. Tal efeito foi alvo de várias discussões ao logo do processo legislativo. Muitos almejavam a sua retirada.

Se o processo estiver em condições de imediato julgamento, o tribunal deve decidir desde logo o mérito quando:

- reformar sentença fundada no art. 485;
- decretar a nulidade da sentença por não ser ela congruente com os limites do pedido ou da causa de pedir;
- constatar a omissão no exame de um dos pedidos, hipótese em que poderá julgá-lo;
- decretar a nulidade de sentença por falta de fundamentação.

Quando reformar sentença que reconheça a decadência ou a prescrição, o tribunal, se possível, julgará o mérito, examinando as demais questões, sem determinar o retorno do processo ao juízo de primeiro grau.

O capítulo da sentença que confirma, concede ou revoga a tutela provisória é impugnável na apelação.

As questões de fato não propostas no juízo inferior poderão ser suscitadas na apelação, se a parte provar que deixou de fazê-lo por motivo de força maior.

1º passo: Endereçamento na folha de apresentação

EXCELENTÍSSIMO SENHOR DOUTOR JUIZ DE DIREITO DA ... VARA CÍVEL DA COMARCA DE ... (ESSES DADOS ESTARÃO NO ENUNCIADO OU NO PROCESSO).

2º passo: qualificação das partes

APELANTE, já devidamente qualificado no processo nº..., vem, por intermédio de seu advogado devidamente constituído pelo instrumento procuratório anexo, com endereço profissional (ENDEREÇO COMPLETO) e-mail..., interpor APELAÇÃO com base no art. 1009, CPC, em desfavor do apelado, também já devidamente qualificado, pelos fatos e fundamentos a seguir delineados.

3º passo: demais pontos da construção da folha de apresentação da apelação

Destaca-se, desde logo, que a apelação é tempestiva e encontra-se devidamente preparada, conforme guias anexas.

Requer a intimação do apelado para, querendo, apresentar suas contrarrazões e ainda, a remessa dos autos ao Tribunal competente.

4º passo: Encerramento da folha de apresentação

Nestes termos,

Pede deferimento.

Local, dia, mês e ano.

Advogado...

OAB...

OBS: não esqueça que a peça não deve ser assinada.

5º passo: Endereçamento das razões da apelação

EXCELENTÍSSIMO SENHOR DOUTOR DESEMBARGADOR PRESIDENTE DO EGRÉGIO TRIBUNAL DE JUSTIÇA DO ESTADO DE...

6º passo: Cabeçalho das razões da apelação

APELANTE:

APELADO:

PROCESSO ORIGINÁRIO:

7º passo: Do preenchimento dos requisitos de admissibilidade;

O presente recurso é tempestivo, uma vez que apresentado dentro do prazo legal previsto no artigo 1003, parágrafo 5º do CPC, qual seja, 15 dias.

Assim, tendo sido intimado da r. sentença no dia X, começando a contagem no dia Y, é tempestivo o presente recurso apresentado na presente data.

A apelação encontra-se devidamente preparada, conforme faz prova as guias de recolhimento em anexo, cumprindo o determinado no art. 1007 do mesmo diploma legal. Da mesma forma, a parte recorrente é legítima, já que foi vencida na presente demanda consoante preceito do art. 996 do CPC.

Neste sentido, a apelação em tela é cabível, visto que preenchidos seus requisitos de admissibilidade.

Por fim, há interesse no presente recurso, já que a parte recorrente foi vencida na instância inferior.

Pelo exposto, estando demonstrados todos os requisitos para admissibilidade do presente recurso, requer seja o mesmo conhecido para ao final, dar-lhe provimento.

8º passo: Da existência de interlocutórias não agraváveis de imediato.

As questões resolvidas na fase de conhecimento, se a decisão a seu respeito não comportar agravo de instrumento, não são cobertas pela preclusão e devem ser suscitadas em preliminar de apelação, eventualmente interposta contra a decisão final, ou nas contrarrazões.

9º passo: Do resumo da decisão/ síntese da demanda.

Aqui, narre os principais pontos do enunciado.

10º passo: Do mérito / Dos fundamentos da apelação:

Eis um ponto de fundamental importância. Aqui, você destacará os pontos da decisão que precisam de reforma e/ou invalidação.

11º passo: Pedidos

DOS PEDIDOS:

Ante o exposto, requer a admissibilidade do presente recurso e o seu provimento a fim de...

PEÇA A REFORMA DA DECISÃO QUANDO HOUVER ERRO NA ANÁLISE DE MÉRITO;

PEÇA A INVALIDAÇÃO DA DECISÃO QUANDO HOUVER ERRO PROCEDIMENTAL.

Requer ainda a condenação da parte apelada no pagamento de custas e honorários advocatícios, nos termos do art. 85 do CPC.

12º passo: Encerramento

Nestes termos,

Pede deferimento.

Local, dia, mês e ano.

Advogado...

OAB...

41. MODELO DE CONTRARRAZÕES

As contrarrazões podem ser compreendidas como a resposta que o recorrido, querendo, trará ao recurso interposto. Em regra, interposto o recurso, a parte recorrida será intimada para oferecê-las no mesmo prazo do recurso interposto. Seu maior objetivo é a manutenção da decisão.

1º passo: endereçamento

EXCELENTÍSSIMO SENHOR DOUTOR JUIZ DE DIREITO DA... VARA CÍVEL DA COMARCA DE...

2º passo: qualificação das partes

Recorrido, já devidamente qualificado nos autos em epígrafe, no qual configura como réu a empresa Recorrente, por seu advogado "in fine" assinado, vem respeitosamente à presença de Vossa Excelência apresentar CONTRARRAZÕES DE APELAÇÃO.

3º passo: demais itens da folha de interposição

Desta forma, vem, respeitosamente, solicitar a oportuna remessa dessas Contrarrazões à instância superior.

4º passo: encerramento

Termos em que,

Pede e espera deferimento

Local, data e ano.

Advogado..

OAB...

5º passo: endereçamento das razões

EGRÉGIA TURMA DO TRIBUNAL DE JUSTIÇA DO ESTADO DO ...

Doutos julgadores,

6º passo: qualificação das partes

RECORRENTE:

RECORRIDO:

AUTOS Nº

ORIGEM:

CONTRARRAZÕES DE APELAÇÃO

7º passo: demais itens das contrarrazões

A sentença proferida nos autos nº... merece ser mantida, uma vez que...

8º passo: pedidos

Diante do exposto requer-se respeitosamente a Vossas Excelências:

Que seja desprovida a presente APELAÇÃO, e mantida a sentença prolatada, de forma justa e razoável, nos autos em comento.

Que a recorrente seja condenada ao pagamento de custas e honorários advocatícios nos termos do art. 85 do CPC.

9º passo: encerramento

Termos em que,

Pede e espera deferimento.

Local, data e ano...

Advogado...

OAB...

42. MODELO DE RECURSO INOMINADO

Recurso que visa combater sentenças terminativas ou definitivas proferidas nos juizados especiais cíveis. Seu prazo é de 10 dias úteis e a competência para seu julgamento é das turmas recursais.

1º Passo: Endereçamento

EXCELENTÍSSIMO SENHOR JUIZ DE DIREITO DO JUIZADO ESPECIAL CÍVEL DA COMARCA DE ... ESTADO ...

2º Passo: Qualificação das partes

Processo nº ...

FULANO, já devidamente qualificado nos autos do processo referenciado em epígrafe, em que é demandada por BELTRANO, em face da sentença de fls. ..., vem, pelas razões em anexo, interpor o presente RECURSO INOMINADO para a egrégia Turma Recursal a que for distribuído.

3º passo: encerramento

Termos em que

Pede deferimento.

Local, dia, mês e ano.

Advogado

OAB...

4º passo: endereçamento das razões

EGRÉGIA TURMA RECURSAL DO ESTADO DA...

5º passo: qualificação das partes

Processo no ...

Recorrente:

Recorrido:

Juízo de origem:

Colenda Turma,

6º passo: requisitos de admissibilidade

O presente recurso é tempestivo, uma vez que apresentado dentro do prazo legal, qual seja, 10 dias.

Assim, tendo sido intimado da r. sentença no dia X, começando a contagem no dia Y, é tempestivo o presente recurso apresentado na presente data.

O recurso inominado encontra-se devidamente preparado, conforme faz prova as guias de recolhimento em anexo, cumprindo o determinado no art. 1007 do CPC, aplicável subsidiariamente. Da mesma forma, a parte recorrente é legítima, já que foi vencida na presente demanda consoante preceito do art. 996 do CPC.

Neste sentido, o inominado, em tela, é cabível, visto que preenchidos seus requisitos de admissibilidade.

Por fim, há interesse no presente recurso, já que a parte recorrente foi vencida na instância inferior.

Pelo exposto, estando demonstrados todos os requisitos para admissibilidade do presente recurso, requer seja o mesmo conhecido para ao final, dar-lhe provimento.

7º passo: resumo da decisão

Neste ponto, faça uma síntese do enunciado.

8º passo: fundamentos do recurso

Aqui, você deve demonstrar as razões de forma ou invalidação da decisão.

Destaque que o juízo cometeu um equívoco e que a sua decisão merece ser revista. Fundamente suas razões com artigos de lei e possíveis súmulas aplicáveis ao caso. Mencione os dispositivos e desenvolva-os com suas ideias.

9º passo: pedidos

Ante o exposto, espera que a egrégia Turma Recursal dê provimento ao presente recurso, para acolher a preliminar de ilegitimidade passiva, extinguindo o processo sem resolução de mérito, ou anular a sentença, determinando a correta instrução do processo em audiência, ou julgar improcedente a demanda, ou, se for o caso, reduzir a quantia para patamar justo. Também impor multa por litigância de má-fé.

10º passo: encerramento

Termos em que pede deferimento.
Local, data,
Advogado...
OAB...

43. MODELO DE AGRAVO DE INSTRUMENTO

Recurso cível que visa combater as decisões interlocutórias dispostas no art. 1015 do CPC. Para o STJ, além das hipóteses previstas acima, será lícito ao agravante recorrer se estiver diante de situação extrema, que o impeça, de fato, de aguardar, sem prejuízo comprovado, uma sentença. O STJ passou a adotar a tese da taxatividade mitigada. Nos casos em que o agravante ateste que sofrerá drástico prejuízo se não puder agravar será lícito ao Tribunal admitir o dito agravo. Será preciso fundamentar bem a peça nesses casos, sob pena de que ele seja inadmitido por falta de cabimento.

1º passo: Endereçamento;

FOLHA DE APRESENTAÇÃO

EXCELENTÍSSIMO SENHOR DESEMBARGADOR PRESIDENTE DO EMÉRITO TRIBUNAL DE JUSTIÇA DO ESTADO...

2º passo: Identificação das partes

- Qualificação completa das partes. Elas serão chamadas de Agravante x Agravado;
- Não se esqueça do endereço profissional do advogado.

AGRAVO DE INSTRUMENTO COM PEDIDO DE ANTECIPAÇÃO DE TUTELA RECURSAL, com base no art. 1015, I, do CPC, por exemplo.

3º passo: Detalhes da construção da folha de apresentação

Destacar, desde logo:

- Tempestividade / preparo ou pedido de gratuidade;
- Da formação do Instrumento ou / Peças essenciais ao presente Agravo (listar as peças) – Art. 1017, CPC;
- obrigatoriamente, com cópias da petição inicial, da contestação, da petição que ensejou a decisão agravada, da própria decisão agravada, da certidão

da respectiva intimação ou outro documento oficial que comprove a tempestividade e das procurações outorgadas aos advogados do agravante e do agravado;

- com declaração de inexistência de qualquer dos documentos referidos no inciso I do art. 1017, feita pelo advogado do agravante, sob pena de sua responsabilidade pessoal;
- facultativamente, com outras peças que o agravante reputar úteis;
- Contrarrazões pelo agravado.

Requer a intimação do agravo para, querendo, oferecer contrarrazões no prazo de 15 dias.

- Pedir o Conhecimento do agravo e Remessa ao órgão competente;

Roga o conhecimento do presente agravo, bem como sua remessa ao órgão competente.

- Na sequência, solicitar o encerramento, conforme modelo abaixo:

Nestes termos

Pede deferimento.

Advogado...

OAB...

4º passo: Endereçamento da folha das razões/ minuta do agravo

ÍNCLITOS JULGADORES!

Egrégio Tribunal

Colenda Câmara

5º passo: Qualificação das partes na minuta

AGRAVANTE:...

AGRAVADO:...

PROCESSO ORIGINÁRIO:...

6º passo: requisitos de admissibilidade

Se você já tiver destacado a tempestividade e o preparo na folha de apresentação, recomendamos que nas razões você reforce o cabimento, legitimidade e interesse recursal.

* Da obediência ao art. 1018, CPC (destaque-se que uma cópia do presente agravo protocolado, indicando que as peças juntadas serão protocoladas, no juízo de 1º grau.). Com o CPC/15, tal juntada será essencial nos processos físicos. Em se tratando de processo eletrônico a juntada passa a ser faculdade, consoante destaque do art. 1018, parágrafos 2º e 3º.

– Da concessão do efeito suspensivo ou da tutela antecipada recursal. – art. 1019, I, do CPC.

Fica patente o perigo de dano e da probabilidade do direito, diante da ..., pois o MM. Juízo "a quo" ...

A demora na prestação jurisdicional é fator indiscutível, já que O PROSSEGUIMENTO DO FEITO violará, inclusive, os princípios da dignidade da pessoa humana, do contraditório, da ampla defesa e do devido processo legal.

A concessão da providência só ao final da demanda poderá ser inócua, e as consequências desastrosas para o agravante.

Assim, com fundamento nos artigos 1019, I e 932, II do Código de Processo Civil, requer-se á à Vossa Excelência a concessão da antecipação dos efeitos da tutela recursal, a fim de que seja deferido ... .

7º passo: resumo da decisão agravada/breve resumo da demanda

Trata-se de decisão interlocutória proferida nos autos de Ação de... movida contra o agravante pelo agravado.

O inconformismo do agravante refere-se ao fato de que o MM. Juízo "a quo"... ficando evidente o prejuízo do agravante.

8º passo: - Fundamentos do agravo

Atacar a decisão com fundamento na legislação pertinente. Deve ser demonstrado o equívoco cometido pelo órgão julgador. Busque a fundamentação na lei e em possíveis súmulas aplicáveis ao caso.

9º passo: - Dos pedidos

- Ante o exposto, requer o conhecimento e provimento do agravo a fim de...
- Requerer por fim, a condenação do agravado em custas e honorários advocatícios sucumbenciais.

10º passo: Encerramento

Termos em que pede deferimento.

Local, data,

Advogado...

OAB...

44. MODELO DE AGRAVO INTERNO

De acordo com o art. 1.021, da decisão proferida pelo relator caberá agravo interno para o respectivo órgão colegiado, observadas, quanto ao processamento, às regras do regimento interno do tribunal.

ANOTE!

Na petição de agravo interno, o recorrente impugnará especificadamente os fundamentos da decisão agravada.

O agravo será dirigido ao relator, que intimará o agravado para manifestar-se sobre o recurso no prazo de 15 (quinze) dias, ao final do qual, não havendo retratação, o relator levá-lo-á a julgamento pelo órgão colegiado, com inclusão em pauta.

É vedado ao relator limitar-se à reprodução dos fundamentos da decisão agravada para julgar improcedente o agravo interno.

Quando o agravo interno for declarado manifestamente inadmissível ou improcedente em votação unânime, o órgão colegiado, em decisão fundamentada, condenará o agravante a pagar ao agravado multa fixada entre um e cinco por cento do valor atualizado da causa.

A interposição de qualquer outro recurso está condicionada ao depósito prévio do valor da multa prevista no art. 1021 § 4, à exceção da Fazenda Pública e do beneficiário de gratuidade da justiça, que farão o pagamento ao final.

1º Passo: Endereçamento

EXCELENTÍSSIMO SENHOR DOUTOR DESEMBARGADOR DA ... CÂMARA DO EGRÉGIO TRIBUNAL DE JUSTIÇA DO ESTADO DE ...

2º Passo: Qualificação das partes

FULANO DE TAL, já qualificado nos autos, tomando ciência da decisão denegatória em sede de Agravo de Instrumento, vêm perante Vossa Excelência, com fulcro no art. 1021 do CPC/15, dela recorrer, para o que interpõe o presente, AGRAVO INTERNO, requerendo a remessa da anexa minuta a uma das câmaras Cíveis desse Egrégio Tribunal, pelos motivos de fato e direito a seguir expostos.

3º passo: encerramento

Nestes Termos,

Pede Deferimento.

Local e data.

Advogado...

OAB...

4º Passo: Endereçamento da folha das razões

RAZÕES DE AGRAVO INTERNO

AGRAVANTE: FULANO DE TAL

AGRAVADO: BELTRANO

ORIGEM: INSTÂNCIA ORDINÁRIA

PROCESSO Nº

ORIGEM:

PROCESSO Nº

C. Tribunal,

D. Desembargadores,

5º passo: Do preenchimento dos requisitos de admissibilidade.

DA TEMPESTIVIDADE DO RECURSO

Foi publicada a decisão no dia XX/XX/XXXX (sexta-feira). Portanto, o agravo interno é tempestivo. O recurso, em tela, tem prazo de 15 dias.

6º passo: resumo da decisão

DA DECISÃO MONOCRÁTICA DO ILUSTRE DES.

7º passo: fundamentos do recurso

Neste ponto será preciso trazer referências legais e jurisprudenciais da matéria, a qual seja objeto do recurso. Lembre-se de que a sua impugnação deve ser específica e direcionada.

8º passo: pedidos

DOS PEDIDOS

Ante o exposto, requer:

a) seja o presente agravo conhecido e provido;

b) seja deferida a antecipação da tutela recursal para fins de CONCEDER GRATUIDADE JUDICIÁRIA, com seus consequentes efeitos jurídicos, se ela tiver sido pleiteada nos fundamentos, como fizemos acima.

c) seja conhecido e provido o presente recurso, porquanto próprio e tempestivo, para reformar a decisão em foco.

d) Requer a manifestação expressa desse Egrégio Tribunal acerca da tese prequestionada.

e) a intimação da Agravada para, se assim quiser, oferecer contrarrazões.

f) a concessão do já referido benefício da gratuidade judiciária, o processamento do presente de demais efeitos legais.

9º Passo: Encerramento

Termos em que pede deferimento.

Local, data,

Advogado...

OAB...

45. MODELO DE EMBARGOS DE DECLARAÇÃO

Trata-se de recurso de fundamentação vinculada (só cabe em hipóteses típicas), que pode atacar qualquer decisão, não tem preparo, e é julgado pelo mesmo órgão que proferiu a decisão embargada.

Tem por finalidade esclarecer ou integralizar uma decisão obscura, contraditória, omissa ou eivada de erro material.

Repassemos:

- com erro material;
- omissão;
- contradição;
- obscuridade.

Os embargos serão opostos, no prazo de 5 (cinco) dias, em petição dirigida ao juiz, com indicação do erro, obscuridade, contradição ou omissão, e não se sujeitam a preparo

1º passo: Endereçamento

EXCELENTÍSSIMO SENHOR DOUTOR JUIZ DE DIREITO DA NO VARA CÍVEL DA COMARCA DE ... (CONFIRA OS DADOS DO ENUNCIADO).

2º passo: Qualificação das partes

FULANO DE TAL, já qualificado nos autos, em que contende com BELTRONO, também já qualificado, vem perante Vossa Excelência, com fulcro no art. 1022 do CPC/15, opor EMBARGOS DE DECLARAÇÃO, contra de decisão XX, pelos motivos de fato e direito a seguir expostos.

3º passo: resumo da decisão

Abordar de forma objetiva os principais pontos fáticos do enunciado. Seja breve e lembre-se de não trazer dados não fornecidos. Retrate as principais informações do já mencionado enunciado.

4º passo: requisitos de admissibilidade

TEMPESTIVIDADE
LEGITIMIDADE
CABIMENTO

5º passo: Fundamentos do recurso

Destacar o ponto OMISSO, CONTRADITÓRIO ou OBSCURO.

6º passo: Pedidos

Requer seja sanada a irregularidade....

7º passo: Encerramento

Nestes termos,
Pede deferimento.
Local, dia, mês e ano.
Advogado...
OAB...

46. MODELO DE RECURSO ORDINÁRIO CONSTITUCIONAL

1º passo: Endereçamento da folha de interposição

EXCELENTÍSSIMO SENHOR DOUTOR DESEMBARGADOR PRESIDENTE DO EGRÉGIO TRIBUNAL DE JUSTIÇA DO ESTADO DE... (PODE SER PRESIDENTE DE UM TRIBUNAL SUPERIOR OU MESMO UM JUIZ FEDERAL A DEPENDER DA HIPÓTESE).

MANDADO DE SEGURANÇA...

2º passo: qualificação das partes

FULANO, já devidamente qualificado, por ser advogado, que esta subscreve nos autos do Mandado de Segurança impetrado contra ato do de FULANO..., vem respeitosamente, à presença de Vossa Excelência, não se conformando com a respeitável decisão de fls... Interpor, com fundamento nos artigos 105, II da Constituição Federal e art. 1027 do CPC, RECURSO ORDINÁRIO CONSTITUCIONAL pelas razões anexas.

3º passo: demais itens da folha de apresentação

Atesta, para os devidos fins, que o presente recurso é tempestivo, conforme determina o art. 1003, parágrafo 5º.

Requer a juntada da inclusa guia de preparo devidamente recolhida.

Requer a intimação da autoridade impetrada, bem como que seja recebido o recurso no seu efeito devolutivo, com a posterior remessa ao Egrégio Superior Tribunal de Justiça.

4º passo: encerramento

Termos em que, pede deferimento.

Local e data...

ADVOGADO...

OAB...

5º passo: endereçamento da folha das razões

EGRÉGIO SUPERIOR TRIBUNAL DE JUSTIÇA

Colenda câmara,

Nobres julgadores:

6º passo: qualificação das partes nas razões recursais

RECORRENTE...

RECORRIDO...

Processo de origem:...

7º passo: preenchimento dos requisitos de admissibilidade

TEMPESTIVIDADE E CABIMENTO

(estrutura semelhante à da apelação)

8º passo: resumo da decisão

Trata-se de decisão que...

O Venerando acórdão de fls. entendeu que...

9º passo: fundamentos do recurso

Neste item, deverão ser indicados os artigos e possíveis súmulas que regem a matéria.

10º passo: pedidos

Isto posto requer:

Seja recebido e admitido o presente recurso, uma vez que se demonstrou o preenchimento dos pressupostos de admissibilidade do mesmo.

Seja recebido o recurso ordinário no seu regular efeito devolutivo

Seja dado provimento para o fim de...(reforma/invalidação)

A inversão das custas e honorários para o encargo do recorrido.

A intimação do recorrido para apresentar, em querendo, contrarrazões em quinze dias.

11º passo: encerramento

Termos em que, pede deferimento.

Local e data...

ADVOGADO...

OAB...

47. MODELO DE RECURSO ESPECIAL

Dispõe o art. 1.029 que o recurso extraordinário e o recurso especial, nos casos previstos na Constituição Federal, serão interpostos perante o presidente ou o vice-presidente do tribunal recorrido, em petições distintas que conterão:

- **a exposição do fato e do direito;**
- **a demonstração do cabimento do recurso interposto;**
- **as razões do pedido de reforma ou de invalidação da decisão recorrida.**

Quando o recurso se fundar em dissídio jurisprudencial, o recorrente fará a prova da divergência com a certidão, cópia ou citação do repositório de jurisprudência, oficial ou credenciado, inclusive em mídia eletrônica, em que houver sido publicado o acórdão divergente, ou ainda com a reprodução de julgado disponível na rede mundial de computadores, com indicação da respectiva fonte, devendo-se, em qualquer caso, mencionar as circunstâncias que identifiquem ou assemelhem os casos confrontados.

O Recurso Especial é recurso de natureza extraordinária, que é da competência do STJ. Ele visa debater questões unicamente de direito nos termos e hipóteses previstas no art. 105, III da CF/88, vejamos:

Compete ao Superior Tribunal de Justiça:

– julgar, em recurso especial, as causas decididas, em única ou última instância, pelos Tribunais Regionais Federais ou pelos tribunais dos Estados, do Distrito Federal e Territórios, quando a decisão recorrida:

a) contrariar tratado ou lei federal, ou negar-lhes vigência;
b) julgar válido ato de governo local contestado em face de lei federal;
c) der a lei federal interpretação divergente da que lhe haja atribuído outro tribunal.

ATENÇÃO!!!! Não cabe Recurso Especial nos JECs. Eis o disposto na súmula 203 do STJ.

1º passo: Endereçamento na folha de apresentação;

EXCELENTÍSSIMO SENHOR DOUTOR DESEMBARGADOR PRESIDENTE DO EGRÉGIO TRIBUNAL DE JUSTIÇA DO ESTADO DA...

2º passo: qualificação das partes

RECORRENTE, já devidamente qualificado no processo nº..., vem, por intermédio de seu advogado devidamente constituído pelo instrumento procuratório anexo, interpor RECURSO ESPECIAL com base no art. 105, III, a, da CF/88, em desfavor do RECORRIDO, também já devidamente qualificado, pelos fatos e fundamentos a seguir delineados.

3º passo: Demais pontos da peça de interposição

Demonstrar, desde logo, o preenchimento dos requisitos de admissibilidade, especialmente, tempestividade, preparo e cabimento. Os demais requisitos podem ser trabalhados nas razões da peça, conforme veremos.

Requerer a intimação da parte contrária para apresentar contrarrazões, bem como a juntada das guias de custas de preparo, porte de remessa e retorno de autos.

Requerer, também o conhecimento do recurso e sua pronta remessa ao STJ.

4º passo: Encerramento da folha de interposição

Nestes termos,

Pede deferimento.

Local, dia, mês e ano.

Advogado

OAB

5º passo: Endereçamento da folha das razões

Endereçar ao STJ.

Ínclitos ministros,

Colenda turma,

Egrégio Tribunal,

6º passo: Cabeçalho das razões

Recorrente:

Recorrido:

Processo originário:

7º passo: resumo da decisão/ síntese da demanda

A recorrida propôs demanda de...

Em sua defesa foi dito que...

Na sentença de primeiro grau fora decidido que...

Fora impedido provimento à...

Assim, e diante de todo o exposto, a recorrente se viu compelida a interpor a presente medida, a fim de que...

8º passo: Do preenchimento dos requisitos de admissibilidade

Demonstrar o preenchimento dos requisitos de admissibilidade do recurso, bem como o prequestionamento da matéria.

Consoante dispõe o artigo 1036 do CPC, na hipótese de multiplicidade de recursos com fundamento em idêntica questão, apenas alguns recursos serão apreciados. Os demais recursos ficarão suspensos. Logo, é importante destacar que a matéria recorrida não foi entendida como repetitiva pelo STJ.

Se o recurso foi interposto fundamentado na alínea a do art. 105, III, da CF/88, deve-se demonstrar a lei federal que foi contrariada.

Se o recurso foi interposto fundamentado na alínea c do art. 105, III, da CF/88, deve-se confrontar o acórdão recorrido com o utilizado como paradigma, cumprindo ao recorrente fazer prova da divergência.

9º passo: Dos fundamentos

A decisão, e comento, traz, em seu bojo, violação flagrante ao art... do CPC/15, o qual...

Aqui, desenvolva os fundamentos, levando-se em consideração os detalhes do enunciado e/ou caso concreto.

10º passo: Dos pedidos

Ante o exposto, requer o conhecimento e provimento do presente recurso, a fim de que...

Requer, ainda, a condenação do recorrido no pagamento de custas e honorários advocatícios sucumbenciais.

11º passo: encerramento

Nestes termos,

Pede deferimento.

Local, dia, mês e ano.

Advogado...

OAB...

48. MODELO DE RECURSO EXTRAORDINÁRIO

Trata-se de recurso de natureza excepcional, que visa discutir matéria unicamente de direito nas hipóteses previstas no art. 102, III, do CF/88, vejamos:

Compete ao Supremo Tribunal Federal, precipuamente, a guarda da Constituição, cabendo-lhe:

– julgar, mediante recurso extraordinário, as causas decididas em única ou última instância, quando a decisão recorrida:

a) contrariar dispositivo desta Constituição;

b) declarar a inconstitucionalidade de tratado ou lei federal;

c) julgar válida lei ou ato de governo local contestado em face desta Constituição;

d) julgar válida lei local contestada em face de lei federal.

Atenção! No Recurso Extraordinário exigir-se-á REPERCUSSÂO GERAL, vejamos:

Ela está disposta no art.1.035 do CPC.

O Supremo Tribunal Federal, em decisão irrecorrível, não conhecerá do recurso extraordinário quando a questão constitucional nele versada não tiver repercussão geral.

Para efeito de repercussão geral, será considerada a existência ou não de questões relevantes do ponto de vista econômico, político, social ou jurídico que ultrapassem os interesses subjetivos do processo.

O recorrente deverá demonstrar a existência de repercussão geral para apreciação exclusiva pelo Supremo Tribunal Federal.

Haverá repercussão geral sempre que o recurso impugnar acórdão que:

- contrarie súmula ou jurisprudência dominante do Supremo Tribunal Federal;
- tenha reconhecido a inconstitucionalidade de tratado ou de lei federal, nos termos do art. 97 da Constituição Federal.

O relator poderá admitir, na análise da repercussão geral, a manifestação de terceiros, subscrita por procurador habilitado, nos termos do Regimento Interno do Supremo Tribunal Federal.

Reconhecida a repercussão geral, o relator no Supremo Tribunal Federal determinará a suspensão do processamento de todos os processos pendentes, individuais ou coletivos, que versem sobre a questão e tramitem no território nacional.

O interessado pode requerer, ao presidente ou ao vice-presidente do tribunal de origem, que exclua da decisão de sobrestamento e inadmita o recurso extraordinário que tenha sido interposto intempestivamente, tendo o recorrente o prazo de 5 (cinco) dias para manifestar-se sobre esse requerimento.

Da decisão que indeferir o requerimento acima indicado, ou que aplicar entendimento firmado em regime de repercussão geral ou em julgamento de recursos repetitivos caberá agravo interno.

Negada à repercussão geral, o presidente ou o vice-presidente do tribunal de origem negará seguimento aos recursos extraordinários sobrestados na origem que versem sobre matéria idêntica.

O recurso que tiver a repercussão geral reconhecida deverá ser julgado no prazo de 1 (um) ano e terá preferência sobre os demais feitos, ressalvados os que envolvam réu preso e os pedidos de *habeas corpus*.

A súmula da decisão sobre a repercussão geral constará de ata, que será publicada no diário oficial e valerá como acórdão.

1º passo: Endereçamento na folha de interposição

EXCELENTÍSSIMO SENHOR DOUTOR DESEMBARGADOR PRESIDENTE DO EGRÉGIO TRIBUNAL DE JUSTIÇA DO ESTADO...

2º passo: qualificação das partes

RECORRENTE, já devidamente qualificado no processo nº..., vem, por intermédio de seu advogado devidamente constituído pelo instrumento procuratório anexo, interpor RECURSO EXTRAORDINÁRIO com base no art. 102, III, a, da CF/88, em desfavor do RECORRIDO, também já devidamente qualificado, pelos fatos e fundamentos a seguir delineados.

3º passo: demais itens da folha de apresentação

Aqui, será indispensável demonstrar o cabimento do recurso, consoante dispõe o art. 1029, II, do CPC.

Requerer a intimação da parte contrária para apresentar contrarrazões, bem como mencionar a juntada das guias de custas de preparo, porte de remessa e retorno de autos. Quanto à comprovação do referido porte, lembre-se da sua dispensa na hipótese de processo judicial eletrônico.

4º passo: Encerramento da folha de apresentação

Nestes termos,

Pede deferimento.

Local, dia, mês e ano.

Advogado

OAB

5º passo: Endereçamento da folha das razões

Colenda Câmara

Ínclitos julgadores,

6º passo: cabeçalho

Recorrente:

Recorrido:

Processo originário:

7º passo: Resumo da decisão

Trata-se...

O Venerando Acórdão de fls. estabeleceu que...

8º passo: Do preenchimento dos requisitos de admissibilidade

Ex:

I – DA REPERCUSSÃO GERAL

A questão constitucional ora discutida reveste-se de repercussão geral na medida em que possui interesse (jurídico/ econômico/ social/ político).

Isso porque a questão sobre.... tem potencialidade de atingir uma grande coletividade de pessoas na medida em que...

Portanto, tendo em vista o preenchimento desse requisito constitucional, requer seja admitido o recurso extraordinário conforme artigo 1035 do CPC.

II – DO PREQUESTIONAMENTO

A matéria, objeto do presente recurso foi devidamente ventilada no acórdão recorrido.

Isso porque a questão sobre... está nas fls.. e a questão sobre... nas fls...

Portanto, preenchido, igualmente, esse requisito constitucional nos termos da súmula 282, STF.

III – DA TEMPESTIVIDADE E DO CABIMENTO

Por se tratar de acórdão que violou a Constituição Federal e, sendo decisão de última instância, é cabível, nos casos em tela, recurso extraordinário.

9º passo: Dos fundamentos do recurso

Descrever as razões pelas quais deverá ser reformada a decisão, indicando qual artigo da Constituição Federal foi contrariado.

10º passo: Pedidos do RE

Isso posto requer:

a) seja admitido o recurso tendo em vista o preenchimento de todos os requisitos de admissibilidade recursais;

b) seja recebido o recurso extraordinário no seu regular efeito devolutivo;

c) seja dado provimento ao recurso para o fim de...

d) a intimação do recorrido para, em querendo, apresentar contrarrazões, no prazo de 15 dias;

e) a inversão dos ônus de sucumbência que ficarão ao encargo do recorrido.

11º passo: Encerramento

Nestes termos,

Pede deferimento.

Local, dia, mês e ano.

Advogado...

OAB...

49. MODELO DO AGRAVO EM RECURSO ESPECIAL/EXTRAORDINÁRIO

Cabe agravo contra decisão do presidente ou do vice-presidente do tribunal recorrido que inadmitir recurso extraordinário ou recurso especial, salvo quando fundada na aplicação de entendimento firmado em regime de repercussão geral ou em julgamento de recursos repetitivos.

A petição de agravo será dirigida ao presidente ou ao vice-presidente do tribunal de origem e independe do pagamento de custas e despesas postais, aplicando-se a ela o regime de repercussão geral e de recursos repetitivos, inclusive quanto à possibilidade de sobrestamento e do juízo de retratação.

O agravado será intimado, de imediato, para oferecer resposta no prazo de 15 (quinze) dias.

Após o prazo de resposta, não havendo retratação, o agravo será remetido ao tribunal superior competente.

O agravo poderá ser julgado, conforme o caso, conjuntamente com o recurso especial ou extraordinário, assegurada, neste caso, sustentação oral, observando-se, ainda, o disposto no regimento interno do tribunal respectivo.

Na hipótese de interposição conjunta de recursos extraordinário e especial, o agravante deverá interpor um agravo para cada recurso não admitido.

Havendo apenas um agravo, o recurso será remetido ao tribunal competente, e, havendo interposição conjunta, os autos serão remetidos ao Superior Tribunal de Justiça.

Concluído o julgamento do agravo pelo Superior Tribunal de Justiça e, se for o caso, do recurso especial, independentemente de pedido, os autos serão remetidos ao Supremo Tribunal Federal para apreciação do agravo a ele dirigido, salvo se estiver prejudicado.

1º passo: endereçamento

EXCELENTÍSSIMO SENHOR DOUTOR DESEMBARGADOR PRESIDENTE DO EGRÉGIO TRIBUNAL DE JUSTIÇA DO ESTADO DE... (ESPECIFICAR COM BASE NOS DADOS DO ENUNCIADO).

2º passo: qualificação das partes

Agravante, já qualificado nos autos do Recurso Especial no, por seu advogado que esta subscreve, inconformado com a decisão, a qual inadmitiu o referido Recuso Especial, vem perante Vossa Excelência, tempestivamente, interpor AGRAVO para o Superior Tribunal de Justiça, com fundamento 1.042 do CPC, em face do agravado, também já devidamente qualificado.

3º passo: demais itens da folha de interposição

Requer seja recebido e acolhido o presente recurso e encaminhado, com suas inclusas razões, ao Colendo Superior Tribunal de Justiça.

4º passo: encerramento

Nesses Termos,

Pede Deferimento.

Local, dia de mês de ano.

Advogado

OAB...

5º passo: qualificação das razões do recurso

Razões de Agravo

Agravante: Nome completo do Agravante

Agravado: Nome completo do Agravado

Recurso Especial nº...

6º passo: endereçamento das razões recursais

Superior Tribunal de Justiça,

Colenda Câmara,

7º passo: preenchimento dos requisitos de admissibilidade

Em que pese o indiscutível saber jurídico da Colenda Presidência do Egrégio Tribunal de Justiça, impõe-se a reforma da respeitável decisão que inadmitiu o Recurso Especial, pelas razões de fato e direito a seguir expostas.

8º passo: síntese da demanda

O Agravante, inconformado com a sentença proferida em primeira instância, interpôs recurso de apelação, o qual não fora provido, de forma desarrazoada. De tal decisão, foram opostos embargos aclaratórios, sem êxito.

Irresignado interpôs recurso especial requerendo o recebimento dos referidos embargos, contudo, teve negado seu seguimento sob o a fundamentação de sua intempestividade.

9º passo: fundamentos do recurso

Não há razão que permita a mantença da respeitável decisão denegatória, por ter sido proferida sem proteção legal.

Observe-se que... (aqui você desenvolverá melhor o tópico, tendo por base os dados apontados no enunciado).

Assim, indevida e arbitrária a denegação do recurso especial, devendo ser ele conhecido.

10º passo: pedidos

Diante do exposto, requer seja conhecido e provido o presente recurso, com a admissão e julgamento do Recurso Especial, determinando-se a reforma da decisão, concedendo-se a pretendida tutela jurisdicional em favor do agravante.

Requer a intimação do agravado para, querendo oferecer contrarrazões no prazo legal.

Roga, por fim, a condenação do agravado no pagamento de custas e honorários advocatícios.

11º passo: encerramento

Nesses Termos,

Pede Deferimento.

Local, dia de mês de ano.

Advogado...

OAB...

50. MODELO DE EMBARGOS DE DIVERGÊNCIA

Os embargos de divergência se prestam a viabilizar a uniformização da jurisprudência interna do STF ou do STJ. Ele está previsto nos artigos 1.043 e 1.044.

Sigamos!

É embargável o acórdão de órgão fracionário que:

- em recurso extraordinário ou em recurso especial, divergir do julgamento de qualquer outro órgão do mesmo tribunal, sendo os acórdãos, embargado e paradigma, de mérito;
- em recurso extraordinário ou em recurso especial, divergir do julgamento de qualquer outro órgão do mesmo tribunal, sendo um acórdão de mérito e outro que não tenha conhecido do recurso, embora tenha apreciado a controvérsia.

Poderão ser confrontadas teses jurídicas contidas em julgamentos de recursos e de ações de competência originária.

A divergência que autoriza a interposição de embargos de divergência pode verificar-se na aplicação do direito material ou do direito processual.

Cabem embargos de divergência quando o acórdão paradigma for da mesma turma que proferiu a decisão embargada, desde que sua composição tenha sofrido alteração em mais da metade de seus membros.

O recorrente provará a divergência com certidão, cópia ou citação de repositório oficial ou credenciado de jurisprudência, inclusive em mídia eletrônica, onde foi publicado o acórdão divergente, ou com a reprodução de julgado disponível na rede mundial de computadores, indicando a respectiva fonte, e mencionará as circunstâncias que identificam ou assemelham os casos confrontados.

No recurso de embargos de divergência, será observado o procedimento estabelecido no regimento interno do respectivo tribunal superior.

Lembre-se que a interposição de embargos de divergência no Superior Tribunal de Justiça interrompe o prazo para interposição de recurso extraordinário por qualquer das partes.

Por fim, se os embargos de divergência forem desprovidos ou não alterarem a conclusão do julgamento anterior, o recurso extraordinário interposto pela outra parte antes da publicação do julgamento dos embargos de divergência será processado e julgado independentemente de ratificação. Ela se faz desnecessária.

1º passo: endereçamento

EXCELENTÍSSIMO SR. DR. MINISTRO DO EGRÉGIO.... (ESPECIFICAR O TRIBUNAL SUPERIOR)

2º passo: qualificação das partes

FULANO, já devidamente qualificado nos autos de nº..., por seu advogado, legalmente constituído, no Recurso Especial (ou Extraordinário) extraído na demanda, a qual é movida em face de CICLANO, vem, respeitosamente, apresentar EMBARGOS DE DIVERGÊNCIA, tempestivamente, com espeque no art. 1043 do CPC e nos artigos 266 e 267 do Regimento interno do STJ, pelas razões a seguir delineadas:

3º passo: preenchimento dos requisitos de admissibilidade

O recurso, em tela, é tempestivo e preenche todos os requisitos legais. A parte é legitima e interessada na...

Ademais, é flagrante a divergência, a qual se consubstancia em...

4º passo: resumo da decisão

O embargante interpôs recurso..., tendo em vista acordão exarado no Tribunal de Justiça do Estado..., cuja decisão...

Como se não bastasse, o recurso se pautou na violação dos arts... não tendo sido provido, ao seguinte fundamento...

5º passo: fundamentos do presente recurso

Saliente-se que a divergência que enseja a admissibilidade dos embargos se perfaz com...

O acordão paradigma está assim ementado, com a referência do repositório oficial de jurisprudência...

O Acordão embargado merece ser revisto, uma vez que...

6º passo: pedidos

Diante do exposto, requer seja conhecido e provido o presente recurso, a fim de que...

Requer a intimação do agravado para, querendo oferecer contrarrazões no prazo legal.

Roga, por fim, a condenação do agravado no pagamento de custas e honorários advocatícios.

7º passo: encerramento

Nestes termos,

Pede deferimento.

Local, data e ano.

Advogado...

OAB...

51. MODELO DE AÇÃO RESCISÓRIA CONTRA SENTENÇA DE MÉRITO QUE VIOLA MANIFESTAMENTE NORMA JURÍDICA

Pode ser compreendida como a ação autônoma de impugnação por excelência. Ela supõe uma decisão que já tenha transitado em julgado.

É a decisão de mérito, transitada em julgado, que poderá ser rescindida.

Não se fala em "sentença" de mérito, mas em "decisão" de igual conteúdo. A alteração reflete o que doutrina e jurisprudência já vinham reconhecendo há tempos: também decisões interlocutórias são passíveis de rescisão porque, ainda que excepcionalmente, elas também podem conter julgamento sobre o mérito. Observe-se, por exemplo, a disposição presente no art. 356 do CPC.

As suas hipóteses de cabimento estão previstas no art. 966[10], senão vejamos:

- se verificar que foi proferida por força de prevaricação, concussão ou corrupção do juiz;
- for proferida por juiz impedido ou por juízo absolutamente incompetente;
- resultar de dolo ou coação da parte vencedora em detrimento da parte vencida ou, ainda, de simulação ou colusão entre as partes, a fim de fraudar a lei;
- ofender a coisa julgada;
- violar manifestamente norma jurídica;
- for fundada em prova cuja falsidade tenha sido apurada em processo criminal ou venha a ser demonstrada na própria ação rescisória;
- obtiver o autor, posteriormente ao trânsito em julgado, prova nova cuja existência ignorava ou de que não pôde fazer uso, capaz, por si só, de lhe assegurar pronunciamento favorável;
- for fundada em erro de fato verificável do exame dos autos.

Há erro de fato quando a decisão rescindenda admitir fato inexistente ou quando considerar inexistente fato efetivamente ocorrido, sendo indispensável, em ambos os casos, que o fato não represente ponto controvertido sobre o qual o juiz deveria ter se pronunciado.

1º Passo: Endereçamento

EXCELENTÍSSIMO SENHOR DESEMBARGADOR PRESIDENTE DO EGRÉGIO TRIBUNAL DE JUSTIÇA DO ESTADO DE....... (OU TRIBUNAL REGIONAL FEDERAL DA ... REGIÃO, A DEPENDER DE TRATAR-SE DE JUSTIÇA FEDERAL)

10. Com o advento da Lei 13.256/16 o art. 966, parágrafo 5º passou a vigorar com a seguinte redação, vejamos:" Cabe ação rescisória, com fundamento no inciso V do caput deste artigo, contra decisão baseada em enunciado de súmula ou acórdão proferido em julgamento de casos repetitivos que não tenha considerado a existência de distinção entre a questão discutida no processo e o padrão decisório que lhe deu fundamento. § 6º Quando a ação rescisória fundar-se na hipótese do § 5º deste artigo, caberá ao autor, sob pena de inépcia, demonstrar, fundamentadamente, tratar-se de situação particularizada por hipótese fática distinta ou de questão jurídica não examinada, a impor outra solução jurídica."

2º Passo: Qualificação das partes

FULANO DE TAL, (estado civil), (profissão), CPF/CNPJ inscrito sob o Nº..., (endereço eletrônico), residente e domiciliado na ......, através do advogado que a esta subscreve, com escritório profissional situado na ...., local onde receberá intimações, vem a presença de vossa excelência, com fundamento nos artigos 966 e seguintes do CPC, propor

AÇÃO RESCISÓRIA

contra r. sentença de mérito proferida pelo juízo da ... vara cível, nos autos da ação de cobrança de Nº...., movida por BELTRANO, (estado civil), (profissão), CPF inscrito sob o Nº..., (endereço eletrônico), residente e domiciliado na ......, em face do ora requerente, pelos fundamentos a seguir expostos:

3º Passo: Fundamentação

1. FATOS

1. O requerido moveu ação de cobrança em face do requerente, postulando a quantia de R$....;

2. Não tendo sido apresentada a contestação, o MM. Juízo da ... vara cível decretou a revelia, com a consequente presunção de veracidade dos fatos narrados na inicial e procedência do pedido autoral. O feito transitou em julgado em....;

3. Ocorre que o requerente não havia sido citado na referida demanda, uma vez que o endereço fornecido estava incorreto e o recebimento da carta citatória não se deu em sua pessoa;

4. Assim, não restou oura alternativa ao requerente senão vir a este MM. juízo postular a rescisão da sentença de mérito.

2. DO DIREITO

5. A situação narrada envolve típico manejo de ação rescisória, haja vista tratar-se de sentença de mérito, transitada em julgado, que viola literal disposição de norma jurídica, senão vejamos:

"Art. 239. Para a validade do processo é indispensável a citação do réu ou do executado, ressalvadas as hipóteses de indeferimento da petição inicial ou de improcedência liminar do pedido."

"Art. 242. A citação será pessoal, podendo, no entanto, ser feita na pessoa do representante legal ou do procurador do réu, do executado ou do interessado."

"Art. 243. A citação poderá ser feita em qualquer lugar em que se encontre o réu, o executado ou o interessado."

6. Destarte, a ausência de citação importa na violação literal dos aludidos dispositivos, de forma a comprometer a regular validade da relação processual.

7. Por outro lado, a demanda é proposta no prazo de dois anos, previsto no artigo 975, CPC, haja vista que o trânsito em julgado ocorreu no dia...., conforme atesta certidão em anexo (doc...). A legitimidade da parte requerente é constatada na medida em que a mesma é ré na demanda da qual se originou a r. sentença rescindenda.

8. Finalmente, fora devidamente efetuado o depósito prévio R$..... (doc. em anexo), equivalente a 5% do valor da causa, para o caso da presente demanda ser julgada, por unanimidade de votos, inadmissível ou improcedente.

4º Passo: Pedidos

3. DOS PEDIDOS

Diante do exposto, requer:

a) Seja determinada a distribuição do feito ao órgão competente, na forma do regimento interno;

b) A citação do requerido para, querendo, apresentar resposta aos termos da presente demanda;

c) A procedência do pedido contido na presente ação, de modo que seja rescindida a sentença de mérito proferida nos autos do processo Nº.., com a declaração de nulidade de todos os atos realizados e retorno da lide à fase inicial;

d) Seja, ao final, determinada a devolução do depósito prévio efetuado pelo requerente;

e) Condenação do requerido nas custas processuais e honorários advocatícios.

5º Passo: Valor da causa

Dá-se à causa o valor de R$ 50.000,00 (cinquenta mil reais).

6º Passo: Protesto pelas provas

Protesta provar o alegado por todos os meios de provas em direito admitidos, seja pelo depoimento pessoal, documentos, testemunhas, perícias e tudo quanto se fizer necessário para a efetivação da justiça!

7º Passo: Encerramento

Nestes termos,

Pede deferimento.

Local, data e ano.

Advogado...

OAB...

Parte 3

QUESTÕES DE 2ª FASE DA OAB

Questões Discursivas

*Os gabaritos estão de acordo com os publicados pela banca

XXXIII Exame

1) **Carlos, sócio da sociedade empresária Tecnologia da Comunicação Ltda., negocia com Bárbara, sócia do Hotel Contemporâneo Inc., a implantação de sistema de Internet sem fio avançado na rede de hotéis, assim como o desenvolvimento de um aplicativo multifuncional. Toda a negociação é realizada via e-mail, após contato inicial em uma feira de startup.**

Após várias tratativas, no dia 31/12/2019, às 15h36min, Bárbara envia, por e-mail, a proposta definitiva de remuneração, com a delimitação dos serviços oferecidos e pagamento de R$ 300.000,00 por ano de contrato. Carlos, que estava de férias, tomou conhecimento da proposta ao olhar os e-mails em seu telefone celular, enviando o aceite, no dia 01/01/2020, à 01h14min. Bárbara, diante disso, faz o depósito imediato, via TED bancária, da primeira anualidade, nas horas iniciais da manhã do dia 02/01/2020.

Passadas as festividades, na tarde do dia 02/01/2020, às 15h30min, Carlos relê seus e-mails e percebe, com mais atenção, que ele havia entendido errado a proposta de remuneração, compreendendo equivocadamente que ocorreria pagamentos mensais de R$ 300.000,00, ao invés da proposta de remuneração anual.

De súbito, Carlos realiza uma ligação para Bárbara e pede para ela desconsiderar a aceitação enviada, pois estava arrependido e preferiria estudar melhor a proposta, antecipando desde já que a recusaria naqueles termos.

Bárbara, então, afirma que diante da comunicação escrita, via eletrônica, considerou o contrato como celebrado, dando início à execução, informando inclusive que já realizou o pagamento. Carlos se prontifica a devolver o depósito.

Diante deste impasse, Bárbara consulta você, como advogado(a), para orientá-la acerca do caso e da viabilidade de propor uma ação que vise a exigir de Carlos a prestação dos serviços delineados na proposta.

A) **O contrato pode ser considerado como celebrado? Justifique.** Sim. A negociação realizada por correio eletrônico (e-mail) é qualificada como "entre ausentes", diante da ausência de interatividade imediata entre os interlocutores, aplicando-se o disposto no Art. 434 do Código Civil, que consagra a "teoria da expedição" como regra, ressalvando as exceções dos incisos I, II e III do aludido artigo. Na hipótese vertente, contudo, a comunicação telefônica, um (1) dia após a aceitação e em momento posterior ao pagamento da prestação da parte contrária, não pode ser considerada como retratação eficaz, consubstanciada no Art. 433 c/c. o Art. 434, inciso I, do Código Civil. Portanto, segue-se a regra segundo a qual "os contratos entre ausentes tornam-se perfeitos desde que a aceitação é expedida."

B) **Independentemente da questão de direito material, é cabível o ajuizamento de ação monitória? Justifique.** Sim. Considerando que a troca de e-mails, em que constam a proposta e a aceitação expressa, deve ser considerada como prova escrita, a ação monitória pode ser proposta por aquele que afirmar, com base em prova escrita sem eficácia de título executivo, ter direito de exigir do devedor capaz o adimplemento de obrigação de fazer, nos moldes do Art. 700, inciso III, do CPC.

2) **Após áspera discussão, cujo tema central era um assunto banal, Pedro foi agredido por João. A agressão lhe causou lesões graves, o que, embora não tenha caracterizado dano estético, impediu que ele exercesse sua atividade laboral (motorista particular) durante o período de 12 meses, 3 dos quais permaneceu internado em hospital particular. Pedro, já recuperado, não consegue trabalhar com a mesma eficiência de antes, o que reduziu sua renda mensal. Mas, como ele necessita de medicação de forma habitual, seus gastos aumentaram, e, para agravar sua situação, não há previsão de término do tratamento. Além disso, já tendo gasto todas as suas economias, Pedro precisa quitar a dívida referente à internação, uma vez que não possui plano de saúde.**

Diante de tais circunstâncias, Pedro procura um advogado, que o orienta a pleitear judicialmente reparação por danos materiais (que, segundo o causídico, se resumiria ao valor da dívida com o hospital e aos recursos necessários ao tratamento e à compra da medicação habitual pelo autor) e morais em face de João.

Deduzidas as pretensões em Juízo, após o transcurso regular do feito, o pedido relacionado aos danos morais é julgado procedente, fixando-se a título de compensação o valor de R$ 20.000,00 (vinte mil reais). Já o pedido referente aos danos materiais é julgado procedente, mas sem a fixação de valor reparatório (quantia ilíquida), ressaltando o magistrado, na sentença, que o montante devido seria objeto de futura liquidação. Nenhuma das partes recorreu, tendo a sentença transitado em julgado.

Premido pela necessidade imediata, Pedro pergunta a seu patrono se poderia desde logo iniciar a execução do julgado em relação à quantia já fixada (danos morais). Após consultar o Código de Processo Civil, o advogado responde que, sendo a liquidação de sentença uma etapa autônoma e necessária, deveria ser aguardada a definição de todos os valores devidos antes de se iniciar a fase de cumprimento de sentença, que deve ser una.

Diante de tais circunstâncias, responda aos itens a seguir.

A) **Em relação ao dano material, além das despesas com internação, tratamento e medicação, poderia ser incluído algum outro valor de reparação na composição da indenização? Qual?** Sim. A questão trata dos temas <u>responsabilidade civil</u> (Direito Civil) e <u>liquidação de sentença</u> (Direito Processual Civil). A indenização, além das despesas do tratamento e lucros cessantes até ao fim da convalescença, poderia incluir pensão correspondente à importância do trabalho para o qual o autor se inabilitou, <u>ou</u> da depreciação que ele sofreu, nos termos do Art. 950 do Código Civil.

B) **A resposta dada pelo advogado à indagação de Pedro está correta, ou haveria alguma medida ou requerimento processual capaz de conferir maior celeridade à cobrança da parcela indenizatória já definida (compensação por danos morais)?** A resposta do advogado está incorreta, pois seria possível iniciar desde logo a execução do julgado (fase de cumprimento de sentença) em relação à quantia líquida (compensação por danos morais). A solução do caso está prevista expressamente no Art. 509, § 1º, do Código de Processo Civil, *in verbis*: *quando na sentença houver uma parte líquida e outra ilíquida, ao credor é lícito promover simultaneamente a execução daquela e, em autos apartados, a liquidação desta.*

3) **Mariana e Leonardo foram casados, pelo regime da comunhão parcial de bens, durante 10 anos. Desde o início do casamento, Leonardo sempre apresentou comportamento explosivo, e, por diversas ocasiões, agrediu sua esposa de forma verbal e física. Durante o casamento, o casal adquiriu um apartamento, um carro, dois terrenos, e Mariana herdou uma casa de praia do seu pai.**

Mariana, em determinado dia, arma-se de coragem, vai à delegacia e denuncia Leonardo por violência doméstica. Em seguida, com medo do ex-marido, Mariana deixa seu apartamento no Rio de Janeiro e se muda para o interior do estado, para a cidade de Cabo Frio.

Com base em tais fatos, responda, fundamentadamente, aos itens a seguir.

A) **Indique como se dará a partilha dos bens, mencionando se algum bem deverá ser excluído.** No regime da comunhão parcial de bens, os bens que o casal conquistou durante o casamento são divididos de forma igualitária, nos termos do Art. 1.658 do CC. Entretanto, a casa de praia herdada por Mariana deve ser excluída da partilha, pois os bens recebidos por sucessão excluem-se da comunhão, na forma do Art. 1.659, inciso I, do CC.

B) **Onde deve ser ajuizada a ação de divórcio do casal?** A ação de divórcio deverá ser ajuizada na cidade de Cabo Frio, pois, nos termos do Art. 53, inciso I, alínea *d*, do CPC, na ação de divórcio é competente o foro do domicílio da vítima de violência doméstica.

4) **Fernando foi casado durante 25 anos com Rose. Como fruto do casamento nasceram Antônio, hoje, com 23 anos, e Eliza, com 18 anos. Como o casamento não ia bem, o casal optou pelo divórcio. Antônio, filho mais velho do casal, não aceitou a separação e se revoltou contra o pai, culpando-o pela situação. Em uma das discussões com o pai, Antônio se exaltou e o agrediu com socos e pontapés, deixando-o com vários hematomas no corpo.**

Depois do ocorrido, Fernando decide romper o relacionamento com Antônio e fazer um testamento com o objetivo de deserdá-lo.

Sobre a hipótese, responda aos itens a seguir.

A) **Fernando pode deserdar o filho? Justifique.** Sim. A ofensa física autoriza a deserdação do descendente por seu ascendente, nos termos do Art. 1.962, inciso I, do CC.

B) **Fernando veio a falecer antes de realizar o testamento e seus únicos herdeiros legais são Antônio e Eliza. Os irmãos não querem brigar, estão em consenso e querem realizar o inventário do pai. É possível realizar o procedimento em cartório? Justifique.** Sim. Sendo todos os interessados capazes e concordes com os seus termos, o inventário e a partilha podem ser realizados por escritura pública, nos termos do Art. 610, § 1º, do CPC.

XXXII Exame

1) José estava caminhando em um parque em uma noite chuvosa, quando o empregado da sociedade empresária contratada para realizar o serviço de jardinagem do local perdeu o controle do cortador de grama e acabou por decepar parte do pé de José. Percebendo-se culpado, o empregado evadiu-se do local.

José foi socorrido por Marcos e Maria, ambos com cerca de 80 anos, únicas testemunhas do ocorrido, que o levaram ao hospital. Em razão da chuva torrencial e do frio que fazia naquela noite, Marcos e Maria contraíram uma forte pneumonia e os médicos consideraram que ambos sofriam grave risco de vida.

Após ter recebido alta médica, José procura seu advogado, desejando obter uma indenização pelos danos experimentados.

Com base em tais fatos, responda, fundamentadamente, às indagações a seguir.

A) A sociedade empresária de jardinagem pode ser civilmente responsabilizada pelos danos praticados pelo seu empregado? Caso afirmativa a resposta, qual seria a natureza da responsabilidade civil da referida sociedade empresária? O empregador é responsável pela reparação civil decorrente de atos praticados por seus empregados, no exercício do trabalho que lhes competir ou em razão dele, de acordo com o Art. 932, inciso III, do CC. A sociedade empresária responde objetivamente, independentemente de culpa, nos termos do Art. 933 do CC, **OU** nos termos do Art. 14 do CDC, considerando que a vítima pode ser considerada consumidora por equiparação do serviço prestado, conforme Art. 17 do CDC.

B) Considerando o iminente risco de óbito de Marcos e Maria, existe algum mecanismo processual que permita a preservação da prova que poderia ser futuramente produzida por José? O Art. 381, inciso I, do CPC, prevê a admissibilidade da produção antecipada de prova quando houver fundado receio de que venha a tornar-se impossível ou muito difícil a verificação de certos fatos na pendência da ação. Portanto, considerando o risco iminente de óbito das duas únicas testemunhas do episódio, José poderá valer-se da produção antecipada de prova.

2) Marcos é casado sob regime de comunhão parcial de bens com Amália. Em virtude de desavenças no relacionamento, o casal acabou se distanciando. Com o iminente fim da relação conjugal, Amália descobriu que Marcos estava prestes a realizar a doação de um automóvel adquirido onerosamente por ambos na constância do casamento. Tendo justo motivo para discordar da doação, Amália procurou seu advogado e ingressou com pedido de tutela cautelar antecedente, com o objetivo de evitar a realização do negócio. A tutela cautelar foi concedida em 12/04/2019, porém, em razão da desídia da autora, não foi efetivada. Nos mesmos autos, foi formulado o pedido principal em 19/06/2019, requerendo que fosse declarada a impossibilidade da doação.

Tendo em vista o caso exposto, responda aos itens a seguir.

A) A eficácia da tutela cautelar concedida deve ser mantida? A tutela cautelar concedida perderá a eficácia, eis que não foi efetivada no prazo de 30 (trinta) dias por desídia da autora, conforme determina o Art. 309, inciso II, do CPC.

B) **Caso a doação venha a ser efetivada, ela é válida?** Não. A doação é anulável, na forma do Art. 1.649 do CC, em razão da ausência de autorização do outro cônjuge (outorga conjugal), nos termos do Art. 1647, inciso IV, do CC. Nenhum dos cônjuges pode fazer doação de bens comuns ou que possam integrar futura meação, como ocorre no caso descrito, eis que o bem foi adquirido na constância do casamento.

3) **Augusto celebrou com o Banco Mais Dinheiro contrato de empréstimo, tendo Miguel, seu irmão, atuado na condição de fiador com solidariedade.**

Augusto e Miguel, considerando o elevado valor dos reajustes aplicados, ajuizaram ação em face da instituição financeira, questionando os critérios matemáticos utilizados para a atualização da quantia devida. Miguel pleiteou, ainda, a extinção da fiança, sob a alegação de que o réu havia concedido moratória a Augusto, sem o seu consentimento.

Na contestação apresentada, o banco opôs-se à extinção da fiança, unicamente sob a alegação de que a responsabilidade dos devedores era solidária. Afirmou, ainda, não ter provas a produzir quanto ao ponto.

Quanto ao excesso de cobrança alegado, sustentou estarem certos os valores cobrados e requereu a produção de prova pericial para demonstrar o alegado.

Sobre tais fatos, responda aos itens a seguir.

A) **Em relação à extinção da fiança, deve ser acolhida a alegação de Miguel ou a do** Banco Mais Dinheiro? **Justifique.** Sim. A alegação de Miguel deve ser acolhida, uma vez que a fiança se extingue se for concedida moratória ao devedor sem o seu consentimento, ainda que a responsabilidade seja solidária, nos termos do Art. 838, inciso I, do CC.

B) **O juiz poderá examinar o pedido de extinção da fiança antes da produção de prova pericial contábil? Justifique.** Sim, o juiz poderá decidir parcialmente o mérito, julgando desde logo o pedido de extinção da fiança, nos termos do Art. 356, inciso II, do CPC, já que esse pedido está em condições de imediato julgamento.

4) **Jane ajuizou ação em face de Cisforme Ltda. pleiteando indenização por danos morais e materiais. Na petição inicial, Jane informa que seu marido, Winston, falecido há dois anos, e cujo inventário já foi concluído e encerrado, foi modelo fotográfico e que o réu vem se utilizando da imagem dele, sem qualquer autorização, para fazer publicidade de seus produtos.**

Em contestação, Cisforme Ltda. suscita preliminar de ilegitimidade da parte autora, pois alega que a ação deveria ter sido ajuizada pelo espólio do falecido, e não por sua esposa em nome próprio. No mérito, Cisforme Ltda. alega a ausência de prova de prejuízo material ou moral decorrente da exposição da imagem do falecido.

Sobre o caso, responda aos itens a seguir.

A) **A alegação preliminar de ilegitimidade deve ser acolhida? Justifique.** Não. Trata-se da violação de direito da personalidade (imagem) de pessoa falecida. Com relação à alegação preliminar, o Código Civil atribui legitimação ao cônjuge sobrevivente (Art. 12, parágrafo único, e Art. 20, parágrafo único).

B) **A alegação de mérito referente à ausência de prova de prejuízo deve ser acolhida? Justifique.** Não. Com relação à alegação de mérito, a indenização por dano moral decorrente da violação do direito à imagem prescinde de prova de prejuízo (Súmula 403 do STJ).

XXXI Exame

1) **Lúcia é viúva, mãe de 5 filhos pequenos e está desempregada. Sem ter onde morar e sem ser proprietária de outro imóvel, adentra, sem violência, à vista de todos, um terreno de 100 m2, vazio e aparentemente abandonado na zona rural de Campo Grande/MS, em 20/01/2013. Com a ajuda de amigos, constrói um pequeno cômodo e começa a plantar para garantir a subsistência da família. Depois de alguns bons resultados na colheita, passa a vender o excedente da sua produção, fazendo da agricultura sua fonte de renda.**

Em 20/02/2019, Lúcia procura orientação jurídica especializada para saber dos seus direitos sobre o imóvel que ocupa, sem oposição, desde 2013. Ao conversar com Cristina, advogada sensibilizada com sua luta, Lúcia é informada que tem direito de pleitear a usucapião do imóvel, cujo pedido judicial é distribuído em 20/03/2019, acompanhado das certidões de cartórios de registros de imóveis, que efetivamente provam não ser proprietária de outro imóvel.

Cristóvão, inscrito no registro como proprietário do terreno, é regularmente citado e oferece contestação, na qual alega que Lúcia deixou de fazer prova da não titularidade de outro imóvel, o que demandaria a anexação de certidões negativas de todos os registros públicos do país. Ao julgar o pedido, o Juízo julga improcedente o pedido de Lúcia, corroborando integralmente o entendimento esboçado na contestação por Cristóvão.

Diante do caso narrado, responda aos itens a seguir.

A) **Cristina orientou corretamente Lúcia acerca da usucapião?** Sim. Considerando os termos indicados na questão, Lúcia está apta a pleitear a aquisição da propriedade pela usucapião na modalidade especial rural, prevista no Art. 1.239 do CC.

B) **Qual a medida processual cabível contra a decisão proferida em desfavor de Lúcia? Sob qual fundamento?** Deve interpor o recurso de apelação previsto no Art. 1.009, caput, do CPC.

2) **Joana, completamente apaixonada pelo seu namorado Antônio, com quem divide sua residência há anos, descobre que está grávida deste. Ao dar a notícia a Antônio, este avisa que não assumirá o filho. Joana consulta um advogado que afirma seu direito à percepção de alimentos durante a gestação.**

Na sequência, Antônio e Joana celebram um acordo extrajudicial, por escrito, para o pagamento de R$ 1.000,00 mensais, a tal título.
Sobre a hipótese apresentada, responda aos itens a seguir.

A) **A orientação dada pelo advogado a Joana está correta?** Sim. Joana tem direito a alimentos gravídicos, de acordo com o Art. 1º ou Art. 6º da Lei nº 11.804/08.

B) **Caso o acordo não seja cumprido, há a possibilidade de sua execução?** É possível a prisão de Antônio se não pagar a dívida? Sim. É possível a execução de alimentos por título extrajudicial, na forma do Art. 911 do CPC. É possível a prisão de Antônio, pois esta é aplicável se o executado não pagar a dívida, na forma do Art. 911 e do Art. 528, § 3º, ambos do CPC.

3) **Em 30/6/2019, Marcelo ajuizou, com fundamento no Art. 700 e seguintes do Código de Processo Civil, ação monitória contra Rafael, visando satisfazer crédito no valor de R$ 100.000,00, oriundo de confissão de dívida celebrada pelas partes, em 01/01/2014.**

Após ser devidamente citado, Rafael opôs embargos monitórios, nos quais sustentou, preliminarmente, a prescrição da dívida. No mérito, defendeu, com base em farta prova documental, que tinha realizado o pagamento de 50% (cinquenta por cento) do crédito cobrado por Marcelo, razão pela qual haveria excesso na execução.

Após a apresentação de réplica, o MM. Juízo da Vara Cível da Comarca da Capital do Rio de Janeiro proferiu decisão na qual rejeitou a preliminar de prescrição arguida por Rafael e intimou as partes a informarem as provas que pretendiam produzir.

Com base nesse cenário, responda aos itens a seguir.

Obs.: o examinando deve fundamentar suas respostas. A mera citação do dispositivo legal não confere pontuação.

A) **O MM. Juízo da Vara Cível da Comarca da Capital do Rio de Janeiro acertou em rejeitar a preliminar arguida em contestação?** Não. Tendo em vista que o contrato de confissão de dívida foi celebrado em 01/01/2014, Marcelo, por força do Art. 206, § 5º, do CC, tinha cinco anos para realizar a cobrança do crédito. Assim, tendo em vista que a demanda monitória foi ajuizada em 30/6/2019, constata-se a prescrição da pretensão da dívida.

B) **Qual é o recurso cabível contra a parcela da decisão que rejeitou a preliminar de prescrição?** O recurso cabível é o Agravo de Instrumento. O Art. 487, inciso II, do CPC, dispõe que "haverá resolução de mérito quando o juiz: (...) decidir, de ofício ou a requerimento, sobre a ocorrência de decadência ou prescrição". Assim, a parcela da decisão que rejeitou a preliminar de prescrição suscitada por Rafael versa sobre o mérito do processo. Por esse motivo, o recurso cabível contra essa parcela da decisão é o Agravo de Instrumento, na forma do Art. 1.015, inciso II, do CPC, o qual prevê que "cabe agravo de instrumento contra as decisões interlocutórias que versarem sobre: (...) mérito do processo".

4) **Davi foi locatário de um imóvel residencial de propriedade de Ricardo. A locação, por prazo determinado, era garantida por Lucas, que prestara fiança a Ricardo, resguardado seu benefício de ordem.**

Finda a locação, Lucas ficou sabendo que Davi havia deixado de pagar os aluguéis referentes aos dois últimos meses de permanência no imóvel. Preocupado com as consequências do suposto descumprimento de Davi, Lucas procurou Ricardo e realizou o pagamento dos dois aluguéis, tendo o locador dado plena quitação a ele.

Tempos depois, como Davi se recusava a reembolsar Lucas pelos valores pagos, este ingressou com ação de cobrança em face daquele. Na ação, porém, Davi alegou, em contestação, que pagara em dia todos os aluguéis devidos a Ricardo, de modo que Lucas nada deveria ter pago ao locador sem tê-lo consultado. Davi ainda informou ao juiz da causa que já havia ajuizado uma ação declaratória de inexistência de débito em face de Ricardo, a qual ainda estava pendente de julgamento, tramitando perante juízo de outra comarca.

A respeito do caso narrado, responda aos itens a seguir.

A) **O argumento apresentado por Davi, se vier a ser comprovado, é suficiente para eximi-lo de reembolsar Lucas pelos valores pagos a Ricardo? Justifique.** Sim. Lucas atuou, no presente caso, como terceiro interessado, na medida em que realizou pagamento de dívida pela qual poderia vir a ser juridicamente responsabilizado em caso de inadimplemento pelo devedor principal (Davi). Portanto, Lucas realizou pagamento com sub-rogação, nos termos do Art. 346, inciso III, do Código Civil. Embora tal modalidade de pagamento justifique que o terceiro se sub-rogue nos direitos do credor em face do devedor principal, o Art. 306 do Código Civil determina que o pagamento feito por terceiro com desconhecimento do devedor não obriga a reembolsar aquele que pagou, se o devedor tinha meios de ilidir a ação. Portanto, se restar comprovado que Davi nada mais devia a Ricardo, por já ter quitado integralmente o débito anterior, tal argumento é suficiente para eximi-lo de reembolsar as despesas de Lucas.

B) **Diante da necessidade de apurar se o valor dos dois aluguéis era ou não devido por Davi a Ricardo, à luz da informação da propositura de ação declaratória de inexistência de débito, qual providência deve ser adotada pelo juízo da ação de cobrança? Justifique.** A declaração de inexistência de débito discutida na ação movida por Davi em face de Ricardo consiste em uma questão prejudicial externa da ação de cobrança movida por Lucas. Não se tratando de hipótese de conexão ou de continência, incumbe ao juízo da ação de cobrança suspender o processo enquanto pendente de julgamento a ação declaratória, nos termos do Art. 313, inciso V, alínea a, do CPC, que determina o sobrestamento do feito quando a sentença de mérito depender do julgamento de outra causa ou da declaração de existência ou de inexistência de relação jurídica que constitua o objeto principal de outro processo pendente.

XXX Exame

1) **Eliana, 21 anos, é filha de Leonora, solteira, e foi criada apenas pela mãe. Até 2018, a jovem não conhecia nenhuma informação sobre seu pai biológico. Porém, em dezembro daquele ano, Leonora revelou à sua filha que Jaime era seu pai.**

Diante desta situação, Eliana procurou Jaime a fim de estabelecer um diálogo amigável, na esperança do reconhecimento espontâneo de paternidade por ele. Porém, Jaime alegou que Leonora havia se enganado na informação que transmitira à filha e recusou-se não só a efetuar o reconhecimento, mas também afirmou que se negaria a realizar exame de DNA em qualquer hipótese. Após Jaime adotar essa postura, Leonora ajuizou uma Ação de Investigação de Paternidade e Jaime foi citado, pessoalmente, recebendo o mandado de citação sem cópia da petição inicial do processo. Em contestação, alegou nulidade da citação pela ausência da petição inicial e aduziu sua irretratável recusa na realização do exame de DNA.

Diante da situação apresentada, responda aos itens a seguir.

A) É de se considerar nula a citação? Não. Trata-se de ação de filiação, classificada como ação de família, na forma do Art. 693 do CPC. Por tal razão, o mandado de citação deverá estar desacompanhado de cópia da petição inicial, conforme o Art. 695 do CPC.

B) Qual o efeito da recusa para a realização do exame? O efeito será o de aplicação da presunção relativa de paternidade, apreciada com o restante do conjunto probatório juntado a ação de investigação, conforme resta disposto na Súmula 301 do STJ "*Em ação investigatória, a recusa do suposto pai a submeter-se ao exame de DNA induz presunção juris tantum de paternidade*", no Art. 2-A, parágrafo único, da Lei nº 8.560/92 (*A recusa do réu em se submeter ao exame de código genético - DNA gerará a presunção da paternidade, a ser apreciada em conjunto com o contexto probatório*), ou no Art. 232 do CC.

2) **Os amigos Gilberto, Tarcísio e Lúcia decidem comprar um pequeno sítio no interior de Minas Gerais, com o objetivo de iniciarem juntos um negócio de produção de queijos**

artesanais. Após a compra do imóvel, mas antes do início da produção, Tarcísio vende a sua fração ideal para uma amiga de infância, Marta, pois descobre que sua mãe está severamente doente e, morando sozinha em Portugal, precisa agora da ajuda dele durante seu tratamento. Lúcia só toma conhecimento da venda após a sua concretização, e fica profundamente irritada por não ter tido a oportunidade de fazer uma oferta pela parte de Tarcísio. Ao procurar um amigo, ela é informada de que a venda realizada por Tarcísio não pode ser desfeita porque, segundo a orientação dada, o direito de preferência de Lúcia só existiria caso a fração ideal tivesse sido vendida para Gilberto, o que não ocorreu. Inconformada com a interpretação feita pelo amigo, Lúcia procura sua orientação para obter uma segunda opinião sobre o caso.

A) **A orientação dada pelo amigo está correta?** Não. Tendo o negócio sido realizado perante um terceiro estranho ao condomínio, Tarcísio estava obrigado a oferecer sua fração ideal para Lúcia e Gilberto, para que eles pudessem exercer a preferência, se quisessem, conforme o disposto no Art. 504 do CC.

B) **O que Lúcia deve fazer para defender o que julga ser seu direito?** Lúcia deve propor ação objetivando a adjudicação da fração ideal mediante o depósito do preço, no prazo de 180 dias, sob pena de decadência.

3) **Helena, em virtude de dificuldades financeiras, contraiu empréstimo, em 01/06/2013, com o banco Tudo Azul S/A, mediante contrato assinado por duas testemunhas. Alcançada a data do vencimento em 27/01/2014, o pagamento não foi realizado, o que levou o credor a ajuizar ação de execução por título extrajudicial, em 25/01/2019. Distribuída a ação, o despacho de citação ocorreu em 01/02/2019, tendo Helena, nos embargos à execução apresentados, alegado a ocorrência de prescrição.**

Sobre tais fatos, responda aos itens a seguir, desconsiderando qualquer feriado estadual ou municipal.

A) **Qual o prazo prescricional para cobrança da dívida em tela?** O prazo prescricional é de cinco ano **OU** o termo final do prazo prescricional é 27/01/2019, nos termos do Art. 206, § 5º, inciso I, do Código Civil.

B) **Deve ser acolhida a alegação de prescrição? Por que?** Não. O despacho de citação interrompe a prescrição, retroagindo à data de propositura da ação, ocorrida dentro do prazo prescricional, conforme o Art. 802 do Código de Processo Civil.

4) **Ademar adquiriu um aparelho televisor de última geração da marca Negativa em uma loja da rede Casas Rio Grande, especializada em eletroeletrônicos. Tão logo chegou à sua residência, ligou o aparelho na tomada e foi surpreendido com uma forte fumaça vinda do interior do produto, que, logo em seguida, explodiu, causando-lhe queimaduras severas e, ao final, um dano estético permanente. Inconformado, Ademar ajuizou uma ação indenizatória em face da Negativa Eletrônicos Ltda. e das Casas Rio Grande Ltda., em litisconsórcio passivo. A primeira ré permaneceu revel, ao passo que a segunda ré negou, em contestação, a existência de qualquer defeito no produto.**

Diante do caso narrado, responda aos itens a seguir.

A) **Existe responsabilidade solidária entre as** Casas Rio Grande **e a** Negativa Eletrônicos **pelo dever de indenizar o autor?** Embora o Código de Defesa do Consumidor crie um sistema amplo de responsabilidade solidária entre fornecedores pelos danos oriundos de fatos do produto, como no presente caso, a responsabilidade dos comerciantes segue um regime próprio. Quanto a estes, apenas haverá responsabilidade solidária em relação aos demais fornecedores nas hipóteses previstas pelo Art. 13 do CDC, o que não ocorreu na hipótese em exame. Portanto, não há solidariedade entre a comerciante (*Casas Rio Grande*) e a fabricante (*Negativa*) pelos danos sofridos pelo autor.

B) **A defesa apresentada pelas** Casas Rio Grande **pode beneficiar a primeira ré, a despeito de esta ter permanecido revel?** Sim. Embora as rés não se encontrem em litisconsórcio unitário, a contestação da comerciante (*Casas Rio Grande*) poderá beneficiar a fabricante (*Negativa*) no que tange ao fato comum alegado – inexistência de qualquer defeito no produto – nos termos do Art. 345, I, do CPC.

XXIX Exame

1) **Augusto dirigia seu automóvel muito acima do limite de velocidade, quando foi surpreendido por Lúcia, que, naquele momento, atravessava a rua. Não conseguindo frear a tempo, Augusto atropelou Lúcia, causando-lhe graves fraturas. Após meses em recuperação, Lúcia, que não permaneceu com nenhuma sequela física, ingressou com ação indenizatória por danos materiais e morais em face de Augusto. Este, porém, pretende alegar, em sua defesa, que Lúcia também foi responsável pelo acidente, pois atravessou a via pública falando distraidamente ao celular e desrespeitando uma placa que expressamente proibia a travessia de pedestres no local. A partir do caso narrado, responda aos itens a seguir.**

A) **Augusto poderá eximir-se do dever de indenizar, invocando a conduta negligente de Lúcia?** Não, pois o fato concorrente da vítima não interrompe a cadeia causal de produção do dano, apenas interferindo na possível redução do montante indenizatório a ser imposto ao autor do dano, nos termos do Art. 945 do CC.

B) **Caso Augusto, em contestação, deixe de alegar os fatos concorrentes da vítima, poderá fazê-lo posteriormente?** Não, tendo em vista a verificação de preclusão consumativa, prevista pelo Art. 342 e seus incisos, do CPC. Não se trata de fatos supervenientes, cognoscíveis de ofício ou cuja alegação posterior seja expressamente autorizada por lei.

2) **Sofia era casada no regime da separação de bens com Ricardo há 30 anos, quando se divorciaram. Sofia era dona de casa e estava se recuperando de uma doença grave quando do divórcio. Ricardo, contudo, se negava a prover, consensualmente, alimentos a Sofia, alegando que ela tem curso superior e pode trabalhar para se sustentar. Sofia afirma que tem 55 anos, está doente e nunca exerceu a profissão, pois Ricardo mantinha sua necessidade material. Diante desse quadro, Sofia procura auxílio jurídico e seu advogado ajuíza ação de alimentos. A este respeito, responda aos itens a seguir.**

A) **Sofia faz jus a alimentos a serem prestados por Ricardo?** Segundo o Art. 1.694 do CC, os cônjuges ou companheiros podem pedir uns aos outros os alimentos de que necessitem para viver de modo compatível com sua condição social. Desse modo, cabe o pedido de alimentos entre cônjuges, observado o binômio necessidade-possibilidade, conforme o Art. 1.694, § 1º, do CC. No caso apresentado, há necessidade, na medida em que Sofia não trabalha há 30 anos e está doente, bem como há possibilidade, porque Ricardo era seu provedor, de modo que está caracterizada a dependência econômica.

B) **Negado o pedido de alimentos provisórios, qual o recurso cabível?** Cabe o recurso de Agravo de Instrumento, por se tratar de decisão interlocutória, pois não põe fim à fase cognitiva do processo ou extingue a execução, como define o Art. 203, § 2º, do CPC, que versa sobre tutela provisória, como prevê o Art. 1.015, inciso I, do CPC.

3) **José, em 01/03/2019, ajuizou ação de reintegração de posse com pedido de tutela antecipada em face de Paulo, alegando que este último invadira um imóvel de sua propriedade de 200 metros quadrados, situado em área urbana. Embora a petição inicial não estivesse devidamente instruída com os documentos comprobatórios, o juiz deferiu, antes mesmo de ouvir o réu, o pedido de antecipação de tutela, determinando a expedição do mandado liminar de reintegração. Surpreendido com o ajuizamento da ação e com a decisão proferida pelo juiz, Paulo procura você, como advogado(a), para defendê-lo na ação, afirmando que exerce posse contínua e pacífica sobre o imóvel, desde 01/03/2017, utilizando o bem para sua moradia, já que não possui qualquer outra propriedade imóvel. Afirma, ainda, que passou a habitar o imóvel após a morte de seu pai, que lá também residia sem qualquer turbação ou esbulho, exercendo posse contínua e pacífica sobre o bem desde 01/03/2013. Com base em tais fatos, responda, fundamentadamente, às indagações a seguir.**

A) **O que o(a) advogado(a) de Paulo deverá alegar, como principal matéria de defesa para obter a improcedência dos pedidos deduzidos por José, na ação de reintegração de posse?** A principal matéria de defesa a ser alegada pelo advogado será a usucapião especial urbana, a teor da Súmula 237 do Supremo Tribunal Federal. Isso porque, na forma do Art. 1.243 do CC, o tempo de posse de Paulo sobre o bem é acrescido pelo período de tempo em que seu pai residiu no imóvel. Assim, Paulo atende a todos os requisitos exigidos pelo Art. 1.240 do CC, pelo Art. 183 da CRFB/88 e pelo Art. 9º da Lei nº 10.257/01, que disciplinam a usucapião especial urbana, possuindo, como sua, área urbana de até duzentos e cinquenta metros quadrados, por mais de cinco anos ininterruptos, utilizando-a para sua moradia, não sendo proprietário de qualquer outro imóvel.

B) **Qual recurso o(a) advogado(a) de Paulo deverá interpor para pleitear a reforma da decisão que deferiu o pedido de antecipação de tutela? Qual é o prazo que deverá ser observado para a interposição desse recurso?** Considerando que a decisão proferida pelo Juiz versa sobre o deferimento de tutela provisória, o recurso cabível é o agravo de instrumento, nos termos do Art. 1.015, inciso I, do CPC, sendo que o prazo para sua interposição será de 15 (quinze) dias, consoante dispõe o Art. 1.003, § 5º, do CPC.

4) **Roberto está interessado em adquirir um carro novo, mas constata que os juros associados aos financiamentos bancários estão muito além da sua capacidade de pagamento. Sendo assim, ele recorre ao seu melhor amigo, Lúcio, um pequeno comerciante. Lúcio e Roberto celebram, então, um contrato de mútuo, no valor de R$ 10.000,00, sem prazo expresso de vencimento. Com esse dinheiro, Roberto compra, na mesma data, o tão desejado automóvel.**

Passados 20 (vinte) dias, Lúcio toma conhecimento de que Roberto perdeu sua única fonte de renda e observa que o amigo começa a se desfazer imediatamente de todos os seus bens. Sabendo disso, Lúcio procura Roberto, no intuito de conversar e dele exigir alguma espécie de garantia do pagamento do empréstimo. Roberto, porém, mostra-se extremamente ofendido com essa requisição e se recusa a atender ao pedido de Lúcio, alegando que o contrato não alcançou seu termo final. Lúcio, então, muito nervoso, procura o seu escritório de advocacia, na esperança de que você forneça alguma solução.

Com base nesse cenário, responda aos itens a seguir.

A) **A obrigação estava vencida na data em que Lúcio entrou em contato com Roberto? Lúcio poderia ter exigido a apresentação de garantia por parte de Roberto?** Nos termos do Art. 592, inciso II, do CC, não havendo previsão expressa, o prazo do mútuo de dinheiro será de pelo menos trinta dias. Desta forma, a obrigação não estava vencida quando Lúcio entrou em contato com Roberto. No entanto, diante da notória mudança na situação econômica de Roberto, o Art. 590 do CC admite que Lúcio exija dele alguma garantia da restituição do valor emprestado, mesmo antes do vencimento da obrigação.

B) **Qual espécie de tutela poderia ser requerida por Lúcio para evitar a frustração do processo judicial?** Lúcio poderia requerer uma tutela provisória de urgência cautelar em caráter antecedente, nos termos do Art. 301 do CPC **OU** do Art. 305 do CPC, para assegurar a concretização do seu direito à restituição do valor devido.

XXVIII Exame

1) **A sociedade empresária A, do ramo de confecções, firmou contrato com a sociedade empresária B, para que esta última fornecesse o tecido necessário para uma nova linha de vestuário, mediante o pagamento de R$ 10.000,00 (dez mil reais). Nesse contrato, havia uma cláusula expressa de eleição de foro, que previa a competência territorial do juízo do domicílio da sociedade A para a solução de eventual controvérsia oriunda daquele negócio jurídico. Embora tenha cumprido a obrigação que lhe competia, a sociedade B não recebeu o valor avençado. Passado 1 (um) ano contado da data do vencimento, a sociedade B, orientada por seu advogado, notificou extrajudicialmente a sociedade A, para que esta efetuasse o pagamento. O administrador da sociedade A, pedindo desculpas pelo atraso e reconhecendo o equívoco, comprometeu-se a efetuar o pagamento. Passados seis meses sem que tenha havido o pagamento prometido, a sociedade B ajuizou uma ação, no juízo do seu próprio domicílio, em face da sociedade A, cobrando o valor devido de acordo com o contrato. Com base em tais fatos e considerando que não há vulnerabilidade ou hipossuficiência técnica entre as partes envolvidas, responda, fundamentadamente, às seguintes indagações.**

A) **Qual é o prazo prescricional aplicável à espécie?** O reconhecimento do equívoco, pelo administrador da sociedade A, produz algum efeito sobre a contagem desse prazo? (Valor: 0,65) O prazo prescricional para a cobrança de dívidas líquidas constantes de instrumento particular é de 5 (cinco) anos, nos termos do Art. 206, § 5º, inciso I, do CC. Com o reconhecimento do direito pelo devedor houve a interrupção da prescrição, nos termos do Art. 202, inciso VI, do CC.

B) **Considerando a cláusula de eleição de foro, de que maneira poderá o réu tornar eficaz a previsão nela contida?** O réu deve alegar a incompetência relativa na contestação, nos termos do Art. 337, inciso II, do CPC.

2) **Alex celebrou contrato de financiamento imobiliário com o Banco Brasileiro S/A, assinado pelas partes e duas testemunhas. Em decorrência de dificuldades financeiras, Alex não conseguiu honrar o pagamento das prestações, o que levou o credor a ajuizar ação de execução por título extrajudicial, a fim de cobrar a dívida, no montante de R$ 75.000,00 (setenta e cinco mil reais). Citado, Alex opôs embargos à execução, no qual alegou excesso de execução, sob o fundamento de que o valor cobrado a título de juros remuneratórios era superior ao devido, sem, contudo, indicar o valor que**

entende correto. Sustentou, também, a nulidade da cláusula que atribuiu ao credor indicar livremente qual índice de correção monetária seria aplicável ao contrato. Recebidos os embargos, o exequente apresentou impugnação, na qual sustentou que os embargos deveriam ter sido liminarmente rejeitados, por não ter o embargante apresentado o montante que considera correto. Alegou, no mérito, não ser abusiva a cláusula impugnada. Diante do exposto, responda aos itens a seguir.

A) **Assiste razão ao exequente quanto à necessidade de rejeição liminar dos embargos?** Não. Os embargos devem ser processados, mas apenas será examinada a alegação de invalidade da cláusula (Art. 917, § 4º, inciso II, do CPC), uma vez que o embargante deveria ter declarado na petição inicial o valor que entende correto, apresentando demonstrativo discriminado e atualizado de seu cálculo (Art. 917, § 3º, do CPC).

B) **Assiste razão ao embargado quanto à validade da cláusula impugnada?** Não. A cláusula é nula de pleno direito, por permitir ao fornecedor a variação do preço, nos termos do Art. 51, inciso X, do CDC.

3) **Jonas estava hospedado no Hotel Grande Vereda, onde passava suas férias, quando esbarrou acidentalmente em Lucas, um funcionário contratado havia apenas 20 dias pelo hotel. Lucas, furioso, começou a ofender Jonas, aos gritos, diante de todos os hóspedes e funcionários, com insultos e palavras de baixo calão. Logo depois, evadiu-se do local. A gerência do hotel, prontamente, procedeu a um pedido público de desculpas e informou que a principal recomendação dada aos funcionários (inclusive a Lucas) é a de que adotassem um tratamento cordial para com os hóspedes. O gerente, de modo a evidenciar a diligência do estabelecimento, mostrou a gravação do curso de capacitação de empregados ao ofendido. Indignado, Jonas conseguiu obter, junto à recepção do hotel, o nome completo e alguns dados pessoais de Lucas, mas não seu endereço residencial, porque sua ficha cadastral não estava completa. Em seguida, Jonas ajuizou ação indenizatória por danos morais em face de Lucas e do Hotel Grande Vereda. Ao receber a petição inicial, o juízo da causa determinou, desde logo, a citação de Lucas por edital. Decorrido o prazo legal após a publicação do edital, foi decretada a revelia de Lucas e nomeado curador especial, o qual alegou nulidade da citação. Com base no caso narrado, responda, fundamentadamente, aos itens a seguir.**

A) **Deve o hotel responder pelo ato de Lucas, que agiu por conta própria e em manifesta contrariedade à orientação do estabelecimento?** Sim. Os empregadores respondem civilmente pelos atos lesivos de seus prepostos no exercício de suas funções. Trata-se de uma hipótese de responsabilidade civil indireta, prevista pelo Art. 932, inciso III, do Código Civil. A responsabilidade do hotel é, ainda, objetiva, nos termos do Art. 933 do Código Civil, de tal modo que o fato de a administração do hotel não ter contribuído para a conduta do funcionário mostra-se totalmente irrelevante nesse caso. Igualmente, sob a ótica consumerista, o fornecedor (hotel) tem responsabilidade objetiva pela falha na prestação do serviço, conforme o Art. 14 do CDC.

B) **É procedente a alegação de nulidade da citação suscitada pelo curador?** Sim. A citação por edital, neste caso, dependeria de que restasse evidenciado ser ignorado o lugar em que se encontra o réu (Art. 256, inciso II, do Código de Processo Civil). Para tanto, é necessário que, antes, sejam realizadas tentativas de localização do réu, inclusive mediante requisição de informações sobre seu endereço nos cadastros de órgãos públicos ou de concessionárias de serviços públicos, conforme o Art. 256, § 3º, do Código de Processo Civil, e que essas tentativas restem infrutíferas.

4) **José e Maria casaram-se no regime da comunhão parcial de bens. Após separação de fato há seis meses, Maria ingressa com ação de divórcio em face de José. Na petição inicial, Maria afirma que os bens comuns já foram partilhados e requer a decretação do divórcio e a homologação da partilha realizada. José, por sua vez, alega que, durante o casamento, Maria ganhou na loteria o valor de R$ 6.000.000,00 (seis milhões de reais), que não foram partilhados. Considerando essas informações, responda aos itens a seguir.**

A) **O prêmio auferido em loteria oficial é bem comum? (Valor: 0,60)** O prêmio auferido em loteria oficial se qualifica como bem adquirido por fato eventual, razão pela qual constitui bem comum, nos termos do Art. 1.660, inciso II, do CC.

B) **Poderia o julgador dividir o mérito, decretar desde logo o divórcio e prosseguir com o processo para julgamento da partilha? (Valor: 0,65)** Por se tratar de pedido incontroverso, pode o magistrado julgar antecipada e parcialmente o mérito, consoante prevê o Art. 356, inciso I, do CPC c/c o Art. 1.581 do CC.

XXVII Exame

1) **Luiza ajuizou ação porque, embora há muitos anos se apresente socialmente com esse nome e com aparência feminina, foi registrada no nascimento sob o nome de Luis Roberto, do gênero masculino. Aduz na inicial que, embora nascida com características biológicas e cromossômicas masculinas, desde adolescente compreendeu-se transexual e, ao constatar a incompatibilidade com sua morfologia corporal, passou a adotar a identidade feminina, vestindo-se e apresentando-se socialmente como mulher. Nunca se submeteu à cirurgia de transgenitalização, por receio dos riscos da cirurgia e por entender que isso não a impede de ser mulher. Diante disso, formula pedidos para que seja alterado não somente o seu registro de nome, mas também o registro de gênero, cujo conteúdo lhe causa profundo constrangimento. Demanda que passe a constar o prenome Luiza no lugar de Luis Roberto e o gênero feminino no lugar de masculino. A sentença, contudo, julgou improcedente o pedido, limitando-se a afirmar que o pleito, sem a prévia cirurgia de transgenitalização, fere os bons costumes. Sobre o caso, responda aos itens a seguir.**

A) **A sentença pode ser considerada adequadamente fundamentada? Justifique. (Valor: 0,65)** Ao indicar, como fundamentação para a improcedência, a referência ao conceito jurídico indeterminado de "bons costumes", sem explicar as razões concretas para sua incidência no caso concreto, a sentença violou o disposto no Art. 489, § 1o, inciso II, do CPC OU a sentença violou o disposto no Art. 489, § 1o, inciso VI, do CPC, pois o juiz não apontou distinção com o julgamento proferido pelo STF na ADI 4.275 e no RE 670.422, objeto de repercussão geral. Considera-se, por conta disso, que a sentença não foi fundamentada e, consequentemente, é inválida.

B) **No mérito, os dois pedidos de Luiza devem ser acolhidos? Justifique. (Valor: 0,60)** Obs.: o(a) examinando(a) deve fundamentar as respostas. A mera citação do dispositivo legal não confere pontuação. No mérito, tanto o pedido de retificação do registro de nome como o pedido de retificação do pedido de gênero devem ser acolhidos, pois conforme o entendimento manifestado pelo STF no julgamento da ADI 4.275 e do RE 670.422, objeto de repercussão geral, em casos de transexualidade a alteração registral pode ocorrer independentemente de cirurgia de transgenitalização.

2) **Marcos, por negligência, colidiu seu carro com o automóvel de Paulo, que é taxista e estava trabalhando no momento. Em razão do acidente, Paulo teve que passar por uma cirurgia para a reconstrução de parte de seu braço, arcando com os custos correlatos. A cirurgia foi bem-sucedida, embora Paulo tenha ficado com algumas cicatrizes. Após ficar de repouso em casa por quatro meses, por recomendação médica, no período pós-operatório, Paulo resolveu ajuizar ação contra Marcos, com o objetivo de obter indenização por perdas e danos sofridos em razão do acidente. No curso da ação, Marcos, que tinha contratado seguro contra terceiros para seu veículo, requereu a denunciação da lide da Seguradora X, tendo o juiz, no entanto, indeferido o pedido. Nessa situação hipotética, responda aos itens a seguir.**

A) **Especifique os danos sofridos por Paulo e indique os fundamentos que justificam sua pretensão.** Paulo sofreu danos estéticos, em razão da cicatriz que a cirurgia deixou em seu braço, e danos materiais emergentes, em razão da colisão ocorrida com seu automóvel e dos custos incorridos com a cirurgia. Além disso, Paulo também amargou lucros cessantes, em virtude de ter ficado impossibilitado de trabalhar como taxista por quatro meses. Ademais, Paulo também sofreu danos morais. Como fundamento de sua pretensão, Paulo poderá alegar que Marcos cometeu um ato ilícito e que, portanto, fica responsável por reparar o dano sofrido, na forma do Art. 186 e do Art. 927, ambos do CC. Poderá argumentar, ademais, que o dever de indenizar abrange não só a reparação do dano estético e do dano material emergente, mas também o pagamento dos lucros cessantes, na forma do Art. 402 do Código Civil.

B) **Qual a medida processual cabível para Marcos impugnar a decisão que indeferiu o pedido de denunciação da lide? Esclareça se Marcos poderá exercer futuramente o direito de regresso contra a Seguradora X, caso seja mantida a decisão que indeferiu o pedido de denunciação da lide.** Marcos poderá impugnar a decisão que indeferiu o pedido de denunciação da lide através de recurso de agravo de instrumento. Com efeito, o Art. 1.015, inciso IX, do CPC estabelece que o agravo de instrumento é cabível contra decisões interlocutórias que versem sobre a admissão ou inadmissão de intervenções de terceiros. Por outro lado, mesmo que seja mantido o indeferimento da denunciação da lide, Marcos poderá exercer futuramente o direito de regresso em face da Seguradora X. Isso porque o Art. 125, § 1º, do CPC permite que o direito regressivo seja exercido por ação autônoma quando a denunciação da lide for indeferida. Assim, caso Marcos venha a ser condenado na ação movida por Paulo, poderá ajuizar demanda autônoma contra a Seguradora X para obter o ressarcimento do que pagou.

3) **Mariana comprou de Roberto um imóvel por um preço bastante favorável, tendo em vista que Roberto foi transferido para outra cidade. Ao contratar empreiteiros para realizar obras necessárias no local, algumas semanas depois da aquisição, Mariana foi acionada judicialmente por Almir, que sustenta ser o real proprietário do imóvel, o qual lhe teria sido injustamente usurpado por Roberto. Mariana não tem elementos para se defender no processo relativo a um fato ocorrido antes da sua aquisição e, resignada a perder o bem, precisaria ao menos recuperar o dinheiro que por ele pagou, bem como as despesas que efetuou para a realização de obras no local, pois, embora estas não tenham chegado a ser realizadas, ela não pôde reaver o sinal pago aos empreiteiros. Sobre o caso, responda aos itens a seguir.**

A) **Qual medida processual deve ser tomada por Mariana para poder reaver o preço pago pelo imóvel no mesmo processo em que é acionada por Almir?** Trata-se de hipótese de evicção, já que Mariana está sendo privada judicialmente de sua propriedade em razão de direito de terceiro (Almir) anterior à sua aquisição. Para exercer seu direito à indenização decorrente da evicção no mesmo processo em que é privada da propriedade do bem, em lugar da ação autônoma, Mariana deve recorrer à denunciação da lide em face de Roberto, seu alienante imediato (Art. 125, inciso I, do CPC).

B) **Além do preço pago, pode Mariana exigir o reembolso das despesas efetuadas com o objetivo de realizar obras no local? Justifique sua resposta.** O direito à indenização, por sua vez, abrange não apenas o valor do bem, mas igualmente à indenização pelas despesas dos contratos e pelos prejuízos que diretamente resultarem da evicção, o que inclui as despesas efetuadas com o objetivo de realizar obras necessárias no local (Art. 450, inciso II, do CC).

4) **Marcela firmou com Catarina um contrato de mútuo, obtendo empréstimo de R$ 50.000,00, no qual figurou como fiador seu amigo, Jorge, sem renúncia aos benefícios legais. Todos residem no Município de São Carlos, SP. Vencida a obrigação de pagamento, Marcela não efetuou o depósito do valor devido a Catarina, de modo que Catarina ajuizou execução de título extrajudicial, indicando como executados Marcela e Jorge. Jorge, citado, procurou seu advogado, com o objetivo de proteger seu patrimônio, já que sabe que Marcela possui dois imóveis próprios, situados no Município de São Carlos, suficientes para satisfação do crédito. Diante de tal situação, responda aos itens a seguir.**

A) **Jorge tem direito a ver executados primeiramente os bens de Marcela? Apresente o embasamento jurídico pertinente.** Jorge tem direito a exigir que sejam primeiro executados os bens de Marcela, até que haja satisfação da dívida, conforme dispõem o Art. 827 do CC e o Art. 794 do CPC. Isso ocorre porque, não tendo ocorrido renúncia ao benefício de ordem (Art. 828, I, do CC), a responsabilidade de Jorge é subsidiária, e seu patrimônio apenas será atingido caso os bens de Marcela sejam insuficientes.

B) **Poderia Catarina ter incluído Jorge como executado? Uma vez citado, como Jorge deve proceder no âmbito do processo de execução, em defesa de seus bens?** Catarina poderia ter incluído Jorge no polo passivo da Execução (Art. 779, inciso IV, do CPC). No entanto, uma vez citado, Jorge pode nomear à penhora os bens de Marcela, indicando-os pormenorizadamente (Art. 794 do CPC OU Art. 827, parágrafo único, do CC), para que seus bens apenas sejam atingidos caso não seja possível satisfazer o crédito pela excussão dos bens de Marcela.

XXVI Exame

1) **Jonas, médico dermatologista, atende a seus pacientes em um consultório particular em sua cidade. Ana Maria, após se consultar com Jonas, passou a utilizar uma pomada indicada para o tratamento de micoses, prescrita pelo médico. Em decorrência de uma alergia imprevisível, sequer descrita na literatura médica, a pele de Ana Maria desenvolveu uma grave reação à pomada, o que acarretou uma mancha avermelhada permanente e de grandes proporções em seu antebraço direito. Indignada com a lesão estética permanente que sofreu, Ana Maria decidiu ajuizar ação indenizatória em face de Jonas. Tomando conhecimento, contudo, de que Jonas havia contratado previamente seguro de responsabilidade civil que cobria danos materiais, morais e estéticos causados aos seus pacientes, Ana Maria optou por**

ajuizar a ação apenas em face da seguradora. A respeito do caso narrado, responda, fundamentadamente, aos itens a seguir.

A) **Provada a ausência de culpa de Jonas, poderia Ana Maria ser indenizada?** Não. A responsabilidade dos profissionais liberais é subjetiva e, portanto, depende da demonstração de culpa do causador do dano, conforme o Art. 951 do CC OU o Art. 14, § 4º, do CDC.

B) **A demanda proposta por Ana Maria em face da seguradora preenche elementos suficientes para ter seu mérito apreciado?** Não. Está ausente nessa demanda uma das condições/elementos da ação, a saber, a legitimidade passiva, prevista pelo Art. 17 do CPC. No seguro de responsabilidade civil facultativo, não pode o terceiro prejudicado ingressar com ação exclusivamente em face da seguradora, nos termos do Art. 787 do CC ou do verbete nº 529 da Súmula do STJ.

2) **Em 10 de dezembro de 2016, Roberto alienou para seu filho André um imóvel de sua propriedade, por valor inferior ao preço de venda de imóveis situados na mesma região. José, que também é filho de Roberto e não consentiu com a venda, ajuizou ação, em 11 de dezembro de 2017, com o objetivo de anular o contrato de compra e venda celebrado entre seu pai e André. No âmbito da referida ação, José formulou pedido cautelar para que o juiz suspendesse os efeitos da alienação do imóvel até a decisão final da demanda, o que foi deferido pelo magistrado por meio de decisão contra a qual não foram interpostos recursos. O juiz, após a apresentação de contestação pelos réus e da produção das provas, proferiu sentença julgando improcedente o pedido deduzido por José, sob o fundamento de que a pretensão de anulação do contrato de compra e venda se encontraria prescrita. Como consequência, revogou a decisão cautelar que anteriormente havia suspendido os efeitos da compra e venda celebrada entre Roberto e André. A respeito dessa situação hipotética, responda aos itens a seguir.**

A) **Caso resolva apelar da sentença, como José poderá obter, de forma imediata, novamente a suspensão dos efeitos da compra e venda? Quais os requisitos para tanto?** Na hipótese, o recurso de apelação de José não será dotado de efeito suspensivo, tendo em vista que a sentença revogou a decisão que havia deferido o pedido cautelar. Com efeito, o Art. 1.012, § 1º, inciso V, do CPC estabelece que "além de outras hipóteses previstas em lei, começa a produzir efeitos imediatamente após a sua publicação a sentença que: (...) V – confirma, concede ou revoga tutela provisória." Assim, a sentença proferida pelo juiz, que julgou improcedente o pedido, tem a aptidão de produzir efeitos desde logo. Para lograr obter novamente a suspensão dos efeitos da compra e venda, portanto, José deverá formular o pedido cautelar ou de efeito suspensivo ativo, que poderá ser deduzido em petição autônoma ou no próprio recurso de apelação, a depender do fato de a apelação já ter sido distribuída ou não. O requerimento deverá ser dirigido ao tribunal, se a apelação ainda não tiver sido distribuída, ou ao relator do recurso, caso já tenha ocorrido sua distribuição, na forma do Art. 1.012, § 3º, do CPC. Para tanto, deverá José demonstrar ao relator ou ao tribunal a probabilidade de provimento do recurso de apelação ou, sendo relevante a fundamentação (fumus boni iuris), a existência de risco de dano grave ou de difícil reparação (periculum in mora), consoante o Art. 1.012, § 4º , o Art. 995, parágrafo único, e o Art. 300 todos do CPC.

B) **Qual é o fundamento da ação ajuizada por José para obter a anulação da compra e venda? Esclareça se a sentença proferida pelo juiz de primeira instância, que reconheceu a prescrição da pretensão, está correta.** O fundamento da ação ajuizada por José é o de que se afigura anulável a venda de ascendente a descendente, salvo se os outros descendentes e o cônjuge alienante expressamente houverem consentido, na forma do

Art. 496 do CC. Por outro lado, o juiz de primeira instância se equivocou ao reconhecer a prescrição da pretensão de José, pois se trata de prazo decadencial e a ação foi proposta dentro do prazo de 2 anos, previsto no Art. 179 do CC.

3) **José Carlos é locatário de um apartamento situado no Condomínio Morar Feliz, situado na cidade do Rio de Janeiro. O imóvel pertence a André Luiz. O contrato de locação possui vigência de 01/05/2015 a 01/05/2019 e contém cláusula de vigência. O referido contrato se encontra averbado à matrícula do imóvel no Registro Geral de Imóveis da respectiva circunscrição desde 07/06/2015. Em 15/05/2018, José Carlos recebe uma notificação de João Pedro, informando-o de que adquiriu o imóvel de André Luiz através de contrato de compra e venda, a qual foi registrada em 30/01/2018 e averbada à matrícula do imóvel no mesmo dia, e solicitando a desocupação do imóvel no prazo de noventa dias. José Carlos não fora informado por André Luiz a respeito da alienação do apartamento. Em 05/06/2018, ao se dirigir até o local pactuado contratualmente para o pagamento dos alugueres, José Carlos é informado por João Pedro que não irá receber o pagamento de nenhum valor a título de aluguel, solicitando novamente a desocupação do imóvel. Diante do cenário descrito, responda aos itens a seguir.**

A) **Qual(is) argumento(s) de defesa José Carlos poderá arguir em face da pretensão de João Pedro em desocupar o imóvel?** José Carlos poderá sustentar que a locação possui prazo determinado, cláusula de vigência e se encontra averbada junto à matrícula do imóvel. Desta forma, João Pedro não pode, validamente, denunciar o contrato de locação, na forma do Art. 8º, caput, da Lei nº 8.245/91. Além disso, a denúncia foi exercida após o prazo de noventa dias a contar do registro da compra e venda, o que atrai a incidência do Art. 8º, § 2º, da Lei nº 8.245/91, que prevê tal prazo decadencial. Por fim, houve desrespeito ao direito de preferência assegurado pelo Art. 27 da mesma Lei.

B) **Diante da recusa de João Pedro em receber os alugueres, de que(quais) instrumento(s) o locatário dispõe para adimplir sua prestação e se exonerar dos efeitos da mora?** A recusa do credor em receber o pagamento permite o uso da consignação em pagamento, de forma a exonerar o devedor da ocorrência de mora. No caso, João Pedro poderá, alternativamente, ajuizar ação de consignação em pagamento, observando o disposto no Art. 67 da Lei nº 8.245/91 e no Art. 534 do CPC, ou realizar consignação extrajudicial em pagamento, por se tratar de obrigação em dinheiro, na forma do Art. 539, § 1º, do CPC.

4) **A sociedade empresária Fictícia Produções Ltda. (Fictícia) vendeu um imóvel de sua propriedade à Diversão Produções Artísticas Ltda. (DPA), que passou a funcionar no local. Dois meses após o registro da compra no cartório de registro de imóveis e início das atividades da DPA, a nova proprietária é surpreendida por uma ação de cobrança de cotas condominiais anteriores à aquisição e não pagas pela Fictícia. Inconformado com o fato, e diante da previsão contratual na qual a sociedade empresária Fictícia se responsabiliza por débitos relativos ao período anterior à imissão na posse de sua empresa, o diretor Ronaldo procura uma orientação jurídica especializada. Sobre a hipótese narrada, responda aos itens a seguir.**

A) **As cotas condominiais anteriores à aquisição são devidas pela atual proprietária do imóvel? (Valor: 0,60)** Sim, tendo em vista o caráter *propter rem* da obrigação, DPA é devedora das cotas, conforme o Art. 1.345 do CC.

B) **Qual a medida processual mais célere, econômica e adequada para exigir da sociedade empresária Fictícia, nos mesmos autos, a responsabilização pela dívida? (Valor: 0,65)** Obs.: o(a) examinando(a) deve fundamentar as respostas. A mera citação do dispositivo legal não confere pontuação. Denunciação da lide (Art.125, inciso II, do CPC), a fim de obter da sociedade empresária Fictícia Produções os valores que eventualmente tiver que arcar com o processo em razão da responsabilidade contratual.

XXV Exame

1) **Em abril de 2016, Flávio, que não tinha qualquer parente até quarto grau, elaborou seu testamento, deixando todos os seus bens para sua amiga Clara. Em janeiro de 2017, Flávio descobriu que era pai de Laura, uma criança de 10 anos, e reconheceu de pronto a paternidade. Em abril de 2017, Flávio faleceu, sem, contudo, revogar o testamento elaborado em 2016. Sobre os fatos narrados, responda aos itens a seguir.**

A) **A sucessão de Flávio observará sua última vontade escrita no testamento?** Dentre as hipóteses de rompimento do testamento, o Art. 1.973 do Código Civil prevê justamente a situação descrita: superveniência de descendente sucessível ao testador, que não o conhecia quando testou. Logo, tendo em vista o rompimento do testamento, Laura receberá 100% do patrimônio do falecido pai, na forma do Art. 1.845 do CC.

B) **O inventário e a partilha dos bens de Flávio poderão ser feitos extrajudicialmente?** No direito brasileiro, o inventário deverá ser judicial quando houver herdeiro menor e/ou testamento, conforme o Art. 610, *caput*, do CPC/15.

2) **A sociedade empresária Madeira Certificada Ltda. firmou com Só Móveis Ltda. um contrato de fornecimento de material, visando ao abastecimento de suas indústrias moveleiras. Depois de dois anos de relação contratual, Só Móveis deixou de pagar as notas fiscais emitidas por Madeira Certificada, alegando dificuldades financeiras, o que levou à rescisão do contrato, restando em aberto os pagamentos do fornecimento de material dos meses de outubro, novembro e dezembro de 2015. Madeira Certificada, de posse do contrato, firmado por duas testemunhas, das notas fiscais e de declaração subscrita pela sociedade reconhecendo a existência da dívida, ajuizou execução de título extrajudicial em 01/04/2016. Citada, a sociedade empresária Só Móveis não efetuou o pagamento, e a tentativa de penhora on-line de dinheiro e de bens imóveis foi infrutífera, não tendo sido localizado patrimônio para satisfação do crédito. Madeira Certificada constatou, contudo, que um dos sócios administradores da Só Móveis havia tido um acréscimo substancial de patrimônio nos últimos dois anos, passando a ser proprietário de imóvel e carros, utilizados, inclusive, pela devedora. Diante de tal situação, responda aos itens a seguir.**

A) **O que a sociedade empresária Madeira Certificada deve alegar para fundamentar a extensão da responsabilidade patrimonial e possibilitar a satisfação do crédito?** Madeira Certificada deve alegar que a ocorrência de confusão patrimonial evidencia abuso da personalidade jurídica, com o objetivo de que seja desconsiderada a personalidade jurídica, e de que os bens do sócio administrador respondam pelas dívidas da sociedade Só Móveis, nos termos do Art. 50 do Código Civil.

B) **Com base em tal alegação, qual seria a medida processual incidental adequada para estender a responsabilidade patrimonial e possibilitar a satisfação do crédito?** A medida processual para que os bens do responsável fiquem sujeitos à execução, no caso de abuso da personalidade jurídica (Art. 790, inciso VII, do CPC/15), é o incidente de desconsideração da personalidade jurídica (Art. 795, § 4º, do CPC/15), previsto no Art. 134 do CPC/15, aplicável à execução.

3) **Nivaldo e Bárbara casaram-se em 2008. Ocorre que Bárbara, ao conhecer o sogro, Ricardo, que até então estava morando no exterior a trabalho, apaixonou-se por ele. Como Ricardo era viúvo, Bárbara se divorciou de Nivaldo e foi morar com o ex-sogro em uma pequenina cidade no Acre, onde ninguém os conhecia. Lá, casaram-se há cerca de cinco anos. Um dia, avisado por um amigo, Nivaldo, que vivia na capital do estado do Amazonas, descobriu o casamento do pai com sua ex-esposa. De imediato, consultou um advogado para saber o que poderia fazer para invalidar o casamento. Diante dessas circunstâncias, responda aos itens a seguir.**

A) **Qual a ação cabível para a invalidação do casamento e qual o fundamento dela?** Bárbara e Ricardo têm parentesco por afinidade (nora e sogro, respectivamente), que se formou pelo casamento e não é extinto pelo rompimento do vínculo matrimonial, conforme o Art. 1.595, § 2º, do Código Civil. Assim, estão impedidos de casar, segundo o Artigo 1.521, inciso II, do Código Civil. O casamento é nulo por infringência de impedimento, a teor do Art. 1.548, inciso II, do Código Civil. Logo a ação cabível é a ação de nulidade de casamento.

B) **Identifique o litisconsórcio existente entre Bárbara e Ricardo.** O litisconsórcio entre Bárbara e Ricardo é unitário, pois o juiz deve decidir o mérito de modo uniforme para ambos, conforme dispõe o Art. 116 do CPC/2015.

4) **Ana Flávia dirigia seu carro em direção à sua casa de praia quando, no caminho, envolveu-se em um acidente grave diante da imprudência de outro veículo, dirigido por Sávio, que realizou ultrapassagem proibida. Como consequência do acidente, ela permaneceu no hospital por três dias, ausentando-se de seu consultório médico, além de ter ficado com uma cicatriz no rosto. Como apenas o hospital particular da cidade oferecia o tratamento adequado e ela não possuía plano de saúde, arcou com as despesas hospitalares. Ciente de que o automóvel de Sávio está segurado junto à seguradora Fique Seguro Ltda., com cobertura de danos materiais, Ana Flávia ajuizou ação em face de ambos. Sávio e a seguradora apresentaram contestação, esta alegando a culpa exclusiva de Ana Flávia e a impossibilidade de figurar no polo passivo. Em seguida, o juízo determinou a exclusão da seguradora do polo passivo e o prosseguimento da demanda exclusivamente em face de Sávio. Tendo em vista o caso exposto, responda aos itens a seguir.**

A) **Qual o recurso cabível contra a decisão? Qual o seu fundamento?** O recurso cabível em face da decisão que determinou a exclusão de litisconsorte é o agravo de instrumento (Art. 1.015, inciso VII, do CPC/15). Conforme entendimento consolidado do STJ é possível o ajuizamento direto em face do causador do dano e da seguradora. Não é necessário aguardar que o causador do dano denuncie a lide em face da seguradora. O que não se admite é o ajuizamento exclusivamente em face da seguradora, uma vez que não possui legitimidade para figurar no polo passivo isoladamente (Súmula 529 do STJ, REsp 943.440/SP e julgado sob o regime de repetitivo: REsp 962.230/RS).

B) **Além do prejuízo material, quais outros danos Ana Flávia poderia ter pedido para garantir a maior extensão da reparação?** Ana Flávia poderia ter deduzido pedido de indenização por danos morais (Art. 186 do Código Civil ou Art. 5º, inciso V ou inciso X, da CRFB/88) e dano estético (Súmula 387 do STJ), sendo este em razão da cicatriz.

XXIV Exame

1) **Maria Clara e Jorge tiveram uma filha, Catarina, a qual foi registrada sob filiação de ambos. Apesar de nunca terem se casado, Maria Clara e Jorge contribuíam paritariamente com o sustento da criança, que vivia com Maria Clara. Quando Catarina fez dois anos de idade, Jorge ficou desempregado, situação que perdura até hoje. Em razão disso, não possui qualquer condição de prover a subsistência de Catarina, que não consegue contar apenas com a renda de sua mãe, Maria Clara, filha única de seus genitores, já falecidos. Jorge reside com sua mãe, Olívia, que trabalha e possui excelente condição financeira. Além disso, Catarina possui um irmão mais velho, Marcos, capaz e com 26 anos, fruto do primeiro casamento de Jorge, que também tem sólida situação financeira. Com base em tais fatos, responda aos itens a seguir, justificando e fundamentando a resposta.**

A) **Olivia e Marcos podem ser chamados a contribuir com a subsistência de Catarina? A obrigação deve recair em Olivia e Marcos de forma paritária?** O direito à prestação de alimentos se estende aos ascendentes, nos termos do Art. 1.696 do CC. Embora os parentes em linha colateral possam ser chamados a responder pelos alimentos, essa responsabilidade apenas incide na falta dos ascendentes (Art. 1.697 do CC), sendo subsidiária, e devida na proporção dos seus recursos. Como Olívia possui condições financeiras, será a responsável pelos alimentos que seriam devidos por Jorge. Assim, havendo possibilidade de alimentos avoengos, não subsiste responsabilidade de Marcos, colateral.

B) **Quais as medidas judiciais cabíveis para resguardar o direito de subsistência de Catarina, considerando a necessidade de obter com urgência provimento que garanta esse direito?** Catarina, representada por sua mãe, pode propor ação de alimentos em face de Olívia, postulando a concessão de alimentos provisórios, com base nos artigos 1º a 3º da Lei nº 5.478/68 e no Art. 693, parágrafo único, do CPC/15. Catarina também pode propor tutela provisória de urgência em caráter antecedente, visando à obtenção dos alimentos, com base no Art. 303 do CPC/15.

2) **Marcos estacionou seu automóvel diante de um prédio de apartamentos. Pouco depois, um vaso de plantas caiu da janela de uma das unidades e atingiu o veículo, danificando o para-brisa e parte da lataria. Não foi possível identificar de qual das unidades caiu o objeto. O automóvel era importado, de modo que seu reparo foi custoso e demorou cerca de dez meses. Dois anos e meio depois da saída do automóvel da oficina, Marcos ajuíza ação indenizatória em face do condomínio do edifício. De acordo com o caso acima narrado, responda fundamentadamente às questões a seguir.**

A) **Considerando que o vaso de plantas caiu da janela de apenas um dos apartamentos, pode o condomínio alegar fato exclusivo de terceiro para se eximir do dever de indenizar?** Trata-se de hipótese da chamada *causalidade alternativa*, em que é possível saber que um ou alguns dos membros de um grupo determinado de pessoas deu causa ao dano, mas não é possível identificar o efetivo causador. No caso específico, não sendo possível identificar, desde logo, o apartamento de onde efetivamente caiu o objeto, o legislador autoriza expressamente a responsabilização de todos os condôminos, nos termos do Art. 938 do Código Civil, ao prever a imputabilidade não apenas do único morador do prédio como também do morador de parte da edificação.

B) **Após a contestação, ao perceber que a pretensão de Marcos está prescrita, pode o juiz conhecer de ofício dessa prescrição se nenhuma das partes tiver se manifestado a respeito?** A pretensão encontra-se prescrita, aplicando-se à hipótese o prazo trienal previsto pelo Art. 206, § 3º, inciso V, do Código Civil, contado da data do evento danoso. Trata-se de matéria que pode ser conhecida de ofício pelo julgador (Art. 487, inciso II, do CPC/15). No entanto, após a contestação da lide pelo réu, não se autoriza ao juiz conhecer da prescrição sem antes oportunizar a manifestação das partes, em homenagem ao princípio da não-surpresa (Art. 10 ou Art.487, parágrafo único, ambos do CPC/15).

3) **Após se aposentar, Álvaro, que mora com sua esposa em Brasília, adquiriu de Valério um imóvel, hipotecado, localizado na cidade do Rio de Janeiro, por meio de escritura pública de cessão de direitos e obrigações. Com a intenção de extinguir a hipoteca, Álvaro pretende pagar a dívida de Valério, mas encontra obstáculos para realizar o seu desejo, já que a instituição credora hipotecária não participou da aquisição do imóvel e alega que o pagamento não pode ser realizado por pessoa estranha ao vínculo obrigacional. Diante dessa situação, responda aos itens a seguir.**

A) **Qual é a medida judicial mais adequada para assegurar o interesse de Álvaro?** Álvaro é terceiro interessado no pagamento desta dívida, sendo, portanto, parte legítima para ingressar com uma ação de consignação em pagamento, meio mais adequado conducente à exoneração do devedor, nos termos do Art. 304 do Código Civil.

B) **Qual o foro competente para processar e julgar a referida medida?** O foro competente é o da cidade do Rio de Janeiro, o lugar do pagamento, como prescreve o Artigo 540 do CPC/15.

4) **Pedro, maior com 30 (trinta) anos de idade, é filho biológico de Paulo, que nunca reconheceu a filiação no registro de Pedro. Em 2016, Paulo morreu sem deixar testamento, solteiro, sem ascendentes e descendentes, e com dois irmãos sobreviventes, que estão na posse dos bens da herança. Diante da situação apresentada, responda aos itens a seguir.**

A) **Qual o prazo para propositura da ação de investigação de paternidade e da petição de herança?** A ação de investigação de paternidade é imprescritível, como prevê o Art. 27 do ECA, enquanto que a petição de herança se submete ao prazo prescricional de 10 (dez) anos, por se tratar de maior prazo previsto em lei, consoante dispõe o Art. 205 do Código Civil. A questão foi sintetizada no enunciado da Súmula 149 do Supremo Tribunal Federal.

B) **É possível cumular os pedidos de reconhecimento da paternidade e do direito hereditário no mesmo processo?** Cabe a cumulação de pedidos no mesmo processo, uma vez que a investigação de paternidade, bem como a petição de herança observam os requisitos de admissibilidade previstos no Art. 327, § 1º, do CPC, na medida em que os pedidos são compatíveis entre si, a competência é do mesmo juízo e o mesmo procedimento é adequado a ambas.

XXIII Exame

1) **Após sofrer acidente automobilístico, Vinícius, adolescente de 15 anos, necessita realizar cirurgia no joelho direito para reconstruir os ligamentos rompidos, conforme apontam os exames de imagem. Contudo, ao realizar a intervenção cirúrgica no Hospital Boa Saúde S/A, o paciente percebe que o médico realizou o procedimento**

no seu joelho esquerdo, que estava intacto. Ressalta-se que o profissional não mantém relação de trabalho com o hospital, utilizando sua estrutura mediante vínculo de comodato, sem relação de subordinação. Após realizar nova cirurgia no joelho correto, Vinícius, representado por sua mãe, decide ajuizar ação indenizatória em face do Hospital Boa Saúde S/A e do médico que realizou o primeiro procedimento. Em face do exposto, responda aos itens a seguir.

A) **Na apuração da responsabilidade do hospital, dispensa-se a prova da culpa médica?** Não. A responsabilidade pessoal do profissional liberal "será apurada mediante a verificação da culpa", como prevê o Art. 14, § 4º, do CDC. A inclusão do hospital, que responde objetivamente, na forma do Art. 14, caput, do referido diploma, não tem o condão de dispensar a prova da culpa médica. Desse modo, o hospital responde solidária e objetivamente, dispensado a prova de sua culpa na causação do dano, mas depende da comprovação da culpa do médico, na forma do Art. 14, § 4º, da Lei nº 8.078/90.

B) **O procedimento do juizado especial cível é cabível?** Não. Na forma do Art. 8º, caput, da Lei nº 9.099/95, "não poderão ser partes, no processo instituído por esta Lei, o incapaz, o preso, as pessoas jurídicas de direito público, as empresas públicas da União, a massa falida e o insolvente civil". Como o autor da ação é um adolescente de 15 anos, trata-se de pessoa absolutamente incapaz, na forma do Art. 3º do CC, motivo pelo qual deve buscar a Justiça Comum para o ajuizamento da demanda.

2) **Dalva, viúva, capaz e sem filhos, decide vender para sua amiga Lorena um apartamento de 350 m2 que tinha com o marido em área urbana, o qual não visitava havia cerca de sete anos. Após a celebração do negócio, Lorena, a nova proprietária, é surpreendida com a presença de Roberto, um estranho, morando no imóvel. Este, por sua vez, explica para Lorena que "já se considera proprietário da casa" pela usucapião, pois, "conforme estudou", apesar de morar ali apenas há 6 meses, "seus falecidos pais já moravam no local há mais de 5 anos", o que seria suficiente, desde que a antiga proprietária "havia abandonado o imóvel". Lorena, por sua vez, foi aconselhada por um vizinho a ajuizar uma ação pleiteando a sua imissão na posse para retirar Roberto da sua casa. Diante do exposto, responda aos itens a seguir.**

A) **Roberto tem razão ao alegar que já usucapiu o imóvel?** Não, pois o prazo de 5 anos só seria suficiente se a área usucapida tivesse no máximo 250 m2 e também se ele tivesse morado no local durante todo o período aquisitivo (Art. 183, da CRFB ou Art. 1240 do CC).

B) **Está correta a sugestão feita pelo vizinho de Lorena? Por quê? Qual a ação judicial mais recomendável na hipótese?** Não, pois, considerando-se que Roberto não tem qualquer vínculo jurídico com Dalva, a imissão na posse é incabível. A medida recomendável é a ação pelo procedimento comum (Art. 318 do CPC/15), com pedido reivindicatório (Art. 1.228 do CC).

3) **Luiz, viúvo, residente e domiciliado em Maceió, tinha três filhos: Jorge, Clarissa e Joana, e nenhum neto. Jorge, enciumado com o tratamento preferencial que Luiz dispensava às suas irmãs, tenta matar seu pai desferindo-lhe dois tiros, dos quais, por sorte, Luiz consegue escapar ileso. Dois anos antes, este registrara testamento público, estipulando que seu patrimônio disponível deveria ser herdado por Jorge e Joana. Luiz vem a falecer durante viagem a Salvador, em 2017, deixando como herança líquida o montante de R$ 2.000.000,00 (dois milhões de reais). Com base na hipótese apresentada, responda aos itens a seguir.**

A) **Qual medida judicial poderá ser utilizada por Joana para evitar que Jorge venha a suceder Luis? Há algum prazo-limite para isso?** Joana deve ajuizar demanda objetivando a declaração de indignidade de Jorge, fundamentada no Art. 1.814, inciso I, do Código Civil, pois o herdeiro Jorge foi autor de tentativa de homicídio contra Luis, pessoa de cuja sucessão se trata. Com o reconhecimento judicial da indignidade de Jorge, este será excluído da sucessão de Luis. O prazo para o ajuizamento da demanda é de 4 (quatro) anos da abertura da sucessão, segundo o Art. 1.815, § 1º, do Código Civil.

B) **Qual o foro competente para processar e julgar o inventário de Luiz?** O foro competente é o da cidade de Maceió, nos termos do Art. 48 do CPC/15 ou do Art. 1.785 do CC, já que ali era domiciliado o autor da herança.

4) **Tiago, servidor público federal, e Marcel, advogado, mantiveram convivência pública, contínua e duradoura, com o objetivo de constituir família, durante quinze anos. Em virtude do falecimento de Tiago decorrente de acidente de trânsito, Marcel ajuizou ação em face da União, pleiteando a concessão de pensão por morte, sob o fundamento da ocorrência de união estável com o falecido. A juíza federal da 6ª Vara, por ter entendido configurada a relação de companheirismo, julgou procedente o pedido, concedendo a pensão a Marcel. Não foi interposta apelação, tampouco houve a incidência de reexame necessário, pelo que ocorreu o trânsito em julgado da decisão concessiva da pensão. Diante do acolhimento de sua pretensão no âmbito da Justiça Federal, Marcel, a fim de resguardar seus direitos sucessórios, ajuizou, perante a Justiça Estadual, ação declaratória de união estável, buscando o reconhecimento da relação de companheirismo mantida com Tiago. O juiz de direito da 3ª Vara de Família julgou improcedente o pedido, sob o fundamento de que o requisito da coabitação para o reconhecimento de união estável não se encontrava preenchido. Sobre tais fatos, responda aos itens a seguir.**

A) **O fundamento da decisão proferida pela Justiça Estadual está correto? Por quê?** Não, pois o Art. 1.723 do Código Civil não prevê a coabitação como requisito para a configuração da união estável.

B) **O reconhecimento da união estável pela Justiça Federal vincula a decisão a ser proferida pela Justiça Estadual? Por quê?** Não. O reconhecimento da união estável pela Justiça Federal se deu incidentalmente como questão prejudicial. Considerando que a Justiça Federal não é competente para decidir como questão principal acerca da ocorrência de união estável, sua apreciação não é apta a fazer coisa julgada, nos termos do Art. 503, § 1º, inciso III, do CPC/15. Em consequência, a Justiça Estadual poderá decidir de maneira diversa a respeito da configuração da relação de companheirismo.

XXII Exame

1) **Poucos anos antes de morrer, Silas vendeu, no ano de 2012, por dois milhões de reais, a cobertura luxuosa onde residia. Com o dinheiro da venda, comprou, no mesmo ano, dois apartamentos em um mesmo prédio, cada um avaliado em trezentos mil reais, e mudou-se para um deles. Doou o outro imóvel para sua filha Laura e seu genro Hélio, local onde o casal passou a morar. Mesmo sem o consentimento dos demais herdeiros, Silas fez questão de registrar, na escritura de doação, que a liberalidade era feita em favor do casal, não mencionando, todavia, se seria ou não adiantamento de legítima. Silas morreu no dia 20 de março de 2016 e deixou, além**

de Laura, dois outros herdeiros: Mauro e Noel, netos oriundos do casamento de um filho pré-morto, Wagner. O processo de inventário foi iniciado poucos dias depois de sua morte. Laura foi nomeada inventariante e apresentou as primeiras declarações em setembro de 2016, sem mencionar o imóvel em que residia. Diante desses fatos, responda aos itens a seguir.

A) **A doação realizada é válida?** A doação é válida. Em relação a Helio (genro), porque o valor do imóvel não ultrapassa a metade do patrimônio de Silas (Art. 549, CC) e, em relação a Laura (filha), porque traduz adiantamento de legítima e, pois, não necessita da anuência dos demais herdeiros (Art. 544 do CC).

B) **Há fundamento no direito processual que obrigue Laura a declarar o imóvel?** Laura está obrigada a declarar o bem que recebeu por liberalidade não só pelo fato de ser herdeira (Art. 639 do CPC/15), mas também por ser inventariante (Art. 620, inciso IV, do CPC/15).

2) **Em 10 de maio de 2016, Pedro, comprador, celebrou contrato de compra e venda com Bruno, vendedor, cujo objeto era uma motocicleta seminova (ano 2013), modelo X, pelo preço de R$ 10.000,00, pagos à vista. Em setembro de 2016, Pedro foi citado para responder a ação na qual Anderson alegava ser proprietário da referida moto. Sem entender a situação e com receio de perder o bem, Pedro ligou imediatamente para Bruno, que lhe respondeu não conhecer Anderson e não ter nenhuma relação com o problema, pois se trata de fato posterior à venda da moto, ainda afirmando que "Pedro resolva diretamente com Anderson e procure seus direitos na justiça". Com base nos fatos narrados, responda aos itens a seguir.**

A) **Qual a responsabilidade de Bruno caso Pedro venha a perder o bem por sentença judicial? Fundamente com o instituto de Direito Civil adequado, indicando as verbas do ressarcimento devido.** Bruno responde pela evicção, caso Pedro perca o bem (moto) por sentença judicial em favor de Anderson, conforme o Art. 447 do Código Civil. Além da restituição integral do preço, Pedro deverá ser indenizado por Bruno das despesas do contrato e de outros prejuízos que diretamente resultem da evicção, além das custas judiciais e dos honorários advocatícios, nos termos do Art. 450 do CC.

B) **Como Pedro deverá proceder caso queira discutir a responsabilidade de Bruno na própria ação reivindicatória ajuizada por Anderson? Fundamente com o instituto de direito processual adequado.** Para exercer os direitos oriundos da evicção na própria ação reivindicatória, Pedro deverá denunciar-lhe a lide, nos termos do Art. 125, inciso I, do CPC/15.

3) **Danilo ajuizou ação cominatória com pedido de reparação por danos morais contra a financeira Boa Vida S/A, alegando ter sofrido dano extrapatrimonial em virtude da negativação equivocada de seu nome nos bancos de dados de proteção ao crédito. Danilo sustenta e comprova que nunca atrasou uma parcela sequer do financiamento do seu veículo, motivo pelo qual a negativação de seu nome causou-lhe dano moral indenizável, requerendo, liminarmente, a retirada de seu nome dos bancos de dados e a condenação da ré à indenização por danos morais no valor de R$5.000,00. O juiz concedeu tutela provisória com relação à obrigação de fazer, apesar de reconhecer que não foi vislumbrado perigo de dano ou risco ao resultado útil do processo; contudo, verificou que a petição inicial foi instruída com prova documental suficiente dos fatos constitutivos do direito do autor, não havendo oposição do réu capaz de gerar dúvida razoável. Em sentença, o juiz julgou parcialmente procedentes os pedidos, condenando a ré à obrigação de retirar o nome do autor dos bancos de dados de proteção ao crédito, confirmando a tutela provisória,**

mas julgando improcedente o pedido de indenização, pois se constatou que o autor já estava com o nome negativado em virtude de anotações legítimas de dívidas preexistentes com instituições diversas, sendo um devedor contumaz. Em face do exposto, responda aos itens a seguir.

A) **À luz da jurisprudência dos tribunais superiores, é correta a decisão do juiz que julgou improcedente o pedido de indenização por danos morais?** Sim; com apoio na jurisprudência consolidada no Superior Tribunal de Justiça, "da anotação irregular em cadastro de proteção ao crédito, não cabe indenização por dano moral quando preexistente legítima inscrição, ressalvado o direito ao cancelamento". É o que dispõe o teor da Súmula 385 do STJ.

B) **Poderia o advogado requerer a tutela provisória mesmo constatando-se a inexistência de perigo de dano ou de risco ao resultado útil do processo?** Sim. Trata-se de tutela provisória de evidência, que dispensa a prova de perigo de dano ou de risco ao resultado útil do processo, quando "a petição inicial for instruída com prova documental suficiente dos fatos constitutivos do direito do autor, a que o réu não oponha prova capaz de gerar dúvida razoável", nos termos Art. 311, inciso IV, do CPC/15.

XXI Exame

1) **Ana, menor impúbere, é filha de José e Maria, ambos com apenas 18 (dezoito) anos de idade, desempregados e recém-aprovados para ingresso na Faculdade de Direito Alfa. As respectivas famílias do casal possuem considerável poder aquisitivo, porém se recusam a ajudá-los no sustento da pequena Ana, em razão de desentendimentos recíprocos. Destaca-se, por fim, que todos os avós são vivos e exercem profissões de destaque. Com esteio na hipótese proposta, responda aos itens a seguir.**

A) **Os avós são obrigados a prestar alimentos em favor de sua neta? Em hipótese positiva, cuida-se de obrigação solidária?** A questão envolve os denominados "alimentos suplementares", tal como regulados pelo Art. 1.698 do CC. Nesse cenário, diante da insuficiência econômica dos pais, os avós são obrigados a prestar alimentos em favor de sua neta. No entanto, não se trata de obrigação solidária, tal como regulada pelo Art. 264 do CC, mas de obrigação subsidiária, devendo ser diluída entre avós paternos e maternos na medida de seus recursos, diante de sua divisibilidade e possibilidade de fracionamento. Ver ainda, a Súmula n. 596 do STJ: "A obrigação alimentar dos avós tem natureza complementar e subsidiária, somente se configurando no caso de impossibilidade total ou parcial de seu cumprimento pelos pais."

B) **A ação de alimentos pode ser proposta por Ana, representada por seus pais, sem incluir necessariamente todos os avós no polo passivo da demanda?** É possível o exercício da pretensão alimentar contra um ou mais avós. Com efeito, a obrigação alimentar por parte dos avós guarda caracteres de divisibilidade e não há solidariedade, afastando o litisconsórcio necessário (Art. 114 do CPC/15). A exegese do Art. 1.698 do CC explicita tratar-se de litisconsórcio facultativo (Art. 113 do CPC/15), bastando que haja a opção por um dos avós, que suporte o encargo nos limites de suas possibilidades.

2) **Ronaldo tem um crédito de R$ 20.000,00 com Celso. O referido crédito foi proveniente de contrato de mútuo celebrado entre as partes, subscrito por duas testemunhas. Apesar do vencimento da obrigação, Celso não cumpre o avençado. Ronaldo**

propõe ação de execução para o adimplemento da obrigação, restando evidenciado que Celso efetivamente doou seus dois únicos bens (automóveis) para Jorge antes da propositura da ação. De acordo com as informações constantes no caso, responda aos itens a seguir.

A) **É possível identificar algum vício na doação dos bens (automóveis)?** No caso, pode-se identificar a fraude contra credores, prevista no Art. 158 do Código Civil, pois a doação dos únicos bens reduz o devedor à insolvência.

B) **Indique o instrumento processual do qual Ronaldo pode se valer para permitir que os bens doados possam ser expropriados na execução proposta. Fundamente a resposta com os dispositivos legais pertinentes.** Para que o credor prejudicado consiga perseguir os bens alienados em fraude contra credores, terá que se valer de Ação Pauliana, prevista no Art. 161 do Código Civil, pois a doação ocorreu antes do ajuizamento da execução.

3) **Miguel e Joana, irmãos, figuram respectivamente como locatário e fiadora em contrato de locação residencial celebrado com Antônio, no qual consta cláusula em que Joana renuncia ao benefício de ordem. Diante da ausência de pagamento dos valores acordados, Antônio promoveu ação de execução por título extrajudicial em face de ambos os devedores. Miguel foi citado cinco dias úteis antes de Joana, sendo que o comprovante de citação de Joana foi juntado aos autos vinte dias úteis após o de Miguel. Diante do exposto, responda aos itens a seguir.**

A) **Opostos embargos à execução por Joana, esta pleiteia que primeiro sejam penhorados os bens de Miguel. Deve ser acolhida essa alegação?** Não. Tendo em vista a cláusula em que Joana renunciou ao benefício de ordem, não a assiste direito de que primeiro sejam penhorados os bens do afiançado, conforme previsto no Art. 828, inciso I, do CC e no Art. 794, § 3º, do CPC/15.

B) **O prazo para Miguel apresentar embargos à execução findou antes ou depois de iniciar o prazo para Joana embargar a execução?** Antes. Quando houver mais de um executado, o prazo para cada um deles embargar é contado a partir da juntada do respectivo comprovante da citação. O prazo para Miguel apresentar embargos terminou quinze dias úteis após a juntada de seu comprovante de citação, o que ocorreu antes da juntada do comprovante de citação de Joana, nos termos do Art. 915, § 1º, do CPC/15.

C) **O prazo para oposição de embargos seria de 15 (quinze) dias, contados em dobro, se Miguel e Joana possuíssem advogados distintos?** Não. Conforme o Art. 915, § 3º, do CPC/15, não se aplica o disposto no Art. 229 do CPC/15 em relação ao prazo para oferecimento dos embargos à execução.

XX Exame

1) **Jair é representante comercial nascido em Recife. Em virtude da natureza de sua profissão, por vezes passa meses na estrada efetuando entregas em todo o Brasil. Seus pais moram em Manaus, sua esposa e seu filho moram em Salvador. Com dificuldades financeiras, Jair, na condição de mutuário, realizou contrato de empréstimo com Juca, na condição de mutuante, no valor de R$ 10.000,00. No entanto, na data avençada no contrato para a restituição do valor acordado, Jair não cumpre sua obrigação. Precisando urgentemente da importância emprestada, Juca, domi-**

ciliado em Macapá, obtém um inventário dos clientes de Jair e, de posse de tal lista, localiza-o em Belém. Considerados os fatos narrados, pergunta-se:

A) **Qual é o domicílio de Jair para todos os fins legais?** Em virtude da natureza de sua profissão pressupor contínuas viagens, considerar-se-á para todos os fins legais como domicilio de Jair, o local onde for encontrado, nos termos do Art. 73 do CC.

B) **Caso Juca decida ajuizar uma ação em face de Jair enquanto este se encontrar em Belém/PA, onde aquela poderá ser proposta?** A ação poderá ser proposta em Macapá ou em Belém, nos termos do Art. 46, § 2º, do CPC/15.

2) **Daniel, 30 anos, amealhou ao longo da vida um patrimônio considerável. Era solteiro e decidira não ter filhos. Seus pais já eram falecidos e Daniel tinha apenas um irmão bilateral, Alexandre, e um irmão unilateral, Rafael. Após 30 dias em coma induzido em razão de grave acidente de carro, Daniel veio a falecer em 30 de agosto de 2014. Diante do exposto, responda aos itens a seguir.**

A) **Como deverá ser partilhada a herança entre os irmãos de Daniel?** Nos termos do Art. 1.841 do Código Civil: "Concorrendo à herança do falecido irmãos bilaterais com irmãos unilaterais, cada um destes herdará metade do que cada um daqueles herdar". Assim, Rafael, irmão unilateral, herdará somente metade do que Alexandre herdar.

B) **Se depois de três anos do falecimento de Daniel, e já realizada a partilha de seus bens, aparecesse mais um irmão unilateral, até então ignorado pelos demais, que ação judicial poderia intentar para receber parte dos bens da herança? Qual o prazo para ajuizamento?** Nos termos do Art. 1.824 do Código Civil, esse irmão teria direito ao seu quinhão hereditário, sendo que a ação judicial cabível seria a petição de herança, cujo prazo prescricional é de dez anos a contar da abertura da sucessão (Art. 205 do CC).

3) **Em 15 de janeiro de 2015, a Financeira X celebrou instrumento particular de contrato de mútuo com Rafael para financiar a aquisição, por este último, de veículo automotor vendido pela Concessionária B. De acordo com o contrato de mútuo, Rafael deveria pagar 30 (trinta) prestações mensais à Financeira X, no valor de R$ 2.000,00 cada, com vencimento no quinto dia útil do mês. Por meio do correspondente instrumento particular, devidamente anotado no certificado de registro do veículo, a propriedade deste último é alienada fiduciariamente à Financeira X, em garantia do pagamento do mútuo. Raphael, contudo, inadimpliu a 4ª prestação, tendo sido devidamente constituído em mora pela Financeira X. Com base na situação apresentada, responda aos itens a seguir.**

A) **O inadimplemento da 4ª prestação autoriza o vencimento antecipado das prestações posteriores (da 5ª à 30ª prestação)?** Sim. Considera-se vencida a dívida quando as prestações não forem pontualmente pagas, de acordo com o Art. 2º, § 3º, do Decreto-Lei nº 911/69, em sua redação vigente, estabelece: "*A mora e o inadimplemento de obrigações contratuais garantidas por alienação fiduciária, ou a ocorrência legal ou convencional de algum dos casos de antecipação de vencimento da dívida facultarão ao credor considerar, de pleno direito, vencidas todas as obrigações contratuais, independentemente de aviso ou notificação judicial ou extrajudicial*"

B) **Para consolidar o domínio do veículo em seu nome e autorizar a alienação extrajudicial para a satisfação da dívida, qual o tipo de ação judicial que a financeira X deve mover?** Nos termos dos artigos 2º e 3º do Decreto-Lei nº 911/69, a ação cabível para o fim de consolidar o domínio do veículo em nome do credor e autorizar a alienação extrajudicial em pagamento da dívida é a ação de busca e apreensão.

4) **Patrícia e sua vizinha Luiza estão sempre em conflito, pois Nick, o cachorro de Luiza, frequentemente pula a cerca entre os imóveis e invade o quintal de Patrícia, causando diversos danos à sua horta. Patrícia já declarou inúmeras vezes que deseja construir uma divisória para evitar as constantes invasões de Nick, mas não quer assumir sozinha o custo da alteração, ao passo que Luiza se recusa a concordar com a mudança da cerca limítrofe entre os terrenos. Em determinado dia, Nick acabou preso no quintal de Patrícia que, bastante irritada com toda a situação, recusou-se a devolvê-lo e não permitiu que Luiza entrasse em seu terreno para resgatá-lo. Sobre a situação descrita, responda aos itens a seguir.**

A) **Tendo se recusado a devolvê-lo, pode Patrícia impedir a entrada de Luiza em sua propriedade com o intuito de resgatar o cachorro?** A questão envolve problema de limite entre prédios e direito de tapagem, bem como disposições sobre direitos de vizinhança constantes na seção do Código Civil que versa sobre o direito de construir. Com relação à primeira pergunta, não pode Patrícia impedir que Luiza entre em seu terreno, mediante aviso prévio, a fim de resgatar o cachorro Nick (Art. 1.313, inciso II, do Código Civil), a não ser que o devolva por conta própria, o que não ocorreu no caso em tela.

B) **Com relação ao pleito de Patrícia acerca da divisória entre os imóveis, é possível exigir de Luiza a concordância com a alteração da cerca? Em caso positivo, de quem seriam os custos da colocação da nova divisória?** Já se levando em conta o pleito de Patrícia sobre a alteração da divisória entre os imóveis, observa-se que esse direito pode ser exigido pelo proprietário de um terreno a fim de evitar a passagem de animais de pequeno porte, sendo responsável pelas despesas aquele que provocou a necessidade dos tapumes especiais, ou seja, no presente caso, Luiza (Art. 1.297, § 3º, do Código Civil).

XIX Exame

1) **No dia 14/07/2015, João, estando em São Caetano do Sul (SP) interessado em vender seu carro usado, enviou mensagem via celular para Maria, na qual indicava o preço mínimo do bem (quinze mil reais, com pagamento à vista), as condições físicas do automóvel e a informação sobre a inexistência de ônus sobre o objeto do negócio jurídico. Maria, em Birigui (SP), tendo recebido e lido de pronto a mensagem de João e, sem que houvesse prazo específico para a aceitação da proposta, deixa de respondê-la imediatamente. No dia 16/07/2015, Maria responde a João, via mensagem por celular, informando ter interesse em comprar o veículo, desde que o preço fosse parcelado em sete vezes. Contudo, João informa a Maria que o veículo fora vendido na véspera. Tendo em vista o enunciado, responda aos itens a seguir.**

A) **A oferta de João foi feita entre pessoas presentes ou ausentes?** Trata-se de proposta feita entre pessoas juridicamente "*presentes*", visto que a tecnologia permitiu a cognoscibilidade da oferta e a possibilidade de resposta imediata, ainda que estivessem fisicamente em locais diversos.

B) **A resposta de Maria, a partir do momento em que envia mensagem via celular a João alterando as condições do que fora originalmente ofertado, poderia qualificá-la como mera proposta?** A partir do momento em que Maria alterou o escopo da oferta original, saiu do papel de *proposta/aceitação* para se tornar proponente de uma nova proposta, na forma do Art. 431 do Código Civil.

2) **Antônia, estudante de Jornalismo, foi contratada por Cristina, jornalista reconhecida nacionalmente, para transcrever os áudios de entrevistas gravadas em razão de estudo inédito sobre a corrupção na América Latina, sendo o sigilo sobre as informações parte de obrigação prevista expressamente no contrato. O trabalho contratado duraria cinco anos, mas, no curso do segundo ano, Cristina descobriu, em conversa com alguns colegas, que Antônia franqueara a uma amiga o acesso ao material de áudio. Inconformada, Cristina ajuizou ação de resolução contratual, cumulada com indenizatória, em face de Antônia, que, em contestação, alegou: i) que o contrato por ela assinado não vedava a subcontratação, e ii) que não teve alternativa senão delegar o trabalho a uma amiga, em razão de ter sido vítima de acidente automobilístico que a impossibilitou de usar o computador por quase três meses, sendo o caso, portanto, de força maior. Com base na situação apresentada, utilizando os argumentos jurídicos apropriados e a fundamentação legal pertinente ao caso, responda aos itens a seguir.**

A) **As alegações de Antônia em contestação configuram justo motivo para o inadimplemento contratual, a evitar sua condenação ao pagamento de indenização?** Não, pois apesar de inexistir a proibição contratual para a subcontratação da prestação de serviço, o Código Civil veda expressamente esta possibilidade, sem que haja a anuência do tomador, de acordo com o artigo 605, CC. Ademais, Antônia não pode alegar força maior nesse caso para eximir-se da responsabilidade, vez que a força maior deu causa ao acidente por ela sofrido e a sua incapacitação temporária para a prestação de serviços contratada, mas não deu causa ao dano da quebra de sigilo gerado pela subcontratação, ato voluntário de Antônia.

B) **Nessa hipótese, pode o juiz, independentemente de dilação probatória, após a contestação apresentada por Antônia, conhecer diretamente do pedido e proferir sentença?** Sim, o juiz pode conhecer diretamente do pedido e julgar a lide antecipadamente, uma vez que se trata de questão meramente de direito, já que a ré confessou a subcontratação, tornando os fatos incontroversos.

3) **Júlia e André, casados há quinze anos, são pais de Marcos, maior de idade e capaz. Em janeiro de 2015, quando um forte temporal assolava a cidade em que moravam, André saiu de casa para receber aluguel do imóvel que herdara de sua mãe, não voltando para casa ao fim do dia. Após 6 meses do desaparecimento de André, que não deixou procurador ou informação sobre o seu paradeiro, Júlia procura aconselhamento jurídico sobre os itens a seguir.**

A) **De acordo com o caso, independentemente de qualquer outra providência, será possível obter a declaração de morte presumida de André?** Trata-se de hipótese de ausência, nos termos do artigo 6º, do Código Civil, configurada pela saída de André do seu domicílio sem dele haver notícias. Não é possível obter declaração de morte presumida, pois, de acordo com o Art. 7º do CC/02, somente haverá essa possibilidade por risco de vida, o que não se caracterizou.

B) **Dos personagens descritos no caso, quem detém a legitimidade ativa para requerer a sucessão definitiva dos bens de André? Qual é o prazo para esse requerimento?** A sucessão definitiva dos bens do ausente poderá ser requerida, nos termos do Art. 745, § 1º e 3º do CPC/15 ou do Art. 37 do Código Civil, dez anos depois de passada em julgado a sentença de abertura da sucessão provisória. Os legitimados para requererem a abertura da sucessão definitiva são os mesmos que podem requerer a sucessão provisória, ou seja, Júlia ou o filho deles, Marcos, de acordo com Art. 27 do Código Civil.

XVIII Exame

1) **Guilherme efetuou a compra do televisor de seu amigo Marcelo, que estava em dificuldades financeiras. Todavia, após 02 (dois) meses de uso por Guilherme, o referido bem passou a apresentar problemas. Registre-se, ainda, que, no momento da venda, Marcelo já tinha ciência da existência do problema, tendo-se omitido quanto ao fato, eis que sabia que o mesmo só seria conhecido por Guilherme em momento posterior. Em face da situação apresentada, responda, de forma fundamentada, aos itens a seguir.**

A) **Quais as medidas cabíveis na presente hipótese e quais as pretensões que poderão ser deduzidas em juízo por Guilherme?**

GABARITO VÍCIO REDIBITÓRIO: A questão trata do tema vício redibitório, conforme preconiza o Art. 441 do Código Civil. Na hipótese, considerando se tratar de vício redibitório, o adquirente poderá rejeitar a coisa, redibindo o contrato (ação de rescisão), ou, ainda, poderá reclamar o abatimento do preço (ação *quanti minoris*), consoante disposto no Art. 442 do Código Civil. Ademais considerando que o alienante conhecia o vício ou defeito da coisa, como o próprio enunciado da questão denota, caso se opte pela restituição do valor, poderá ser pleiteado o pagamento de perdas e danos (Art. 443 do Código Civil). Igualmente será considerada a hipótese do candidato apontar a existência de dolo por omissão, atacável por ação de anulação de negócio jurídico com cabimento de perdas e danos.

GABARITO DOLO POR OMISSÃO: Alegação de dolo por omissão, que gera a anulabilidade do negócio jurídico, através de ação de anulação de negócio jurídico. Conforme Art. 147 e 171, inc. II, do CC. Deverá indicar o cabimento de perdas e danos. Conforme Art. 186, do CC e/ou Art. 927, CC.

B) **Suponha que Guilherme tenha ingressado com a medida judicial cabível logo após o aparelho apresentar defeito e que Marcelo, ao apresentar contestação, alegue a decadência do direito invocado por Guilherme, uma vez que foi ultrapassado o prazo de 30 (trinta) dias previsto no Código Civil. No caso ora analisado, o argumento de Marcelo procede?**

GABARITO VÍCIO REDIBITÓRIO: argumento de Marcelo não procede. Como se trata de vício oculto que somente poderia ser conhecido mais tarde, Guilherme tem o prazo de 180 dias, contados a partir do descobrimento do vício, para o ajuizamento da ação cabível. É exatamente isto que preconiza o Art. 445, § 1º: "Quando o vício, por sua natureza, só puder ser conhecido mais tarde, o prazo contar-se-á do momento em que dele tiver ciência, até o prazo máximo de 180 dias, em se tratando de bens móveis; e de um ano, para os imóveis".

GABARITO DOLO POR OMISSÃO: O argumento de Marcelo não procede, não havendo que se falar em decadência, pois se trata de ação anulatória por omissão dolosa, cujo prazo decadencial é de quatro anos para o ajuizamento da ação cabível nos termos do Art. 178, inc. II do CC.

2) **Em ação petitória ajuizada por Marlon em face de Ana, o juiz titular da Vara Cível de Iúna/ES concluiu a audiência de instrução e julgamento, estando o processo pronto para julgamento. Na referida audiência, Ana comprovou por meio da oitiva do perito do juízo, ter ocorrido o desprendimento de porção considerável de terra situada às margens de rio não navegável, que faz divisa das fazendas das partes, vindo a, natural e subitamente, se juntar ao imóvel da requerida há, aproximadamente, um ano e oito meses. No dia seguinte à conclusão dos autos para prolatação de sen-**

tença, o advogado Juliano, filho do juiz titular, requereu a juntada de substabelecimento sem reservas assinado pelo então advogado de Marlon, com o propósito de passar a figurar como novo e exclusivo advogado deste no feito. Diante do caso apresentado, responda aos itens a seguir, apresentando o fundamento legal.

A) **Existe impedimento do juiz em proferir sentença?** Não. Embora não exista impedimento do juiz, o Art. 144, §§ 1º e 2º, do CPC/15, veda que o advogado apresente petição nos autos juntando substabelecimento em causa onde seu genitor figure como juiz. Assim, é vedada a juntada de substabelecimento aos autos, de modo a restringir a intencional posterior criação de impedimento do juiz.

B) **Verificado o desprendimento da porção de terras, Ana terá direito a permanecer com a porção acrescida mediante pagamento de indenização a Marlon?** Ana poderá permanecer titularizando a avulsão, contudo, sem obrigação de indenizar, pois decorrido o prazo de um ano para reclame de Marlon, conforme o Art. 1.251 do CC.

3) **Suzana Carvalho, viúva, tinha como únicos parentes vivos sua irmã Clara Pereira e seu sobrinho Alberto, filho de Clara. Em 2010, Suzana elaborou testamento público nomeando como sua herdeira universal sua amiga Marta de Araújo. Em 2012, Suzana mudou de ideia sobre o destino de seus bens e lavrou testamento cerrado, no qual contemplou com todo o seu patrimônio seu sobrinho Alberto Pereira. No final de 2013, Alberto faleceu num trágico acidente. Suzana faleceu há um mês. Clara Pereira e Marta de Araújo disputam a sua herança. Marta alega que não ocorreu a revogação do testamento de Suzana lavrado em 2010, vez que um testamento público só pode ser revogado por outro testamento público. Clara procura você como advogado e indaga a quem deve caber a herança de Suzana. Diante disso, com base nos dispositivos legais pertinentes à matéria, responda aos itens a seguir.**

A) **Suzana podia dispor de todo o seu patrimônio por meio de testamento?** Suzana podia dispor de todo o seu patrimônio, uma vez que não tinha herdeiros necessários, sendo certo que os colaterais são herdeiros facultativos, nos termos do Art. 1.850 do Código Civil.

B) **Um testamento cerrado pode revogar um testamento público?** O testamento público pode ser revogado por qualquer outra forma testamentária. De fato, não há hierarquia entre as formalidades testamentárias, dependendo a revogação de um testamento da validade do testamento revogatório, conforme o que dispõe o Art. 1.969 do Código Civil.

C) **Com o falecimento de Alberto, quem deve suceder à Suzana?** Nesse caso, a sucessão obedecerá às regras da sucessão legítima, cabendo toda a herança de Suzana à sua irmã Clara Pereira, nos termos do Art. 1.829, inciso IV, do Código Civil.

4) **João, 38 anos, solteiro e sem filhos, possui um patrimônio de cinco milhões de reais. Preocupado com o desenvolvimento da cultura no Brasil, resolve, por meio de escritura pública, destinar 50% de todos os seus bens à promoção das Artes Plásticas no país, constituindo a Fundação "Pintando o Sete" que, 120 dias depois, é devidamente registrada, sendo a ela transferidos os bens. Ocorre, todavia, que João era devedor em mora de três milhões e quinhentos mil reais a diversos credores, dentre eles o Banco Lucro S/A, a quem devia um milhão e quinhentos mil reais em virtude de empréstimo contraído com garantia hipotecária de um imóvel avaliado em dois milhões de reais. Outros credores de João, preocupados com a constituição da referida Fundação, o procuram para aconselhamento jurídico. Considerando os fatos narrados como verdadeiros, responda aos itens a seguir.**

A) **O ato de destinação de 50% dos bens de João para a criação da Fundação pode ser invalidado? O Banco Lucro S/A poderia tomar alguma medida nesse sentido?** A doação de 50% do patrimônio de João para a constituição da Fundação pode ser anulada por fraude contra credores, defeito do negócio jurídico previsto nos artigos 158 e 159, do Código Civil, buscando a disponibilização aos credores do patrimônio transferido à Fundação, segundo o Art. 165 do Código Civil. Protege-se assim o interesse de seus credores, desde que quirografários ou aqueles cuja garantia se revele insuficiente (Art. 158, c/c § 1º, do CC/2002). Contudo, o Banco Lucro S/A é um credor hipotecário com garantia real suficiente à satisfação de seu crédito, não estando legitimado, portanto, a mover ação anulatória do negócio jurídico conhecida por "*ação pauliana*".

B) **Na eventual possibilidade de propositura de uma ação buscando a invalidação da doação dos bens destinados à criação da Fundação, quem deveria figurar no polo passivo?** A transferência do patrimônio à Fundação configura uma alienação patrimonial gratuita que reduz o devedor à insolvência, hipótese de configuração da Fraude Contra Credores (Art. 158), de modo que, João e a Fundação "*Pintando o Sete*", beneficiária, que já foi criada e a quem os bens já foram transmitidos, devem figurar no polo passivo da "*ação pauliana*", por se tratar de litisconsórcio passivo necessário (art. 114 do CPC/15 ou Art. 161 do CC).

XVII Exame

1) **Josué, que não tinha lugar para morar com a família, ocupou determinada área urbana de 500 metros quadrados. Como ignorava a titularidade do imóvel, o qual se encontrava sem demarcação e aparentemente abandonado, nele construiu uma casa de alvenaria, com três quartos, furou um poço, plantou grama, e, como não possuía outro imóvel, fixou residência com a mulher e os cinco filhos, por cerca de dois anos, sem ser molestado. Matusalém, proprietário do imóvel, ao tomar conhecimento da ocupação, ajuizou ação de reintegração de posse em face de Josué. Diante de tal situação, responda, fundamentadamente, às seguintes indagações a seguir.**

A) **Na contestação, Josué poderia requerer a indenização pelas benfeitorias realizadas?** Josué, por ser possuidor de boa-fé, poderá suscitar, em contestação, o direito à indenização por benfeitorias necessárias e úteis, nos termos do Art. 1.219 do Código Civil.

B) **Qual seria o prazo necessário para que pudesse arguir a usucapião em seu favor e qual a sua espécie?** Josué teria que ter a posse mansa e pacífica do imóvel por 10 (dez) anos para a aquisição da propriedade pela usucapião extraordinária, nos termos do Art. 1.238, parágrafo único, do Código Civil.

2) **Adalberto e Marieta foram casados pelo regime de comunhão parcial de bens por oito anos. Estão separados de fato há vinte anos e possuem dois filhos maiores e capazes. O casal mantém patrimônio conjunto e ingressou com ação de divórcio. Ocorre que, tão logo ajuizaram a ação para a dissolução do vínculo conjugal, o advogado de ambos ficou impossibilitado de representá-los em juízo, motivo pelo qual outro advogado assumiu a causa e informou a Adalberto e Marieta que o divórcio poderia ter sido realizado em cartório, pela via extrajudicial. Diante do caso apresentado, responda aos itens a seguir, apontando o fundamento legal.**

A) **É possível a convolação da ação de divórcio em divórcio por escritura pública? Como devem proceder para realizar o divórcio em cartório extrajudicial?** Não é possível a convolação de ação de divórcio em procedimento administrativo de divórcio. Isso porque o processo judicial somente pode ser finalizado pela via do Poder Judiciário, ainda que se extinga por meio de sentença meramente homologatória da desistência da ação. Se Adalberto e Marieta pretendem realizar o divórcio por escritura pública, devem desistir da ação judicial a fim de extinguir o processo judicial (Art. 485, VIII, do CPC/15) e ingressar com a medida extrajudicial de dissolução do vínculo conjugal, com base no Art. 733 do CPC/15, ou mesmo ingressar com a medida administrativa e comunicar ao Juízo perante o qual tramita a ação judicial de divórcio, requerendo a extinção do processo por falta de interesse processual por motivo superveniente.

B) **Caso Adalberto e Marieta pretendam manter os bens comuns do casal em condomínio, é possível a dissolução da sociedade conjugal sem a realização da partilha?** Sim, é possível a realização do divórcio sem prévia partilha dos bens, podendo manter os bens comuns do casal em condomínio. É o que autoriza o Art. 1.581 do CC ou Enunciado de Súmula n. 197, do STJ

3) **Eduardo, jovem engenheiro, pouco depois de graduar-se e conseguir o seu primeiro emprego, deixou a casa do pai, alugando de José um pequeno apartamento próximo ao seu trabalho. O contrato de locação foi celebrado por instrumento escrito, estabelecendo prazo determinado de trinta meses. Rodrigo, viúvo, pai de Eduardo, interveio no contrato na qualidade de fiador do locatário, renunciando ao benefício de ordem e declarando-se solidariamente responsável pelas obrigações assumidas pelo afiançado. Pouco tempo depois, Ana, namorada de Eduardo, passa a residir com ele no imóvel alugado, tendo ambos o objetivo de constituir família. A união, porém, durou apenas dois anos, o que levou Eduardo a deixar o lar familiar quando ainda faltavam oito meses para o término do prazo contratualmente ajustado. Diante do fato apresentado, utilizando os argumentos jurídicos apropriados e a fundamentação legal pertinente ao caso, responda aos itens a seguir.**

A) **Com a saída de Eduardo de casa, Ana pode continuar residindo no imóvel locado? Que providências ela deve tomar se tiver interesse em permanecer no imóvel locado?** Sim, na qualidade de sucessora do locatário, tendo em vista a dissolução da união estável em que vivia com Eduardo, conforme permite o Art. 12, da Lei nº 8.245/91. A locação, nesse caso, "prosseguirá automaticamente" caso Ana permaneça no imóvel, segundo o mesmo dispositivo legal. Incumbe-lhe, porém, comunicar a sub-rogação por escrito tanto ao locador quanto ao fiador, como determina o Art. 12, § 1º, da mesma Lei

B) **A partir do momento em que Eduardo deixou o lar, seu pai, Rodrigo, não tendo mais interesse em continuar garantindo a locação, pode, de alguma forma, desvincular-se da fiança?** Rodrigo pode exonerar-se, desde que o faça no prazo de trinta dias, contados do recebimento da notificação oferecida por Ana. Ainda assim, contudo, continuará responsável pelos efeitos da fiança durante 120 dias após a notificação ao locador, de acordo com o Art. 12, § 2º, da Lei do Inquilinato

C) **O que José pode fazer para evitar que o contrato fique sem garantia?** Neste caso, José pode exigir que Ana ofereça nova modalidade de garantia ou indique novo fiador, no prazo de trinta dias, sob pena de desfazimento da locação, conforme dispõe o Art. 40, inciso IV e o parágrafo único, da Lei nº 8.245/91.

4) **O famoso atleta José da Silva, campeão pan-americano da prova de 200 m no atletismo, inscreveu-se para a Copa Rio de Atletismo – RJ, 2015. O torneio previa, como premiação aos campeões de cada modalidade, a soma de R$ 20.000,00. Todos os especialistas**

no esporte estimavam a chance de vitória de José superior a 80%. Na semana que antecedeu a competição, o atleta, domiciliado no estado de Minas Gerais, viajou para a cidade do Rio de Janeiro para treinamento e reconhecimento dos locais de prova. Na véspera do evento esportivo, José sofreu um grave acidente, tendo sido atropelado por um ônibus executivo da sociedade empresária D Ltda., com sede em São Paulo. O serviço de transporte executivo é explorado pela sociedade empresária D Ltda. de forma habitual, organizada profissionalmente e remunerada. Restou evidente que o acidente ocorreu devido à distração do condutor do ônibus. Em virtude do ocorrido, José não pôde competir no aludido torneio. O atleta precisou de atendimento médico-hospitalar de emergência, tendo realizado duas cirurgias e usado medicamentos. No processo de reabilitação, fez fisioterapia para recuperar a amplitude de movimento das pernas e dos quadris. Sobre a situação descrita, responda aos itens a seguir.

A) **Que legislação deve ser aplicada ao caso e como deverá responder a sociedade empresária D Ltda.? Quais os danos sofridos por José?** Trata-se de uma relação de consumo, na qual José se qualifica juridicamente como consumidor por equiparação, vítima de acidente de consumo, conforme o Art. 17 do CDC. A sociedade empresária D Ltda. enquadra-se na condição de fornecedora de serviços conforme o Art. 3º, § 2º, do CDC. Assim, deve-se aplicar o CDC e a responsabilidade civil será objetiva, nos termos do Art. 14 do CDC, bem como no Art.37, § 6º, da Constituição da República, por tratar-se de prestadora de serviço público.

Quanto aos danos suportados pelo corredor, verifica-se a ocorrência da perda de uma chance. Trata-se da frustração da probabilidade de obter o prêmio da Copa Rio de Atletismo. A situação revela que a chance se revestia das características jurídicas de séria e real, e, assim, deverá ser reparada. Além da perda da chance, deverão ser indenizados os danos morais pela violação da integridade física e os danos emergentes decorrentes dos tratamentos médicos (Art. 402 do CC).

B) **Qual o prazo para o ajuizamento da demanda reparatória? É possível fixar a competência do juízo em Minas Gerais?** O prazo prescricional será de cinco anos, como prevê o Art. 27 do CDC. O regime de consumo autoriza o ajuizamento da ação no domicílio do autor, conforme previsto no Art. 101, I, do CDC. Portanto, José poderá optar pela demanda, em Minas Gerais.

XVI Exame

1) **Após o período de relacionamento amoroso de dois anos, Mário Alberto, jovem com 17 anos de idade, e Cristina, com apenas 15 anos, decidem casar. A mãe de Mário, que detém a sua guarda, autoriza o casamento, apesar da discordância de seu pai. Já os pais de Cristina consentem com o casamento. Com base na situação apresentada, responda aos itens a seguir.**

A) **É possível o casamento entre Mário Alberto e Cristina?** O examinado deve esclarecer que não é possível o casamento, uma vez que nao obstante Cristina ter o consentimento de ambos os pais, ela não possui idade núbil (capacidade matrimonial), art. 1.517, CC. Importante ainda o examinado observar que Mário Alberto necessita do consentimento de ambos os pais, uma vez que o consentimento para o casamento é atributo do poder familiar inerente a ambos, em igualdade de condições, e o fato de Mário estar sob a guarda da mãe não retira de seu pai sua autoridade parental, não prevalecendo, portanto, a vontade materna, necessitando do suprimento judicial, em caso de negativa injustificada de um dos genitores, art. 1.519, do CC.

B) **Caso os jovens se casem, quais os efeitos desse casamento? Há alguma providência judicial ou extrajudicial a ser tomada pelos jovens?** O examinado deve responder que o casamento é anulável, pois além de Cristina não ter atingido a idade núbil, Mário Alberto necessita do consentimento de ambos os pais, nos termos do Art. 1.550, incisos I e II, do Código Civil, uma vez que o consentimento para o casamento é atributo do poder familiar inerente a ambos, em igualdade de condições; o fato de Mário estar sob a guarda da mãe não retira de seu pai sua autoridade parental, não prevalecendo, portanto, a vontade materna. As providências a serem tomadas seriam: a) ação anulatória do casamento, pela via judicial, com fundamento no Art. 1.555 do CC; b) confirmação do casamento, com base no Art. 1.553 do CC.

2) **A famosa entrevistadora Emília Juris anunciou, em seu programa, estar grávida de uma menina. Contudo, na semana seguinte, seu marido afirmou que não podia ter filhos, comprovando, por laudo médico de infertilidade, sua afirmativa. Em rede nacional, acusou-a de adultério. Diante da notícia avassaladora, Etanael Castro publicou texto no seu blog ofendendo Emília com palavrões e expressões chulas, principalmente no âmbito sexual, atingindo-a intensamente em sua honra, e, em relação à futura filha da entrevistadora, usou os mesmos termos, até de forma mais grosseira. Emília procura um advogado para assisti-la na defesa de seus direitos, questionando-o, inclusive, quanto aos direitos de sua filha que já foi ofendida mesmo antes de nascer. Diante da situação narrada, responda aos itens a seguir, fundamentando-as com os dispositivos pertinentes.**

A) **Mesmo antes da criança nascer, Emília pode reclamar direitos do nascituro?** O Art. 2º do Código Civil enuncia que a personalidade civil tem início do nascimento com vida, mas põe a salvo, desde a concepção, os direitos do nascituro. Assim sendo, a filha de Emília, ainda que na condição de nascituro, pode ter violado seu direito à personalidade e, portanto, tutelado pelo ordenamento.

B) **Emília possui legitimidade para ajuizar ação em seu nome e do nascituro?** Sim. Como o objeto litigioso diz respeito tanto a Emília quanto à sua filha, Emília reunirá as situações jurídicas de legitimado ordinário e extraordinário. No caso da filha, trata-se de representação processual por parte de Emília para defender os direitos da filha, já que estará em juízo em nome alheio, defendendo interesse alheio, na forma do que dispõe os artigos 18 e 71 do CPC/15.

3) **Roberval não possuía filhos e seus pais já eram falecidos. Seu único parente era seu irmão Ângelo, sendo certo que tanto Roberval quanto Ângelo jamais se casaram ou viveram em união estável. Roberval, que tinha um imóvel na Tijuca e outro menor no Flamengo, decidiu beneficiar Caio, seu melhor amigo, em sua sucessão, razão pela qual estabeleceu em seu testamento que, por ocasião de sua morte, o imóvel da Tijuca deveria ser destinado a Caio, passando para os filhos de Caio quando do falecimento deste. Quando Roberval faleceu, Caio já tinha um filho de 05 anos. Com base no enunciado acima, responda aos itens a seguir.**

A) **Roberval poderia beneficiar seu amigo Caio em sua sucessão?** Considerando que Roberval tinha como parente apenas seu irmão Ângelo, que não é herdeiro necessário, consoante o disposto nos artigos 1.845 e 1.850 do Código Civil, Roberval poderia beneficiar Caio em sua sucessão sem qualquer limite quantitativo.

B) **Descreva a sucessão de Roberval e como deverá ser dividida a sua herança, consistente nos seus dois imóveis, a saber, o da Tijuca e o do Flamengo.** O imóvel da Tijuca caberá ao filho de Caio em nua propriedade e a Caio em usufruto, conforme o disposto no parágrafo único do Art. 1.952. Já o imóvel do Flamengo caberá ao único parente e herdeiro legítimo de Roberval, a saber, seu irmão Ângelo (Art. 1.829, IV, do CC).

4) **João e Maurício são proprietários e moradores de imóveis vizinhos, situados na Cidade do Rio de Janeiro. Embora o seu imóvel disponha de acesso próprio à via pública, há mais de vinte anos João atravessa diariamente o terreno de Maurício para chegar ao ponto de ônibus mais próximo da sua moradia, pois esse é o trajeto mais curto existente. Ademais, o caminho utilizado por João é pavimentado e conta com sistema de drenagem para as águas pluviais. Além disso, na cerca que separa os dois imóveis, há uma porteira, de onde tem início o caminho. Determinado dia, Maurício decide impedir João de continuar a atravessar o seu terreno. Com esse intuito, instala uma grade no lugar da porteira existente na cerca que separa os dois imóveis. Inconformado, João decide consultar um advogado. Na condição de advogado(a) consultado(a) por João, responda aos itens a seguir.**

A) **Tem João direito a constranger Maurício a lhe dar passagem forçada, de modo a continuar a usar o caminho existente no terreno de Maurício?** A resposta é negativa, tendo em vista que, nos termos do Art. 1.285 do Código Civil, o direito à passagem forçada assiste apenas ao dono do prédio que não tiver acesso a via pública. No caso descrito no enunciado, resta claro que o imóvel de João tem acesso próprio à via pública.

B) **Independentemente da resposta ao item anterior, pode João ingressar em juízo para que seja reconhecida a aquisição de direito real de servidão de passagem, por meio de usucapião?** A resposta é afirmativa, uma vez que se tem, no caso, uma servidão de trânsito, que proporciona utilidade para o prédio dominante de João e grava o prédio serviente pertencente a Maurício. Além disso, encontram-se reunidos os requisitos estabelecidos no Art. 1.379 do Código Civil, caput e parágrafo único, para a aquisição de direito real de servidão por meio de usucapião. A servidão é aparente, tendo em vista a presença de obras exteriores (pavimentação, sistema de drenagem e porteira). De outra parte, houve o exercício contínuo e inconteste da servidão por vinte anos (prazo estabelecido no Art. 1.379, parágrafo único, do Código Civil).

XV Exame

1) **Heitor, residente em Porto Alegre/RS, firmou, em 10/05/2010, com a Sociedade W S/A, sediada na cidade de São Paulo/SP, contrato de seguro de seu veículo automotor. A apólice prevê cobertura para sinistros ocorridos em todo o país. Em 18/12/2010, Heitor, passeando pela cidade de Salvador/BA, teve seu veículo furtado no estacionamento gratuito do Shopping B. Com base em tal situação, responda aos itens a seguir, utilizando os argumentos jurídicos apropriados e a fundamentação legal pertinente ao caso.**

A) **Caso Heitor acione a Sociedade W S/A, visando a receber o valor do bem segurado, e a seguradora se negue a cobrir os danos sofridos, alegando não haver cobertura securitária para o infortúnio, poderá Heitor demandar a seguradora na Comarca de Porto Alegre/RS?** Heitor poderá ajuizar ação de cobrança em face da Seguradora na Comarca de Porto Alegre/RS, em razão da regra de foro especial para o autor da demanda, nos termos do Art. 101, inciso I, do CDC.

B) **O Shopping B possui o dever de ressarcir Heitor pelo furto de seu veículo?** Segundo atual entendimento do Superior Tribunal de Justiça, o shopping que oferecer estacionamento privativo aos consumidores, mesmo que de forma gratuita, é responsável pela segurança tanto do veículo como do cliente. Nos termos do Art. 14, do Código de Defesa do Consumidor e da Súmula nº 130, do STJ, o shopping responderá objetivamente pela reparação dos danos acarretados a Heitor. Nestes casos, há falha no fornecimento da segurança, havendo responsabilidade do shopping pelo fato ou defeito do serviço, não se podendo aplicar a regra de exclusão de responsabilidade baseada na força maior. Tal argumento também está escorado no Princípio da Boa-Fé, na forma do Art. 422, do Código Civil.

2) **João e José celebraram contrato de locação, por dois anos, de um veículo de propriedade de José, que seria utilizado por João para fazer passeios turísticos com seus clientes. No contrato de locação, foi estipulada cláusula penal de 10% do valor total do contrato para o caso de resolução por quaisquer das partes, em especial, a decorrente do não pagamento de dois alugueis. Diante de tal previsão, caso João tivesse incorrido em mora, dando causa à resolução, responda aos itens a seguir.**

A) **Para a execução da cláusula penal, José tem que comprovar a existência de prejuízo equivalente ao seu montante?** No primeiro tópico, deve o candidato destacar que a incidência da cláusula penal independe da prova de prejuízo, conforme dispõe o Art. 416, caput, do Código Civil.

B) **Caso José consiga comprovar que o prejuízo excede ao valor da cláusula penal, poderia cobrar a cláusula penal e a indenização suplementar?** No segundo tópico deve o candidato destacar que, para José cobrar indenização suplementar, tem que haver previsão expressa dessa possibilidade no contrato diante do preceituado no parágrafo único, do Art. 416, do CC/02, hipótese em que, existindo tal cláusula, a cláusula penal serve de princípio indenizatório (indenização mínima).

3) **João, pai de Eduardo e Mônica, após se divorciar de sua esposa, obrigou-se a pagar, por meio de uma ação de alimentos, o percentual de 15% (quinze por cento) da sua remuneração para cada um de seus filhos, até que atingissem a maioridade ou terminassem curso superior, ou, ao menos, estivessem estudando. Após atingirem a maioridade, Mônica continuou estudando, regularmente matriculada em um curso de medicina. Eduardo, no entanto, abandonou os estudos e resolveu trabalhar, abrindo um comércio lucrativo em seu bairro, que já possibilitava o seu sustento a ponto de estar noivo de Maria Lúcia. Diante de tais fatos, João resolve deixar de pagar os alimentos para seus dois filhos. A partir da hipótese formulada, responda aos itens a seguir.**

A) **João, ao deixar de pagar os alimentos a Eduardo, procedeu de forma correta?** No primeiro tópico, deve o examinando apontar que João não agiu corretamente. Deve destacar, ainda, a necessidade de João realizar, em juízo, um pedido de exoneração de alimentos (Art. 1699, CC/02 c/c Art. 15, da Lei nº 5478/68) com relação a seu filho Eduardo, comprovando a maioridade e alegando a sua desnecessidade, já que este não necessita mais de alimentos por estar trabalhando, alterando o binômio necessidade/possibilidade do Art. 1694, § 1º, do CC/02, bem como aduzindo que ele não estava mais matriculado em curso regular de ensino.

B) **Como advogado de Mônica, qual atitude você tomaria para compelir João a pagar os alimentos em atraso há dois meses?** No segundo tópico, deve o examinando destacar a necessidade de ajuizamento de ação de execução de alimentos, cabendo, inclusive, a prisão civil de João, diante do preceituado no Art. 911, do CPC/15.

XIV Exame

1) **Ester, artesã, maior e capaz, entregou a Diogo, empresário, maior e capaz, oitenta esculturas de argila para que fossem vendidas em sua loja. Ficou ajustado no contrato, ainda, que, decorridos dois meses, Diogo pagaria a Ester o valor de vinte reais por escultura vendida, cabendo-lhe restituir à artesã as esculturas que porventura não tivessem sido vendidas no referido prazo. Decorrido um mês, Diogo constatou que estava encontrando grandes dificuldades para vender as esculturas, o que o levou a promover uma liquidação em sua loja, alienando cada escultura por dez reais. A liquidação foi bem-sucedida, ocasionando a venda de setenta e cinco esculturas. Transcorrido o prazo previsto no contrato, Ester procura Diogo, solicitando que ele pague o preço ajustado relativo às esculturas vendidas, bem como que restitua aquelas remanescentes. Diante disso, Diogo decide consultar um advogado. Na condição de advogado(a) consultado(a) por Diogo, responda aos itens a seguir, utilizando os argumentos jurídicos apropriados e a fundamentação legal pertinente ao caso.**

A) **Deverá Diogo pagar a Ester o preço inicialmente ajustado por cada escultura vendida?** Sim, de acordo com o Art. 534, CC/02. Por se tratar de contrato estimatório ou de consignação, cabe a Diogo (consignatário ou *accipiens*) pagar a Ester (consignante ou *tradens*) vinte reais por escultura alienada, independentemente do valor de venda das esculturas a terceiros. Destaque-se que esta questão tem como escopo verificar se o examinando identifica a espécie de contrato em análise como contrato estimatório ou de consignação e se fundamenta a sua resposta de acordo com as normas e princípios que regem especificamente essa modalidade contratual.

B) **Independentemente da resposta ao item anterior, Diogo pode deduzir do preço inicialmente ajustado o valor por ele pago referente aos custos regulares de conservação das esculturas durante o período em que as colocou à venda?** Não, de acordo com os artigos 400 ou 535 do CC, no contrato estimatório, por ser dever do consignatário restituir a coisa não vendida, cabe a ele arcar com as despesas necessárias à sua conservação, sem deduzi-las do preço a ser pago à consignante.

2) **Maria e o irmão João, representados por sua mãe, com quem residem, ajuizaram ação de alimentos em face de seus avós paternos, Eriberto e Cleunice, alegando, em síntese, que, após o divórcio de seus pais, ficou acordado que o seu genitor pagaria, a título de pensão alimentícia, 30% (trinta por cento) da remuneração por ele auferida. Os avós maternos de Maria e de seu irmão João moram ao lado de sua casa, numa vila, e vivem com parcos recursos financeiros. Narram na inicial que, desde o divórcio, o pai, espontaneamente, parou de trabalhar e, por isso, nunca pagou os alimentos devidos. Afirmam que ele vive, desde então, sustentado pelos avós paternos dos autores, ora réus, tendo em vista que estes possuem ótima situação financeira. Eles sustentam, ainda, que esgotaram todas as tentativas de cobrar do pai a pensão fixada na sentença que decretou o divórcio, razão pela qual os avós pa-**

ternos têm, segundo a atual legislação civil, a obrigação de arcar com tal prestação. Com base em tal situação, responda aos itens a seguir, utilizando os argumentos jurídicos apropriados e a fundamentação legal pertinente ao caso.

A) **Indique as alegações que seriam apresentadas na defesa dos interesses de seus clientes (avós paternos)?** Deverão os avós maternos ser chamados a integrar a lide, nos termos do Art. 1.698/CC, aduzindo-se a responsabilidade dos ascendentes é complementar e subsidiária, devendo a obrigação conjunta e divisível ser diluída entre todos os avós na proporção de seus recursos.

B) **Qual o momento oportuno para a apresentação da resposta?** De acordo com o Art. 9º da Lei 5.478/68, a resposta deve ser apresentada até a audiência de conciliação, instrução e julgamento.

3) **Em julho de 2011, Rufus, taxista, adquiriu um automóvel seminovo, obrigando-se perante Jonas, vendedor, a pagar o preço em 30 (trinta) prestações mensais de R$ 2.000,00 (dois mil reais). No contrato de compra e venda, constou expressamente que o atraso de mais de 5 (cinco) dias no pagamento de qualquer das parcelas provocaria a resolução automática do contrato, com a perda das parcelas pagas. Em novembro de 2013, Rufus, enfrentando dificuldade financeira, deixou de efetuar o pagamento da parcela devida. Passados 12 (doze) dias do vencimento, Rufus oferece a Jonas dois relógios no valor de R$ 1.000,00 cada um. Jonas recusa a oferta e propõe, em seguida, ação judicial de resolução do contrato, com pedido liminar de busca e apreensão do veículo. Responda, fundamentadamente, aos itens a seguir.**

A) **A ação de resolução do contrato deve ter seu pedido julgado procedente?** Não. Como, em novembro de 2013, já terão sido pagas 28 das 30 parcelas, aplica-se aqui a teoria do adimplemento substancial. Tal teoria, embora não encontre expresso acolhimento no Código Civil, já se encontra sedimentada na jurisprudência. O adimplemento substancial impede o exercício do direito de resolução, por ser abusivo nas hipóteses em que o débito em aberto é pouco significativo diante da parcela da obrigação já adimplida.

B) **Jonas é obrigado a aceitar os relógios?** Não. Jonas não é obrigado a aceitar os relógios. Trata-se de dação em pagamento, instituto que não prescinde do consentimento do credor (Código Civil, Art. 356 ou Art. 313). Jonas pode continuar cobrando a dívida, estando impedido apenas de promover a resolução do contrato, medida excessivamente gravosa diante do percentual representado pelo inadimplemento.

4) **Em 10 de abril de 2013, Paula adquiriu em uma loja de eletrodomésticos um secador de cabelos de última geração. Ao tentar utilizá-lo pela primeira vez, o aparelho explodiu, causando-lhe queimaduras severas na mão direita, que empunhava o secador. Em 10 de setembro de 2013, Paula propôs ação judicial em face de Dryhair S/A, fabricante do aparelho, postulando a reparação de danos extrapatrimoniais. Em sua defesa, a fabricante invocou o transcurso do prazo decadencial de 90 dias para a reclamação de vícios de produtos duráveis. Diante da situação descrita acima, responda, fundamentadamente, aos itens a seguir.**

A) **A alegação de decadência é procedente?** Não. O caso não é de vício do produto, mas de fato do produto. O prazo prescricional aplicável à hipótese é quinquenal previsto no Art. 27 do Código de Proteção e Defesa do Consumidor.

B) **Se as partes tivessem estabelecido no contrato de aquisição do produto um limite de R$ 30.000,00 para eventuais indenizações, tal cláusula seria válida no direito brasilei-**

ro? Não. A cláusula que limita a responsabilidade por fato ou vício do produto perante consumidor pessoa natural é inválida no direito brasileiro, consoante o disposto no Código de Proteção e Defesa do Consumidor, artigos 25 e 51, I.

XIII Exame

1) **João celebrou contrato de locação residencial, por escrito, com Miguel, relativamente ao imóvel situado na Av. Ataulfo de Paiva, 10.000 – Leblon/RJ, ficando ajustado o valor para pagamento do aluguel mensal em R$5.000,00. Por serem velhos amigos, João dispensou Miguel de apresentar um fiador ou qualquer outra garantia da locação. Sucede que, decorridos 10 meses de vigência do contrato, Miguel passou a não mais honrar sua obrigação quanto ao pagamento dos aluguéis e acessórios. Com base em tal situação, responda aos itens a seguir, utilizando os argumentos jurídicos apropriados e a fundamentação legal pertinente ao caso.**

A) **Caso João venha a ajuizar a ação de despejo por falta de pagamento, qual deverá ser o valor atribuído à causa?** A resposta encontra-se inserta no artigo 58, III, da Lei de Locações (Lei nº 8.245/91), devendo corresponder a doze vezes o valor do aluguel.

B) **O que poderá João pleitear em tal situação a fim de que Miguel desocupe imediatamente o imóvel?** A situação em tela admite o despejo liminar, sem a oitiva da parte contrária, com desocupação do imóvel, no prazo de 15 dias, desde que preste caução no valor correspondente a três meses de aluguel, conforme preceitua o artigo 59, §1º, IX, da Lei nº 8.245/91.

C) **Indique os procedimentos que Miguel deverá adotar para evitar a rescisão do contrato.** Miguel poderá elidir a liminar de desocupação se, dentro dos 15 dias concedidos para a desocupação do imóvel e independentemente de cálculo, efetuar o depósito judicial que contemple a totalidade dos valores devidos, consoante prevê o artigo 59, §3º ou do art. 62, ambos da Lei nº 8.245/91.

2) **Julieta possui dois filhos, Pedro e Miguel. Ao longo da vida, amealhou patrimônio no valor de R$1.000.000,00 (um milhão de reais). Diante da idade avançada, Julieta resolveu doar ao seu filho Pedro - o qual sempre foi mais atencioso com a mãe - a quantia de R$600.000,00. Miguel, indignado, procura você na qualidade de advogado, solicitando providências. Diante do caso narrado, responda às seguintes indagações, fundamentadamente:**

A) **É válido o contrato de doação?** A doação é válida na parte que não ultrapasse o valor disponível. Trata-se de doação inoficiosa de acordo com o art. 549 E art. 1.789 ou 1.846 ou 2.007, §3º, CC.

B) **Qual medida judicial poderá Miguel propor e com que finalidade?** Miguel poderá propor ação ordinária para a redução da doação inoficiosa, objetivando a nulidade parcial do contrato de doação no que tange ao valor de R$100.000,00.

3) **Retornando de um campeonato em Las Vegas, Tobias, lutador de artes marciais, surpreende-se ao ver sua foto estampada em álbum de figurinhas intitulado "Os Maiores Lutadores de Todos os Tempos", à venda nas bancas de todo o Brasil. Assessorado por um advogado de sua confiança, Tobias propõe em face da editora responsável pela publica-**

ção ação judicial de indenização por danos morais decorrentes do uso não autorizado de sua imagem. A editora contesta a ação argumentando que a obra não expõe Tobias ao desprezo público nem acarreta qualquer prejuízo à sua honra, tratando-se, muito ao contrário, de uma homenagem ao lutador, por apontá-lo como um dos maiores lutadores de todos os tempos. De fato, sob a foto de Tobias, aparecem expressões como "grande guerreiro" e "excepcional gladiador", além de outros elogios à sua atuação nos ringues e arenas. Diante do exposto, responda de forma fundamentada:

A) **É cabível a indenização pleiteada por Tobias no caso narrado acima?** Sim. É indiscutível, no direito brasileiro, o cabimento de indenização por uso não autorizado da imagem em publicação destinada a fins comerciais, conforme se extrai da própria dicção do artigo 20 do Código Civil ou da Súmula 403 do STJ.

B) **Caso Tobias tivesse falecido antes da publicação do álbum, seus descendentes poderiam propor a referida ação indenizatória?** Sim, como Tobias faleceu antes da publicação do álbum, seus descendentes são partes legítimas para requerer essa proteção, nos termos do disposto no parágrafo único do art. 20 do Código Civil.

XII Exame

1) **Martha foi convidada para participar, como palestrante, de um Congresso que ocorreria no Uruguai. Após confirmar a sua participação no evento, Martha decide comprar suas passagens pela Internet no site de uma famosa companhia aérea. Como não possuía voo direto que a levasse de Goiás para o Uruguai, Martha adquire um voo com escala em São Paulo. No dia da viagem, ao chegar a São Paulo, lugar onde teria que fazer a troca de aeronave, a passageira é informada a respeito do cancelamento de seu voo para o Uruguai. Preocupada, Martha indaga se seria possível realocá-la em outra aeronave, mas recebe a notícia de que somente decolariam novos voos para o Uruguai no dia seguinte, ou seja, após o evento do qual participaria. Inconformada com a perda do Congresso, Martha propõe uma ação no juizado especial cível de seu domicílio, postulando a reparação por danos morais e materiais em face da sociedade empresária. Em sede de contestação, a referida sociedade empresária alega não possuir culpa, não havendo, portanto, responsabilidade. Com base no exposto, responda, fundamentadamente, aos itens a seguir.**

A) **O argumento utilizado pela sociedade empresária em sede de contestação está correto?** O argumento utilizado pela empresa não está correto. Preliminarmente, o candidato deve identificar que, no caso em tela, a responsabilidade é objetiva. Para fundamentar tal afirmação deverá informar que a questão versa sobre hipótese a ser guiada pelo Código de Defesa do Consumidor. O referido diploma, em seu Art. 14, estabelece que o fornecedor de serviços responde, independentemente da existência de culpa, pela reparação dos danos causados aos consumidores por defeitos relativos à prestação dos serviços, bem como por informações insuficientes ou inadequadas sobre sua fruição e riscos. O dever de informação consta também do Inciso III do Art. 6º, do CDC. Alternativamente, poderá indicar como fundamento o tratamento que o Código Civil confere ao contrato de transporte (Art. 734 e seguintes).

B) **Suponha que Martha, ciente da data da audiência de instrução e julgamento, não compareça e não comprove que a sua ausência decorreu por motivo de força maior. Nesse caso, qual atitude deve ser tomada pelo juiz?** Deverá haver extinção do processo sem resolução do mérito, consoante estabelece o Art. 51, inciso I da Lei n. 9.099/95. Ademais, considerando que a ausência da autora não foi justificada, deverá haver pagamento de custas por parte desta, consoante § 2º do Art. 51 do mesmo diploma legal.

2) **José, proprietário de imóvel situado na Av. Itália, 120, na cidade de Salvador/BA, concluiu a edificação de 100 baias destinadas à criação de porcos, sem a observância de lei municipal que proíbe a atividade em bairro residencial. Não bastasse o descumprimento da lei municipal, a malcheirosa atividade vem atraindo ratos e moscas para a residência de João, vizinho contíguo. Diante da situação, João pretende ajuizar demanda em face de José. Com base em tal situação, responda aos itens a seguir, utilizando os argumentos jurídicos apropriados e a fundamentação legal pertinente ao caso.**

A) **A partir dos elementos de direito material constantes no enunciado, a pretensão de João será cabível?** A pretensão de João é viável. João pode pleitear a cessação da interferência prejudicial à saúde dos que habitam seu imóvel com base no §1 do Art. 1228 ou no Art. 1.277 ou Art. 1280, Código Civil, ou no Art. 497 do CPC/15, vez que a atividade está a trazer pragas, configurando-se o uso anormal da propriedade por José.

B) **Caso o não atendimento da lei municipal fosse detectado pelo Município de Salvador durante a edificação das baias, qual solução jurídica processual típica poderia ser requerida?** Poder-se-ia ajuizar ação de nunciação de obra nova, com base no Art. 47, § 1º do CPC/15, demonstrando que obra em curso contraria a legislação municipal.

3) **Joana cuida de sua neta Maria desde que a menor tinha três anos de idade. Os pais de Maria nunca lhe deram atenção emocional ou prestaram recursos financeiros, sendo poucos os momentos de contato. Maria atualmente está com quinze anos de idade e se refere publicamente a sua avó como mãe. Depois de longas conversas com seus outros netos e filhos, que anuíram com a decisão, Joana, que é viúva, decide adotar sua neta Maria. Partindo da temática "adoção", responda, fundamentadamente, às indagações a seguir, apontando, inclusive, os dispositivos legais correlatos.**

A) **A legislação vigente admite a adoção de pessoa maior de dezoito anos?** É possível a adoção de maiores de dezoito anos, não se aplicando, entretanto, o Estatuto da Criança e do Adolescente. Quando a pessoa adotanda for maior de 18 anos, a norma aplicável será a prevista no Código Civil e dependerá da assistência efetiva do poder público e formará sentença constitutiva. As normas previstas na legislação especial (ECA) terão aplicabilidade subsidiária. Fundamentação legal: Art. 1.619 do CC.

B) **Considerando a situação narrada no enunciado, existe a possibilidade legal de Maria ser adotada por sua avó Joana?** Não é possível a adoção na situação narrada no enunciado, ante o óbice previsto no Art. 42, § 1° da Lei n. 8.069/90 (ECA), por meio do qual o legislador estabeleceu que ascendentes não podem adotar descendentes.

XI Exame

1) **Suzana namorou Paulo durante 2 anos, vindo a engravidar dele. Não tendo condições de suportar as despesas durante a gravidez, Suzana vai ao seu escritório de advocacia para lhe solicitar as providências cabíveis. Diante do caso apresentado, responda apontando o fundamento legal:**

A) **Qual a ação a ser proposta e qual o prazo para resposta?** Deve ser proposta a ação de alimentos gravídicos e o prazo para resposta é de 5 (cinco) dias, conforme dispõe o Art. 7º, da Lei n. 11.804/08.

B) **Quem ostenta a legitimidade ativa para esta demanda?** A legitimada ativa é a mulher grávida, na forma do art. 1º e art. 6º , ambos da Lei nº 11.804/08.

2) **Humberto celebrou contrato de corretagem com Renata, inserindo cláusula de exclusividade pelo prazo de 6 (seis) meses, a fim de que esta mediasse a venda de seu imóvel. Passados três meses, Renata, embora diligente, não conseguiu o resultado pretendido. Por sua vez, Humberto, caminhando pela praia, encontrou um velho amigo, Álvaro, que se interessou pelo imóvel, vindo a efetivar a compra do bem. Renata, ao saber do negócio jurídico celebrado, ajuizou ação indenizatória em face de Humberto, cobrando-lhe o percentual ajustado sobre o valor da venda do imóvel a título de corretagem. Nessa situação, indaga-se:**

A) **Tem Humberto o dever jurídico de indenizar Renata por inadimplemento de obrigação contratual? Fundamente.** A resposta é afirmativa. Humberto deve pagar a Renata o percentual ajustado a título de corretagem. Tendo sido ajustada a cláusula de exclusividade, ainda que concluído o negócio diretamente entre as partes sem a intermediação da corretora, Renata terá direito à remuneração integral pela sua corretagem, salvo se comprovada sua inércia ou ociosidade, nos termos do Art. 726, do Código Civil.

B) **Na hipótese de Renata ter aproximado as partes e o negócio não ter se realizado por arrependimento de Humberto, seria devida a corretagem?** A resposta também é afirmativa, pois mesmo que o negócio não fosse concluído por arrependimento de qualquer das partes, a remuneração seria devida, conforme dispõe o Art. 725, do Código Civil.

3) **Dr. João, médico clínico geral, atende em seu consultório há vinte anos, sem ter constituído qualquer empresa, atuando, portanto, como profissional liberal. Levando-se em conta a responsabilização civil dos profissionais liberais, responda, de forma justificada, aos itens a seguir.**

A) **A relação de Dr. João com seus pacientes ostenta a natureza jurídica de relação de consumo?** O examinando deve responder positivamente à indagação. Pode ser tida como relação de consumo, pois Dr. João é uma pessoa física que presta serviços médicos, enquadrando-se no conceito de fornecedor do Art. 3º, da Lei n. 8.078/90 (CDC), e os seus pacientes são destinatários finais dos serviços prestados por Dr. João, ostentando a natureza jurídica de consumidores, nos termos do Art. 2º, da Lei n. 8.078/90 (CDC).

B) **Neste caso, a responsabilidade civil do Dr. João deve ser subjetiva ou objetiva?** O examinando deve destacar que apesar de se tratar de relação de consumo, o próprio Art. 14, § 4º, da Lei n. 8.078/90 (CDC) estabelece que a responsabilização civil dos profissionais liberais é subjetiva, ou seja, impõe a comprovação do elemento culpa.

C) **Em eventual demanda envolvendo Dr. João e um paciente seu, poderia ser aplicada a inversão do ônus da prova fundada na teoria da carga dinâmica da prova?** O examinando deve responder positivamente à indagação, desde que presentes os requisitos legais estabelecidos no Art. 6º, VIII, da Lei n. 8.078/90 (CDC), já que se trata de relação de consumo e este é um direito básico do consumidor que não pode ser afastado pela responsabilidade subjetiva dos profissionais liberais previstas no Art. 14, § 4º, do CDC.

4) **Álvaro e Lia se casaram no dia 10.05.2011, sob o regime de comunhão parcial de bens. Após dois anos de união e sem filhos em comum, resolveram se divorciar.**

Na constância do casamento, o casal adquiriu um apartamento avaliado em R$ 500.000,00 (quinhentos mil reais) onde residem.

Considerando o caso narrado e as normas de direito, responda aos itens a seguir.

A) **Quais os requisitos legais para que Álvaro e Lia possam se divorciar administrativamente? Fundamente.** Os requisitos para a realização do divórcio administrativo são: a) consenso sobre todas as questões que envolvem o divórcio; b) inexistência de filhos menores ou incapazes; c) disposição na escritura pública sobre a partilha dos bens comuns, a pensão alimentícia; d) lavratura da escritura pública por tabelião de notas; e e) assistência de advogado ou defensor público, nos termos do Art. 731 e 733, caput e § 2º, ambos do CPC/15.

B) **Considerando que Álvaro tenha adquirido um tapete persa TabrizMahi de lã e seda sobre algodão, avaliado em R$ 45.000,00 (quarenta e cinco mil reais), mas não reste demonstrada a data em que Álvaro efetuou a referida compra, será presumido como adquirido na constância do casamento? Fundamente.** Como Álvaro e Lia se casaram sob o regime de comunhão parcial de bens e não houve comprovação da data da aquisição do tapete persa (bem móvel), haverá presunção de que o bem foi adquirido na constância do casamento, nos termos do Art. 1.662, do CC.

X Exame

1) **Joaquim estava irresignado porque não encontrava mais seu vinho favorito à venda. Conversando com Manuel, dono de um estabelecimento comercial perto de sua residência, o mesmo lhe informou que aquele vinho não era mais entregue pelo fornecedor, mas que vendia outro muito bom, melhor que o apreciado por Joaquim. O vinho não possuía qualquer informação no rótulo além de seu nome, mas, Joaquim resolveu comprá-lo diante dos elogios feitos por Manuel. Chegando à sua residência, ao tentar abrir a bebida, o vidro se estilhaça e atinge o olho de Joaquim, causando-lhe uma lesão irreparável na córnea. Joaquim tenta, então, conversar com Manuel sobre o ocorrido, mas o mesmo afirma que não possui qualquer responsabilidade. Ajuíza, então, ação em face de Manuel, pleiteando reparação por danos materiais. Oferecida a defesa, Manuel alega que não possui qualquer responsabilidade e que não seria parte legítima, por ser apenas o vendedor do produto. A respeito desta hipótese, responda, fundamentadamente:**

A) **Merecem prosperar as alegações de Manuel?** O examinando deve identificar que se trata de fato, e não de vício, do produto, pelo mesmo apresentar um risco não esperado, e, não havendo informação sobre o produtor da bebida, Manuel, como comerciante será o responsável, nos termos do Art. 12, §1º, II, c/c Art. 13, I ou II, ambos do Código de Defesa do Consumidor, podendo ser responsabilizado civilmente pelo ocorrido.

B) **Se Joaquim falecesse no curso do processo, como os herdeiros poderiam pleitear inclusão na relação processual?** O examinando deve identificar que, no caso de falecimento de Joaquim, para pleitearem o recebimento da quantia, os herdeiros deverão prosseguir no feito, requerendo a habilitação incidental nos próprios autos da ação reparatória em face de Manuel. Para isso, deverão juntar aos autos a prova do óbito de Joaquim e da qualidade de herdeiro.

2) **Luzia sempre desconfiou que seu neto Ricardo, fruto do casamento do seu filho Antônio com e Josefa, não era filho biológico de Antônio, ante as características físicas**

por ele exibidas. Vindo Antonio a falecer, Luzia pretende ajuizar uma ação negatória de paternidade. A respeito do fato apresentado, responda aos seguintes itens.

A) **Tem Luzia legitimidade para propor a referida ação?** Luzia não tem legitimidade para propor a ação negatória de paternidade, pois se trata de ação personalíssima, conforme dispõe o Art. 1.601, *caput*, do Código Civil.

B) **Caso Antonio tivesse proposto a ação negatória e falecido no curso do processo, poderia Luzia prosseguir com a demanda? Qual o instituto processual aplicável ao caso?** Luzia poderia prosseguir com a ação negatória de paternidade ajuizada por seu filho, caso este viesse a falecer no curso da demanda por sucessão processual, nos termos dos artigos 1.601, § único, do Código Civil e/ou 18, e/ou 110, e/ou 687, e/ou 688, e/ou 689, do CPC/15.

IX Exame

1) **Maria de Sousa, casada com Pedro de Sousa, desapareceu de seu domicílio, localizado na cidade de Florianópolis, sem dar notícias e não deixando representante ou procurador para administrar seus bens. Passados dez anos do trânsito em julgado da sentença de abertura da sucessão provisória dos bens deixados por Maria, seu marido requereu a sucessão definitiva.**

Considerando o caso relatado, utilizando os argumentos jurídicos apropriados e a fundamentação legal pertinente ao caso, responda aos itens a seguir.

A) **Em qual momento haverá a presunção de morte de Maria?** Após a abertura da sucessão definitiva. O Art. 6º, do CC, admite a morte presumida, quanto aos ausentes, nos casos em que a lei autoriza a abertura da sucessão definitiva. (Art. 6º c/c Art. 37, do Código Civil).

B) **A presunção de morte de Maria tem o condão de dissolver o casamento entre ela e Pedro?** Sim. O inciso I e o § 1º do Art. 1571 estabelecem que a sociedade conjugal termina com a morte de um dos cônjuges, aplicando-se a presunção estabelecida pelo Código Civil quanto ao ausente.

2) **Joana de Castro celebrou um contrato de mútuo garantido por alienação fiduciária com o Banco "X", para aquisição de um automóvel marca Speed, ano 2010. Ficou acordado que Joana deveria pagar 48 parcelas de R$ 2.000,00 até o dia 05 de cada mês. Em virtude do inadimplemento no pagamento das seis últimas parcelas, a instituição financeira notificou a devedora via Cartório de Títulos e Documentos. Considerando o caso relatado, utilizando os argumentos jurídicos apropriados e a fundamentação legal pertinente ao caso, responda aos itens a seguir.**

A) **Nas obrigações com termo de vencimento certo, a constituição do devedor em mora opera-se, em regra, independentemente de interpelação?** Em regra, o não cumprimento de obrigação com termo de vencimento certo constitui de pleno direito em mora o devedor (mora *ex re*).

B) **Deve o credor, nos termos do Decreto Lei n. 911/69, interpelar o devedor para comprovar a mora?** A mora, no caso de Contrato de Alienação Fiduciária em Garantia inadimplido, se constitui de acordo com a disposição expressa no Art. 2º, § 2º, do Decreto Lei n. 911/69, devendo, portanto, o credor interpelar o devedor para comprová-la. Ainda segundo a Súmula 72 do STJ, "a comprovação da mora é imprescindível à busca e apreensão do bem alienado fiduciariamente".

3) **Caio foi submetido a uma cirurgia de alto risco em decorrência de graves problemas de saúde. Durante a realização da cirurgia, o médico informa à esposa de Caio a respeito da necessidade de realização de outros procedimentos imprescindíveis à manutenção da vida de seu marido, não cobertos pela apólice. Diante da necessidade de adaptação à nova cobertura, a esposa de Caio assina, durante a cirurgia de seu marido, aditivo contratual com o plano de saúde (que sabia da grave situação de Caio), cujas prestações eram excessivamente onerosas. Em face dessa situação, responda, de forma fundamentada, aos itens a seguir.**

A) **O negócio jurídico firmado entre a esposa de Caio e o plano de saúde é inquinado por um vício de consentimento. Qual seria esse vício?** A hipótese trata de estado de perigo, conforme descrito no Art. 156, do CC.

B) **O vício presente no negócio jurídico acima descrito faz com que o ato firmado se torne nulo ou anulável? Justifique.** O estado de perigo gera anulabilidade do negócio jurídico, conforme preconiza o Art. 171 II ou o Art. 178, II do CC.

4) **Renato, maior e capaz, efetuou verbalmente, no dia 07/03/2012, na cidade de João Pessoa, a compra de uma motocicleta usada por R$ 9.000,00, de Juarez, maior e capaz. Como Renato não tinha o dinheiro disponível para cumprir com sua obrigação e, visando solucionar este problema, ofereceu a Juarez um jet-ski, de valor equivalente como pagamento. Com base em tal situação, utilizando os argumentos jurídicos apropriados e a fundamentação legal pertinente ao caso, responda aos itens a seguir.**

A) **É cabível efetivar o pagamento pelo meio sugerido por Renato? Justifique.** A hipótese trata de Dação em Pagamento, pois existia uma dívida e Renato ofereceu prestação diversa da anteriormente combinada, nos termos do Art.356 do CC.

B) **Se Juarez recusasse a proposta de Renato, o pagamento se efetivaria mesmo assim? Justifique.** Não é possível efetivar o instituto da Dação em Pagamento sem o consentimento de Juarez, pois tal consentimento é um dos três elementos constitutivos da Dação em Pagamento, nos termos do Art. 356 ou do Art. 313 do CC.

VIII Exame

1) **Marcelo, brasileiro, casado, advogado, residente e domiciliado na cidade do Rio de Janeiro/RJ, adquiriu um veículo zero quilômetro em 2005. Exatos seis anos depois da aquisição do referido automóvel, quando viajava com sua família em Natal/RN, o motor do carro explodiu, o que gerou um grave acidente, com sérias consequências para Marcelo e sua família bem como para dois pedestres que estavam no acostamento da rodovia. Apesar de ter seguido à risca o plano de revisão sugerido pela montadora do veículo, com sede em São Paulo/SP, um exame pericial no carro de Marcelo constatou claramente que o motor apresentava um sério defeito de fabricação que provocou o desgaste prematuro de determinadas peças e, consequentemente, a explosão. A respeito desta hipótese, responda, fundamentadamente:**

A) **Em relação aos danos sofridos por Marcelo e seus familiares, em que (ais) dispositivo (s) do Código de Defesa do Consumidor você enquadraria a responsabilidade do fabricante do veículo?** A hipótese trata da responsabilidade pelo fato do produto, prevista no art. 12 e seguintes do Código de Defesa do Consumidor, Lei n. 8.078/90. O produto é defeituoso quando não oferece a segurança que dele legitimamente se espera (art. 12, § 1º, do CDC), colocando em risco a integridade dos consumidores.

B) **O fabricante pode, com êxito, alegar ter se escoado o prazo prescricional?** O prazo prescricional previsto para o pedido indenizatório no caso de fato do produto é de 5 (cinco) anos contados a partir do conhecimento do dano e de sua autoria (art. 27 do CDC). Assim é que, mesmo depois de 6 (seis) anos, Marcelo ainda conta com prazo para manejar ação de recomposição pelos danos sofridos.

C) **Os terceiros lesados (dois pedestres) pelo acidente provocado pela explosão podem se valer das normas constantes do Código de Defesa do Consumidor para pleitear eventual recomposição pelos danos sofridos?** No caso da responsabilidade pelo fato do produto, equiparam-se aos consumidores todas as vítimas do evento lesivo (art. 17 do CDC), pelo que os pedestres podem se valer do CDC para fundamentar as suas demandas compensatórias.

D) **Marcelo poderia propor a ação de responsabilidade civil da empresa fabricante na cidade do Rio de Janeiro? E na cidade de São Paulo?** O art. 101, I, do CDC, traz o benefício, para o consumidor de acionar o fornecedor no domicílio do autor, no caso na cidade do Rio de Janeiro/RJ. Mas esta é uma prerrogativa, da qual o consumidor pode abrir mão se quiser, podendo, também, propor a ação em São Paulo/SP, local da sede da empresa ré.

2) **Carlos reside no apartamento 604, sendo proprietário de sete vagas de garagem que foram sendo adquiridas ao longo dos anos de residência no Edifício Acapulco. Após assembleia condominial ordinária com quorum e requisitos de convocação exigidos pela legislação, Carlos foi notificado por correspondência assinada pelo síndico eleito Alberto Santos, noticiando a proibição de locação das vagas de garagem de sua propriedade exclusiva a pessoas estranhas ao condomínio nos termos da convenção condominial. Diante da correspondência assinada pelo síndico, Carlos ajuizou demanda em face de Alberto Santos, visando promover a locação das vagas de garagem, alegando ser possível a locação das vagas de garagem de sua propriedade exclusiva, assim como a locação de apartamentos. Sobre a hipótese apresentada, responda aos itens a seguir.**

A) **A pretensão de direito material perseguida por Carlos encontra amparo legal? Explique.** A pretensão não encontra amparo legal, tendo em vista a atual redação do art. 1.331, § 1º, do CC (alterada pela Lei n. 12.607/12) que veda a locação de vagas de garagem a terceiros estranhos ao condomínio, somente sendo permitida quando expressamente autorizado na convenção condominial: "§ 1º. As partes suscetíveis de utilização independente, tais como apartamentos, escritórios, salas, lojas e sobrelojas, com as respectivas frações ideais no solo e nas outras partes comuns, sujeitam-se a propriedade exclusiva, podendo ser alienadas e gravadas livremente por seus proprietários, exceto os abrigos para veículos, que não poderão ser alienados ou alugados a pessoas estranhas ao condomínio, salvo autorização expressa na convenção de condomínio".

B) **De acordo com os elementos processuais fornecidos pelo enunciado, Carlos satisfaz todas as condições da ação? Fundamente.** Analisando os elementos do enunciado, é possível aferir que a pretensão de Carlos não satisfaz todas as condições da ação. Embora o síndico Alberto Santos possua poderes de representação do condomínio, como dispõe o artigo 1.348 do CC, em seus incisos II e IV, não é parte legítima para figurar como réu na demanda judicial, estando tão somente praticando ato de representação do condomínio, no sentido de fazer valer a vontade da assembleia. Desta feita, deveria apontar, como parte legítima a figurar no polo passivo, o Edifício Acapulco. O candidato deve apontar a ilegitimidade passiva, invocando os artigos 17, 18, 75, inciso XI e 485, inciso VI do CPC/15.

3) **Francisco confiou a Joaquim a guarda de determinada escultura italiana; para tanto, celebraram contrato de depósito, a título gratuito. Francisco, ao ser comunicado sobre o falecimento de Joaquim, reclama a devolução do bem; no entanto, os herdeiros argumentam que desconheciam a existência do contrato e informam que alienaram o bem a André. Com base em tal situação, responda aos itens a seguir, utilizando os argumentos jurídicos apropriados e a fundamentação legal pertinente ao caso.**

A) **Qual ação judicial deverá ser ajuizada contra André?** A hipótese narrada refere-se ao depósito voluntário, previsto nos artigos 627 e seguintes do Código Civil. Ação reivindicatória, de acordo com o art. 637, do CC (ou Art. 1228 do CC) ou Ação de obrigação de entregar a coisa certa.

B) **Qual (ou quais) medida (s) pode (m) ser exigida (s) dos herdeiros por Francisco?** No caso, tendo os herdeiros agido de boa-fé, porquanto ignoravam o depósito, deverão assistir Francisco na referida ação reivindicatória e restituir a André o preço recebido, nos termos do Art. 637, do CC/2002.

VII Exame

1) **Marco Antônio, solteiro, maior e capaz, resolve lavrar testamento público, a fim de dispor sobre seus bens. Tendo em vista que os seus únicos herdeiros são os seus dois filhos maiores e capazes, Júlio e Joel, ambos solteiros e sem filhos, e considerando-se que o patrimônio de Marco Antônio corresponde a dois imóveis de igual valor, dois automóveis de igual valor e R$ 100.000,00 em depósito bancário, ele assim dispõe sobre os seus bens no testamento: deixa para Júlio um imóvel, um automóvel e metade do montante depositado na conta bancária e, de igual sorte, deixa para Joel um imóvel, um automóvel e metade do montante depositado na conta bancária. Logo após ter ciência da lavratura do testamento público por seu pai, Júlio decide imediatamente lavrar escritura pública por meio da qual renuncia expressamente apenas ao automóvel, aceitando receber o imóvel, bem como metade do montante depositado em conta bancária. Para tanto, afirma Júlio que há diversas multas por infrações de trânsito e dívidas de impostos em relação ao automóvel, razão pela qual não lhe interessa herdar esse bem. Tomando conhecimento da lavratura da escritura pública de renúncia por Júlio, Marco Antônio e Joel decidem consultar um advogado. Na condição de advogado(a) consultado(a) por Marco Antônio e Joel, responda aos itens a seguir, utilizando os argumentos jurídicos apropriados e a fundamentação legal pertinente ao caso.**

A) **Poderia Júlio renunciar à herança no momento por ele escolhido?** É vedado dispor sobre herança de pessoa viva, na forma do artigo 426, CC/02.

B) **Independentemente da resposta dada ao item anterior, poderia Júlio renunciar exclusivamente ao automóvel, recebendo os demais bens?** De acordo com o artigo 1808, CC/02, é vedada a renúncia parcial. A renúncia é indivisível, razão pela qual somente é autorizado ao herdeiro renunciar todo o quinhão a que teria direito.

2) **Cristiano e Daniele, menores impúberes, com 14 (catorze) e 10 (dez) anos de idade, respectivamente, representados por sua genitora, celebraram acordo em ação de alimentos proposta em face de seu pai, Miguel, ficando pactuado que este pagaria alimentos no valor mensal correspondente a 30% (trinta por cento) do salário mínimo, sendo metade para cada um. Sucede, entretanto, que Miguel, durante os dois primei-**

ros anos, deixou de adimplir, injustificadamente, com a obrigação assumida, passando a pagar a quantia celebrada em acordo, a partir de então. Transcorridos 03 (três) anos da sentença que homologou o acordo na ação de alimentos, Cristiano e Daniele ajuizaram ação de execução, cobrando o débito pendente, requerendo a prisão civil do devedor. Diante disso, responda fundamentadamente às seguintes indagações:

A) **Subsiste o dever jurídico de Miguel de pagar o débito relativo aos últimos 03 (três) anos de inadimplência quanto aos alimentos devidos a seus filhos?** Embora o art. 206, §2º, do Código Civil estabeleça que prescreve em 2 anos a pretensão para haver prestações alimentares, a partir da data em que se vencerem, há no caso analisado uma causa impeditiva da prescrição, concernente à incapacidade absoluta dos menores, conforme dispõe o artigo 198, I, do Código Civil.

B) **No caso em tela, é cabível a prisão civil de Miguel?** O rito da constrição pessoal somente se admite em relação às três prestações anteriores ao ajuizamento da ação e as que se vencerem no curso do processo (Súmula 309 do STJ).

3) **Rodrigo, casado pelo regime da comunhão parcial com Liandra, garante à Indústria Bandeirantes S/A satisfazer obrigação assumida por seu amigo João. De posse do contrato de confissão de dívida, também assinado por duas testemunhas, a Bandeirantes S/A cedeu o contrato ao estudante Marcos, com anuência de João e Rodrigo. Decorrido o prazo contratual para pagamento da quantia de R$5.000,00, configurada a inadimplência, Marcos ajuizou demanda executiva em face de Rodrigo e João, junto à Vara do Juizado Especial Cível de Colatina/ES, local de cumprimento da obrigação. De acordo com os elementos do enunciado:**

A) **Aponte qual a relação contratual acessória existente entre Rodrigo e João? A relação acessória pode ser objeto de questionamento? Fundamente.** Entre Rodrigo e João, há contrato de fiança, conforme Art. 818, do CC (Pelo contrato de fiança, uma pessoa garante satisfazer ao credor uma obrigação assumida pelo devedor, caso este não a cumpra). Rodrigo é casado com Liandra pelo regime da comunhão parcial, exigindo-se para a validade da fiança a outorga uxória do cônjuge (Art. 1.647, CC. Ressalvado o disposto no art. 1.648, nenhum dos cônjuges pode, sem autorização do outro, exceto no regime da separação absoluta: [...] III - prestar fiança ou aval;). Não havendo anuência de Liandra à fiança, esta poderá questionar a obrigação acessória assumida por Rodrigo, na forma do Art. 1.642, do CC (Qualquer que seja o regime de bens, tanto o marido quanto a mulher podem livremente: [...] IV - demandar a rescisão dos contratos de fiança e doação, ou a invalidação do aval, realizados pelo outro cônjuge com infração do disposto nos incisos III e IV do art. 1.647;).

B) **Fazendo uma análise processual dos elementos do enunciado, a demanda ajuizada reúne condições de procedibilidade?** Embora doutrinariamente possível, a cessão contratual firmada por Indústria Bandeirantes S/A em favor de Marcos, inclusive contando com a anuência do devedor João e seu fiador Rodrigo; a demanda ajuizada por Marcos perante Vara de Juizado Especial Cível, portanto, regida pela Lei n. 9.099/95, não reúne condições de procedibilidade. Como se vê do Art. 8º, § 1º, I, da Lei n. 9.099/95 (§ 1o Somente serão admitidas a propor ação perante o Juizado Especial: I - as pessoas físicas capazes, excluídos os cessionários de direito de pessoas jurídicas;), é vedado aos cessionários de pessoas jurídicas não admitidas a figurar como parte autora nos juizados especiais. Na situação-problema proposta, figurou como cedente pessoa jurídica 'Sociedade Anônima' que não é admitida a figurar como autora nos Juizados Especiais Cíveis.

4) **Carlos, arquiteto famoso e extremamente talentoso, assina um contrato de prestação de serviços com Marcelo, comprometendo-se a elaborar e executar um projeto**

de obra de arquitetura no prazo de 06 (seis) meses. Destaque-se, ainda, que Marcelo procurou os serviços de Carlos em virtude do respeito e da reputação que este possui em seu ramo de atividade. Entretanto, passado o prazo estipulado e, após tentativas frustradas de contato, Carlos não realiza o serviço contratado, não restando alternativa para Marcelo a não ser a propositura de uma ação judicial.

Diante do caso concreto, responda fundamentadamente:

A) **Tendo em vista tratar-se de obrigação de fazer infungível (personalíssima), de que maneira a questão poderá ser solucionada pelo Poder Judiciário?** Existem duas opções: a tutela específica da obrigação (que deverá ser cumprida pelo devedor, visto se tratar de obrigação infungível), sendo possível a fixação de astreintes ou a resolução em perdas e danos, se assim o autor requerer ou se for impossível a obtenção da tutela específica, nos termos do artigo 497 do CPC/15 ou artigos 247 ou 248 do CC.

B) **Considere que em uma das cláusulas contratuais estipuladas, Carlos e Marcelo, em vez de adotarem o prazo legal previsto no Código Civil, estipulam um prazo contratual de prescrição de 10 anos para postular eventuais danos causados. Isso é possível?** A justificativa da prescrição é a segurança jurídica. O que se quer é evitar que um conflito de interesses permaneça em aberto por prazo indeterminado. Então, todo conflito de interesses caracterizado pela violação de um direito prescreve. E quem determina o prazo de prescrição será sempre a Lei, consoante artigo 192 do Código Civil.

VI Exame

1) **Fábio, em junho de 2006, dirigindo embriagado e sem habilitação, causou, com culpa exclusiva sua, um acidente de trânsito no qual danificou o carro de Marly e lesionou gravemente o passageiro Heron, sobrinho de Marly, com 12 anos de idade. Logo em seguida, no mesmo mês, pretendendo resguardar seu patrimônio de uma possível ação judicial a ser intentada por Marly e/ou Heron para compensação dos danos sofridos, Fábio transmitiu todos os seus bens, gratuitamente, a Antônio, um amigo de longa data que, mesmo sabendo da intenção maliciosa de Fábio, concordou em auxiliá-lo.**

Em face dessa situação hipotética, responda, de forma fundamentada:

A) **O negócio jurídico está eivado por qual vício? Fundamente.** A hipótese trata do defeito do negócio jurídico denominado de fraude contra credores, previsto no art. 158 e seguintes do Código Civil.

B) **Qual a ação de que podem se valer Marly e Heron para pleitear a anulação do negócio jurídico realizado por Fábio? Fundamente.** A anulação deste ato, por meio da ação revocatória ou pauliana, está subordinada a um prazo decadencial de 4 (quatro) anos tal como dispõe o art. 178, II, do Código Civil.

C) **Em junho de 2011 já teria escoado o prazo, tanto para Marly quanto para Heron, para ingressarem em juízo?** Ocorre que contra o absolutamente incapaz, Heron, não corre o prazo decadencial por força do disposto no art. 208 c/c o art. 198, I, do Código Civil. Assim, contra Marly precluiu o prazo em junho de 2010. Entretanto, para Heron, absolutamente incapaz, os 4 (quatro) anos iniciariam a sua contagem quando completasse 16 (dezesseis) anos, ocasião em que passaria a ser relativamente incapaz. Apenas em 2010 é que iniciaria o prazo quadrienal para Heron.

2) Paulo, maior e capaz, e Eliane, maior e capaz, casaram-se pelo regime da comunhão parcial de bens no ano de 2004. Nessa ocasião, Paulo já havia herdado, em virtude do falecimento de seus pais, um lote de ações na Bolsa de Valores, cujo montante atualizado corresponde a R$ 50.000,00, sendo certo que Eliane, à época, não possuía bens em seu patrimônio. No ano de 2005, nasceu João, filho do casal. Em 2006, Paulo vendeu as ações que havia recebido e, com o produto da venda, comprou um automóvel de igual valor. Em 2007, Paulo foi contemplado com um prêmio de loteria no valor atualizado de R$ 100.000,00, que se mantém depositado em conta bancária. Agora, no ano de 2012, o casal, pretendendo se divorciar mediante a lavratura de escritura pública, decide consultar um advogado. Na condição de advogado(a) consultado(a) por Paulo e Eliane, responda aos itens a seguir, empregando os argumentos jurídicos apropriados e a fundamentação legal pertinente ao caso.

A) **Pode o casal divorciar-se por meio de lavratura de escritura pública?** Não, de acordo com o artigo 733, CPC/15. Isso porque os cônjuges possuem um filho menor de idade, o que consiste em empecilho legal à utilização da via extrajudicial para a decretação do divórcio.

B) **A respeito da partilha de bens em caso de divórcio do casal, qual(is) bem(ns) deve(m) integrar o patrimônio de Eliane e qual(is) bem(ns) deve(m) integrar o patrimônio de Paulo?** Caberá a Eliane perceber metade do prêmio de loteria a título de meação, na forma do artigo 1660, inciso II, do CC/02. Paulo terá direito ao automóvel, por ter sido adquirido com o produto da herança (art. 1659, inciso I, CC/02), e também a metade do prêmio de loteria (artigo 1660, II, CC/02).

V Exame

1) Cristina dos Santos desapareceu após uma enchente provocada por uma forte tempestade que assolou a cidade onde morava. Considerando estar provada a sua presença no local do acidente e não ser possível encontrar o corpo de Cristina para exame, responda aos itens a seguir, empregando os argumentos jurídicos apropriados e a fundamentação legal pertinente ao caso.

A) **Trata-se de hipótese de morte presumida?** Sim. Pode ser declarada a morte presumida, sem decretação de ausência, se for extremamente provável a morte de quem estava em perigo de vida. Nesse caso, a declaração de morte presumida poderá ser requerida após esgotadas as buscas e averiguações. (artigo 7º, I, e parágrafo único, do CC)

B) **Qual é o procedimento para realização do assento de óbito de Cristina?** O artigo 88 da Lei de Registros Públicos consagra um procedimento de justificação, nos termos dos artigos 381 e ss. do CPC/15, para a finalidade de proceder ao assento de óbito nos casos de desastre ou calamidade, no qual não tenha sido possível realizar exame médico no cadáver.

2) Maria, funcionária de uma empresa transnacional, foi transferida para trabalhar em outro país e, por isso, celebrou contrato de compra e venda de seu apartamento com João, prevendo que Maria poderia resolver o contrato no prazo de um ano, desde que pagasse o preço recebido pelo imóvel e reembolsasse as despesas que João tivesse com ele. O referido contrato de compra e venda foi devidamente levado ao registro de imóveis com atribuição para tal. Nesse período, João vendeu o apartamento para Mário, que tinha conhecimento de que ainda estava no prazo de Maria retomar o imóvel e lá foi residir com sua esposa. Contudo, Maria retornou ao Brasil antes do período de um ano estipulado e, ao ter ciência de que o novo proprietário do apartamento era

Mário, notificou-o de que desejaria retomar o imóvel, com o pagamento do valor do imóvel mais as despesas realizadas. Mário, porém, recusou o recebimento das quantias, afirmando que o contrato sujeito à cláusula resolutiva foi pactuado com João, não vinculando a terceiros. Responda aos itens a seguir, empregando os argumentos jurídicos apropriados e a fundamentação legal pertinente ao caso.

A) **Assiste razão a Mário?** O examinando deve identificar que Maria celebrou contrato de compra e venda de bem imóvel com João, com previsão de cláusula de retrovenda, nos termos do art. 505 do Código Civil, sendo que foi pactuado pelas partes um prazo decadencial menor do que o previsto pela legislação. O referido contrato foi devidamente levado a registro, nos termos do art. 167, I, 29 da Lei nº 6.015/73, trazendo a presunção de conhecimento a terceiros que se trata de propriedade que fica sujeita a cláusula resolutiva. Assim, não assiste razão a Mário, que também fica submetido à cláusula de retrovenda (art. 507 do Código Civil) e não pode alegar ignorância de que sua propriedade é resolúvel, nos termos dos artigos 1.359 e 1.360 do Código Civil.

B) **Qual deverá ser o procedimento adotado por Maria a partir da recusa de Mário em receber a quantia?** Diante da recusa sem justa causa de Mário em receber o valor do imóvel e o reembolso das despesas, já que a cláusula de retrovenda se opera também em face de terceiros, abre-se a Maria o caminho da consignação em pagamento (art. 335, I, do Código Civil). Dessa forma, Maria deverá ajuizar uma ação de consignação em pagamento, depositando a quantia devida, para poder exercer seu direito de resgate.

IV Exame

1) **Maria, casada em regime de comunhão parcial de bens com José por 3 anos, descobre que ele não havia lhe sido fiel, e a vida em comum se torna insuportável. O casal se separou de fato, e cada um foi residir em nova moradia, cessando a coabitação. Da união não nasceu nenhum filho, nem foi formado patrimônio comum. Após dez meses da separação de fato, Maria procura um advogado, que entra com a ação de divórcio direto, alegando que essa era a visão moderna do Direito de Família, pois, ao dissolver uma união insustentável, seria facilitada a instituição de nova família. Após a citação, João contesta, alegando que o pedido não poderia ser acolhido, uma vez que ainda não havia transcorrido o prazo de dois anos da separação de fato exigidos pelo artigo 40 da Lei 6.515/77.**

Diante da hipótese apresentada, responda aos itens a seguir, empregando os argumentos jurídicos apropriados e a fundamentação legal pertinente ao caso.

A) **Nessa situação é juridicamente possível que o magistrado decrete o divórcio, não obstante não exista comprovação do decurso do prazo de dois anos da separação de fato como pretende Maria, ou João está juridicamente correto, devendo o processo ser convertido em separação judicial para posterior conversão em divórcio?** É possível a decretação do divórcio pela nova redação do art. 226, §6º, CRFB, introduzida pela EC 66/10, que não exige lapso temporal de 2 anos.

B) **Caso houvesse consenso, considerando as inovações legislativas, o ex-casal poderia procurar via alternativa ao Judiciário para atingir o seu objetivo ou nada poderia fazer antes do decurso dos dois anos da separação de fato?** Sim, poderia buscar via alternativa, pois o art. 733 do CPC/15 (e advento da EC 66/10) permite a realização de divórcio em cartório.

2) **Valter, solteiro, maior e capaz, proprietário de um apartamento, lavrou, em 2004, escritura pública por meio da qual constituiu usufruto vitalício sobre o referido imóvel em favor de sua irmã, Juliana, solteira, maior e capaz. Em seguida, promoveu a respectiva averbação junto à matrícula do Registro de Imóveis. Em 2005, Juliana celebrou com Samuel contrato escrito de aluguel do apartamento pelo prazo de um ano. Concluído o prazo, Samuel restituiu o imóvel a Juliana, que passou a ocupá-lo desde então. Em janeiro de 2011, Valter veio a falecer sem deixar testamento, sendo único herdeiro seu filho Rafael, solteiro, maior e capaz. Diante disso, Rafael procura Juliana, a fim de que ela desocupe o imóvel. Diante da situação descrita, responda aos itens a seguir, empregando os argumentos jurídicos apropriados e a fundamentação legal pertinente ao caso.**

A) **Poderia Juliana ter alugado o apartamento a Samuel?** Sim, de acordo com o artigo 1.393, CC. Isso porque Juliana é usufrutuária do aludido imóvel e, portanto, pode transferir o seu uso temporariamente a terceiros por meio de contrato de aluguel.

B) **Está Juliana obrigada a desocupar o imóvel em razão do falecimento de Valter?** Não, de acordo com o artigo 1410, incisos I ou II, CC. O usufruto permanecerá em favor de Juliana, passando Rafael a ser o nu-proprietário. De acordo com o artigo 1410, I, CC, o falecimento do usufrutuário que é causa de extinção do usufruto, e não o falecimento do nu-proprietário.

3) **A arquiteta Veronise comprou um espremedor de frutas da marca Bom Suco no dia 5 de janeiro de 2011. Quarenta dias após Veronise iniciar sua utilização, o produto quebrou. Veronise procurou uma autorizada e foi informada de que o aparelho era fabricado na China e não havia peças de reposição no mercado. No mesmo dia, ela ligou para o Serviço de Atendimento ao Consumidor (SAC) da empresa. A orientação foi completamente diferente: o produto deveria ser levado para o conserto. Passados 30 dias da ocasião em que o espremedor foi encaminhado à autorizada, o fabricante informou que ainda não havia recebido a peça para realizar o conserto, mas que ela chegaria em três dias. Como o problema persistiu, o fabricante determinou que a consumidora recebesse um espremedor novo do mesmo modelo. Diante da situação apresentada, responda aos itens a seguir, empregando os argumentos jurídicos apropriados e a fundamentação legal pertinente ao caso.**

A) **O caso narrado caracteriza a ocorrência de qual instituto jurídico, no que se refere ao defeito apresentado pelo espremedor de frutas?** O examinando deve informar a ocorrência de vício do produto, instituto caracterizado no artigo 18, caput, da Lei 8078/90. Deve explicitar que o defeito contido no espremedor de sucos o torna inadequado ao consumo a que se destina, o que caracteriza seu vício de qualidade, não se podendo falar em fato no produto, *in casu*.

B) **Como advogado (a) de Veronise, analise a conduta do fornecedor, indicando se procedeu de maneira correta ao deixar de realizar o reparo por falta de peça e determinar a substituição do produto por um novo espremedor de frutas.** O candidato deve explicitar que há, por parte do fabricante, obrigatoriedade de manter peças de reposição no mercado (art. 32 do CDC), mas no caso em tela, como se passaram mais de 30 dias que o produto foi para conserto, cabe ao consumidor decidir se quer a troca do produto, abatimento no preço ou devolução do dinheiro, nos termos do art. 18, §§ 1º e 3º, Lei 8078/90, razão pela qual se pode afirmar que procedeu equivocadamente o fornecedor ao determinar, sem previamente consultar a consumidora, a substituição do produto.

2010.3. Exame

- **A peça prático-profissional, cujo enunciado será mencionado na parte referente à Processo Civil, trouxe questão relativa à responsabilidade civil de profissionais liberais, a peça cabível é uma petição inicial, tendo por fundamentos legais os arts. 538, 927, caput, 1.804, parágrafo único, c/c 1.810, 1.805, 2ª parte, 1.812, todos do Código Civil.**

1) **José iniciou relacionamento afetivo com Tânia em agosto de 2009, casando-se cinco meses depois. No primeiro mês de casados, desconfiado do comportamento de sua esposa, José busca informações sobre seu passado. Toma conhecimento de que Tânia havia cumprido pena privativa de liberdade pela prática de crime de estelionato. José, por ser funcionário de instituição bancária há quinze anos e por ter conduta ilibada, teme que seu cônjuge aplique golpes financeiros valendo-se de sua condição profissional. José, sentindo-se enganado, decide romper a sociedade conjugal, mas Tânia, para provocar José, inicia a alienação do patrimônio do casal.**

   Considerando que você é o advogado de José, responda aos itens a seguir, empregando os argumentos jurídicos apropriados e a fundamentação legal pertinente ao caso.

A) **Na hipótese, existe alguma medida para reverter o estado de casado?** José descobriu, após o casamento, que Tânia praticou crime que, por sua natureza, tornará insuportável a relação do casal. Cuida-se de erro essencial sobre o cônjuge, podendo José propor ação judicial a fim de que o casamento seja anulado. Cabe, portanto, Ação Anulatória de Casamento, fundada no art. 1.557, II, c/c art. 1.556 do CC.

B) **Temendo que Tânia aliene a parte do patrimônio que lhe cabe, aponte o(s) remédio(s) processual(is) aplicável(is)** in casu. A medida cabível será a Ação de Tutela de Urgência, nos termos do art. 301, do CPC/15, a fim de proteger os bens do casal, enquanto tramita a ação principal. O examinando deverá mencionar que há presença de *fumus boni iuris* e do *periculum in mora*, elementos essenciais à concessão de medidas de urgência.

2) **Tarsila adquiriu determinado lote íngreme. A entrada se dá pela parte alta do imóvel, por onde chegam a luz e a água. Iniciadas as obras de construção da casa, verifica-se que, para realizar adequadamente o escoamento do esgoto, as tubulações deverão, necessariamente, transpassar subterraneamente o imóvel vizinho limítrofe, de propriedade de Charles. Não há outro caminho a ser utilizado, pois se trata de região rochosa, impedindo construções subterrâneas ou qualquer outra medida que não seja excessivamente onerosa. De posse de parecer técnico, Tarsila procura por Charles a fim de obter autorização para a obra. Sem justo motivo, Charles não consente, mesmo ciente de que tal negativa inviabilizará a construção do sistema de saneamento do imóvel vizinho. Buscando um acordo amigável, Tarsila propõe o pagamento de valor de indenização pela área utilizada, permanecendo a recusa de Charles.**

   Considere que você é o(a) advogado(a) de Tarsila. Responda aos itens a seguir, empregando os argumentos jurídicos apropriados e a fundamentação legal pertinente ao caso.

A) **Há alguma medida judicial que possa ser tomada em vista de obter autorização para construir a passagem de tubulação de esgoto?** O examinando deverá identificar que a legislação civil prevê que o proprietário deverá tolerar a passagem através de seu imóvel, entre outros, de tubulações e condutos subterrâneos de serviço de utilidade pública, na forma do art. 1.286 do CC. Cabe a propositura de ação de obrigação de fazer com base no art. 497 do CPC/15, fundada no art. 1.286 do CC.

B) **Considere que houve paralisação da obra em razão do desacordo entre Tarsila e Charles. Há alguma medida emergencial que possa ser buscada objetivando viabilizar a construção do sistema de saneamento?** Sim, na medida judicial de obrigação de fazer, a legislação previu a possibilidade de concessão de medida liminar na forma do art. 497, do CPC/15, cabível multa pelo descumprimento da medida liminar. Outra medida judicial aplicável à hipótese é a concessão de tutela antecipada na forma do art. 294 e ss. do CPC/15.

3) **Márcio Moraes Veloso, famoso perfumista, foi contratado para desenvolver uma nova fragrância de um perfume pela empresa Cheiro Bom. O perfumista criou a fórmula inspirado em sua namorada, Joana, e deu o seu nome ao perfume. Foi pactuado entre Márcio e a empresa Cheiro Bom que o perfumista jamais revelaria a fórmula da nova fragrância a terceiros. Contudo, objetivando fazer uma surpresa no dia do aniversário de Joana, Márcio presenteia a namorada com uma amostra do perfume e, por descuido, inclui na caixa anotações sobre a fórmula. Joana, acreditando que as anotações faziam parte da surpresa, mostra para todos os colegas da empresa Perfumelândia, onde trabalha. Dias depois, Márcio é surpreendido com a notícia de que a fórmula da nova fragrância havia sido descoberta pela concorrente. Considerando o caso relatado, responda aos itens a seguir, empregando os argumentos jurídicos apropriados e a fundamentação legal pertinente ao caso.**

A) **Ao revelar a fórmula do perfume, pode-se afirmar que Márcio está em mora?** Não se poderá dizer ter havido mora, mas inadimplemento por tratar-se de obrigação de não fazer (artigo 390 CC). O inadimplemento da obrigação de não fazer evidencia-se quando o devedor pratica o ato proibido, sendo desnecessária a sua constituição em mora.

B) **Neste caso, pode o credor demandar judicialmente o cumprimento da obrigação cumulada com pedido de perdas e danos?** Trata-se de obrigação de não fazer instantânea. Como não há possibilidade de restituir o *status quo ante*, não poderá o devedor ser demandado judicialmente a cumprir a obrigação de não fazer, cabendo tão somente a tutela ressarcitória (artigo 251 CC e 499, do CPC/15).

4) **Celebrado o contrato de compra e venda, Patrícia adquire um bem pagando 30% (trinta por cento) à vista e mais cinco notas promissórias de igual valor com vencimento no quinto dia útil dos meses subsequentes, dando como garantia seu único automóvel. Prestes a ocorrer o vencimento de segunda parcela, o vendedor Joaquim toma conhecimento de que Patrícia passa por problemas financeiros e está dilapidando seu patrimônio, tendo alienado o veículo dado como garantia. O credor procura Patrícia e exige que honre de uma única vez os valores devidos, mas a devedora não concorda com o pagamento antecipado.**

Com base no relatado acima, responda aos itens a seguir, empregando os argumentos jurídicos apropriados e a fundamentação legal pertinente ao caso.

A) **Há alguma medida judicial para que Patrícia pague a dívida antecipadamente?** O examinando deverá explicar que Joaquim poderá pleitear judicialmente o vencimento antecipado dos títulos, na forma do art. 333, III, do CC. Para tanto deverá propor ação judicial a fim de que a ré reforce a garantia do débito, caso em que, não o fazendo, incorrerá em vencimento antecipado da dívida.

B) **Qual deverá ser o procedimento a compelir o pagamento forçado?** Caso, intimada, a ré deixe de reforçar a garantia, a consequência jurídica será o vencimento antecipado dos títulos, que se tornarão líquidos, certos e exigíveis, requisitos essenciais a promover a execução forçada nos termos do art. 783 do CPC/15.

2010.2. Exame

➢ **A peça prático-profissional trouxe questão relativa à responsabilidade civil por fato do animal, a peça cabível é apelação, tendo por fundamentos legais os arts. 198, I e 936, do Código Civil.**

1) **Em março de 2008, Pedro entrou em uma loja de eletrodomésticos e adquiriu, para uso pessoal, um forno de micro-ondas. Ao ligar o forno pela primeira vez, o aparelho explodiu e causou sérios danos à sua integridade física. Desconhecedor de seus direitos, Pedro demorou mais de dois anos para propor ação de reparação contra a fabricante do produto, o que somente ocorreu em junho de 2010. Em sua sentença, o juiz de primeiro grau acolheu o argumento da fabricante, julgando improcedente a demanda com base no Art. 26 do Código de Defesa do Consumidor, segundo o qual "o direito de reclamar pelos vícios aparentes ou de fácil constatação caduca em: (...) II - noventa dias, tratando-se de fornecimento de serviço e de produtos duráveis." Afirmou, ademais, que o autor não fez prova do defeito técnico do aparelho. Com base nas normas do Código de Defesa do Consumidor, analise os fundamentos da sentença.**

O candidato deve esclarecer, inicialmente, que se trata de fato do produto, e não de vício do produto. O prazo aplicável não é, portanto, o do Art. 26 do CDC, mas o do Art. 27, ou seja, cinco anos. O candidato deve, ainda, explorar a questão atinente à responsabilidade civil (Art. 12, caput e parágrafo 3º) e falar do instituto da inversão do ônus da prova em favor do consumidor, nos termos do Art. 6º, inciso VIII do CDC. Dessa forma, deve ser capaz de identificar e examinar criticamente esses dois fundamentos, e apresentar as razões legais que indicam a incorreção da decisão judicial. Ressalta-se que não basta a simples menção a um ou mais dispositivos do CDC. É necessário demonstrar a sua aplicabilidade, fundamentando analiticamente a resposta.

2) **Lúcio, viúvo, sem herdeiros necessários, fez disposição de última vontade no ano de 2007. Por esse negócio jurídico atribuía à sua sobrinha, Amanda, a propriedade sobre bem imóvel na cidade de Aracajú/SE, gravando-o, contudo, com cláusula de inalienabilidade vitalícia. Em 2009, após o falecimento de seu tio, Amanda aceita e torna-se titular desse direito patrimonial por meio daquela disposição, que foi registrada no ofício do registro de imóveis competente. Ocorre que agora, em 2010, há necessidade de Amanda alienar esse imóvel, tendo em vista ter recebido uma excelente proposta de compra do referido bem. Diante disso, como advogado de Amanda, responda se isso é possível e, em caso positivo, quais as medidas judiciais cabíveis? Justifique e fundamente sua resposta.**

O candidato deve responder que é possível a alienação mediante pedido de autorização judicial de sub-rogação, fundamentado pela parte, e desde que o produto da venda seja e convertido em outros bens sobre os quais incidirão as restrições apostas aos primeiros, na forma do art. 1.911, caput e parágrafo único do Código Civil, que deve ser combinado com o art. 719, do CPC/15, que dispõe acerca de procedimento específico para esta finalidade, elencado na modalidade "jurisdição voluntária".

3) **Jonas celebrou contrato de locação de imóvel residencial urbano com Vera. Dois anos depois de pactuada a locação, Jonas ingressa com Ação Revisional de Aluguel argumentando que o valor pago nas prestações estaria muito acima do praticado pelo mercado, o que estaria gerando desequilíbrio no contrato de locação. A ação**

foi proposta sob o rito sumário e o autor não requereu a fixação de aluguel provisório. Foi designada audiência, mas não foi possível o acordo entre as partes. Considere que você é o (a) advogado (a) de Vera. Descreva qual a medida cabível a fim de defender os interesses de Vera após a conciliação infrutífera, apontando o prazo legal para fazê-lo e os argumentos que serão invocados.

O candidato deve explicar que a medida judicial cabível é a contestação (e não genericamente a resposta) e o prazo para apresentá-la é na própria audiência, após a conciliação infrutífera (Art. 68, I e IV da Lei nº 8.245/91). Quanto aos argumentos mínimos, deverá informar, em preliminar, a carência da ação, tendo em vista que a referida Lei de Locações aduz que as ações que visem à revisão judicial de aluguel somente poderão ser propostas depois de transcorrido o triênio da vigência do contrato (Art. 19 da Lei nº 8.245/91). Por ser uma condição específica da ação, a sua não observância leva à extinção do processo sem resolução do mérito.

4) **Marlon, famoso jogador de futebol, é contratado para ser o garoto propaganda da Guaraluz, fabricante de guaraná natural. O contrato de prestação de serviços tem prazo de três anos, fixando-se uma remuneração anual de R$ 50.000,00. Contém, além disso, cláusula de exclusividade, que impede Marlon de atuar como garoto-propaganda de qualquer concorrente da Guaraluz, e cláusula que estipula o valor de R$ 10.000,00 para o descumprimento contratual, não prevendo direito a indenização suplementar. Durante o primeiro ano de vigência do contrato, Marlon recebe proposta para se tornar garoto propaganda da Guaratudo, sociedade do mesmo ramo da Guaraluz, que oferece expressamente o dobro do valor anual pago pela 'concorrente'. Marlon aceita a proposta da Guaratudo, descumprindo a cláusula de exclusividade contida no seu contrato anterior. Pelo descumprimento, Marlon paga à Guaraluz o montante de R$ 10.000,00, estipulado. Como advogado consultado pela Guaraluz, responda:**

I. **Se o prejuízo da Guaraluz for superior a R$ 10.000,00, será possível obter, de Marlon, judicialmente, a reparação integral do dano sofrido?** Não é possível a majoração da cláusula penal, ainda que o credor prove prejuízo superior ao valor estipulado, pois não houve convenção acerca de indenização suplementar, na forma do Art. 416, parágrafo único do Código Civil.

II. **Além do valor pago por Marlon, a Guaraluz tem direito a receber alguma indenização por parte da Guaratudo?** A Guaratudo deve indenização à Guaraluz no valor que seria devido por dois anos de contato, tendo em vista a prática de aliciamento descrita no código Civil (Art. 608), observados os princípios da boa-fé objetiva, da função social do contrato e ainda da responsabilidade contratual de terceiro.

EDITORA JusPODIVM
www.editorajuspodivm.com.br